Weinlandschaft
Frankreich

Andrew Jefford

Weinlandschaft Frankreich

Fotos von Jason Lowe
Deutsch von Reinhard Ferstl

 Hallwag

Widmung

Meinen Eltern Peter und Celia Jefford in Dankbarkeit für ihre bedingungslose Liebe und Unterstützung – und vor allem dafür, dass sie mich nach Frankreich mitgenommen haben.

Hinweis des Autors

Dieses Buch wird trotz meiner intensiven Bemühungen Fehler enthalten. Ich bitte daher alle Leser und Erzeuger, mich auf eventuelle Änderungen der Gegebenheiten, auf Unrichtigkeiten oder auf andere inhaltliche Probleme hinzuweisen. Zuschriften an 34 Lower Park Road, Hastings, TN34 2LA, Großbritannien oder per E-Mail an andrew@jefford.fsbusiness.co.uk (bitte nur Texte, keine Fotos, Grafiken oder sonstige Abbildungen).

Andrew Jefford
Weinlandschaft Frankreich

Die englische Originalausgabe ist 2002 unter dem Titel »The New France« im Verlag Mitchell Beazley, London, erschienen. Mitchell Beazley ist ein Imprint der Octopus Publishing Group Ltd, 2-4 Heron Quays, Docklands, London E14 4JP.

Copyright © Octopus Publishing Group Ltd 2002
Text Copyright © Andrew Jefford 2002
All rights reserved

Alle Fotos von Jason Lowe
Umschlagfoto © Robert Holmes/Corbis

Lektorat: Eva Meyer
Projektleitung: Marc Strittmatter
Herstellung: Maike Harmeier
Umschlaggestaltung: KMS Team GmbH, München
Satz: Filmsatz Schröter, München

Printed and bound in Spain by
Artes Gráficas Toledo S.A.U.
D.L. TO: 702-2003

Copyright © 2003 Gräfe und Unzer Verlag GmbH
Grillparzerstr. 12, 81675 München
Alle deutschen Rechte vorbehalten

Hallwag ist ein Unternehmen des Gräfe und Unzer Verlags, München, Ganske Verlagsgruppe
hallwag-leserservice@graefe-und-unzer.de

ISBN 3-7742-0899-9

Inhalt

Einführung	6
Frankreichs Weinrecht	10
Das Terroir	16
CHAMPAGNE	22
LOIRE	40
ELSASS	58
CHABLIS	72
BURGUND	82
BEAUJOLAIS	108
JURA	114
SAVOYEN	120
RHONE	126
PROVENCE	148
BORDEAUX	160
SÜDWESTEN	200
LANGUEDOC-ROUSSILLON	216
KORSIKA	242
Glossar	246
Jahrgangstabellen	248
Register	250

◀ *Sélection – nichts hat für die französischen Spitzen-Genossenschaften höhere Priorität (hier Cave de Rasteau). Nur die besten Trauben ergeben erlesenen Wein.*

Einführung

Alchemie der Elemente Wie kein anderes Land verstand Frankreich sich einst auf die Kunst, seine Erde und Luft in schöne, tiefgründige Weine zu verwandeln. Heute aber fließt aus vielen Regionen Feines in die Gläser. Warum also ausgerechnet französische Tropfen kaufen?

Dieses Buch zu schreiben war ein Privileg. Das Feuer für Frankreich entflammte in mir vor fast 40 Jahren, als ich mit meinen Eltern auf Familienurlaub in diesem fremden Land war. Eines Tages hatte man mich losgeschickt, um Eis zu kaufen. Da stand der kleine englische Junge nun unsicher im Laden und bat mit starkem Akzent um „*cinq glaces*", fünf Eis. Mit sichtlichem Vergnügen zeigte der schlitzohrige Verkäufer seine Freude über die Bestellung von „*cent glaces*". Hundert Eis! Ich kann mich noch gut daran erinnern, wie Panik in mir aufstieg, als ich dieser heranrollenden Eislawine verzweifelt zu entkommen suchte. Wie gern hätte ich dem Mann vor mir begreiflich gemacht: „Nein, ich habe nicht hundert gemeint, wirklich nicht. Ich habe fünf gesagt. Bitte, bitte, geben Sie mir nicht hundert. Ich will bloß fünf. Ehrenwort, es waren nur fünf." Vergebens – mit „*cinq glaces, s'il vous plaît*" hatte ich meine Französischkenntnisse erschöpft. Wie sollte ich meinen Eltern und Brüdern beibringen, dass ich für jeden von ihnen 20 Eis hatte? Würde ich diese Massen überhaupt schleppen können? Und woher das Geld nehmen? Sicher würden wir uns noch in derselben Nacht auf den Heimweg machen müssen, weil Unmengen aus klebrigem Eis unsere Urlaubskasse weggeschwemmt hatten. Der Eisverkäufer muss das Entsetzen in meinen Augen gelesen haben, denn nach dem fünften Eis hielt er lächelnd inne. Zehn Minuten später, als ich mein Eis erleichtert und zugleich nachdenklich geschleckt hatte, war die Saat bereits aufgegangen: Dieses Land war anders – und ich wollte es verstehen.

Ich habe nach und nach vieles an Frankreich lieb gewonnen: die Bahnsteige und Züge, den Geruch von Gauloises auf sonnigen Straßen, die von Platanen gesäumten Alleen, den Kaugummi mit dem einladenden Namen Hollywood oder das ofenwarme Paradies der *boulangerie*. Später dann natürlich die Cafés, Restaurants und den Wein. Jeder trank in Frankreich Wein, immer und überall. Wein schien alle glücklich zu machen. Er verwandelte niemanden in einen lärmenden Rohling, wie ich es bei Engländern beobachten konnte, die zu tief ins Bierglas geschaut hatten. Wein war Frankreichs Trumpf.

Und nicht nur das: Mit Wein konnte man ein Stück Frankreich nach Hause nehmen. Er erfüllte die heimatliche Düsternis für einen Augenblick mit französischer Wärme. Ich las viel über ihn, suchte, forschte. Jahrelang kaufte ich keine Flasche zweimal. Natürlich war er mal besser, mal schlechter – doch selbst die einfacheren Etiketten versprachen Genuss. Oft brauchte man ein, zwei Gläser, um ihn zu verstehen, so wie man ein gutes Buch erst nach 50 Seiten begreift. Doch dann kam er einer Erleuchtung gleich und verwöhnte nicht nur Nase und Mund, sondern stimulierte auch den Geist. Er zündete ein Feuerwerk aus Assoziationen, regte zu Vergleichen an mit dem, was die Natur uns bietet, und entzückte durch eine erdverbundene

Tiefgründigkeit, an die kein alkoholisches Getränk auch nur annähernd heranreichte. Gutes Essen schien ihn noch zu beflügeln: Waren Teller und Flasche leer, durchströmte eine Ruhe den Magen, die auch die geistige Ebene durchdrang, als habe das Mahl durch den Wein die klappernde Routine der alltäglichen Nahrungsaufnahme verlassen und eine plötzliche, spirituelle Weihe erfahren.

30 Jahre sind seither ins Land gezogen. Frankreich ist nicht mehr allein in der Welt des guten Weins. Ich will Sie hier nicht davon überzeugen, dass dieses Fleckchen Erde nach wie vor die größten Kreszenzen zu bieten hat, obwohl ich selbst dies glaube. Ich möchte zeigen, wie Frankreich sich verändert und weiterentwickelt hat.

Als ich mit anderen über dieses Buch sprach, nahmen sie automatisch an, bei der „neuen" Weinlandschaft Frankreich handle es sich in erster Linie um das Languedoc und die *vins de pays*. Sicherlich ist Frankreichs „Neue Welt" ein faszinierendes Thema, wenngleich dieser überstrapazierte Begriff zunächst etwas seltsam, ja, widersinnig anmutet. Doch es geht um das ganze Land, nicht nur um die aufstrebenden Regionen im Süden.

Bleiben wir bei der Neuen Welt, wenn auch nicht der französischen. Der Wettbewerb mit den Weinregionen in Übersee hat Frankreich gut getan, wie alle intelligenten Erzeuger des Landes bereitwillig einräumen. (Die anderen rechtfertigen damit allerdings ihr önologisches Rowdytum, dem ich einmal jede Berechtigung absprach.) Für viele junge französische Winzer gehört ein Aufenthalt in Südafrika, Chile oder Australien mittlerweile zum Pflichtprogramm. Von dort bringen sie die nützlichsten Weisheiten neuweltlicher Weinbereitung mit heim: Überlege dir jeden Schritt zweimal. Gehe nicht um jeden Preis neue Wege. Verstehe so viel wie möglich. Übe deinen Beruf mit äußerstem Engagement aus. Die schlimmen Lektionen haben sie bislang zum Glück noch nicht gelernt – nämlich dass Marken im Weinbusiness ebenso viel Bedeutung haben wie in anderen Wirtschaftszweigen, dass Rebhänge lediglich ein Terrain für Investoren sind, dass Weinbereitung nichts weiter ist als angewandte Chemie, dass der Sinn und Zweck der Weinerzeugung in Aktiengewinnen liegt und dass Marketingstrategien wichtiger sind als Duft und Geschmack.

Womit wir bei der Moral wären. Während meiner Recherchen zu diesem Buch habe ich in ganz Frankreich nach gutem Wein gesucht. Und ich habe ihn gefunden, wie Sie hoffentlich den folgenden Seiten entnehmen und beim Verkosten der beschriebenen Tropfen auch selbst entdecken werden. Mehr noch: Ich habe allmählich begriffen, was „gut" in Weinbau und Weinbereitung eigentlich bedeutet.

Gutes Weinmachen geht zunächst einmal mit einer bestimmten Haltung gegenüber der Schöpfung einher: einer liebevollen, einfühlsamen Neugier. Wein macht Geographie und Geologie sinnlich erleb-

„Ich achte nicht seine Arbeit, nicht seinen Hof, auf dem alles seinen Preis hat, nicht ihn, der die Landschaft, ja, seinen Gott zu Markte trüge, wenn er etwas dafür bekäme … auf dessen Land nichts frei wächst, dessen Felder keine Ernte, dessen Wiesen keine Blumen, dessen Bäume keine Früchte tragen, nur Dollars, der nicht die Schönheit seiner Früchte schätzt, die für ihn erst reif sind, wenn er sie zu Geld machen kann. Gebt mir die Armut, die wahren Reichtum genießt."

HENRY DAVID THOREAU, *WALDEN* **(1854)**

◀ *Reben gleichen Familien: Allein das Verwurzeltsein zählt. Die Fürsorge für Stock wie Sippe kennt keine Grenzen.*

EINFÜHRUNG 7

bar (siehe Terroir, S. 16–21). Das schafft keine andere Feldfrucht. Der gute Winzer muss deshalb dreierlei können: Er muss sein Land verstehen. Er muss es achten und nachhaltig bewirtschaften. Und er muss zulassen, dass die einmaligen Wesenszüge des Landes in den Wein einfließen, den es uns großzügigerweise schenkt. Kurz: Das Terroir muss im Wein so klar wie möglich zum Ausdruck kommen. Auch darin setzt Frankreich Maßstäbe in der Weinwelt. Denn praktisch jeder der großen jungen Winzer, denen ich im Lauf der Arbeit zu diesem Buch begegnet bin, ist auf der Suche nach der Seele seines Weinbergs und setzt gleichzeitig auf ehrliche Kellertechnik.

Die Rückkehr zum Weinberg

Nicht nur in Frankreich, sondern in der gesamten Weinwelt reift die Erkenntnis, dass in den letzten Jahrzehnten zwar beachtliche Fortschritte im Keller gemacht wurden, der Rebbau hingegen von Katastrophenjahren nicht verschont geblieben ist. Es waren Jahre, in denen die falschen Propheten der chemischen und maschinellen Heilslehre ein Vermögen verdienten, Jahre, in denen die Erde vergiftet, der Boden verdichtet und die Artenvielfalt im Weinberg vernichtet wurde. Enorm ertragreiche Hochleistungsklone führten ein totalitäres Regime, während Rebstöcke und ihre Frucht nur allzu oft brutal misshandelt wurden. Was hilft es, im Keller ein Stradivari zu sein, wenn man sich im Weinberg wie Stalin gebärdet? Großer Wein kann nur aus hervorragenden Trauben entstehen. Und die müssen mit äußerster Sorgfalt gelesen und aussortiert werden. Sie müssen an gesunden, stark zurückgeschnittenen, mehreren Klonen entstammenden Reben wachsen, deren Wurzeln tief in ein lebendiges, atmendes Erdreich vordringen können. Ein solcher Untergrund entsteht nur durch harte Arbeit (und oft, aber nicht immer, durch biologische Bewirtschaftung).

Gerade die körperliche Mühsal aber glaubten viele ältere französische *vignerons* für immer hinter sich gelassen zu haben; ihre Söhne und Töchter kehren nun zu ihr zurück. Auf Gütern mit ehedem nur einem oder zwei Arbeitern hat man die Zahl der Helfer mehr als verdoppelt, denn die Bedeutung sorgfältigen Rebbaus für die Weinqualität ist offenkundig geworden. Für die französische Wein-Avantgarde ist das wichtigste Utensil nicht mehr die Presse, der Tank oder das Barrique, sondern der *table de tri*, der Sortiertisch. Im Übrigen verfahren viele Weinbauern nach der Devise: je weniger Eingriffe, desto besser.

Önologisch gesehen hat sich Frankreich zu einem riesigen Laissez-faire-Labor entwickelt. Die bewusste Zurückhaltung im Keller geht einher mit drastischen Ertragsbeschränkungen und gesünderen Weinbergen. Sie hat Tropfen von verblüffender Ausdruckskraft und eigentümlicher Schönheit entstehen lassen. Das erfordert oftmals Wagemut: Untätigkeit ist das weinbäuerliche Pendant zu Schwindel erregender Zirkusartistik, bei der sich der springende Trapezkünstler erst im allerletzten Augenblick auffängt. Ich werde jetzt jedoch nicht die Vorzüge winzerischer Zurückhaltung aufzählen – sie lassen sich aus diesem Buch zur Genüge herauslesen. Außerdem würde sie keine Weinfachschule je empfehlen.

Und damit komme ich zur letzten Grundvoraussetzung für wahrhaft guten Wein. In Frankreich steigt die Zahl der Winzer, die ihren Wein selbst anbauen, erzeugen und verkaufen. Welch fatale Folgen eine Trennung dieser Aktivitäten nach sich zieht, kann man am Beispiel der Champagne erkennen (siehe S. 22). Kleine Familienbetriebe haben in den französischen Anbauregionen derzeit Hochkonjunktur, während die Genossenschaften und *négociants* im vergangenen Jahrzehnt arg gebeutelt wurden. Frankreichs Stärke ist die komplexe, zersplitterte Weinlandschaft mit ihren unzähligen Familiengütern. Familien haben Kinder. Kinder treten in die Fußstapfen der Eltern und sorgen so für Kontinuität. Kontinuität wiederum verspricht Nachhaltigkeit und umsichtige Bewirtschaftung der Rebhänge. Familien haben Freiheit bei der Gestaltung der Weine, denn da der Betrieb klein ist, braucht er auch nur einen kleinen Marktanteil zu erobern. Familien gewährleisten eine gesunde, vor Leben strotzende Landschaft, die die Heimatverbundenheit nur vertiefen kann. Und schließlich sorgen Familien für die immense Vielfalt an französischen Weinen. Das mag derzeit vielleicht noch als Nachteil empfunden werden, denn Mode und Wirtschaft haben dem Verbraucher vorgegaukelt, dass seichte Massenware vorzuziehen sei, die in Wirklichkeit weder physisch noch geistig befriedigt. Bei Wein aber entfliehen die Menschen bereitwilliger der Monotonie als bei Erfrischungsgetränken, Elektronik oder Fast Food. Und Frankreich ist der ideale Ort, um die Abtrünnigen aufzunehmen. Komplexität ist kein Problem, sondern eine Tugend. Das Lohnende ist nie leicht zu erreichen, doch allein das Lohnende hat Bestand.

Natürlich hat Frankreich auch einen Makel, und sogar einen gravierenden: Prestige und Image gelten viel zu viel. Pragmatischere Geister drehen sich nur lachend weg, wenn sie mit der absurden Prahlerei, dem Pomp und der Geschwätzigkeit der französischen Weinwerbung konfrontiert werden. Hinzu kommt das haarsträubend komplizierte AOC-System. Frankreich wird in den nächsten Jahren ein weit freundlicheres, zugänglicheres Bild seiner Weinlandschaft präsentieren müssen, wenn es sich gegen die Konkurrenz behaupten will, die allein schon mit einem unkomplizierten Markenimage Verkaufserfolge feiert.

Französischer Wein ist eine ebenso große Errungenschaft wie französische Literatur und französisches Kino. Die Flaschen von Vincent Dauvissat, den Gebrüdern Brunier oder Zind-Humbrecht sind eine ebensolche kulturelle Bereicherung wie die Romane von Zola, die Filme von Renoir oder die Drehbücher und Gedichte von Prévert. Dieses Buch soll Ihnen zeigen, wie viel Leben in der französischen Weinkultur zu Beginn des 21. Jahrhunderts steckt. Vor allem aber soll es Ihre Liebe zum französischen Wein entfachen.

Abkürzungen

Folgende Abkürzungen und Maßeinheiten wurden in diesem Buch häufig verwendet:

% vol. Volumenprozent Alkohol
AOC Appellation d'origine contrôlée
CIVB Comité Interprofessionnel des Vins de Bordeaux
INAO Institut National des Appellations d'Origine
plc plafond limite de classement
SGN Sélection des Grains Nobles
VDN Vin Doux Naturel
VDQS Vin Délimité de Qualité Supérieure

cm Zentimeter
g Gramm
ha Hektar
hl Hektoliter (1 hl = 100 Liter)
l Liter
kg Kilogramm
km Kilometer
m Meter

Hinweis: Ein Besuch bei den in der Sparte „Leute" genannten Erzeugern sollte nur nach vorheriger Anmeldung erfolgen.

▲ Selbst im hellen, luftigen Korsika läuft die Traubenlese nie so sauber und sorglos ab, wie diese Darstellung vorgibt.

Dank

Beim Schreiben dieses Buchs habe ich von vielen Menschen enorme Unterstützung erfahren. Ich hatte eine Liste ihrer Namen zusammengestellt, um ihnen auf dieser Seite zu danken. Kurz vor der Fertigstellung des Buchs allerdings kam mir mein Laptop abhanden – und mit ihm auch die Liste. Ich habe versucht, sie neu aufzuschreiben. Sollte ich trotzdem den einen oder anderen Namen vergessen haben, bitte ich um Entschuldigung.

Besonders danken möchte ich Rebecca Spry für den Auftrag zu diesem Buch; Hilary Lumsden und Gill Pitts für ihre engagierte redaktionelle Arbeit; Jane Aspden für ihre Nachsicht, als das Buch doppelt so lang wurde und das Schreiben sechs Monate länger als veranschlagt dauerte; Jason Lowe für seinen untrüglichen Blick und Catherine Manac'h von Sopexa für die Organisation meiner meisten Recherchebesuche in Frankreich. Ein Dank geht auch an Yasia Williams und Peter Dawson dafür, dass sie Platz fanden, so viele Wörter unterzubringen und das Buch trotzdem so elegant aussehen zu lassen.

Danken möchte ich ferner Eric Aracil, John Arnold, Christine Béhy-Molines, Mike and Liz Berry, Patricia de Bona, Adam Brett-Smith, Ken Brook, Stephen Brook, Stephen Browett ("Come on you Eagles"), Françoise Brugière, Alison Buchanan, Jim Budd, Thierry Cabanne, Lorraine Carrigan, Nathalie Chassard, Jean Clavel, Sabine Cleizergues, David Cobbold, Claire Contamine, Daniel Craker, Clémence de Crécy, Jean-Luc Dairien, Matthew Dickinson, André Dominé, Emmanuel Drion, Robert Drouhin, James Dunstan, Paula Eyers, Jacques Fanet, Debbie Feickert, Harry Gill, Sue Glasgow, Jean-Michel Guiraud, Peter und Christine Hall, Lindsay Hamilton, Adrian Heaven, Rosamund Hitchcock, Maryse Jeannin, Matthew Jukes, Jonathan Kinns, John Livingstone-Learmonth, Wink Lorch, Daniel Lorson, Patrick McGrath, Antony Marrian, Ginny Martin, Fay Maschler, Anne Masson, Jean-Christophe Mau, Patrick Matthews, Matthew McCulloch, Thierry Mellenotte, Chris Mitchell, Fiona Morrison MW, Eric Narioo, Christine Ontivero, Françoise Peretti, Sue Pike, Michel Pons, Rupert Ponsonby, Tuukka Puolakka, Florence Raffard, Christophe Reboul-Salze, Dominique Renard, Jancis Robinson MW, Anthony Rose, Sophie Roussey, Johana Salanson, Michael und Monica Schuster, Christian Seeley, Tina Sellenet, Michel Smith, Bernard Sonnet, Peter Stone, Charles und Philippa Sydney, Charles Taylor, Jacques Thienpont, Gaylene Thompson, Dominique Vrigneau, Frank Ward, Michael Warlow, Jessica Worsley und Philippe Verdier. Für etwaige Fehler in diesem Buch bin ich allein verantwortlich.

Frankreichs Weinrecht

Bürokratisches Bollwerk Frankreichs Weingesetze fußen auf dem Eigentumsrecht. Mit ihnen will man Betrug verhindern, den Unternehmungsgeist fördern und die Erforschung des Terroir in feste Bahnen lenken.

Seit über 2000 Jahren werden in Frankreich Trauben zu Wein gekeltert. Die allermeiste Zeit gab es für die Weinherstellung keinerlei Regeln – noch weniger als im heutigen Australien, Chile oder Kalifornien. Man konnte alles überall anbauen und daraus irgendetwas machen. In diesem Chaos waren manche Weine besser als andere und konnten entsprechend teurer verkauft werden. Gelegentlich ergab sich daraus sogar eine Art Reglementierung. So verbannte Philipp der Kühne 1395 die Gamay-Traube von der Côte d'Or.

Das französische Weinrecht ist noch jung – das darf man nicht vergessen, wenn man sich mit ihm befasst. Französischer Wein entstand aus der Anarchie und entwickelte sich zu einem ausgefeilten Produkt. Als die Weinmakler von Bordeaux 1855 die besten Lagen des Médoc in fünf Qualitätsstufen unterteilten, gab es kein Weingesetz, das etwas über Rebsorten oder Erträge aussagte. Nicht einmal die Grenzen des Médoc wurden genau umrissen. Im Geflecht der Appellationen von Burgund spiegelt sich das Wissen einheimischer Winzer der letzten 500 Jahre wider. Schon die Römer wussten, dass sich die Côte Rôtie vorzüglich für den Rebbau eignete, lange bevor es Frankreich gab.

Wozu also Gesetze?

Maschinen waren der Grund: Dampfmaschinen, Dieselmotoren, Schiffe und Eisenbahnen. In den 2000 Jahren davor war der verderbliche Rebensaft in den allermeisten Fällen ein Lokalprodukt gewesen. Mit dem Siegeszug moderner Fortbewegungsmittel aber begann Wein zu reisen. Natürlich hatte man die feinsten Kreszenzen auch vor der industriellen Revolution schon in ferne Gegenden transportiert. Doch nun wurde es gang und gäbe. Wenn man Wein aber an einem Ort bereitete und kurz darauf an einem anderen verkaufte, konnte man nicht mehr sicher sein, dass er wirklich das war, was er vorgab zu sein. Man konnte betrügen. Und tat das auch nach Kräften, vor allem nach den von Mehltau und Reblaus verursachten Verheerungen in der zweiten Hälfte des 19. Jahrhunderts.

Die ersten Versuche Frankreichs zur Bekämpfung der Weinfälschung waren zum Scheitern verurteilt. Mit dem Gesetz vom 1. August 1905 erkannte man zwar einigen Anbaugebieten, darunter auch Bordeaux, einen Schutzstatus zu, legte jedoch nur allgemeine geographische Grenzen fest. Die Qualität schwankte stark, die Betrügereien setzten sich fort und man hatte dagegen keine Handhabe.

Das Gesetz vom 6. Mai 1919 räumte Winzern die Möglichkeit ein, einen Appellationsstatus zu beantragen, über den eine Jury entschied. Wer seine Weine fortan unberechtigt mit einem Appellationssiegel schmückte, musste mit Strafe rechnen. Ein wichtiges Prinzip des französischen Weinrechts war geboren: Ortsbezeichnungen gehören einer Winzergemeinschaft.

Per Gesetz vom 27. Juli 1927 wurden den Appellationen erstmals feste Produktionsmethoden verordnet. Ihre genaue Festlegung indes überließ man einem Ausschuss. Der Status der *appellation d'origine* als Gemeingut wurde damit bekräftigt. Doch auch dieser Versuch einer Reglementierung schlug fehl, denn die Vielzahl der Appellationsansprüche mündete in Verwirrung und Chaos. Da vielerorts enorme Überschüsse produziert wurden, missbrauchte man den Appellationsstatus, um die bei Überproduktion vorgeschriebene Zwangsdestillierung und Zahlung von Strafabgaben zu umgehen.

Wieder intervenierte der französische Staat, diesmal mit dem Gesetz vom 30. Juli 1935. *Appellations d'origine* bekamen den Zusatz *contrôlée* (AOC). Man richtete eine eigene Kontrollbehörde ein, das Institut National des Appellations d'Origine (INAO). Die treibende Kraft hinter dieser Neuordnung war der ehemalige Landwirtschaftsminister Joseph Capus; er wurde zum ersten Präsidenten des INAO ernannt.

Halten wir für einen Augenblick inne, bevor ich ausführlich auf das französische Weinrecht eingehe. Denn ich möchte eine Lanze für diese Gesetze brechen. Sie werden derzeit viel kritisiert – und manches Mal auch mit Recht. Dennoch erachte ich sie für sehr nützlich. Sie halten nicht nur die hehren Ziele der Französischen Revolution hoch, sie trotzen auch den Auswirkungen des Kapitalismus und den Perversionen des freien Markts. Gerade deshalb hat französischer Wein die Raffinesse, Schönheit und Komplexität erreicht, die zu seinen Markenzeichen geworden sind.

Der unschätzbare Wert des AOC-Systems wird erst jetzt allmählich deutlich. Ihm liegt nämlich die Vorstellung von der Appellation als winzerischem Allgemeingut zugrunde. Kleine, wirtschaftlich anfällige Betriebe dürfen also über eine bestimmte Bezeichnung verfügen, die oft in aller Welt berühmt ist. Wer gewisse Regeln beachtet, die in vielen Fällen nichts weiter als die Kodifizierung der Erkenntnisse aus mehreren hundert Jahren landwirtschaftlichen Forschens sind, kann einen Wein erzeugen, der in jedem Land der Welt in seinen unverwechselbaren Eigenschaften erkannt und verstanden wird. Bis man die Gipfel der französischen Weinlandschaft erklimmt, ist die Appellationsbezeichnung sogar wichtiger als der eigene Name. Und hat man endlich Berühmtheit erlangt, wird man weiter versuchen, seinen Wein so wenig wie möglich zu beeinflussen. Denn schließlich soll er vor allem die Charakteristiken des Landes zum Ausdruck bringen, das einem für kurze Zeit anvertraut wurde.

Man schützt also das Allgemeingut. So etwas hat Seltenheitswert in einer Welt, in der selbst Erbgut patentiert und zur Mehrung des persönlichen Profits verwendet werden kann. Und besonders rar ist es in der Weinwelt, die von der Gleichschaltungsgier der „Marken" regiert wird. Marken sind all das, was Appellationen nicht sind. Sie

„Der bezaubernde Landstrich, den ich heute Morgen gesehen habe, besteht aus 20 bis 30 Gehöften und ihrem Land. Miller besitzt diesen Acker, Locke jenen und Manning den Wald dahinter. Doch keinem gehört die Landschaft. Über den Boden erstreckt sich ein Besitztum, das nur der sein Eigen nennen darf, dessen Augen es in seiner Gesamtheit erfassen: der Dichter. Es ist der beste Teil der Höfe dieser Menschen, und doch gibt ihnen ihre Besitzurkunde kein Anrecht darauf."

RALPH WALDO EMERSON, *DIE NATUR* (1836)

Das AOC-Siegel adelt diese Trauben aus Maury – und öffnet ihnen zugleich das Tor zu den internationalen Märkten.

befinden sich in Privatbesitz und müssen maximalen Gewinn für ihre hart konkurrierenden Besitzer abwerfen. Appellationsweine hingegen führen eine fröhliche Koexistenz; sie betonen lediglich ihre Andersartigkeit. Marken bieten Beständigkeit und Verlässlichkeit, was kein Appellationswein je tun wird – dazu ist er zu sehr den Launen der Natur im Jahreslauf unterworfen. Der Geschmack von Markenweinen wird für größtmögliche Verbraucherakzeptanz entworfen, der von Appellationsweinen von Lage und Wetter vorgegeben. Der Erfolg von Marken wird am Gewinn gemessen, der von Appellationsweinen innerhalb der örtlichen Gemeinschaft beurteilt. Appellationen sind also alles andere als Marken, obwohl ihr oft hohes Renommee beim Verbraucher sie zu idealen Waffen im Kampf gegen die Dominanz der Marken macht.

So funktioniert das französische Weinrecht

Französischer Wein lässt sich in vier Kategorien unterteilen: Vin de table (Tafelwein), Vin de pays (Landwein), Vin délimité de qualité supérieure (VDQS-Weine oder Weine bestimmter Anbaugebiete) und Vin d'appellation d'origine contrôlée (AOC-Weine oder Qualitätsweine).

Den meisten Lesern dieses Buchs wird kaum je französischer *vin de table* begegnen. Dabei handelt es sich fast ausnahmslos um Weine von minderer Qualität, die zu Dumpingpreisen veräußert werden. Auf dem Etikett ist weder eine Traubensorte noch der Name der Herkunftsregion, ja, nicht einmal der Jahrgang erwähnt. Guter Landwein entsteht nur, wenn sich ein Erzeuger in einem Anbaugebiet ohne Alternative zur AOC (etwa in Bordeaux, Burgund oder dem Elsass) nicht an die Appellationsvorschriften hält. *Vin de table* wird außerdem zur Erzeugung von Süßwein in Regionen ohne Süßweintradition verwendet.

Die VDQS-Kategorie wurde in den 1950er-Jahren als eine Art Warteraum bzw. Testgelände für AOC-Anwärter geschaffen. Die zwölf Subappellationen der Coteaux du Languedoc etwa begannen ihre Karriere 1963 als VDQS, bevor sie 1985 formell zur AOC zusammengeschlossen wurden. Das INAO wollte die Rangstufe schon abschaffen, nachdem 1990 den meisten ehemaligen VDQS-Regionen am Mittelmeer AOC-Status eingeräumt worden war. Schließlich entschied man sich aber doch für deren Beibehaltung, quasi als Anreiz für Landweinregionen, AOC-Weihen anzustreben. Côtes de Millau beispielsweise avancierte 1994 vom Vin du pays zum VDQS, Coteaux de Quercy wurde 1999 befördert und Vin de pays de St-Sardos sowie Vin de pays de la Meuse haben einen entsprechenden Antrag gestellt.

Trotz alledem aber ist die VDQS-Kategorie klein und unbedeutend.

Weit wichtiger sind die Rangstufen Vin de pays und AOC. Zunächst soll auf die AOCs eingegangen werden, da die Vin-de-pays-Kategorie in vielerlei Hinsicht bewusst als Gegensatz zur AOC definiert wurde.

Grundlage des französischen AOC-Systems ist das Terroir (Näheres dazu auf S. 16–21). Mit den AOC-Vorgaben will man gewährleisten, dass das Terroir in den Weinen der einzelnen Appellationen so klar wie möglich zum Ausdruck kommt. Werden die Vorschriften geändert oder Entscheidungen über die Zulässigkeit bestimmter Techniken gefällt, steht für das INAO stets der Schutz des Terroir im Vordergrund.

Bei der Festlegung einer bestimmten Appellation beginnt man logischerweise mit dem Abstecken der geographischen Grenzen. Geologische Besonderheiten spielen dabei eine wichtige, doch keineswegs die einzige Rolle. Hangneigung, Ausrichtung und Klimafaktoren werden ebenfalls berücksichtigt, außerdem manche politischen Grenzen. Die Festlegung von Anbaubereichen geht nicht so einfach und klar vonstatten, wie der bunte Farbteppich auf Weinkarten vielleicht vermuten lässt. Grenzen werden in der Regel mühsam Parzelle um Parzelle erarbeitet. Zuweilen sind die Demarkationen überdeutlich sichtbar, etwa in der Champagne, wo einer der wertvollsten Weinberge der Welt an einem sanft geneigten Hang ohne erkennbaren Grund aufhört und einem schmutzigen Zuckerrübenacker Platz macht. Andernorts wiederum kann man die Übergänge weit weniger deutlich erkennen, vor allem wenn das AOC-System innerhalb einer Region noch einmal hierarchisch untergliedert ist, wie z. B. in Burgund. Im natürlichen Amphitheater der AOC Chablis Grand cru ziehen sich die Rebhänge fast übergangslos den Hang hinauf und über den Kamm bis auf das Plateau dahinter. Irgendwo dort oben wird Chablis Grand cru zu dem drei Kategorien niedriger eingestuften Petit Chablis – doch wo das der Fall ist, erschließt sich dem unbeteiligten Spaziergänger nicht. Natürlich sind harte Demarkationslinien immer ein Kompromiss, denn die Realität des Terroir kennt nur fließende Übergänge. So wird man zur Grenze hin auf der einen Seite schwächeren Grand cru Chablis und auf der anderen exzellenten Petit Chablis finden.

Auch für die Rebsorten gibt es feste Vorschriften, wobei manchmal der für einen Verschnitt zulässige Mindest- und Höchstanteil vorgegeben ist. In der Regel werden nur traditionelle Trauben zugelassen, die in der Region seit vielen Jahren kultiviert werden. „Tradition ist ein Experiment, das funktioniert hat", meinte Emile Peynaud einmal.

Das Evangelium nach Joly

Die vielleicht radikalste, ganzheitlichste und poetischste Definition der Appellation stammt von Nicolas Joly. Der überzeugte Biowinzer ist Besitzer der uralten Einzellage Coulée de Serrant, die einen Unterbereich der AOC Savennières bildet (siehe S. 55). Joly zufolge formen alle Lebewesen eines Gebiets – Vögel, Blumen, Büsche, Insekten, die einheimischen Kuhrassen mit ihrem Dung – die Identität einer AOC. „Das Leben eines Fleckchens Erde zu unterstützen heißt, die Vielfalt zu mehren und die Einförmigkeit zu mindern", schreibt er in seinem Buch Beseelter Wein *(Hallwag, 1998).*

Als Verfechter des biologisch-dynamischen Weinbaus zieht Joly den Mikrokosmos ebenso in Betracht wie „die atmosphärische und solare Welt", die ebenfalls Teil der Umwelt ist. Natürlich entzieht sich ein solch komplexes Geflecht verschiedenster Faktoren dem Gesetzgeber. Joly sieht im Schutz und in der Förderung dieser natürlichen, ortstypischen Faktoren eine moralische Pflicht des Winzers. Er müsse den Irrlehren der Chemie abschwören und die Auswirkungen von Elektrosmog und Luftverschmutzung mildern, die alle Teil einer vom Menschen gemachten Umwelt sind und das „Leben eines Orts" deformieren, erodieren und zerstören. Das Ergebnis ist nicht notwendigerweise ein besserer, aber ein „ehrlicherer" und „authentischerer" Wein.

Dabei ist das System nicht so starr, wie seine Kritiker manchmal meinen. Das Rebensortiment einer AOC wird bisweilen bewusst verändert, um die Bedeutung weniger interessanter Trauben zu schmälern (etwa das Lesegut von jungen oder im Flachland angebauten Carignan-Stöcken) und viel versprechende, nicht traditionelle Varietäten zu fördern (z. B. Syrah im Languedoc).

Auch die Bestockungsdichte ist festgelegt. Die Faustregel lautet: je dichter, desto besser, denn eine enge Bepflanzung geht mit niedrigen Erträgen pro Rebstock einher. Vorgegeben werden ferner Erziehungs- und Schnitttechniken. Selbst die Erträge unterliegen Beschränkungen. Dabei variieren sie von Appellation zu Appellation nicht unbeträchtlich: Während sich Châteauneuf-du-Pape 35 Hektoliter pro Hektar (hl/ha) auferlegt, lässt man im Elsass 80 hl/ha zu. Die Obergrenzen spiegeln auch nicht unbedingt die Realität wider, denn der vorgeschriebene Höchstertrag ist lediglich ein *rendement de base*, ein Grundertrag, der nach einem viel versprechenden Jahrgang auf einen *rendement annuel*, einen Jahresertrag, angehoben werden darf. So konnte man in den Côtes du Rhône den Grundertrag in einem guten Jahr von 50 hl/ha auf 60 hl/ha erhöhen. Doch das war noch nicht alles. Einzelne Erzeuger durften unter bestimmten Umständen einen Zuschlag von weiteren 20% fordern (den so genannten *plafond limite de classement*, abgekürzt plc), etwa wenn der Verkostungsausschuss all ihre Weine für gut befand. Ein Winzer von den Côtes du Rhône konnte also einen Ertrag von 72 hl/ha verwerten! Es gab aber durchaus gewichtige Gründe für diese flexible Auslegung: Große Jahrgänge sind oftmals ertragreiche Jahrgänge. Der gute 2000er erbrachte in Bordeaux weitaus mehr Lesegut als der schwache 1997er – die Natur kümmern vom Menschen festgelegte Grenzen nun einmal wenig. Das System wurde allerdings missbraucht, wie das INAO feststellen musste. Deshalb hat man 1993 den *rendement butoir* eingeführt, wörtlich „Ertragspuffer". Er liegt etwa 20% über dem Grundertrag und darf unter keinen Umständen überschritten werden.

In Bordeaux testet man gegenwärtig ein weiteres System namens *rendement moyen décennal* (rmd). Das heißt, dass der *rendement de base* zwar unumstößlich ist, aber für ein ganzes Jahrzehnt festgelegt wird. Er darf damit von Saison zu Saison unterschiedlich hoch ausfallen, Hauptsache, nach zehn Jahren stimmt unter dem Strich die Bilanz. In schlechten Jahren haben die Winzer also einen starken Anreiz, die Erträge zu senken (und damit die Qualität zu steigern), weil sie die Differenz zum Höchstertrag dann in einem guten Jahr aufschlagen können, wenn der Wein besser ausfällt und sich voraussichtlich zu einem höheren Preis verkaufen lässt.

Einige Appellationen (etwa das Beaujolais, die Champagne, Monbazillac, Bandol und die Coteaux du Layon) verbieten die maschinelle Lese; in der Regel aber überlässt man diese Entscheidung den Weinbauern. Vorgegeben werden hingegen die Mindestreife und der Alkoholgehalt, außerdem das Ausmaß der Chaptalisierung und Säuerung. Beides gleichzeitig ist generell verboten: Im Norden darf man chaptalisieren, aber nicht säuern, und im Süden säuern, aber nicht chaptalisieren. In einigen Appellationen regelt man zudem manche Bereitungsverfahren wie das Entrappen der Trauben, die Verwendung ganzer Beeren beim Pressen bzw. der Vinifikation oder bestimmte Pressverfahren, um verschiedene Arten Saft zu erhalten. Viele AOCs geben ferner eine Mindestausbauzeit vor.

So entsteht ein vielschichtiges, komplexes und sehr bürokratisches System. Auf der folgenden Seite sind einige Einwände dagegen aufgeführt. Das Idealziel des französischen Weinrechts aber ist es, dafür zu sorgen, dass die besten Weine des Landes unter einem regionalen Gütesiegel in Gemeinschaftsbesitz verkauft werden. Wer einen AOC-Wein kauft, erwirbt den wahren, gesetzlich geschützten und kontrollierten Duft und Geschmack eines Terroir.

Die für Vin de pays geltenden Vorgaben sind dagegen vergleichsweise locker, wenn auch nicht gerade unkompliziert. Es gibt zwar nur eine Art von AOC, doch drei Vin-de-pays-Kategorien: Landweine aus einer Region, einem Departement und einer Anbauzone.

Regionale Vins de pays stammen aus einem von insgesamt vier sehr ausgedehnten Bereichen, in die Frankreichs Weinlandschaft grob unterteilt wird: Vin de pays du Jardin de la France (die Loire), Vin de pays des Comtés Rhodaniens (ein Großteil des Rhônetals, des Beaujolais, des Jura und Savoyens), Vin de pays du Comté Tolosan (der französische Südwesten ohne Bordeaux) und Vin de pays d'Oc (das Languedoc).

Departementale Vins de pays kommen aus einem Departement, in dem Weinbau betrieben wird. Zu den bekanntesten Departement-Landweinen zählen die Vins de pays de l'Hérault und die Vins de pays de l'Aude, die beide zum Languedoc gehören.

Diese beiden Kategorien stellen eine radikale Abkehr vom AOC-System dar, denn das Terroir spielt bei ihnen nicht unbedingt eine Rolle. Sie sind zwar nicht völlig bar jeden geographischen Charakters, denn die Witterung prägt sie in gewisser Weise: Vins de pays du Jardin de la France etwa sind typische Weine aus einem kühleren Klima, während Vins de pays de l'Hérault immer einen mediterranen Einschlag haben. Nichtsdestotrotz räumen die Bestimmungen den Erzeugern beträchtliche Freiheiten ein, unter anderem bei der Auswahl der Rebsorten. Wenn von Frankreichs „Neuer Welt" die Rede ist, meint man in der Regel diese beiden Rangstufen.

Bei der dritten Kategorie, den zonalen Vins de pays, spielt das Terroir bereits eine Rolle, wenngleich auf einem recht rudimentären Niveau. Rund hundert dieser kleinen Anbauzonen gibt es in Frankreich, die meisten davon in der südlichen Hälfte. Viele sind so gut wie unbekannt oder stehen auf keinem Etikett, einige wenige indes haben es zu internationalem Ansehen gebracht, so z. B. Vins de pays des Côtes de Gascogne.

Insgesamt aber haben die regionalen und departementalen Weine die Nase vorn. Das überrascht nicht, ist aber beklagenswert, denn manche obskuren Köstlichkeiten unter den zonalen Vins de pays verkörpern den Landwein schlechthin. Vielleicht machen sich einige sogar auf den langen Weg zum AOC-Ruhm. Oder sie verschwinden völlig in der Versenkung. Der Weinmarkt ist ein hartes Geschäft.

Existieren für Vins de pays überhaupt Vorschriften? Ja, doch nicht in dem Maße wie für AOC-Weine. Es gibt empfohlene Rebsorten – bei zonalen Landweinen sind das in der Regel einheimische Trauben, bei departementalen und regionalen kommen noch einige „internationale" Reben französischen Ursprungs hinzu, etwa Chardonnay, Sauvignon blanc, Cabernet Sauvignon und Merlot. Die Erträge sind auf 90 hl/ha begrenzt; bei manchen zonalen Vins de pays liegen sie sogar etwas niedriger. Der Mindest- und Höchstgehalt an Alkohol ist ebenso vorgegeben wie der Anteil an Schwefel und flüchtiger Säure. Außerdem werden alle Vins de pays vor dem Verkauf verkostet.

Die meisten Vins de Pays sind geradlinige Sortenweine, die unter der Bezeichnung der jeweiligen Region bzw. des Departements in den Handel gelangen. Lediglich ein kleiner Prozentsatz ist den zonalen Landweinen zuzuordnen, in denen die Eigenheiten des Terroir etwas zum Tragen kommen. Theoretisch könnten sich viele Weinbergbesitzer in den AOC-Bereichen die Vin-de-pays-Vorschriften zunutze machen und „alternative" Weine aus internationalen Rebsorten bereiten. Erstaunlicherweise schlagen nur wenige diesen Weg ein. Der Grund dafür liegt auf der Hand: Frankreichs Landweine kämpfen derzeit mit Umsatzschwierigkeiten. Wo Chardonnay, Cabernet und Sauvignon blanc das Feld beherrschen, haben sie einen schweren Stand. Bei all den Mängeln des AOC-Systems hingegen entstehen in Frankreich nach wie vor Tropfen, deren Charakter weltweit einzigartig ist.

Im Kreuzfeuer

Frankreichs Weingesetze werden jenseits der Grenzen von Journalisten, Händlern und der ausländischen Konkurrenz viel gescholten. Interessanterweise aber sind die meisten französischen Winzer, denen ich begegnet bin, mit dem System zufrieden. Nachfolgend die zehn häufigsten Kritikpunkte – und dazu einige Gegenargumente, die ich bei Gesprächen mit Beamten und Weinbauern gehört habe.

Das französische Weinrecht erstickt jede Kreativität

Dieses Argument bekommt man meist von internationalen Journalisten und Weinmachern der Neuen Welt zu hören. Es will ihnen nicht in den Kopf, dass französische Winzer auf ihren AOC-Anbauflächen nicht jede beliebige Rebsorte pflanzen können. Warum zum Beispiel darf in den besten Lagen des Médoc kein Chardonnay wachsen? Wäre es nicht herrlich, einmal Merlot zu genießen, der an den Hängen der Côte Rôtie herangereift ist?

Die Besitzer der größten Grand-cru-Lagen Frankreichs haben meist gar kein Interesse daran, mit neuen Sorten zu experimentieren. Es scheint ihnen zu reichen, dass ihre Vorfahren im Lauf von Jahrhunderten bereits die optimalen Lösungen für Lage und Böden gefunden haben. Sie können sich nicht vorstellen, dass andere Weine ihnen ein besseres Auskommen sichern. Womit sie wohl Recht haben.

Diese Kritik wird manchmal von Winzern in weniger gefragten AOCs oder aber Anbaugebieten vorgebracht, in denen man noch an den Vorschriften feilt. Ein hochgelobter Erzeuger in Faugères beispielsweise möchte gern reinsortige Syrah-Erzeugnisse bereiten, muss seinen Weinen aber per Gesetz etwas Mourvèdre und Grenache hinzufügen.

Ich habe Jacques Fanet vom INAO darauf angesprochen, dass ein Winzer mit hervorragenden Schieferböden in Faugères sehr gerne den besten Erzeugern von sortenreinem Shiraz bzw. Syrah in Australien und Kalifornien Paroli bieten würde; allerdings müssten dazu die Voraussetzungen gleich sein. „Kein Problem", meinte Fanet. „Wenn er das will, kann er jederzeit *vin de pays* bereiten." Frankreichs Erzeuger scheinen allerdings nach wie vor den Schutz der AOC dem mit einem zweifelhaften Ruch behafteten Landweinstatus vorzuziehen.

Die wahre Schwäche des französischen Weinrechts ist das Fehlen einer Vin-de-pays-Zone in einigen entscheidenden Anbaugebieten wie Bordeaux, Burgund und dem Elsass. Wenn dort wirklich einige Winzer einen unkonventionellen Pfad einschlagen wollen (was im Elsass bereits der Fall ist und in Bordeaux wünschenswert wäre), bleibt ihnen nur die restriktive Vin-de-table-Kategorie.

Das französische Weinrecht ist protektionistisch

Diese Kritik hört man oft von der ausländischen Konkurrenz. Der französische Weinbau, so heißt es, werde von der EU und vom eigenen Staat unterstützt. In Frankreich arbeiten rund eine halbe Million Menschen in der Weinindustrie. Das sind 30% der in der Landwirtschaft Beschäftigten; viele davon leben in den krisenanfälligen ländlichen Gemeinden. Angesichts dieser Zahlen ist es nur verständlich, dass der Erhalt einer gesunden Weinwirtschaft einen wichtigen Teil der französischen Sozialpolitik darstellt.

Obendrein ist Frankreichs Weinkultur, die sich im Appellationssystem lediglich in abstrakter Form widerspiegelt, nicht nur ein nationaler Schatz, sondern ein kostbares Erbe der gesamten Menschheit. Die freie Marktökonomie höhlt kulturellen Reichtum oft zugunsten des wirtschaftlichen Erfolgs aus. Das haben alle politischen Kräfte in Frankreich ebenso erkannt wie die Notwendigkeit, kulturelle Errungenschaften zu schützen.

Französisches Weinrecht liefert keine Qualitätsgarantie

Appellationen sind *d'origine contrôlée*, von kontrollierter Herkunft, und nicht *de qualité garantie*, von garantierter Qualität – dessen sollte man sich bewusst sein. Das oberste Ziel der französischen Weingesetze ist die Wahrung des einmaligen Charakters eines Anbaugebiets. Das Streben nach Qualität hingegen obliegt dem einzelnen Erzeuger. „Uns ist klar geworden, dass wir nicht der einzige Fisch im Teich sind und dass wir unsere Qualität verbessern müssen, um wettbewerbsfähig zu bleiben", räumte Michel Pons von ONIVINS ein. Da alle französischen Weine vor dem Verkauf degustiert werden, sind die immer wieder vorkommenden Qualitätsmängel beschämend. Das INAO arbeitet hart daran, den Standard des *agrément*, des Zulassungsverfahrens, zu heben.

Die Erträge sind zu hoch

„Das ist ein Dauerproblem", meint Jacques Fanet. „Und es lässt sich nicht einfach lösen." In allen Appellationen hat man nach den Spitzenwerten von 1988, 1989 und 1990 die Obergrenze gesenkt. Doch eine weitere Verringerung der Erträge ist notwendig, vor allem in Regionen wie der Champagne und dem Elsass. Das wissen auch das INAO und ONIVINS.

Das Weinrecht ist zu kompliziert

Aus der Sicht des Normalverbrauchers trifft das zweifellos zu. Die Komplexität der Regeln ist allerdings nur ein getreues Abbild der kulturellen Entwicklung, also der menschlichen Errungenschaften aus Hunderten von Jahren. Auch Shakespeares Stücke oder Bachs Kompositionen können als kompliziert bezeichnet werden – und doch genießen die Menschen sie, ohne jeden Monolog oder jede Fuge bis in alle Nuancen zu verstehen. Vereinfachung wäre Verrat und Verarmung. Ein Quäntchen Verständnis reicht schon aus, um das Tor zu einer Welt voll Neuentdeckungen und Genüssen aufzustoßen. Weit schlimmer als die komplizierten Regeln ist das katastrophale Unvermögen der Verantwortlichen, französischen Wein zu erklären und zu fördern.

Das französische Weinrecht ist inkonsequent

Dieser Vorwurf wird oft geäußert, wenn innovative Winzer für unorthodoxe Praktiken in Weinberg oder Keller bestraft werden (etwa für Fassvergärung und Holzausbau im Elsass), während die Nachlässigkeit derer, die sich wenig um Qualität scheren, ungeahndet bleibt. Zuweilen hinkt das französische Weinrecht in der Tat dem technologischen Fortschritt hinterher. Warum werden Plastikfolien zum Schutz der Rebstöcke vor übermäßigem Herbstregen geächtet, Umkehrosmosegeräte und Vakuumverdampfer zur „Konzentration" von Most, den der Regen verdorben hat, aber erlaubt?

Viele Einwände sind durchaus berechtigt. Alle Rechtssysteme (und die damit zusammenhängende Bürokratie) reagieren träge oder sogar antagonistisch auf Veränderungen. Langfristig müssen sie sich allerdings anpassen, wenn sie nicht scheitern wollen. Und das französische Weinrecht ist keine Ausnahme. Wenn es überleben und gedeihen will, muss es sich mit Innovationen arrangieren – natürlich immer vorausgesetzt, dass das Heiligtum „Terroir" unangetastet bleibt. Und deswegen wurden auch Plastikfolien in den Weinbergen geächtet, denn sie lassen keinen Regen mehr zu den Rebwurzeln und verändern damit den Boden. Mit der Konzentration wässriger Moste im Keller hingegen, so das Argument, konzentriere man das Terroir im Grunde nur. Ansichtssache? Entscheiden Sie selbst.

Das französische Weinrecht ist verbraucherfeindlich

Dieser herbe Vorwurf ist berechtigt. Frankreichs Weingesetze sind ein Problem, das man schleunigst lösen sollte, wenn man gegenüber den erfolgreichen Markenweinen aus der Neuen Welt konkurrenzfähig bleiben will. Besonders unsinnig erscheint die immer wieder heiß diskutierte Weigerung des INAO, bei AOC-Weinen die Nennung der Rebsorten auf dem vorderen Etikett zuzulassen. Sie gilt als Marketing-Torheit ersten Ranges, denn die meisten Verbraucher in allen großen französischen Exportmärkten orientieren sich beim Kauf an der Traube. Nach Auskunft von Jacques Fanet vom INAO besteht man bei außerhalb Frankreichs veräußerten AOC-Weinen nicht auf der Einhaltung dieser Vorschrift, was mir als vernünftiger Kompromiss erscheint.

Die Grenzen vieler AOCs wurden zu nachlässig gezogen

Hintergrund dieser Kritik ist vor allem die enorme Ausweitung der Anbaufläche erfolgreicher AOCs wie Chablis und Côte Rôtie. Natürlich wird dieses Thema überall dort kontrovers diskutiert, wo Grenzen zu ziehen sind, wie auch Australien im Falle von Coonawarra feststellen musste. In der Champagne kam es deshalb sogar zu Straßenkrawallen.

Ob die Kritik berechtigt ist, muss von Fall zu Fall entschieden werden. Die Côte Rotie gehört derzeit zu den meistbewunderten AOCs in Frankreich, weshalb ihre Ausweitung eigentlich als Erfolg anzusehen ist. Chablis hat wirtschaftlichen Erfolg, doch nicht jeder Wein aus diesem Anbaugebiet ist von hoher Qualität. Die Ursache liegt jedoch oft mehr in schlechtem Weinbau und sorgloser Bereitung als in der Herkunft der Trauben begründet, wie beispielhafte Erzeuger von Petit Chablis beweisen. Zuweilen bringt die Neuordnung einer AOC aber auch eine Schrumpfung mit sich: In St-Joseph beispielsweise wurde die Anbaufläche in den letzten Jahren um ein Drittel verringert.

Wer gegen Vorschriften verstößt, kommt davon

Wo immer es Gesetze gibt, werden sie übertreten. Der Zeitschrift *La Revue du Vin de France 449* zufolge wird bei bis zu sechs Prozent der Weine getrickst, wobei nur ein winziger Bruchteil der Betrügereien (0,01 %) ans Tageslicht kommt. Zu den gängigsten Verstößen gehören übermäßige bzw. unzulässige Chaptalisierung und der Verkauf gewöhnlicher Tafelweine unter klangvollen AOC-Namen. Die Opfer sind meist die französischen Abnehmer, denn manipuliert wird für gewöhnlich auf örtlicher Ebene. Überhaupt werden die schlechtesten Weine fast ausnahmslos an nicht wählerische, auf ein Schnäppchen versessene Käufer im Inland verscherbelt.

Die meisten Weine schmecken gar nicht nach Terroir

Terroir, habe ich australische Weinmacher sagen hören, ist nur eine Ausrede für schlechte Bereitung. Sie wollen damit sagen: Wenn ein französischer Wein statt nach frischer, reifer Frucht nach Pappe schmeckt, dann heißt man das „Terroir". Mit diesem Marketingtrick bringt man Machwerke unter die Leute, die eigentlich weggeschüttet gehören. In einigen Fällen ist diese Kritik sicher berechtigt.

Kaum jemand aber wird bestreiten, dass die größten Tropfen der meisten AOCs tatsächlich einen ausgeprägt regionalen Charakter aufweisen, selbst wenn sie nicht immer den fantasievollen Beschreibungen in manchen Weinbüchern entsprechen. Ein fachkundiger Verkoster kann problemlos zwischen Roten aus Margaux und Pauillac unterscheiden, obwohl die beiden Bereiche nur einige Kilometer auseinander liegen und dieselbe Verschnittformel verwenden. Das Terroir ist kein Hirngespinst; vielmehr sollte sich jeder französische Winzer nach Kräften bemühen, dessen Charakter möglichst deutlich herauszuarbeiten. Die meisten versuchen es – nicht allen gelingt es.

SAFER: Hilfe oder Hindernis?

SAFER – mit diesem Reizwort kann man das Blut französischer Winzer zum Kochen bringen. Hinter der Abkürzung verbirgt sich die Société d'Aménagement Foncier et d'Etablissement Rural. Bei einem Kurzbesuch in Burgund hörte ich mehrere Erzeuger fürchterlich auf SAFER schimpfen. „Ça me fait chier" (ich finde es zum Kotzen), tobte ein gefeierter Winzer von der Côte d'Or, der vor kurzem Land im Mâconnais gekauft hatte. „Wenn ich noch einmal vergrößern will, gehe ich ins Ausland." Ein anderer behauptete, dass das System gute Winzer bestrafe und vor den Kopf stoße, außerdem eine Qualitätsverbesserung verhindere. Der renommierte Négociant Robert Drouhin legte aus Protest über die SAFER-Politik sogar seinen Posten im regionalen Winzerverband BIVB nieder.

SAFER heißt das Amt für Bodenplanung und landwirtschaftliche Investitionen. Es soll die Landflucht und die Konzentration landwirtschaftlicher Unternehmen verhindern. „Der Staat", meint Jean-Luc Dairien von ONIVIN, „sieht zehn Domänen mit einem Hektar lieber als eine mit zehn Hektar. Das war in den letzten 40 Jahren die Regierungspolitik, egal welche Partei das Sagen hatte. Natürlich greift SAFER in den freien Markt ein. Aber: „Wenn man die Marktkräfte ungehindert walten lässt", räumt sogar Dairien ein, „gewinnt stets das Kapital."

SAFER überwacht landwirtschaftliche Transaktionen. Geht ein Betrieb von einer Generation in die nächste über, ist das Amt zufrieden. Wird Agrarbesitz hingegen veräußert, möchte SAFER zunächst einmal etwas über den potenziellen Käufer erfahren. SAFER kann den Kauf verhindern, wenn es zu der Auffassung gelangt, dass er nicht mit den erwähnten Zielsetzungen vereinbar ist. Es kann das Land selbst aufkaufen (zum „marktüblichen" Preis, versteht sich, der durchaus niedriger sein kann als der bereits ausgehandelte) und den Grund ganz oder in Teilen wieder an andere, ihm genehme Abnehmer veräußern. Beispiel: Eine Baugesellschaft möchte in der Provence einen Hang mit 110 Jahre alten Olivenbäumen erwerben, um darauf ein Luxushotel zu bauen. SAFER würde darauf bestehen, das Stück Land selbst zu erwerben, und zwar zum marktüblichen Preis für einen Olivenhain und nicht für einen Baugrund. Dann würde es den Hang – vielleicht in drei Parzellen geteilt – an ein Trio junger, mit spärlichen Mitteln ausgestatteter Möchtegern-Olivenbauern verkaufen, die biologisches Olivenöl höchster Qualität erzeugen möchten. Wäre der über die Einmischung wohl nicht sonderlich erfreute Verkäufer nicht einverstanden, bliebe ihm nur eine Möglichkeit: nicht zu verkaufen.

Dieses Beispiel zeigt, dass das System einige Vorzüge hat. Dennoch bringt die Anwendung der SAFER-Grundsätze im Weinbau vor allem drei Probleme mit sich.

1. Grundstücke sind oft von Haus aus schon ziemlich klein; eine weitere Zerstückelung hätte keinerlei Vorteile.

2. SAFER geht davon aus, dass jeder finanzkräftige Käufer nur schadet. In vielen Anbaugebieten indes ist eher das Gegenteil der Fall. Würde ein Spitzenerzeuger aus Bordeaux beschließen, dass Entraygues ein hervorragendes Terroir ist und eine Großinvestition lohnt, und das größte Gut dort kaufen, könnte Entraygues mitsamt seiner Winzergemeinschaft davon nur profitieren.

Der dritte Einwand aber ist der vielleicht gewichtigste: SAFER berücksichtigt bei der Auswahl der Käufer nicht das Können. „Die Motive von SAFER sind zwar verständlich", meint Robert Drouhin, „aber ich bin mit den Auswahlkriterien überhaupt nicht einverstanden. Es zählen nur soziale Aspekte: Kleine, junge und mittellose Erzeuger haben die meisten Chancen. Qualität spielt keine Rolle." Die Risiken liegen auf der Hand: Das Potenzial eines guten Weinbergs wird möglicherweise verschenkt. Und darunter leidet Frankreichs kulturelles Erbe.

Das Terroir

Eine Frage der Lage Struktur, Sortencharakter, Frucht, Ausbau in Eiche – all das kümmert französische AOC-Weine nicht. Ihr Ziel und ihre Bestimmung ist es, Boden, Hangausrichtung und Himmel sinnlich erfassbar zu machen.

In der britischen Weinzeitschrift *Decanter* war im Dezember 1999 ein Artikel mit der Überschrift „Die Seele des Weins" zu lesen. Er war nicht von einem Journalisten verfasst worden, sondern von dem kalifornischen Weinmacher und geistreichen Kommentator Randall Grahm, einem ehemaligen Philosophiestudenten. Grahm beschreibt, wie er bei der Verkostung einer Reihe von Weinen, darunter auch eigener Kellereierzeugnisse aus Santa Cruz, auf einen Nichtkalifornier stieß, der sich von allen anderen abhob. „Er war nicht nur in einem bestimmten Zug besser als die kalifornischen Pendants, sondern besaß ein völlig anderes Gefüge an Eigenschaften – so, als stamme er von einem anderen Planeten (*ich weiß, wie das ist*). Er war ein anderes Wesen." Die übrigen Weine, so Grahm, hätten sich „einnehmend üppig" gegeben und „wollten sichtlich gefallen". Die Essenz, die ihn innehalten ließ, „gefiel zwar auch, hatte aber nicht die geringste Absicht, sich einzuschmeicheln." Vielmehr bekundete sie „eine felsenfeste Entschlossenheit im Kern ihres Wesens. Man bekommt manchmal diesen Eindruck, wenn man die Hand einer besonders eigenwilligen oder kantigen Persönlichkeit schüttelt. Es war, als gebe ich einem Berg die Hand."

Ich komme später noch auf diesen Artikel und das, was den außerirdischen Kalifornier so aus seiner Fassung brachte, zurück. Dennoch möchte ich an dieser Stelle bei dem Bild von der Begegnung mit einem Berg verweilen. Gab es je eine anschaulichere Beschreibung für den Genuss beim Trinken eines *grand vin de terroir,* wie die Franzosen ihn nennen?

Wenn Sie sich Zeit zum Lesen dieses Buchs nehmen, dann wissen Sie Weine zu genießen. Nicht Wein, sondern Weine – unendlich facettenreich und immer wieder anders. Denn das unterscheidet sie von anderen Getränken. Findige Geister können in einem Jahr sechs Sorten Kohl zusammentragen, ein Dutzend Apfelzüchtungen oder 20 Arten Fisch. Wer sich in seine Kochbücher vertieft, schafft in zwölf Monaten an die 100 verschiedene Gerichte. Käsekenner bringen es binnen Jahresfrist vielleicht sogar auf ein paar Hundert Sorten. Wenn man aber jemandem ein Telefon und eine Kreditkarte in die Hand drückt, kann er seinen Keller in kürzester Zeit mit 10 000 Flaschen der verschiedensten Weine füllen.

Was aber macht Wein so vielfältig? Eine ganze Reihe von Faktoren, die ich in drei Kategorien einteilen möchte: falsche, oberflächliche und tief greifende Unterschiede.

Etiketten, Flaschen, Marketingstrategien und Werbekampagnen erzeugen falsche Unterschiede. Sie sind das Make-up, die Silikonimplantate, die Toupets der Weinwelt. Deshalb bringen nur Blindverkostungen verlässliche Ergebnisse. Noch besser als technische Verkostungen indes sind gesellige Abende, bei denen Wein in schlichten Karaffen

gereicht wird. Denn man kann ihn erst richtig beurteilen, wenn er sanft im Magen ruht – schließlich ist es seine eigentliche Bestimmung, getrunken zu werden.

Bei der Bereitung entstehen oberflächliche Unterschiede: Vorvergärung, Stehenlassen auf der Maische, Fass- oder Tankvergärung, malolaktische Vergärung, Kontakt mit der Hefe, Abstechen, Mikro-Oxygenierung … die Liste der Verfahren zur Veränderung ist lang.

Wenn aber die Eingriffe so weit gehen, dass sich die chemische Zusammensetzung des Produkts ändert, dann handelt es sich nicht mehr um oberflächliche Eingriffe, sondern um Verfälschungen. Derlei Weine sind denaturiert; sie ähneln mehr Industrieprodukten als landwirtschaftlichen Erzeugnissen. Der biologisch-dynamische Weinbauer Nicolas Joly von der Loire nennt diese Getränke „falschen Wein"; nur ein natürliches Produkt ist für ihn ein „echter Wein". Selbstverständlich kann man guten „falschen Wein" und schlechten „echten Wein" bereiten, je nachdem, mit welchem Geschick man ihn denaturiert bzw. mit welchem Unvermögen man natürlichen Wein anbaut, liest und vinifiziert.

Damit sind wir bei den tief greifenden Unterschieden. Sie entstehen dort, wo Wein zur Welt kommt. Die Gesamtheit der Umwelteinflüsse nennen die Franzosen „Terroir".

Ein Rebstock wandert nicht. Er ist mit seinem Fleckchen Erde fest verwurzelt. Seine Trauben entstehen aus Wasser und Mineralien, die er über seine 10–15 m tief reichenden Wurzeln aus Ober- und Unterboden holt, sowie aus dem Sonnenlicht. Dieses Licht ist vielleicht sogar noch wichtiger als der Untergrund. Nach Angaben des Bodenkundlers Claude Bourguignon werden 88% der pflanzlichen Materie über die Photosynthese aus dem in der Luft enthaltenen Kohlendioxid gebildet. Das Terroir umfasst also den Bereich über und unter der Erde.

Wer der Dichtkunst den Vorzug vor trockenen Fakten gibt, wird von der Erklärung der französischen Schriftstellerin Colette angetan sein. „Als Einziger in der Welt der Pflanzen vermittelt der Rebstock uns den wahren Geschmack der Erde. Und welch originalgetreue Übersetzung er uns schenkt! Die Rebe fühlt die Geheimnisse der Erde und verrät sie uns über ihre Trauben. Durch den Wein gibt uns Feuerstein zu verstehen, dass er lebt, mit anderen Elementen verschmilzt, Nahrung ist. Harsche Kreide weint im Wein goldene Tränen."

Für Nicolas Joly wiederum hat die Erde „viele Gesichter". Kein Weinberg ist wie der andere. Böden können tief- oder flachgründig sein, steinig oder lehmig, sauer oder alkalisch, Hänge steil oder flach, Wasserläufe mal nahe, mal fern. Auch der Himmel verändert sich unablässig von Tag zu Tag und Ort zu Ort. Über Caradeux in der Gemeinde Pernand-Vergelesses senkt sich bereits der Schatten, während

„Seule, dans le règne végétal, la vigne nous rend intelligible ce qu'est la véritable saveur de la terre. Quelle fidélité dans la traduction! Elle ressent, exprime par la grappe les secrets du sol. Le silex, par elle, nous fait connaître qu'il est vivant, fusible, nourricier. La craie ingrate pleure, en vin, des larmes d'or."

COLETTE, „VINS" IN *PRISONS ET PARADIS* **(1932)**

◀ *Gesunder Boden ist ein Reich voller Leben. Doch es bleibt uns verschlossen. Wein ist die Brücke zu dieser Welt und macht sie für uns sinnlich erlebbar.*

▲ *Terroir ist Himmel, Meer und Boden, wenn die Rebflächen bis ans Wasser reichen, wie bei Château Latour oder Margaux im Médoc.*

direkt gegenüber im Grand cru Corton-Charlemagne noch die Sonne scheint. Und so wie das Médoc vom schattenlosen Meer auf allen Seiten profitiert, macht der Schutz der Vogesen den Weinbau im Elsass überhaupt erst möglich. Das Land wirkt sich auf das Wetter aus. Die Sonne scheint in Colmar so häufig, weil die Stadt im Wetterschatten der Granitberge steht, die dem Himmel das Wasser entreißen, bevor die Wolken es herantragen können. Das Médoc wiederum ist fast Teil der See: unendlich weit und offen, bereit für ein Dutzend Wetterkapriolen am Tag. Rechnet man zu diesem meteorologischen Zufallsspiel die Wirren der Jahreszeiten hinzu, beginnt man zu begreifen, warum jeder Rebstock seine ganz eigene Lebenserfahrung macht.

Die Rebe ist die Gelehrte unter den Pflanzen. Sie hält alles fest. In einer windlosen Januarnacht trotzt sie unter dem klaren Sternenhimmel der Kälte. Die Blüten, die schon im nächsten Sommer die Frucht gebären, kauern in diesen Augenblicken aus Stille und Eis zwar noch in fest zusammengeballten Knospen, doch um sie herum passiert etwas – und das wird gespeichert. Wenn an einem dunklen Märznachmittag die regenschweren, aschgrauen Wolken vorüberjagen, krallt sich der Stock in den Boden und stemmt sich dem Sturm entgegen. Doch er kann im selben Monat auch schon einen ungewöhnlich warmen und schönen Vorfrühlingstag genießen – und wieder wird er das verinnerlichen. Er hält an einem klaren Tag im Juni die taunassen Stunden vor Sonnenaufgang fest und ebenso die flimmernde Hitze eines Augustmittags. „Als Einziger in der Welt der Pflanzen", wie Colette es formuliert hat, verleiht der Rebstock dem Wandel im Lauf der Jahreszeiten sinnlich erfassbaren Ausdruck, indem er Trauben reifen lässt, aus denen wiederum Wein entsteht.

Wenn die Hektik der Vinifikation vorbei ist und die chemische Zusammensetzung des Traubensafts nicht verändert wurde, kann ein Weintrinker alles riechen und schmecken, was dem Rebstock im Lauf des Jahres widerfahren ist, und auch noch den Schauplatz herausfinden. Für den bewussten Genießer ist das der Hauptquell der Freude. Er gibt beim Trinken „einem Berg die Hand". Er erlebt das Terroir.

Manchmal helfen Vergleiche. Stellen Sie sich Ihr Lieblingslied vor, John Lennons „Imagine" meinetwegen. Der Song ist der Wein, den es zu genießen gilt, John Lennon als Schöpfer das Terroir und der Interpret der Winzer. Lennons Werk kann wie das Terroir nicht verändert werden. Doch wenn der Interpret ein grölender Straßenmusikant ist, der den Tag schon mit Bier begonnen hat, wird man die Vorstellung nicht besonders genießen, so sehr man das Stück auch mag. Selbst das größte Terroir kann von schlechtem Weinbau (insbesondere überhohen Erträgen), ungeschickter Bereitung und einem Mangel an Sorgfalt bei der Pflege zum Schweigen verdammt werden. Mit anderen Worten: Wenn man behauptet, dass das Terroir für die tief greifenden Unterschiede zwischen Weinen verantwortlich ist, schmälert man nicht die entscheidende Rolle des Erzeugers. Er holt den Wein ins Leben, weshalb sich viele große französische Winzer immer wieder gern mit einer Hebamme vergleichen. Sie wissen aber auch, dass nur der beherzte Verzicht auf Einmischung dem Terroir zu optimaler Entfaltung im Wein verhilft. „Il faut avoir le courage de ne rien faire", pflegte René Lafons Vater Dominique zu sagen: Man muss den Mut haben, nichts zu tun. Soll das Terroir im Wein seinen Ausdruck finden, muss man ihn so belassen, wie es die Natur vorgibt. „Um dem Terroir Geltung zu verschaffen", betont auch Randall Grahm. „muss man sich ihm als Winzer unterordnen und seinen Stempel unauffällig in eine Ecke drücken, statt ihn in die Mitte zu knallen ... (Das ist, nebenbei bemerkt, für die Weinmacher der Neuen Welt ungeheuer schwer. Da lechzen wir schon mit jeder Pore unseres Körpers danach, ‚etwas Besonderes zu bringen', und dann liegen uns noch zusätzlich unsere mephistophelischen Marketingleute mit der Notwendigkeit einer ‚stilistischen Unterscheidbarkeit' im Ohr.)"

Wir müssen ferner das Offensichtliche anerkennen, nämlich dass nicht jedes Terroir gleich ist. Frankreich hat wegen seiner langen Win-

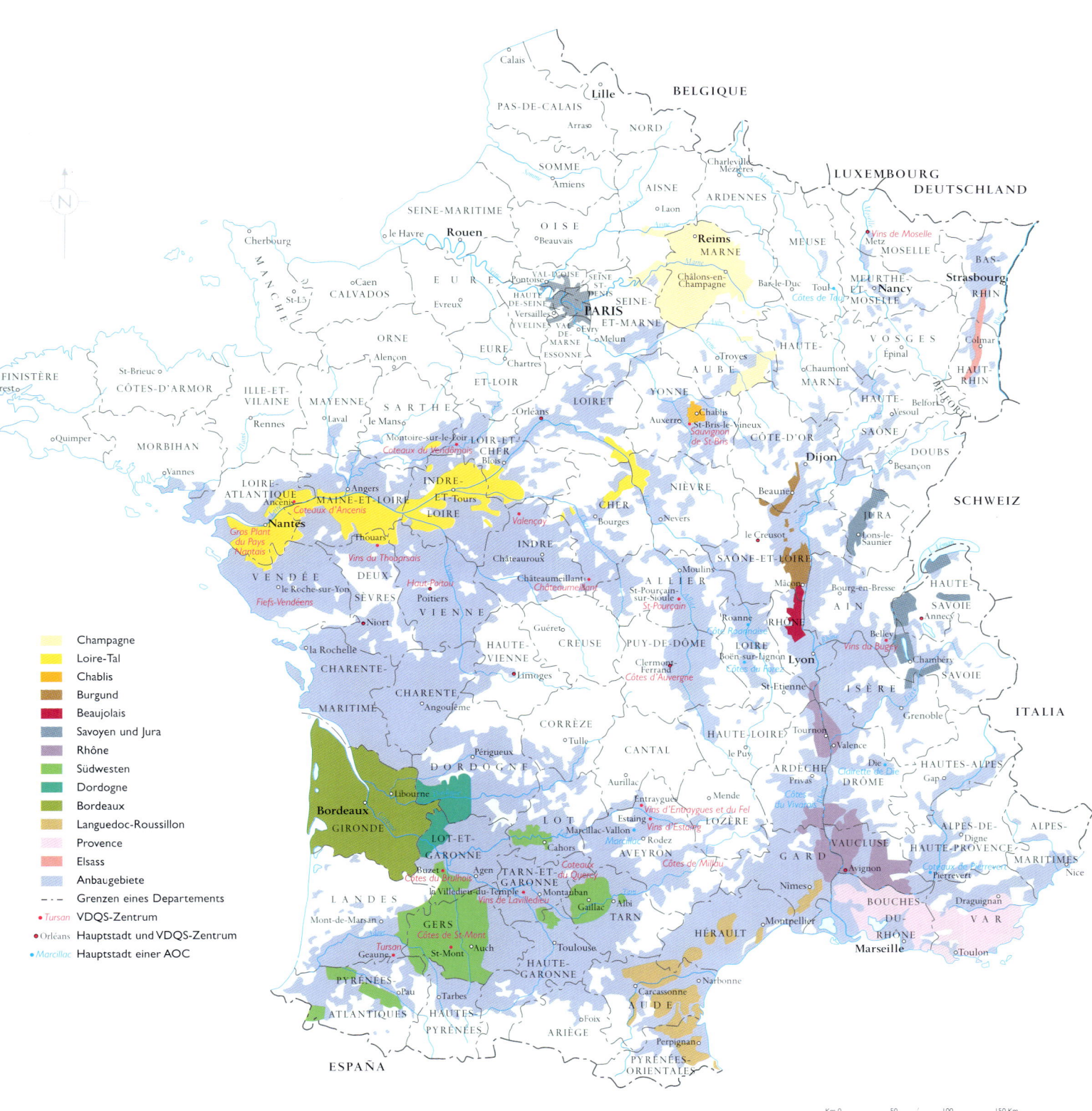

Olivier Jullien

Olivier Julliens Geschichte im Languedoc veranschaulicht zwei faszinierende Aspekte des Terroir.

Da ist zum einen die Suche danach. Jullien erinnert sich: „1989 mochte niemand meinen Wein. Gut, dachte ich, dann mache ich euch einen Wein, den ihr alle mögt, und verkaufe ihn billiger als den, den ihr nicht mögt." So entstand 1990 Julliens Etats d'Ame, zu Deutsch „Stimmungen", ein „geselliger" Wein, der „sich bemüht zu gefallen", wie Jullien es ausdrückt. Seine Grundlage ist die Frucht. Der Mas Jullien hingegen ist ein Tropfen, der „ungekünstelt" entstand, was heißen soll: ohne Eingriffe. In ihm finden die weißen Steinfelder zu ihrem reinsten Ausdruck. Er „verführt nicht", er kann schwierig sein; er braucht Zeit. Er ist teurer als der Etats d'Ame – eine echte Entscheidung gegen die Marktlogik. Sein Schöpfer stuft das Können der Natur also höher ein als sein eigenes.

Der zweite Aspekt ist die Erkenntnis, dass das Terroir selbst zuweilen geformt werden muss. Jullien besitzt Weinberge auf Kreide- und auf Schieferböden, also zog er einst zwei „Spitzenrote" heran: Les Cailloutis auf Kreide, Les Despierre auf Schiefer. „Ich bekam aber nicht das gewünschte Gleichgewicht." Jetzt bereitet er nur noch Mas Jullien, einen Roten mit Trauben von beiden Böden. „Damit bin ich weitaus mehr zufrieden." Jullien interpretiert also die Natur. Mit Erfolg.

zertradition eindringlichere Beispiele dafür zu bieten als jedes andere Land der Welt. In Burgund liegen bisweilen kaum 100 Schritte zwischen einigen der teuersten und renommiertesten Rebflächen und einem für den Weinbau völlig nutzlosen Areal. Schuld daran ist nicht allein die verknöcherte Hand der Bürokratie, wie Kritiker des AOC-Systems gelegentlich behaupten. „Der Gesetzgeber hat 1936 nur die empirischen Beobachtungen unserer Ahnen bestätigt", erinnert Henri Jayer. „Man darf nicht vergessen, dass die Klassifizierungen vor ihrer offiziellen Absegnung durch den Staat von Leuten vorgenommen wurden, die wussten, wie man Wein verkostet." Das Bloßlegen des Terroir, das Aufdecken der Erde, um zu sehen, was sich darunter verbirgt, ist in Burgund eine weit fortgeschrittene Kunst. In anderen Teilen Frankreichs und auch anderswo auf der Welt indes liegen noch aufregende Entdeckungen vor uns. Die Grands crus des Languedoc, des französischen Südwestens und der Provence müssen erst gefunden werden. Selbst in Bordeaux wartet noch manche Überraschung auf uns. Und das komplexe Terroir des Elsass ist noch lange nicht in seinen Feinheiten entschlüsselt. Allerdings weiß man auch mit Sicherheit, dass in Muscadet keine Lagen vom Kaliber eines Corton oder Montrachet zu finden sind. Das Leben ist eben ungerecht – das Land auch.

Warum aber soll die Prägung durch das Terroir über alle anderen Wesenszüge gestellt werden? Wein enthält auch Alkohol, den statistisch gesehen die Mehrheit der Käufer am meisten schätzt. Außerdem

Hundert Weinlesen hat dieser junge Stock vielleicht noch vor sich. Immer tiefer werden seine Wurzeln auf der Suche nach Vollkommenheit in die Erde vordringen.

ist vor allem junger Wein voller Fruchtnoten. Der britische Weinautor Oz Clarke gilt seit jeher als feuriger Verfechter der Frucht. So trat er im Fernsehen bereits in einem T-Shirt mit dem Schriftzug „Frucht, Frucht, Frucht" auf. Sie, so Clarke, schätze der durchschnittliche Weintrinker in erster Linie, und nicht die abstrusen, ja, bisweilen sogar unangenehmen Geschmacksrichtungen des Terroir. Statistisch gesehen hat Clarke Recht, nicht zuletzt auch deshalb, weil die Bereitung fruchtiger Tropfen weit weniger kostet und höhere Erträge zulässt als Erzeugnisse, in denen das Terroir in den Vordergrund tritt.

Man vergleiche die folgenden Verkostungsnotizen zu zwei Weißweinen desselben Erzeugers und Jahrgangs. Der erste ist „ein duftendes Werk, das Anklänge an tropische Früchte und Orangenschale verströmt, mit kerniger Säure aufwartet und mit einem lebendigen Zitruston bei mittlerem Körper ausklingt", der zweite ein „zurückhaltender, präzise umrissener Weißer … der das Wesen einer auf Granit gereiften Essenz verkörpert. Echte Frucht ist in ihm nicht auszumachen, lediglich Glyzerin, Alkohol und flüssiger Stein." Der erste Wein kostet rund 24 Euro, der zweite liegt bei 440 Euro. Gegenübergestellt wurden Chapoutiers Crozes-Hermitage Blanc Les Meysonniers und Hermitage Blanc L'Ermite, beide aus dem Jahr 1999. Degustiert hat sie Robert Parker. Der fruchtige Tropfen erreichte übrigens 84 Punkte, sein unfruchtiges Pendant 93–95.

Gegen eine Vorliebe für Frucht ist nichts zu sagen – die Geschmäcker sind verschieden; das Terroir hingegen ist absolut. Jeder muss für sich entscheiden, was ihm am meisten Genuss verschafft. Wer lieber Frucht als Steine schmecken will, kann sich glücklich schätzen: Er spart viel Geld und braucht so gut wie keinen Gedanken an französischen Wein verschwenden. Warum aber zahlen Kenner mehr dafür, Steine in den Mund zu bekommen und einem Berg die Hand zu geben, als Frucht zu trinken? Ziehen wir noch einmal Randall Grahm zu Rate.

In seinem Artikel geht er auf die schwierige Frage ein, ob Wein eine Seele hat. Er habe lange darüber gebrütet, schreibt er, und sei zu dem Schluss gelangt, dass die Vorstellung von der Beseeltheit des Weins sehr eng mit seiner Zuordnung zu einem bestimmten Ort, also dem sinnlichen Erleben seiner Herkunft zusammenhänge. Die Entdeckung des Terroir „ist eine meditative Erfahrung für den Weinmacher und den Weintrinker zugleich." Aber was ist die Seele? „Der Teil in uns, der ausharrt und stets gleich bleibt, der irgendwo unter der Oberfläche verborgen liegt, der sich dem Zugriff von außen entzieht", erklärt Grahm. Und genau das begegnete ihm bei der verkosteten Essenz und brachte ihn aus der Fassung. Es war übrigens ein Elsässer Riesling aus der Grand-cru-Lage Muenchberg von André Ostertag.

Ich bin seit 30 Jahren begeisterter Weintrinker. Der größte Genuss, den mir ein Tropfen bereiten kann, liegt im Duft und Geschmack der in ihm manifesten Steine, Erde und Mineralien begründet. Alkohol findet man auch in anderen Getränken, ebenso Frucht. Allein über den Wein aber kann man einem Berg die Hand geben. Ich stimme mit Grahm überein: Durch Düfte und Geschmacksnuancen begegnen wir der Seele des Weins – seinem Wesen, seiner ewigen Wahrheit, die sich im Gleichklang mit der Natur befindet. Einen großen *vin de terroir* zu trinken heißt, sich in der Natur zu verlieren, von ihrer Schönheit so überwältigt zu sein, als stehe man auf einem vom Wind umtosten Gipfel, finde beim Aufwachen eine verschneite Landschaft vor oder sehe zu, wie der aufgehende Mond sein glitzerndes Silber über ein tintenschwarzes Meer streut. Erfahrungen wie diese sind eine ungleich tiefer gehende Befriedigung als der rohe Kick des Alkohols im Wodka, des Koffeins in Red Bull oder die traurige Geschmacksarmut eines wässrigen Biers und eines eichenverschmierten Chardonnay. Sie bieten eine Sinnenfreude, die man nur im Wein findet.

Merlot-Reben von Bon Pasteur (Pomerol), dem Familiengut des einflussreichsten französischen Önologen der 1990er-Jahre, Michel Rolland.
▼

Champagne

Am Scheideweg Der Champagne stehen tief greifende Veränderungen bevor. In der Region reift die Erkenntnis, dass man den Weinbau vernachlässigt und die Feinheiten des Terroir missachtet hat. Eine neue Ära bricht gerade an – die der Spitzenerzeuger und großen Lagen.

Der Winter hatte das graue Sussex fest im Griff. Ich besuchte einen alten Freund Mitte 50, der in Nöten steckte. Eine Reihe von Schicksalsschlägen hatte ihm in den letzten Monaten hart zugesetzt. Alles, wofür er 25 Jahre lang mit unermüdlicher Energie gearbeitet hatte, war zerstört. Über mehr als bescheidene Verhältnisse war er nie hinausgekommen, doch nun stand er vor dem Nichts. Seine Gelassenheit und gute Laune lagen unter den Trümmern seines Lebens begraben. In den ein, zwei Stunden, die wir redeten, lächelte er so gut wie nie.

„Ich denke, wir sollten etwas Champagner trinken", schlug ich am frühen Nachmittag vor. Er sah mich an und holte eine selbst gedrehte Zigarette hervor. Er mochte guten Wein, aber mehr noch guten Champagner. Ich hatte im Auto eine Flasche Mumm de Cramant. Es war kalt, sodass sie fast schon die richtige Temperatur hatte. Wir legten sie noch einige Minuten auf Eis, während ich die Gläser wusch und dabei prompt eines zerbrach.

Ich goss ein. Die Flüssigkeit schimmerte grünlich; eine verführerische Schaumhaube krönte sie. Der Cramant war unser erster Schluck an jenem Tag. Er duftete frisch nach süßen Äpfeln. Und er schmeckte grün, dabei jedoch rund, lebendig und wallend. Wir redeten weiter, aßen *saucissons*, *chorizo*, Brot, Avocados. Der Champagner wurde immer besser. Seine scheinbaren Widersprüche faszinierten uns: die kernige, saftige Rauheit, der eine runde Fülle gegenüberstand. Hätte ein anderer Wein nicht ebenso getaugt? Vermutlich schon – und doch ist mir gerade dieser Champagner in Erinnerung geblieben, während all die muffigen Empfänge, faden Partys und Routineverkostungen lange verblasst sind. Mein Freund war plötzlich guter Stimmung. Wir scherzten und lachten; seine Augen leuchteten wieder. Als wir eine Weile später nach draußen gingen, um uns wieder der brutalen Realität zu stellen, fiel mir ein Ausspruch von Lily Bollinger ein: „Ich trinke Champagner, wenn ich traurig bin..." Ich hatte ihn fast vergessen, so glatt und unwirklich war er mir immer vorgekommen. Doch jetzt hatte er sich bewahrheitet.

Warum ich Sie mit dieser Geschichte aufhalte? Weil sie eine Grundwahrheit enthält: Champagner an sich spricht die Menschen an. Mein Freund und ich hatten Mumm de Cramant getrunken, aber jeder andere gute Champagner hätte es auch getan. Kein Wein hat eine solche Symbolkraft, keiner kann in einem solchen Augenblick die Stimmung so unglaublich heben. Und man kann ihn jederzeit trinken; nicht nur zum Essen, wie das bei einer guten Flasche Hermitage oder Madiran der Fall ist. Champagner ist festliche Gelegenheit und Wein zugleich. Und was heißt schon Qualität bei Champagner? Hat dieses Prädikat die übliche Bedeutung, begeisterte unser Wein also durch herausragende Konzentration, Kraft und Individualität? Oder verkör-

perte er nur mit einnehmender Verlässlichkeit das Ideal moussierender Finesse? Vermutlich eher Letzteres. Wir genossen nicht die unverwechselbaren, ureigenen Wesensmerkmale eines Mumm de Cramant – davon hatte er gar nicht allzu viele. Wir durchstießen lediglich den Vorhang der Schwermut mit dem Säureschwert des Champagners, bauten unsere Zukunftshoffnungen auf ein flüchtiges Schaumfundament und nährten unser Serotonin mit der Hefe.

Nicht zuletzt deshalb befindet sich die Champagne zu Beginn des neuen Jahrtausends in einer Art Zwickmühle. Ihr Wein gehört zu den erfolgreichsten landwirtschaftlichen Erzeugnissen der Menschheitsgeschichte. Er wird weltweit geschätzt und eng mit Luxus und Reichtum verknüpft. Der Durchschnittspreis eines handelsüblichen, jahrgangslosen Markenchampagners übersteigt ums Mehrfache den des nicht allzu konzentrierten Qualitätsweins aus den ertragreichsten AOC-Reben Frankreichs, aus dem er bereitet wird. Die Champagnerhäuser können solche exorbitanten Summen verlangen, weil sie sich in den letzten 150 Jahren ein felsenfestes Image geschaffen haben – und weil Champagner wegen des heimischen Klimas und Bodens derzeit in punkto entwaffnender Finesse unschlagbar ist. Die Champagne ist die einzige Anbauregion, in der Marken mit verbraucherfreundlicher, eindimensionaler Überschaubarkeit das Regiment führen. Wir zahlen so viel für Champagner, weil es keine Alternative dazu gibt und weil die Erfahrung, ihn zu trinken, nun einmal ihren Preis kostet – und nicht, weil er so viel wert ist.

Die Kaste der neuen, fortschrittlichen Winzer Frankreichs hingegen baut auf die Kultivierung all jener Qualitätsnuancen, die für die Champagne bislang völlig belanglos waren. Fast alle großen Erzeuger bemühen sich nach Kräften, jede einzelne Nuance des Terroir mit größtmöglicher Klarheit herauszuarbeiten. Sie sind in der Regel engagierte Weinbauern und fanatische Sortierer, die praktisch jede Traube begutachten, bevor sie im Gärtank verschwindet. Diese brillanten, leidenschaftlichen Winzer arbeiten heute bestenfalls mit der Hälfte der Erträge ihrer Väter. Bei der Vinifikation gehen sie zunehmend mit umsichtiger Zurückhaltung vor. Nichts liegt diesen vielen hundert Erzeugern ferner als ein Markenimage, ja, ihre Arbeit läuft sogar all dem zuwider, wofür Marken stehen: Kein Jahrgang, kein Verschnitt ist gleich; die Weine werden unter Namen verkauft, die sich von einem Augenblick auf den nächsten und von Generation zu Generation ändern. Ihre einzige Konstante ist die Herkunft. Natürlich möchte man in der Champagne nicht zurückstehen, wenn Frankreich zum Gegenangriff auf die allmähliche weltweite Industrialisierung, Kommerzialisierung und markenorientierte Vereinheitlichung des Weins bläst. Die Champagne will ebenfalls zur französischen Avantgarde ge-

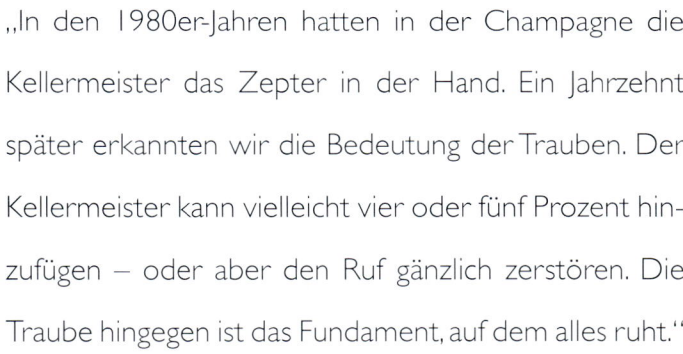

„In den 1980er-Jahren hatten in der Champagne die Kellermeister das Zepter in der Hand. Ein Jahrzehnt später erkannten wir die Bedeutung der Trauben. Der Kellermeister kann vielleicht vier oder fünf Prozent hinzufügen – oder aber den Ruf gänzlich zerstören. Die Traube hingegen ist das Fundament, auf dem alles ruht."

JEAN-MARIE BARILLÈRE, CEO, CHAMPAGNE MUMM

◀ *Der Jahrgang 2001 brachte alle in der Champagne zum Umdenken. Es ist an der Zeit für eine konsequentere Weinbergpolitik.*

In keinem Anbaugebiet ist es im Winter kälter und trister als in der Champagne. Die Reben auf der Montagne de Reims sind in tiefen Winterschlaf gesunken.

hören. Doch das ist bei ihrer Struktur sehr schwer. Außerdem gründet sich der strahlende Erfolg bis dato auf die Missachtung bzw. Ablehnung all dieser Entwicklungen, das darf man nicht vergessen. Die Champagne war, wenn man so will, vor 80 Jahren Frankreichs „Neue Welt". Doch nun steht sie am Scheideweg.

Befassen wir uns der Reihe nach mit den Problemen. Da ist zunächst das Terroir. Das Comité Interprofessionnel du Vin de Champagne (CIVC) hat „wiederholt auf die Vielfalt der Weine aus der Champagne hingewiesen". Doch augenblicklich gibt es in der Region kein Konzept, wie man sich diese Vielfalt zunutze machen will. Die Champagne hat Frankreichs primitivste Appellationsstruktur, denn es gibt nur eine AOC: Champagne. Ist also das gesamte Anbaugebiet ein „Mono"-Terroir? Sicher nicht, wie wir später noch sehen werden. Doch das Weinrecht lässt keine genauere Diversifizierung zu, weshalb auch der Verbraucher darüber im Unklaren bleibt. Wir wissen lediglich, dass die Reben in Dörfern angebaut werden, die man als Premier cru oder Grand cru klassifiziert. Diese interne Abstufung dient dazu, den Preis des Leseguts festzusetzen. Grand-cru-Dörfer, 17 an der Zahl, werden als „100 %" eingestuft, die 41 Premier-cru-Orte als „90–99 %". Das Grand-cru-System im Elsass wird im Vergleich mit Burgund oft wegen seiner Ungenauigkeit kritisiert, doch in der Champagne ist alles noch viel schlimmer. Immerhin klassifiziert man im Elsass eine größere Gemarkung, in der Champagne hingegen bekommt gleich ein ganzes Dorf das Qualitätssiegel. „Von den Lehmböden der *tailles* am Hangfuß in Cramant kommt doch nie und nimmer ein Grand cru", schimpft Weinbauer Didier Gimmonet. Und sein Kollege Pierre Larmandier meint: „Die Klassifizierung eines ganzen Dorfs ist ziemlich unsinnig. Das liegt jedoch in der Geschichte begründet. Früher ging ein *négociant* zum Presshaus und kaufte von dort sein Material. Er bekam damit bereits einen Verschnitt von Trauben aus dem ganzen Dorf. Das Problem ist, dass sich an diesem System nichts geändert hat." Die Champagne braucht dringend eine Klassifizierung, die dem Terroir stärker Rechnung trägt. Als Grundlage könnte das seit zehn Jahren laufende *zonage*-Projekt unter der Leitung des Wissenschaftlers Laurent Panigaï dienen, der die gesamte Region in Einheiten von 50 m² eingeteilt hat. Allerdings wird man bei den Weinbauern auf großen Widerstand stoßen, denn ein neues Klassifizierungssystem zieht zwangsläufig eine differenziertere Einteilung nach sich. Viele Winzer würden ihren Grand-cru- oder Premier-cru-Status verlieren und müssten Einkommenseinbußen hinnehmen. Eine Neuordnung, die ein niedrigeres Gesamteinkommen nach sich zieht, wird es niemals geben.

„Vernünftiger Weinbau"

Auch die Zustände im Weinberg selbst sind alles andere als zufrieden stellend. Die Erträge schnellen in die Höhe, die Rebflächen werden schlecht gepflegt und das andernorts mit Eifer praktizierte Aussortieren des Leseguts ist in der Champagne so gut wie unbekannt. (Philippe Secondé von der Domäne Barnaut besitzt zwar einen Sortiertisch, kennt aber nur zwei Kollegen mit einer ebensolchen Einrichtung.) Welche Folgen das hat, kann man im Abschnitt „Im Kreuzfeuer" auf Seite 31 nachlesen. Außerdem findet man dort einige der Gründe, warum sich die Probleme in der Champagne so schwer lösen lassen.

Gerade über die Weinbergqualität aber machen sich die zuständigen Stellen ernsthaft Gedanken. Man treibt beispielsweise in der gesamten Region ein Projekt namens *Viticulture Raisonnée*, „Vernünftiger Weinbau", voran, in dessen Rahmen man den Winzern die Begrünung der Rebflächen mit bodendeckenden Feldfrüchten, das Mulchen, eine bewusstere Auswahl der Unterlagen und den zurückhaltenden Einsatz von Chemie näherbringen will. Das hat natürlich nichts mit Bioweinbau zu tun, der in der Champagne nicht leicht zu verwirklichen ist und für den sich auch kaum jemand interessiert. Es ist schwer zu sagen, wie sehr sich die Winzer an die Projektziele halten.

Außerdem gibt es noch keine Strafen für jene, die dagegen verstoßen. Immerhin aber plant man, die Vergabe des AOC-Siegels von der Beachtung der Vorgaben abhängig zu machen. Wenn eine erkleckliche Mehrheit der Winzer die Empfehlungen des CIVC befolgt, wird die Qualität des Leseguts zweifellos steigen. „Mit dem Weinbau in der Region geht es aufwärts", bestätigt auch Pierre Larmandier. „Als Präsident des Winzerverbands in unserem Dorf sehe ich gerade unter den jüngeren Mitgliedern große Fortschritte. Von biologischen Methoden ist zwar noch nicht die Rede, aber zumindest sieht man ein, dass wir selbst die Hauptleidtragenden sind, wenn wir unseren Boden vergiften." Trotzdem wirft man Larmandier immer wieder seine „schmutzigen" Weinberge vor. Hauptkritiker des zukunftsorientierten Winzers, der derzeit als einer der wenigen in der Champagne auf Begrünung setzt, sind Kollegen mit „sauberen", sprich herbizidgetränkten Rebflächen.

Noch schwerer lösen lässt sich leider das Problem der Erträge, denn wie bei der Neuordnung des Terroir hat auch dies direkte Auswirkungen auf das Einkommen der Winzer. Wegen des wechselhaften Klimas in der Champagne nehmen nur wenige Weinbauern das Risiko einer Ausdünnung bzw. eines Rückschnitts zur Ertragsbegrenzung auf sich – auch weil sie derzeit keinerlei finanziellen Anreiz haben; eher ist das Gegenteil der Fall (siehe „Im Kreuzfeuer"). Sogar der *guide pratique*, der Leitfaden zur *Viticulture Raisonnée*, umgeht geschickt eine konkrete Vorgabe. Er rät nur zu einem „Gleichgewicht" zwischen „wirtschaftlicher Tragfähigkeit" und „Qualitätspotenzial". Damit lässt sich aber so ziemlich alles rechtfertigen.

Dennoch beginnt man in der Champagne allmählich die Vorzüge einer weniger interventionistischen Produktionsweise zu erkennen, bei der die Nuancen des Terroir im Wein deutlicher zutage treten. Nur wenige indes gehen so weit wie Anselme Selosse. Sein Motto lautet: „Keine Vorklärung, keine Chaptalisierung, keine Säuerung, keine zusätzlichen Hefen, keine Hefenährstoffe, kein Schwefel, kein Schönen, keine Filtrierung."

Trotz dieses radikalen Ansatzes ist Selosse zum gefeiertsten Winzer der Champagne avanciert. Immer mehr junge Weinbauern folgen seinem Beispiel. Doch er hat auch zahlreiche Neider. „Du bist ein lausiger Winzer, das weißt du", hielt ihm ein Kollege vor. „Du kannst dich bloß besser vermarkten als wir." Andere erkennen, dass sie von Erzeugern in anderen Anbaugebieten viel lernen können. So ließ sich Francis Egly von Dominique Laurent in Burgund und Michel Tardieu an der Rhône beeinflussen, während Pierre Larmandier Pierre Morey bei Leflaive und Marc Kreydenweiss im Elsass auf die Finger geschaut hat.

Die meisten Weinbauern aber bereiten natürlich keinen Wein und werden das auch nie tun: 80% des Champagners sind nicht das Werk einzelner Erzeuger, sondern der Genossenschaften und großen Handelshäuser. Zumindest der Name auf den Flaschen aber stimmt, könnte man meinen. Weit gefehlt: Viele Namen sind keine Erzeugerbezeichnungen, sondern reine Fantasiewörter. Selbst renommierte Unternehmen kaufen Wein oft *sur lattes* in nicht degorgiertem Zustand, um ihre Bestände aufzustocken. Grundwein wird damit in der Champagne zum beliebig veräußerlichen Gut. Da spielt es dann auch keine Rolle mehr, dass die Genossenschaften und großen Häuser sehr stark in den Gärprozess eingreifen, um ein exakt vorformuliertes Markenprodukt herzustellen. Dazu bieten sie das ganze Arsenal an Bereitungsmethoden auf: Schnellpressung, Chaptalisierung und gelegentliche Säuerung (die theoretisch allerdings nur erfolgen darf, wenn vorher nicht chaptalisiert wurde), Zugabe von Kulturhefe, Enzymen und stickstoffhaltigen Hefenährstoffen, schnelle temperaturgeregelte Vergärung in Edelstahl, wiederholtes Abstechen, um die mit dem Ausbau in Edelstahl einher gehenden Folgen der Reduktion zu mindern, sowie das Schönen und Filtrieren der Weine vor der Zweitgärung.

Die Rohmaterialien werden in der Champagne so intensiv verarbeitet, dass Philippe Aubry sich und seine Kollegen gern *betteraviers de luxe* nennt, „Luxus-Zuckerrübenbauern". Sie verwandeln nun einmal ein oft neutrales Rohmaterial in jenes zufrieden stellende, makellose und immer gleich schmeckende Markenprodukt, das jahrgangsloser Champagner in den meisten Fällen ist. Will man Champagner aber als einen *vin de terroir* haben, muss man zu den handwerklichen Methoden zurückkehren, auf die die Mehrheit der größten französischen Erzeuger derzeit setzt. Aber muss man das wirklich? Warum soll man Champagner ändern? Schließlich läuft es nicht schlecht in der Region. Sollten nicht vielmehr andere Anbaugebiete versuchen, es der Champagne gleichzutun?

Terroir? Wir sind dagegen

„Terroir? On est contre." Régis Camus, der Nachfolger des brillanten Kellermeisters Daniel Thibault bei Charles Heidsieck, ist kategorisch. „Wir brauchen kein Terroir, wir ziehen Verschnitte vor. In unseren Cuvées spiegelt sich der Charakter der gesamten Region wider. Mehr Terroir brauchen wir nicht."

Selbst ein Winzer wie Didier Gimmonet, von dem man mehr Einsatz für das Terroir erwartet, hält sich zurück. „Ich bin gegen eine immer stärkere Aufsplitterung in Parzellen und Einzel-Terroirs. Je mehr verschiedene Cuvées entstehen, desto weniger komplex fallen sie aus." Gimmonet setzt seine Theorien kompromisslos in die Praxis um, denn er mischt bis zu 20% Premier-cru-Wein aus Cuis in seinen Grand cru aus Cramat und Chouilly, obwohl er sich damit selbst um das Recht auf das Prädikat „Grand cru" bringt. Doch er ist einfach der Überzeugung, dass diese Cuvée besser ist – selbst wenn er sie nicht mehr zu Grand-cru-Preisen verkaufen kann. „Man findet in der Champagne kaum ein Terroir, das hundertprozentig ist", räumt Hervé Gestin von Duval-Leroy ebenfalls ein.

Auch das Problem der Erträge und der Traubenreife lässt sich in der Champagne nicht so einfach lösen, wie es auf den ersten Blick scheint. Die besten Jahrgänge waren meist sehr ertragreich. Der glorreiche 1982er etwa erbrachte durchschnittlich 94 hl/ha, mehr als doppelt so viel, wie in Châteauneuf-du-Pape zulässig sind. Selbst der

▲ Asche aus Rebholz versorgt den Boden mit Nährstoffen. Und die heiße Kohle hält die Finger des Arbeiters im hohen Weinorden Frankreichs warm.

qualitätsbesessene Anselme Selosse strebt immerhin noch einen Schnitt von rund 55 hl/ha an – bei einem Leroy Grand cru aus Burgund, einem Rayas aus Châteauneuf-du-Pape oder einem von alten Stöcken stammenden Gauby Grenache aus Roussillon begnügt man sich mit einem Drittel davon. „Reduziert man die Erträge in der Champagne zu sehr", so Jean-Marie Barillère von Mumm, „bekommt man kleine Burgunder." Und auch Didier Gimmonet meint: „Wer Chardonnay mit einem potenziellen Alkoholgehalt von 12,8 % aus dem Weinberg holt, ist schon halb in Meursault oder Chassagne. Diese Weine sind viel zu sortentypisch, zu eigenständig für einen guten Champagner."

Der Vorzeigewinzer hält auch nicht viel von einem Ausbau auf der Hefe und der *bâtonnage*, dem Aufrühren des Hefesatzes, da der Wein seiner Ansicht nach dadurch schwerer wird. Obendrein lehnt er hohe Konzentrationen ab, die dem Champagner etwas von seiner Eleganz und Finesse nehmen, wie er meint. Sein Ideal ist nicht der klassische *vin de terroir*, wie ihn beispielsweise Mark Angeli an der Loire oder Olivier Zind-Humbrecht im Elsass definieren. „Sie wollen etwas zutiefst Ausdrucksstarkes", erklärt er, „aber das war's dann auch schon."

Womit wir wieder bei der grundlegenden Fragestellung wären, die am Anfang dieses Kapitels stand: Ist derjenige Champagner groß zu nennen, der der Idealvorstellung am nächsten kommt? Oder eher ein Schaumwein von großer Geschmackstiefe, der eindeutig vom Terroir geprägt ist und eine komplexe, meist anspruchsvolle Individualität zur Schau trägt? Eine endgültige Antwort lässt sich derzeit noch nicht finden. Doch seit bedeutende Erzeuger wie Egly-Ouriet, Selosse oder Larmandier-Bernier in der Champagne wirken, kann man zumindest erste Vergleiche anstellen. Moët et Chandon hat eine „Trilogie der Grands Crus" herausgegeben, während Mumm neuerdings mit einem Grand cru und die Genossenschaft CVC mit den Grands crus Nicolas Feuillatte aufwartet. Die großen Konzerne möchten also nicht ins Hintertreffen geraten, sondern nehmen ebenfalls neue, eigenständige Champagner ins Programm, deren Reiz eher in der Prägung durch das Terroir als in den Verschnittkünsten der *chefs de cave* und dem Einfallsreichtum der Marketingabteilungen begründet liegt.

Es tut sich also etwas im Reich des Champagners. Und wer diesen Polarfuchs unter den Weinstilen mag, der darf sich auf faszinierende Jahrzehnte im Mutterland des Schaumweins freuen.

Pierre Larmandier

Pierre Larmandier ist ein großer, ruhiger, scheinbar scheuer Mann mit einem Sinn für feine Ironie. Nach eigenem Bekunden entstammt er einer Familie „sanfter Verrückter". Er erbte ein Drittel seiner schönen 12-ha-Domäne – die Cramant-Parzellen – von seinem Vater; die anderen zwei Drittel in Vertus stammen von der Mutter. Larmandier macht sich Gedanken, er reist, er hat im Elsass und in Burgund gearbeitet. „Überrascht hat mich dort, dass die Spitzenwinzer sich ein ebensolches Renommee wie die Handelshäuser erarbeitet haben. Das ist bei uns ganz anders. Die großen Häuser stehen ganz oben, während die Weinbauern weit dahinter rangieren." Warum? „Der Weinberg blieb außen vor. Die einflussreichen Häuser haben nicht zugelassen, dass die Eigenheiten des Terroir so zum Ausdruck kamen wie in anderen Regionen. Das ist in der Champagne unser Hauptproblem. Wir haben ein hervorragendes Terroir, machen daraus aber nur gute Weine." Larmandiers reine, weinige, fast salzige Cuvées Né d'une Terre de Vertus und Cramant Vieilles Vignes setzen virtuos neue Akzente.

Francis Egly

„Mein Vater Michel und mein Großvater Charles waren hervorragende Weinbauern. Sie bearbeiteten die Stöcke ständig, ließen keinen Müllkompost in ihren Weinberg, lichteten das Laub aus. Wir verwenden teilweise die Hälfte der Ernte als Gründüngung – niemand in der Champagne weiß, wie das geht. Man muss sich gegen die Natur behaupten. Im Gegensatz zu meinem Vater und Großvater hatte ich Gelegenheit, Leute zu treffen. Weinbau lebt vom Austausch mit anderen." Mit dem französischen Weinautor Michel Bettane hat Egly seine Methode verfeinert. Er holt die Trauben erst bei Vollreife von den Stöcken und lagert alle Weine vier Jahre. Mit einem weiteren Freund, Dominique Laurant, befasst er sich mit der Vergärung in Holz und einem Ausbau auf der Hefe – ein überragender Stillwein namens Coteaux Champenois ist die Folge. Was Larmandier-Bernier mit Chardonnay gelingt, erreicht Egly-Ouriet mit Pinot noir: Weine von atemberaubender Reinheit und Konzentration.

Anselme Selosse

Anselme Selosse ist für die Champagne, was Jean-Michel Deiss für das Elsass und Claude Papin für das Loire-Tal sind: ein eigenständiger Denker, der zufällig Winzer wurde. Selosse gilt als Pionier des biologisch-dynamischen Weinbaus in der Champagne. Berühmt geworden ist er durch seinen komplexen, aus vollreifen Trauben bereiteten Champagner, den er in Eiche ausbaut und ansonsten wenig verarbeitet. Kaum ein Winzer hat auch nur annähernd so viel Verständnis für die geologischen Gegebenheiten der Region und die Geheimnisse des Terroir wie er. Und kaum einer sieht seine Arbeit so sehr in einen universellen Kontext eingebettet (er praktiziert, was José Bové und die Confédération Paysanne, deren Mitglied er ist, predigen).

Wie Deiss weiß er mit Worten umzugehen. Er sei kein exploitant, sondern ein cultivateur, kein manipulant, sondern ein éleveur, bekommt man von ihm zu hören. Wie viel Land er besitzt? „Land gehört niemandem. Ich kann mit seiner Frucht arbeiten und die Arbeit an meine Kinder weitergeben, sehe mich aber nicht als sein Eigentümer." Sein oberstes Ziel als Winzer ist die Optimierung mikrobiologischer Aktivitäten mithilfe des ökologischen Weinbaus. Dabei sind ihm allerdings Dogmen zutiefst zuwider. Kurz vor unserem Treffen feuerte er seinen biodynamischen Berater und engagierte Claude Bourguignon. „Ich stelle Goethe über Steiner. Steiner mochte keinen Wein; er nannte ihn eine Gefahr für den Menschen." Selbst eine so profane Aktion wie die Erhöhung der Preise beleuchtet er aus philosophischem Blickwinkel. „Ich will mich nicht dem Gesetz von Angebot und Nachfrage unterwerfen. Deshalb orientiere ich mich bei meinem Verkaufspreis ausschließlich am Selbstkostenpreis. Eine gesunde, ehrliche und transparente Strategie."

Selosse ragt aus der Masse heraus, weil er in einer Region, in der eine wissenschaftlich fundierte, industrielle Fertigung die Norm ist, auf traditionelles bäuerliches Handwerk setzt. „Für die Weinmacher in der Champagne dauert der Gärprozess 144 Stunden. Punkt.. Dazu muss man aber Kulturhefen einsetzen und sie ernähren. Ich hingegen verwende wilde Hefen ohne Gäransatz, sodass die Vergärung spontan beginnt, ja, ich bevorzuge sogar Apiculatus-Hefen, die schon bei einer Alkoholstärke von 4 bis 5 % absterben. Die Önologen meiden sie, weil sie angeblich ‚unerwünschte' Aromen entwickeln. Ich will sie, weil sie zum Terroir gehören." Selosse achtet auch sehr darauf, dass der Trub erhalten bleibt und wiederverwendet wird. Die meisten Winzer entsorgen ihn wegen der Spritzmittelrückstände, doch Selosse zufolge enthalten die Beerenschalen ätherische Öle, die viel zum Duft des Weines beisteuern. Die Gärung läuft stets in Fässern ab, in denen der Wein bleibt, bis er für die Zweitgärung in die Flasche kommt.

Selosse setzt viele verschiedene Fässer ein. „Monokultur ist mir suspekt. Ich habe nicht nur ein einziges Gefäß, einen einzigen Wald, einen einzigen Küfer oder Holz desselben Alters. Wer nie variiert, bekommt immer nur Durchschnittsqualität. Ich lasse lieber den Zufall mitspielen – und der beschert mir gelegentlich Überragendes."

Die Champagne im Überblick

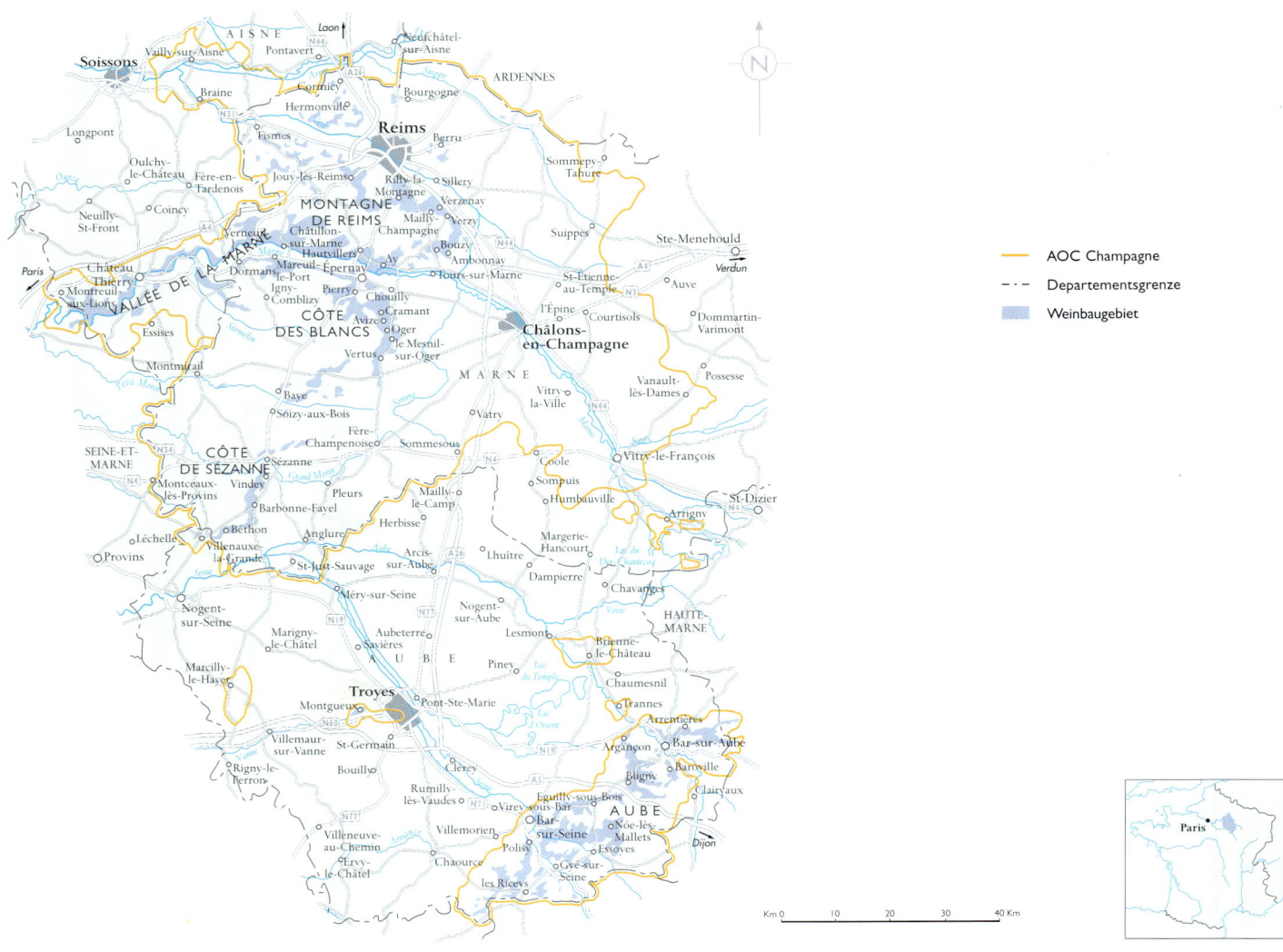

Rätselhaft – so sollte eigentlich die Überschrift zu diesem Kapitel lauten. Dem französischen Weinrecht zufolge ist das Terroir zwischen den Coteaux du Tricastin und den Côtes du Vivarais, zwischen den Côtes de la Malepère und Cabardès oder zwischen Saussignac und Haut-Montravel so verschieden, dass eigene AOCs notwendig sind. Die ganze Champagne hingegen wird als ein einziges Terroir eingestuft. Das ist natürlich Unsinn.

Doch der Unsinn hat einen Sinn. Die überwältigende Mehrheit des Champagners wird von großen Häusern unter Markennamen verkauft. Allein jahrgangsloser Brut-Champagner umfasst oft weit über die Hälfte der Produktion eines Hauses. Damit gleichmäßige Qualität und ein jahrein, jahraus gleicher Geschmack gewährleistet bleibt, wird nach Kräften verschnitten. In den jahrgangslosen Cuvées der meisten großen Erzeuger findet sich Wein aus der gesamten Region. Die Nuancen des Terroir bleiben dabei natürlich auf der Strecke. Die Champagne hat ein so primitives Appellationssystem, weil die übermächtigen Handelshäuser nie das Terroir als Verkaufsargument brauchten. Stattdessen vermitteln sie ein Image bzw. einen Hausstil und vertrauen auf ihre logistische Stärke. Eine Terroir-Spezifizierung, die über die regionale Herkunftsbezeichnung hinausgeht, ist für sie nichts weiter als ein Ärgernis, schließlich bügelt man geflissentlich jegliche Eigenheiten der Lage aus. So ist auch das Dogma entstanden, dass „großer" Champagner ein Verschnitt sein müsse. Vielleicht erweist es sich im Lauf der Zeit tatsächlich als wahr – wie wir bereits gesehen haben, sind sogar einige Weinbauern davon überzeugt. Doch erst wenn uns hunderte großartiger *champagnes de terroir* aus den besten Weinbergen zur Verfügung stehen, können wir uns ein Urteil darüber bilden, ob sie oder die Verschnitte vorne liegen.

Es gibt aber auch moralische Gründe für eine Wiederbelebung der Terroir-Kultur in der Champagne. Denn endlich bekämen die Besitzer der so überaus wichtigen Rebflächen die angemessene Verantwortung und die Möglichkeit, sich den Ruhm zu erarbeiten, den sie verdienen. Das Schlüsselerlebnis im Berufsleben des Champagner-Weinbauern Philippe Aubry fiel in das Jahr 1989, als er auf Geschäftsreise in Italien unterwegs war. Er bot seinen Champagner einem Restaurantbesitzer in Bologna an. Der verkostete ihn und meinte nur, der Wein sei „nicht intelligent". Aubry war wie vor den Kopf gestoßen und fragte, was er damit meinte. „Er ist zu üppig", antwortete der Italiener. „Üppiger Champagner sollte Krug heißen. Sie verkaufen einen kleinen Champagner, also müssten Sie etwas Leichtes erzeugen." „Ich war außer mir", erinnert sich Aubry, „aber die Kritik machte mich auch nachdenklich. In diesem Augenblick beschloss ich, ein echter Weinbauer zu werden und nicht nur Verkäufer eines kleinen Champagners zu bleiben."

Wie aber ist es um das Terroir in der Champagne bestellt? Jeder Einsteiger in die Welt des Weins lernt schnell, dass die Trauben für den weltberühmten Schaumwein auf Kreide heranreifen. Doch dieses Bild vom „klassischen" Terroir in der Champagne – dünner, karger, ostwärts gerichteter Oberboden über einer dicken Kreideschicht – trifft für gerade einmal ein Drittel der Region zu, wie Daniel Lorson vom CIVC betont. In der Côte des Bars etwa, die rund 20 % der Champagne ausmacht, findet sich nirgendwo Kreide, sondern nur Kimmeridgium-Mergel. In weniger bekannten Gegenden der Region besteht der Untergrund zu nicht unerheblichen Teilen aus Ton oder Sand. Selbst Hangneigung und -ausrichtung variieren in dieser erstaunlich facettenreichen Weinlandschaft immer wieder stark. Jeder Verschneider von Champagner wird ohne zu zögern einräumen, dass in den vordergründig so ähnlichen Weinbergen von Cramant, Avize und Le Mesnil sehr unterschiedliche Grundweine entstehen.

Doch nun zu den Fakten. Die Champagne erstreckt sich über drei Departements und ein Gebiet von 34 000 ha, von denen derzeit 31 000 ha bestockt sind: 2800 ha in Aisne, 21 600 ha in Marne und 6600 ha in Aube. Frankreichs nördlichste und am nächsten an Paris gelegene Anbauregion setzt sich aus vielen hundert verstreuten Parzellen zusammen, in denen ein kleiner Hang, eine geschützte Lage, ein bisschen Kreide im Boden und eine gute Drainage reichen, um die Rebstöcke überleben zu lassen. Ansonsten baut man hier vor allem Weizen und Zuckerrüben an – ein weit weniger einträgliches Geschäft als die Kultivierung von Champagner-Trauben.

Die Region wird in der Regel in fünf Subregionen unterteilt: Vallée de la Marne, Montagne de Reims, Côte des Blancs, Côte de Sézanne und Côte des Bars (auch als Aube bekannt). Selbst diese Unterteilung allerdings ist noch stark vereinfachend: Das Massif de St-Thierry und das Vallée de l'Ardre haben ihre eigene Identität, ebenso das Vallée du Surmelin südöstlich des Vallée de la Marne. Nördlich der Côte de Sézanne und südlich der Côte des Blancs reiht sich eine Kette „vergessener" Dörfer ohne jegliche Identität aneinander. Dagegen findet man in erklecklicher Entfernung vom Rest der Anbaubereiche gleich südwestlich von Troyes einen der berühmtesten Weinberge der Subregion Aube: Montgueux. Er gilt als „Montrachet der Côte des Bars", denn er liefert faszinierende, charaktervolle Chardonnay-Weine. Aber wer in London, New York oder Tokio hat jemals Champagner aus diesen Tropfen getrunken?

Champagner wird aus Pinot meunier (die häufigste Traube), Pinot noir und Chardonnay (mit 28 % Anteil die am wenigsten verbreitete Sorte) gemacht. Da er meist ein Weißwein aus roten Trauben ist, gelten für das Pressen strenge Regeln: Aus 4000 kg Lesegut dürfen nicht mehr als 2550 l Most gekeltert werden; die letzten, *taille* genannten 500 l sind von minderer Qualität. Jahrgangsloser Champagner muss zwölf Monate, Jahrgangs-Champagner sogar drei Jahre ausgebaut werden. Renommierte Häuser und Erzeuger gehen ausnahmslos über diese Mindestgrenze hinaus. Aus den Abkürzungen am unteren Rand der Etiketten lässt sich ersehen, ob der Wein von einem *négociant* (NM), einer Genossenschaft (CM oder RC) oder einem Erzeuger (RM) stammt. Die Initialen ND und MA weisen darauf hin, dass der Markenname nichts mit dem Produzenten zu tun hat (die Unzahl der Fantasie-Markennamen in der Champagne macht das Leben für die echten Erzeugerbetriebe nicht gerade einfacher).

Wenn die Champagne in AOCs auf der Grundlage des Terroir unterteilt würde, gäbe es zumindest zu Anfang vermutlich fünf Appellationen. Für die kleinen Bereiche, die zu keiner AOC gehörten, würde man wohl eine generelle AOC Champagne einrichten, die auch für Verschnitte aus unterschiedlichen Zonen gelten würde. Die

▲ *Diese sonnenbeschienene Wandmalerei zeigt eine Windmühle auf der Montagne. Trotz ihrer bescheidenen Höhe bietet die Hügelkette gute Weinbaubedingungen.*

erste Appellation wäre das **Vallée de la Marne**, das von der westlichen Ecke von Château-Thierry bis nach Epernay verläuft. Natürlich gäbe es einigen Hickhack um die Frage, wo das Tal zu beiden Seiten genau endet, denn auf der Nordseite schließt sich die Montagne de Reims und im Süden die Côte des Blancs an. Die Kreide zieht sich im Vallée de la Marne unter die jüngeren Ton- und Sandablagerungen des Pariser Beckens, doch der Unterboden enthält oft genug Kalk. Das große Plus dieses Bereichs aber ist nicht seine Geologie, sondern die Topographie: Man findet einige ausgezeichnete Südhänge, weshalb sich die meisten Weinberge das nördliche Flussufer entlangziehen.

Die zweite mutmaßliche AOC wäre die **Montagne de Reims**, eine langgezogene Zone, die in einer Art Hufeisenform von Ay gegenüber Epernay im Süden bis Jouy-lès-Reims und Ville-Dommange bei Reims im Norden verläuft. Hier herrschen die klassischen Kreidehänge bei nordöstlicher, westlicher, südöstlicher und südwestlicher

▲ *Die Marne ist Frankreichs Fluss des Leidens: Ihr Name ist eher mit zahlreichen Schlachten verbunden als mit spritzigem Wein.*

Ausrichtung vor. Oberhalb der Kreide erstrecken sich in einer Höhe, in der Weinbau nicht mehr möglich ist, Schichten mit Braunkohle, die traditionell zur Verbesserung des kargen, kalkigen Erdreichs in den Weinbergen verwendet wurde. Obendrein finden sich innerhalb der Montagne in einer als Petite Montagne bekannten Zone Richtung Reims Böden mit höheren Sand-, Mergel- und Tonanteilen. Dazwischen treten mancherorts Ton- und Kiesschichten hervor. Hier spielt Pinot noir die Hauptrolle, wenngleich Pinot meunier relativ stark vertreten ist und sich auch Chardonnay im Aufwind befindet.

Die **Côte des Blancs** würde von Chouilly am Rand von Epernay in südlicher Richtung bis nach Vertus verlaufen. Das geologische Profil entspricht im Wesentlichen dem der klassischen Rebflächen in der Montagne de Reims. Das heißt, dass Kreide die unteren und mittleren Hangabschnitte einnimmt, während im Bereich darüber, wo der Wald die Weinberge ablöst, jüngere gemischte Schichten vorherrschen. Der große Unterschied zwischen dieser Zone und der Montagne besteht in der Ausrichtung: Die meisten Rebhänge gehen nach Osten oder Südosten – gerade so wie in der burgundischen Côte d'Or. Das erklärt vielleicht auch, warum sich Chardonnay hier so wohl fühlt und 96 % der Rebflächen einnimmt.

Die **Côte de Sézanne** wäre die kleinste der fünf mutmaßlichen AOCs in der Champagne. Sie ist die südliche Fortsetzung der Côte des Blancs, so wie die Côte Chalonnaise die Verlängerung der Côte d'Or in Burgund bildet. Doch ihre Hänge wirken weniger majestätisch. Sie sind nicht so weitläufig, sondern zerstückelter; außerdem schiebt sich immer wieder reichlich Sand zwischen die Kreide. Die Weinberge sind zu 70 % mit Chardonnay bestockt, der Rest ist überwiegend Pinot-noir-Terrain.

Dann wäre da noch die **Côte des Bars**, ein ganz eigener Bereich – aber nicht, weil sein Champagner nicht auf der Höhe ist. Im Gegenteil, bei einer Neueinteilung der Region in AOCs würden hier wohl interessantere *champagnes de terroir* entstehen als an der Côte de Sézanne und vielleicht sogar im Vallée de la Marne. Eigen vielmehr, weil er zu einer völlig anderen geographischen Region gehört: der Kimmeridgium-Kette, die ihn über Chablis mit Sancerre und Pouilly-Fumé verbindet. Er liegt nicht weniger als 160 km von Reims und Epernay entfernt. Kreide findet man hier in der Nähe von Troyes und Chablis überhaupt nicht, stattdessen den lehmigen Mergel, der sowohl Sancerre als auch das nah gelegene Chablis prägt. Und die Weinberge entlang der Ource und um Les Riceys sehen ebenfalls aus wie ihre Pendants in Chablis: verstreute Parzellen von ansehnlicher Größe, die sich um ein Dörfchen am Fluss schmiegen.

Die Côte des Bars bildet den nördlichsten Teil der Kimmeridgium-Kette und ist trotz ihrer Eignung als Weißweinland paradoxerweise vorwiegend mit Pinot noir bestockt. Das liegt zum Teil daran, dass die Trauben sowieso zu Weißwein verarbeitet werden, ist aber auch auf einen historischen Fehlgriff zurückzuführen. Denn als dem traditionell hier gepflanzten Gamay in den 1950er-Jahren der Garaus gemacht wurde, ersetzte man ihn durch seine „edle" rote Schwester Pinot noir. Dabei wäre die Côte des Bars auch ein hervorragendes Terrain für Chardonnay und Blanc-de-Blancs-Weine.

Nebenbei bemerkt gibt es in der Champagne auch zwei Appellationen für Stillweine: **Coteaux Champenois** für die Roten, Rosés und Weißen sowie **Rosé des Riceys** für den Rosé auf Pinot-noir-Basis aus der Aube-Gemeinde Les Riceys. Weintrinker außerhalb der beiden Bereiche stillen eher ihre Neugier als ihr Bedürfnis nach einem guten Tropfen, wenn sie zu ihnen greifen, denn ihre enorme Säure stellt den Gaumen auf eine harte Probe. Wer sich aber einmal an ihr eigentümliches Gleichgewicht gewöhnt hat, kann in ihnen beträchtliche Finesse und Nuancenreichtum ausmachen.

Im Kreuzfeuer

Vogelfutter

Ein großes Strukturproblem stellt in der Champagne alle anderen in den Schatten: Die 15 000 Weinbauern der Region bereiten und verkaufen ihren Wein nicht selbst.

Man ist sich darin einig, dass großer Wein nur aus großen Trauben entsteht. Die Champagne bildet davon keine Ausnahme. Als ich Winzer Pascal Agrapart fragte, was er tue, wenn er Lesegut verkaufen wolle, antwortete er: „Telefonieren." Er brauche nur anzugeben, aus welchem Dorf es stamme, und schon sei er es per Ferngespräch und ungeachtet des Zustands oder der Ertragsmenge los. Nach der Lese kämen die Trauben in ein örtliches Presszentrum, von wo aus der Saft zum Käufer gelange. Winzer Philippe Aubry bestätigte, dass es keinen Zuschlag für Trauben gebe, deren Most statt dem gesetzlichen Mindestalkoholgehalt von 8,5 % – manche erreichten 2001 nicht einmal diesen Wert – 10 % Alkohol enthielten. In den Pressen großer Champagnerhäuser werden die Beeren allerdings durchaus in Augenschein genommen. Nach Auskunft von Dominique Demarville, Kellermeister bei Mumm, prüft das Unternehmen das eintreffende Lesegut, und daraus entstehen immerhin bis zu 45 % des Mosts. Der Rest aber ist ein Blindeinkauf von rund 73 weiteren Presszentren. Bei dieser Größenordnung seien Einzelprüfungen nicht mehr möglich, räumt Demarville ein. Das einzige große Haus, das eigenen Angaben zufolge jede eingekaufte Fuhre begutachtet, ist Roederer.

Die Erträge sind in der Champagne seit Anfang der 1980er-Jahre beständig nach oben gegangen. Das ist der Überdüngung, verbesserten Bekämpfung von Krankheiten, dem Pflanzen junger Stöcke nach dem strengen Winter 1985 und der globalen Klimaerwärmung zu verdanken. Das durchschnittliche Gewicht einer Traube lag 1980 bei 85 g – 2001 waren es schon 150 g. „Für uns sind 11 000 kg pro Hektar eine magere Lese", erklärt Didier Gimmonet. „Für die Generation meines Vaters wäre das ein ertragreiches Jahr gewesen." 13 000 bis 14 000 kg hat man Gimmonet zufolge in den letzten zehn Jahren im Durchschnitt aus dem Weinberg geholt; das entspricht rund 80 hl/ha. Er räumt ein, dass dieser Wert manchmal sogar noch überschritten wird und bis zu 150 hl/ha betragen kann, etwa im berüchtigten Jahr 2001. In solchen Fällen lassen die Weinbauern das überschüssige Traubengut einfach als Vogelfutter an den Stöcken. Ein engagierter Winzer wie Gimmonet, der selbst keltert und vinifiziert, wird dagegen nicht so stark pressen und weniger, aber dafür feineren Saft gewinnen. Gegenwärtig hat die Champagne mit dem größten Überschussproblem ihrer Geschichte zu kämpfen. Nach Auskunft von Philippe Aubry werden jedes Jahr 10 000 ha nicht vollständig abgeerntet.

Lohn der Mittelmäßigkeit

Ein weiteres chronisches Problem in der Champagne ist nach Ansicht von Anselme Selosse die Gepflogenheit, die Trauben in nicht ganz ausgereiftem Zustand zu lesen. Selbst wenn man vorgibt, Fäulnis vermeiden oder die Säure erhalten zu wollen, erfolgt die verfrühte Ernte vorwiegend aus finanziellen Gründen. „Man nimmt den Höchstertrag und fügt weitere zwei Alkoholprozente durch Chaptalisierung hinzu", erklärt Selosse. „So holt man das finanzielle Maximum heraus, denn man erhöht das Endvolumen mit minimalen Kosten. Wer hingegen vollreife Trauben erntet und deshalb nicht chaptalisieren kann, nimmt weniger ein." Die Weinbauern haben also einen finanziellen Anreiz, mindere Qualität zu produzieren – ein Unding in einem Anbaugebiet mit den wertvollsten Rebflächen der Welt. Da Wein- und Traubenqualität in direktem Zusammenhang stehen, könnte die Güte der Weine in der Champagne besser sein. Das Potenzial der Region wird erst ausgeschöpft werden, wenn immer mehr Weinbauern ihre eigenen Weine bereiten und an den Mann bringen oder wenn die großen Häuser, die derzeit 70 % des verkauften Champagners produzieren, mehr auf die Qualität jedes einzelnen Postens Lesegut achten. Bei 14 500 Weinbauern mit einer durchschnittlichen Anbaufläche von 1,6 ha, die auch noch über 15 winzige Parzellen verstreut ist, ein Alptraum!

Weinberge – jung und voll Unrat

Selbst die renommiertesten Rebhänge in der Champagne befinden sich oftmals in einem erstaunlich heruntergekommenen Zustand und voll mit *gadoux*, dem berüchtigten Pariser Stadtmüll. Man mag es gar nicht glauben, dass tatsächlich jemand auf die Idee gekommen ist, Haushaltsabfälle aus Großstädten zu mahlen und über dem teuersten Agrarland der Nation zu verteilen. Doch genau das war von Anfang der 1960er-Jahre bis 1998 der Fall. Auf meinem Schreibtisch liegen eine zusammengeknüllte Kosmetikflasche aus Kunststoff, Styroporkügelchen, eine grüne Kunststoffscheibe, Glassplitter, gehäckseltes blaues Plastik und ein weißes Kunststoffschild. Diesen Müll habe ich binnen Sekunden in einem prestigeträchtigen Grand-cru-Weinberg in Le Mesnil an der Côte des Blancs zusammengeklaubt. Man verteilte die Hinterlassenschaften der Stadt als „Dünger" über fast alle Rebflächen in der Champagne. Lediglich einige engagierte Winzerfamilien wie Egly in Ambonnay und Champs vom Gut Vilmart in Rilly weigerten sich standhaft, *gadoux* auf ihr Land zu lassen; die Larmandiers machten 1978 Schluss mit der Mülldüngung. „Das Problem war, dass sich die Zusammensetzung des Komposts änderte", erinnert sich Pierre Larmandier. „Zunächst bestand er aus Kartoffel- und Apfelschalen. Das ging in Ordnung. Dann tauchten immer mehr Fremdstoffe darin auf…" Stellt sich die Frage, ob der Unrat auch toxische Schwermetalle enthielt; bislang geben Analysen keinen Anlass zur Sorge. Das könnte sich jedoch ändern, meint Anselme Selosse, der wie Francis Egly mit dem Bodenanalytiker Claude Bourguignon (siehe S. 87) zusammenarbeitet. „Wir haben in der Champagne noch Glück mit unseren alkalischen Böden", so Selosse. „Aber weil sie nicht mehr bearbeitet werden, versauern sie allmählich. Und dann beginnen sich die Schwermetalle zu lösen."

Ein weiteres Problem in der Champagne ist das Durchschnittsalter der Rebstöcke, die zu den jüngsten in ganz Frankreich zählen. Zum Teil ist das eine Folge der strengen Fröste im Jahr 1985, es liegt aber auch daran, dass die Weinbauern ihre eigenen Weine nicht verkaufen müssen und deshalb keinen finanziellen Anreiz sehen, auf Qualität zu setzen. „Die Champagne hat eine junge Rebfläche", bestätigt auch Dominique Demarville von Mumm. „Der Durchschnitt beträgt 25 Jahre; eigentlich sollte er eher bei 40 liegen." Quantität aber zahlt sich in der Champagne nun einmal aus – und junge Stöcke tragen verlässlicher und reichlicher als ältere.

Zweifellos haben die Behörden in der Region begriffen, dass ihre Anbauflächen alles andere als beispielhaft bewirtschaftet werden. Das zeigt sich nicht zuletzt im Projekt Viticulture Raisonnée. Doch es wird noch viele Jahre dauern, bis man die Einstellung von 14 500 Kleinwinzern geändert hat. Und ohne finanzielle Anreize durch die Käufer des Leseguts wird der Wandel auch noch länger auf sich warten lassen.

Leute

Agrapart
51190 Avize, Tel. 03 26 57 51 38, Fax 03 26 57 05 06

Die Gebrüder Pascal und Fabrice Agrapart bewirtschaften ein 9,5 ha großes Gut, dessen Anbaufläche zu 90 % mit Chardonnay bestockt ist. Zum Besitz des Hauses gehören unter anderem 4,5 ha in Avize, 1 ha in Oger sowie je ein weiterer in Cramant und Oiry. Außerdem nennen Pascal und Fabrice einen kleinen Pinot-Weinberg in Avenay ihr Eigen. Etwa 70 % der Stöcke sind älter als 40 Jahre. Man verzichtet auf Herbizide und bearbeitet die Fläche, zum Teil mit einem Boulonnaiser Schimmel namens Venus; das fördert die Ausbildung eines gesunden, tief reichenden Wurzelsystems. Pascal und Fabrice haben mit dem biologisch-dynamischen Weinbau geliebäugelt, doch bei 53 Einzelparzellen ist das ein schwieriges Unterfangen. Dank Naturhefen, einer zurückhaltenden Dosage von 6 g/l und dem Einsatz von altem Holz, um die Reserveweine einer kontrollierten Oxidation zu unterwerfen, entsteht eine immer bessere Palette. Die sanfte Oxidation gibt dem Brut Blanc de Blancs ein komplexes Weißdornaroma mit, während der Brut Réserve üppiger, reifer und robuster ausfällt. Der 1996er-Jahrgang bringt die Kreide in reiner Form zum Ausdruck; der 1995er gibt sich fülliger und erinnert an Kekse. Spitzenreiter ist der überschäumende 1995er Avizoise von 55-jährigen Stöcken aus den besten Parzellen in mittlerer Hanglage: Er verströmt feine Butter- und Nussaromen.

Arnould
51360 Verzenay, Tel. 03 26 49 40 06, Fax 03 26 49 44 61

Michel Arnoulds 12-ha-Domäne befindet sich in dem Dorf Verzenay, dessen weiniger, fein perlender Stil im gesamten Sortiment zum Tragen kommt. Die draufgängerischen Champagner auf Pinot-noir-Basis danken eine längere Lagerung. Ausgezeichnetes Preis-Leistungs-Verhältnis beim Rosé.

Aubry
51390 Jouy-lès-Reims, Tel. 03 26 49 20 07, Fax 03 26 49 75 27

Das alte Familienunternehmen besitzt seine 16 ha schon seit 1790, allerdings wurde früher neben Wein noch Wolle und Roggen produziert. 11 ha haben Premier-cru-Rang. Philippe Aubry arbeitet mit Bruder Pierre und Schwager Noël zusammen und ist seit seinem traumatischen Zusammentreffen mit einem Bologneser (siehe S. 28) bemüht, einheimischen Sorten wie Arbanne und Petit Meslier zu ihrem Recht zu verhelfen. Darüber hinaus setzt er auf Pinot blanc und Pinot gris, der hier einst Fromenteau genannt wurde. Er kultiviert aber auch die drei gängigen Trauben. Seine Cuvée Nombre d'Or enthält seit 1998 sämtliche Sorten außer Pinot blanc. Campanae Veteres Vites, „die alten Reben der Champagne", so lautet der Untertitel seiner Cuvée. Der 1996er Nombre d'Or war eine Melange aus Fromenteau (40 %), Pinot meunier (30 %), Arbanne (20 %) und Petit Meslier (10 %) und gebärdete sich ursprünglich und wild im Geschmack, verströmte dabei allerdings einen einnehmenden Waffelduft. Zugänglicher, aber immer noch von rustikaler Säure geprägt, gab sich der 1997er aus 40 % Fromenteau, 40 % Petit Meslier und 20 % Arbanne. Abgesehen von dieser „antiken" Cuvée ist die Sablé-Linie aus historischen Gründen interessant: Die authentisch bereiteten Crémants im Rosé- und Blanc-de-Blancs-Gewand haben nur die Hälfte des üblichen Drucks. Die Cuvée Ivoire et Ebène vermählt Chardonnay mit Pinot meunier, der in Aubrys Weinberg in Petite Montagne bessere Resultate erbringt als der Pinot noir. Das Paradepferd dürfte aber wohl der subtil-aromatische Jahrgangs-Champagner Aubry de Humbert mit Chardonnay aus Jouy, Pinot meunier aus Pargny und Pinot noir aus Ville-Dommange sein.

Paul Bara
51150 Bouzy, Tel. 03 26 57 00 50, Fax 03 26 57 81 24

Die Champagner von Paul Bara und seiner Tochter Chantal sind ein Muss für jeden, der die reife, trockene Fülle der Weine aus Bouzy genießen möchte, wo sich sein 11-ha-Gut befindet. Bara hat sogar schon ein Buch über seinen Heimatort geschrieben. Das Preis-Leistungs-Verhältnis kann sich sehen lassen, vor allem beim tiefen, dunklen Rosé.

Barnaut
51150 Bouzy, Tel. 03 26 57 01 54, Fax 03 26 57 09 97

Das 15 ha große Gut des leutseligen Philippe Secondé umfasst ein 12,5 ha großes Sahnestückchen in Bouzy; die restlichen 2,5 ha liegen in Brasles im Marne-Tal. Secondé ist nach eigenem Bekunden davon besessen, Schwere bei seinen Weinen zu vermeiden. Er sortiert das Lesegut vor dem Pressen aus, was in der Champagne ganz und gar unüblich ist, trennt den Saft in fünf einzelne Partien, verwendet Kulturhefen und stellt seine Verschnitte allein auf der Basis von Blindverkostungen zusammen. Zu den Glanzstücken seines umfangreichen Sortiments gehören die brotige Grande Réserve, der weinige, scharfe Extra Brut Sélection, der runde Blanc de Noirs und der erdbeerfruchtige Rosé Authentique. Die Jahrgangs-Erzeugnisse enthalten bis zu 50 % Chardonnay, „damit sie im Lauf der Zeit nicht zu schwer werden". Der 1995er fällt überraschend elegant und blumig aus und schlägt im Abgang eine Hopfennote an. In der Cuvée Edmond tritt die typische Fruchtigkeit der Weine von der Marne am deutlichsten zutage, dennoch handelt es sich um einen sorgfältig bereiteten, weinigen Champagner mit Tiefgang. Wegen seiner Verpackung sieht er eher wie eine Prestige-Cuvée aus und nicht wie das Basisprodukt der Palette.

Beaumont des Crayères
51318 Epernay, Tel. 03 26 55 29 40, Fax 03 26 54 26 30

Die kleine Genossenschaft mit Sitz in Mardeuil hat vielleicht nicht die besten Weinberge, dafür setzen ihre über 200 Winzer mit durchschnittlich gerade einmal 3800 m² Weinbergsbesitz auf Qualität statt Quantität. Das Ergebnis: ein erschwingliches Sortiment, aus dem die Jahrgangs-Weine Fleur de Prestige und Grande Prestige mit dem besten Preis-Leistungs-Verhältnis herausragen.

Billecart-Salmon ✪
51160 Mareuil-sur-Ay, Tel. 03 26 52 60 22, Fax 03 26 52 64 88

Das Haus mittlerer Größe in Mareuil-sur-Ay hat einen guten Ruf, wenngleich der leicht ins Süßliche spielende Basis-Brut gelegentlich etwas enttäuscht. Das gilt aber auch für die vergleichbaren Produkte der Konkurrenz, sieht man einmal von den Häusern mit eigenem Weinbau ab (Billecart hat nur wenig Rebflächen). Auch die Qualität des Blanc de Blancs schwankte in der Vergangenheit. Man offeriert eine umfangreiche Palette: Zu den besseren Weinen zählen der mollige Brut Rosé und der tiefe Jahrgangs-Rosé Cuvée Elisabeth Salmon, außerdem die reintönige Cuvée Nicolas-François Billecart. Man hält am besten Ausschau nach einem sauberen, ausdrucksvollen Stil in Verbindung mit runder, weicher Frucht.

H. Blin
51700 Vincelles, Tel. 03 26 58 20 04, Fax 03 26 58 29 67

Eine weitere kleine Genossenschaft, deren zahlreiche Mitglieder jeweils nur ein Gärtchen voller Rebstöcke ihr Eigen nennen. Wie man es von einem Betrieb im Marne-Tal erwartet, kommt Pinot meunier in den Produkten unverkennbar zum Ausdruck. Man erhält Champagner mit lebhafter Frucht, die bald in einen Biskuitton übergeht.

Bewertung   ✪ Sehr guter Wein   ✪✪ Ausgezeichneter Wein   ✪✪✪ Großer Wein

Boizel
51200 Epernay, Tel. 03 26 55 21 51, Fax 03 26 54 31 83

Der französische Versandspezialist zählt nun zu einer Gruppe, der Alexandre Bonnet, Chanoine, Philipponnat und de Venoge angehören. Das Boizel-Spektrum kann sich im Großen und Ganzen sehen lassen. Es reicht von kernigen, mineralisch-salzigen Bruts über relativ leichte, duftige Blancs de Blancs bis hin zu meist weitaus tiefer strukturierten Jahrgangs-Champagnern wie dem vollen 1996er. Die in Eiche vergorene Cuvée Sous Bois von 1990 hat einen leimigen Einschlag; vielleicht ist die Eiche bei späteren Jahrgängen besser integriert.

Bollinger ✪✪
51160 Ay, Tel. 03 26 53 33 66, Fax 03 26 54 85 59

Der *négociant* mit Sitz in Ay hat gegenüber vielen Konkurrenten einen großen Vorteil: Er besitzt 150 ha eigene Weinberge, aus denen er zwei Drittel seines Leseguts holt. Daher kann er bei seinen Weinen und insbesondere seinen Réserves sowie den Spitzen-Cuvées auf eine Basis aus erstklassigem Material bauen. Bollingers „Ethik- und Qualitäts-Charta" unterstrich sein Streben nach Vollkommenheit in einer Zeit, in der die so genannten Grande-Marque-Häuser dazu offensichtlich nicht in der Lage waren. Sein Spécial Cuvée ist ein reintöniger, geradliniger Brut von verlässlicher Tiefe und einer gewissen Komplexität (die Hälfte der enthaltenen Verschnittweine sind im Eichenfass vergoren). Der Jahrgangs-Champagner Grande Année, die Linie RD (Récemment Dégorgé) und der seltene Vieilles Vignes Françaises von drei kleinen Parzellen mit unveredelten Pinot-noir-Stöcken in Ay und Bouzy gehören zu den Glanzlichtern der Champagne. Sie fallen tief, dunkel und ernst aus – nicht aber streng, denn dazu steckt zu viel Pinot-Power in ihnen; in ihrer Jugend sind diese Weine sogar manchmal unangenehm massiv, grob und unentschlossen. Sie zeigen sich jedoch stets konzentriert, machen keinerlei Zugeständnisse an den zaghaften Trinker und streben mit Bravour einer exakt artikulierten, fein ziselierten Reife entgegen. Da der Geschmack eines Champagners vom Zeitpunkt abhängt, zu dem der Sedimentpfropfen entfernt wird, entsprechen Bollingers Luxus-Schäumer nicht immer dem vorgegebenen Prototyp. Diese Uneinheitlichkeit lässt die Verfechter des Markencharakters erschaudern. Für mich sind die Abweichungen von der Norm allerdings begrüßenswert, da es keinen Idealzeitpunkt für das Degorgieren eines bestimmten Champagners gibt. Außerdem spiegelt sich darin das Wesen des Weins als wandlungsfähiges landwirtschaftliches Erzeugnis wider, im Gegensatz zu einem industriell gefertigten Produkt. Wenn man einen großen Bollinger wie den 2002 verkosteten RD 1985 ins Glas bekommt, begegnet man einem solchen Reichtum an feinsten Nuancen in dem vielschichtigen Aromagefüge, dass ein Herumkritteln an Abweichungen gegenüber früheren Ausgaben schlichtweg unangebracht ist.

Bonnet
51100 Reims, Tel. 03 26 84 44 15, Fax 03 26 84 44 19

Ein Champagner mit günstigem Preis-Leistungs-Verhältnis aus Aube, in dem die abgerundete Üppigkeit der Pinot-Familie zutage tritt. Der Betrieb gehört nun zur BCC-Gruppe (siehe Paillard).

Brice
51150 Bouzy, Tel. 03 26 52 06 60, Fax 03 26 57 05 07

Der kleine *négociant* hat sich auf den Kauf und Verkauf von Grand-cru-Weinen aus einzelnen Dörfern spezialisiert – statt jedem Erzeugnis seinen Hausstil aufzuzwingen, unterstreicht er also die Terroir-Unterschiede. Man bekommt bei ihm aber auch verschnittene Erzeugnisse. Jean-Paul Brices Strategie ist zeitgemäß und aktuell, aber nicht so neu, wie man meinen könnte, denn er schlug diesen Weg schon bei der Gründung von Barancourt ein. Von seinen vier Neuerscheinungen waren der Ay und der Bouzy erfolgreicher als der Verzenay und der mit zu viel Dosage bedachte Cramant.

Le Brun de Neuville
51260 Bethon, Tel. 03 26 80 48 43, Fax 03 26 80 43 28

Die Champagner dieser 145 Weinbauern starken Genossenschaft bieten eine relativ preisgünstige Einführung in den Chardonnay-Stil von der Côte de Sézanne. Man sollte nicht allzu subtile Erzeugnisse erwarten, doch versprechen die Weine mit ihrer vanillecremigen Weichheit reichlich Trinkgenuss.

Pierre Callot
51190 Avize, Tel. 03 26 57 51 57, Fax 03 26 57 99 15

Zu der kleinen 5-ha-Domäne in Avize gehört der vorzügliche Weinberg Clos Jacquin, der Thierry Callot die Trauben für einen intensiven, gut strukturierten, cremigen und schön aufgemachten Blanc de Blancs liefert.

Cattier
51500 Chigny-les-Roses, Tel. 03 26 03 42 11, Fax 03 26 03 43 13

Das kleine Haus in Chigny-les-Roses besitzt die Premier-cru-Lage Clos du Moulin. Der daraus bereitete, gut ausgebaute Champagner ist ein Verschnitt aus drei Jahrgängen und setzt sich jeweils zur Hälfte aus Chardonnay und Pinot noir zusammen. Sein Stil ist üppig, doch meint man eine leichte Überdosage zu erkennen. Zudem fällt er nicht ganz so konzentriert und nachhaltig wie beispielsweise die Grands crus von Moët aus.

Charlemagne
51190 Le Mesnil-sur-Oger, Tel. 03 26 57 52 98, Fax 03 26 57 97 81

Charlemagne, zu Deutsch Karl der Große – dieser Name ist für jeden Weinbauern eine Verpflichtung. So auch für Guy und Philippe Charlemagne, deren 15-ha-Domäne einige schön gelegene Weinberge an der Côte des Blancs umfasst. Im Stil ihres Grand cru sowie auch der „geringeren" Weine vermählen sich Eleganz und die Kraft vollreifer Früchte.

J. Charpentier
51700 Villers-sous-Châtillon, Tel. 03 26 58 05 78, Fax 03 26 58 35 59

Jacky Charpentiers zwölf Hektar im Marne-Tal sind der Geburtsort sorgfältig gefertigter Champagner auf Pinot-meunier-Basis, die viel Trinkgenuss bereiten.

Chartogne-Taillet
51220 Merfy, Tel. 03 26 03 10 17, Fax 03 26 03 19 15

Die alteingeführte 11-ha-Domäne in der Nähe von Château-Thierry ist eine gute Quelle für weichen, toastigen, milden Champagner.

Cuvée Orpale *siehe* Union Champagne

CVC *siehe* Nicolas Feuillatte

Delamotte
51190 Le Mesnil-sur-Oger, Tel. 03 26 57 51 65, Fax 03 26 57 79 29

Delamotte ist das Alter Ego von Salon, dem Juwel an der Côte des Blancs. Das Unternehmen besitzt 11 ha hauseigener Rebflächen in Le Mesnil, Oger sowie Avize und erbt alle Salon-Weine, die dieses Haus nicht benötigt, tätigt aber durchaus auch eigene Einkäufe. Wie Salon gehört Delamotte Laurent-Perrier. Der frische, rauchige jahrgangslose Brut enthält 50% Chardonnay aus Mesnil, Avize und Oger sowie 30% Pinot noir mit Grand-cru-Siegel aus Ambonnay und Bouzy; er liegt drei Jahre lang auf der Hefe. Der jahrgangslose Blanc de Blancs setzte sich 2002 aus 30% 1996er und 70% 1997er zusammen; das Ergebnis war ein Wein von pudriger, blütensüßer Reinheit, aber auch mit zähneschmelzender Säure. Der 1995er Jahrgangs-Blanc-de-Blancs hat sechs Jahre Lagerung hinter sich und präsentiert sich daher voller.

Delbeck
51053 Reims, Tel. 03 26 77 58 00, Fax 03 26 77 58 01

Delbeck wechselte in letzter Zeit häufiger den Besitzer. Einer der derzeitigen Eigentümer, Pierre Martin, ist ein ehemaliger Barancourt-Mann, weshalb man bei der Spitzenlinie nun das Terroir herauszuarbeiten versucht. Der kurze Cramant mit Sorbet-Ton enttäuscht, während die beiden anderen Grands crus, Ay und Bouzy, tiefer, voller und sorgfältiger ausgearbeitet sind.

De Sousa
51190 Avize, Tel. 03 26 57 53 29, Fax 03 26 52 30 64

Erick De Sousa nennt 7 ha in Avize, Oger und Cramant sein Eigen; die Stöcke dort sind durchschnittlich 38 Jahre alt. „Je natürlicher, desto besser", so lautet der Grundsatz von De Sousa, und deshalb hat er auf biologisch-dynamische

Wirtschaftsweise umgestellt. Er setzt natürliche Hefen ein, verzichtet auf Filtrierung und hat die Dosage-Menge gesenkt. Lobenswert auch die ausführlichen Rücketiketten. Der im Fass vergorene und aus Trauben von über 50-jährigen Stöcken gekelterte Blanc de Blancs Cuvée des Caudalies ist zweifellos das Paradepferd des Hauses. Er nimmt mit mineralischen Noten, fast apfelsinenartiger Frucht und einem langen Abgang für sich ein, worauf auch der Name hindeutet: *caudalie* ist die französische „Maßeinheit" für die Länge des Weins.

Paul Déthune
51150 Ambonnay, Tel. 03 26 57 01 88, Fax 03 26 57 09 31

Pierre Déthunes Domäne in Ambonnay ist mit 7 ha nicht gerade groß, doch seine in großen Eichenfässern ausgebauten Weine sind tief, reif, rund und weinig. Auch preislich kann der Erzeuger mit den großen Häusern mithalten.

Deutz
51160 Ay, Tel. 03 26 56 94 00, Fax 03 26 56 94 10

Das Haus produziert kernige, klassische, feste Champagner aus vorwiegend eingekauftem Lesegut, da man nur 42 ha eigene Rebfläche besitzt. Sowohl der Blanc de Blancs als auch der Rosé und davon insbesondere die Prestige-Version William Deutz Rosé sind denkwürdige, komplexe Schöpfungen. Als neuen Super-Blanc-de-Blancs hat man den Amour de Deutz eingeführt.

Doquet-Jeanmarie
51130 Vertus, Tel. 03 26 52 16 50, Fax 03 26 59 36 71

Die schön gelegene 15-ha-Domäne lockt mit konzentrierten aktuellen Erzeugnissen, aber auch mit einer feinen Palette älterer Jahrgänge, die als Cœur de Terroir etikettiert werden. Ebenfalls empfehlenswert: der Rosé.

Drappier
10200 Urville, Tel. 03 25 27 40 15, Fax 03 25 27 41 19

Drappier in Aube offeriert fruchtige, lebendige, überschäumende Champagner mit ausgezeichnetem Preis-Leistungs-Verhältnis. Die muskulösen Cuvées der Grande-Sendrée-Linie entstehen aus den Trauben einer Einzellage an der Aube, die allerdings mit Chardonnay und Pinot noir gleichzeitig bepflanzt ist.

Duval-Leroy
51130 Vertus, Tel. 03 26 52 10 75, Fax 03 26 52 37 10

Das Gut wird von dem pessimistischen Carol Duval geführt. Er ist davon überzeugt, dass Frankreich allmählich zur „Kolchose" verkommt. Derzeit sind Duval und seine Söhne allerdings noch Alleinherrscher über 150 ha eigenes Land, das ein Viertel des verarbeiteten Leseguts liefert. Sie warten mit einem eleganten, für die Côte des Blancs charakteristisch zugänglichen Stil auf. Das banale Etikett der Fleur-de-Champagne-Linie wird der Klasse des Flascheninhalts nicht gerecht. Der 1990er Femme de Champagne, eine Prestige-Cuvée mit fast 90% Chardonnay, duftet nach Brioches und erobert den Gaumen mit sinnlicher Fülle. Ein Bio-Champagner soll demnächst erscheinen.

Egly-Ouriet ✪✪
51150 Ambonnay, Tel. 03 26 57 00 70, Fax 03 26 57 06 52

Eine sehr ambitionierte, gut geführte Domäne mit 9 ha Grand-cru-Weinbergen in Ambonnay (7,2 ha) und Verzenay (1,5 ha) sowie einem Fleckchen in Bouzy. Das Durchschnittsalter der Reben liegt bei 35 Jahren. Francis Egly pflügt den Boden, belüftet ihn, düngt ihn mit Stallmist und verzichtet ansonsten weitgehend auf Eingriffe. Dem in der Champagne verbreiteten Problem der überhohen Erträge begegnet er, indem er fast die Hälfte der Frucht ausdünnt. Das bescherte ihm im miserablen Jahrgang 2001 einen beachtlichen Alkoholgehalt von 9,8%, als die meisten anderen Weinbauern bei kümmerlichen 7,8% dahindümpelten. Sein normaler Wert liegt bei 12,5% bis 13%. „Die Trauben reifen in der Champagne bestens aus. Unser größtes Problem ist, dass man sie nicht ausreifen lässt", so Egly. Er setzt auf langsames Pressen, den Einsatz natürlicher Hefen, Vergärung im Barrique und in Emailtanks ohne Abstechen sowie eine Abfüllung für die Zweitgärung ohne vorheriges Schönen bzw. Filtrieren. Alle Weine liegen vor der Freigabe drei bis vier Jahre. Der Brut Tradition mit seiner minimalen Dosage von 5 bis 6 g/l sowie der altgoldenen Farbe, dem Duft warmer Früchte und einem kraftvollen, nachklingenden Geschmack bringt den Pinot noir auf wundervolle Weise zum Ausdruck. Der Blanc de Noirs Vieilles Vignes, der in der Regel völlig ohne Dosage in die Flaschen kommt, gerät sogar noch tiefer und wirft eine fast schon schockierend hohe Kreidedosis mit in die Waagschale. Egly hat außerdem eine winzige Menge roten Coteaux Champenois Grande Côte im Sortiment. Ihm fehlt zwar die Tanninmasse eines roten Côte d'Or, trotzdem gerät er süßfruchtig und eichengetönt.

Nicolas Feuillatte
51210 Montmirail, Tel. 03 26 59 55 50, Fax 03 26 59 55 82

Diese Weine werden von der 85 Betriebe starken Genossenschaft CVC erzeugt und vermarktet. Man verfolgte traditionell eher eine weiche Linie, brachte aber mit der Grand-cru-Serie – den aus Chardonnay bereiteten 1995er Jahrgangs-Champagnern aus Chouilly, Cramant und Le Mesnil-sur-Oger sowie einem Pinot noir aus Verzy – etwas Finesse ins Spiel.

Fleury
10250 Courteron, Tel. 03 25 38 20 28, Fax 03 25 38 24 65

Die Schaumweine dieses biodynamischen Erzeugers in Courteron an den Côtes des Bars geraten leicht, sanft, elegant und gut austariert.

Gardet
51500 Chigny-les-Roses, Tel. 03 26 03 42 03, Fax 03 26 03 43 95

Lebensfrohe, einnehmende Champagner aus Chigny-les-Roses.

Gatinois
51160 Ay, Tel. 03 26 55 14 26, Fax 03 26 52 75 99

Pierre Cheval-Gatinois' 7,2-ha-Reich ist ausschließlich mit Pinot noir bestockt; zur Kundschaft zählt unter anderem Bollinger. Die Champagner fallen fest und schön bereitet aus – sie profitieren von einem Aufenthalt in Kälte und Dunkelheit. Der fruchtige Rosé des Hauses ist eine lohnende Anschaffung.

Pierre Gimmonet ✪
51530 Cuis, Tel. 03 26 59 78 70, Fax 03 26 59 79 84

Didier Gimmonet besitzt eine der beneidenswertesten Domänen in der Region. Sie umfasst 25 ha in der Côte des Blancs, die ausnahmslos mit Chardonnay bepflanzt sind. 14 ha gehören zum Premier-cru-Dorf Cuis, 12 ha zu den Grands crus Cramant und Chouilly. Aus dem mit jungen Reben übersäten Anbaugebiet ragt Gimmonet mit einer eindrucksvollen Statistik heraus: 70% der Stöcke sind über 30 Jahre alt – rund 40% davon haben sogar schon mehr als 40 Lesen hinter sich. Die betagtesten Exemplare stehen in den Gemarkungen Le Fond du Bateau und Buisson in Cramant; sie wurden 1913 gepflanzt. „Ein Cramant ist sehr ausdrucksvoll und rund", erklärt Gimmonet. Der Chouilly ähnelt ihm zwar, ist aber etwas weniger konzentriert, der Cuis „neutraler, säurehaltiger, frischer, luftiger", was nicht verwundert, denn dieses nordwärts gerichtete Dorf ist das kühlste an der Côte des Blancs. Gimmonet ist ein Befürworter des Verschneidens und untermauert seine Überzeugung mit der Behauptung, dass Cramant allein schneller altert als im Verbund mit Weinen aus Cuis. Er presst leichter als die meisten seiner Kollegen und nimmt gerade Abschied vom vorherrschenden Dogma der fehlerfreien Fertigung. Stattdessen setzt er auf ausdrucksstärkere Erzeugnisse, arbeitet aber nach wie vor mit Edelstahl, Kulturhefen, Schönung und Filtrierung. Seine Champagner sind saftig, kernig und erfrischend. Flaggschiff des Hauses ist die Cuvée Oenophile, ein Jahrgangs-Champagner ohne Dosage mit lang anhaltender, salziger Reintönigkeit.

Michel Gonet
51190 Avize, Tel. 03 26 57 50 56, Fax 03 26 57 91 98

Seinen Hauptsitz hat dieser unternehmungslustige, alteingesessene Erzeuger zwar an der Côte des Blancs, doch zum 40-ha-Besitz gehören auch Weinberge an der Côte de Sézanne und der Aube. Selbst in Graves de Vayres in Bordeaux bereitet Gonet Schaumwein. Zu den Trümpfen des Hauses gehören die duftigen, üppigen Grands crus Blanc de Blancs. Gonet ist ferner Eigentümer der Marke Marquis de Sade, die zweifellos eine ganz eigene Anhängerschaft hat.

Gosset
51160 Ay, Tel. 03 26 56 99 53, Fax 03 26 51 55 88

Nachdem die reiche Cointreau-Familie diesen *négociant* erworben hat, müsste es nun mit der Qualität steil aufwärts gehen. Der Brut Excellence fällt passabel aus und die Grande Réserve wartet mit mehr Konzentration und einem einnehmend freimütigen, muskulösen Stil auf, doch zur Spitze fehlt ihr vielleicht doch noch die Intensität und Finesse ganz großer Erzeugnisse. Die Juwelen im Hause sind der volle Grand Rosé, die intensiven, von Chardonnay beherrschten Jahrgangsweine und die Prestige-Kreation Celebris, die alle den für Gosset typischen, unverhohlenen Überschwang zum Ausdruck bringen.

Gratien
51201 Epernay, Tel. 03 26 54 38 20, Fax 03 26 54 53 44

Die Champagner des relativ kleinen Hauses sind in ihrer Jugend recht streng und unzugänglich (da die malolaktische Gärung blockiert wird), schwingen sich im Alter jedoch zu reinen, ausdrucksstarken Grandseigneuren auf. Alain Seydoux hat den Betrieb kürzlich an den deutschen Schaumweinhersteller Henkell verkauft. Es steht zu hoffen, dass man nun eine stärkere Marktpräsenz anstrebt, dabei aber nicht auf die Vergärung in Eichenfässern verzichtet, die mit Sicherheit für viele komplexe Charakterzüge des Weins verantwortlich war.

Charles Heidsieck ✪
51200 Epernay, Tel. 03 26 59 50 50, Fax 03 26 52 19 65

Mit dem tragischen Tod von Daniel Thibault Anfang 2002 verlor die Region einen ihrer größten Kellermeister des 20. Jahrhunderts. Nur wenige drückten einer Marke so unverkennbar ihren Stempel auf, nur wenige schufen so große Champagner aus zeitweise recht bescheidenem Grundmaterial, nur wenige trieben so wagemutig und erfolgreich Innovationen voran. Sein Nachfolger Régis Camus wird es nicht leicht haben, selbst wenn er bereits acht Jahre an der Seite von Thibault gearbeitet hat. Heidsiecks Stil lässt sich in ein Wort fassen: cremig. Die weichen, liebkosenden Champagner sind feinkörnig und gut strukturiert, dabei zugänglich, einnehmend und füllig im Geschmack. Der Schlüssel zu diesem Erfolg liegt in den auf der Hefe gelagerten Reserveweinen. So enthält die Linie Mise en Cave, die den jahrgangslosen Brut Réserve abgelöst hat, bis zu 40% Reserveweine, von denen manche bereits zehn Jahre alt sind. Die Erzeugnisse werden in Partien zu jeweils drei *mises* freigegeben und mit dem Jahr versehen, in dem sie zur Zweitgärung in den Keller kommen. Sie enthalten zu 60% Wein aus der Saison vor dem auf dem Etikett angegebenen Jahr. Das stellt einen Bruch mit dem traditionellen Verfahren in der Champagne und eine Abkehr vom Markenideal dar, denn es betont die Eigenständigkeit der Jahrgänge und nicht mehr ihre Gleichförmigkeit. Die Rücken- und Halsetiketten enthalten eine Fülle von Informationen. Heidsieck bereitet zwei der verlässlichst großen Prestige-Champagner: den lange gelagerten, cremigen, fast schon feigenfruchtigen Jahrgangswein Blanc de Millénaire und den runderen, Pinot-üppigeren Champagne Charlie mit einem Fruchtpaket aus Mandarinen und Pfirsichen (allerdings auch einem abschreckend vulgären Etikett).

Henriot
51066 Reims, Tel. 03 26 89 53 00, Fax 03 26 89 53 10

Als Joseph Henriot das Familiengut zurückkaufte, setzte er eine Reihe von Änderungen durch. Sie waren nicht ganz so radikal wie bei Bouchard Père et Fils in Burgund oder William Fèvre in Chablis, doch in der Champagne dauert es nun einmal länger, bis Neuerungen greifen. Der Stil des Hauses basiert in seiner idealen Ausprägung – den Jahrgangsweinen, dem Blanc de Blancs und der Cuvée des Enchanteleurs – auf schwelgerischen, zitronencremigen Düften, in denen die vorzüglichen Einkäufe von Chardonnay-Lesegut zum Ausdruck kommen, und auf den tiefen, runden, geradlinigen, extrovertierten Geschmacksnoten.

M. Hostomme
51530 Chouilly, Tel. 03 26 55 40 79, Fax 03 26 55 08 55

In diesen zugänglichen, freundlichen Blanc-de-Blancs-Weinen, einer Mischung aus hauseigenen und zugekauften Trauben, treten die für Chouilly charakteristischen weichen, brotigen Züge deutlich zutage.

Jacquesson ✪
51530 Dizy, Tel. 03 26 55 68 11, Fax 03 26 51 06 25

Das kleine Traditionshaus wird von den Brüdern Jean-Hervé und Laurent Chiquet mit viel Leidenschaft und Begeisterung geführt. Zum Betrieb gehören gerade einmal 28 ha, und doch deckt man damit rund zwei Drittel des Bedarfs. Alles geschieht mit viel Liebe zum Detail, wie man an den traditionellen Pressverfahren oder der Vergärung und Lagerung der Reserveweine in Eiche erkennt. Stilistisch prägen Vielschichtigkeit und Finesse die Palette, was auf die relativ komplizierten Verschnittformeln zurückzuführen ist. Die Weine altern gut. Perfection lautet der bescheidene Titel des jahrgangslosen Brut, der seinem Namen zwar nicht ganz gerecht wird, aber konzentrierter als die meisten seiner Konkurrenten daherkommt. Klar auf dem Weg zur Perfektion indes ist man mit der Spitzenriege der Jahrgangslinie Signature, etwa dem kompletten, stattlichen 1990er oder dem verblüffend intensiven 1988er, sowie den neueren Ausgaben der Serie Dégorgement Tardif. Die Etiketten stehen den Weinen an ausgefeilter Eleganz nicht nach, was in der Champagne erstaunlich selten ist.

Krug ✪✪✪
51100 Reims, Tel. 03 26 84 44 20, Fax 03 26 84 44 49

Unter den Luxusmarken am Weinfirmament ist Krug der wohl strahlendste Stern. Keine Kosten werden bei der Bereitung der Champagner gescheut, obgleich die Verfahren bemerkenswert traditionell geblieben sind, was man an der Vergärung in kleinen alten Holzfässern oder der Tatsache erkennt, dass Henri Krug zufolge niemand eine Ahnung hat, ob die malolaktische Gärung stattfindet oder nicht. Zeit ist ein wichtiger Faktor: Der gesamte Ausbauzyklus dauert fast zehn Jahre, wobei alle Weine nach der „gewöhnlichen" Reifezeit im Anschluss an die Zweitgärung noch mindestens sechs Jahre lang *sur pointes* altern. Entsprechend astronomisch fallen auch die Preise der fünf Weine aus: Die Grande Cuvée kostet als billigste Offerte noch immer so viel wie die meisten Spitzen-Cuvées der Konkurrenz. Sie verwöhnt mit wunderbarer Komplexität und vielschichtiger Fülle – ein anregendes, inspirierendes Elixir, so detailliert und fein gewirkt wie ein kostbarer Wandteppich. Die Grande Cuvée enthält Weine aus einem ganzen Jahrzehnt und von mindestens 20 Crus, von denen allerdings nicht alle Grand-cru- oder sogar Premier-cru-Status haben. Das Haus macht auch kein Geheimnis daraus, dass es Pinot meunier braucht und liebt. So enthielt der Jahrgang 1928, den die Familie als ihren größten erachtet, 20% Pinot meunier; im fein ziselierten 1988er hat die Traube einen Anteil von 18%. Man führt ferner einen relativ unterbewerteten Rosé von blass gelbbrauner Farbe und einige Jahrgangs-Champagner von großem Nuancenreichtum, die das Potenzial einer Saison jedes Mal voll ausschöpfen. Die Jahrgangsweine der Collection-Linie haben mehr Jahre in den Krug-Kellern in Reims verbracht, wurden aber zur selben Zeit degorgiert wie „gewöhnliche" Jahrgangsweine. Krug hat zudem einen echten *champagne de terroir* im Programm. Der reinsortige Chardonnay Clos du Mesnil stammt von einer 1,9 ha großen, ummauerten Einzellage im Dorf Le Mesnil, die Krug 1971 erwarb und von der er erstmals 1979 einen Jahrgangs-Champagner herausgab. In großen Jahren wie 1988 fällt er überragend und vielschichtig aus. Nach Ansicht vieler aber hat er bei den regelmäßigen Vergleichen mit der preiswerteren Grande Cuvée zumeist das Nachsehen – was für die Überlegenheit von Verschnitten gegenüber Einzellagen-Champagnern spricht.

Lanson
51100 Reims, Tel. 03 26 78 50 50, Fax 03 26 78 53 88

Lanson ist das Flaggschiff des riesigen Markenaufkäufers Marne et Champagne. Viele Kritiker sorgten sich um die Zukunft des Hauses, als Moët et Chandon den Betrieb 1991 für kurze Zeit übernahm und sich die hervorragenden Weinberge einverleibte. Der prognostizierte Qualitätsschwund indes ist bislang ausgeblieben. Wie bei allen großen Häusern ziehen die in kleiner Zahl herausgebrachten Cuvées der obersten Kategorie die Aufmerksamkeit auf sich, etwa der Jahrgangs-Champagner Gold Label, der Blanc de Blancs und die Noble Cuvée, die 1988 großartig intensiv und komplex geriet. Black Label, mit jährlich 6,5 Millionen verkaufter Flaschen der letzte große Bestseller unter den jahr-

CHAMPAGNE 35

gangslosen Brut-Champagnern, ist eher ein muskulöser Gaumenstürmer als eine Verführerin in seidigem Gewand. Die malolaktische Gärung wird bei ihm blockiert. Wer Komplexität bevorzugt, sollte ihm einige Jahre Zeit lassen.

Larmandier-Bernier ✪✪
51130 Vertus, Tel. 03 26 52 13 24, Fax 03 26 52 21 00

Pierre Larmandier tastet sich langsam voran, probiert aus und hinterfragt immer wieder. Da verwundert es nicht, dass seine Erzeugnisse von Jahrgang zu Jahrgang besser werden. Seine Rebflächen in Vertus, Cramant, Chouilly, Oger und Avize machen insgesamt 11 ha aus. Die Anstrengungen verlagern sich mehr und mehr vom Keller zum Weinberg. Der Brut Tradition liegt unverkennbar auf der Linie des Hauses: Er bekundet eine feine mineralsalzige Tiefe, die beim Blanc de Blancs mit zitroniger Frische und keksartiger Fülle noch betont wird. Aus Larmandiers Gut fließen zwei der größten *champagnes de terroir*, der Né d'une Terre de Vertus und der Vieilles Vignes de Cramant. Beide geben sich intensiv mineralisch. Sie danken lange Lagerung – der Vertus mit weiniger Reinheit, der Cramant mit efeublättrigem Charme. Der Spécial Club präsentiert sich wie ein „großer Blanc, bei dem das Wesen der *assemblage* stärker zum Tragen kommt". So ist der 1996er feiner gewirkt, süßduftiger und zugänglicher als der Vieilles Vignes de Cramant desselben Jahrgangs. Larmandier hat auch einen roten Coteaux Champenois auf Pinot-Basis. Er stammt aus Vertus und fällt kernig, aber bukettreich und seltsam einnehmend aus. Nur wenige Erzeuger ragen so beständig aus der Masse heraus wie Larmandier.

Laurent-Perrier
51150 Tours-sur-Marne, Tel. 03 26 58 91 22, Fax 03 26 58 77 29

Bernard de Nonancourt baute das Haus nach dem Zweiten Weltkrieg langsam auf. Er hat sich dank beständiger Qualität und dem Genius eines der herausragendsten Kellermeister der Region, Alain Terrier, einen beneidenswerten Ruf erarbeitet. Der jahrgangslose Brut, von dem jährlich 7 Millionen Flaschen verkauft werden, ist ein recht simpler Schäumer. Wie die Mehrzahl der bekannten Marken bietet er ein weniger gutes Preis-Leistungs-Verhältnis als die meisten Champagner führender Erzeuger. Das verwundert nicht, denn schließlich verfügt die Domäne nur über 90 ha eigene Rebflächen. Der jahrgangslose Brut Rosé hingegen ist ein Vorbild, an dem sich alle anderen seiner Kaste orientieren: Sein weiches, lockendes, einnehmendes Wesen gefällt den Massen; zum Exquisiten indes fehlt ihm noch ein Quäntchen. Die teureren Champagner geraten gut, vor allem die Grand-Siècle-Linie, ein Verschnitt aus drei Jahrgängen (La Cuvée), der aber seit Mitte der 1980er-Jahre auch als Jahrgangswein erhältlich ist. Der Grand Siècle La Cuvée gibt sich als Ballerina unter den Prestige-Cuvées: voller Energie, mit selbstsicherem Habitus und Ausstrahlung. Er wird einem solch langsamen, behutsamen Ausbau unterzogen, dass die Aromen zu jeder Zeit die Nase zu einem Tanz einladen.

Leclapart
51380 Trépail, Tel. 03 26 57 07 01, Fax 03 26 57 07 01

Der biodynamische Erzeuger offeriert drei Blanc-de-Blancs-Cuvées: den in Edelstahl vinifizierten l'Amateur, den in Holz vergorenen l'Artiste und den l'Apôtre von alten Stöcken. Zuweilen beeinträchtigen Bitternoten den Genuss etwas, doch der l'Apôtre überzeugt durch Konzentration und Tiefe. Man führt auch einen guten, johannisbeerfruchtigen Coteaux Champenois namens l'Eden.

Leclerc Briant
51204 Epernay, Tel. 03 26 54 45 33, Fax 03 26 54 49 59

Das kleine Haus in Epernay ist ein Dreifachpionier: mit seinen *champagnes de terroir*, seinem fruchtbeladenen Rosé Cuvée Rubis de Noirs und der biodynamischen Arbeitsweise, mit der die drei Einzellagen bewirtschaftet werden (der Rest des 30-ha-Betriebs befindet sich gerade in der Umstellungsphase). Die drei Einzellagenweine stammen alle aus dem Premier-cru-Dorf Les Cumières. Les Chèvres Pierreuses ist ein 60:40-Verschnitt aus Pinot noir und Chardonnay von einem südgerichteten, 2,8 ha großen Weinberg in mittlerer Hanglage; er präsentiert sich als rundester, vollster des Trios. Les Crayères stammt von einer nur gut 1 ha großen Rebfläche und besteht zu 90% aus Pinot noir und zu 10% aus Pinot meunier; die reinen Kreideböden geben ihm eine schneidende Schärfe mit. Le Clos des Champions reift auf der kleinsten, knapp 0,5 ha großen Parzelle in der Nähe des Dorfs heran; 70% Pinot noir und 30% Chardonnay ergeben einen Wein von verblüffender Reinheit und Tiefe.

Lenoble
51480 Damery, Tel. 03 26 58 42 60, Fax 03 26 58 65 57

Das kleine Handelshaus sollte eigentlich wie sein Gründer Graser heißen – oder zumindest Malassagne wie die Nachfahren, die den Betrieb heute führen. „Lenoble" ist ein aus Marketinggründen gewählter Kunstname. Die 18 ha des Unternehmens liegen recht günstig, wobei die Grand-cru-Lage Chouilly Chardonnay liefert, die Premier-cru-Parzelle Bisseuil Pinot noir und ein Weinberg bei Damery Pinot meunier. Lenoble deckt mit diesen Besitzungen 50% des Eigenbedarfs. Für die im Fass vergorenen Tropfen kommt bei der Erstgärung neues Holz und bei den Reserveweinen altes Holz zum Einsatz. 10% bis 15% des so verfeinerten Grundmaterials ist in allen Cuvées enthalten. Die Champagner des Hauses geraten ausgezeichnet. Die Qualität des Rohmaterials schimmert im Extra Brut ohne Dosage durch, der nach derselben Verschnittformel wie der Grand Cru Blanc de Blancs bereitet wird.

Lilbert Fils ✪
51530 Cramant, Tel. 03 26 57 50 16, Fax 03 26 58 93 86

Die winzige 4-ha-Domäne in Cramant ist der Geburtsort einiger sehr feiner, langlebiger Blancs de Blancs, die hier nicht so weich, cremig und blumig ausfallen wie in den meisten anderen Häusern. Der Cramant gibt sich straff, streng und stahlig, selbst in reiferen Jahren wie 1995.

Mailly Grand Cru
51500 Mailly-Champagne, Tel. 03 26 49 41 10, Fax 03 26 49 42 27

Die kleine Genossenschaft hat nur im Grand-cru-Dorf Mailly Rebflächen, weshalb sich mit ihren Weinen die seltene Gelegenheit bietet, das Terroir zu erschmecken. Die Jahrgangs-Cuvée La Terre fasst die Melange aus Blumen und Nüssen, die zitrusfruchtigen Töne und mineralischen Noten im Ausklang zusammen, die diese Pinot-Lage charakterisieren. Die Weine sind allerdings nicht so kräftig und volltönig wie ihre Gegenspieler in Ay oder Bouzy.

Henri Mandois
51530 Pierry, Tel. 03 26 54 03 18, Fax 03 26 51 53 66

Ein kleines, beständiges Haus mit weit verstreuten 35 ha Anbaufläche. Die 1996er Cuvée Victor Mandois ist wunderschön gebaut und wird noch besser altern als ihre Vorgänger von 1995 und 1993. Die Cuvée de Réserve und der Premier-cru-Rosé bestechen durch ein gutes Preis-Leistungs-Verhältnis.

Margaine
51380 Villers-Marmery, Tel. 03 26 97 92 13, Fax 03 26 97 97 45

Der Jahrgangs-Blanc-de-Blancs dieses Erzeugers in dem kaum bekannten Dorf Villers-Marmery in der östlichsten Ecke der Montagne de Reims zeigt sich ausgefeilt, streng, weinig und mit einem zitronenfruchtigen Unterton. Mit der Zeit nimmt er Walnuss- und Butternoten an. Besonders gelungen: der 1996er.

Marne et Champagne *siehe* Lanson

Marquis de Sade *siehe* Michel Gonet

Le Mesnil
51390 Le Mesnil-sur-Oger, Tel. 03 26 57 53 23

Die Genossenschaft vermittelt einen relativ preiswerten Geschmackseindruck von einem der größten Crus an der Côte des Blancs. Die Qualität könnte jedoch noch weit höher liegen, wenn alle Weinberge so sorgsam geführt würden wie die der 18 Salon-Erzeuger. Empfehlenswert: die Réserve Sélection.

Moët et Chandon
51200 Epernay, Tel. 03 26 51 20 00, Fax 03 26 54 84 23

Moët ist der Gigant der Champagne: Das Haus verkauft jährlich 25 Millionen Flaschen – mehr als doppelt so viel wie der zweitplatzierte Konkurrent, Veuve Clicquot (die beiden gehören übrigens zu ein und derselben Gruppe, LVMH).

Größe verpflichtet, und so versteht sich das Kellerteam meisterhaft auf die Kunst der *assemblage*. Der Brut Impérial ist die Champagnermarke schlechthin: Sein Erfolg beruht zum Teil auf dem verlässlich gleichen Geschmack. Als Champagner ist er angenehm und unkompliziert, altert jedoch relativ schnell und nimmt dabei eine toastige Note an. Nicht viel interessanter präsentiert sich der Brut Premier Cru. Wenn sich die Qualität des Weinbaus in der Region insgesamt nicht bessert und man insbesondere nicht die Vorzüge niedrigerer Erträge, reiferer Trauben und aussortierten Leseguts erkennt, wird sich wohl auch bei Moët nichts ändern. Das Haus hat allerdings ein ansehnliches Weinberg-Portfolio von 550 ha in petto, zu dem unter anderem die alten Lanson-Rebhänge und seit kurzem die Anbauflächen von Pommery gehören. Dank dieses Trumpfs geraten die hochpreisigen Editionen so, wie sie sein sollten. Als Jahrgangs-Champagner ist der Brut Impérial ein Modellathlet seiner Klasse; er altert mit Würde und verfeinert sich dabei. Der Jahrgangswein Dom Pérignon gerät pudrig und fein, wird jedoch oft schon freigegeben, bevor er den Höhepunkt erreicht hat. Wegen seiner mannigfachen Herkunft – in ihn fließt Lesegut von der Premier-cru-Lage Hautvillers sowie den Grands crus Ay, Bouzy, Cramant und Verzenay mit ein – gerät er bisweilen uneinheitlich. 2001 begann das Haus das heilige Banner der *assemblage* zu zerreißen, indem es eine Reihe von drei Grand-cru-Weinen herausbrachte: Pinot meunier aus Sillery (Les Champs de Romont), Chardonnay aus Chouilly (Les Vignes de Saran) und Pinot noir aus Ay (Les Sarments d'Ay). Das Ziel war Kellermeister Georges Blanck zufolge „nicht die Herstellung eines Garagenweins; vielmehr soll der Ursprung der Trauben in den Mittelpunkt gerückt werden." Das heißt aber auch: keine Drosselung der Erträge, kein Ausbau in Holz und keine Abkehr von der alten Verschnittphilosophie, denn es handelt sich weiterhin um eine Mixtur mehrerer Jahrgänge. Als Ergebnis erhält man gute Champagner, die sich im Lauf der Alterung noch verbessern. Ob sie aber wirklich den Charakter des Terroir widerspiegeln oder nur reinsortige Erzeugnisse von Rang sind, bleibt abzuwarten. Die Finesse des Les Vignes de Saran und die brotig-fruchtige Rundheit des Les Sarments d'Ay sind insofern herkunftstypisch, als die Weine aus den klassischen Rebsorten der jeweiligen Lagen bereitet werden. Der Les Champs de Romont indes ist mit seiner muskulösen Statur und der vielfältigen Frucht eher ein reinsortiger Pinot meunier als ein Spiegel seines Terroir. Die eigentliche Bedeutung der neuen Linie liegt im Bruch mit der Tradition. Ob eine Reaktion von Laurent-Perrier, Taittinger, Veuve Clicquot zu erwarten ist? Ich hoffe es.

Pierre Moncuit ✪
51190 Le Mesnil-sur-Oger, Tel. 03 26 57 52 65, Fax 03 26 57 97 89

Nicole und Yves Moncuits 20-ha-Gut ist die Quelle einiger großartiger Blancs de Blancs Grand Cru. Obwohl nur Weine aus großen Jahrgängen eine Datumsangabe tragen, handelt es sich ausnahmslos um Jahrgangs-Champagner. Der 1995er ist ein außerordentlich reifer, anhaltender, konzentrierter und mineralischer Schaumwein, der lediglich etwas Zeit braucht, um sich zu verfeinern. Man offeriert ferner eine nach Nicole benannte Cuvée Vieilles Vignes.

Moutard Père et Fils
10110 Buxeuil, Tel. 03 25 38 50 73, Fax 03 25 38 57 72

Neben Aubry gehört diese 20-h-Domäne zu den wenigen Erzeugern, die mit uralten Rebsorten der Champagne experimentieren. Man bereitet eine reinsortige Cuvée aus Arbanne. Sie mag für Neugierige interessant sein, doch mit dem dunklen, fruchtbeladenen Rosé macht man das bessere Geschäft.

Jean Moutardier
51210 Le Breuil, Tel. 03 26 59 21 09, Fax 03 26 59 21 25

Terroir-Liebhaber, die sich an Pinot-meunier-dominiertem Champagner aus dem Surmelin-Tal ergötzen wollen, sollten sich diesen weichen, geschmeidigen und doch eindrucksvoll intensiven Champagner holen.

Mumm
51100 Reims, Tel. 03 26 49 59 69, Fax 03 26 40 46 13

Als Hicks, Muse, Tate und Furst im Jahr 1997 Mumm von Seagram übernahmen, schien die Katastrophe vorprogrammiert. Zum Glück erwiesen sich die amerikanischen Investoren als Konsolidierer und nicht als Plünderer. Sie setzten ein hochklassiges Team ein und gaben ihm reichlich Mittel. 2001 zogen sich die Amerikaner zurück. Die neuen Besitzer, Allied Domecq, waren klug genug, das Team unverändert zu belassen. Wegen der langen Lagerzeiten bei Champagner greifen Verbesserungen naturgemäß erst nach einiger Zeit, doch schon jetzt zeigt sich der Grand Cru Blanc de Blancs Mumm de Cramant mit niedrigem Flaschendruck so fein, duftend, cremig und einschmeichelnd sanft wie eh und je. Der geradlinige Mumm Cordon Rouge hingegen hat weit mehr Kraft als noch vor einigen Jahren – und hat Moët mittlerweile bei der Formel-Eins-Siegerehrung verdrängt. Es könnte sich lohnen, in den kommenden Jahren nach verbesserten Jahrgangsweinen der Cordon-Rouge-Linie Ausschau zu halten. Als empfehlenswert dürfte sich demnächst auch der Griff zu einer Flasche der neuen Grand-cru-Cuvée erweisen, einem Jahrgangsverschnitt aus den fünf gemeinhin mit Mumm in Verbindung gebrachten Grand-cru-Dörfern, also Cramant und Verzenay mit Zusätzen von Bouzy, Ay und Avize. Der willkommene Ruck in Richtung Terroir begann mit dem Jahrgang 1995, der zwar nur mäßig konzentriert ausfiel, dessen Nachfolger aber gelungener sein dürften.

Bruno Paillard
51100 Reims, Tel. 03 26 36 20 22, Fax 03 26 36 57 72

Die Gründung eines Champagnerhauses ist in der heutigen Zeit ein finanzielles Wagnis. Doch nach 20-jährigem Bestehen ist Bruno Paillards Unternehmen nicht nur noch präsent, sondern floriert sogar. Seine Champagner sind kantig, schlank und reintönig. Sie kommen mit einer bemerkenswert niedrigen Dosage in die Flasche und erfreuen durch erstaunlich informative Rücketiketten. Der jahrgangslose Brut enthält 33 % Chardonnay; er tritt herb und bissig auf, braucht also noch Zeit, um sein Aroma zu entwickeln. Im Sortiment führt man ferner einen feinen, erfrischend fruchtigen Rosé und eine Réserve Privée aus Chardonnay. Sie stammt aus Paillards eigenen 3 ha Rebfläche in Oger und bekundet eine skalpellgleiche Schärfe, die jedoch eingebettet ist in Saft, Blätter und Grapefruit. Drei Weine tragen eine Jahrgangsangabe: der Blanc de Blancs; ein klassischer Jahrgangs-Champagner, dessen 1995er Ausgabe muskulös und stürmisch ausfällt, dabei aber einen etwas breiteren, weinigeren Stil offenbart, als es bei Paillard sonst Usus ist; und ein Prestige-Champagner namens NPU, der ausschließlich Grand-cru-Bestandteile aus sieben Dörfern und im Eichenfass vergorene Weine enthält.

Palmer
51100 Reims, Tel. 03 26 07 35 07, Fax 03 26 07 45 24

Die kleine, aber feine Genossenschaft gründet ihre Weine auf ein Fundament aus Pinot noir von der Montagne. Am besten fährt man mit dem jahrgangslosen Amazone, der gut altert und in einer ovalen Flasche feilgeboten wird.

Pannier
02403 Château-Thierry, Tel. 03 23 69 51 30, Fax 03 23 69 51 31

Ein weiteres genossenschaftliches Spitzenteam. Es bereitet verlässliche Champagner, auch wenn den beiden Prestige-Weinen Egérie und Louis Eugène wegen der bescheidenen Qualität der Rebflächen der zündende Funke fehlt. Die Basislinie Brut Sélection ist so gut, wie das schwierige Klima es zulässt.

Joseph Perrier
51000 Châlons-en-Champagne, Tel. 03 26 68 29 51, Fax 03 26 70 57 16

Liebhaber der runden Apfelfrucht, die Pinot meunier und Pinot noir einem Verschnitt mitgeben, werden dieses kleine Haus ins Herz schließen: Die Cuvée Royale ist ein typisch sanfter, leichtfüßiger Brut ohne Jahrgang. Erst beim Jahrgangs-Champagner Cuvée Josephine blitzen echte Konzentration und Finesse auf.

Perrier-Jouët
51201 Epernay, Tel. 03 26 53 38 00, Fax 03 26 54 54 55

Perrier-Jouët hat in den letzten Jahren zweimal den Besitzer gewechselt, steht jedoch am Anfang des neuen Jahrtausends besser da als zu Beginn der 1990er. Das Haus ist auf ein Fundament aus Chardonnay von der Côte des Blancs (speziell aus Cramant) und Pinot meunier von der Marne gebaut. Den jahrgangslosen Basiswein namens Grand Brut übergeht man am besten, der ebenfalls jahrgangslose Blason de France hingegen überzeugt durch angenehme Tiefe und Keksnoten. Der Jahrgangs-Champagner fällt leicht, doch reintönig aus, während der Blason de France Rosé oft mit hübscher Frucht aufwartet. Die Prestige-Cuvée nennt sich Belle Epoque. Sie ist in eine aufwändige Flasche mit emaillierten Anemonen nach einem Design von Gallé verpackt und als Jahrgangs-Champagner, Jahrgangs-Rosé und Jahrgangs-Blanc-de-Blancs erhältlich. Letzterer gibt sich am Gaumen als *champagne de terroir* zu erkennen, denn er stammt ausschließlich aus Cramant; die anderen beiden sind elegante Verschnitte mit Chardonnay aus Cramant als Hauptbestandteil und geringeren Pinot-Ingredienzien. In seiner Jugend kann der Belle Epoque enttäuschen, vor allem auch weil die extravagante Verpackung hohe Erwartungen weckt. Im Alter allerdings wird er duftig und einnehmend.

Philipponnat
51160 Mareuil-sur-Ay, Tel. 03 26 56 93 00, Fax 03 26 56 93 18

Philipponnat war jahrelang eine Art Jekyll und Hyde unter den Champagnerhäusern. Aus dem 5,5 ha großen Clos des Goisses über dem Marne-Kanal holte man einen Wein, der einen beispiellosen Eindruck vom Terroir der Region hinterließ. Der Rest des Sortiments lohnte jedoch kaum das Entkorken. Als Bruno Paillard das Unternehmen 1997 über BCC kaufte, befanden sich die Stöcke für den Grundwein in einem so erbärmlichen Zustand, dass es zwei Jahre dauerte, bis der jahrgangslose Brut wieder halbwegs auf der Höhe war. Mittlerweile darf man auf eine tiefe, konzentrierte Palette stolz sein. Der Clos des Goisses selbst ist nunmehr ein großartig reifer, geschmacksintensiver Wein, der ein oder zwei Jahrzehnte im Keller mit Kaskaden aus Haselnüssen, Brot und Obst dankt. Ein Teil des Weinbergs liegt an einem der eindrucksvollsten und steilsten Südhänge der Champagne, sodass die Trauben sogar in schwierigen Jahren gut ausreifen. Er ist mit Chardonnay und Pinot noir bepflanzt.

Piper-Heidsieck
51100 Reims, Tel. 03 26 84 43 00, Fax 03 26 84 43 49

Das von Rémy Cointreau übernommene Haus befand sich mehrere Jahre lang in den heilenden Händen des verstorbenen Daniel Thibault. Bei Piper dreht sich alles um „Frechheit, Frische, Leben, Spaß und Kino", wie Thibaults Nachfolger Régis Camus es formuliert. Die Champagner sind sauber bereitet, doch als Niedrigpreismarke zählt Piper zu jenen Häusern, in deren Produkten die weinbaulichen Probleme der Region oft überdeutlich zutage treten – mangelnde Konzentration und stilistische Rauheit sind die Folge. Wie so oft steht der Jahrgangs-Brut in weit besserem Licht da.

Pol Roger
51206 Epernay, Tel. 03 26 59 58 00, Fax 03 26 55 25 70

Winston Churchill war vom Champagner dieses Hauses in Familienbesitz begeistert, weshalb es vom britischen Markt lange Zeit großzügig und nachsichtig behandelt wurde. Stilistisch präsentiert sich die Palette wesentlich leichter und zarter als beispielsweise bei Bollinger, und der jahrgangslose Brut enttäuschte in den letzten zehn Jahren oft, vor allem wenn man ihn in Frankreich kaufte. Der Blanc de Blancs hingegen ist so, wie er sein soll: voll früh blühender Eleganz und vanilleduftigem Charme. Die Jahrgangsweine stehen im Ruf, langsam und gleichmäßig gut zu altern. Die nach dem berühmtesten Kunden des Hauses benannte Prestige-Cuvée existiert erst seit Mitte der 1980er-Jahre und braucht noch ein paar Lenze, bis sie die aufwallende Intensität und Grandeur einiger Konkurrentinnen zu zeigen beginnt. Wer sie kurz nach der Freigabe verkostet, wird möglicherweise enttäuscht sein.

Pommery
51053 Reims, Tel. 03 26 61 62 06, Fax 03 26 61 62 99

Armes Haus! An welch seidenem Faden hängt doch die Existenz eines Erzeugers, wenn man ihn von der Gründerfamilie und den angestammten Weinbergen trennt. Bei Redaktionsschluss stand fest, dass LVMH das Unternehmen verkaufen würde. 400 ha Weinberge werden dann herausgenommen und zwischen Moët und Veuve Clicquot aufgeteilt. Käufer ist die wirtschaftlich erfolgreiche, doch qualitativ enttäuschende Vranken-Monopole-Gruppe. Die Vorräte reichen vom jahrgangslosen Brut Royal bis hin zu den anspruchsvollen, sorgfältig bereiteten Cuvées Louise. Die stilistisch eleganten, charmanten, doch oberflächlichen Pommery-Champagner verblassen etwas, wenn man sie ins Rampenlicht bringt und mit regionalen Vorzeigeflaschen wie z. B. von Bollinger vergleicht. Dennoch ist es dem jahrgangslosen Apanage, dem Summertime Blanc de Blancs und dem Wintertime Blanc de Noirs in den letzten Jahren gelungen, Eleganz und Charme mit Tiefe zu verbinden. Der Jahrgangswein, ein Grand cru, ist unaufdringlich und beständig exzellent. Für seinen Verschnitt zeichnet der adrette Prinz Alain de Polignac verantwortlich. Hoffentlich belässt man unter der Vranken-Führung all das beim Alten.

Roederer ✪
51053 Reims, Tel. 03 26 40 42 11, Fax 03 26 47 66 51

Die Stärke des viel bewunderten, noch immer in Familienbesitz befindlichen Hauses ist das 200 ha große Weinbergreich. Dabei zählt gar nicht einmal so sehr die Größe der Fläche, sondern vielmehr die Tatsache, dass 115 ha davon Grand-cru- und 70 ha Premier-cru-Status genießen, Roederers Weinbaumethoden ungewöhnlich streng sind und das eigene Land zwei Drittel des Bedarfs liefert. Rückblickend war es für Jean-Claude Rouzaud ein Fehler, die Verkäufe anzukurbeln, statt das gesamte Material von den eigenen Rebflächen zu beziehen. „Was ich heutzutage in der Champagne sehe, gefällt mir gar nicht. Qualität interessiert viele nicht mehr." Der Brut Premier ist ein verlässlicher, mit 3,5 Jahren gut gealterter jahrgangsloser Champagner auf der Grundlage von Pinot noir. Er enthält bis zu 20 % der berühmten eichenholzgereiften Reserveweine. Man bevorzugt einen runden Stil, wobei die Reserveweine in Jahren, in denen die Natur nicht mitspielt, für zusätzliche Reife sorgen. Die restliche Palette besteht ausnahmslos aus Jahrgangsweinen und ist daher stilistisch vielgestaltig, bleibt aber stets edel, fest sowie konzentriert und entfaltet sich nur langsam. Das günstigste Preis-Leistungs-Verhältnis bietet noch am ehesten der aromatische, cremige Blanc de Blancs, im Grunde aber kann kein Produkt mit den Preisen der großen Champagnerhäuser mithalten. Der Cristal ist neben dem Dom Pérignon von Moët die gefeiertste Prestige-Cuvée der Welt – ein sorgfältig bereiteter, schön aufgemachter Champagner von beträchtlicher Finesse und durchdringender Intensität. Der 1995er scheint die Schärfe und den mineralischen Einschlag großer Côtes-de-Blancs-Lagen mit der überbordenden, runden Frucht eines Montagne de Reims zu vereinen. Seine leicht oxidativen Einfärbungen von Honig und Bienenwachs sowie die Keksnoten deuten auf viel Fingerspitzengefühl bei der Bereitung hin.

Ruinart ✪
51053 Reims, Tel. 03 26 77 51 51, Fax 03 26 82 88 43

Bei Ruinart hat man aus der Not eine Tugend gemacht und den mäßigen Ruf zum eigenen Vorteil genutzt. Der ruhige, fleißige Schüler in der lärmenden LVMH-Klasse stößt jährlich über 2 Millionen Flaschen aus. Stilistisch gesehen ist Ruinart ein reines Chardonnay-Haus. Selbst der Dom Ruinart Rosé ist ein Blanc de Blancs mit einem Schuss Rotwein, wie seine vanillecremigen Düfte verraten. Der jahrgangslose Brut, „R" de Ruinart genannt, enthält zwar nur 40 % Chardonnay, sie aber prägen den Wein – er fällt wesentlich besser aus als die meisten anderen in seiner Liga. Eine selten schöne Arbeit ist der Dom Ruinart Blanc de Blancs: komplex und mit den zauberhaft zarten Zügen einer kontrollierten Oxidation, die seinen eleganten, mineralischen Stil um eine weißdorngefärbte Note bereichern. Der Verschnitt enthält relativ hohe Anteile von Chardonnay aus der Montagne de Reims, was dem Wein eine Saftigkeit mitgibt, die in den Besten von der Côte des Blancs nicht immer zum Ausdruck kommt.

Salon ✪
51190 Le Mesnil-sur-Oger, Tel. 03 26 61 82 36, Fax 03 26 61 80 24

Salon hat immer nur einen einzigen Wein bereitet: einen Jahrgangs-Blanc-de-Blancs, der in guten Jahren nur von Lesegut aus 21 Parzellen in Le Mesnil stammt. Er altert vor der Freigabe acht bis zehn Jahre in der Flasche. Salon selbst gehören nur 3 ha, der Rest stammt von 15 ha Rebfläche im Besitz von 18 Weinbauern, die ihren Wein ausnahmslos an Salon verkaufen. Ob ein Salon zum Jahrgang ausgerufen wird, entscheidet sich nach Auskunft von Direktor Didier Depond größtenteils während der Lese und zum Teil auch nach der Vergärung. Offiziell wird ein Salon keiner malolaktischen Gärung unterworfen. Bruno Paillard zufolge kann man diese Art der Säureumwandlung bei Champagner nur durch Mikrofiltrierung, reichlichen Schwefeleinsatz oder permanente Temperaturregelung bis zum Servieren des Weins wirkungsvoll unterbinden. Keines der ersten beiden Verfahren wird bei Salon eingesetzt – das letzte ist natürlich nicht einmal praktikabel. Vielmehr sucht man, so Depond, „ein Gleichgewicht zwischen Zucker und Säure". Bei diesem Ansatz bleiben Überraschungen nicht immer aus, wie etwa in den Jahren 1989 („zu wenig Säure") oder 2000 („zu viel Fäulnis; kein großes Jahr"). Rein mengenmäßig schätzte man die 1990er Jahre bei Salon höher ein als die 1980er, denn es war das erste Jahrzehnt seit den 1940er-Jahren, in dem man fünfmal einen Jahrgang deklarierte: 1990, 1995, 1996, 1997 und 1999. Auf Holz und späte Lese wird verzichtet, denn „Frische" ist oberstes Gebot. Der Jahrgang 1990, den das Haus mit dem 1928er zu den beiden größten des 20. Jahrhunderts rechnet, ist noch jung und so massiv, wie man es bei einem Chardonnay in der Champagne selten findet – ein nüchterner, kraftvoller Tropfen, die reinste Mineralienpaste. Er braucht noch einmal zehn Jahre.

Francis Secondé
51500 Sillery, Tel. 03 26 49 16 67, Fax 03 26 49 11 55

Reine, anhaltende, intensive und zitrusfruchtige Sillery-Weine aus Pinot noir und Chardonnay, die einen interessanten Gegensatz zum Champs de Romont von Moët darstellen. Man muss ihnen Zeit lassen.

Selosse ○○
51190 Avize, Tel. 03 26 57 53 56, Fax 03 26 57 78 22

Der „Spinner aus Avize" könnte sich eines Tages durchaus als Prophet erweisen. Kaum eine andere Persönlichkeit in der Champagne ist heute einflussreicher als Anselme Selosse. Zu den Eckpfeilern der *méthode Selosse* zählen sorgfältiger, zufälligerweise biologisch-dynamischer Weinbau, Reifegrade, die man in der Champagne zuvor nicht für möglich gehalten hatte, radikale Zurückhaltung im Keller, der Einsatz einer Vielzahl von Holzbehältnissen und lange Lagerung. Hinter der exzentrischen Fassade – der 1997er wurde ausschließlich in Magnumflaschen abgefüllt – verbirgt sich ein scharfer, gebildeter Geist. Wenn das Terroir in der Champagne künftig eine stärkere Rolle als bisher spielen soll, dann wird man mehr auf Selosse und weniger auf die Markenmanager hören müssen. „Der Wein braucht Zeit, um seine Frucht abzulegen und den Mantel des Terroir überzustreifen. Ich will keinen schönen Chardonnay, sondern einen schönen Avize." Er hat sogar eine *solera* aus reinen Avize-Weinen, der er jedes Jahr 22% zu Verschnittzwecken entnimmt; sie sollen das *„vécu du vigne"*, die *„Lebenserfahrung"* des Stocks, weitergeben. Selosse offeriert eine beachtliche Palette und wählt die Namen mit Sorgfalt aus. Brut Initiale heißt der zugängliche Einführungswein. Den Extra Brut nennt er Version Originale. Der Exquise ist die *„cuvée gourmande"*. Die Bezeichnung des Substance spricht für sich – er hat viel Stoff. Für den Blanc de Noirs hat Selosse den Namen Contraste gewählt. Und der Masculin Rosé besteht aus „Skelett und Muskeln". Die vielleicht größten Essenzen aber sind die Jahrgangsweine wie der 1990er, ein großes, doch feingliedriges Geschöpf, dessen 14,2% Alkohol kaum spürbar sind inmitten der mineralischen Finesse und der von Honigsüße getragenen Altersreife.

Taittinger
51100 Reims, Tel. 03 25 85 45 35, Fax 03 26 85 17 46

Das Unternehmen der Taittinger-Familie stößt jährlich 5 Millionen Flaschen aus. Für einen Betrieb dieser Größe sind die 270 ha hauseigener Rebfläche ziemlich klein, was vielleicht erklärt, warum die Basis-Cuvées Brut Réserve und Brut Prestige Rosé relativ einfache, kurze Champagner sind. Weit besser und Jahr für Jahr bemerkenswert stiltreu fallen da schon die Jahrgangsweine aus. Die Spitzenlinie Comtes de Champagne gehört zu den hervorragendsten Blancs de Blancs der Region. Sie basiert auf Weinen von der Côte des Blancs, denen man einen leichten Eichenanstrich gegeben hat. Die Comtes müssen lange altern, belohnen die Geduld jedoch mit einem erstaunlichen Arsenal an Düften.

Union Champagne
51190 Avize, Tel. 03 26 57 94 22, Fax 03 26 57 57 98

Das riesige Unternehmen mit Sitz in Avize besteht aus zehn Genossenschaften und 1200 Weinbauern. Zu den bekanntesten Marken zählen Pierre Vaudon und de Saint-Gall. Auch die duftig-üppige, aus Grand-cru-Lesegut bereitete und nur in guten Jahren herausgebrachte Cuvée Orpale erblickt in der Union das Licht der Welt. Alle Erzeugnisse versprechen ein gutes Preis-Leistungs-Verhältnis, radikal Neuem oder Überragendem indes wird man hier kaum begegnen.

Pierre Vaudon *siehe* Union Champagne

de Venoge
51200 Epernay, Tel. 03 26 53 34 34, Fax 03 26 53 34 35

Das interessante Haus hat keine eigenen Weinberge, kauft aber 30% des Leseguts von der Côte de Sézanne, was Direktor Aymeric de Clouet zufolge jungen Verschnitten Komplexität verleiht. Allerdings will man sich auf Altes spezialisieren: Halten Sie nach der Cuvée Vingt Ans Ausschau, die wie Jahrgangs-Madeira an ihrem 20. Geburtstag auf den Markt kommt – die erste Edition von 1983 wird 2003 freigegeben. Außerdem steht ein Wein namens LBV für „Late Bottled Vintage" an. Er basiert ausschließlich auf Reserveweinen, die über ein Jahr lang in Warteellung bleiben, bevor sie für die Zweitgärung auf Flaschen gezogen werden. Dabei handelt es sich zu zwei Dritteln um einen eichenholzgereiften Chardonnay und zu einem Drittel um einen in Stahl ausgebauten Pinot meunier. Zu den aktuellen Veröffentlichungen zählen der eindrucksvoll komplexe, jahrgangslose Cordon Bleu und der vollmundige Blanc de Noirs. Der Jahrgang 1995 fällt saftig und fest aus, braucht jedoch ein paar Kellerjahre, um zur Ruhe zu kommen. Eine wesentlich cremigere, weichere Angelegenheit ist der schwelgerisch üppige 1993er Grand Vin des Princes.

Veuve Clicquot
51054 Reims, Tel. 03 26 89 54 40, Fax 03 26 40 60 17

In punkto Größe nimmt die „Witwe" Rang 2 hinter Moët ein. In der Regel gelingen Clicquot charaktervollere Champagner: Sie geraten runder, tiefer, voller, bissiger und – zumindest bei den jahrgangslosen Erzeugnissen – alterungsfähiger. Die Jahrgangsweine fallen massiv und voll aus, ihre rosafarbenen Pendants sind überbordend fruchtig. Die Prestige-Cuvée des Hauses heißt La Grande Dame. Sie basiert auf den Trauben aus acht Grand-cru-Dörfern und präsentiert sich fest, weinig und sehnig.

Vilmart
51500 Rilly-la-Montagne, Tel. 03 26 03 40 01, Fax 03 26 03 46 57

Nur wenige Keller in Frankreich sind in so makellos sauberem und geordnetem Zustand wie dieser. Zur Verfügung stehen 11 ha eigener Rebfläche, bei denen es sich ausnahmslos um Premier-cru-Lagen in Rilly und Villers handelt; das Durchschnittsalter der Stöcke beträgt 28 Jahre. Die Unternehmensphilosophie sei es, Weine zu machen und keine Bläschen, erklärt Laurent Champs. Die jahrgangslosen Champagner werden in tadellos gepflegten *foudres*, die Jahrgangsweine in Barriques ausgebaut (ein Viertel davon sind neu oder ein Jahr alt). Die Weine bekunden einen überaus reinen, fein gezeichneten Charakter. Die gelegentliche Spröde scheint durch die Kombination aus blockierter malolaktischer Gärung und Eiche intensiviert zu werden. Die Grande Réserve aus 70% Pinot noir und 30% Chardonnay gibt sich weinig und spritzig, der Grand Cellier aus 70% Chardonnay und 30% Pinot noir ist durchdringend intensiv. Der Jahrgangs-Champaganer Grand Cellier d'Or treibt die Intensität noch weiter, wenngleich der Säuregehalt fast schon den Wert von Saarweinen erreicht, wie beispielsweise 1997. Auf dem Vorlauf von Chardonnay (80%) und Pinot noir (20%) aus Trauben von über 50-jährigen Stöcken basiert der Jahrgangswein Cœur de Cuvée, der für die Zweitgärung ungefiltert abgefüllt wird. In dem noch sehr jungen 1996er scheinen sich beißende Säure und Holznoten eine Auseinandersetzung zu liefern. Jedoch deutet der 1991er darauf hin, dass das Scharmützel nicht unbedingt rechtzeitig einen glücklichen Ausgang findet. Ob eine blockierte malolaktische Gärung wirklich die beste Strategie für einen in Holz vergorenen Champagner ist?

Loire

Eine andere Weinwelt Nur wenige Anbauregionen sind so eigenständig wie das Loire-Tal. Der langen Klaviatur nördlicher Rebgärten lassen sich ganz eigene Melodien entlocken. Den Ton geben anspruchsvolle Rebsorten, spritzige Säure, Süße, Mineralien und Hefe statt Frucht an.

Das Loire-Tal kann man sich nur schwerlich als Wildnis ausmalen. Wenn die Zeit an einem trägen Sommertag in Saumur so behäbig dahinfließt wie der Fluss, braucht es schon eine Menge Fantasie, um sich an seinen Gestaden Wölfe, Wildbäche und undurchdringliche Wälder vorzustellen. Kein Wunder: Hier an Frankreichs längstem Wasserlauf spricht man das gepflegteste Französisch. Die Brücken überspannen das Bett mit filigraner Eleganz. In den Schlossbibliotheken verstaubt das Wissen von Jahrhunderten zwischen Ledereinbänden. Gärtner übertreffen sich gegenseitig mit Meisterleistungen pflanzlicher Symmetrie, die sie der Natur aufzwingen. Der breite Wasserlauf wirkt so still und friedlich, dass man seine gemächliche Kraft nur selten in einen Kanal umleitet. Wenn hier je das Elend regierte, Räuber ihr Unwesen trieben und Angst das Leben prägte, dann muss das schon vor sehr langer Zeit gewesen sein.

Doch kalter Stein bestimmt das Leben am Fluss mehr als anderswo in Frankreich. Man kennt die Loire vor allem wegen ihrer Schlösser, dem idealen Anschauungsmaterial für Illustratoren von Märchenbüchern und bizarren De-Sade-Fantasien. Ein Blick auf die Prachtbauten, und man versteht die Beweggründe der französischen Revolutionäre. Die Manifestationen monumentaler Zuckerbäckerei waren zum Teil nur möglich, weil das Material dafür – der formbare Kalk namens *tuffeau* – in Fülle vor Ort vorhanden war. Derselbe Stein bringt auch die bescheidenen Behausungen in den Dörfern zum Leuchten, wenn sie von der sommerlichen Abendsonne beschienen werden. Kaum weniger bekannt als für ihre Châteaux indes ist die Loire für Pilze und Käse: Beide reifen in der feuchten Dunkelheit vieler tausend Keller unter den Weinbergen heran. Ich habe in der Gegend um Angers Züchter pfeifend auf dem Fahrrad aus ihren unterirdischen Pilzfarmen kommen sehen – die Gänge sind so lang, dass man sie nicht mehr zu Fuß durchquert! Und wer etwas auf sich hält, verlegt zu Beginn des 21. Jahrhunderts seine Wohnung oder sein Büro in eine Höhle: Man kann sich vielleicht noch kein Schloss leisten, aber ein *maison troglodyte* mit einem Weinberg als Dach ist der letzte Schrei.

So lebt man an der Loire in einer Steinzeit eigener Prägung. Es versteht sich von selbst, dass Wein darin einen festen Platz hat. Trauben brauchen Stein – je reiner und karger, desto besser. Zudem befinden wir uns in der Nordhälfte des Landes, wo Reben nur eine Chance haben, wenn der Rebgarten sich zur Sonne neigt oder eine Terrasse im Windschatten liegt. Um dem Land Wein abzutrotzen, müssen die Bauern die Wärme eines Südhangs suchen.

Die Loire entspringt an einem einsamen Berg im Zentralmassiv, Frankreichs steinigem Herz. Sie tritt eine lange, langsame Reise an, zuerst nach Norden, dann nach Westen, und löst sich schließlich in

einer schlammigen Brühe an der Atlantikküste in Sichtweite der Containerstapel und Tanker im Hafen von St-Nazaire auf. All die Bäche und Nebenflüsse, die sich aus Wäldern und Feldern in den Fluss ergießen, lassen ein Fünftel des Landes hinter sich. Die Loire ist Frankreichs Nil und Ganges zugleich.

Sie verknüpft mindestens drei Weinregionen miteinander, die mit Ausnahme des Stroms kaum etwas gemeinsam haben. Um Nantes entstehen frische, klare, neutrale Tropfen aus der Melon-Traube. Am Mittellauf bei Anjou, Saumur und Tours – dem „Garten Frankreichs", wie die Gegend gern genannt wird – erstreckt sich eine weitläufige Landschaft, in der aus Chenin blanc und Cabernet franc Weine entstehen, deren Spektrum von weiß bis rot und von knochentrocken bis sirupsüß reicht. Die obere Loire schließlich gehört zur Kimmeridgium-Kette, die sich über Chablis bis nach Aube in der Champagne zieht. Mit einer Reihe lebhafter bis strenger, manchmal rauchiger Weine findet der Sauvignon blanc hier seinen markantesten Ausdruck.

Trotz der vielen Unterschiede und einer Entfernung von rund 900 km zwischen dem östlichsten und westlichsten Winzer fühlen sich die Weinbauern an der Loire zusammengehörig. Bis zu einem gewissen Grad verbindet sie ein gemeinsames Schicksal. In der nördlichsten Weinregion sind sie den Launen der Witterungen besonders ausgesetzt, wie etwa 1998, 1999, 2000 und 2001. Obendrein reifen an der Loire zumeist weiße, nervige, relativ säurelastige Tropfen heran, während die Weinwelt zunehmend zu körperreichen, üppigen Roten greift. Wo die Konkurrenz der neuen Weinländer besonders groß ist, müssen viele Winzer ihre Erzeugnisse zu niedrigen Preisen anbieten. Der Verkauf von Muscadet, dem wichtigsten Wein in der Region Nantes, ging im Jahr 2000 in Großbritannien um 16% zurück. Dabei kann sich die Loire derartige Einbrüche nicht leisten, denn sie ist ohnehin schon stärker vom heimischen Markt abhängig als die meisten anderen Anbaugebiete: Nur 22% der Produktion werden exportiert, während der nationale Durchschnitt bei 27% liegt. Zum Glück halten ihr wenigstens die Pariser die Treue. Für sie ist die Loire der Hausweinberg, der die pulsierende Stadt mit lebendigen Tropfen versorgt. Und daran wird sich wohl auch nichts ändern.

Auf der Suche nach dem goldenen Chenin

Was aber ist mit der neuen Weinlandschaft an der Loire? Mit der Entwicklung in den letzten zehn Jahren hat das Anbaugebiet seine Nachbarregionen Elsass und Burgund in mancherlei Hinsicht in den Schatten gestellt. Zwei Hauptrichtungen haben sich herauskristallisiert. Erstens wirtschaften die Weinbauern heute wesentlich umweltbewusster als die Spritzmittelgeneration vor ihnen. Beim Weinbau gilt

„Wenn die Familienbetriebe unabhängig bleiben sollen, müssen wir das Verständnis für das Terroir fördern. Wir müssen informieren, müssen aufklären. Tagaus, tagein. Marketing? Damit können wir nur verlieren. Wer unseren Wein trinkt, muss sein Wissen um unsere Weinlandschaft mehren wollen – nur dann haben wir als freie Winzer Bestand. Ansonsten enden wir alle wie Heineken oder Kronenbourg."

CLAUDE PAPIN

◀ *Ein Strom von solcher Größe bietet nur wenig eigene sonnenbeschienene Hänge. So findet man die Weinberge der Loire oft an ihren Nebenflüssen.*

LOIRE 41

Die ältesten Teile des Schlosses von Langeais zwischen Tours und Saumur haben bereits 1000 Lesen erlebt.

es in noch größeren Zeiträumen zu denken als beim Waldbau. Man hat erkannt, dass der gedankenlose Einsatz von Chemikalien auf den Rebflächen keineswegs ein Ersatz für harte Arbeit ist, sondern das kostbarste Gut jeder Winzerfamilie vergiftet: das Land. Zwar wird organischer und biologisch-dynamischer Weinbau umso schwieriger, je weiter nördlich man kommt. Allerdings hat das die größten Erzeuger der Region wie Guy Bossard, Noël Pinguet oder Marc Angeli nicht davon abgehalten, diesen steinigen Weg einzuschlagen. Weiter unten mehr dazu.

Zweitens hat sich im Weinbau und speziell bei den Lesemethoden einiges getan. Das Appellationssystem an der Loire spiegelt im Gegensatz zu seinem Pendant im Elsass die Eigenheiten des Terroir adäquat, ja, sogar überkompliziert wider. Hier besteht also kein Handlungsbedarf. Allerdings ist die Loire mit Chenin blanc gesegnet. Wenn es eine Weißweintraube gibt, die so kapriziös wie Pinot noir ist, dann diese. Die wenigen gelungenen Chenin-blanc-Erzeugnisse halten zwar mit den ganz Großen dieser Welt mit. In punkto Langlebigkeit und Entfaltungsfähigkeit im Keller kann es praktisch nur Riesling mit ihm aufnehmen (Chardonnay hat sich nicht einmal für die Endrunde qualifiziert). Doch die Masse gerät harsch und rau. An der Loire entsteht so viel beißender Schaumwein auf Chenin-blanc-Basis, dass schon allein das als Scheitern anzusehen ist.

Daneben hat die Loire Cabernet franc und Cabernet Sauvignon. Der mittlere Abschnitt bildet zusammen mit Burgund die nördlichste Rotweingegend Frankreichs. Beaune liegt zwar noch etwas weiter oben, doch im Sommer macht das gerade einmal einige Minuten Tageslicht aus. In Bordeaux gerät der Cheval Blanc dank Cabernet franc zu einem der fülligsten Rotweine und im Médoc ist Cabernet Sauvignon der Star. Cabernet so weit nördlich zum Reifen zu bringen ist aber gelinde gesagt eine Herausforderung.

An dieser schwierigen Klientel ist man gewachsen. So besteht denn auch der zweite große Fortschritt in der Einführung mehrerer Lesedurchgänge, bei denen jedesmal nur die reifsten Trauben vom Stock geholt werden. Mit dieser zeitintensiven Praxis hat man den Horizont von Loire-Weinen enorm erweitert, wie die neue Generation reifer, aromastarker trockener Weißer und tieferer, strukturierterer Roter beweist.

Biologisch-dynamischer Weinbau

Der Begründer der Anthroposophie, die oft auch als „spirituelle Wissenschaft" bezeichnet wird, ist Rudolf Steiner (1861–1925). Steiner war stark von Goethe beeinflusst, dessen wissenschaftliche Arbeiten er in seiner Jugend herausgab. Die anthroposophische Lehre erstreckt sich auf ein weites Gebiet, insbesondere auf die Erziehung, Medizin und therapeutische Praxis. 1924, ein Jahr vor seinem Tod, hielt Steiner eine Vorlesung über Landwirtschaft, auf deren Grundlage Anhänger wie Maria Thun den biologisch-dynamischen Landbau entwickelten. In den 1980er- und 1990er-Jahren stieg eine Reihe führender französischer Winzer, allen voran Nicolas Joly in Savennières, auf diese Form der Bewirtschaftung um.

Die Biodynamik ist im Grund ein Zweig des organischen Landbaus. Man lehnt beispielsweise synthetische Insektizide, Herbizide, Kunstdünger oder andere Chemikalien ab und verwendet stattdessen Pflanzen- bzw. Mineralaufgüsse. Sie werden nach homöopathischen Grundsätzen hergestellt, also in mehreren Potenzen verdünnt und auf bestimmte Art und Weise umgerührt, bis sich nur noch winzigste Spuren der Originalsubstanz in der Flüssigkeit finden. Die Lösung gilt dann als „dynamisiert". Der biologisch-dynamische Landbau setzt außerdem viel Kompost und Spezialpräparate ein, die nach den oft visionären und poetischen Anweisungen Steiners zubereitet werden.

Ein weiterer Schwerpunkt der biologisch-dynamischen Wirtschaftsweise ist die Verwendung des von Maria Thun eingeführten Kalenders für den Jahreslauf. Steiner sah die Vegetation als eine Welt zwischen dem festen Teil der Erde, also dem Reich der Mineralien, in das die Pflanzen ihre Wurzeln graben, und einer höheren Welt mit Verbindung zum Kosmos. Die Sonne ist Steiner zufolge ein wesentliches, aber nicht das einzige Element der höheren Welt. Auch die Sterne, die Planeten des Sonnensystems und der Mond haben beträchtlichen Einfluss auf die irdischen Vorgänge. Maria Thuns Kalender basiert auf der Bewegung des Mondes durch die Tierkreiszeichen; die Zuordnung jedes Zeichens zu einem der vier Elemente bildet die Grundlage für Behandlungen in Feld und Weinberg. Erdzeichen beispielsweise beeinflussen das Wachstum der Wurzeln, Wasserzeichen das der Blätter, Luftzeichen die Blüten und Feuerzeichen die Fruchtpflanzen und Samen. Eine Behandlung des Laubs gegen Mehltau müsste also an einem Tag erfolgen, an dem der Mond ein Wasserzeichen wie das der Fische durchwandert.

Wie alle Bioweinbauern verwenden auch die Verfechter der biologisch-dynamischen Wirtschaftsweise Schwefel (zur Bekämpfung des Echten Mehltaus, als Antioxidant sowie zur Aufrechterhaltung der Hygiene bei der Weinbereitung) und Bordeauxbrühe (Kupfersulfat und Kalk gegen Falschen Mehltau). Schwefel gilt nicht als problematisch, da er zu 0,5 % in der Erdkruste enthalten ist und als Nebenprodukt der Vergärung auf natürlichem Weg entsteht. Dennoch versuchen die biodynamischen Weinbauern seinen Einsatz auf ein Minimum zu beschränken und verwenden so wenig Bordeauxbrühe wie möglich. Nicolas Joly etwa bringt pro Jahr höchstens 10 kg/ha aus, was 2,5 kg Kupfer pro Hektar und Jahr entspricht. Selbst das ist ihm zu viel, denn Kupfer „hemmt das Bodenleben", wie er einräumt. Erzeuger wie Raimond Villeneuve vom Château de Roquefort in der Provence experimentieren mit Alternativen zu Kupfer, das die EU innerhalb der nächsten zehn Jahre voraussichtlich sowieso verbieten wird.

Kritikern zufolge hängen sich manche Weinbauern das biologisch-dynamische Mäntelchen aus reinen Marketinggründen um. Ich konnte nie ein Indiz für diese Vorwürfe finden. Zweifellos aber rümpfen in der französischen Wein-Society einige über den biodynamischen Weinbau und seinen unwissenschaftlichen Ansatz die Nase. Besonders vehement lehnt man ihn in den zutiefst konservativen, reichen Anbaugebieten Bordeaux und Champagne ab, wo die Erzeugung feiner Weine nach rein geschäftlichen Gesichtspunkten betrieben wird. Der Direktor des Château Latour, Frédéric Engerer, nannte den biodynamischen Weinbau 1999 mir gegenüber einen „riesigen intellektuellen Schwindel"; zwei Tage später tat ihn Jean-Guillaume Prats von Cos d'Estournel als „Kult" ab. Seine engagiertesten Verfechter hat der Ökoweinbau in Burgund, im Elsass und im Loire-Tal, wo die besten Rebflächen kleinen Erzeugern gehören. Interessanterweise sind das gerade die Regionen, in denen sich selbst winzige Unterschiede im Terroir in den Weinen bemerkbar machen und sich mehrere Winzer besonders gute Lagen teilen. Die Bemerkungen von Engerer und Prats stehen in krassem Gegensatz zu den Ansichten von Weinbauern wie Dominique Lafon in Burgund, Olivier Zind-Humbrecht MW im Elsass oder Noël Pinguet von Huët an der Loire, die alle aus rein pragmatischen Gründen umgesattelt haben. Zunächst bewirtschafteten sie nur einen Teil der Fläche biologisch-dynamisch, stellten aber dann fest, dass mit dieser Art des Weinbaus ganz einfach höherwertiges Lesegut und damit bessere Weine einhergehen.

▲ Seltsame Weinwelt: Nichts bereitet einem Süßweinproduzenten mehr Freude als ein Bottich voll verfaulter Trauben.

Das wohl Faszinierendste am biologisch-dynamischen Weinbau aber ist seine moralische Dimension. Steiner hätte sie besonders hervorgehoben, wenn er noch leben würde. Für ihn waren geistige Abläufe ebenso reell und wichtig wie materielle. Er sah es als die Pflicht und das Privileg des Menschen an, sich über materielle Ziele zu erheben, um ein spirituelles Verständnis für das höhere Selbst zu erreichen. Die Wissenschaft, also das Studium der materiellen Welt, brauche die „spirituelle Wissenschaft" als Vervollständigung und Gegengewicht zugleich.

Besonders klar tritt diese moralische Dimension im Werk von Nicolas Joly hervor, einem Absolventen der Universität von Columbia und ehemaligen Bankkaufmann. Sie ist auch der Grund, warum er als Weinbauer so aus der Masse herausragt. Seine technische Spezifikation, *fiche technique*, beginnt mit den Worten: „*Avant d'être bon, un vin doit être vrai.*" (Bevor ein Wein gut ist, muss er erst echt sein.) Das ist ein moralisches Statement – und im weinbaulichen Kontext obendrein ein revolutionäres, denn es stellt das ungeschriebene Gesetz in Frage, dass Qualität bei der Bewertung eines Weins vorrangige Bedeutung hat. Wichtiger ist Joly zufolge vielmehr die Echtheit des Weins, die er als „Fähigkeit, die Feinheiten des Ortes zum Ausdruck zu bringen, von dem er stammt", definiert. Ein unbefriedigender echter Wein ist moralisch höher einzustufen als ein zufriedenstellender falscher Wein. Nicht einmal die Verfechter der biologisch-dynamischen Wirtschaftsweise würden diese Meinung ausnahmslos teilen. Sie ist philosophisch fragwürdig, denn die Echtheit braucht die Bestätigung durch eine subjektive Analyse: die Verkostung. Abgesehen davon aber ist Jolys Ansatz einer der kühnsten Beiträge zur Weinästhetik zu Beginn des 21. Jahrhunderts.

Didier Dagueneau

Ich begegnete Didier Dagueneau erstmals auf der Vinexpo in einem unterirdischen Keller des Château Belair in St-Emilion, wo die französische Weinelite ihre Erzeugnisse präsentierte. Es mag der Zufall oder ein schlitzohriger Organisator mit Sinn für Humor gewesen sein, der Dagueneaus Stand unter einem Oberlicht platziert hatte. Von dort fiel ein eigentümliches Licht auf den Mann mit der messianischen Physis. Die Szenerie wirkte wie eine Parodie auf die Himmelfahrt. Jason Lowe war mit dabei und schoss das Foto. Dagueneau goss den Verkostern höflich, aber distanziert ein und beantwortete ihre Fragen einsilbig, ja, fast schon barsch. Man hatte den Eindruck, er nähme lieber an einem Schlittenhunderennen in Finnland teil – was er im darauf folgenden Winter auch tat. Wir verkosteten seine Weine. Sie rochen weder nach Sauvignon noch nach Johannisbeeren, Stachelbeeren, Spargel oder Katzenpisse – sondern nach Frühling! Ein Schluck von seinem Buisson Renard und man wähnte sich unter einem Wasserfall. Die Aromen traten reintönig und verblüffend deutlich hervor. Beim Silex war nichts von einer massiven Feuersteindosis zu spüren; stattdessen begegnete mir ein reiner, saftiger, üppiger Wein mit einem Hauch regennasser Steine im Abgang. Diese stille Abkehr vom Sortencharakter hatte ich nicht erwartet. Ich machte eine ganz neue Erfahrung.

Claude Papin

Man muss sich konzentrieren, wenn man mit Papin spricht. Der Präsident des Technischen Instituts für Rebbau und Wein redet nicht nur wie ein Wasserfall, er erzählt auch vom „Klimaraum", vom Wasserstress und seinen Folgen für die Polyphenole oder von der elektrischen Ladung des Ton-Humus-Komplexes. Das ist jedoch alles andere als Aufschneiderei: Papins Wissen liegt eine tiefe Ehrfucht vor einfachen Beobachtungen wie denen seines Schwiegervaters zugrunde, der 60 Jahre lang Rebstöcke schnitt. „Wir wissen nicht mehr als die Alten, wir können es nur besser erklären." Papin ist ein Poet, sein Thema der Chenin blanc. Der „superrustikalen" Rebsorte, die „perfekt an unser halb maritimes, halb kontinentales Klima angepasst ist", gehört seine ganze Liebe. Einst sei sie eine rote Traube gewesen, behauptet er. Spitzenleistungen bringe sie nur im Verbund mit Botrytis. Seine Beschäftigung mit den Spilitböden hat uns einige der größten Terroir-Weine von der Loire beschert. Dem Öko-Weinbau begegnet er mit trockenem Skeptizismus, obwohl er mit großen Vertretern der biologisch-dynamischen Wirtschaftsweise befreundet ist, etwa Deiss oder Zind-Humbrecht. Vor allem aber bereitet er unfassbar eigenständige Weine. Niemand weiß seine Heimat konzentrierter ins Glas zu bringen als dieser bescheidene Zweifler.

Guy Bossard

„In Muscadet sind 13 000 ha bestockt", erklärt Guy Bossard. „Und wer behauptet, dass sich die Weine nur darin unterscheiden, ob sie auf der Hefe gelegen haben oder nicht, der hat nicht Recht. Unsere Subregionen gründen sich auf geographische und von Menschenhand gezogene Grenzen, aber nicht auf das Terroir. Die Probleme des Muscadet indes können wir nur lösen, wenn wir die besten Lagen identifizieren und dem Verbraucher nahe bringen." Niemand kann Bossard vorwerfen, er sei inkonsequent: Bei seinen eigenen drei Cuvées von alten Stöcken hat er eine strikte Unterscheidung nach Terroir eingeführt und dabei seine früheren Prestige-Cuvées aufgegeben. In seinem Keller gebe es nichts mehr zu verbessern, erzählt der unermüdliche biodynamische Erzeuger. „Ich konzentriere mich nun ganz auf den Weinberg, setze auf Massenselektion, kümmere mich um die Gesundheit der ältesten Stöcke und versuche vor allem die Qualität der Wurzeln zu verbessern. Damit wird man nie fertig."

Loire 45

Die Loire im Überblick

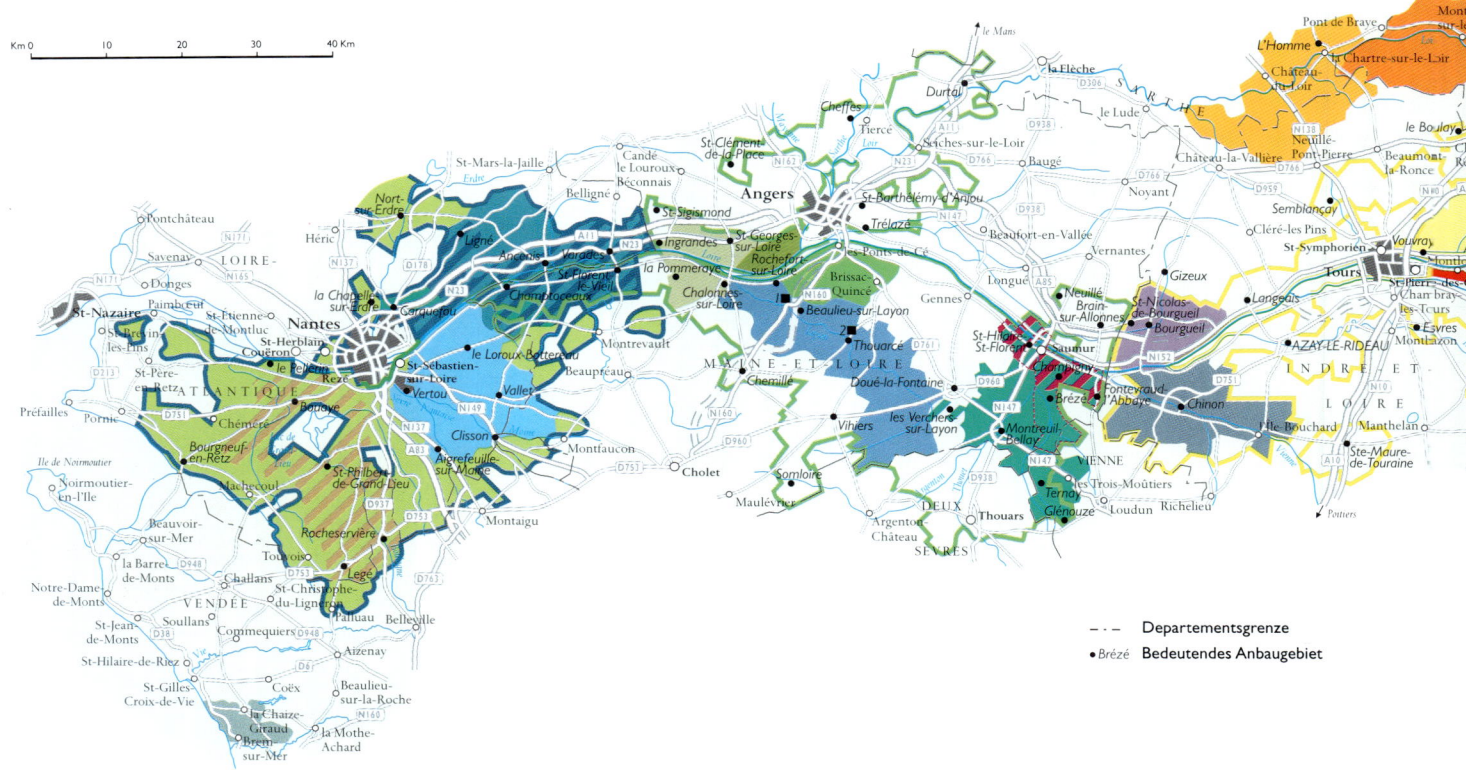

Man könnte die flussabwärts ersten Weine an der Loire auch Berg-Beaujolais nennen. Die **Côtes du Forez** und **Côtes Roannaises** gehören mit 400 bis 600 m über dem Meeresspiegel zu den höchstgelegenen Rebflächen Frankreichs. Hier wächst auf Granitböden unweit von Lyon der Gamay als einzig zugelassene Sorte. Er erbringt einen Wein mit Zuckermelonennote, der blasser und kerniger ausfällt als seine Nachbarn an der nördlichen Rhône oder in Beaujolais.

Die ersten 322 km ihres Laufs wird die Loire von der Allier begleitet. Die beiden vereinen sich bei Nevers, wo die Loire sich als Namengeberin durchsetzt. Trotzdem hat die Allier in der Weinwelt ganz besondere Bedeutung, denn die Eichenbäume an ihren Gestaden liefern nach Ansicht vieler den für den Fassbau wertvollsten Rohstoff überhaupt. Doch auch zwei Weinbaugebiete findet man hier, beides VDQS-Zonen. Die **Côtes d'Auvergne** als dritte Gamay-Gegend im Bunde ist wegen ihres relativ kalkigen Bodens die Heimat noch blasserer Tropfen. Sie zeichnen sich oft durch einen metallischen Rosaton und etwas Essigschärfe aus. **St-Pourçain** hingegen ist stilistisch eher ein uneheliches Kind Burgunds, das man im kristallinen Gesteinsmeer Zentralfrankreichs sich selbst überlassen hat. Die messerscharfen Weißen entstehen aus Aligoté, Chardonnay und Sacy, die leicht spitzen Rosés und Roten aus Pinot noir und Gamay.

Die fünfte und letzte Anbauzone an der oberen Loire ist **Châteaumeillant** am nordwestlichen Rand des Zentralmassivs. Granit mit etwas Schiefer und Sandstein prägen ihre Böden. Die Gamay bekommt hier Verstärkung durch Pinot noir und Pinot gris. Man kennt die VDQS vor allem wegen ihrer blassen, trockenen, strengen Rosés, die *vin gris* genannt werden.

Hinter dem Zusammenfluss der beiden Wasserläufe stößt die Loire durch die Kreidebarriere der Kimmeridgium-Kette. Hier an der ostwestlichen Abbruchkante des Pariser Beckens reihen sich die Anbaugebiete Reuilly, Quincy, Menetou-Salon, Sancerre und Pouilly aneinander. Der Fluss durchschneidet dieses Band, hat aber für den Weinbau noch wenig Bedeutung, denn er fließt nordwärts. Auf die feinen Südhänge trifft man erst, wenn er nach Westen strebt. Zwar gibt es auch am Oberlauf Rebflächen entlang der Ufer – sie gehören zur AOC **Coteaux du Giennois** und weiter flussabwärts zur VDQS **Orléanais** –, doch reichen ihre Weine nicht an die Fülle und Kraft ihrer Pendants in den AOCs entlang der Abbruchkante heran. Aus dem Giennois fließen helle, rosarote Erzeugnisse aus Gamay und Pinot noir in die Gläser der Konsumenten, aber auch einige gertenschlanke Weiße aus Sauvignon blanc. Manche Dörfer dürfen ihrem AOC-Namen **Cosne-sur-Loire** hinzufügen. Das Orléanais galt einst als Weinberg der Pariser, bis die Eisenbahn das Languedoc der Hauptstadt näher brachte. Im Orléanais kommt eine Weinspezialität namens Gris Meunier auf die Welt, ein Rosé aus Pinot meunier. Auch einige herbe Rote aus Cabernet Sauvignon und Cabernet franc werden gekeltert, ferner Pinot noir sowie Weiße aus Chardonnay und Pinot gris, die alle auf Flusssand reifen.

Die fünf AOCs an der Abbruchkante kennt man vor allem wegen ihrer rassigen, wie aus Stein gepressten Sauvignon-blanc-Weine. In

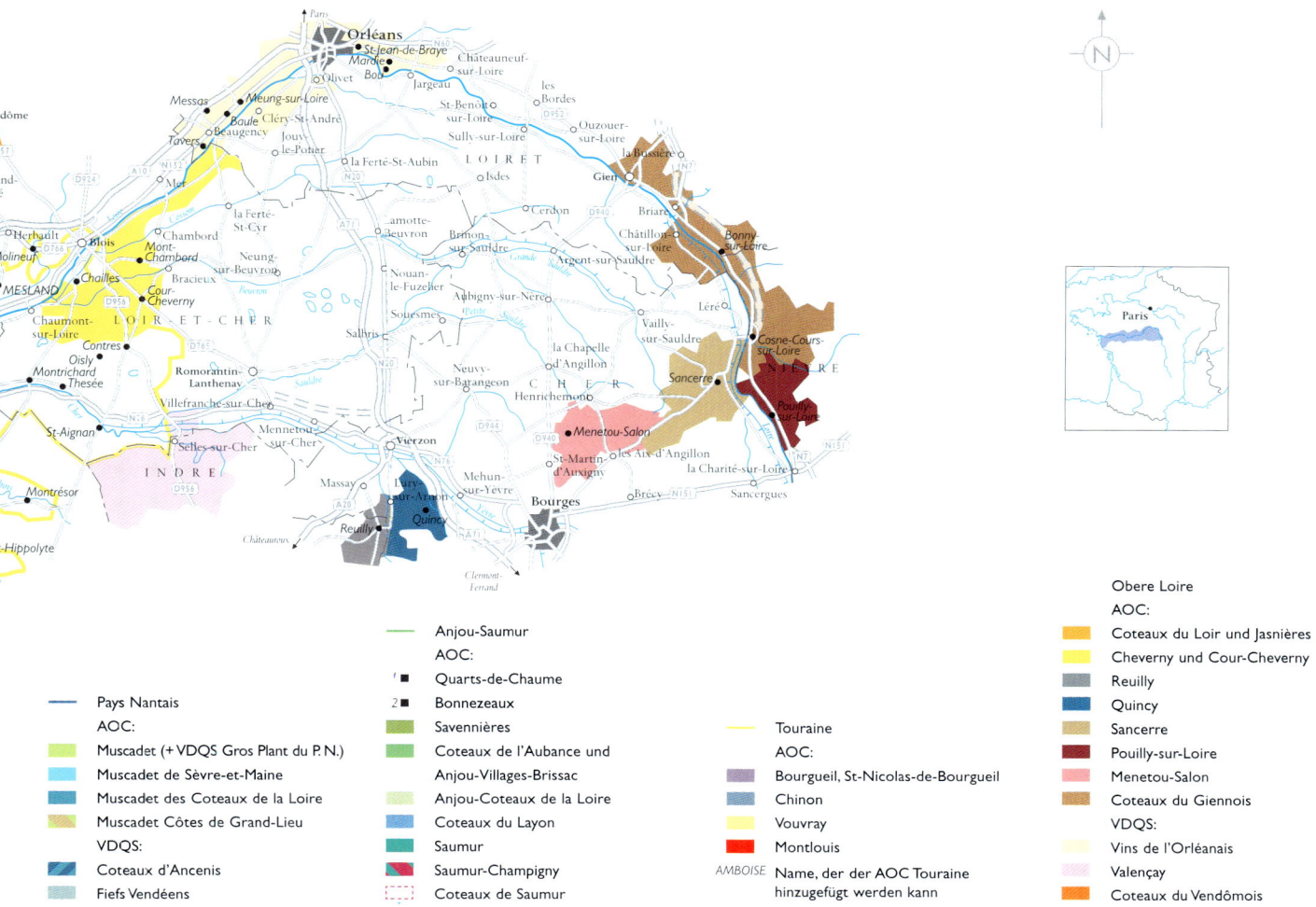

Pouilly-Fumé und Quincy findet man sogar nur diesen einzigen Stil vor. Wo in den Weingärten von Pouilly die Chasselas-Rebe angebaut wird, hat man es mit der AOC **Pouilly-sur-Loire** zu tun. Und in Sancerre, Reuilly und Menetou-Salon entstehen noch Rote und Rosés aus Pinot noir.

Die beiden größten AOCs des Quintetts sind **Sancerre** westlich und **Pouilly-Fumé** östlich des Flusses. Sancerre erstreckt sich über einen Hügel auf einem Kalkfelsen. Hinter der Stadt an den flussabgewandten Hängen ist der Kimmeridgium-Kalk verwittert und hat drei Hauptbodentypen entstehen lassen. Der erste ist ein von den Einheimischen *terres blanches*, weiße Erde, genannter Mergeluntergrund, der exakt dieselben kommaförmigen Fossilien wie das Erdreich von Chablis und an der Aube enthält. Der zweite Typ, *caillottes* (kleine Steine) genannt, besteht aus kiesigem, durch Verwitterung anderer, härterer Kimmeridgium-Schichten entstandenem Kalk. Außerdem findet man reichlich Feuerstein, den die Franzosen *silex* nennen. Er setzt sich aus Kieselerde zusammen, die entweder vom Meerwasser ausgefällt und wieder kristallisiert wurde oder aus den Überresten abgestorbener Wasserlebewesen entstand. Feuerstein bildet einen starken Kontrast zu dem kalkigen Material, in das er eingebettet ist.

Pouilly auf der anderen Seite des Flusses ist flacher und mit seinem Schwemmland sowie dem Untergrund aus Portland- und Kimmeridgium-Kalk geologisch vielfältiger als Sancerre. Außerdem findet man Sand, Kies und Feuerstein, der hier rot statt grau wie in Sancerre ausfällt. Die sandigeren Flächen werden als Chasselas-Rebfläche für die AOC Pouilly-sur-Loire genutzt. Hervorstechendstes topographisches Merkmal von Pouilly ist der Hügel (*butte*) von St-Andelain, dessen Feuerstein und Kies, eingebettet in Kimmeridgium-Kalk, einen hervorragenden Untergrund für den Weinbau ergeben. Les Loges liegt an einer besonders trägen Stelle des Flusses; in den Böden findet man neben Kalk noch Schotter und sandigen Ton. Die Unterschiede im Wein beider Appellationen liegen wie so oft in der Fähigkeit bzw. Unfähigkeit der Winzer begründet, aber auch in den unterschiedlichen Terroirs mit Mergel, Kalk, Schotter, Sand, Kies und Feuerstein. In der Regel reifen auf Feuerstein sowohl in Sancerre als auch in Pouilly-Fumé die rauchigsten Tropfen heran. Allerdings vermittelt Sauvignon blanc die Eigenheiten der Lage nicht so gut wie Chardonnay, Riesling oder Chenin blanc.

Menetou-Salon nennt man bisweilen das Pouilly-Fumé oder Sancerre des armen Mannes. Und das nicht ohne Grund: Der Kalk beginnt sich hier mit einer Unterschicht aus Eisen führenden Sandsteinen zu vermengen, was sich auch in den Weinen bemerkbar macht. Sie zeigen zwar teilweise die klare Frische, die auch für die großen AOCs typisch ist, doch gesellt sich die Fruchtigkeit des Sauvignon blanc mit einer einfacheren, weniger ansprechenden und nicht so streng mineralischen Note dazu. Kommt man nach **Quincy und Reuilly**, bedecken Kies und Sand aus dem Zentralmassiv das in tiefere Schichten zurückweichende Kalkgestein – ein Handicap, mit dem gute Erzeuger beider Appellationen jedoch zurechtkommen. Sie bereiten einen charakteristischen, reifen Sauvignon blanc mit Biss, der

▲ *Das Klima an der Loire mit ihren vielen kühlen Nebenflüssen fördert die Entstehung der Edelfäule, die dem Chenin zu wahrer Größe verhilft.*

allerdings eine saftigere Komponente enthält als seine Vettern aus der Touraine oder aus Sancerre. In Reuilly-Weinen begegnet man ferner einer pikant-würzigen Note.

Hinter Orléans wendet sich die Loire ein für allemal nach Westen. Der Mittellauf öffnet sich wie ein Fächer aus Obsthainen, Weizenfeldern und vieltürmigen Châteaux. Die Weinberge erstrecken sich südlich und nördlich des Flusses, viele von ihnen an den Hängen von Nebenflüssen wie Cher, Vienne und dem winzigen Loir.

Zunächst zu den Satelliten. **Haut-Poitou** ist eine VDQS-Insel bei Poitiers. Der erfolgreichste ihrer mittelmäßigen, auf Kalk gereiften Sortenweine ist der schlanke, saubere, doch recht neutrale Sauvignon blanc. Die benachbarte VDQS **Vins de Thouarsais** ist die Heimat ähnlicher Tropfen, doch spielt der Chenin blanc hier eine größere Rolle. Man kennt das Anbaugebiet auch unter der Bezeichnung **Coteaux du Thouet et de l'Argenton**. Eine weitere kleine VDQS ist **Valençay** zwischen Reuilly und der Touraine. Auf den vielfältigen Sand-, Kreide-, Feuerstein- und Tonböden bereiten die Winzer frische Rosés und Rote sowie etwas Weißwein. Und in der VDQS **Coteaux du Vendômois** am Loir entsteht ein schlanker, erfrischender *vin gris*.

Aus dieser ziemlich bedeutungslosen Weinlandschaft ragen die AOCs **Jasnières** und die größere Nachbar-Appellation **Coteaux du Loir** heraus. Jasnières gilt als Cru-Lage der Gegend. Das AOC-Siegel dürfen ausschließlich Weiße aus Chenin blanc tragen. Sie wachsen auf den Feuerstein-, Ton- und Kalkböden, in die sich der Loir mit der Zeit gegraben hat. Für den spät reifenden Chenin blanc herrschen nahezu arktische Bedingungen. Er gedeiht nur dank südwärts gerichteter Hänge und winzerischer Entschlossenheit. Guter Jasnières ist Frankreichs Antwort auf klassischen deutschen Riesling von der Saar. Mit anderen Worten: Er ist ein drahtiger Wein an der Grenze zur Reife. Seine Apfel- und Grapefruitnoten sind von einer atemberaubenden Intensität. Die Säfte scheinen aus einer kalten Felsquelle zu stammen und nicht aus Trauben von einem sonnenwarmen Hang. Doch bei später Lese macht sich selbst in diesen Tropfen ein Anflug von Honig und Aprikose bemerkbar. Etwas mehr Spielraum haben die Winzer an den Coteaux du Loir: Sie dürfen nicht nur Weiße aus Chenin bereiten, sondern auch Rosés und Rote aus Pineau d'Aunis, Cabernet franc, Gamay, Malbec und Grolleau. Den stärksten Eindruck hinterlässt der blasse Pineau d'Aunis mit seinen birnigen Tanninen und Johannisbeertönen.

Einen ersten Vorgeschmack auf die mächtigen Rebflächen der Touraine bekommt man mit der AOC **Cheverny** und der winzigen 50-ha-Appellation **Cour-Cheverny.** Diese tut sich als Retterin einer fast ausgestorbenen Rebsorte hervor: der Romorantin, deren Weine apfelsaure Rundheit mit etwas Honig und Nugat verbinden. Cheverny wiederum ist für Rote, Weiße und Rosés aus sieben Rebsorten zuständig. Auch hier reift das Lesegut nur schwer aus.

Der mittlere Abschnitt der Loire lässt sich in zwei historische Provinzen keltischen Ursprungs einteilen: Anjou mit der Hauptstadt Angers und die Touraine mit Tours als Zentrum. Die AOC Touraine ist ein Sammelsurium aus 150 Gemeinden in der näheren Umgebung von Tours. Ihre Erzeuger kultivieren zusammengenommen über 5000 ha Rebfläche und dürfen bei reinsortigen Weinen den Namen der Rebe auf dem Etikett erwähnen. Außerdem können die einzelnen Subzonen der AOC-Bezeichnung hinzugefügt werden: **Touraine-Mesland**, **Touraine-Amboise** und **Touraine-Azay le Rideau**. Die beiden letztgenannten Gebiete lassen zwar ein gewisses Potenzial erkennen, doch konnte bislang keines der drei viel Identität auf überregionaler Ebene entwickeln. Man kennt die Touraine vorwiegend wegen ihrer Sauvignon- und Gamay-Erzeugnisse sowie ihrer Schaumweine.

Die beiden bedeutendsten Weißwein-AOCs der Touraine sind **Vouvray** und **Montlouis**. Vouvray liegt am rechten Ufer der Loire, während Montlouis den gegenüberliegenden Bereich zwischen Cher und Loire einnimmt. Die Flüsse haben mit der Zeit schöne sonnige Hänge in die überwiegend kalkigen Böden gegraben. *Tuffeau* oder *tuf* nennen die Einheimischen den gelbweißen Fels, ein auffallend weiches Kalkgestein aus der Turonium-Stufe der Kreidezeit vor rund 90 Millionen Jahren mit Anteilen von kohlensaurem Kalk sowie Eisen- und Magnesiumoxiden. An den exponierten, oft mit Oberböden aus Ton und Kies bedeckten Hängen können die Reben ein wahres Sonnenbad nehmen. Vor allem Vouvray hat einige großartige Weinberge mit Blick auf den Fluss zu bieten. Die stillen Lagunen, Teiche und Seitenarme der Loire werden von riesigen Kiesbänken abgegrenzt, die das sommerliche Tiefwasser freilegt. Sie reflektieren das Licht und schicken es zu den Stöcken hoch, was den Trauben zugute kommt. Die Touraine liegt in etwa an der Grenze zwischen dem für Sancerre und Pouilly-Fumé typischen Kontinentalklima und dem Atlantikklima der Gegend um Nantes. Das bedeutet theoretisch milde, sonnige Sommer, die idealerweise in helle, klare Herbste übergehen und dem spät reifenden Chenin blanc, hier Pineau genannt, ideale Bedingungen bieten. Bisweilen ist das auch wirklich der Fall; dann entwickelt sich die Edelfäule und lässt große süße oder liebliche Tropfen entstehen. In anderen Jahren wiederum wird die Gegend von heftigem Regen und frühen Kälteperioden heimgesucht. Dann schlägt die Stunde der Schaum- oder trockenen Stillweine.

Neben den beiden Weißwein-Glanzlichtern Vouvray und Montlouis hat die Touraine aber auch noch drei der vier roten AOC-Asse an der Loire im Ärmel. Geologisch gesehen ist hier während der letzten Eiszeit eine Art Mini-Médoc entstanden: Der Fluss eroberte ein großes Stück vom rechten Ufer seines derzeitigen Laufs und hinterließ dort Kies, Ton und Sand in terrassierten Schichten. Ein Großteil des Kieses dient heute als Nährboden für die Cabernet-franc-Reben von **Bourgueil** und **St-Nicolas-de-Bourgueil**, wenngleich diese beiden Rotwein-AOCs auch Rebflächen auf dem *tuffeau* der oberen Hänge umfassen. Natürlich unterscheiden sich bei diesem facettenreichen Untergrund auch die darauf entstandenen Tropfen: Kiesweine fallen duftig und süffig aus, Kreideweine sind dichter und reifen langsamer. Und ein Verschnitt aus beiden ergibt die besten Kreszenzen überhaupt. Die Zweiteilung der Anbauzone in die beiden AOCs Bourgueil und St-Nicolas hat eher politische Gründe, denn zwischen dem Terroir der beiden gibt es keine Unterschiede.

Ein ganz anderer Boden hingegen herrscht in der Appellation **Chinon** vor, die weiter südlich ein Stück der Loire sowie die beiden Ufer der Vienne einnimmt. Die Cabernet-franc-Stöcke stehen hier auf Kreide und Sand – lediglich an der Vienne findet man etwas Kies. Natürlich spielt der Erzeuger eine wesentliche Rolle, doch in der Regel haben die Weine in Bourgueil ein bisschen mehr Tiefgang als ihre Pendants in Chinon, wo eher frische, lebhafte und saftige Rote entstehen. In Chinon wird etwas Weißer (aus Chenin blanc) hergestellt, während Bourgueil eine gänzlich weißweinfreie Zone ist.

Wo die Vienne in die Loire fließt, verläuft die Grenze zwischen der Touraine und Anjou. Nördlich des Flusses beginnt die weit verstreute, vielgestaltige AOC **Anjou**, während südlich davon Saumur liegt. Beide Appellationen gelten für Rot- und Weißweine; Saumur hat überdies einen schäumenden Mousseux zu bieten. Im Herzen der Appellation versteckt sich die reine Rotwein-AOC **Saumur-Champigny** und darin wiederum hat man eine winzige 30-ha-Enklave als AOC **Coteaux de Saumur** für süße und liebliche Weiße aus Chenin blanc klassifiziert.

▲ *Der „Garten Frankreichs" ist für sein zartes Gemüse (hier im Schlossgarten von Langeais) ebenso bekannt wie für seine lebendigen Weine.*

Große Anbauzonen wie diese entziehen sich einer griffigen Verallgemeinerung. Anjou ist besonders tückisch, denn die lose verstreuten Rebflächen nehmen auf einer Fortsetzung der Kiesterrassen von Bourgueil ihren Anfang, umfassen einige Kreide-, Schiefer- und Spilitböden und laufen im Granitlehm von Muscadet aus. Um diesem 3000 ha großen Weingarten mit mindestens sechs Terroirs wenigstens etwas Struktur zu geben, hat man Subappellationen eingerichtet: **Anjou-Coteaux de la Loire**, eine 50-ha-Zone auf Schiefer und Kalk mit trockenen und süßen Chenin-blanc-Erzeugnissen, die in der Nähe von Savennières liegt, **Anjou-Gamay** mit sortenreinen Tropfen aus Gamay sowie die für Rote reservierten Appellationen **Anjou-Villages** und **Anjou-Villages-Brissac**. Wenn Erzeuger in Savennières oder den Coteaux du Layon Rote bereiten wollen, verwenden sie die Bezeichnung Anjou-Gamay und Anjou-Villages. Auch die Rosé-AOCs **Cabernet d'Anjou** und **Rosé d'Anjou** spielen eine wichtige wirtschaftliche Rolle.

An dieser Stelle der Loire wird ein neues Bodenkapitel aufgeschlagen, denn es vollzieht sich der tiefstgreifende geologische Wechsel seit Sancerre. Wer die wunderschöne weiße Stadt Saumur je gesehen hat, wird wissen, dass Kalk nicht nur den Untergrund dominiert. Die Finesse und die Strenge der besten Saumur-Kreszenzen sind archetypisch für alle Tropfen von französischen Kalkböden. Doch die Weinberge gehören auch zu den problematischsten im ganzen Land, denn die Stöcke leiden oft unter Chlorose, eine Folge des hohen Kalkgehalts im Boden.

In Anjou hingegen dominiert bereits das Armorikanische Gebirge. Hier graben die Reben ihre Wurzeln in das älteste Gestein Frankreichs. Die Weine bringen die Unterschiede vielleicht am deutlichsten zum

LOIRE 49

▲ *Für den groben Herbstschnitt ist keine allzu große Präzision erforderlich. Biodynamiker Guy Bossard setzt Maschinen ein.*

Ausdruck: Die besten Roten der AOCs Anjou-Villages und Anjou-Villages-Brissac wachsen auf Tonböden über verwittertem Schiefer und zeigen eine für Chinon, Bourgueil und Saumur-Champigny ganz untypische Tanninsubstanz und fleischige Frucht.

Überhaupt reifen viele der größten trockenen und süßen Weine von der Loire in Anjou auf Schiefer heran. Chenin blanc kann auf Kalk zur Hochform auflaufen, wie in Vouvray und Montlouis – auf Schiefer indes steigert er sich noch einmal. Und konkurrenzlos ist er gar in der AOC **Savennières** mit ihren *crus* **Savennières-Roche aux Moines** (16,9 ha) und der Einzellage **Savennières-Coulée de Serrant** (6,85 ha). Von allen Erzeugnissen des Loire-Tals reicht nur der trockene Chenin blanc an einen Montrachet oder Corton-Charlemagne heran. Die 100 ha große Appellation ist gesegnet mit idealen Südhängen auf Schiefer- und Sandstein am Nordufer der Loire südlich von Angers. Man findet zwar ein paar Rebflächen auf dem Plateau, die beiden *crus* aber erstrecken sich über sonnige, exponierte Hänge. Dort entstehen Weiße von außerordentlicher aromatischer Bandbreite mit reichlich Substanz, Körper und mineralischer Dichte – sofern sie aus vollreifen Beeren von ertragsarmen Stöcken sorgsam vinifiziert werden. Leider beruht der nicht sonderlich gute Ruf der AOC auf den unreif gelesenen, aus hohen Erträgen achtlos bereiteten Chenin-Weinen. Sie neigen zu unangenehm bitteren Tönen, die mit vollreifen, höchste Genüsse bescherenden Geschmacksnoten nichts gemein haben.

Überqueren wir noch einmal den Fluss, diesmal um auf die AOCs **Coteaux de l'Aubance** und **Coteaux du Layon** zu treffen. Die 200 ha umfassenden Coteaux de l'Aubance verfügen über dieselben Böden wie Savennières, haben aber nicht ganz das große Los in puncto Hanglage und Ausrichtung gezogen. Nichtsdestotrotz sind sie die Heimat guter milder, geschmeidiger Süßweine auf Chenin-Basis. Die AOC ist geographisch deckungsgleich mit der Appellation Anjou-Villages-Brissac, die ein hohes Potenzial erkennen lässt (siehe S. 49).

Die Coteaux du Layon hingegen sind mit 1500 ha eine weitaus größere Appellation und bergen in sich zudem noch die Süßwein-*crus* AOC **Bonnezeaux** (100 ha) und **Quarts de Chaume** (33 ha). Doch es wird noch komplizierter: Das winzige Chaume kann seinen Namen außerdem der allgemeinen AOC hinzufügen und seine Weine **Coteaux du Layon-Chaume** nennen – ein Recht, das zudem sechs weitere Dörfer für sich in Anspruch nehmen dürfen, weshalb man es auch mit **Coteaux du Layon-Beaulieu-sur-Layon**, **Coteaux du Layon-Faye d'Anjou**, **Coteaux du Layon-Rablay-sur-Layon**, **Coteaux du Layon-Rochefort-sur-Loire**, **Coteaux du Layon-St-Aubin-de-Luigné** und **Coteaux du Layon-St-Lambert-du-Lattray** zu tun bekommt. Man will dem Chaos allerdings ein Ende bereiten und eine dreistufige Struktur mit Crus, Premiers crus und Grands crus einführen.

Der Layon ist kleiner als die bekannteren Nebenflüsse der Loire wie Cher oder Vienne und schlängelt sich auch in mehr Windungen durch das Tal als diese. Mal geschäftig, mal behäbig, mal umständlich bahnt er sich seinen Weg durch allerlei Gestein. Schiefer, Sandstein, Kalk und Mergel findet man an seinem Lauf. Das Ergebnis: ein Spektrum hochkarätiger Chenin-blanc-Produkte in allen erdenklichen Süßegraden. Manche sind durch Botrytis-Befall entstanden, wie der Quarts de Chaume von einem geschützten Hang mit flachgründigen Böden, andere durch *passerillage*, etwa die Weine von der hoch gelegenen, schieferigen Lage Bonnezeaux oder den Coteaux du Layon-Chaume vom oberen Hügelareal. Die besten lassen sich fast endlos lagern. Erwähnung verdienen aber auch die Roten der führenden Coteaux-du-Layon-Erzeuger. Viele reifen auf den vulkanischen Intrusivgesteinen des in dieser Gegend häufigen Spilit heran. Sie kommen als Anjou-Villages und Anjou-Gamay in den Handel.

Hinter Anjou liegt bereits der Duft des Meeres in der Luft. Die Loire wälzt sich nun durch eine flache, fruchtbare Gegend der Küste entgegen. Als Muttergestein findet man Granit, doch auch der Fluss selbst hat mit seiner Wanderung durch zahlreiche Landschaften einen Beitrag zur Entstehung des Untergrunds geleistet. Tiefgründige Lehm- und Tonböden granitenen Ursprungs sind weit häufiger als Kies und Sand. Im Lauf der Zeit hat sogar der Wind Material hierher verfrachtet. Hinzu kommen die verwitterten Granite, Gneise, Glimmer, Schiefer und Gabbro, die durch Vegetation und Ackerbau im Lauf der Zeit mit viel organischer Substanz angereichert wurden. Wegen der fetten Böden in Verbindung mit dem nördlichen Meeresklima und den beiden mittelmäßigen Rebsorten Melon und Gros Plant entstehen in der Region Nantes relativ einfache Weißweine. In Bestform aber passen diese kernigen, erfrischenden Tropfen mit ihren schwachen Aromen von Brot und Zitrone vorzüglich zu Austern oder Fisch. Bei einem guten Mahl schwingt sich der einfache Wein zu ungeahnter Größe auf und wird zur Offenbarung. Viel Komplexität und Geschmackskonzentration indes wird man in ihm vergeblich suchen. Muscadet ist eben eine Art weißer Beaujolais. Der Fluss lässt seine Weinsinfonie so ausklingen, wie er sie begonnen hat.

▲ *Botrytis verwandelt die Beeren in drei Stufen: Zunächst überzieht sie ein fleckiger Pilz, dann faulen sie und zum Schluss sehen sie aus wie „geröstet" oder eingelegt.*

Vier Appellationen tragen den Namen Muscadet: die eigentliche AOC **Muscadet**, außerdem **Muscadet de Sèvre-et-Maine**, **Muscadet des Coteaux de la Loire** und **Muscadet Côtes de Grand-Lieu**. Muscadet de Sèvre-et-Maine ist mit über 10 000 ha eine der größten AOCs in ganz Frankreich. Muscadet *tout court* nimmt fast 2000 ha ein, die anderen beiden bescheiden sich mit jeweils 300 ha. Der Herkunftsbezeichnung darf *sur lie* hinzugefügt werden, sofern die Weine vor dem 30. November des Jahres nach der Lese direkt von der Hefe in die Flasche gekommen sind. Das soll den geschmacksarmen, jugendlichen Muscadet-Erzeugnissen Fett und eine gewisse hefige Fleischigkeit mitgeben, aber auch ihre Frische optimieren.

Direkt am Atlantik liegen die Küsten-VDQS **Gros Plant du Pays Nantais** und weiter südlich **Fiefs Vendéens**. Regentin der Ersteren ist die Folle blanche; sie erbringt einen noch schrilleren Tropfen, als es der Muscadet schon ist. Fiefs Vendéens hingegen ist eine ambitionierte Zone mit Roten, Rosés und Weißen aus elf Sorten. Der Stil fällt hier natürlich gänzlich schlank aus. Der Vollständigkeit halber sei noch die VDQS **Coteaux d'Ancenis** erwähnt. Sie nimmt denselben Bereich wie Muscadet des Coteaux de la Loire ein und wird für Weiße aus Chenin blanc und Pinot gris sowie für Rote und Rosés vorwiegend aus Gamay verwendet.

Im Kreuzfeuer

Chaotische Nomenklatur

In den meisten französischen Weinregionen herrscht ein Appellationswirrwarr, und die Loire bildet hier keine Ausnahme. Eine überschaubare Kartographierung ihrer Anbauzonen ist schlicht unmöglich, dazu gibt es einfach zu viele unterschiedlich große AOCs, die sich obendrein überlappen oder sogar deckungsgleich sind. Vereinfachende Reformen kann man ohne Wenn und Aber nur gutheißen – geplant allerdings ist nichts dergleichen (lediglich ein Entwirren des Durcheinanders an den Coteaux du Layon ist im Gespräch). Sancerre und Pouilly-Fumé als die beiden wirtschaftlich erfolgreichsten AOCs an der Loire verdienen jedoch eine offizielle Hierarchisierung ihrer *lieux-dits*. Derzeit werden Namen wie Monts Damnés, Chêne Marchand oder Les Loges fast wie Markennamen verwendet, was so wenig als Qualitätsklassifizierung taugt, dass die Eigentümer der besseren Rebflächen in diesen Lagen sich sogar weigern, sie auf ihren Etiketten zu verwenden. Eine klar definierte Lage Sancerre Premier cru Les Monts Damnés oder Pouilly-Fumé Les Loges hätte für den Verbraucher wesentlich mehr Nutzen als die Rundumschläge Anjou-Coteaux de la Loire, Vins de Thouarsais oder Cour-Cheverny.

Lesen lernen

Einer der großen Fortschritte an der Loire ist die Bereitschaft der Spitzenerzeuger, die Lese heute wesentlich später als einst durchzuführen. Das erfordert im heiklen Klima allerdings mehrere *tris*, Durchgänge, wobei die gesündesten Trauben zuletzt von den Stöcken geholt werden. Noch verbreiteter allerdings ist bei der Masse der Winzer die gegenläufige Tendenz, auf maschinelle Lese umzusteigen. Fairerweise muss man zwar einräumen, dass es bisweilen gar nicht anders geht. Allerdings sind Maschinen ungehobelte Grobiane, die wahllos jede Traube einsacken und von der Strategie des *tri* keine Ahnung haben. In Sancerre lesen dem Vernehmen nach nicht einmal mehr 10 % der Weinbauern von Hand, dabei ist das Klima hier auch nicht unproblematischer als andernorts. Der junge Fabien Mollet gehört zu den wenigen, die noch auf Handarbeit setzen. Er berichtete von Wolken aus weißen Pilzsporen, die 2001 bei der maschinellen Lese aus Nachbarweinbergen aufstiegen. Die Geräte hätten sämtliche verfaulten Beeren mitgenommen. „Ich habe mich fast zu Tode sortiert", erinnert er sich. Das war allerdings auch 2001 der einzige Weg, großen Sancerre zu erzeugen. Falls in den Appellationen an der mittleren Loire jemals eine Klassifizierung eingeführt wird, muss für alle Premier-cru-Weine die Lese per Hand vorgeschrieben werden.

Trockene Träume

Im „Garten Frankreichs" geht man wie selbstverständlich davon aus, dass jeder Chenin-blanc-Beere kein größeres Glück beschieden sein kann, als in einem großen *moelleux* aufzugehen. Warum? Weil solche Essenzen rar sind, weil sie hundert Jahre halten und weil sie in reifem Zustand Köstlichkeiten sondergleichen sind. Das alles ist richtig. Doch ein trockener Chenin kann ebenso tief ausfallen, wie ein Coulée de Serrant, der Trie Spéciale von Baumard und Papins Clos de Coulaine beweisen. Überdies ist ein trockener Tropfen als Alltagsbegleiter zehnmal nützlicher als sein süßer Vetter. Auf internationaler Ebene beginnt man diese willkommenen Alternativen zu Chardonnay dank der Vorreiterrolle südafrikanischer Chenin-Weine von alten Buschreben allmählich zu schätzen. Es wird Zeit, dass man an der Loire trockenen Chenin blanc mit ebensolcher Hingabe bereitet wie *moelleux*.

Perlende Verführer

In der AOC Crémant de Loire sowie den verschiedenen Zonen für *mousseux* und *pétillant* entstehen einige große Schaumweine, allerdings nicht besonders viele. Sie stellen nur allzu oft eine Art Resteverwertung für das unausgereifte, schwache Lesegut dar – entsprechend rau, streng und ausdruckslos schmecken sie. Solange Schaumwein in den Augen der meisten Erzeuger an der Loire nicht ein positives Image bekommt, wird sein einziger Reiz wohl im niedrigen Preis liegen.

Leute

Philippe Alliet ✪
37500 Cravant-les-Coteaux, Tel. 02 47 93 17 62, Fax 02 47 93 17 62

Philippe Alliet erkundet wie viele Spitzenerzeuger in der neuen Weinlandschaft Frankreich unermüdlich andere Weinregionen. So reist er mehrmals im Jahr nach Bordeaux. Nirgendwo in Chinon kommt der Einfluss dieser Region deutlicher zum Tragen als in seiner Domäne. Doch Alliet beschränkt sich nicht darauf, lediglich ein paar Barriques aus zweiter Hand in seinem Keller zu stapeln. Er möchte die Dichte und Reife der größten Bordeaux-Kreszenzen erreichen und seine Weine gleichzeitig mit jener charakteristisch herben Saftigkeit und tintigen Frische beseelen, die ihnen das örtliche Terroir mitgibt. Deshalb ist er vor einigen Jahren dazu übergegangen, die Erträge auf maximal 40 hl/ha zu beschränken, das Lesegut nach der Ernte sorgfältig zu sortieren und die Weine ohne Schönung und Filtrierung in Flaschen zu füllen. Bei Vergleichen zwischen seinem auf Kalk herangereiften, in neuer Eiche ausgebauten Coteau de Noiré und der in einjährigen Barriques vinifizierten Vieilles Vignes Cuvée von Kiesuntergrund schneidet die Cuvée in der Regel besser ab, was für den Wert der 50-jährigen Stöcke spricht. In der Tat ist die Cuvée ein tiefer, nachhallender Wein, der eine für den Breitengrad ungewöhnliche Reife bekundet. Gleichzeitig darf man aber nicht vergessen, dass die Reben für den Coteau de Noiré erst im Jahr 1996 gepflanzt wurden. Alliet ist überzeugt, dass sie langfristig die besseren Ergebnisse bringen. Das Gut bewirtschaftet 12 ha.

Thierry Amirault
37140 St-Nicolas de Bourgueil, Tel. 02 47 97 75 25, Fax 02 47 97 97 97

Das beste Pferd im Stall des 25-ha-Guts ist der tiefe, mineralienbeladene Le Clos des Quarterons von 30-jährigen Cabernet-franc-Reben.

Yannick Amirault
37140 Bourgueil, Tel. 02 47 97 78 07, Fax 02 47 97 94 78

Wer an der Loire einen Vergleich zwischen Cabernet franc von Kalk- und von Kiesböden anstellen möchte, muss Yannick Amiraults zwei beste Cuvées von alten Stöcken aufspüren: den saftigen, üppigen Les Graviers und den dunklen Les Malgagnes. Doch der rührige Herr über 16 ha Rotweinland hat noch weitere Tropfen zu bieten, z. B. eine Cuvée von alten Stöcken aus Bourgueil, La Petite Cave genannt, sowie die etwas seidigeren, üppigeren Etiketten Le Grand Clos und Les Quartiers. Von jungen Reben stammen La Coudraie (aus Bourgueil) und La Source (aus St-Nicolas), zwei köstlich elegante Verschnitte.

Mark Angeli *siehe de la Sansonnière*

Aubuisières
37210 Vouvray, Tel. 02 47 52 61 55, Fax 02 47 52 67 81

Einige schwierige Jahrgänge haben Bernard Fouquets 23-ha-Domäne in letzter Zeit etwas gebeutelt, doch die Bereitungskunst des Winzers ist nach wie vor über jeden Zweifel erhaben, wie der kristallklare 2001er Les Girardières Demi-Sec beweist. Zum Sortiment gehören ferner eine lebendige Cuvée du Silex und der elegante, fassvergorene Vouvray Le Marigny von kalkigen Tonböden.

Bablut
49320 Brissac-Quincé, Tel. 02 41 91 22 59, Fax 02 41 91 24 77

Immer mehr Winzer satteln auf biodynamischen Weinbau um, auch Christophe Daviau, dessen Gut zur AOC Coteaux de l'Aubance gehört. Daviau hat in Bordeaux und Australien studiert, verfügt also über einen breiten Weinhorizont. Seine Spezialität sind Süßweine: Mit dem Vin Noble und dem Grandpierre gelangen ihm im schwierigen Jahr 1999 zwei bemerkenswerte Kreationen.

Balland-Chapuis
45420 Bonny-sur-Loire, Tel. 02 38 31 55 12, Fax 02 48 54 07 97

Das 40-ha-Gut ist Teil des Imperiums von Guy Saget, dem größten Erzeuger geschmeidiger Coteaux du Giennois. Seine Paradepferde indes sind der salzige Sancerre Vallon und der strukturiertere, weinigere Chêne Marchand. Zu Balland-Chapuis gehört außerdem die 42 ha umfassende Domaine de la Perrière in Sancerre, deren Mégalithe aus einem 1,5 ha großen Weinberg mit Feuersteinboden herrlich erdig und mineralisch gerät.

Baudry
37500 Cravant-les-Coteaux, Tel. 02 47 93 15 79, Fax 02 47 98 44 44

Der ehemalige Labortechniker Bernard Baudry regiert ein 29-ha-Reich in Chinon, zu dem auch eine winzige Parzelle mit Chenin-Reben für einen der seltenen Weißen aus Chinon gehört. Neben dem verlässlichen „Domänenwein" liefern Bernard und Sohn Matthieu zwei Spitzen-Cuvées ab, die erneut zwei Terroir-Unterschiede gegeneinander ausspielen: Der Grézeaux gehört zu den alterungsfähigsten „Kies"-Weinen der AOC, während der eichengetönte La Croix Boissée von Kalkböden stammt. Les Granges fällt saftiger und einfacher aus. Ein neuer Wein von unveredelten Stöcken ist der Clos Guillot.

Baumard ✪✪
49190 Rochefort-sur-Loire, Tel. 02 41 78 70 03, Fax 02 41 78 83 03

Seit 1634 ist die Familie Baumard nun schon in Rochefort ansässig, mit dem Weinbau beschäftigt sie sich aber erst in der dritten Generation. Florent und Isabelle Baumard bestellen eine wertvolle Anbaufläche mit 15 ha in Savennières und 25 ha in Rochefort (die man für Coteaux du Layon und Quarts de Chaume braucht). Ihre Tropfen sind beispielhaft. Vier Savennières haben die Baumards im Sortiment: Der Les Sables ist der leichteste und am schnellsten reife Hagestolz des Quartetts, während der Clos St-Yves tiefer und feuriger ausfällt. In großen Jahren bereitet man ferner eine Trie Spéciale, die wie in den Jahren 1997 und 1998 zur Apotheose eines Chenin blanc werden kann. Mit ihrer glyzerinschweren Dichte und dem satten Aromaschatz aus Honig, Nüssen und Blüten reicht sie an einen Corton-Charlemagne und Montrachet heran. Der Coteaux du Layon Carte d'Or gibt sich lebhaft mit Aprikoseton, während der Quarts de Chaume in reifen Jahren eine duftig-süße Fülle mit honigartiger Lindenblütennote bekundet. In leichten Jahren fällt er frischer aus, wobei die lebhafte, aber reife Säure dem Honig etwas von seiner Schwere nimmt. Neben den Weißen erzeugt das Gut zwei Rotweine: Anjou Rouge Clos de la Folie und La Giraudière. Baumard ist ferner stolz auf seine kleine Parzelle mit alten Verdelho-Stöcken, aus deren Trauben er die süße Tafelwein-Cuvée Vert de l'Or keltert. Sein Chenin-blanc-Arsenal hat von diesem Fremdling aus Madeira allerdings nichts zu befürchten.

Bellivière
72340 Lhomme, Tel. 02 43 44 59 97, Fax 02 43 79 18 33

Über nicht weniger als sechs Gemeinden in Jasnières und den Coteaux du Loir sind die 9 ha verstreut, die der ruhige Eric Nicolas kultiviert. Er hat die Bestockungsdichte auf 9300 Pflanzen/ha erhöht und die Erträge auf rund 20 hl/ha reduziert. Lediglich eine kleine Versuchsfläche wurde wie in alter Zeit *en foule*, also „wie Kraut und Rüben" mit einer Dichte von 40 000 Reben/ha bestockt. In diesem Weinberg will er nur eine Traube pro Rebe belassen und je nach Wetter im Herbst auf die Edelfäule warten. L'Effraie heißt die Cuvée von jungen Stöcken an den Coteaux du Loir, während Vieilles Vignes Eparses von 50–70 Jahre alten Pflanzen stammt. Gelegentlich bereitet Nicolas eine Cuvée

---

Bewertung   ✪ Sehr guter Wein   ✪✪ Ausgezeichneter Wein   ✪✪✪ Großer Wein

Philosophale aus edelfaulen Beeren. Les Rosiers heißt der Basisverschnitt aus Jasnières; Discours de Tuf und Elixir de Tuf sind Botrytis-Weine. Der Winzer setzt große Hoffnungen in den roten Pineau d'Aunis und bereitet daraus den Le Rouge-Gorge. Die weißen Jasnières und Coteaux du Loir tragen die atemberaubend frischen, belebenden Züge ihrer Appellationen in sich, während der Nicolas-Schliff in ihrer sauberen, reinen, langen Art zum Ausdruck kommt.

Jacky Blot *siehe* La Taille aux Loups

Guy Bossard *siehe* Domaine de l'Ecu

Henri Bourgeois ✪
18300 Sancerre, Tel. 02 48 78 53 20, Fax 02 48 78 53 20

Der große, jedoch qualitätsbewusste *négociant* bewirtschaftet 65 ha, die den Bedarf der Domäne etwa zur Hälfte decken. Das Gut wird von dem Energiebündel Jean-Marie Bourgeois geführt, der sich die „französische Scheinheiligkeit" zu einem Lieblingsthema erkoren hat. Bourgeois setzt bei seinen Erzeugnissen Sancerre Jadis und Sancerre d'Antan stärker als bisher auf zurückhaltenden Ausbau. Der Jadis ist ein unfiltrierter, blumiger Sauvignon Rosé von der Côte de Chavignol, während der Sancerre d'Antan, eine Cuvée von alten Stöcken auf Feuerstein, exotische Früchte wie Ananas und Passionsfrucht mit üppiger, rauchiger Tiefe vereint. Die konventionell bereitete Spitzen-Cuvée von alten Stöcken auf Feuersteinböden heißt Etienne Henri und wird nur in den besten Jahren erzeugt. Exzellente „Standard"-Cuvées sind der MD de Bourgeois aus Monts Damnés und La Bourgeoise.

Bouvet-Ladubay
49400 Saumur, Tel. 02 41 83 83 83, Fax 02 41 50 24 32

Das Loire-Tal ist nach der Champagne die wichtigste Schaumweinregion Frankreichs. Die führenden Erzeuger Bouvet-Ladubay und Langlois-Château gehören jedoch den Champagnerhäusern Taittinger bzw. Bollinger. Soll man das gutheißen? Immerhin kann man sicher sein, dass das Know-how für die Erzeugung großer Schäumer vorhanden ist. Ob man wirklich alles unternimmt, damit die Crémants von der Loire der Konkurrenz aus der Champagne einmal Paroli bieten können, sei dahingestellt. Vielleicht bin ich zu kritisch: Bouvet mit Sitz in Saumur wird nach wie vor tatkräftig vom letzten Spross der einstigen Eigentümerfamilie, Patrick Monmousseau, geführt, der noch ein Viertel der Anteile hält. Die Perlen des Hauses sind der Jahrgangswein Saphir, ein Tropfen mit echter Tiefe und Struktur, allerdings auch einem etwas pappig-süßen Abgang, sowie die Prestige-Cuvée Trésor, ein Verschnitt aus Chenin und Chardonnay, die zum Teil im Fass vergoren und ausgebaut wird und vor der Freigabe drei Jahre lang lagert. Die Erzeugnisse von Bouvet sind die ausdrucksstärksten, komplexesten, vielschichtigsten Schaumweine von der Loire, können jedoch eine unangenehme Dosage aufweisen. Im Programm hat man noch einen Trésor Rosé aus Cabernet franc und einen halbtrockenen Grand Vin de Dessert, insbesondere aber einige aufregende „Garagenweine": die Cuvées der Extrême-Linie aus Cabernet franc und Cabernet Sauvignon sowie Les Nonpareils in reinsortiger Merlot- oder Cot-Fassung, die als Vin de Pays du Jardin de France in Umlauf gelangen. Wer an roten Loire-Weinen interessiert ist, die hinsichtlich Tiefe, Extrakt und Kraft an die klimatischen Grenzen stoßen, sollte sie probieren.

Brédif *siehe* de Ladoucette

Champalou
37210 Vouvray, Tel. 02 47 52 64 49, Fax 02 47 52 67 99

Didier und Catherine Champalou stellen auf ihrem 20-ha-Gut Vouvray-Weine mit Modellcharakter her: Die lebendigen, sauberen, saftigen Tropfen mit vielerlei Baumobst im Gepäck kitzeln den Gaumen förmlich. Von Ton-Feuerstein-Böden stammt die in alten Fässern ausgebaute Cuvée des Fondraux; sie wirkt oft frischer und leichter, als eine Restzuckeranalyse offenbart.

Chéreau Carré
44690 St-Fiacre-sur-Maine, Tel. 02 40 54 81 15, Fax 02 40 54 81 70

Der führende *négociant* für Muscadet verwendet eine Reihe unterschiedlicher Domänennamen aus seinem 120-ha-Besitz. Man hält am besten Ausschau nach den Weinen des Château du Coing de St-Fiacre, das sogar eine ungewöhnlich erfolgreiche Cuvée Fûts de Chêne führt, und der Grande Cuvée St-Hilaire.

Clos de Coulaine *siehe* Pierre Bise

Clos de la Coulée de Serrant *siehe* Joly

Closel
49170 Savennières, Tel. 02 41 72 81 00, Fax 02 41 72 86 00

Die 16-ha-Domäne der Familie de Jessey ist typisch für Savennières: Gelegentlich bereitet man dank vorzüglicher Lagen brillante Tropfen. Sie zeigen, wie viel besser der Standard sein könnte, wenn man sich nur mehr Mühe geben würde. Seit 1998 scheint man sich in der Tat ins Zeug zu legen: Der fassvergorene Clos du Papillon ist dichter und ausdrucksvoller geworden, während Les Coulées und Les Vaults ausgewogen und klar definiert geraten.

Clos Naudin ✪✪
37210 Vouvray, Tel. 02 47 52 71 46, Fax 02 47 52 73 81

Für die tadellose Führung dieses 12-ha-Guts zeichnet Philippe Foreau verantwortlich, der für die Arbeit in Weinberg und Keller die Intuition und den forschenden Geist eines Kochs mitbringt. Foreau ist außerdem ein großer Philosoph und Anhänger des Chenin blanc – und wenn man Weine wie den Clos Naudin Demi-Sec, den Moelleux Réserve oder die gelegentlichen „Superselektionen" der Goutte-d'Or-Linie probiert, beginnt man wie er vom Chenin als einer der größten weißen Rebsorten der Welt zu schwärmen. Alle diese Kreszenzen sind endlos haltbar; sie bleiben ein Menschenalter lang auf der Höhe (das gilt auch für die Secs und den feinen Schaumwein), sind dabei stets sauber, elegant, virtuos ausbalanciert und voll der für die fruchtbare, sonnige kleine Hangwelt am Loire-Ufer typischen Anspielungen an Baumobst. Die Rebflächen des Guts liegen vorwiegend auf einem mit Feuerstein durchsetzten Ton namens *perruches*. Foreau begrenzt den Ertrag auf rund 30 hl/ha und verzichtet auf Chaptalisierung und Hefezusätze. Süßere Weine werden in altem Holz, trockene Tropfen und Schäumer in Edelstahl ausgebaut. Ein Vorzeigegut.

Clos Rougeard ✪
49400 Chacé, Tel. 02 41 52 92 65, Fax 02 41 52 98 34

Das wegweisende 10-ha-Gut der Familie Foucault in Saumur-Champigny offeriert drei rote Cuvées und einen Weißwein, der allerdings nur in winzigen Mengen aus dem Lesegut hundertjähriger Stöcke gekeltert wird. Aus der roten Palette ragen der üppig fruchtige Poyeux und der feinstrukturierte Le Bourg hervor. Alle Weine werden aus niedrigen Erträgen gepresst, mit langer Maischung und wilden Hefen bereitet, in Eiche mit Anteilen von neuem Holz ausgebaut und unfiltriert abgefüllt. Sie sind bestens lagerfähig.

Cotat ✪
18300 Sancerre, Tel. 02 48 54 04 22, Fax 02 48 78 01 41

Ein Sancerre Chavignol La Grande Côte und ein Sancerre Les Monts Damnés entstehen auf diesem 9-ha-Gut. Die Cotats setzen auf zurückhaltenden Ausbau. Da der Restzuckergehalt in sonnenreichen Jahren über den zulässigen Wert steigt, wird ihnen gelegentlich das Appellationssiegel verweigert. Wer sehen will, was das Alter aus einem Sancerre machen kann, sollte zu diesen Tropfen greifen, die in ihrer Jugend wegen ihrer Zurückhaltung oft verblüffen.

Couly-Dutheil
37500 Chinon, Tel. 02 47 97 20 20, Fax 02 47 97 20 25

Die Standard-Cuvées dieser 65 ha umfassenden Domäne in Chinon geraten leicht und enttäuschend. Der Clos de l'Echo und sein in neuer Eiche ausgebauter Vetter Crescendo indes bringen mit ihrer frischen, fleischigen Frucht die Geschmacksknospen zum Jubilieren.

Cray
37400 Lussault-sur-Loire, Tel. 02 47 57 17 74, Fax 02 47 57 11 97

Cray ist das größte Gut in Montlouis. Eigentümer Michel Antier verpachtet seine Stöcke seit 1993 an den Engländer Paul Boutinot. „Die Domäne hat einen hervorragenden Boden und ist ein echtes Juwel", schwärmt Boutinot. „Sie steht in Montlouis einsam an der Spitze und gehört im ganzen Loire-Tal zu den Besten." Noch nicht, denn in den Weinbergen gibt es einiges zu tun. Boutinot und sein Kellermeister Pierre Laroche haben die Jahrgänge 1998 bis 2001 größtenteils deklassifiziert. Der energiegeladene, komplexe, weinige 1997er Clos du Cray Montlouis Signature gibt einen ersten Vorgeschmack auf das, was von Cray noch zu erwarten ist.

Crochet
18300 Bué, Tel. 02 48 54 08 10, Fax 02 48 54 27 66

Lucien Crochet und sein Sohn Gilles nennen eine schön gelegene 35-ha-Domäne in Sancerre ihr Eigen, betätigen sich jedoch auch als *négociants*. Ihre Gutsweine aber liegen vorn; die Glanzlichter unter ihnen fallen sauber, freimütig und frisch aus. Zum Betrieb gehört eine 5-ha-Parzelle im renommierten Bué-Cru Chêne Marchand, aus der man eine saftige, lange nachklingende Cuvée Le Chêne holt, das Flaggschiff im Sortiment. Die Roten haben sich in letzter Zeit verbessert, vor allem der subtile, elegante La Croix du Roy.

Didier Dagueneau ○○
58150 St-Andelain, Tel. 03 86 39 15 62, Fax 03 86 39 07 61

Über nicht einmal 12 ha verfügt diese gefeierte Domäne in Pouilly-Fumé – und doch reicht die Rebfläche für sechs Weine (manchmal sogar mehr). Der En Chailloux ist die auflagenstärkste Basis-Cuvée und typisch für Dagueneaus reintönigen, klaren, doch generösen Stil. Der etwas bissfestere, von Kalk geprägte Buisson Renard stammt von der Lage Buisson Menard, wurde aber umbenannt, nachdem ihn der berühmte französische Kritiker Michel Bettane einmal falsch schrieb. Pur Sang und Silex sind fassvergorene Erzeugnisse von alten Reben – Ersterer ein fast cremiger, Letzterer ein stärker mineralischer Tropfen, dessen Flintton aber dezent nuanciert im Hintergrund bleibt. Bei Dagueneau befindet man sich schließlich in einem grünen Dschungel, auch wenn der Untergrund steinhart ist. Zum Schluss seien noch der Astéroïde von unveredelten Stöcken und der Clos du Calvaire erwähnt, die aber beide nur in winzigen Mengen bereitet werden. Alle Weine danken einen längeren Kelleraufenthalt. Dagueneau setzt unter anderem auf hohe Bestockungsdichte (bis zu 14 000 Exemplare/ha), niedrige Erträge und natürlich eine Handlese in mehreren Durchgängen.

Deletang et Fils
37270 St-Martin-le-Beau, Tel. 02 47 50 67 25, Fax 02 47 50 26 46

Der 20-ha-Betrieb hat sich auf Spätlesen spezialisiert – 1997 hatte man sechs verschiedene Versionen in petto. Les Petits Boulay, ein intensiv fruchtiger Tropfen, wächst auf Kalk mit etwas mehr Tonanteilen als üblich, während les Batisses von Kalk mit Feuerstein stammt und rauchiger daherkommt. Beide bieten sich für einen aufschlussreichen Vergleich an. Bei Deletang hat man es mit Montlouis-Kreszenzen von großer Reintönigkeit zu tun, die stets sauber geraten. Sie sind gut lagerfähig und spielen im Alter Honig- und Marzipannoten an.

Pierre-Jacques Druet
37140 Benais, Tel. 02 47 97 37 34, Fax 02 47 97 46 40

Dank geringer Erträge und ungewöhnlicher Bereitung – der Most wird kurzzeitig auf 62 °C erhitzt, um die schweren Tannine auszufällen – gehören die Bourgueil-Weine dieser 22-ha-Kellerei zu den köstlichsten Erzeugnissen der ganzen AOC. Brombeertöne offenbaren im Grand Mont, wie sonnenverwöhnt diese feine Lage ist. Der unfiltrierte Vaumoreau von ertragsarmen 90-jährigen Reben lässt hinter schlanker Frucht einen Schokoladenton durchschimmern.

L'Ecu ○
44430 Le Landereau, Tel. 02 40 06 40 91, Fax 02 40 06 46 79

Guy Bossard betreibt auf seinem 20-ha-Gut seit 1975 organischen und seit 1986 biologisch-dynamischen Weinbau. Bei seinen drei Spitzen-Cuvées Expression de Gneiss, Expression d'Orthogneiss und Expression de Granit gelingt dem geschickten Winzer ein Terroir-Ausdruck, den man bei einem Muscadet angesichts einer so zurückhaltenden Rebe wie der Melon nicht mehr steigern kann. 1999 war der Gneiss mit Aromen von feuchten Steinen und Frühlingsblüten der bukettreichste Vertreter seiner Zunft und eroberte den Gaumen mit lebhaften, vollen, kieselsteinharten Mineraltönen. Der Orthogneiss gebärdete sich plumper und vollfruchtiger, während der Granit schlank, zitronig und lang ausfiel und sich mit einem mineralsalzigen Finale verabschiedete. Die ebenfalls von Granitböden stammende Cuvée Guy Bossard lässt einen geringfügig volleren, rauchigeren Stil erkennen. Bossards Schaumwein aus Melon mit Folie blanche, Chardonnay und Cabernet ist eine Offenbarung.

Fesles *siehe* Germain

Foreau *siehe* Clos Naudin

Gaudrelle
37210 Vouvray, Tel. 02 47 52 67 50, Fax 02 47 52 67 98

Alexandre Monmousseaus 15 ha liefern köstlich traditionelle Weine, insbesondere den verführerisch halbtrockenen Sec-Tendre. Je nach Jahrgang bekommt man feine Süßweine. In letzter Zeit steckt Monmousseau viel Energie in die Bereitung trockener Tropfen. Er sortiert sorgfältig alle fauligen, unreifen Bestandteile aus und setzt auf eine Vergärung im Barrique.

Bernard Germain
49380 Thouaré, Tel. 02 41 68 94 00, Fax 02 41 68 94 01

Dieser ambitionierte, dynamische Bordelaiser steht einer Gruppe vor, der neben Yon-Figeac noch elf weitere Châteaux angehören. Er erwarb 1996 die Loire-Châteaux Guimonière, Roulerie, Varennes und Fesles von dem *pâtissier* Gaston Le Nôtre, der sich in den Ruhestand verabschiedete. Sein Ziel: die Bereitung großer Süßweine nach der „méthode Germain", also mit hohem Einsatz im Weinberg und der behutsamen Verwendung neuer Eiche. Leider spielte das Wetter seit 1996 nicht mehr mit. Trotzdem gelangen Germain und seinem Team mit Weinmacher Gilles Bigot herausragende Weine, vor allem der Les Aunis (La Roulerie) in süßem Butter- und Marzipanmantel und der ölige Bonnezeaux (Fesles). Auch die nach der „Germain-Methode" bereiteten Weine von einer angepachteten 1-ha-Lage von Pierre Soulez in Chamboureau in Savennières fallen deutlich besser aus als Soulez' eigene Versionen.

Thierry Germain *siehe* Roches Neuves

Gigou
72340 La Chatre-sur-Loire, Tel. 02 43 44 48 72, Fax 02 43 44 42 15

Der ergrauende Pferdeschwanzträger Joël Gigou hat seit kurzem Verstärkung von seinem 22-jährigen Sohn Ludovic bekommen. „Er ist wie ich Autodidakt und ein noch größerer Außenseiter als sein Vater", meint Gigou stolz. Der Senior tat sich nicht nur mit klassischen, steinigen, herben, traditionell bereiteten Jasnières und Coteaux du Layon hervor, als die Mehrzahl der Erzeuger davon noch nichts wissen wollte, er erwies sich auch als Pionier bei der Bereitung von Süßweinen aus edelfaulen Trauben in diesem überaus kühlen, nördlichen Klima. Man sollte aber nicht die Süße eines Coteaux du Layon oder Vouvray Moelleux erwarten: Ein Schluck von diesen halbtrockenen Gewächsen ist so belebend wie ein Biss in den ersten Spätsommerapfel.

La Guimonière *siehe* Germain

Huët ○○
37210 Vouvray, Tel. 02 47 52 78 87, Fax 02 41 47 66 74

Die historische Domäne wird seit über einem Jahrzehnt von Noël Pinguet, dem Schwiegersohn des Kriegshelden Gaston Huët, nach biodynamischen Richtlinien geführt. Die drei Lagen Clos de Bourg, Haut Lieu und Le Mont liefern Sec, Demi-Sec und Moelleux. Der Demi-Sec und Moelleux präsentieren sich als beispielhafte, oft brillante Weine mit ausgewogener Säure und klassischen Anspielungen an buttrige Walnuss und Herbstlaub. Einige Secs aber sind bisweilen nur für eingefleischte Chenin-blanc-Liebhaber ein Genuss. 2000 kaufte Pinguet die 5-ha-Domaine de Vodanis in Vouvray; sie wird gegenwärtig auf biologisch-dynamischen Weinbau umgestellt. Wer sich nach einem Besuch bei dem inspirierenden, doch bisweilen etwas abgehobenen Nicolas Joly nach einem pragmatischeren Ansatz sehnt, sollte diesem Betrieb einen Besuch abstatten. „Wir haben Versuche gemacht. Die Ergebnisse fielen zufrieden stellend aus, also sind wir dabei geblieben", erklärt Pinguet. „Wir belasten die Umwelt nicht, lesen gesunde Trauben und machen guten Wein. Sollen wir das aufgeben, nur weil wir die Biodynamik nicht vollständig verstehen?"

Hureau
49400 Dampierre-sur-Loire, Tel. 03 41 67 60 40, Fax 03 41 50 43 35

Mit der Grande Cuvée und Cuvée Lisigathe zeigt Philippe Vatan für Saumur-Champigny eine Alternative zu Thierry Germains extraktreichen Weinen auf. Der Hureau ist üppig, würzig, reif und voll, dabei jedoch von weicher Textur.

Charles Joguet
37220 Sazilly, Tel. 02 47 58 55 53, Fax 02 47 58 52 22

Hochgelobte, doch oft relativ leichte Weine bereiten Alain Delauney und sein Kellermeister Michel Pinard in dieser bedeutenden 38-ha-Domäne in Chinon. Der Clos du Chêne Vert von Kalkböden und der auf Sand und Kies über Kalk herangereifte Clos de la Dioterie gehören zu den ernsthaftesten Cuvées. In guten Jahren begeistern sie durch klare Röstnoten und Tiefe.

Joly ✺✺✺
49170 Savennières, Tel. 02 41 72 22 32, Fax 02 41 72 28 68

Die Familie Joly erwarb dieses 13-ha-Spitzengut in den 1960er Jahren. 1977 quittierte Nicolas Joly seinen Posten bei der Bank Morgan Guaranty im Ausland und kehrte in die Heimat zurück, um sich dem Weinbau zu widmen. Er bewirtschaftet drei Parzellen. Die größte, Clos de la Coulée de Serrant, ist eine von insgesamt nur zwei nichtburgundischen AOCs in ganz Frankreich, die sich in der Hand eines einzigen Besitzers befinden (die andere ist Château Grillet an der Rhône). Der Weinberg liegt an einem schiefrigen Südhang und wurde bereits 1130 von Zisterziensern bestockt. An ihn grenzt der größere Cru Roche aux Moines an, der zu Savennières zählt und den sich Joly mit anderen Erzeugern teilt. Außerdem gehören ihm noch 3 ha „gewöhnliches" Savennières-Land.

Als Joly 1977 das Ruder übernahm, schlug er zunächst den konventionellen Weg ein, war mit dem Ergebnis aber nicht zufrieden. „Die Farbe des Bodens hatte sich verändert. Insekten waren aus dem Weinberg verschwunden. Keine Rebhühner flatterten mehr aus dem Dickicht. Ich hatte das Gefühl, einen harmonischen Kosmos zu zerstören." 1979 stieß er in einem Pariser Buchladen auf eine gebrauchte Ausgabe von Rudolf Steiners Vorträgen über Landwirtschaft. Der Zufallsfund veranlasste ihn zu einem folgenschweren Kurswechsel: Er stellte seinen Betrieb zwischen 1980 und 1984 nicht nur auf biologisch-dynamische Wirtschaftsweise um, sondern avancierte sogar zum Vorreiter dieser Bewegung in Frankreichs Weinlandschaft. Joly setzt sich kämpferisch für den Bioweinbau ein und versucht immer wieder, Winzer zur Umstellung zu bewegen.

Sein Problem, wenn man es so nennen will, ist das moralische Element seiner biodynamischen Sichtweise, denn es stellt alle anderen Überlegungen in den Schatten. Er redet viel lieber über Biodynamik als über Weinbereitung, zeigt Besuchern eher seine seltenen einheimischen Kuhrassen (die er als Dunglieferanten hält), als eine vertikale Verkostung durchzuführen. Dabei geht er bisweilen so weit, dass man ihn für einen Spinner halten könnte. So warnt er vor Elektrosmog im Haushalt oder sieht in Fässern ideale Behältnisse für neuen Wein, nur weil ihre Form Eiern ähnelt, aus denen Leben entsteht. Wenn er verkündet, dass „Schwefel eine Form von Licht" sei, verschreckt er manchmal sogar geneigte Zuhörer. Auch seine Bereitungsverfahren wurden viel kritisiert, obwohl Frankreichs neue, von zurückhaltender Vinifizierung überzeugte Winzergeneration sie zum Teil übernommen hat. Er lässt den Most auf der Hefe, vertraut bei der Vergärung ausschließlich auf wilde Hefen und unterzieht seine Weine weder Kaltstabilisierung noch Schönung, sondern filtriert sie nur ganz leicht. Sie werden ausnahmslos in 600-l-Fässern aus altem Holz vergoren und ausgebaut; Restzucker bleibt im Wein. Das alles ist völlig unumstritten – Olivier Zind-Humbrecht arbeitet nicht anders. Für ungläubiges Staunen aber sorgt Joly mit der Behauptung, seine Erzeugnisse möglichst oft abzustechen. „Biodynamisch bereitete Tropfen leiden häufiger unter Reduktion als unter Oxidation. Gesunde Trauben profitieren sogar von einer Oxidation." Joly rät den Kunden, seine Weine ganze 24 Stunden lang zu dekantieren und sie bei kühler Zimmertemperatur, aber nie unter 12 °C zu servieren. Er behauptet auch, Wein in halb vollen Flaschen verbessere sich drei Tage lang.

Wie gut aber sind seine Weine? Nach einer Reihe von Verkostungen und Einkäufen bei Joly bin ich der Ansicht, dass sie Mitte der 1990er einen Qualitätssprung nach vorn gemacht haben. Vielleicht lag es an der Einführung eines feinen, mild süßen Moelleux im Jahr 1995. Der Coulée de Serrant gerät seit dieser Zeit weitaus reifer und vielschichtiger als die bisweilen enttäuschenden, nicht ausgereiften Zufallsproduktionen davor, die allerdings in guten Jahren durchschimmern ließen, welch gebieterische Kreszenzen voll wundersamer aromatischer Kraft die Lage hervorzubringen vermag. Die Jahrgänge 1997, 1998 und 1999 des Coulée de Serrant fielen überragend aus – und obendrein jedesmal ganz anders. Der 1999er beispielsweise steckt zwar noch im Babyalter, duftet jedoch schon nach Mandelgebäck und stellt am Gaumen jene erstaunlich körperreiche Tiefe unter Beweis, die Chenin blanc lediglich in Savennières hervorzubringen scheint; hinzu kommen spürbare Tannine, die nur vollreife Trauben liefern können. Der 1998er verströmt Honig- und Nugataromen und gibt sich intensiv mineralisch; ihn charakterisieren weniger Fruchttöne als vielmehr Anklänge an Walnüsse und Walnussschalen. Er ist füllig, doch dank aufwallender Säure auch lebhaft, was ihm eine kraftvolle, hypnotische Ausgewogenheit verleiht. Der Coulée de Serrant aus dem hervorragenden Jahr 1997 entsendet Düfte von Nüssen, Blütenpollen und sonnenwarmem Heu; am Gaumen kehrt er eine so sinnliche Seite hervor, dass seine auf warme Farnwedel gebetteten Mineralien dahinzuschmelzen scheinen. Weitere Weine sind der Becherelle und die Cuvée du Château aus Savennières selbst, außerdem ein Clos de la Bergerie von der Lage Roche aux Moines. Keiner bleibt so lange auf der Höhe wie der Coulée de Serrant, doch jeder offenbart neue Facetten dieser Appellation, die zu Frankreichs umstrittensten, doch auch hochklassigsten Anbauzonen zählt.

de Ladoucette
58150 Pouilly-sur-Loire, Tel. 03 86 39 18 33, Fax 03 86 39 18 33

Der mit 65 ha größte Erzeugerbetrieb in Pouilly-Fumé ist auch der spektakulärste: Das vieltürmige Château lässt Pichon-Longueville von AXA wie ein bescheidenes Landhäuschen aussehen. Besitzer Baron Patrick de Ladoucette kauft zusätzlich Lesegut und Most ein und bereitet einen Sancerre namens Comte Lafon. Ihm gehört auch das verlässliche Gut Marc Brédif in Vouvray. Seine Weine und insbesondere das Flaggschiff des Hauses, Baron de L, sind ambitionierte, strukturierte, ernsthafte Produkte. Sie orientieren sich mehr als nur flüchtig an Burgundern, was sie paradoxerweise stärker in die Nähe eines Graves rückt als die meisten Sauvignon-blanc-Vertreter der Gegend. Ob sie letztendlich auch dessen gaumenkitzelnde Frische erreichen, ist fraglich.

Lafon *siehe de Ladoucette*

Langlois-Château
49400 Ste-Hilaire-Ste-Florent, Tel. 02 41 40 21 40, Fax 02 41 40 21 49

Neben Bouvet-Ladubay gehört das in Bollinger-Besitz befindliche Langlois-Château zu den besten Schaumweinerzeugern an der Loire. Der Jahrgangs-Crémant bekommt viel Zeit zu reifen, bevor er in Umlauf gebracht wird. Statt der für die meisten Weine seiner Appellation typischen sauberen Neutralität wartet er mit heftiger Vielschichtigkeit und nerviger Frucht auf.

J.-Y.A. Lebreton
49320 St-Jean-des-Mauvrets, Tel. 02 41 91 92 07, Fax 02 41 54 62 63

Das 52-ha-Gut gehört zu den besten Produzenten von rotem Anjou-Villages, einem oft schwierigen, abweisenden Wein, der hier jedoch Substanz und Tiefe hat. Empfehlenswert: der reine Cabernet Sauvignon La Croix du Mission.

V. Lebreton *siehe de Montgilet*

Henri Marionnet
41230 Soings, Tel. 02 54 98 70 73, Fax 02 54 98 75 66

Dieses 60 ha große Gut gehört zu den Paradiesvögeln der Touraine, denn es ist vorwiegend mit roten Rebsorten bestockt. Marionnet ist der Gamay-Papst der Region und ihr großer Fachmann für Kohlensäuremaischung. Mit seinem weder geschwefelten noch chaptalisierten Premier Vendange und dem Vinifera von unveredelten Stöcken beginnt er sich als einziger Erzeuger an Claude Papins Gamay-Kreszenzen von Spilitböden heranzuarbeiten. Beide Cuvées sind süßfruchtige, wundervoll kernige Tropfen. Eine weitere Kuriosität ist der Provignage, ein seltsamer, nugatartiger Wein, der einem nicht mehr aus dem Sinn geht. Er reift an uralten Romorantin-Stöcken aus der Zeit vor der Reblausinvasion heran und kommt als Vin de Pays in den Handel.

Alphonse Mellot ✪
18300 Sancerre, Tel. 02 48 54 07 41, Fax 02 48 54 07 62

Mit ihren präzisen, eleganten Aromen, den avantgardistischen Etiketten und den schweren Flaschen gehören Mellots Weine zu den Paradepferden in Sancerre. Hier liest man noch ausschließlich von Hand – eine Seltenheit in der AOC. Die Spitzen-Cuvées Génération XIX und Edouard werden aus Trauben von mindestens 60-jährigen Stöcken gekeltert und lassen viel Liebe zum Detail erkennen.

Mollet-Maudry
18300 St-Satur, Tel. 02 48 54 02 26, Fax 02 48 54 02 26

Rebflächen in Sancerre und Pouilly-Fumé gehören zu dieser 17-ha-Domäne von Jean-Paul Mollet und seinem ehrgeizigen Sprössling Florian. „Ich möchte der Beste sein. Durchschnitt interessiert mich nicht", erklärte er mir. Dank niedriger Erträge und manueller Lese hat man bislang gute, doch noch keine großen Weine hervorgebracht. Besonders gelungen: die unfiltrierte Cuvée l'Antique, die in beiden AOCs zu Hause ist.

de Montgilet
49610 Juigné-sur-Loire, Tel. 02 41 91 90 48, Fax 02 41 54 64 25

Victor und Vincent Lebretons 37-ha-Betrieb ist der Geburtsort einiger der fülligsten und öligsten Weißen der Coteaux de l'Aubance. (Les Trois Schistes trägt eine mächtige Minerallast mit sich, doch Les Tertereaux wirkt ambitionierter.) Im roten Anjou-Villages gehen die beiden Cabernets eine stürmische Ehe ein. Ebenfalls im Programm: ein preisgünstiger trockener, weißer Anjou.

Eric Nicolas siehe Bellivière

Ogereau
49750 St-Lambert-du-Lattay, Tel. 02 41 78 30 53, Fax 02 41 78 43 55

Nur wenige Güter an der Loire liefern so beständig Qualität wie Vincent Ogereau von seinen 24 ha Anjou-Villages und Coteaux du Layon-St-Lambert. Der reinsortige Cabernet Sauvignon Anjou-Villages Côtes de la Houssaye setzt Maßstäbe in Anjou, der einfache Anjou-Villages steht ihm kaum nach.

Claude Papin siehe Pierre Bise

Papin-Chevalier siehe Pierre Bise

Henry Pellé
18220 Morogues, Tel. 02 48 64 42 48, Fax 02 48 64 36 88

Für die Weinbereitung in dieser führenden Domäne von Menetou-Salon sind seit kurzem Henry Pellés Schwiegertochter und Kellermeister Julien Zernott zuständig. Dank umsichtigem Weinbau und Edelstahl geraten alle Etiketten reintönig und sauber. Der Clos des Blanchais vom Südosthang ist besonders spritzig und duftig. Gutes Preis-Leistungs-Verhältnis.

La Perrière siehe Balland-Chapuis

La Perruche siehe La Varière

Pierre Bise ✪✪✪
49750 Beaulieu-sur-Layon, Tel. 02 41 78 31 44, Fax 02 41 78 41 24

Wenn es an der Loire einen Verfechter des Terroir gibt, der dem Elsässer Jean-Michel Deiss gleichkommt, dann Claude Papin. Sobald Papin über seine Suche nach „aromatischer Polyphonie" oder den „Zusammenhang zwischen der Persönlichkeit eines Weins und der langsamen Entwicklung seiner Polyphenole" zu sprechen beginnt, weiß man, dass man einen klugen Kopf vor sich hat. Da verwundert es nicht, dass seine Chenin-blanc- und Gamay-Weine zu den größten ihrer Art in ganz Frankreich zählen. „Ein Chenin braucht Edelfäule", weiß Papin, „sonst bleibt er immer hart. Selbst meine trockenen Weine sind immer zur Hälfte aus edelfaulem Lesegut bereitet. Das gibt ihnen eine Honignote mit auf den Weg." Einmal verkostete ich Papins Savennières Clos de Coulaine direkt nach einem Jasnières von Joël Gigou. Ich konnte kaum glauben, dass sie von derselben Traube aus ein und derselben Region stammten, so gegensätzlich waren sie. Der Savennières gab sich kräuterwürzig duftend, hatte reichlich Substanz und Tiefe, schmeckte rauchig und mineralisch – nicht zu vergleichen mit der springlebendigen Frische von Gigous Produkt. Papins Bemerkung erklärt nebenbei auch, warum die meisten aus schlecht ausgereiften Chenin-Trauben bereiteten Schaumweine von der Loire nicht so recht schmecken wollen. Seiner Meinung nach war der Chenin „einst eine rote Rebsorte". Papin gehört zur Avantgarde französischer Winzer, die den Saft weißer Trauben auf der Maische stehen lassen, um den Beerenschalen die Tannine zu entziehen, was die Weine langlebiger machen soll. Wenn man seinen weißen Anjou Haut de la Garde verkostet und auf merkliches Tannin stößt, das den sauberen, honiggetönten Geschmacksreichtum trägt, ist man zunächst überrascht – und findet dann sogleich Gefallen daran. Einen lehrreichen Gegensatz dazu bilden Papins Coteaux-du-Layon-Weine aus Rochefort (Sandstein) und Beaulieu (Schiefer). Der Rochefort Les Rayelles verströmt einen deutlichen Lindenblütenduft und wartet mit tanzender Säure auf, während sich der Beaulieu L'Anclaie tiefer und feuriger gibt. Darüber hinaus hat Papin einen Beaulieu les Rouannières von *pierre bise* (vulkanischem Spilit) zu bieten, der dem Wein köstlich erdiges Marzipan, öliges Glyzerin und volle, reife Säure mitgibt. Ein faszinierend ungleiches Paar bilden auch der vorwiegend aus rosinierten Trauben bereitete Coteaux du Layon Chaume von massiver Süße und der Quarts de Chaume, ein noch üppigerer Tropfen, dessen edelfaule Komponente ihn allerdings oft nicht ganz so süß erscheinen lässt. Er ist vollgepackt mit frischer, dichter Pfirsich- und Aprikosenfrucht; sie verhüllt in der Jugend die mineralischen Züge, die mit der Zeit markanter hervortreten.

Papin ist – für einen Erzeuger von der Loire ganz ungewöhnlich – mit Roten so geschickt wie mit Weißen. Er bereitet einen Rotwein von sandigen Lagen in Savennières, der als Anjou-Villages firmiert, doch nicht an die Größe der Weißen heranreicht und der enttäuschendste Vertreter einer ansonsten gehobenen Klasse ist. Der rote Anjou-Villages von beiden Cabernet-Reben auf Schiefer und der auf *pierre bise* gereifte Anjou Gamay hingegen kommen fleischig und vollmundig daher. Sie zeigen eine bessere Substanz als die meisten Chinon- und sogar Bourgueil-Weine. Der aus spät gelesenen Beeren gekelterte 1996er Gamay „sur spilite" stammt aus niedrigen Erträgen (35 hl/ha); ich habe zeit meines Lebens keinen erstaunlicheren Gamay verkostet: Unwahrscheinlich dunkel lag er im Glas, duftete nach Pflaumen und bekundete am Gaumen viel Tiefe sowie einen mit Säure austarierten Extraktreichtum. Trotz Filtrierung bildet sich ein ansehnliches Depot. Selbst im schwierigen Jahr 2000 war diese unglaublich majestätische Kreszenz fast 100-prozentig auf der Höhe. Papin ist zweifellos der größte Weinmacher an der Loire. Deshalb freut es zu hören, dass er und seine Söhne René und Christophe nun 54 ha zu bewirtschaften haben.

Vincent Pinard ✪
18300 Bué, Tel. 02 48 54 33 89, Fax 02 48 54 13 96

Pinard zählt zu den geschicktesten Erzeugern in Sancerre. Seine beiden feinsten Cuvées sind der passend benannte Nuance mit Passionsfruchtaromen und der rauchige, mit dichter saftiger Frucht beladene Harmonie von alten Rebstöcken.

de la Ragotière
44330 Vallet, Tel. 02 40 33 60 56, Fax 02 40 33 61 89

Das historische Muscadet-Gut mit 68 ha Fläche hat in den Händen der Gebrüder Couillaud Auftrieb bekommen. Sie bereiten einnehmend reiche, feste Weine wie den Clos Petit Château, der noch eine Stufe intensiver als die Basis-Cuvée ist, doch nicht den mit erfrischender Reinheit gesegneten Premier Cru Vieilles Vignes erreicht. Unter dem Markennamen Auguste Couillaud bereitet man einige reinsortige Vins de Pays, darunter einen Viognier, der allerdings beweist, dass Granitböden mangelnde Sonne nicht wettmachen können.

Renou
49380 Thouarcé, Tel. 02 41 54 11 33, Fax 02 41 54 11 34

Zur Domäne des derzeitigen Winzerpräsidenten gehören 8 ha in Bonnezeaux. René Renou hat dem *tri* als Weinbaumethode im Loire-Tal wieder zur Geltung verholfen. Seine Spitzen-Cuvée: der elegante, cremige, üppige Zenith.

Richou
49610 Mozé-sur-Louet, Tel. 02 41 78 72 13, Fax 02 41 78 76 05

Das beständige 38-ha-Familiengut hat seinen Sitz in der AOC Coteaux de l'Aubance. Les Trois Demoiselles gehört regelmäßig zu den Spitzenreitern der Appellation, doch auch der ungewöhnlich reich strukturierte, tiefe Anjou Blanc, der saftige Gamay und der lebendige Anjou-Villages lohnen die Anschaffung.

Château de la Roche aux Moines *siehe* Joly

Roches Neuves
49200 Varrains, Tel. 03 41 52 94 02, Fax 03 41 52 49 30

Thierry Germain, Sohn von Bernard Germain, hat mit dem Terres Chaudes und dem La Marginale die Grenzen der Rotweinbereitung mit Eichenausbau in Saumur bis zum Limit ausgereizt. Die ambitioniert bereiteten Gewächse begeistern durch explosive Aromaladungen.

La Roulerie *siehe* Germain

Saint-Just
49260 St-Just-sur-Dive, Tel. 02 41 51 62 01, Fax 02 41 67 94 51

Die Spitzen-Cuvées von Yves Lamberts 40-ha-Domäne in Saumur (La Coulée de St-Cyr, Les Terres Rouges und Montée des Roches) zählen zu den reifesten, vollsten Essenzen dieser heterogenen AOC.

Jacques Sallé *siehe* Silice de Quincy

de la Sansonnière ⚫⚫
49380 Thouarcé, Tel. 02 41 54 80 80, Fax 02 41 54 80 80

Mark Angeli reiht sich in die engagierte Riege der Biodynamiker an der Loire ein. Für ihn ist der Öko-Weinbau ein ständiger, zuweilen apokalyptischer Kampf gegen die Auswüchse der heutigen Zeit. Er hat nur 8 ha, hält aber ein durchweg hohes Niveau. Der Anjou La Lune ist ein trockenes Gewächs mit großartiger Aroma-Architektur, der Anjou Les Fouchardes ein glyzerinreicher, anhaltender, sanft ausgewogener Tropfen, der süße Bonnezeaux Coteau du Houet von erstaunlicher Reinheit mit einem Duftschatz aus Minze, Lindenblüte und Verbene. Im Sortiment befindet sich ein wunderbar reifer, gelboranger, zum Zechen animierender Rosé d'Anjou. Angeli will nur noch in großen Jahren Süßweine bereiten, obwohl gerade dieser Stil ihn anfangs nach Anjou gelockt hat.

Sauvion
44330 Vallet, Tel. 02 40 36 22 55, Fax 02 40 36 34 62

Dem *négociant* gelingen mit seinen Cuvées „Haute Culture" Cardinale Richard und „Tradition" Baron du Cléray vielschichtigere Weine als den meisten Gütern.

Silice de Quincy ⚫
18120 Quincy, Tel. 02 54 04 04 48

Die biologisch-dynamisch bewirtschafteten 7 ha des ehemaligen Journalisten Jacques Sallé sind eine unschätzbare Quelle guter Tropfen. Die Weine bringen das Terroir aufs Köstlichste zum Ausdruck. Moos, Brunnen, Steine und Limette sind typische Nuancen. In wärmeren Jahren wie 1997 streift sich der Wein ein Mäntelchen aus Honig von glyzerinartiger Struktur über. Der Zweitwein heißt Silicette. Als Sallé mit dem Weinbau begann, war er nach eigenem Bekunden schockiert über die Masse von Chemikalien, die in konventionellen Weinbergen zum Einsatz kam. Diese Erkenntnis und eine Zufallsbegegnung mit Mark Angeli sowie Nicolas Joly brachten ihn auf den biodynamischen Weg. Der Umstieg war nicht einfach, denn „biodynamischer Weinbau kostet fünfmal so viel wie konventioneller." Außerdem sei es in weniger bekannten AOCs wie Quincy schwierig, Preise zu erzielen, mit denen man ökologisch wirtschaften könne, so Angeli. Trotzdem habe es sich gelohnt, denn „der ökologische Anbau weckt alles auf. Das war sehr wichtig, denn viele meiner Reben sind sehr alt, manche bis zu 100 Jahren. Die biodynamische Wirtschaftsweise hat meinen Methusalems einen zweiten Frühling beschert."

Suronde
49190 Rochefort-sur-Loire, Tel. 02 41 78 66 37, Fax 02 41 78 68 90

Francis Poirel stehen für seinen organischen Weinbau nur 7,5 ha zur Verfügung. Doch mit 6 ha in Quarts de Chaume und 1,5 ha in der AOC Coteaux du Layon-Chaume sind sie bestens platziert. Die Weine: dicht, saftig, konzentriert.

La Taille aux Loups ⚫
37270 Montlouis-sur-Loire, Tel. 02 47 45 11 11, Fax 02 47 45 11 14

Aus Frust über die Inkompetenz vieler kleiner Erzeuger an der Loire stieg der ehemalige Weinhändler Jacky Blot selbst ins Winzergeschäft ein. Er hat seine Domäne in Montlouis und Vouvray mittlerweile auf 14 ha ausgebaut. Der Autodidakt zieht es vor, allein zu arbeiten: „Mit Beratern schmeckt alles gleich." Nach eigenem Bekunden hat er noch nie einen Wein chaptalisiert und in den letzten zehn Jahren die Erträge unter 35 hl/ha gehalten. Blot sortiert im Weinberg strikt aus und vergärt grundsätzlich in zu 10% neuem Holz, „um die Vergärung zu verlangsamen und komplexere Aromen zu erhalten. Edelstahl vereinfacht Wein und zwängt ihn in ein festes Schema. Außerdem muss man oft Kulturhefen einsetzen. Ich verwende nur Wildhefen."

Blot will große Süßweine machen, passt sich dabei aber an die Natur an und verarbeitet deshalb jeden Jahrgang anders. 1994 beispielsweise bereitete er nur Pétillant. Sein vorzügliches Sortiment gipfelt in der Cuvée Remus von den ältesten Stöcken in Montlouis, die in bis zu 50% neuer Eiche ausgebaut wird und dadurch eine trockene Saftigkeit annimmt, dem vollmundigen Clos de Venise aus Vouvray sowie einigen frischen Demi-Secs und Moelleux mit üppigem Botrytis-Einschlag und feiner, stützender Säure.

Vacheron
18300 Sancerre, Tel. 02 48 54 09 93, Fax 02 48 54 01 74

Der tadellos geführte 37-ha-Familienbetrieb ist eine beständige Quelle guter weißer und roter Sancerre-Weine reinen, klaren Stils. Der eichenfassgereifte Romains von Feuersteinböden ist perfekt ausgewogen (Jean-Louis Vacheron zufolge dient die Eiche dazu, die Fülle des Weins lediglich zu unterstreichen), während den roten Belle Dame der warme Hauch reifen Pinots durchweht. Das Gut setzt als eines der größten der AOC weiter zu 100% auf Handlese.

Varennes *siehe* Germain

La Varière
49320 Brissac, Tel. 04 41 91 22 64, Fax 04 41 91 23 44

Zu Jacques und Anne Beaujeaus 95-ha-Imperium gehören Parzellen in Quarts de Chaume, Bonnezeaux, Coteaux de l'Aubance, Coteaux du Layon-Faye d'Anjou und Anjou-Villages-Brissac. Außerdem gehört ihnen die 43 ha große Domaine de la Perruche in Saumur. Sie setzen auf späte Lese sowohl für die trockenen wie süßen Erzeugnisse. Die Roten und trockenen Weißen zeigen eine von neuer bzw. junger Eiche austarierte Extrakttiefe, die für Brissac ungewöhnlich ist. Mit der faszinierenden Spitzen-Cuvée La Grande Chevalerie holt man aus Cabernet Sauvignon das für Anjou mögliche Optimum heraus. Die jüngsten Süßwein-Jahrgänge enttäuschten, wenngleich der 1997er Bonnezeaux exzellent ausfiel. Der trockene weiße Saumur von Perruche ist dicht, vollmundig und honigtönig, während der rote, dunkle Saumur-Champigny Le Clos du Chaumont mit einer geballten Schwarzkirschenladung daherkommt.

Villeneuve ⚫
49400 Souzay-Champigny, Tel. 02 41 51 14 04, Fax 02 41 50 58 24

„Konzentration ist mein oberstes Ziel", sagt Jean-Pierre Chevalier. In seinem herausragenden 31-ha-Anwesen in Saumur entstehen beispielhafte Weiße und Rote. Selbst die „gewöhnlichen" Cuvées nehmen durch Reife und Tiefe für sich ein. Noch besser geraten die Cuvées von alten Stöcken: Les Cormiers, ein steingeschliffener Weißer, und Le Grand Clos, ein dunkler, vollmundiger, kraftvoller Roter, der nur in großen Jahren bereitet wird.

Elsass

Grenzland Der schmale Streifen aus Weinbergen gegenüber Baden ist gleich mehrfach ein Außenposten. Nur wenige französische Erzeuger zeigen so viel Achtung vor der Umwelt und befassen sich so intensiv mit dem Terroir wie die Elsässer Weinelite.

Die Geranie ist ein hartnäckig blühendes Farbbündel, das Häuserfassaden einen sommerlichen Anstrich gibt. Gleichzeitig zeigt sie sich als merkwürdiges Paradox: Leuchtende, duftlose Blüten überragen Blätter von stechend intensivem Duft. Sie erzählen von Bürgerstolz und tun unmissverständlich kund: Ja, das Leben hier ist eine Freude.

Vermutlich hat noch nie jemand das Pro-Kopf-Verhältnis von Geranienblüten und Einwohnern für eine bestimmte Region errechnet. Und wenn, dann würde sich wohl herausstellen, dass das Elsass Europas geranienreichster Fleck ist. Sie säumen Dorfbrunnen, begrünen Fensterkästen, schweben in Blumenampeln über den Köpfen. Im Juni kommt ihre Zeit. Rosa öffnen sich die Blüten in der morgendlichen Stille, rot nicken die Köpfe dem durch die Gassen aus Fachwerkhäusern streichenden Nachmittagswind zu. Sie verstärken den Eindruck, dass man sich auf einer gigantischen Bühne befindet, einem Stück 16. Jahrhundert, das durch Zufall ins 21. Jahrhundert katapultiert wurde.

Elsässer zu sein heißt, anders als die meisten französischen Landsleute zu sein. Das fängt schon mit der Sprache an. Drei Idiome spricht man hier: Französisch, Deutsch und den Elsässer Dialekt, der dem Deutschen näher als dem Französischen ist. Die Großväter sprachen noch überhaupt kein Französisch, ihre Söhne kämpften im Zweiten Weltkrieg unfreiwillig gegeneinander, die Enkel sind heute überzeugte Befürworter des neuen Europa. Kein Wunder: Ihre Heimat hat in den letzten 500 Jahren mit verwirrender Regelmäßigkeit die Nationalität gewechselt – genug ist genug. Elsässer beäugen Politiker mit kritischem, ja, zynischem Blick, vor allem wenn sie ins nationalistische Horn blasen. Sie sind allerdings stolz auf ihre Gemeinschaft; die Wirren der Geschichte mehr oder weniger unbeschadet überstanden zu haben ist eine beachtliche Leistung. Sie kehren die Straße vor ihrer Tür und pflegen das schmiedeeiserne Schild an ihrem Haus. Die Mutter kümmert sich um die Geranien am Brunnen. Und sonst? Ach ja …

… da sind noch die Reben. Auch sie hatten immer wieder harte Bewährungsproben zu überstehen. Viele Male florierte der Weinbau, viele Male lag er darnieder – vor allem im Dreißigjährigen Krieg, während der Französischen Revolution und in den beiden Weltkriegen. Als das Elsass zu Deutschland gehörte, zählten seine Weine zum warmen Süden. Man schätzte sie als preiswerte, simple, füllige, verlässliche Tropfen. Als die Region hingegen französisch war, liefen sie unter duftenden Nordweinen, die mit den gewerbsmäßigen Produkten des nun wirklich südlichen Südens überhaupt nicht mithalten konnten. Zwangsläufig musste das Elsass den Pfad der Massenweinproduktion verlassen und sich auf Qualitätstugenden besinnen. Und nach jeder Umwälzung dauerte es Jahrzehnte, bis der Weinbau sich wieder erholt hatte. Arbois und Bandol hatten schon 20 Jahre das AOC-Siegel in der

Tasche, als das Elsass 1962 endlich auch AOC-Weihen empfing. Man musste hart für die Akzeptanz in der französischen Weinszene kämpfen. Selbst heute noch stellen manche die Seriosität dieses Weinlands in Frage – zum Teil weil die erlaubten Höchsterträge bei 80 hl/ha liegen (doppelt so hoch wie z. B. in Châteauneuf-du-Pape), zum Teil aber auch wegen der traditionellen Politik der Sortenreinheit, die mit dem Ideal des Terroir unvereinbar zu sein scheint.

All das muss man im Sinn behalten, wenn man verstehen will, warum die führenden Elsässer Erzeuger zur absoluten Avantgarde in Frankreichs neuer Weinlandschaft gehören. Die Winzer am Rand der Vogesen bestellen ein kostbares, wunderschönes, sonniges, doch immer wieder geschändetes Land. Sie waren jahrhundertelang misstrauisch beäugte Außenseiter und haben viel zu beweisen. Ironischerweise aber räumen sie dabei nach und nach mit überkommenen Werten auf, die das Elsass für viele zu einer so sicheren Anlaufstelle machten.

Land entdecken

Kaum zu glauben: Erst seit der Festlegung des Grand-cru-Systems gibt es im Elsass offiziell ein Terroir. Die Verordnung über die Einführung der AOC Alsace Grand Cru datiert vom November 1975, doch es dauerte noch acht Jahre, bis die ersten Abgrenzungen vorgenommen wurden. Und erst in den 1990er-Jahren waren alle 50 Grand-cru-Lagen ausgewiesen. Davor war das Elsass nichts weiter als ... nun, das Elsass eben, ein einziges großes Einheits-Terroir. Es reichte nicht einmal an die Champagne heran, denn dort gab es zumindest eine Cru-Klassifizierung, nach der man die Traubenpreise festsetzte.

Das Fehlen jeglicher Gliederung war im französischen Weinrecht eine merkwürdige Anomalie. Geologisch gesehen ist das Elsass nämlich die vermutlich komplexeste Weinregion des Landes – komplexer noch als Burgund, das immerhin die stolze Zahl von über 500 potenziellen AOCs ansammeln konnte. Doch das Appellationssystem spiegelte diese Vielschichtigkeit nicht einmal annähernd wider. Die elsässischen Erzeuger hatten keinerlei Möglichkeit, die Aufmerksamkeit auf die Unterschiede im Terroir zu lenken, die sie in ihren besten Cuvées jederzeit riechen und schmecken konnten.

Eine Reform und Differenzierung war also überfällig. Doch ihre Durchführung erwies sich als so umstritten, dass darunter der Ruf der Region langfristig litt. Traditionell hatten die Genossenschaften im Elsass große Bedeutung, denn der durchschnittliche Weinbergbesitz betrug 0,1 ha (1000 m²) und 87 % der Rebfläche gehörten Domänen mit weniger als 2 ha Land. Mit politischem Druck sorgten die *coopératives* dafür, dass sich das Grand-cru-System eher an sozialen denn weinbaulichen Kriterien orientierte. „Ich bin Sozialist", vertraute mir Mark Kreydenweiss an. „Aber im Weinbau kann man nicht

„Was ist das Terroir? Es ist eine Matrix für das Mögliche. Die Geschichte nahm uns unser Gedächtnis und das Terroir. Wir wussten nicht mehr, was Ribeauvillé bedeutet oder Bergheim ausdrückt. Wir mussten von Neuem herausfinden, was möglich ist."

JEAN-MICHEL DEISS

◀ *Herbst in Bergheim: Sobald der Himmel zuzieht, wendet sich der Kampf um Süße im Wein zuungunsten der Winzer.*

sozial denken. Nicht alle Terroirs sind gleich." Tatsache ist: Die derzeit ausgewiesenen Grands crus im Elsass sind keineswegs alle Spitze. Es gibt zu viele, ihre Grenzen hat man zu großzügig gezogen und der zulässige Maximalertrag ist mindestens doppelt so hoch wie angemessen. Die Nomenklatur verwirrt: Es gibt drei Altenberg und die Unterscheidung eines Moenchberg von einem Muenchberg oder eines Pfersigberg von einem Pfingstberg erfordert schon von einem Pariser beträchtliches sprachliches Talent, geschweige denn von einem Weintrinker aus Manchester oder Minnesota. Die Rebsortenvorgaben – Muscat, Riesling, Pinot gris und Gewürztraminer wurden zugelassen, alle anderen verboten – trugen einheimischem Know-how und jahrhundertealten Traditionen nicht Rechnung. Der Ritterschlag dieser Lagen zu „Grands crus" nach burgundischem Vorbild war ein grober Fehler. Der Markt strafte diesen Größenwahn natürlich mit Verachtung: Die Verbraucher zahlten fürstlich für eine Kreszenz von dem 11 ha umfassenden Musigny oder dem 8 ha großen Richebourg, denn etliche Flaschen aus alter Zeit dienten als Beweis für die hohe Qualität der Lage. Keiner war bereit, auch nur annähernd so viel für die nicht belegte Güte von Weinen aus der 53-ha-Lage Marckrain oder dem Praelatenberg mit 19 ha hinzulegen. Eigentlich hätte man zunächst *crus* ohne Rangordnung einführen und sie Jahrzehnte später auf der Grundlage der erzielten Preise sowie der Ergebnisse von Blindverkostungen endgültig klassifizieren müssen.

Das Grand-cru-System hatte jedoch einen großen Vorteil: Alle elsässischen Erzeuger begannen sich auf die Suche nach dem Terroir zu machen. „Besser schlechte Grands crus als gar keine", meint André Ostertag trocken. „Die Einführung der Grands crus brachte das Terroir erst zutage." Die Einteilung nach Grands crus ist immer noch besser als ein chaotisches Wirrwarr aus *lieux-dits*, *clos* und den oft bedeutungslosen „Réserve"-Abfüllungen oder Spezial-Cuvées, die es zwar nach wie vor gibt, die aber nicht mehr so hoch im Kurs stehen.

Große Erzeuger wie Hugel und Trimbach lehnen das Grand-cru-System ab, weil die Qualitätskontrollen nicht ausreichen. „Wir mögen es nicht", erklärte mir Hubert Trimbach mit typischer Geradlinigkeit. „Die Erträge sind zu hoch, die Qualitätsmaßstäbe zu niedrig, die Preise lächerlich und kriminell überzogen. Mehr als die Hälfte des Grand-cru-Safts stammt von den Genossenschaften. Das ist eine politische Zeitbombe. Nein, nein und nochmals nein!" Seine Kritik mag berechtigt sein, allerdings verweigern sich die großen Erzeuger der Klassifizierung auch, weil sie ihre Marken schützen wollen. Markenschutz aber ist egoistisch, da er nur dem Inhaber nutzt und aus dem Terroir Kapital schlagen will. Würden sich Trimbach und Hugel in das Grand-cru-System einreihen, müssten sie einen Teil ihrer Markenexklusivität aufgeben und andere am Ruhm teilhaben lassen. Dazu sind sie allem Anschein nach aber noch nicht bereit.

Das eigentliche Interesse ziehen sowieso Erzeuger wie Jean-Michel Deiss auf sich, die dem Konzept vom Terroir eine neue Bedeutung verleihen, oder wie Olivier Zind-Humbrecht MW, die bei ihrer Zurückhaltung in Weinberg und Keller bis an die Grenzen des Möglichen gehen und damit dem Terroir in ihren Weinen mit fast schon schockierender Kraft zum Ausdruck verhelfen. Außerdem wurden 2001 die Grand-cru-Bestimmungen aufgewertet. Mehr dazu weiter unten.

Ein reines Rätsel

Über 80 % der AOC-Weine im Elsass werden als reinsortige Erzeugnisse abgefüllt. Wie weit man in der Geschichte der Region zurückgehen muss, um die Ursprünge dieser Vorliebe für Sortenreinheit zu finden, ist umstritten. Auf jeden Fall bekam die Praxis Anfang des 20. Jahrhunderts Auftrieb, als viele Elsässer Weinberge unter deutscher Verwaltung mit Hybridreben bestockt wurden. Mitte des Jahrhunderts diente die Verwendung der Namen „edler", d.h. reiner Vinifera-Sor-

▲ *Was steht an erster Stelle: Rebsorten oder Böden? Darüber wird im Elsass lebhaft diskutiert. Die Glanzlichter der Region waren noch nie besser als heute.*

ten für die Erhebung in den AOC-Rang als Beleg, dass die alten Tage der Hybriden vorbei waren. Zudem sprachen die bekannten Reben auch nichtfranzösische Verbraucher an. Sie waren beliebt – und sind es bis heute. Nach wie vor haben die sortenreinen Weine 80 % Anteil am gesamten Weinaufkommen; der Edelzwicker oder Gentil, eine Mischung aus mehreren Trauben, hält knapp 5 %, der Rest geht auf das Konto des Schaumweins Crémant d'Alsace.

In einer offiziell als Einheits-Terroir eingestuften Region sorgten die unterschiedlichen Reben für Vielfalt. Neun reinsortige Produkte waren zugelassen: Pinot bzw. Pinot blanc (der jedes Mitglied der Pinot-Familie – blanc, gris oder noir – und zusätzlich Auxerrois enthalten konnte), Tokay-Pinot gris, Pinot noir, Riesling, Gewürztraminer, Muscat, Sylvaner, Chasselas (in winzigen Mengen) und inoffiziell noch Auxerrois. Warum so viele? Zum Teil wegen der Terroir-Vielfalt im Elsass. Ein so abwechslungsreiches Land brauchte jede Menge Reben. Jean-Michel Deiss würde sagen: Vor der Einführung der *crus* konnte das elsässische Terroir nur über die Sorten sprechen.

Es war eine primitive Sprache, darauf besteht er. „1840 hatten wir am Rhein 150 Sorten. Heute sind es offiziell sieben", meint Deiss. „80 % der Rieslinge im Elsass sind Klon 49 – das muss man sich einmal vorstellen. Der ganze genetische Reichtum ist verloren gegangen. Wie soll ich meinen Namen mit einem Buchstaben schreiben? Wie kann sich mein Terroir mit einer Silbe ausdrücken? Kann man mit einer einzigen Note Musik machen? Schluss damit, sage ich! Wir müssen zu einer facettenreichen Rebenkultur zurückfinden, damit wir der Vielfalt unserer Landschaft wieder gerecht werden können." Deiss schlägt eine Rückkehr zu der, wie er meint, ältesten Tradition im Elsass vor, der *complantation*, der Mischpflanzung, bei der – welch ein Sakrileg! – verschiedene Rebsorten in ein und demselben Weinberg wachsen. Gern führt Deiss Besucher zu einer 50 Jahre alten Parzelle im Engelgarten, auf der alle möglichen Sorten bunt gemischt stehen. Daraus keltert er einen Verschnitt, der unter dem Namen der Lage verkauft wird. Gern bemüht er die Sprache als Metapher. „Für einen Satz benötige ich Konsonanten, Vokale, Kommas, Punkte, Verben, Subjekte, Objekte", holt er aus. „Ich brauche mehrere Bestandteile. Mit der Syntax organisiere ich sie, damit die Aussage verstanden wird. Auch das Terroir ist ein Raum mit unterschiedlichen Elementen, die man logisch ordnen sollte, sodass man sie versteht. Cheval Blanc ist nicht dasselbe wie Domaine de Chevalier, Pétrus ist nicht Merlot."

▲ *Dunkle Wolken über Turckheim. Der begnadete Weinmacher Olivier Zind-Humbrecht entlockt den Weinen von diesen Hügeln einzigartige Aromen.*

Deiss' Grand Cru Altenberg de Bergheim ist eine Mixtur aus Riesling, Pinot gris und Gewürztraminer, enthält aber auch noch andere Rebsorten. Der genaue Anteil sei unwichtig, betont Deiss. „Wenn man Mozart hört, fragt man auch nicht, wie viel Prozent Geige oder Oboe mit dabei ist. Das Zusammenspiel ist wichtig. Wenn ich die einzelnen Sorten unterscheiden kann, habe ich keinen Wein mehr. Wein ist Musik. Wein ist Harmonie."

Natürlich teilt nicht jeder Deiss' Ansichten. Laurence Faller von der Domaine Weinbach beispielsweise ist über die Sortenreinheit gar nicht traurig. „Wir Elsässer dürfen uns glücklich schätzen. Wir haben große Trauben und ein ausgezeichnetes Terroir. Als einzige französische Region können wir diese beiden Trümpfe ausspielen. Und wir sollten das Beste daraus machen." Und Frédéric Blanck meint: „Die *complantation* mag für Jean-Michel gut sein. Das gilt aber nicht für jeden und nicht überall. Unserer Meinung nach wird der Granitboden vom Schlossberg am besten mit dem Riesling zum Ausdruck gebracht. In anderen Lagen wie Rosacker wiederum ähneln sich die unterschiedlichen Trauben in ihren Aromen – dort kann man Deiss' Haltung nachvollziehen." Die radikalste Ablehnung kommt wieder einmal von Hubert Trimbach: „Wenn man Riesling mit Pinot gris, Gewürztraminer oder Muscat mischt, arbeitet man das Terroir überhaupt nicht heraus. Es kommt zweifellos mit Riesling am besten zum Tragen. Das weiß Deiss so gut wie jeder andere. Keine Traube bringt die Mineralien besser zur Geltung als Riesling."

Sind Mischpflanzungen plötzlich erlaubt? Mittlerweile schon. Am 24. Januar 2001 traten neue Grand-cru-Vorschriften in Kraft. Grand-cru-Weine dürfen nun auch aus anderen Sorten als den vier früher zugelassenen und sogar aus Verschnitten bereitet werden. Vor allem aber können die Erzeuger nun ihre eigenen Bestimmungen einführen, wenn sie wollen, also etwa die Erträge senken, das offizielle Lesedatum verschieben, die Pflanzdichte modifizieren und sich sogar darauf beschränken, nur süßen oder nur trockenen Wein zu erzeugen. Dank der *gestion locale*, der örtlichen Selbstverwaltung, haben sie die Möglichkeit, einige Schwachpunkte des alten Systems auszumerzen. Rangen hat seine Pflanzdichte bereits von 4500 auf 6000 Stöcke/ha und den Mindestalkoholgehalt von 11 auf 12 % erhöht, Altenberg de Bergheim den Höchstertrag auf 50 hl/ha reduziert. Den Winzern selbst die Initiative für Reformen zu überlassen ist begrüßenswert und weise. Andere Regionen sollten sich daran ein Beispiel nehmen.

Weniger ist mehr

In punkto Ökologie ist das Elsass in ganz Frankreich führend. 30 Domänen wirtschaften mittlerweile offiziell nach organischen oder biologisch-dynamischen Richtlinien; weitere befinden sich in der Umstellungsphase oder betreiben inoffiziell Bioweinbau. Der Verband der Ökowinzer Vignes Vivantes hat gemeinschaftliche Komposthaufen eingerichtet, die 50 % Kuhmist, 33 % Pferdemist, 7 % Schafmist, 7 % Traubentrester und 3 % Rebschnittabfall enthalten. Frankreichs erstes biodynamisches Gut stand im Elsass (das von Eugène Meyer) und wie in Burgund wirtschaften die besten Domänen vorwiegend biodynamisch – allen voran Zind-Humbrecht.

Interessant sind vor allem die Beweggründe, die die Winzer zur Abkehr vom konventionellen und Hinwendung zum ökologischen Weinbau veranlasst haben. Für Olivier Zind-Humbrecht waren ebenso wie für Anne-Claude Leflaive oder Dominique Lafon zunächst empirische Beobachtungen ausschlaggebend. „Von meiner wissenschaftlichen Ausbildung her wusste ich, dass Probieren über Studieren geht", erinnert sich Zind-Humbrecht. Er begann 1997 zu experimentieren – die Ergebnisse fielen so überragend aus, dass er sogleich das ganze Gut umstellte. Für Jean-Michel Deiss war die Biodynamik die „Initialzündung", die seine Stöcke dazu brachte, ihre Wurzeln tief in den Boden bis in den Fels zu graben und das Terroir auf diese Weise besonders unverfälscht zu widerspiegeln. Aber auch ethische Überlegungen spielen eine Rolle. „Bei geballtem Einsatz von Herbiziden und Düngern sowie der ganzen Technologie, die unseren Planeten vergiftet, presst man mit nur einem einzigen Mann 1000 hl aus 10 ha Land heraus. Bei biologischer Wirtschaftsweise und harter körperlicher Arbeit holt man mit 17 Leuten 1000 hl aus 25 ha heraus. Ich weiß nicht, ob man meinen Wein mag und bis zu einem gewissen Grad ist mir das auch egal. Nicht der Geschmack steht für mich im Vordergrund, sondern ethisches Handeln."

Viele große Winzer der Region denken ähnlich. Ihr Ideal ist es, optimale Reife zu erzielen, dem Wein selbst zu überlassen, ob er eine malolaktische Gärung in Gang setzen will, nicht abzustechen, nicht zu schönen und nicht zu filtrieren. Das Ergebnis sind Weine, die hinsichtlich Alkoholgehalt, Süße, Duft und Körper jedes Mal anders ausfallen. Wirtschaftlich kann das problematisch sein, wie wir im Kapitel *Im Kreuzfeuer* noch sehen werden, ethisch aber lässt es keine Wünsche offen, denn nur so wird man die Eigenheiten von Lage, Jahrgang und Rebe gerecht. Das Ergebnis ist ein wunderbar vielfältiges Durcheinander, das der unheimlichen, leeren Gleichförmigkeit industrieller Fertigung bei weitem vorzuziehen ist.

Jean-Michel Deiss

Ideen sind im Elsass bisweilen so köstlich wie eine Gewürztraminer-Spätlese. Jean-Michel Deiss ist der Roland Barthes der Edelfäule oder der Jacques Derrida des demi-muid. Er verdient diesen Ehrentitel nicht nur wegen seiner originellen, destruktiv-subversiven Theorien, sondern auch wegen der reichen Metaphorik, mit der er sie vermittelt. Ein Vortrag von Deiss ist so berauschend, dass die Verkostung danach schon fast ernüchternde Wirkung hat. Der Winzer schlüpft mit so professioneller Gewandtheit in die Rolle des Dozenten, dass man ihn sich kaum noch beim Rebschnitt, an der Presse oder beim Schaufeln des Presskuchens vorstellen kann. (Oder doch? Er ist obendrein begeisterter Radfahrer.) Die Zitate zu Anfang dieses Kapitels veranschaulichen seinen Hang zu einprägsamen Metaphern. Hier einige weitere Kostproben seiner Kunst: „Mit welcher Technik ich arbeite? Mit der Technik der Tiefe. Vom 1. Januar bis 31. Dezember tue ich alles, damit die Reben in die Tiefe gehen. Sie sind nicht für die flüssige Lösung im Boden gemacht. Der Rebstock ist eine hoch entwickelte Pflanze, die sich ihren Boden selbst macht, wenn sie keinen vorfindet. Die Römer haben das verstanden und Reben bei Marseille gepflanzt, wo sie Boden haben wollten. Es wäre völlig idiotisch, Reben dort zu setzen, wo man Weizen anbaut. Weizen verbraucht Boden, die Rebe schafft ihn."

„Wie aber bringt man die Wurzeln dazu, sich weit nach unten ins Erdreich zu graben? Erstens pflanze ich sie tief. Wenn ich sie 4 cm tief setze, gebe ich ihr zu verstehen: ‚Sei schön, genieß das Leben und halt den Mund.' Kommt sie aber 60 cm unter die Oberfläche, sage ich ihr: ‚Wenn du über dich hinauswachsen willst, wenn du etwas zu sagen haben willst, das dich selbst überrascht, wenn du etwas hervorbringen willst, das noch da ist, wenn du schon längst vergangen bist, dann musst du leiden.' Zweitens arbeite ich mit einer hohen Bestockungsdichte von 10 000 Pflanzen/ha. Drittens bearbeite ich die Erde und reichere sie mit Sauerstoff an. Viertens baue ich auf biologische Methoden als Starthilfe, bis die Rebe selbst das Heft in die Hand nimmt und sich ihren eigenen Boden schafft."

„Was ist der Mensch? Ein genetisches System mit gewissem Potenzial. Alles, was darüber hinausgeht, ist erworben – jeder Tag, den er gelebt und gelernt hat. Es ist ihm gut und schlecht gegangen; er liebte und er litt. Was erwarte ich von jemandem? Ich will seinem bisherigen Leben begegnen, seinem vécu, nicht seinem Erbgut. Über einen vin de terroir vermittelt der Stock alles, was über seine Gene hinausgeht, was er je gelernt hat. Und er lernt Tag für Tag Neues, indem er in die Tiefe geht. Das kommt in den Trauben zum Ausdruck."

Das habe er bei Traubendegustationen mit seinen Kollegen bewiesen. „Als wir Sylvaner, Pinot blanc, Pinot gris und Riesling aus Schoenenbourg verkosteten, merkten wir, dass sie alle gleich schmeckten. Der Charakter des Orts ist stärker als die Eigenheiten der Traube. Das haben wir zusammen festgestellt."

Olivier Zind-Humbrecht MW

Olivier Zind-Humbrecht überragt die meisten französischen Weißweinerzeuger haushoch. Das ist keine Lobhudelei, sondern eine nackte Tatsache: Der Mann misst 1,95 m. Und in diesem Format steckt auch noch ein brillanter Geist. Wer sich je mit dem Gedanken getragen hat, die britische Prüfung zum Master of Wine (MW) abzulegen, weiß, welche intellektuelle und sensorische Herausforderung das ist. 1988 bestand Olivier Zind-Humbrecht, damals noch ein junger Mann, als erster Franzose den theoretischen und praktischen Test – und das in einer Fremdsprache.

Noch eindrucksvoller als seine Körpergröße und seine Prüfungsleistungen indes sind seine Weine: würdevolle Mineralienessenzen, die von sinnlicher Frucht umschlossen sind wie Öl von einer Olive. Sie präsentieren sich erstaunlich charaktervoll – und zugleich großartig variabel. Bei einer Verkostung von 20 der insgesamt 32 1998er Weine von Zind-Humbrecht im März 2001 in London erstaunte mich nicht nur ihre Individualität, sondern ihre virtuose Unterschiedlichkeit, die in so auffallendem Kontrast zu der innerhalb der Palette einer Domäne üblicherweise anzutreffenden Einheitlichkeit stand. Und darin zeigt sich die wahre Größe des 48-Jährigen. Ein Weinmacher mit seinen Fähigkeiten hätte einem Wein alles entlocken können. Doch er trat in den Hintergrund, entwirrte die Knoten moderner Önologie und ließ die Fäden liegen, wie sie fielen, setzte also blindes Vertrauen in das Rohmaterial, das ihm sein Vater Léonard überlassen hatte. Ungeachtet seiner Fähigkeiten gab er der Zauberkraft der Natur Vorrang vor menschlichem Geschick.

Zu der Körpergröße eines Basketball-Spielers und einem überlegenen Geist gesellen sich also Weitsicht und Mut: Oliver Zind-Humbrecht verfolgte unbeirrbar seinen Weg – trotz Zynismus und Kritik, zum Beispiel an der biologisch-dynamischen Wirtschaftsweise und an zurückhaltender Vinifizierung. Eine wahrhaft überragende Persönlichkeit eben.

Das Elsass im Überblick

Unter dem Vergrößerungsglas zeigt sich, dass das Elsass eine Weinbauregion von fast schon astronomischer Komplexität ist. Als Ganzes betrachtet wirkt es hingegen recht simpel und erinnert an ein anderes Anbaugebiet, das wir später noch kennen lernen werden: Burgund. Geologisch gesehen sind beide Zwillinge.

Beide liegen an der Westseite eines Grabens und gehören zu einem Riftsystem, das das Mittelmeer mit der Nordsee verbindet. Ein Graben entsteht, wenn zwei Verwerfungen auseinanderdriften und das Krustenstück dazwischen einsinkt. Flüsse machen sich diese Rinne manchmal zunutze, auch wenn sie an ihrer Entstehung gar nicht beteiligt waren. Das ist bei der Saône in Burgund ebenso der Fall wie beim Rhein, der das Elsass streift: Nicht der Fluss hat die Hänge geformt, an denen die Reben sich sonnen, sondern die tektonische Bewegung der Schultern. Die Weinberge an der nördlichen Rhône oder in Anjou sind dagegen ein Werk der Wasserläufe. Auf der anderen Seite des Saône-Grabens liegt das Anbaugebiet Jura, gegenüber dem Elsass verläuft Baden.

Die abrupt aufragenden Vogesen bilden die Westgrenze der Rheinebene. Sie beginnen südlich von Colmar und verlaufen bis nördlich von Strassburg. Den Vogesen hat das Elsass seinen Wein zu verdanken. Sie fangen die Westwinde ab. In Strassburg und Colmar ist es wesentlich wärmer, sonniger und trockener als in den westlich der Bergkette gelegenen Städten Nancy und Epinal. Bergkette? Nun ja, die Erhebungen ragen gerade einmal 1200 m auf, sind eher üppig bewaldet als felsig (und im Übrigen ein ausgezeichnetes Terrain für Radfahrer). Je höher aber der Gipfelkamm, desto besser der Schutz.

Die Hänge lassen sich von West nach Ost in drei Anbauzonen einteilen: Die Vogesen, die vorgelagerten Hügel und das Schwemmland im Tal.

Ganz oben findet man einige echte Vogesen-Weinberge, die sich bis 400 m hoch ziehen (darüber hören Reben auf zu wachsen). Der Untergrund besteht hier vorwiegend aus Granit – wie die Vogesen selbst.

Die meisten Rebflächen aber erstrecken sich über die welligen Ausläufer am Fuß des Gebirges. Hier findet man eine Vielzahl von Bodentypen. Stufenförmige Längs- und Querverwerfungen zerstückeln die Vorhügel zu einem bunten geologischen Fleckenteppich. Er setzt sich aus Kalk, Sand, Ton, Löss, Konglomeraten, Gneis, Schotter, Gips, Tuff, Asche, sogar Schiefer zusammen. Die Geologie einer Landschaft ist selten unkompliziert, doch diese Hügel gehören zu den komplexesten Formationen in der französischen Weinlandschaft

Die Schwemmfächer in der Ebene schließlich bilden einen Lebensraum, den Francis Burn, Jean-Michel Deiss und andere als „Weizenland" abtun. Wer damals die AOC-Grenzen festlegte, war anderer Meinung – oder beugte sich örtlichem Druck. Auf jeden Fall enttäuschen die Weine von diesem Untergrund meist, wenngleich Zind-Humbrechts Herrenweg verdeutlicht, was theoretisch möglich ist.

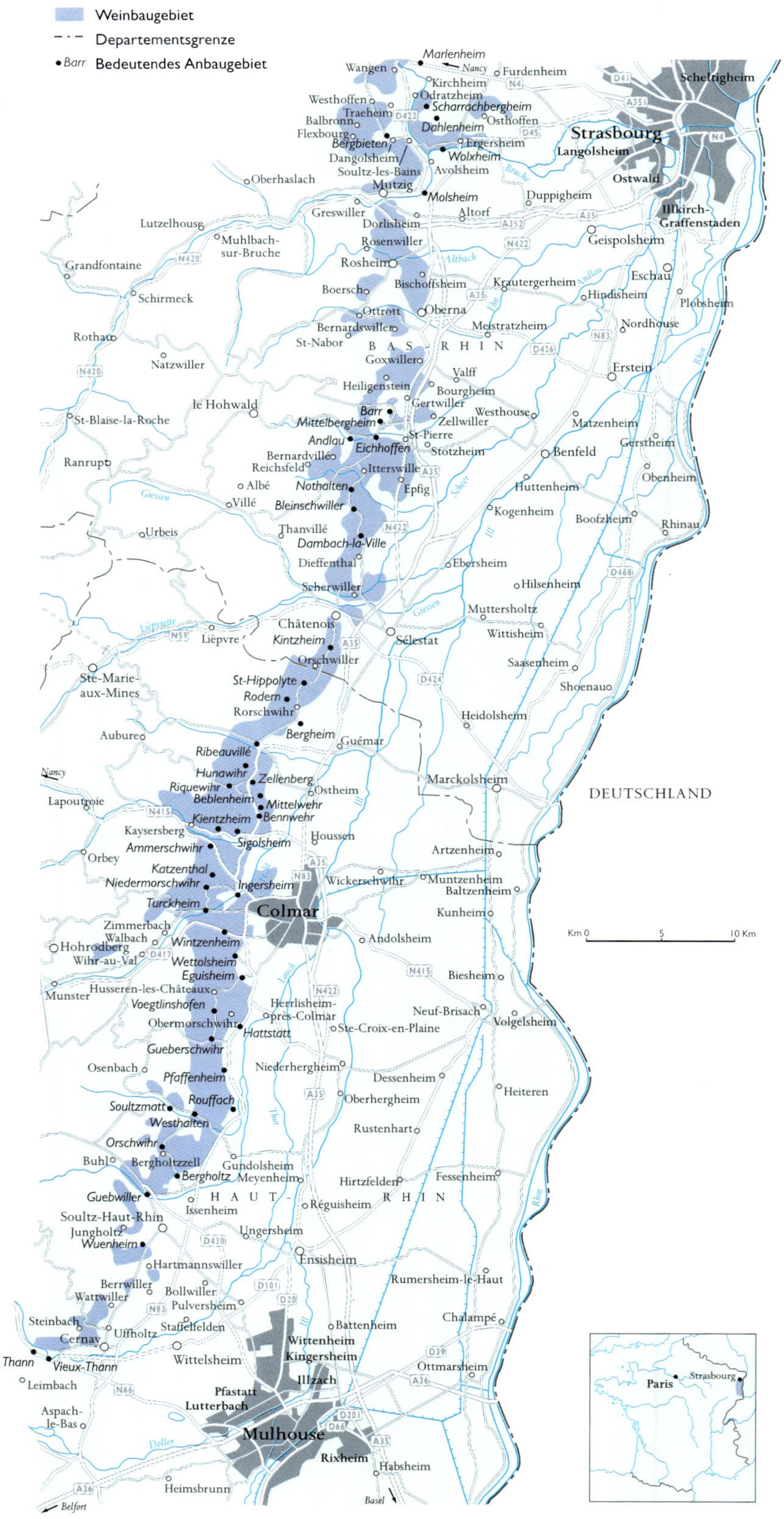

64 WEINLANDSCHAFT FRANKREICH

▲ Lesegutmassen wie diese haben immer mindere Qualität. Spitzenerzeuger transportieren ihre Trauben in kleinen, stapelbaren Kisten heim.

Das Terroir gibt es, wie wir mittlerweile wissen, offiziell erst auf Grand-cru-Ebene. Die AOC **Alsace** umfasst 14 500 ha und ist damit nur wenig größer als alle Muscadet-AOCs zusammengenommen, aber nicht einmal halb so umfangreich wie die Côtes du Rhône. Die vorherrschende Rebsorte ist der **Riesling**, dahinter rangieren **Pinot blanc** (einschließlich **Auxerrois**, der gelegentlich als **Klevner** oder **Clevner** verkauft wird), **Gewürztraminer**, **Sylvaner** (mit absteigender Tendenz), **Pinot gris** (leider auch **Tokay** genannt), **Pinot noir**, **Muscat** (Muscat d'Alexandrie und Muscat Ottonel), **Chasselas** (der auch als **Gutedel** bezeichnet werden kann) und **Klevener de Heiligenstein**, eine einheimische Spezialität aus der Gemeinde Heiligenstein in Bas-Rhin, die angeblich eine Traminer-Variante ist. Der schäumende **Crémant d'Alsace** leidet wie viele seiner Artgenossen in Frankreich unter der Zweitklassigkeit des Rohmaterials, das doch eigentlich vom Feinsten sein sollte (zumindest lässt die AOC als Einzige im Elsass Chardonnay zu). Innerhalb der AOCs Alsace und Alsace Grand Cru dürfen außerdem noch **Vendange Tardive** (Spätlese) und **Sélection des Grains Nobles** (edelfauler Süßwein) bereitet werden, aber nur aus Riesling, Muscat, Pinot gris und Gewürztraminer. Diesen Denominationen liegt aber der Zuckergehalt im Traubensaft und nicht im fertigen Wein zugrunde, weshalb manche Spätlesen fast trocken schmecken.

Die ehrgeizigsten Erzeuger gehen beim Zucker allerdings in der Regel über das geforderte Mindestmaß hinaus – gelegentlich sogar um das Zweifache (die Vorschriften wurden übrigens im September 2001 verschärft). Selbst viele „gewöhnliche" Elsässer Weine schmecken mittlerweile süß, wodurch die Grenzen zwischen den AOCs weiter verschwimmen.

Damit sind wir beim **Alsace Grand Cru**: 50 Lagen vom sanft ansteigenden Steinklotz oberhalb von Marlenheim im Norden bis zum steilen Rangen hoch über Thann im Süden ergeben zusammen diese AOC, die insgesamt rund 4% der gesamten Rebfläche einnimmt. Der kleinste Grand cru ist der 3,2 ha große Kanzlerberg westlich der größeren Lage Altenberg de Bergheim, der größte das stolze 80-ha-Areal Schlossberg bei Riquewihr. Sie sollen hier nicht alle aufgelistet werden. Erkunden wir lieber die Launen des Landes und einige der großen historischen Lagen, ob ihnen nun das Grand-cru-Siegel verliehen oder aus unerfindlichen Gründen verwehrt wurde.

Bas-Rhin

In diesem Departement findet man nur wenige große Lagen. Die Vogesen ragen hier bei weitem nicht so hoch auf wie im südlichen Teil des Anbaugebiets; die Rebhänge sind daher weniger gut vor den Westwinden geschützt und nicht so steil. Bei Wissembourg an der Grenze zur deutschen Pfalz beginnt die Anbauregion; der eine oder andere Rebgarten ist sogar in deutschem Besitz. Weinbauliche Bedeutung allerdings bekommt das Elsass erst 80–90 km weiter südlich – fast genau auf dem Breitengrad, an dem die Gipfellinie der Vogesen die 700-m-Marke überschreitet. Die vier Gemeinden Barr, Mittelbergheim, Andlau und Eichhoffen bilden die Startlinie auf dem Grand-cru-Parcours. Richtig spannend wird es dann bei **Zotzenberg**, dem nördlichsten Grand cru, der wirklich interessant ist – allerdings eher seiner viel versprechenden Zukunft als seiner vergangenen Größe wegen. Der Südhang auf kalkigem Mergel gelangte durch den Sylvaner zu Ruhm, der unter örtlicher Selbstverwaltung, *gestion locale*, wieder ein willkommenes Comeback feiern sollte. Der kleine **Kastelberg** ist ein Granithang – wir befinden uns auf dem Muttergestein der Vogesen und nicht auf dem geologischen Kaleidoskop der Vorhügel – und bestens für strenge, drahtige Riesling-Weine geeignet.

▲ *Das Pflügen mit Ackerpferden feiert eine Renaissance im Weinberg. Vierbeiner verdichten den Boden nicht so stark wie Traktoren.*

Ihm ähnelt der nahe gelegene, etwas größere **Wiebelsberg**, dessen Untergrund allerdings geringfügig sandiger ausfällt und daher etwas leichtere Weine erbringt. **Moenchberg** über Eichhoffen ist ein schotteriger Hang aus Ton und Konglomeraten, den sich Gewürztraminer und Riesling teilen. Verwirrenderweise gibt es nur wenig weiter südlich bei Nothalten eine Lage namens **Muenchberg**, die André Ostertag als „Amphitheater aus Sandstein" beschrieb. Sie gibt dem Riesling ein feines mineralisches Rückgrat mit auf den Weg. Der **Clos Rebgarten** ist eine kleine, nicht klassifizierte, sandige Lage bei Andlau, aus der Kreydenweiss einen unvergesslich reinen, duftigen Muscat Ottonel herausholt.

Haut-Rhin

St-Hippolyte und Rodern, die ersten beiden Gemeinden im Departement, sind unter Einheimischen für ihren Pinot noir bekannt – was an den blassen Roten (und an Elsässer Pinot noir generell) allerdings dran sein soll, erschließt sich wohl nur ihnen. Weiter südlich grenzen Bergheim und Ribeauvillé an, zwei Dörfer von unbestrittener Grandeur. Mit **Altenberg de Bergheim** begegnet man dem ersten Grand cru, der diesen Namen auch wirklich verdient. Lassen wir noch einmal Jean-Michel Deiss zu Wort kommen: „Bergheim ist ein geschlossenes Tal – geschützt, warm, zur Sonne gerichtet. Seine Weine sind stämmig, kraftvoll, muskulös. Das Tal von Ribeauvillé ist kühl und luftig, der Wind aus den Bergen sorgt für ein frisches Klima. Der Unterschied zwischen Deiss und Trimbach ist jener zwischen einem geschlossenen, heißen und einem offenen, kühlen, zugigen Tal." Wir befinden uns auf kalkigem Mergel, der zuweilen schwerer und toniger ist (wie auf dem **Osterberg** von Ribeauvillé oder dem winzigen Bergheimer **Kanzlerberg**), manchmal aber auch recht sandig (wie in den Grands crus **Geisberg** und **Kirchberg de Ribeauvillé**).

Nun folgt der vielleicht malerischste Abschnitt aller hochwertigen französischen Weinbaugebiete, aus dem obendrein viele der größten Elsässer Weine stammen: Hunawihr, Riquewihr, Beblenheim, Mittelwihr, das nach der Zerstörung im Zweiten Weltkrieg originalgetreu wieder aufgebaut wurde, Bennwihr, Sigolsheim (ein weiteres rekonstruiertes Dorf) und Kientzheim. Zu Hunawihr gehört der **Rosacker**, der den 1 ha großen **Clos Ste-Hune** umschließt. Dolomitenkalk und etwas sandiger Schutt liefern hier einige der langlebigsten, intensivsten elsässischen Rieslinge. **Clos Windsbuhl** gehört ebenfalls noch zu Hunawihr, ein tonig-kalkiges Stück Land, dem Zind-Humbrecht großartigen, dicht strukturierten, üppigen Pinot gris entlockt. Weitere Perlen dieser Kette sind **Schoenenbourg** in Riquewihr und der sonnenverwöhnte Grand cru **Mandelberg** in Mittelwihr, vor allem aber **Furstentum** in Kientzheim und der mächtige **Schlossberg**. Erwähnt sei noch der tiefer gelegene **Clos des Capucins** von Weinbach, der ebenfalls zu Kientzheim gehört. Riesling vom Schlossberg sollte ganz anders geraten als seine Vettern aus den Grands crus Rosacker, Schoenenbourg und Furstentum: Der Schlossberg hat granitenen, sauren Untergrund, während sich die anderen drei über kalkige, alkalische Böden ziehen. Mit **Wineck-Schlossberg, Sommerberg** und dem heißen **Brand** setzt sich der Granit bis Turckheim fort, wo das aus Munster kommende Flüsschen Fecht die Hügellinie unterbricht. Zind-Humbrechts 1,4-ha-Weinberg **Clos Jebsal** ist nicht weniger sonnenverwöhnt als die Nachbarlage Brand, gründet sich aber auf alkalischen Mergel und Gips statt auf sauren Granit und Glimmer.

Auch südlich der Fecht findet man noch erstklassige Weinberge. Die warme, steinig-mergelige Bergflanke **Hengst** ist der Grand cru von Wintzenheim, doch auch der **Clos Hauserer** darunter und der **Rotenberg** sind Spitzenlagen. Hier trifft man wieder auf Kalk (er hat am Rotenberg eine rote Färbung). Hie und da tauchen wieder Granit und Schotter auf, doch damit ist bald Schluss: Der Boden am **Steingrubler** enthält noch etwas Granit, aber am trockenen **Eichberg** und sonnigen **Pfersigberg** ist er vollends verschwunden. In diesem warmen Winkel fühlt sich der Gewürztraminer wohl. **Goldert** in Gueberschwihr und der darin enthaltene, 5 ha große **Clos St-Imer** liefern durchweg kraftvolle Tropfen. Goldert ist mit seinen kalkigen Böden außerdem einer der besten elsässischen Lebensräume für Muscat. Pfaffenheim und sein Grand cru **Steinert** erweisen sich im neuen Zeitalter der *gestion locale* vielleicht bald als ausgezeichnetes Terroir für Pinot blanc, deren Anbau hier Tradition hat. **Vorbourg** in Rouffach wiederum ist vor allem für seinen 16 ha großen, steilen Südhang **Clos St-Landelin** von Muré bekannt. Der **Zinnkoepflé** zwischen Westhalten und Soultzmatt ähnelt dem Clos St-Landelin, ist aber noch wärmer und trockener und liefert hitzige Gewürztraminer. Schlumbergers Rieslinge und Gewürztraminer sind die Glanzlichter im kiesigen **Saering** und **Kitterlé**. Etwa 13 km weiter südlich dieser Grands crus kommt noch ein einziges weiteres herausragendes Terroir: der mit vulkanischen Böden gesegnete **Rangen**, dessen steile 19 ha das Gros der Rebfläche von Thann bilden. Brütende Hitze herrscht hier im Hochsommer; die schwarzen Böden enthalten eine breite Palette von Mineralien wie Eisen, Fluor, Mangan und Magnesium. Dieses Fleckchen Erde auf 300–400 m Höhe ist die vielleicht großartigste Lage der ganzen Region. Sie wurde in den 1960er-Jahren größtenteils aufgegeben, bis Oliviers Vater Léonard Humbrecht 1977 drei der verbliebenen 4,5 ha aufkaufte und deshalb für verrückt erklärt wurde. Der Grand cru umfasst Zind-Humbrechts **Clos St-Urbain** und Schoffits **Clos St-Theobald**. Terroir-Noten übertönen hier oft den Sortencharakter der Reben und ersetzen üppige Frucht durch erdige, bimssteinartige, salzige oder sogar jodige Züge, wenngleich die Säure erstaunlich präsent bleibt.

Der Vollständigkeit halber seien noch drei Anbaugebiete im nordöstlichen Frankreich erwähnt. Die VDQS **Côtes de Toul** liegt direkt westlich von Nancy. Hier entstehen vorwiegend leichte Rote und Rosés auf Pinot-noir- und Gamay-Basis. Die VDQS **Vins de Moselle** um Metz ist für nachhaltige, oft scharfe Weiße bekannt. Die Landweinerzeuger im Departement **Meuse** haben einen Antrag auf Anerkennung als VDQS gestellt. Eine Kostprobe der Weine aus diesen Zonen unterstreicht die fundamentale Bedeutung der Vogesen für die Qualität der Elsässer Weine: Die Unterschiede sind enorm.

Im Kreuzfeuer

Die Crux der Crus

Das Elsass musste ungebührlich lange auf eine Klassifizierung warten: Bis 1983 waren die Weine von Frankreichs vielleicht komplexestem Terroir praktisch geknebelt und gefesselt gewesen. Mehr als ihren Sortencharakter und die Bereitungskünste ihrer Erzeuger konnten sie nicht kundtun. Doch auch das Grand-cru-System brachte wenig Besserung, denn die Einteilung des Terroir war viel zu grob und willkürlich. 2002 sieht es um die Zukunft der Grands crus dank der Einführung der auf Seite 61 beschriebenen *gestion locale* etwas besser bestellt aus. Trotzdem sind die Crus nach wie vor viel zu groß, um ihren Namen wirklich zu verdienen. Es steht zu hoffen, dass die Selbstverwaltung nun der erste Schritt auf dem Weg zu weiteren Reformen ist. Unabdingbar ist z. B. die Herabstufung von Lagen, die nicht die geforderte Qualität liefern – doch das wird nicht einfach werden. Mit der *complantation* und der Einführung bislang geächteter Rebsorten wie Sylvaner sollten sich aber in den nächsten 20 Jahren die wirklich großen Lagen zumindest ansatzweise herauskristallisieren.

Süße Sünden

Die radikal zurückhaltende Arbeitsweise der elsässischen Winzerelite in Weinberg und Keller und die Vorteile dieses Ansatzes habe ich bereits erwähnt. Doch zumindest in einem Punkt waren die Verbraucher ganz und gar nicht erfreut über die Entwicklung. Das Problem ist die Süße. Der Restzuckergehalt in einem Wein hat enorme Auswirkungen auf seine Eignung als Essensbegleiter. Ein Pinot gris mit 3 g/l Restzucker passt ideal zu gegrilltem Seebarsch – ein Pinot gris mit 23 g/l hingegen meuchelt den Fisch ein zweites Mal. Auf Speisekarten und in Verkaufsregalen findet man beide Stile, doch die Etiketten geben keinen Aufschluss darüber, ob der Inhalt trocken oder süß ist.

Für Olivier Zind-Humbrecht ist die Zunahme der Süße eine normale Entwicklung. „Die durchschnittliche Beerenreife ist in letzter Zeit stark gestiegen. In guten Weinbergen ernten wir heute Trauben mit enormen Reifegraden. Unsere Großväter wären schon glücklich gewesen, wenn sie alle 20 Jahre einen solchen Jahrgang gehabt hätten. Bei zurückhaltender Vinifizierung muss der Kellermeister dem Wein allerdings Zeit zur Vergärung lassen. Wenn die Tropfen danach noch immer eine hohe Restsüße haben, dann ist das eben so." Andere Erzeuger wie Frédéric Blanck und Laurence Faller verweisen darauf, dass der Zuckergehalt allein noch nicht viel aussagt; vielmehr sei die Ausgewogenheit wichtig. „Die Restsüße ist nur dann ein Problem, wenn sie nicht in harmonischem Verhältnis zur Säure steht. 10 g/l Zucker und 8,5 g/l Säure sind in Ordnung", meint Blanck. Er ließ mich seinen 1999er Patergarten Pinot Gris mit 12 g/l Zucker verkosten – und ich schwöre, er schmeckte dank 7 g/l Säure köstlich trocken.

Natürlich ist Hubert Trimbach ein vehementer Gegner der hohen Restsüße. „Das macht man nur, um amerikanischen Weinautoren zu gefallen. Mehr Fett, mehr Reichtum, mehr Fülle, das bringt Parker-Punkte. Wir gehen in eine Richtung, die mit dem klassischen Elsass nichts mehr zu tun hat. Spritzige Säure, Frische, Klarheit, keine malolaktische Vergärung und kein Liegenlassen der Weine auf dem Geläger, damit er fetter wird – das ist der saubere, trockene, feine, exakte Stil des Elsass. Diese üppigen, dicken, schweren Brühen sind eine Verirrung. Bei den üppigen Weinen kann uns der Rest der Welt jederzeit schlagen, nicht aber bei den trockenen, kernigen Tropfen."

Ideologie hin oder her, keiner wird gezwungen, trockene oder süße Weine zu erzeugen – und beide Stile haben ihre Berechtigung. Der Verbraucher muss nur wissen, was in der Flasche ist. Deshalb ist die Entscheidung des Comité Interprofessionnel des Vins d'Alsace begrüßenswert, eine Süßeskala von 1 bis 9 einzuführen und die Weine ab dem Jahrgang 2001 auf dem Rückenetikett damit zu kennzeichnen.

Wein auf Weizenfeldern

In diesem Buch stehen Frankreichs beste Weine im Mittelpunkt. Gewöhnliche Elsässer Erzeugnisse hingegen, die die Regale der Supermärkte füllen, haben sich in den letzten zehn Jahren kaum verändert. Sie sind oft dünn, überchaptalisiert und aus zu hohen Erträgen bereitet. Als ich das letzte Mal in der Region war, kostete ein Liter Sylvaner weniger als dieselbe Menge Kraftstoff. „Das große Problem im Elsass sind die Weizenfelder", meint Francis Burn. „Im Mittelalter pflanzte man Reben nur an Hängen. Heute aber ist der Weinbau einträglicher als der Anbau von Weizen. Im Elsass stehen zu viele Stöcke auf Weizenterrain." Genau das ist auch das Problem der deutschen Winzer und ruiniert ihren Ruf. Doch es könnte schlimmer sein: Immerhin hat das Elsass keine Liebfrauenmilch und in der Champagne liegen die Erträge sogar noch höher. Wird das Elsass seinem nördlichen Nachbarn den Weg weisen?

Leute

Barmès-Buecher ✪
68920 Wettolsheim, Tel. 03 89 80 62 92, Fax 03 89 79 30 80

François Barmès-Buecher ist wie viele seiner Kollegen in der Region ein leidenschaftlicher Verfechter der biodynamischen Wirtschaftsweise und der damit einhergehenden Aroma- und Geschmacksreinheit. Auf seinem 15-ha-Gut werden Auxerrois, Pinot blanc und Sylvaner sehr ernst genommen. Der Sylvaner Vieilles Vignes vom Rosenberg gehört im Elsass zu den Prachtexemplaren seiner Art. Die beiden gelungensten Rieslinge sind die Pfirsichversion aus dem „Kalktal" Leimenthal und die massivere, mineralischere Ausgabe vom Grand cru Hengst. Gut fährt man auch mit den vier Gewürztraminern von verschiedenen Lagen; der beste stammt vom Pfersigberg. Barmès-Buechers Leidenschaft indes ist der Pinot noir; die mit reichlich Hefe „gemästete" Cuvée Vieilles Vignes aus winzigen Erträgen ist ein Vorbild für die Region.

Léon Bayer
68420 Eguysheim, Tel. 03 89 21 62 30, Fax 03 89 23 93 63

Der *négociant* mit einem 20-ha-Gut bereitet wie Trimbach gelungene trockene Essensbegleiter aus den klassischen Sorten. Sie kommen als Réserves oder unter Markennamen in den Handel, nicht aber mit ihren Grand-cru-Bezeichnungen, obwohl Bayer Parzellen am Eichberg und Pfersigberg besitzt. Der Kunde kann sich über beständig gute, nervige, reine Erzeugnisse freuen.

Blanck ✪
68240 Kaysberg, Tel. 03 89 78 23 56, Fax 03 89 47 16 45

Warum sind die Elsässer Winzer nur alle so beredt? Philippe Blanck, Herr über einen 36-ha-Betrieb in Kientzheim, überhäuft einen mit einem Schwall aus Informationen und Ansichten, die man nicht so schnell vergisst. Sein Cousin, der Weinmacher Frédéric Blanck, ist kaum weniger redselig. Und selbst die Weine der beiden heben zu einem vielstimmigen Chor an. Über ein Drittel der Gutsfläche sind Grand-cru-Terroir: Schlossberg, Furstentum, Mambourg, Sommerberg und Wineck-Schlossberg. Darüber hinaus nennen die Blancks noch die vier *lieux-dits* Patergarten, Altenbourg, Grafreben und Rosenbourg ihr Eigen. Sie tun alles, um die Nuancen des Terroir herauszuarbeiten. Besonders aufschlussreich ist der Gegensatz zwischen der messerscharfen Reinheit des granitgefärbten Schlossberg und der weicheren, zugänglicheren Frucht des auf kalkigen Kieseln und Sand herangereiften Furstentum vom Hang gegenüber (Altenburg und Grafreben liegen übrigens neben und unter dem Furstentum, während sich der Patergarten auf dem kiesigen Schwemmland des Weisbachs im Tal erstreckt). Stilistisch setzen die Blancks auf Eleganz und Reinheit. Nach einer stahligen, verschlossenen Jugend öffnen sich die Weine gut. Frédéric legt nicht viel Wert auf Süße, sondern bevorzugt Jahrgänge, in denen man früh ernten kann, wie etwa den „unglaublichen, unvorhersehbaren, unbezwingbaren" 2000er. „1997 waren wir zu anspruchsvoll. Wir lasen alle zu spät und bekamen durchweg süße, flache Weine."

Bott-Geyl
68980 Beblenheim, Tel. 03 89 47 90 04, Fax 03 89 47 97 33

Jean-Christophe Bott gehört zu den Shootingstars der neuen Elsässer Winzerszene. Er legt sich mächtig ins Zeug, um ausdrucksvolle, aromareiche Tropfen aus seinen 13 ha Weinbergen holen zu können. Da er die Trauben spät vom Stock schneidet und die Vergärung nicht erzwingt, enthalten seine Erzeugnisse oft reichlich Restzucker, „für den Weißwein das, was Tannin für Rotwein – wenn die Süße nicht bloß Attitüde ist, sondern von Extrakt und Säure gestützt wird." Zu seinen besten Pferden im Stall gehören der markige Riesling vom Mandelberg und ein eleganter, makellos definierter Gewürztraminer vom Furstentum. Wer sehen will, wie sich die große burgundische Weißweinrebe als fassvergorene Elsässerin schlägt, greift zur Cuvée Apolline.

Albert Boxler
68230 Niedermorschwihr, Tel. 03 89 27 11 32, Fax 03 89 27 70 14

Jean-Marc Boxlers 10-ha-Betrieb verdient wegen der festen, konzentrierten Weine aus den Lagen Brand und Sommerberg Erwähnung.

Burn ✪✪
68420 Gueberschwihr, Tel. 03 89 49 28 56

„Rund 20 Jahre dauert es, bis man den Sprung vom guten zum großen Erzeuger geschafft hat", klärte mich Francis Burn auf. „Anfangs kann man für mehr Qualität nicht mehr Geld verlangen. Mein Vater war wirtschaftlich nicht so unabhängig wie wir. Wir können sehr spät lesen, die Frucht sortieren und auch sonst alles tun, was die Güte des Weins hebt. Er hatte wenig Spielraum." Immerhin gelang es Ernest Burn, mit der 5-ha-Parzelle Clos St-Imer im Herzen von Goldert als Trumpfkarte in Gueberschwihr eine feine kleine 9,5-ha-Domäne aufzubauen. Im Clos steht eine Steinkapelle. „Hier können wir beten und uns vor der Hitze schützen", erklärt Francis – und die gelben Tulpen bewundern, die im Frühjahr den Weinberg übersäen, möchte man hinzufügen. Überhaupt ist Goldert eine fast schon paradiesische Goldlage: Der trockene, kalkige Ton dieses sonnenverwöhnten Fleckchens Erde ist ein idealer Tummelplatz für Gewürztraminer und Muscat. Die beiden Sorten liefern zwei der herausragendsten Weineditionen der Domäne. Die Muscat-Tropfen geraten gewichtig, fast rauchig und bereichern ihre reinen, süßen Traubenaromen mit mineralischen Grapefruitnoten. Die Gewürztraminer wiederum erinnern an Rosenessenz und duften wie ein warmer, windstiller Sommerabend. Ein ansehnliches Fruchtpaket trägt der Riesling vom Clos St-Imer mit sich herum. Der Pinot gris wiederum fällt, selbst am üppigen Standard dieser Sorte gemessen, extravagant und honigsüß aus – ein echter Quittensirup.

Clos St-Landelin *siehe Muré*

Marcel Deiss ✪✪
68750 Bergheim, Tel. 03 89 73 63 37, Fax 03 89 73 32 67

Jean-Michel Deiss ist ein so fesselnder Redner, dass er beinahe seinen eigenen Weinen die Schau stiehlt. Dabei wäre es jammerschade, würde man ob seiner Redekunst die köstlichen Essenzen vergessen, die er und seine Frau Clarisse erschaffen, denn sie gehören zu den anregendsten Gewächsen der ganzen Region. Das Ehepaar bewirtschaftet 20 ha, die sich in der chaotischen Masse winziger Schollenbrüche zwischen St-Hippolyte und Sigolsheim auf die unglaubliche Zahl von 120 Parzellen verteilen. Gerade damit aber steht diesem Terroir-Fanatiker eine breite Palette von Rohmaterialien zur Verfügung. So gehören ihm Weinberge auf zwei konträren Bodentypen: auf saurem, kristallinem, mit Mergel durchsetztem Erdreich wie in Schoenenbourg und auf alkalischem, kalkigem Untergrund wie in Altenberg de Bergheim. Der Riesling von Schoenenbourg ist reiner, härter und voll nerviger Frucht, der ebenso blumige wie fruchtige von Altenberg reicher und wogender.

Echte Deiss-Genüsse sind ferner die Rieslinge aus fünf weiteren Weinbergen, allen voran der rauchige, üppige Grasberg und der reine, elegante, heitere Engelgarten, außerdem Gewürztraminer und Pinot gris mit mineralischerem Charakter als üblich. Deiss verwendet für einige seiner Pinot-noir- und Pinot-gris-Weine Eiche, darüber hinaus enthält der Pinot blanc Chardonnay. Vor allem aber kann man Deiss als Beweis für den Erfolg der *complantation*

Bewertung ✪ Sehr guter Wein ✪✪ Ausgezeichneter Wein ✪✪✪ Großer Wein

anführen: Der Gentil de Burg ist ein köstlich provozierender Tropfen voll kitzelnder Düfte und würziger Vanillefrucht, ein Verschnitt aus Riesling und Gewürztraminer. Das Schmuckstück der Gutspalette bildet der fassgereifte Grand Vin de l'Altenburg mit allen traditionellen Rebsorten einschließlich 1% Chasselas. Ob er nun wirklich „plus d'humanité", mehr menschliche Natur hat als andere Elsässer Weine, weiß ich nicht, aber auf jeden Fall ist er ein tiefer, konzentrierter, fetter, langer, kompletter Tropfen. Wie der Gentil de Burg reizt, fasziniert und provoziert er durch allerlei Nuancen (wie Orangen, Tangerinen, Geißblatt, Schinkenspeck), mit denen er eine halbe Stunde lang neckt und verführt, statt seine Geschichte wie ein sortenreines Erzeugnis mit offenherziger Freimütigkeit zu erzählen.

Dirler-Cadé
68500 Bergholtz, Tel. 03 89 76 91 00, Fax 03 89 76 85 97

Die 12-ha-Domäne ist ein Tipp für all jene, die ihre Elsässer einschließlich Gewürztraminer sauber und trocken-frisch statt üppig und süß bevorzugen.

Dopff & Irion *siehe* Cave de Pfaffenheim

Frick
68250 Pfaffenheim, Tel. 03 89 49 62 99, Fax 03 89 49 73 78

Der Betrieb mit 12 ha gehörte zu den Vorreitern des Ökoweinbaus im Elsass. Empfehlenswert ist insbesondere der kühle, intensiv mineralische Steinert Riesling und ein klarer, stoffiger Vorbourg Gewürztraminer. Weil wenig Schwefel verwendet wird, dekantiert man die Weine am besten eine Weile.

Hugel
Hugel et Fils, 68340 Riquewihr, Tel. 03 89 47 92 15, Fax 03 89 49 00 01

Der beliebte *négociant* gehört mit 120 ha zu den Großgrundbesitzern der Region. Er war ein Pionier der Vendange Tardive und Sélection des Grains Nobles und stieg wie Beyer und Trimbach trotz anfänglicher Begeisterung aus dem Grand-cru-System aus. Die Basis seiner Qualitätspyramide bilden reinsortige Erzeugnisse, die nächste Stufe gehört der „Tradition"-Linie und ganz oben steht der „Jubilée". Besonders hochwertige Schöpfungen erscheinen unter der Bezeichnung Hommage à Jean Hugel. Die Cuvées Vendange Tardive und Sélection des Grains Nobles werden nur in guten Jahren bereitet. Hugel bevorzugt einen trockenen Stil, der aber weicher als der von Trimbach ausfällt.

Josmeyer
68920 Wintzenheim, Tel. 03 89 27 91 90, Fax 03 89 27 91 99

Jean Meyers 25-ha-Gut (mit Anteilen an Hengst und Brand) ist die Quelle delikater, sorgsam bereiteter und vor allem vorzüglich als Essensbegleiter geeigneter Weine mit Terroir-Charakter. Überraschende Dreingaben aus Restzucker bleiben zum Glück aus. Die Basisweine fallen bisweilen arg zurückhaltend, fast schon langweilig aus, die Cuvées hingegen sind rassige, geschliffene Produkte. Der Riesling Les Pierrets beispielsweise verbindet Mineralität mit Saftigkeit, während der Riesling vom Grand cru Brand kernig, tief und steinig gerät. Einen für Gewürztraminer ungewöhnlich guten Tischwein gibt der cremige, weinige, trockenwürzige Les Folastries ab. Und der Hengst Gewürztraminer altert besser als viele seiner Sortengenossen, was er nicht nur seinen feurigen Mineralien, sondern auch der stützenden Säure zu verdanken hat. Das Familienunternehmen wird seit 2001 biodynamisch geführt.

Kientzler ✿
68150 Ribeauvillé, Tel. 03 89 73 67 10, Fax 03 89 73 35 81

André Kientzler ist ein weiterer Spitzenwinzer, der sich in den Hügeln zwischen Bergheim und Ribeauvillé versteckt. Er ist ein Perfektionist und entsprechend hochklassig fällt jeder seiner Weine aus – sogar die Chasselas- und Auxerrois-Erzeugnisse. Der Muscat vom Kirchberg nimmt es mit den Besten aus Burns Clos St-Imer auf. Spitzenreiter jedoch sind die tiefen, intensiven, lang lagerfähigen Rieslinge von den Grands crus Geisberg und Osterberg.

Kreydenweiss
67140 Andlau, Tel. 03 88 08 95 83, Fax 03 88 08 41 16

Marc Kreydenweiss missionierte von seinem 12-ha-Anwesen in Andlau aus die Ökodiaspora im Elsass und bekehrte viele zum biodynamischen Glauben. Er arbeitet als Berater für Bürklin-Wolf in der Pfalz und hat sich ein weiteres Gut in Costières de Nîmes angeschafft, das er derzeit umstellt. „Finesse und Länge" sind seine erklärten Ziele, und verglichen mit vielen modischen, barocken Weinen im Elsass fallen seine Gewächse fast schon gotisch-streng aus. Er führt in manchen Lagen sogar eine vorgezogene Lese für Riesling durch. Der Clos du Val d'Eléon, ein Verschnitt aus 70% Riesling und 30% Pinot gris von grauen Schieferböden, ist wie gepresster Stein, fast schon roh und eher interessant als angenehm. Die besten Essenzen indes zeichnen sich durch große Geschmacksreinheit aus, etwa die silbrigen, nervigen Pinots gris vom Moenchberg und Lerchenberg sowie der subtile, fast zarte Gewürztraminer aus der Lage Kritt.

Seppi Landmann ✿
68570 Soultzmatt, Tel. 03 89 47 09 33, Fax 03 89 47 06 99

Dem energiegeladenen Seppi Landmann stehen zwar nur 8,5 ha zur Verfügung, doch damit gelingt ihm eine eindrucksvollere Riege von Weinen als manchem Winzer mit dem doppelten Terrain. Wie alle Elsässer Spitzenerzeuger geht er stilistisch und linguistisch ständig an die Grenzen, z. B. mit dem Sylvaner Z vom Grand cru Zinnkoepflé, dessen Herkunft er allerdings noch verschweigen muss, oder mit dem Sylvaner Hors La Loi, einem umwerfend dichten Prachtexemplar von Spätlese. Sowohl der Gewürztraminer als auch der Riesling vom Zinnkoepflé sind harmonische, langlebige Tropfen, während der Crémant ein vorzüglich bereiteter Schaumwein und nicht nur eine Verwertungsgelegenheit für zweitklassige Trauben ist.

Albert Mann
68920 Wettolsheim, Tel. 03 89 80 62 00, Fax 03 89 80 34 23

„Wir bewahren das Land für unsere Kinder", erklärt Maurice Barthelmé. Deshalb haben er und sein Bruder Jacky den organischen Weg eingeschlagen und bewirtschaften manche Parzellen sogar biodynamisch. Auf ihrem 20-ha-Gut erzeugen sie geschmacksintensive, saftige Weine, allen voran der üppige Gewürztraminer vom Furstentum und der Pinot gris vom Pfersigberg.

Muré
68250 Westhalten, Tel. 03 89 47 64 20, Fax 03 89 47 09 39

Man fährt hier zweigleisig. René Muré ist ein *négociant* mit einem ansehnlichen Sortiment reinsortiger Tropfen von der Côte de Rouffach; sein Sylvaner, Riesling und Crémant liegen alle über dem Durchschnitt. Daneben bewirtschaftet man noch den 15 ha umfassenden Clos St-Landelin, das Sahnestückchen des Grand cru Vorbourg, das aus einer Reihe terrassierter, kalkiger Südhänge besteht, die Muré allein gehören. Hier entsteht ein tiefer, intensiver, ungewöhnlich fruchtiger Riesling. Der Gewürztraminer von dieser sonnigen Lage hingegen fällt stoffig und saftig aus; erdige Kraft ist eher seine Sache als Boudoirdüfte.

Ostertag ✿
67680 Epfig, Tel. 03 88 85 51 34, Fax 03 88 85 58 95

Der spitzbübische André Ostertag ist eine Schlüsselfigur in der Riege der Erzeuger, die das Elsass auf einen neuen Weg bringen wollen. Sein 12-ha-Gut ist vor allem für im Barrique vergorene Weine bekannt, die den Appellationsbehörden allerdings sauer aufstoßen, weshalb sie nur inkognito unter Katasterbezeichnungen und rätselhaften Liedernamen erscheinen. Ostertag setzt vorwiegend auf Pinot blanc, gris und noir. Da sie aus Burgund stammen, so Ostertag, müsse man sie auch behandeln wie dort üblich. Seine Lehrjahre in

Burgund und die Zusammenarbeit mit Dominique Lafon haben ihn stark geprägt. Eines seiner erklärten Erzeugerziele ist „la bouche Lafon – füllig, trocken, mineralisch" und „ganz weit vom normalen elsässischen Geschmack entfernt". Auch bei seinem Riesling vom Heissenberg experimentiert er mit Eiche; die restlichen Weine indes kommen mit diesem Holz nicht in Berührung.

Ostertags poetische Ader wird deutlich, wenn er seine Weine in drei Kategorien einteilt: vins de fruit („Fruchtweine" bzw. reinsortige Basisprodukte); vins de pierre („Steinweine" von Grands crus und lieux-dits); und vins de temps („Zeitweine", also Spätlesen und Sélections des Grains Nobles, die für eine Weile in den Keller gehören). Er praktiziert biologisch-dynamischen Weinbau „als Mittel zum Zweck", will aber keinesfalls damit in Verbindung gebracht werden, da er dem fast schon religiösen Kult misstraut. „Ich mag Nicolas Joly nicht", bekennt er. „Er bringt die biologisch-dynamische Wirtschaftsweise in Misskredit, denn er ist ein Intellektueller und Guru. Dabei soll Biodynamik in erster Linie dem Terroir nutzen." Zu den Schmuckstücken in Ostertags Schatzkästlein gehört der Vieilles Vignes Sylvaner von 30- bis 60-jährigen Rebstöcken. Die sortentypischen Züge – Erdigkeit, Saft und Pfeffer – sind mit großer Präzision herausziseliert. Der Riesling von der Lage Fronholz ist fein gewirkt, kristallin und glöckchenzart. Sein Pendant vom Muenchberg gibt sich selbstbewusster mineralisch, obwohl die Fruchtnoten noch durchschimmern. Voller und würziger fallen die Vettern vom Heissenberg aus. Ostertag hat obendrein einige der eigenständigsten Pinot-gris-Weine im Elsass zu bieten: Sie begeistern durch ein grundlegend trockenes, doch würziges, rauchiges, gelegentlich vanilletöniges, bisweilen sogar salziges Spektrum. Der Zellberg reicht in manchen Jahren an den Muenchberg heran. Das einzige reinsortige Produkt, in dem Ostertag Restsüße zulässt, ist der Gewürztraminer, denn seiner Ansicht nach wirken vollreife Versionen brandig, wenn man sie zu sehr in die trockene Ecke drängt.

Cave de Pfaffenheim
68250 Pfaffenheim, Tel. 03 89 78 08 08, Fax 03 89 49 71 65

Pfaffenheim gehört zu den besten großen Genossenschaften in der Region, von denen es immerhin etwa ein Dutzend gibt. Die Weine von Dopff & Irion geraten immer besser, während die Grands crus (insbesondere der Gewürztraminer vom Steinert und der Pinot gris vom Zinnkoepflé) einem Vergleich mit vielen Erzeugnissen privater Domänen standhalten.

Cave de Ribeauvillé
68150 Ribeauvillé, Tel. 03 89 73 61 80, Fax 03 89 73 31 21

Verglichen mit dem Elefanten Pfaffenheim ist Ribeauvillé ein Eichhörnchen: Die Genossenschaft besteht aus gerade einmal 40 Mitgliedern. Doch man bewirtschaftet einige feine Weinberge. Besonders gut: der Riesling vom Altenberg de Bergheim und vom Osterberg.

Rolly-Gassmann
68590 Rorschwihr, Tel. 03 89 73 63 28, Fax 03 89 73 33 06

Das 31-ha-Gut hat keine Grand-cru-Lage, liefert aber eine Reihe weicher, saftiger Tropfen ab, die viele Nuancen des Terroir durchschimmern lassen. Dazu zählen vor allem der Moenchreben de Rorschwihr und der Pflaenzerreben de Rorschwihr. Die Domäne ist eine gute Quelle für Sylvaner, Muscat und reinsortigen Auxerrois, der mit der Zeit Anklänge an Erdbeeren und weiße Schokolade erkennen lässt. Die neue Generation setzt auf biodynamischen Rebbau.

Schlumberger ✪
68501 Guebwiller, Tel. 03 89 74 27 00, Fax 03 89 74 85 75

Schlumberger hält 140 ha ausgezeichneter Weinberge und ist damit der größte Erzeuger im Elsass. Abgesehen von dem Gewürztraminer, für den Schlumberger eine besondere Vorliebe hat, fallen die Basis-Cuvées recht nichtssagend aus. Begehrenswerte Wesen hingegen sind die Grands crus: Die Rieslinge und Gewürztraminer von Saering, Spiegel, Kessler und Kitterlé haben Vorbildfunktion. Der Pinot gris allerdings wirkt leicht abgestanden. Auch die Bereitung von Vendange Tardive und Sélection des Grains Nobles nimmt man sehr ernst.

Schoffit ✪
68000 Colmar, Tel. 03 89 24 41 14, Fax 03 89 41 40 52

Das 16-ha-Gut hat seine Zentrale in Colmar, wenngleich seine besten Weine seit 1986 von viel weiter südlich kommen, nämlich aus dem Clos St-Théobald in Rangen. Wer den Chasselas in elsässischer Bestform erleben will, probiert Schoffits Vieilles Vignes von 70-jährigen Stöcken. Wie Zind-Humbrecht und Blanck beweist auch Schoffit, dass vom Flachland durchaus hervorragende Kreszenzen kommen können, etwa mit seinen Erzeugnissen von der Lage Harth um Colmar. Spitzenreiter aber sind zweifellos die Weine aus dem Clos St-Théobald, allen voran die einnehmend schön gebauten Rieslinge.

Bruno Sorg
68420 Eguisheim, Tel. 03 89 41 80 85, Fax 03 89 41 22 64

Der Gewürztraminer vom Eichberg kann hochklassig geraten, doch die Asse im Ärmel von François Sorg sind der unvergessliche Muscat und der konzentrierte Riesling Vieilles Vignes: Sie sichern dem 10-ha-Gut einen Platz unter den Besten.

André Tempé et Fils
68770 Ammerschwihr, Tel. 03 89 47 18 29, Fax 03 89 78 15 63

Marc Tempé steigert sich mit seinem kleinen 7,5-ha-Gut in Zellenberg von Jahr zu Jahr. Die Parzellen in der näheren Umgebung sowie in Mambourg und Schoenenbourg werden biodynamisch bewirtschaftet. „Die Lese ist meine Leidenschaft", bekennt Tempé. Er setzt auf absolute Reife, was in Kombination mit niedrigen Erträgen und behutsamem Pressen reiche, konzentrierte, höchst aromatische Moste ergibt. Man verzichtet auf Chaptalisierung, Säuerung, Kulturhefen und Vergärung in Holz (als ich im Juni 2000 vorbeischaute, gärten 90% der 1999er-Lese noch immer), entsprechend gut definiert fallen die natürlichen Tropfen aus. Vor allem bei den Gewürztraminern hat Tempé ein sicheres Händchen: Sie werfen reichlich Gewürze und Rosenessenzen in die Waagschale, bleiben dabei aber klar und rein.

Trimbach ✪✪
68150 Ribeauvillé, Tel. 03 89 73 60 30, Fax 03 89 73 89 04

Wenn Zind-Humbrecht mit seinen stoffigen, duftgeschwängerten, oft extravaganten und kraftvollen Essenzen den Südpol der Elsässer Weinlandschaft bildet, dann ist Trimbach der Nordpol. „Zurückhaltung", so lautet sein Zauberwort. In einer von der Familie selbst verfassten Beschreibung des „Trimbach-Stils" heißt es: „Wir erzeugen harmonische Weine, die konzentriert, aber nicht schwer, fruchtig, aber nicht süß, erfrischend statt fett, höflich statt aufdringlich sind." Bernard und Hubert führen den Betrieb, der seit 1626 in Familienbesitz ist. Man bewirtschaftet 27 ha eigener Weinberge, die den Bedarf des Unternehmens zu etwa einem Viertel decken. Zum Gut gehören 1,25 ha Riesling-Fläche im Grand cru Rosacker – der Quelle des großen Elsässer Rieslings Clos Ste-Hune, an dem man alle anderen misst –, außerdem 0,65 ha am Geisberg und 4 ha am Osterberg, die zur nicht ganz so teuren Cuvée Frédéric Emile verschnitten werden (die Grand-cru-Namen verwendet der vehemente Kritiker des Systems natürlich nicht). Die Vergärung verläuft kühl und langsam; man nimmt früh von der Hefe, vermeidet eine malolaktische Gärung, filtriert, schönt und füllt früh ab, „um die Frische der Frucht zu bewahren". Anschließend lagern die Trimbachs ihre Weine vor der Freigabe ein Jahr, die Flaggschiffe des Guts sogar etwa fünf Jahre.

Bei dieser beharrlich umgesetzten Bereitungsphilosophie fallen die Weine erwartungsgemäß aus: Die Grundlinie ist sauber und rein, wenngleich manche Vertreter wie der Pinot blanc etwas herb und lustfeindlich wirken. Die besseren Tropfen – man staffelt nach Réserve, Réserve Personnelle und Cuvée mit Namen – treten makellos rein auf, allerdings nicht einheitlich konzentriert, elegant und klassisch. Sie bilden die Spitze der Sortenweinproduktion im Land und sind damit ironischerweise ein Vorbild für die gesamte französische Weinerzeugung nach dem Vorbild der Neuen Welt. Das Terroir mag wichtig sein, doch es tritt hinter die Markennamen und -identitäten zurück. Wer die hohe Restsüße vieler neuer Elsässer scheut, sucht bei Trimbach Zuflucht – selbst Spätlesen wie die 1990er Frédéric Emile Vendange Tardive mit gerade einmal 15 g/l Restzucker sind kaum mehr als halbtrocken. Das letzte Wort soll der redegewandte Trimbach selbst haben: „Unsere Weine atmen den

Geist des Protestantismus: Sie sind kräftig und fest, haben schöne Säure und eine einnehmende Frische. Reinheit und Sauberkeit, das ist die Trimbach-Linie. Kein Holz, ich hasse Holz. Parker hat uns in die falsche Richtung gedrängt: Er ist ein süßes Schleckermaul. Die Amerikaner haben den Geschmack negativ beeinflusst. Sie bevorzugen Weine, die lang im Fass liegen, eine malolaktische Gärung hinter sich haben und auf ihrem Geläger so fett werden, dass nur noch Amerikaner sie hinunterbekommen. Zind-Humbrecht ist ein Geschöpf Parkers. Aber nehmen Sie nicht alles, was ich sage, für bare Münze."

Weinbach ○○
68240 Kayserberg, Tel. 03 89 47 13 21, Fax 03 89 47 38 18

Drei Dinge schätzt man an diesem überragenden 26-ha-Gut mit vollem Namen Madame Théo Faller et ses filles: den ummauerten, hervorragenden Weinberg Clos des Capucins, auf dem auch das Haus und die Kellerei stehen, das gute Aussehen und den Charme von Madame Colette Faller und ihren Töchtern Catherine (Verkauf) und Laurence (Weinbereitung) und natürlich die Weine. In den Händen der bezaubernden Laurence haben sie an Finesse und Rasse gewonnen, ohne ihre Zugänglichkeit zu verlieren. Der 5 ha große Clos liegt auf sandigem Schluff und ist flach, doch verfügt die Familie auch über vorzügliche Parzellen im nicht klassifizierten Altenbourg (3 ha) sowie in den ungleichen Grands crus Schlossberg (10 ha), Furstentum (1 ha) und Mambourg (50 Ar). Die Nomenklatur ist verwirrend. Neben den reinsortigen Grand-cru- und *lieux-dits*-Einzellagen hat man auch Réserve- und Réserve-Personnelle-Weine im Sortiment (aus dem Clos), außerdem eine Cuvée Theo (von den besseren Arealen des Clos), eine Cuvée Sainte Catherine (aus den unteren Lagen am Schlossberg und gelegentlich den besten Flecken im Clos, die oft um St-Katharina am 25. November abgeerntet werden) und eine Cuvée Laurence (üppigere Tropfen von noch später gelesenen Trauben). Ebenfalls erhältlich: erstaunlich prunkvolle Vendanges Tardives und Sélections des Grains Nobles. Die enorme Palette gipfelt in den verschiedenen Rieslingen vom Schlossberg, die Baumobst, Mineralien, Honig sowie in späteren Jahren Butter und Nüsse anbieten. Der parfümige Gewürztraminer aus Altenbourg beweist, dass die Lage eigentlich Grand-cru-Status haben sollte.

Zind-Humbrecht ○○○
68239 Turckheim, Tel. 03 89 27 02 05, Fax 03 89 27 22 58

Wenn ich von allen in diesem Buch erwähnten Erzeugern einen als beispielhaft für die neue Weinlandschaft Frankreich als Ganzes vorschlagen müsste, wäre es Zind-Humbrecht. Erstens sucht die neue Winzergeneration nach den Eigenheiten ihres Landes. Sie legt es bloß, entdeckt seine Wesenszüge und seine Schönheit. Und niemandem in Frankreich ist das in den letzten vier Jahrzehnten besser gelungen als Zind-Humbrecht. Das Werk wurde von Léonard Humbrecht begonnen. Als in den 1960er- und 1970er-Jahren die Winzer der Region darauf bedacht waren, Probleme möglichst zu vermeiden, kaufte und rettete er hervorragende, aber schwierige Weinberge, insbesondere den mittlerweile legendären Rangen in Thann. Ende der 1980er-Jahre stieg sein genialer Sohn Olivier mit in den Betrieb ein und so konnte Léonard auf seinem 40-ha-Gut mit frischer Energie die Geheimnisse der Weinberge weiter erkunden, während Olivier ihre Tropfen zu einem Musterbeispiel an Vielfältigkeit machte.

Zweitens sucht die neue Generation den Einklang mit der Umwelt. Olivier Zind-Humbrecht führt den Betrieb professionell. Der Master of Wine ist ein brillanter Denker mit wissenschaftlichem Pragmatismus. Der rasche Umstieg auf biodynamische Wirtschaftsweise ergab sich allein aus empirischen Beobachtungen und Engagement für die Umwelt. Es war allerdings keineswegs eine einfache Entscheidung: Man musste die Belegschaft von 15 auf 26 Arbeitskräfte erhöhen. Obendrein betragen die Erträge oft nur ein Drittel des Durchschnitts im Elsass. Idealerweise werden die Trauben vollends ausgereift und ausgewogen gelesen (Chaptalisierung oder Säuerung kommen natürlich nicht in Frage).

Drittens hat sich in Frankreich in den letzten zehn Jahren eine neue Richtung herauskristallisiert: die zurückhaltende Kellerwirtschaft. Kaum jemand könnte das gesamte Arsenal moderner Weinbereitungstechniken so virtuos einsetzen wie der geschickte Olivier Zind-Humbrecht – und doch entschied er sich für so wenig Eingriffe in den Entstehungsprozess der Weine wie möglich. Es erfordert schon Mut, die Trauben so sanft zu pressen, dass der Saft erst nach 48 Stunden abgelaufen ist, die Weine 14 Monate gären zu lassen, sie weitere zehn Monate ohne Schwefeldioxid auf der Hefe liegen zu lassen oder ihnen selbst zu überlassen, ob sie eine malolaktische Gärung wollen – und das in einer Region, in der man diesen Vorgang traditionell vermeidet. Nicht weniger mutig ist es, die Weine unfiltriert bzw. ungeschönt abzufüllen und ein Weinsortiment mit den unterschiedlichsten Restzuckergehalten auf den Markt zu bringen. Olivier hat mehrmals die Richtung gewechselt. „Ich hätte das vor 15 Jahren nicht gemacht", erklärte er mir, als wir darüber sprachen, dass die Vergärung seiner 1998er-Weine erst im Januar 2000 beendet war: „Aber nur Dummköpfe ändern ihre Meinung nie." Und er arbeitet mit Risiko. „Wir können uns unsere Zurückhaltung nur erlauben, wenn das Lesegut von tadelloser Qualität und Reife ist, sonst fällt das Ergebnis katastrophal aus." Eine Verkostung des kompletten Sortiments bei Zind-Humbrecht kommt einem Spaziergang durch eine stille Kunstgalerie voller Meisterwerke gleich. Das Spektrum an Nuancen und Unterschieden ist enorm. Seine Kreszenzen sind so weit von industriell gefertigten Markenprodukten oder den bissigen Getränken gedankenlosen Weinbaus entfernt, wie es nur möglich ist.

Als Erstes fällt einem bei seinen Weinen sofort die Dichte auf. Die Weißen haben Stoff und Substanz. Wie Brei liegen sie auf der Zunge. Ihre Düfte sind wegen des fehlenden Schwefeleinsatzes nicht immer angenehm. Vor allem kurz nach der Abfüllung kann sich eine Reduktion bemerkbar machen, weshalb man nicht zögern sollte, sie ausgiebig zu dekantieren. In den meisten Fällen aber riechen sie köstlich. Jeder tritt mit eigener Persönlichkeit auf, in der Duft und Geschmack eine innige Einheit bilden. Die traubige Essenz des Herrenweg Muscat (ein echtes Schnäppchen von 50-jährigen Stöcken) steht im Gegensatz zur blumigen Kraft des Goldert Muscat. Der Pinot blanc wirkt wie ein typischer, gelungener Vertreter dieser Rebsorte – überraschenderweise aber enthält er noch Auxerrois vom Herrenweg und Chardonnay vom Clos Windsbuhl, außerdem Pinot blanc vom Rotenberg. Und der Riesling ist nach Zind-Humbrechts Überzeugung „der eleganteste Weißwein der Welt". Er bietet ihn in bis zu zehn Varianten an. Der kalkige Clos Hauserer aus einer Lage unterhalb von Hengst in Wintzenheim gebärdet sich lebhaft und freimütig, der in einem geschützten Winkel heranreifende Clos Windsbuhl (aus Hunawihr) macht durch steinige, intensive, ungestüme Züge auf sich aufmerksam, während sich der von jungen Stöcken stammende Heimbourg (in Turckheim) weicher und cremiger gibt. Granitbeladen tritt der Brand auf (die meisten Stöcke dort sind über 40 Jahre alt), ein kraftvoller, polternder, fast unzivilisierter Tropfen mit reichlich Walnuss und Asche im Gepäck. Durch Komplexität und gefasste Ruhe nimmt der vulkanische Clos St-Urbain für sich ein, eine Synthese aus Blüten, Baumobst und Butter mit mineralischem Aufbäumen im Ausklang. Zind-Humbrechts Pinot gris enthält wie die „gewöhnliche" Cuvée Vieilles Vignes von mindestens 50-jährigen Reben oft merkliche Restsüße, doch bei so viel Dichte und Extrakt hat der Zucker problemlos das nötige Gegengewicht. Der Clos Jebsal oberhalb von Turckheim ist Zind-Humbrechts Spitzenlage für Pinot gris: Hier entstehen oft essenzartige, fruchtstrotzende Spätlesen an der Grenze des Machbaren und Sélections des Grains Nobles, die sich durch safttriefende Sommerfrüchte auszeichnen. Der Heimbourg und Rotenberg fallen frischer und rauchiger aus, während der Clos St-Urbain die mineralische Kraft dieses außergewöhnlichen Weinbergs vermittelt. Der Gewürztraminer schließlich ist selten so explosiv exotisch wie hier: Schon die „gewöhnliche" Version setzt Maßstäbe in der Region. Alles andere darüber ist etwas ganz Besonderes: der Wintzenheim und Geuberschwihr, die viele Grand-cru-Erzeugnisse anderer Betriebe in den Schatten stellen, ferner der meisterhafte, oft völlig trockene Herrenweg de Turckheim. Weitere Meisterwerke: die teigige Gewürzbombe Hengst, der fast schon schmerzhaft intensive Heimbourg, der saftige Goldert mit Anklängen an kandierte Zitrusfrüchten, die feurige Dampflok mit Honigladung, Clos Windsbuhl, und allen voran der in winziger Menge herausgebrachte, vielschichtige, mineralisch-salzige Clos St-Urbain, der beweist, dass in den großen Elsässer Lagen die Stimme des Weinbergs wesentlich lauter ist als die der Rebsorte.

Chablis

Erwartungen Chablis wird aus der weltweit beliebtesten Rebsorte bereitet. Und doch schmeckt dieser Wein einzigartig – ein Geschenk des Himmels, das sich leicht zu Geld machen lässt. In der neuen Weinlandschaft indes wird sich Chablis bewähren müssen.

Eine solche Sonne wünscht man sich, und sei es auch nur für einen Tag. Wärme ohne Schwüle erfüllt die Luft, die wie gepudert scheint. Die quadratischen weißen Mauerziegel, aus denen die kleine, genügsame Stadt erbaut ist, scheinen sich unmerklich zu räkeln und dabei feinen Staub aufzuwirbeln.

Es ist Markt in der rue du Maréchal de Lattre de Tassigny. Er übt eine Anziehungskraft aus, der man kaum widerstehen kann. Warum sollte man sich dagegen auch sträuben – der sanfte Strom der Menschen treibt einen wie von selbst dorthin. Man lässt die dunkle, ärmliche rue des Juifs hinter sich. An der Biegung findet man das *ancien lavoir*, in dem die Frauen der Stadt einst ihre Wäsche wuschen. Weiter geht es die rue Porte Noël entlang, vorbei an einer Apotheke mit einem Schaufenster voller rosa Luftballons. „*Charbon de Belloc digère l'air qui vous ballonne*", heißt es auf einem handgeschriebenen Plakat: „Belloc-Kohle schluckt die Luft, die Sie anschwellen lässt." Auf einen Ballon ist ein Gesicht aufgemalt; es lacht – dank Belloc-Kohle. Auf der Straßenseite gegenüber tapst ein schwarzer Neufundländer mit einem Korb voll sonntäglicher Leckereien zwischen den Zähnen vorbei. Sein Herrchen, ein schmaler Mann mit wirrem grauem Haar, geht ein paar Schritte hinter ihm. Sobald der Hund vom Weg abweicht, raunt er ihm leise etwas zu, woraufhin sich das Tier auf seine Pflichten besinnt und geradeaus weitermarschiert.

An der Kreuzung beginnt der Markt. Der Bäcker Didier Martin – „*votre artisan boulanger*" – hat einen Tisch vor seinen Laden gestellt, auf dem er die besten Stücke seines Repertoires präsentiert: mächtige Landbrote mit dicker Kruste, die wie Riesenschnecken auf der Tafel liegen. Die ersten beiden Stände stehen sich gegenüber. In einem verkauft eine gelangweilte Blondine Nachtwäsche an niemanden, während ihr mürrischer Ehemann hinter der Bude Zeitung liest. Mehr Andrang herrscht auf der anderen Seite vor dem Gemüsestand mit kürbisgelben Pfifferlingen. Auf einem Blatt aus einem Schulheft steht in krakeliger Schrift: „*Produits de terroir*". Vom Gerüst hängen Stränge aus hellroten Pfefferschoten; „*Piments de l'Espelette*", erklärt eine Broschüre mit dem Titel „*l'épice du pays Basque*". Außerdem werden Pfirsiche und dunkle Feigen aus der Provence, feine grüne Bohnen, in Zweierreihen drapierte Rettiche und Petersilie feilgeboten. Drei Farben Knoblauch – weiß, violett, rosa – locken die Käufer. Eine Schlange aus zwölf Hungrigen steht vor einem Stand, an dem es heiße Blutwurst gibt. Auf der schattigen Caféterrasse ist jeder Tisch besetzt. Die Gäste lesen Zeitung, rauchen genüsslich, beobachten die Menge und trinken aus beschlagenen Gläsern kalten, silbrigen Weißwein. In einer Seitenstraße geht eine alte Frau an mir vorbei. „*Fait chaud, hein?*" – „heiß, nicht wahr?", fragt sie mich, als bräuchte sie Bestätigung. Und noch einmal höre ich ein „*Fait chaud*", bevor sie verschwindet.

Das Schicksal hat es gut gemeint mit Chablis. Der Name dieses glücklichen Fleckchens gleitet wie ein Mangokern von der Zunge, sein Ruf ist so weit gereist wie der Wein selbst. Er wird so oft imitiert, dass er eigentlich das Ego eines verwöhnten Rockstars haben müsste: Bevor Frankreichs Weinnamen mit dem Appellationssystem unter Schutz gestellt wurden, schmückte sich fast jedes neue Weinerzeugerland mit einem „Chablis". Zum Teil ist das noch heute so.

Dabei gibt es gar nicht so viel Chablis. Die vier Appellationen bringen es zusammengenommen auf gerade einmal 4000 ha. Das ist nur unwesentlich mehr Anbaufläche als in den Coteaux d'Aix-en-Provence – ein Tropfen im Ozean der Nachfrage. Chablis wird übrigens wegen seines Geschmacks geschätzt. Kein Wein der Welt ist wie er, wenngleich alter Champagner und die Sauvignon-Erzeugnisse von der oberen Loire ihm ziemlich nahe kommen (warum, das werden wir gleich erfahren). Viele Chardonnays aus der Neuen Welt könnten als passable Versionen eines Meursault durchgehen, doch kaum jemand wagt auch nur den Versuch, einen Chablis zu kopieren. Er riecht nach Rauch, Stein und Winterluft und schmeckt so lebendig und frisch wie ein eiskalter Wildbach, der sich aus dem düsteren Felshang eines wolkenverhangenen Bergs ergießt und über Kiesel zu Tal plätschert. Sie bezweifeln den Einfluss des Bodens auf den Geschmack eines Weins? Nehmen Sie einen Chablis von den weiter hinten genannten Erzeugern, außerdem fünf Chardonnays anderer Provenienz, und verkosten Sie die sechs Flaschen blind mit Freunden. Wenn der Chablis nicht völlig anders schmeckt, dann dürfen Sie mich Hochstapler nennen.

„Soll ich Ihnen eine Geschichte erzählen?", fragte Vincent Dauvissat, als ich von ihm etwas über die steinigen, mineralischen Noten von Chablis erfahren wollte. „Vor rund zehn Jahren kam eine Gruppe von Geologen nach Chablis. Sie wollten das Terroir untersuchen, um den Zusammenhang zwischen Boden und Wein zu verstehen. Bei ihrer Ankunft goss es wie aus Eimern. An Arbeit unter freiem Himmel war überhaupt nicht zu denken. Also beschlossen sie, ein paar Keller zu besuchen und einige Weine zu verkosten. Ich öffnete für sie eine sehr alte Flasche, für deren Duft sie sich begeisterten. Nun steht bei mir auch ein alter Steinblock, der mit *Exogyra virgula* übersät ist. Das kommaförmige Fossil ist für den mergeligen Kimmeridgium-Kalk der Region typisch. Sie waren von ihm begeistert und fragten, ob sie es mitnehmen könnten. Ich verneinte und sagte, dass es zu schön zum Verschenken sei, bot ihnen aber an, etwas davon abzubrechen. Also nahm ich einen Hammer und schlug ein Stück ab. Die Stelle, an der es abbrach, verströmte denselben Geruch von Rauch und Stein, den wir schon im Wein bemerkt hatten! Die Geologen waren völlig verblüfft."

„In den 1970er-Jahren nahmen wir jeden Tag Aspirin, um keine Kopfschmerzen zu bekommen. In den 1980ern nahmen wir Aspirin nur, wenn wir Kopfschmerzen hatten. Und in den 1990ern begannen wir uns zu fragen: Warum haben wir eigentlich Kopfschmerzen?"

MICHEL LAROCHE

◀ *Eine Knospe ist ein Versprechen. In dieser hier warten die von ihrer Umgebung geprägten Blütenblätter bereits ungeduldig auf ein Jahr der Erfüllung.*

▲ *Dem Betrachter bleibt die Einzigartigkeit von Chablis verborgen. Ein Schluck indes sagt alles. Weinlandschaften erschließen sich über Duft und Geschmack.*

Vor mir liegt ein Stück Stein mit reichlich *Exogyra*-Fossilien darin. Ich habe es an einem unbarmherzig heißen Nachmittag im September 2000 in Les Clos aufgelesen. Bei näherem Hinsehen erkennt man, dass die versteinerten Schalen dicht aneinander liegen, wie Nudeln, die man mit hartem, grauweißem Mergel zusammengeklebt hat. Das Aussehen indes ist keineswegs das hervorstechendste Merkmal dieses 160-g-Stücks, vielmehr die Tatsache, dass es riecht. Man denke an eine Schachtel Tafelkreide, die mit Wasser besprüht und ein, zwei Tage in ein luftdichtes Gefäß gelegt wurde. Exakt diesen Geruch verströmt auch der Stein.

Natürlich unterscheidet sich Chablis nicht allein durch den Duft fossilen Kalks von anderen Chardonnays. Ein weiteres Element ist die Säure: Guter Chablis ist herb. Damit ist nicht die raue Herbheit grüner Früchte gemeint, sondern eine reife, volle, milchigweiche Säure. Es gibt noch andere Chardonnays, die mit der Säure ein ehernes Bündnis geschlossen haben, allen voran die Weine aus Tasmanien und dem neuseeländischen Marlborough. Doch ihre Säure ist anders: zitrusfruchtig, zitronen- und limettengetönt, in Marlborough oft mit Laubeinschlag. Die Säure eines Chablis hingegen ist weinig, strukturierend, nervig; sie durchdringt den Tropfen wie eine knisternde elektrische Ladung.

Frucht hingegen setzt der Chablis nur verhalten frei. Er hat nichts von der üppigen, saftigen Frucht der meisten Chardonnays aus warmen Klimazonen oder sogar der weißen Burgunder von der Côte d'Or weiter südlich. Man muss schon etwas stöbern, um das Körbchen mit Baumobst zu entdecken; oft liegt es unter einem Haufen weißer Steine vergraben. Mit der Zeit – und die braucht guter Chablis wie guter Riesling – treten weitere Schätze zutage: Blüten, Moos, frisches Brot, geschnittene helle Pilze, Waldboden, etwas Honig. Auch sie aber machen sich nur schüchtern bemerkbar. Einem Chablis kommt bestenfalls ein Blanc-de-Blancs-Champagner aus einem reifen Jahrgang nahe, der im Glas gestanden ist, bis er seine Kohlensäure ausgehaucht hat.

Chablis ist ein Schatz, ein perfekter Naturhafen an einer unzugänglichen Küste, ein Diamantenvorkommen im Inneren eines abweisenden Gebirgsriesen. Die Winzer der Region stehen deshalb vor einer ganz anderen Herausforderung als beispielsweise ihre Kollegen in Corbières oder Quincy. Sie müssen nichts mehr beweisen, um anerkannt zu werden und Ruhm zu ernten. Sie müssen nur das Terroir zur Geltung bringen und den Ansprüchen des Marktes genügen. Mit anderen Worten: Sie müssen den bestmöglichen Chablis bereiten – ohne auf Tricks zurückzugreifen, ohne der Versuchung höherer Erträge oder geringerer Konzentration zu erliegen, aber auch ohne sich allein auf den Klang des Namens Chablis zu verlassen und das schnelle Geld mit minderer Qualität zu machen.

Das ist nicht immer gelungen. Die Rebfläche hat in den letzten drei Jahrzehnten des 20. Jahrhunderts enorm zugenommen. In den 1950er-Jahren wurden ganze 500 ha bewirtschaftet; 1970 waren es immerhin bereits 1000 ha. Doch mittlerweile ist das bestockte Areal auf das Vierfache angewachsen. In dieser Zeit war bestürzend viel Billig-Chablis in Umlauf; selbst Premier-cru- und Grand-cru-Ausführungen enttäuschten oft. Aber warum? Wenn man die Rebhänge sieht und die Weine verkostet, weiß man, dass das Terroir den besten Lagen an der Côte d'Or nicht nachsteht. Und trotzdem lag der Durchschnittspreis für einen Premier cru Montée de Tonnerre weit unter dem eines Meursault-Genevrières, zahlte man für einen Grand cru Les Clos viel weniger als für einen Corton-Charlemagne oder Bâtard-Montrachet. Der Grund für den Niedergang: Die Winzer hatten zu wenig Vertrauen in das Terroir, wurden ihre Produkte viel zu leicht los und setzten zu sehr auf arbeitssparende Techniken. Bis vor kurzem wurden z. B. 40 % der Grands crus mechanisch gelesen. Als der schonende Umgang mit der Frucht Traube für Traube und sogar Beere für Beere (wie 2001 bei Pape Clément) in den größten französischen Weinbergen immer mehr Bedeutung gewann, wurde in Chablis noch fast die Hälfte des hochwertigsten Leseguts brutal vom Stock geschlagen, auf Lastwagen geworfen und heimgekarrt. Nicht minder beklagenswert war die Manie für „saubere" Weine: Mit niedrigen Temperaturen, Edelstahltanks, Schönungsmitteln und Filtern zog man gegen den Geschmack zu Felde. Das Ergebnis war verheerend und verdiente die Bezeichnung *vin de terroir* nicht mehr.

Zum Glück ist Besserung in Sicht. Man merkt es den Weinen dieser kleinen Region an, dass die Ära der Massenprodukte zu Ende geht und man auf ausdrucksvolle, feine Tropfen zu setzen beginnt, die den Stempel des erstaunlichen Terroir tragen. Das offensichtlichste Zeichen der Wende ist die Gründung der Union des Grands Crus de Chablis im März 2000 und die Unterzeichnung einer Qualitäts-Charta durch 18 Erzeuger, darunter Billaud-Simon, La Chablisienne, Drouhin, Laroche und Fèvre am 24. Januar 2001.

Laroches Ausspruch auf der vorigen Seite charakterisiert die Entwicklung in Chablis anschaulich. Man fängt an zu verstehen, was Qualität ist und wie man sie erreicht. Zwei Drittel der 100 ha Grands crus gehören mittlerweile zur Union. Die Qualitäts-Charta schreibt unter anderem eine Bestockungsdichte von 8000 Pflanzen/ha, die Überprüfung der Rebflächen durch die Union zur Verhinderung zu hoher Erträge, den Verzicht auf maschinelle Lese, ein Verbot der Abfüllung in den ersten 15 Monaten nach der Lese und Blindverkostungen durch die Mitglieder als Voraussetzung für die Aufnahme vor.

Vincent Dauvissat

Nur wenige politische Zitate sind so bekannt wie Charles de Gaulles Bemerkung über die Unregierbarkeit einer Nation, die so viele Käsesorten produziert wie die Franzosen. Das Gleiche gilt auch für die Weine.

„Als ich von der Gründung der Union erfuhr, dachte ich mir: Das hört sich so an, als ob wir hier nicht wüssten, was für ein gutes Terroir wir haben, als hätten wir Angst vor etwas. Für mich steckten finanzielle Überlegungen dahinter. Mir schien, als ob man mit der Union den Preis von Chablis in die Höhe treiben wollte. Wir sollten nicht mit Verkaufsmaschen arbeiten, sondern uns im Weinberg einsetzen. In Chablis verdienen alle Winzer gut. Mit etwas so Edlem wie Wein spekuliert man nicht."

Wer Vincent Dauvissat kennt, wird sich über diesen idealistischen Einwand nicht wundern. Ein Kollege beschrieb ihn einmal als doux-rêveur, als „süßen Träumer". Schade, dass Dauvissat ihr nicht beigetreten ist, denn er wäre eine wertvolle Bereicherung.

Man kann es aber auch von einer anderen Warte aus sehen. Spiegelt der Wein das Wesen seines Winzers wider? Wenn ja, kann man sich dann einen besseren Chablis-Erzeuger wünschen als einen Weinbauern von reinem Geist? Schließlich soll auch Chablis der reinste aller Weine sein. Er soll klar und ungetrübt im Glas liegen, mit der Zeit nur die Geschmackseinfärbungen annehmen, die im feuchten Erdreich enthalten sind und von den Wurzeln aufgenommen und an die Trauben weitergegeben werden. Damit ist mehr oder weniger auch Dauvissats Stil charakterisiert. Intensive, feindetaillierte Reinheit zeichnet ihn aus. „Im Grunde können wir uns glücklich schätzen, dass wir ein so hervorragendes Terroir haben", erklärte mir der Winzer. „Wir müssen es bewahren. Ich bin in einer Umgebung aufgewachsen, in der die Menschen ihrem Boden nahe waren, ihre Arbeit liebten und ihre Liebe für die Rebe und den Wein zum Ausdruck bringen konnten. Das möchte ich weitergeben. Sonst nichts."

Jean-Marie Raveneau

Die Weinbauern in Chablis sind ein zurückhaltender Menschenschlag. Es gibt in der Region ein, zwei extrovertierte Persönlichkeiten wie z. B. Gilles Collet mit seinem mächtigen Schnurrbart, doch die meisten Winzer lassen sich nur schwer aus der Reserve locken. Sie bevorzugen die nur von pfeifenden Winden durchbrochene Einsamkeit ihrer steinigen Rebgärten oder das stille Dunkel ihrer Keller und behalten ihre Gedanken für sich. Auch Jean-Marie Raveneau gehört zu dieser Spezies. Man hat allerdings das Gefühl, dass man nur den Schlüssel zu ihm finden müsste, und schon würden die vielen in ihm verborgenen Geheimnisse aus ihm heraussprudeln.

Er denkt und arbeitet ganz ähnlich wie Dauvissat: harte Arbeit im Weinberg, klassische Vinifizierung und langsamer, behutsamer Ausbau in alten feuillettes. Und wie Dauvissat hat er sich gegen eine Mitgliedschaft in der Union entschieden, wenngleich seine Gründe etwas pragmatischer als die seines Kollegen sind.

„Im Prinzip stimme ich mit den Zielen überein", räumt er ein. „Ich finde nur, man hat das Pferd von hinten aufgezäumt. Man hätte zuerst eine Qualitäts-Charta erarbeiten, sie umsetzen und dann die Vereinigung bilden sollen. Solange die Qualitätslatte nicht höher gelegt wird, bleibe ich bei meinem Nein zur Union."

Didier Séguier

Das beste Gut in Chablis trägt den Namen seines früheren Besitzers, William Fèvre. Der jetzige Eigentümer Joseph Henriot hat die Führung der Vorzeigedomäne dem Bordelaiser Didier Séguier anvertraut, einem der wenigen nicht aus der Region stammenden Weinbauern. Séguier kam in Castres zur Welt, wuchs jedoch in Blaye auf. Er entwickelte eine tiefe Zuneigung zu Chablis und seinen Weinen. Dem Fèvre-Gut gehören 15 % des gesamten Grand-cru-Lands. Wenn die im Besitz der restlichen 85 % ihr Lesegut nur so beispielhaft behandeln würden wie Séguier! Er lässt die Trauben allesamt von Hand lesen und in Kisten mit nicht mehr als 13 kg Fassungsvermögen legen. Dann kommen sie auf den Sortiertisch und schließlich in die Presse. Dank diesem schonenden Verfahren, einer Senkung der Erträge und dem verglichen mit früher wesentlich zurückhaltenderen Einsatz von neuer Eiche hat Séguier 1999 und 2000 Bemerkenswertes zuwege gebracht.

Chablis im Überblick

Chablis gehört nicht zu Burgund. Jeder Geograph wird das bestätigen. Die beiden Regionen sind in zweifacher Hinsicht verschieden: Ihr Wasser ist anders und ihr Gestein ist anders.

Vier große Flussbecken ziehen sich durch Frankreich: das der Seine, der Loire, der Rhône und der Garonne bzw. Dordogne. Burgund liegt im Einflussbereich der Rhône, Chablis und Champagne gehören zum Seine-Becken. Um vom einen zum anderen zu gelangen, muss man das Plateau de Langres und den Höhenzug Morvan überqueren. Das sind zwar nicht gerade mächtige Erhebungen, dennoch überwindet das Wasser sie nur, weil die Schleusen des Canal de Bourgogne nachhelfen. Weil Chablis zum Seine-Becken gehört, war Yonne einst – man glaubt es kaum – das größte Weinbau-Departement in Frankreich: Vor der Reblausinvasion nahmen die Weinberge nicht 4000 ha, sondern 40 000 ha ein.

Auch der Boden ist anders als in Burgund. Der Geologe James Wilson nennt die Region in seinem Buch *Terroir* „Kimmeridgium-Kette". Ausnahmsweise sind die Gesteinskarten einmal ungewöhnlich übersichtlich. Reuilly, Quincy, Menetou-Salon, Sancerre, Pouilly-sur-Loire, Irancy, Chablis, Tonnerre, les Riceys, Bar-sur-Seine und Bar-sur-Aube liegen alle nah beieinander auf einem langen weißen Streifen aus Kalk der Oberen Jurastufe. Er setzt sich aus zweierlei Gestein zusammen. Ein weicher, kalkiger Mergel namens Kimmeridgium bildet die untere Schicht, über die sich harter Portlandium-Kalk zieht. Das Kimmeridgium umfasst den Rand des Pariser Beckens, zieht sich unter dem Ärmelkanal hindurch und kommt im südlichen Großbritannien wieder an die Oberfläche – daher auch die englischen Bezeichnungen.

Das gesamte Burgund dagegen erstreckt sich auf einem Fundament aus dem Mittleren Jura, sieht man einmal von einigen Gipfeln der Hautes Côtes ab. Geologisch ist Chablis also enger mit der oberen Loire und dem südlichen Teil der Champagne verwandt als mit Meursault oder Mâcon.

Doch man sollte eine unbedeutende Kleinigkeit nicht außer Acht lassen: die Rebsorte. Sauvignon blanc wächst zwar in Yonne, aber nur in einigen wenigen Weinbergen. Die überwältigende Mehrheit der Rebflächen ist seit der Reblausinvasion Chardonnay-Terrain, wenngleich man noch etwas Pinot noir kultiviert. Gegenüber dem Terroir spielt die Rebsorte in Frankreich mitunter zwar eine untergeordnete Rolle, doch gerade sie hat Chablis hier ein burgundisches Profil gegeben. Die Region ist heute der nördlichste Außenposten des Chardonnay-Reichs.

Das Anbaugebiet **Chablis** erinnert an einen zerrissenen Flickenteppich um das gleichnamige Städtchen. Die Rebflächen liegen zu beiden Seiten des träge dahinfließenden Serein, dessen Name übersetzt „der Gelassene" bedeutet. Aus der Vogelperspektive kann man eine pastorale Kulturlandschaft mit mindestens vierzehn Seitentälern erkennen, deren Flüsse alle dem Serein zustreben. Entsprechend viele verschiedene Hänge und Ausrichtungen findet man; sie machen eine genauere Untergliederung in mehrere Appellationen erforderlich.

Die kühlsten, oft am höchsten gelegenen Rebflächen ordnet man **Petit Chablis** zu. Das Anbaugebiet zieht sich meist an der Stelle entlang, an der der Kimmeridgium-Mergel in den härteren Portlan-

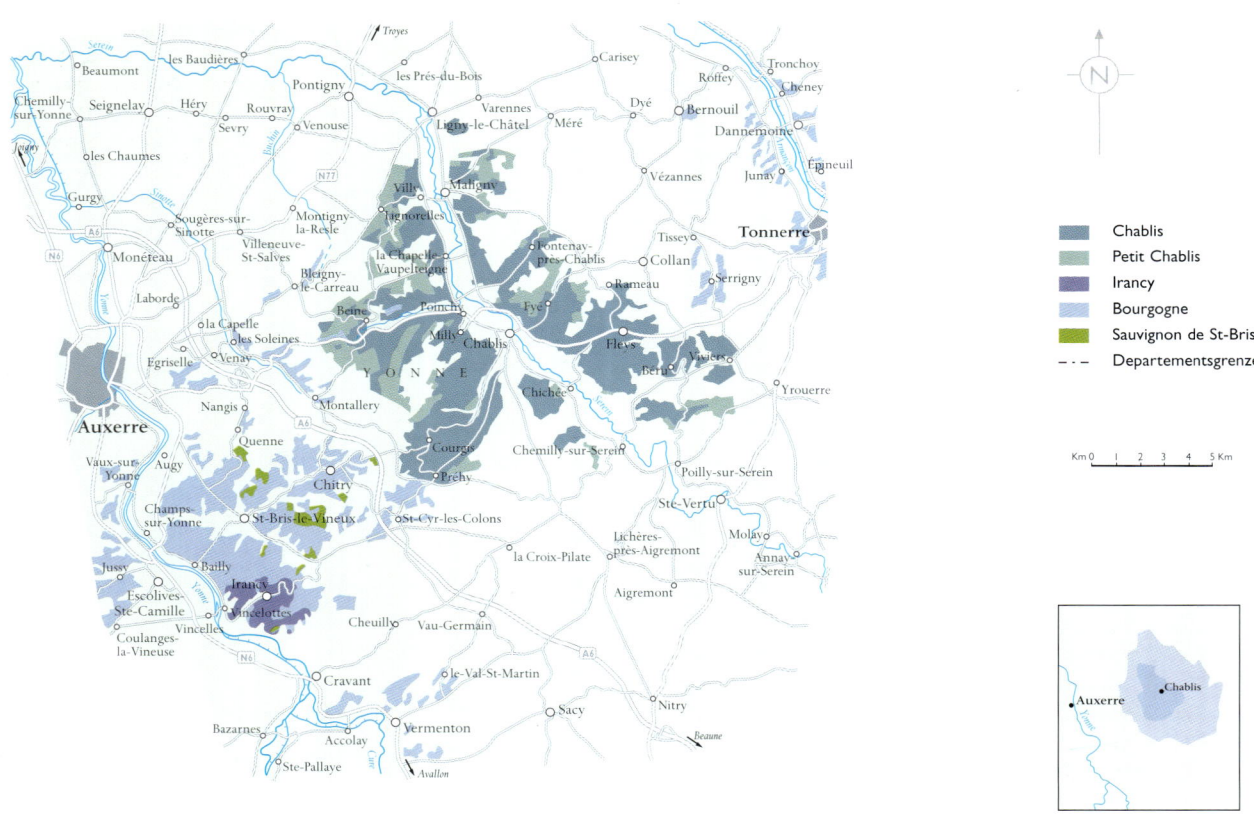

dium-Kalk übergeht. Auf die Rebflächen der AOC Petit Chablis oberhalb der Grand-cru-Lagen am Rand des Plateaus stößt man, wenn man die Hänge über Chablis hochgeht.

Die besseren Südost- und Südwestlagen am mittleren Hang gehören zur AOC **Chablis Premier Cru**, die insgesamt 747 ha umfasst. Das Gros der übrigen Rebflächen indes fällt unter die einfache AOC Chablis; sie befinden sich vorwiegend auf Kimmeridgium-Mergel. Als man 1967 und 1976 die Anbauflächen von Chablis und Chablis Premier Cru erweiterte, gab es heftige Kontroversen über den Sinn dieser Maßnahme. Nicht ohne Grund: Bei der ursprünglichen Festlegung der AOC-Grenzen im Jahr 1938 war man einen eher unüblichen Weg gegangen und hatte das Anbaugebiet rein nach geologischen Gesichtspunkten festgelegt. Chablis, so hieß es, dürfe nur von Kimmeridgium-Mergel stammen. Bei der Reform von 1967 und 1976 aber weitete man die Grenzen auf Portlandium-Gebiet, andere Mergeltypen und Ton aus. Heute weiß man, dass topographische Gegebenheiten wie der passende Hang am richtigen Ort die Weinqualität ebenfalls beeinflussen. Vielleicht ist deshalb nicht jeder Chablis und Chablis Premier Cru so gut, wie er eigentlich sein sollte. Für mich sind eher nachlässiger Weinbau, überhohe Erträge und oberflächliche Vinifizierung die Ursache für magere Qualität.

Unstreitig ist jedoch das Chaos bei den Premier-cru-Bezeichnungen. Es gibt ihrer insgesamt 40. Wie im restlichen Burgund ist ihre Verwendung freiwillig. Und in der Tat sind auch nur rund 17 Namen gebräuchlich; manche davon findet man nur selten, wie etwa Beugnons oder Butteaux. Für andere (etwa Fôrets) existieren mehrere Schreibweisen. Die besten Premier-cru-Hänge schließen sich seitlich an die Grands crus an (Fourchaume nördlich und Montée de Tonnerre sowie Mont de Milieu südlich davon): hinzu kommen drei gegenüber den Grands crus, auf der anderen Seite des Serein-Tals (Montmains, Vaillons und Côtes de Léchet). Fôrets bildet im Grund das südliche Ende von Montmains.

Weit einfacher zu beschreiben ist die AOC **Chablis Grand Cru**, ein zusammenhängendes Stück Land von 106 ha Größe direkt gegenüber der Stadt. Der schön geformte Hang besteht aus sieben Grand-cru-Parzellen. Blanchot (12,7 ha) liegt am südöstlichen Ende an einem steilen Hang im Fyé-Tal, das den Grand cru vom Montée de Tonnerre trennt. Les Clos (26 ha), das größte und wärmste Areal, bietet einen direkten Blick auf die Stadt selbst. Valmur (13,2 ha) nimmt eine kühlere Einbuchtung nördlich von Les Clos ein. Grenouilles (9,4 ha) ist nicht nur die kleinste Parzelle, sondern auch die unterste; sie liegt einen Steinwurf vom Fluss entfernt auf einem Hügel. Durch die Erhebung entsteht ein kleines gekrümmtes Tal dahinter, dessen Form an *Exogyra virgula* erinnert. Über diesem Einschnitt erstreckt sich die heiße Lage Vaudésir (14,7 ha), deren Weine besonders schnell reifen. Am nordöstlichen Ende der Grand-cru-Zone schließlich trifft man auf Les Preuses (11,4 ha) und Bougros (12,6 ha); die beiden vereinen sich zu einem leicht geneigten Plateau, das am südlichen Ausläufer von Bougros steil zur D91 abfällt. La Moutonne ist ein Name klösterlichen Ursprungs; er wird von dem Erzeuger Long Depaquit für eine 2,35-ha-Parzelle westlich von Vaudésir verwendet, zu der auch ein Bruchteil von Les Preuses gehört. William Fèvre erzeugt zwei Bougros-Weine: einen vom höher gelegenen Plateau, den er schlicht Bougros nennt, und einen vom Steilhang im südlichen Abschnitt der Parzelle mit Namen Bougros Côte Bouguerots.

Les Clos erbringt die größten, körperreichsten, langlebigsten Tropfen. Die nicht minder warme Parzelle Vaudésir liefert etwas verführerischere, reifere, sinnlichere Gewächse. Les-Preuses-Erzeugnisse sind voll blumiger Finesse, während Valmur oft als der herbste, nervigste der glorreichen Sieben auftritt – der klassischste Chablis also. Grenouilles bekundet etwas mehr mineralische Tiefe. Am umstrittensten ist Bougros: Manche Verkoster finden, dass er nicht ganz Grand-cru-Format hat. Vielleicht spielt der Standort der Reben innerhalb der Parzelle eine Rolle – der Fèvre Côte Bouguerots mit seiner feinen, saftigen Intensität und dem klingenden mineralischen Nachhall wird seinem Status auf alle Fälle mehr als gerecht.

Die beiden Nachbarn von Chablis in der Kimmeridgium-Kette liefern einige der unzugänglichsten französischen Stillweine und sind bestenfalls für Liebhaber des Kuriosen, Unbekannten und Sauren von Interesse. In einer Welt reicherer Tropfen kämpfen diese Überreste des einstigen Weinreichs an der Yonne ums Überleben. Südwestlich von Chablis liegt die neue AOC **Sauvignon de St-Bris**. Hauptort ist St-Bris-le-Vineux. Den Stil dieser Sauvignon-Produkte umreißt man am besten mit weinig. Sie fallen voller und nerviger aus als die blumigen Erzeugnisse aus Menetou-Salon oder Quincy weiter südwestlich entlang der Kimmeridgium-Kette. **Irancy** direkt südlich von St-Bris hat eine eigene AOC für leichte Rotweine auf Pinot-Basis. Das Dorf selbst befindet sich in einer Kuhle und ist von Weinbergen umgeben, die sich über den Dächern nach oben ziehen. Von der Ferne bekommt man den Eindruck, als versinke der Ort in der Erde.

Weitere Dörfer in der Umgebung dürfen ihre Namen der AOC Bourgogne hinzufügen: **Bourgogne St-Bris** für Chardonnay und Pinot noir, **Bourgogne Coulanges-la-Vineuse**, **Bourgogne Jussy**, **Bourgogne Chitry**, **Bourgogne Aligoté Côtes de Chitry** und **Bourgogne Côte d'Auxerre**. Sie liegen alle im Auxerrois, wie die Gegend um Auxerre genannt wird. **Bourgogne Joigny Côte St-Jacques** nimmt nordwestlich von Auxerre den Bereich um Joigny ein, den die Franzosen mit ihrem Faible für eigenwillige Ableitungen von Ortsnamen Jovinien nennen. Im Südosten trifft man auf die Gemeinde **Bourgogne Vézelay** mit der viel besuchten gleichnamigen Stadt als Mittelpunkt; der Landstrich heißt entsprechend Vézelien. Nordöstlich von Chablis erstrecken sich **Bourgogne Epineuil** und **Bourgogne Tonnerre** (das Tonnerrois). Und noch weiter nordöstlich findet man das obskure Weinbaugebiet Châtillonnais um Châtillon-sur-Seine. Es liegt nur wenige Kilometer von Ricey entfernt und ist damit im Prinzip eine Stillweinzone des Bereichs Aube in der Champagne, gehört verwaltungstechnisch aber zum Departement Côte d'Or, weshalb die Weine von dort als **Bourgogne** firmieren. Jeder bisher in diesem Absatz erwähnte Wein war still – auch hinsichtlich der Qualität. Die Gegend hat aber auch etwas Besonderes zu bieten: Hier entstehen nämlich einige der besten **Crémants de Bourgogne**. Der natürlich hohe Säuregehalt der Trauben mag für Stillweine ein Problem sein, doch für die Schaumweinproduktion ist er geradezu ideal.

▼ *Chardonnay bohrt die Wurzeln tief in die kalkigen Kiesböden – aber nur, wenn Hasen die Pflänzchen nicht vorher verspeisen.*

▲ Blick von Bougros auf die Grands crus Les Preuses und Vaudésir: Jede Rebe hat auf dieser Sonnentribüne einen Platz in der VIP-Lounge.

Im Kreuzfeuer

Eichen weichen

Wenn in den letzten 20 Jahren in der Weinwelt das Gespräch auf Chablis kam, wurde immer wieder der massive Einsatz neuer Eiche beklagt. Vor allem William Fèvre erntete spät und sparte nicht damit. Auch die Genossenschaft La Chablisienne setzte auf den vollen, international anerkannten Stil, den die Verwendung von Barriques mit sich brachte. Die Invasion neuer Eiche fiel in Chablis zudem mit außergewöhnlich heißen Jahrgängen wie 1989 und 1990 zusammen, weshalb Verkoster zu der Überzeugung gelangten, dass die Tage degenschlanker Erzeugnisse nun für immer vorbei seien. Andererseits werden für die Empfehlungslisten von Weinzeitschriften meist zwei- bis dreijährige Premiers und Grands crus getestet. In diesem Alter durchlaufen sie oft eine abweisende Jugendphase, in der Eiche sehr negativ zum Ausdruck kommt.

Die „Eichenkrise" wurde zu sehr aufgebauscht. Sicher muss neue Eiche sogar bei Grands crus mit Bedacht verwendet werden, doch die Mehrheit der Winzer in Chablis ging ohnehin sparsam mit dem teuren Holz um. Das Problem löst sich mittlerweile von selbst. Sowohl bei La Chablisienne als auch bei William Fèvre unter der Leitung von Didier Séguier, dem talentierten, vom neuen Eigentümer Joseph Henriot eingesetzten Kellermeister, setzt man den Rohstoff sehr zurückhaltend ein. Laroche hat sich für Les Clos und Blanchot eine Obergrenze von 25 % neuer Eiche gesetzt. Drouhin beschränkt sich bei Les Clos und Vaudésir sogar auf nur 15 %. Dauvissat variiert je nach Jahrgang, bewegt sich aber meist um die 20-%-Marke; dasselbe gilt auch für Jean-Paul Droin. Bei Raveneau beträgt das Durchschnittsalter der Fässer sieben bis acht Jahre. Bei den Fässern in Chablis handelt es sich also meist um angejahrte Behältnisse, wenn ihre Größe auch zwischen der traditionellen *feuillette* mit 132 l und dem voluminöseren *foudre* schwankt. Die besten Weine von Raveneau, Vincent Dauvissat und jetzt auch Fèvre sind ein Beweis dafür, dass man in Chablis alte und neue Eiche vortrefflich einzusetzen vermag. Dabei geht es nicht allein um die Vanillenote: Durch die Oxidation beim Ausbau in Holzfässern gewinnt der Inhalt auch an Komplexität. Manche Erzeuger wie Louis Michel und Jean Durup lehnen Eiche aber völlig ab. Kurzum: Holz ist kein Thema mehr.

Siegeszug der Maschine

Das Problem Eiche kann ad acta gelegt werden — die maschinelle Lese indes ist nach wie vor heiß umstritten. Bei der Erarbeitung der Charta für die Union des Grands Crus erwies sich ihre Abschaffung als größte Hürde. Mittlerweile hat ein Gut der Union sogar den Rücken gekehrt, weil es sich mit dem Verbot nicht abfinden konnte. Die Qualität der maschinellen Lese steigt beständig, argumentieren ihre Befürworter. Sie ist weit billiger als die Handlese. Mit ihr ist man zeitlich wesentlich flexibler und kann Regentage oder drückende Hitze vermeiden (zumindest theoretisch, denn Maschinen müssen im Voraus gebucht werden). Das größte Problem aber ist vor allem der Mangel an Arbeitskräften. Er wird durch das französische Arbeitsrecht nicht gerade gelindert, denn es macht Ernteeinsätze für Arbeitslose und Rentner äußerst unattraktiv. Deshalb sind immer mehr Erzeuger dazu übergegangen, ihre Trauben von mechanischen Helfern einsammeln zu lassen. Großer Wein und insbesondere großer Weißwein aber kann nicht aus beschädigten oder geschockten Trauben bereitet werden — und selbst mit den ausgefeiltesten Maschinen ist die Lese noch immer ein Akt von brachialer Gewalt. Die besten Grand-cru-Kreszenzen von Fèvre beispielsweise werden handgelesen und in Kisten mit einem Fassungsvermögen von nicht mehr als 13 kg heimgebracht, sodass sie weder gequetscht noch verletzt zu Hause ankommen. Anschließend sortiert man sie auf dem Gut noch einmal per Hand. Die Maschine, die das kann, muss erst noch erfunden werden. Wer großen Chablis bereiten will, braucht geschickte Hände für die Lese. Überhaupt gehört die maschinelle Ernte neben dem massiven Einsatz von Edelstahl, Kulturhefen, Kaltvergärung und Filtrierung bzw. Schönung zur Technikgläubigkeit, die in Chablis mehr als in anderen renommierten französischen Weinregionen um sich gegriffen hat. Wenn man in Chablis je das Potenzial des Terroir ausschöpfen will, muss man wieder zu einer Wertschätzung für das Rohmaterial und zu den Methoden der Vergangenheit zurückfinden.

Premiers crus – das große Chaos

In manchen Regionen hält das INAO seine Appellationen an der kurzen Leine, in anderen wiederum ist so gut wie alles erlaubt. Die Nomenklatur der AOC Chablis Premier cru ist chaotisch, verwirrend und willkürlich. Nach der Qualität mancher Premier-cru-Weine auf dem Markt zu urteilen ist man bei der Festlegung der Grenzen außerdem viel zu nachlässig vorgegangen. Fazit: Wenn Chablis will, dass man seine Premiers crus so ernst nimmt wie die gleichrangigen Erzeugnisse aus Meursault, Puligny oder Chassagne und nicht mit den Möchtegern-Crus in Rully oder Montagny vergleicht, dann muss das System vereinfacht, verschärft und verfeinert werden.

Leute

Billaud-Simon ✪
89800 Chablis, Tel. 03 86 42 10 33, Fax 03 86 42 48 77

Die 18-ha-Domäne wird von Samuel Billaud und seinem Onkel Bernard mit großem Einsatz geführt. Man verfügt über eine bemerkenswerte Palette von Weinen, darunter mehrere Vieilles-Vignes-Cuvées, Premiers crus (9 ha) und vier Grands crus aus kleinen Parzellen von höchstens 1 ha in Les Clos, Blanchots, Vaudésir und Preuses. Das Lesegut von über 40-jährigen Stöcken für die Vieilles Vignes und das für die Grands crus wird handgelesen und in Eiche vergoren, der Rest mit Maschinen von den Stöcken geholt und in Edelstahl vinifiziert. Ein reiner, frischer, klarer Stil ist das Markenzeichen von Billaud-Simon.

Pascal Bouchard
89800 Chablis, Tel. 03 86 42 18 64, Fax 03 86 42 48 11

Die mittelgroße Domäne besitzt 32 ha mit kleinen Grand-cru-Parzellen (1,7 ha Les Clos und 1,6 ha Vaudésir, außerdem etwas Blanchots), hat jedoch auch ein respektables Premier-cru-Sortiment zu bieten (8 ha Fourchaume und 5 ha Mont de Milieu). Dank niedriger Erträge fallen die Weine intensiver als der Schnitt aus und altern gut. Die Grands crus werden in Eiche vergoren.

Jean-Marc Brocard
89800 Préhy, Tel. 03 86 41 49 00, Fax 03 86 41 49 09

Jean-Marc Brocard ist ein großer Geschäftsmann und guter Winzer. Er startete seine Karriere in den 1970er-Jahren mit einem einzigen Hektar – mittlerweile sind 80 daraus geworden. Als cleverer Marketingstratege hat er eine Chardonnay-Linie ins Leben gerufen, die besonders Geologen ansprechen dürfte: den runden Jurassique, den mineralischen Portlandien, den zarten Oxfordien und den parfümduftigen, tiefen Kimmeridgien. Nicht minder verkaufsfördernd sind seine Einteilung des Sauvignon de St-Bris in „Rive gauche" und „Rive droite" und seine örtlichen Cuvées der AOC Chablis. Weinmacher Clotilde Davenne bereitet saubere, verlässliche Premiers crus und passable Grands crus.

La Chablisienne
89800 Chablis, Tel. 03 86 42 89 89, Fax 03 86 42 89 90

Kunden aus aller Welt vermittelt diese Genossenschaft einen ersten Eindruck von einem Chablis. Mit ihren rund 300 Mitgliedern und einem Drittel der gesamten AOC-Rebfläche dominiert sie die Region – aber keineswegs nur bei den einfachen Erzeugnissen: Sie verarbeitet Trauben aus 7 von insgesamt 9 ha Grand cru Grenouilles zu zwei Cuvées. Die eine, Château de Grenouilles, stammt von 50-jährigen Stöcken im oberen Teil. Man bewirtschaftet ferner 1,5 ha Blanchots und 3,3 ha Preuses, außerdem Parzellen in allen anderen Grands crus außer Valmur. Der Genossenschaft gelingt ein ansprechender, voller, zugänglicher Stil. Die Eichenfärbung und üppige, cremige Hefe machen zum Teil den Mangel an Intensität wett, den man nur durch Ertragsdrosselung erreicht.

Anita et Jean-Pierre Colinot
89290 Irancy, Tel. 03 86 42 33 25, Fax 03 86 42 33 25

Das kleine 9-ha-Gut des gesprächigen Jean-Pierre und seiner Frau Anita ist eine der besten Quellen für kirschfrischen Irancy. Mit dem Côtes du Moutier und der César-Version der Cuvée Les Mazelots zeigt sich die neue Appellation in ihrem besten Licht – das bisweilen allerdings etwas flackert.

Jean Collet et Fils
89800 Chablis, Tel. 03 86 42 11 93, Fax 03 86 42 47 43

Das Original Gilles Collet führt diese 34-ha-Domäne mit 9,6 ha Premier cru Vaillons, 5,7 ha Montmains, 2 ha Montée de Tonnerre und 0,5 ha Valmur. In guten Jahren tritt die feine Intensität und Nervigkeit der Weine zutage, in schwachen Jahren allerdings geraten sie eher dünn. Guter Petit Chablis.

René et Vincent Dauvissat ✪✪
89800 Chablis, Tel. 03 86 42 11 58, Fax 03 86 42 85 32

Die Weine dieses herausragenden 11-ha-Betriebs werden auch unter dem Markennamen Dauvissat-Camus verkauft (mit dem Erzeuger Jean et Sébastien Dauvissat allerdings hat das Gut nichts zu tun). Vincent Dauvissat ist ein Vorzeigewinzer und wahrer Meister seines Fachs, der alle Energie in makellosen Weinbau und umsichtige, langsame Vinifizierung steckt. Auf Marketing hingegen legt er weniger Wert. Warum auch, seine Gewächse verkaufen sich von selbst; sie gehen meist an langjährige Kunden. Der 1999er Grand cru Les Clos wird fast zu billig feilgeboten (von großem weißem Burgunder kann man das nur selten behaupten): Er kostet nur ein Viertel von Etienne Sauzets 1999er Grand cru Bâtard-Montrachet – ein nicht zu rechtfertigender Unterschied. Rund 90 % der Besitzungen von Dauvissat sind Premier- und Grand-cru-Lagen: 1,7 ha Les Clos, 1 ha Preuses, 4,5 ha La Forest (in genau dieser Schreibweise!), 1,4 ha Vaillons und ein winziges Fleckchen Séchet. Die Stöcke sind im Durchschnitt 40 Jahre alt; gelesen wird ausschließlich von Hand. Dauvissat hält wie Raveneau nicht viel von einer späten Lese. „Überreifer Chardonnay ist nicht sonderlich interessant", meint er. Er vergärt diese Rebsorte zum Teil in Edelstahl und zum Teil in Holzfässern mit einem gewissen Prozentsatz neuer Eiche. Alle Erzeugnisse bleiben jedoch in altem Holz, bis sie sich von selbst stabilisiert haben. „Ein langer Ausbau", fährt Dauvissat fort, „mildert den Chardonnay-Charakter der Traube und betont ihre Mineralität." Seine Tropfen stellen überragende Konzentration und Länge unter Beweis, obwohl er recht hohe Erträge heimfährt: 1999 lag das Mittel bei 70 hl/ha (vielleicht ist er ja auch nur ehrlicher als seine Kollegen). Unter den Premiers crus fällt der Forest honigtönig aus und offenbart reichlich weiße Blüten, Humus und Stroh. Der Preuses – Dauvissats Parzelle liegt direkt neben La Moutonne – gibt sich cremig und elegant. Er altert gut und entwickelt dabei Minze- und Zitronenkrautnoten. Der Les Clos tritt als großer, stattlicher, fast schon öliger Wein von tiefer Mineralität auf.

Jean-Paul Droin
89800 Chablis, Tel. 03 86 42 16 78, Fax 03 86 42 42 09

Mit sieben Premiers crus und fünf Grands crus kann das 20-ha-Gut einen ansehnlichen Besitz an Rebgärten vorweisen. Hier hält man noch unbeirrt an der maschinellen Lese fest. Droin hat viel experimentiert und seinen Weinen mehr Kontakt mit Hefe und *bâtonnage* zugestanden als die meisten Winzer in Chablis. Außerdem hat er unterschiedlich alte und große Eichenfässer getestet und dabei mehrere Arten dieses Holzes eingesetzt, russische und amerikanische Eiche jedoch für untauglich befunden. Sein Sortiment hat Höhen und Tiefen; gute Qualität ist vor allem nach ertragsärmeren Jahrgängen zu vermelden. Der 1999er erscheint recht wässrig, während der 1996er arg schlank daherkommt.

Joseph Drouhin ✪
21200 Beaune, Tel. 03 80 24 68 88, Fax 03 80 22 43 14

Im Gegensatz zu den meisten *négociants* von der Côte d'Or besitzt Drouhin tatsächlich ein eigenes, mit 45 ha gar nicht einmal kleines Gut. Zu seiner Domäne in Chablis zählen über 1 ha Les Clos und Vaudésir sowie Anteile an den Premiers crus Vaillons, Montmains und Séchers (sic). Die Trauben werden handgelesen und in der Moulin de Vaudon in Chichée gekeltert. Der Ausbau erfolgt in Beaune. Die Grands crus kommen in vorwiegend alte Eiche. Drouhins Stil

Bewertung   ✪ Sehr guter Wein   ✪✪ Ausgezeichneter Wein   ✪✪✪ Großer Wein

ist durch und durch Chablis. Seine Weine zeigen Finesse und Grazie. Bei etwas mehr Konzentration wären sie herausragend.

Durup
89800 Maligny, Tel. 03 86 47 44 49, Fax 03 86 47 55 49

Jean Durup regiert über 170 ha Rebfläche, nennt jedoch kein Grand-cru-Land sein Eigen. Immerhin gehören ihm 17 ha Fourchaume (13 davon im Unter-Cru L'Homme Mort) und 15 ha Vau de Vey (sic), beides Premiers crus. Er selbst arbeitet in Paris als Steuerberater, weshalb die Domäne von seinem Sohn Jean-Paul geführt wird. Die Weine erscheinen unter verschiedenen Namen. Durup erntet mit Maschinen und lehnt den Einsatz von Eiche ab, setzt stattdessen Edelstahl-, Beton- und Glasfasertanks ein. Die besten Erzeugnisse sind sauber und korrekt bereitet und nehmen im Alter zuweilen eine angenehm nussige Note an. Weniger gelungene Vertreter der Durup-Palette hingegen geraten neutral, leer und ausdruckslos.

L'Eglantière *siehe* Durup

William Fèvre ❂❂❂
89800 Chablis, Tel. 03 86 98 98 98, Fax 03 86 98 98 99

Seit der Übernahme durch Joseph Henriot gibt es allen Grund zur Freude über die Entwicklung bei William Fèvre. Von den 40 ha Weinbergen mit durchschnittlich 40 Jahre alten Stöcken tragen 12 ha das Premier-cru-Siegel; 16,3 ha haben sogar den Grand-cru-Adelstitel. Als einzige Domäne in Chablis verfügt Fèvre über Parzellen in sechs der sieben Grands crus. Wenn es ein Gut in Chablis gibt, dessen Weine jede Nuance der einzigartigen Böden zum Ausdruck bringen, dann dieses. Das ist zu einem Großteil dem Bordelaiser Didier Séguier zu verdanken, der den Trauben mit leichter Hand die Sprache des Terroir entlockt. Zweifellos hat nicht zuletzt auch Henriots Finanzkraft den Höhenflug seit 1998 ermöglicht, denn man kann die Erträge drosseln, mit hochwertiger Ausrüstung arbeiten, reichlich Arbeitskräfte einsetzen und ohne Hast vorgehen, ohne gleich vor dem Ruin zu stehen. Die offensichtlichste Veränderung seit dem Kurs- und Besitzerwechsel ist der wesentlich zurückhaltendere Einsatz von neuem Holz. Die Fässer werden mittlerweile durchschnittlich sechs Jahre lang verwendet; alljährlich kommen nur 5 % neue Exemplare hinzu. Die meisten Weine, darunter auch Grands crus wie Grenouilles und Bougros, lassen den Ausbau in Edelstahl erkennen. Seit 2000 experimentiert Séguier mit einer Rückkehr zu großen *foudres*. Mit dem Ergebnis ist er zufrieden: „Foudres bewahren die Frische und Mineralität sehr gut." Außerdem hat er die Abstiche so weit wie möglich reduziert und den Ausbau verlängert, was wiederum eine zurückhaltendere Filtrierung zulässt. Der Hefesatz werde nur geringfügig aufgerührt, so Séguier, um den Weinen etwas Körper mitzugeben, aber den Geschmack nicht zu beeinträchtigen. Der saubere, von grünen Früchten und reichlich Stein getragene gewöhnliche Chablis kann heute der gesamten Appellation als Vorbild dienen. Unter den Premiers crus ist der Les Lys vom oberen Vaillons-Hang direkt gegenüber den Grands crus ein Meisterwerk der Reinfruchtigkeit, während die Montée de Tonnerre eine mineralische Rauchigkeit anklingen lässt. Der Fourchaume Vignoble de Vaulorent ist der reichhaltigste, volltönendste Tropfen im Sortiment, aber auch ein typisches Beispiel für die chaotische Namengebung in der AOC Chablis Premier Cru: Der Weinberg befindet sich gegenüber der eigentlichen Gemarkung Fourchaume auf der anderen Seite des Fontenay-Tals direkt neben dem Grand cru Preuses, ist also ein völlig anderes Terroir. Fèvre hat einen hohen Anteil an den Grand-cru-Lagen Bougros (wo ihm fast 50 % des gesamten Cru gehören), Preuses (22 %) und Les Clos (16 %). Zudem gehören ihm Rebflächen in zwei der wärmsten Winkel von Valmur. Zu den Weinen: Der Côte Bouguerots stammt von den steilsten Stellen des Grand cru Les Bougros. Er ist ein vielschichtiges, elegantes, langes Gewächs – sicherlich der größte Wein der Lage. Erstaunlich reintönig zeigt sich der Valmur, während der Vaudésir den Gaumen mit durchdringender Intensität und einnehmendem Charme zugleich betört. Der Preuses von Fèvres gehört zu den gelungensten Vertretern dieses Grand cru: Er tritt grasig und mineralisch auf, bleibt dabei aber cremig. Last not least der Les Clos, ein fest gewirkter, mineralischer Tropfen, der einen langen Kelleraufenthalt braucht.

Goisot
89530 St-Bris-le-Vineux, Tel. 03 86 53 35 15, Fax 03 86 53 62 03

Die außerhalb von Chablis gelegenen Weinberge an der Yonne sind nicht gerade das ideale Terrain für große Rote und Weiße. Ghislaine und Jean-Hugues Goisots 24-ha-Betrieb aber schafft es immerhin, exzellenten Bourgogne Côtes d'Auxerre in beiden Farben und einen saftigen Sauvignon de St-Bris zu erzeugen. Die Spitzen-Cuvées heißen Corps de Garde.

Grossot
89800 Fleys, Tel. 03 86 42 44 64, Fax 03 86 42 13 31

Zu den 18 ha dieses Guts zählen einige bestens gelegene AOC-Chablis-Parzellen – sie liefern die Trauben für die Cuvée la Part des Anges – und fast 5 ha Premier cru, wobei die größten Parzellen in Vaucoupin und Fourneaux liegen. Ausschau halten sollte man nach dem ungewöhnlichen, ansprechend mineralischen Côte de Troesmes. Corinne und Jean-Pierre Grossot scheuen den Einsatz von Eiche nicht. Ihre Weine fallen frisch und duftig aus. Eine weitere Marke des Hauses heißt Domaine Perchaud (Corinne ist eine geborene Perchaud).

Jadot
21203 Beaune, Tel. 03 80 22 10 57, Fax 03 80 22 56 03

Jadot besitzt keine Rebflächen in Chablis, kauft aber mit Köpfchen von dort ein, unter anderem von Valmur, Preuses und Grenouilles. Alle tragen die fast analytische Handschrift von Lardière. Man kann getrost zugreifen.

Laroche ❂
89800 Chablis, Tel. 03 86 42 89 28, Fax 03 86 42 89 29

Unter der Führung des rastlosen, ehrgeizigen Michel Laroche hat dieses große Gut noch einen Zahn zugelegt. Die 100 ha Besitz fallen zum Großteil unter die AOC Chablis. Man bewirtschaftet 30 ha Premiers crus (10 ha in Vaudevey) und 6 ha Grands crus (4,5 ha Blanchots, etwas über 1 ha Les Clos und ein Fleckchen Bouguerots). Seit 1997 werden die Trauben relativ spät gelesen. Laroche legt Wert auf sanftes Pressen („nicht fester als mit zwei Fingern"), langsame Vergärung, zum Teil mit Naturhefen, und den zurückhaltenden Einsatz von Eiche bei der Vergärung größerer Weine (bei den Premiers crus 15 – 25 %, beim Blanchots 80 % und beim Les Clos 100 %, davon zu 15 % neues Holz). Der in Edelstahl vergorene Laroche Chablis St-Martin stammt von 60 ha Rebfläche mit 25- bis 30-jährigen Stöcken in zehn Gemeinden. Er beweist, dass die Ausweitung der AOC auf Böden außerhalb der Kimmeridgium-Schicht auch ihr Gutes haben könnte, denn seine Reinheit und mineralische Klarheit geben keinerlei Aufschluss darüber, dass er auf tiefgründigem Ton gereift ist. Die Glanzlichter der Premier-cru-Palette sind die Vieilles Vignes aus Fourchaume und Vaillons. Der Vaillons ist in der Jugend einnehmender, reifer und scheinbar reicher, doch die Kanten des Fourchaume schleifen sich mit der Zeit ab. Mit seinen grasigen, frischen Blanchots gibt Laroche die Richtung vor. Der Réserve de l'Obédience ist ein Blanchots aus zwei Parzellen mit 50-jährigen Stöcken, denen ein 100-prozentiger Fassausbau in bis zu 33 % neuem Holz zuteil wird. Nach ein, zwei Jahren in der Flasche gesellt sich eine schmackhafte, nussige Saftigkeit zu den kühlen Früchten hinzu. Der Les Clos und Réserve de l'Obédience werden unfiltriert abgefüllt.

Long-Depaquit
89800 Chablis, Tel. 03 86 42 11 13, Fax 03 86 42 81 89

Im Alleinbesitz dieses ansehnlichen 62-ha-Guts der Familie Bichot mit Parzellen in fünf Grands crus ist unter anderem der 2,35-ha-Weinberg La Moutonne (siehe „Chablis im Überblick"). Man verfolgt eine kühle, stahlige, reine Linie. Die Weine brauchen Zeit, bis sie sich von ihrer besten Seite zeigen.

des Malandes
89800 Chablis, Tel. 03 86 42 41 37, Fax 03 86 42 41 97

Auf Lyne und Bernard Marchives 25-ha-Gut entsteht ein guter Vaudésir. Er stammt von einer fast 1 ha großen Parzelle und gerät auch ohne Ausbau im Holz komplex, intensiv und lang. Das Premier-cru-Repertoire umfasst jeweils gut 1 ha Fourchaume, Montmains und Côte de Léchet sowie 3,5 ha Vau de Vey.

de Maligny *siehe* Durup

Louis Michel
89800 Chablis, Tel. 03 86 42 88 55, Fax 03 86 42 88 56

Das Lagen-Portfolio dieser 22-ha-Domäne kann sich sehen lassen: Es enthält 4 ha Montée de Tonnerre, 6,5 ha Montmains und jeweils 2 ha in Vaillons und Forêts, außerdem ein paar winzige Grand-cru-Parzellen. Man bereitet moderne, herbe Erzeugnisse und hat sich Sauerstoff und Holz zum Feind erkoren. Die Lese übernehmen Maschinen. Vergärung und Ausbau erfolgen in Edelstahl. Die Premiers und Grands crus werden nach einem Jahr Ausbau filtriert und geschönt abgefüllt. Trotz dieses Arsenals moderner Technologie legt man Wert auf Qualität. Viele bewundern die Konzentration und Reinheit der Weine, die mit der Zeit angeblich zu ausdrucksvollen Tropfen heranreifen. In ihrer Jugend allerdings geben sie sich neutral und abweisend; man sollte sie vor dem Servieren dekantieren. Eine weitere Marke des Guts ist Domaine de la Tour Vaubourg.

Alice et Olivier de Moor
89800 Courgis, Tel. 03 86 41 47 94

Chablis bräuchte mehr junge, talentierte Rebellen vom Schlage dieser beiden Winzer aus Dijon, deren 6-ha-Gut teils zu Chablis und teils zu St-Bris gehört. Premiers oder Grands crus hat man nicht zu bieten, doch Chablis La Rosette und Bel Air sind zwei viel versprechende, intensive, blumige Weine mit mehr Textur und Tiefe als viele Cru-Weine. Der Sauvignon de St-Bris ist eine mit ungewöhnlich lebendiger Frucht ausgestattete Cuvée von alten Reben, während der feine Aligoté, der ebenfalls von bejahrten Stöcken stammt, sinnlicher ist als die meisten seiner Konkurrenten.

Moreau
89800 Beine, Tel. 03 86 42 87 20, Fax 03 86 42 45 59

Das *négociant*-Unternehmen J Moreau & Fils gehört mittlerweile Boisset und produziert meist Unspektakuläres. Die Rebflächen der Familie Moreau allerdings befinden sich Besitz der Domaine Moreau, die dem *négociant* kein Traubengut mehr verkauft. Mit einem stattlichen Anteil von 7,2 ha am mutmaßlich besten Grand cru, Les Clos, und außerdem 2 ha Valmur sowie 1 ha Vaudésir gibt die von Louis und Fabien Moreau geführte Domäne Anlass zu großen Hoffnungen.

Sylvain Mosnier
89800 Beine, Tel. 03 86 42 43 96, Fax 03 86 42 42 88

Man hat zwar 1,6 ha Anteil an den Premiers crus Côte de Léchet und Beauroy, den Weinen dieser Lagen stiehlt der überschwängliche, tieffruchtige Chablis von über 55-jährigen Stöcken aber die Schau. Insgesamt verfügt das Gut über 15 ha.

Perchaud *siehe* Grossot

Pinson ✪
89800 Chablis, Tel. 03 86 42 10 26, Fax 03 86 42 49 94

Laurent und Christophe Pinson zählen zu ihren 12 ha Landbesitz auch 2,5 ha in Les Clos. Ihr Pinson entfaltet mit der Zeit im Geschmack die für diesen Grand cru typische Bandbreite. Die anderen Weine – u. a. aus Montmains, Forêt und Mont de Milieu – zeigen sich konzentriert, lang und intensiv, was zum Teil dem durchschnittlichen Stockalter von 30 Jahren, den niedrigen Erträgen, der Handlese und dem Einsatz von etwas neuer und alter Eiche beim Ausbau zu verdanken ist. Der AOC Chablis stammt von einem Weingarten nahe dem Mont de Milieu und begeistert durch sein ausgezeichnetes Preis-Leistungs-Verhältnis.

Denis Pommier
89800 Chablis, Tel. 03 86 42 83 04, Fax 03 86 42 17 80

Das kleine, ambitionierte 8-ha-Gut verfügt über drei kleine Premier-cru-Parzellen. Der teils im Barrique ausgebaute Côte de Léchet ist besonders gelungen.

Denis Race
89800 Chablis, Tel. 03 86 42 45 87, Fax 03 86 42 81 23

Gute 14-ha-Domäne mit größeren Anteilen an Montmains, u. a. auch eine Parzelle mit 60-jährigen Reben. Eiche wird strikt abgelehnt.

Raveneau ✪✪
89800 Chablis, Tel. 03 86 42 17 46, Fax 03 86 42 45 55

Nur 7,5 ha stehen diesem Juwel in Chablis zur Verfügung – und damit soll man nun den Durst einer Weinwelt stillen, die sich nach den steinigen, honigartigen, reifen Tropfen sehnt! Diese hochklassigen Kreszenzen haben die Domäne zum Musterbetrieb gemacht, an dem die gesamte Region gemessen wird. Von Technikgläubigkeit ist hier nichts zu spüren. Man hält die Erträge niedrig (1996 waren es nur 35 hl/ha); die Weine bleiben ein Jahr lang in alten *feuillettes*; sie kommen ohne Schönung und mit nur leichter Filtrierung in die Flasche. Marie Raveneau zufolge ist die Lese wegen der Klimaerwärmung kein solches Problem mehr wie früher: In den letzten 15 Jahren konnte man im Schnitt jedes Jahr einen Tag früher ernten. Dank niedriger Erträge muss kaum chaptalisiert werden, denn der Zuckergehalt ist hoch, während die wichtige Säure frisch bleibt. Alle Rebflächen haben entweder Premier-cru-Rang (insgesamt fast 6 ha, davon etwa 3 ha in Montée de Tonnerre) oder tragen das Grand-cru-Prädikat (jeweils etwas mehr als 0,5 ha in Les Clos, Blanchots und Valmur). Raveneaus Montée de Tonnerre hält in punkto schwelgerischer Mineralität mit dem Blanchots mit. Der Domäne gelingt es auch, die Größe des Valmur, seine nervigen, halb verborgenen Früchte und Blüten, seine ätherklare, von mineralischen Fäden durchzogene Reinheit unverfälscht zum Ausdruck zu bringen. Der Les Clos ist ein dichter Steinteppich, dessen Staub die Zeit fortwehen wird.

Servin
89800 Chablis, Tel. 03 86 18 90 00, Fax 03 86 18 90 01

Eleganz, Reinheit und Länge zeichnen die Gewächse dieser alteingesessenen 32-ha-Domäne aus. Sie bewirtschaftet Parzellen in drei Premiers crus und vier Grands crus (u. a. fast 1 ha Les Clos, Blanchots und Preuses). Die Grands crus werden handgelesen und zum Teil in Eiche vergoren, der Les Clos sogar ausschließlich. Tipp: der Preuses, der von 40- bis 50-jährigen Stöcken stammt.

Simmonet
89800 Chablis, Tel. 03 86 98 99 00, Fax 03 86 98 99 01

Négociant Simmonet-Febvre ist der Schaumweinspezialist von Chablis, führt aber auch eine kleine Domäne mit gutem Stillwein, darunter ein stärkender Preuses, dessen Stöcke von Vincent Dauvissat für Simmonet gepflegt werden.

La Tour Vaubourg *siehe* Louis Michel

Laurent Tribut
89800 Chablis, Tel. 03 86 42 46 22, Fax 03 86 42 48 23

Die 5-ha-Domäne wird von Dauvissats Schwager geführt, der sich stark an seinem Verwandten orientiert. Das heißt: umsichtiger Weinbau, Vergärung in emaillierten Tanks, langer Ausbau in älterem Holz, bis sich der Wein von selbst stabilisiert und ohne Schönung bzw. mit nur leichter Filtrierung abgefüllt werden kann. Tribut besitzt kleine Premier-cru-Parzellen in Beauroy, Côte de Léchet und Montmains (40-jährige Stöcke). Die Weine: ausbalanciert, rein, alterungsfähig.

Vauroux
89800 Chablis, Tel. 03 86 42 10 37, Fax 03 86 42 49 13

Das Gros der 30 ha von Vauroux gehört zur AOC Chablis, man hält aber auch kleine Anteile an Montmains, Montée de Tonnerre und Bougros. Die Qualität der mit reichlich frischer, knackiger Frucht gesegneten Weine ist durchweg gut.

Verget ✪✪
71960 Sologny, Tel. 03 85 51 66 00, Fax 03 85 51 66 09

Mit dem Rohmaterial aus Chablis hat Jean-Marie Guffens einige seiner größten Weine erschaffen. Der superreine, klare Verget atmet den Geist des Terroir. Dabei wird Guffens in der AOC nicht gerade heiß geliebt: Seine Kritik an der Winzerkunst vor Ort – er prangert die hohen Erträge, die Maschinenlese und die schulbuchmäßige Bereitung an – trägt er mit überzogener, köstlich undiplomatischer Art vor. Guffens kauft Lesegut, gibt aber vom Schnitt bis zur Lese die Methoden vor. Der Vaillons und Fourchaumes sind von Schwindel erregender Tiefe. Man wundert sich, wie Frucht im Wein so herausfordernd grün und doch so glyzerintönig sein kann. Guffens bringt seine Erzeugnisse mit Eiche in Berührung. Gibt man den Weinen Zeit, verliert sie sich.

Burgund

Verbeugung vor dem Terroir Tief haben sich im Lauf der Jahrhunderte in Burgund die Feinheiten des Terroir ins Bewusstsein der Menschen eingegraben. Und nur hier spiegeln sich die winzigen geologischen Nuancen auch in den Weingesetzen wider. Zu Recht?

Ich habe mich an diesem Novemberabend im Hôtel des Remparts in Beaune einquartiert. Zwei Wände meines Zimmers scheinen tatsächlich aus *remparts*, Befestigungsmauern, zu bestehen: Vor mir türmen sich hell beleuchtete Kalkquader auf, ein jeder anders geformt. Wann wurden diese Steine der Erde entrissen? Und wann haben sich die Meere zurückgezogen, die dieses Gestein in Millionen Jahren aus Knochen und Muschelschalen formten?

Ruhig ist es heute Abend in Beaune. Die Sommertouristen sind längst in ihre Städte im Norden heimgekehrt, um dort wieder durch ihr einträgliches Leben zu eilen. Nun gehört das Terrain den Weinhändlern. In der Hoffnung, ein Dutzend Kisten von der einen oder anderen bekannten oder gar berühmten Domäne zu ergattern, fahren sie von Gut zu Gut. Geschäftig klammern sie sich auf dem Weg vom Hotel zum Restaurant an ihr Handy, ihren schnurlosen Draht zu den Erzeugern. Während sie über einem einsamen Mahl sitzen, beobachten sie neidvoll den mühelosen Fluss des französischen Provinzlebens.

Die Nacht hat den grauen, nassen Tag verdrängt. Wie dunkle Schachfelder glänzen die Weinberge in der Dunkelheit. Die Autos auf der weiter unten verlaufenden RN74 zeichnen einen Lichtpfad durch das Schwarz der Nacht. Ihre Scheinwerfer erhellen nur nassen Asphalt, die Augen der Fahrer registrieren einzig das Leuchten nahender Fahrzeuge. Einsam krallt sich jede Rebe an der steinigen Rampe fest, die am stillen Wald hoch oben endet. Die Photosynthese ist eingestellt, die Stöcke ruhen sich von der langen Arbeit des Sommers aus. Mit leichtfüßiger Eleganz stiehlt sich ein Fuchs durch die Reihen. Ein Schwarm Stare, der bei Anbruch der Dämmerung in die Weingärten eingefallen ist, um die Reben der letzten Früchte zu berauben, flüchtet sich in einen dunklen Baum. Schlummernd verdauen die Vögel ihr Grand-cru-Mahl.

Vor einer Stunde habe ich den 1999er-Montrachet der Domaine des Comtes Lafon verkostet. Unter der Erde natürlich, denn die burgundischen Keller sind durchweg in den Untergrund gegraben. Dominique Lafon bedachte uns wie üblich großzügig mit seiner Zeit und seinem Wein. Zwei Stunden sprach er mit uns, beantwortete unsere Fragen und erzählte uns von der 2000er-Lese, die vor ein, zwei Monaten stattfand. Diese Weine aber bekamen wir nicht ins Glas; sie haben noch nicht einmal ihre erste Gärung durchlaufen, sind rau und trübe. Wir probierten den 12 Monate zuvor geborenen Jahrgang, dessen Aufenthalt im Fass sich allmählich dem Ende zuneigt. Er duftete sehr süß. Sein Brot und seine Frucht wurden von der samtigen Flauschigkeit der Jugend eingehüllt, wie eine Mandel in einem Mantel aus rosa Zucker. Am Gaumen indes offenbarte er eine wesentlich intensivere, körperreichere Natur: Seine reine grüne Frucht glitt mit dem

Gewicht eines Güterzugs über die Zunge. Nach dem Schlucken – keiner spuckte diesen Wein aus – geisterte die Frucht noch lange durch den Mund und erfüllte ihn mit parfümduftiger Weinigkeit. Wir degustierten den würzigen Meursault-Goutte d'Or, den blumigen Meursault-Genevrières mit Geißblattnote, den glyzerintönigen Meursault-Perrières und den eleganten, ausgefeilten Meursault-Charmes. Doch keiner konnte mit dem Schwung und der Kraft des Montrachet mithalten.

„Was unterscheidet einen Meursault und einen Montrachet im Weinberg?", fragte ich Dominique. „Sehen die Reben anders aus? Hängen weniger oder kleinere Trauben am Stock oder reifen sie schneller? Was macht diesen Wein Jahr für Jahr um ein Quäntchen besser als alle anderen?" „Nichts ist anders", antwortete er und überlegte. „Gut, die Reben sind ein bisschen älter, aber anders sehen sie eigentlich nicht aus." Er zuckte mit den Schultern und lächelte, weil wir genau wussten, was als Nächstes kam. Und doch musste er es sagen. „Es ist der Boden. Nichts anderes. Das, was wir unter den Füßen haben."

Und über unseren Köpfen, sollte man hinzufügen. Am nächsten Nachmittag statte ich mit Jean-Charles le Bault de la Morinière von der Domaine Bonneau du Martray dem Corton-Hügel einen Besuch ab. Wir befinden uns im westlichsten Teil des Weinbergkarussells mit Blick auf das hübsche Städtchen Pernand-Vergelesses. Die nach dem langen Sommer erschöpften Reben haben bereits ihre Blätter verloren. Ich stochere im weißen Mergel herum, als könnte ich damit seine Geheimnisse ergründen. Direkt gegenüber zieht sich ein ganz ähnlicher Hang den Berg hoch; seine Reben bekommen scheinbar dieselbe Dosis Sonne ab. Und selbst der Mergel sieht genauso aus. Doch der Wein auf meiner Seite kostet rund 150 Euro, während der unbekannte Caradeux auf der anderen Seite für etwa 25 Euro zu haben ist. Warum?

Wir ziehen uns zum Verkosten und Plaudern in den Keller zurück. Zwei Stunden später kommen wir wieder mit dem Eindruck von Corton-Charlemagne im Mund heraus, noch ganz betört von dem, was ein stattlicher, saftiger Weißwein mit Auftrieb sein und tun kann. Als wir die kleine Straße hinunterfahren, sehe ich auf die Uhr: Die Zeiger stehen bei 16:35 Uhr. Der Tag: 9. November. Über uns leuchtet der Corton-Charlemagne in der Sonne. Sie scheint vom Westen das Tal hoch und trifft den Hang mit der Wucht eines Flutlichts. Caradeux, jene großartige Lage, auf die ich zwei Stunden zuvor vom Berg gegenüber geblickt habe, ist lang schon in kühlen Schatten versunken. Was für 16:30 Uhr an einem Novembernachmittag gilt, wird an einem Sommertag um 21:30 Uhr nicht anders sein: Die Sonne verlässt Corton-Charlemagne als Letztes.

„Das Terroir erstreckt sich auf das Klima ebenso wie auf den Ober- und Unterboden. Deshalb nennen wir in Burgund unsere Weinberge auch *climat*. Die Parzellen entsprechen stets natürlichen Lagen, die der Charakter des auf ihnen wachsenden Weins schmeckbar macht. Auch das Alter der Reben und die Handschrift des Erzeugers spielen eine Rolle, es dominiert aber immer der Charakter des Weins."

HENRI JAYER, ZITIERT IN *ODE AUX GRANDS VINS DE BOURGOGNE*, J. RIGAUX (1997)

◄ *Lange Schatten sprechen in Burgund eine deutliche Sprache. Beim Wettlauf um Reife zählt hier an den Hautes Côtes jede Minute Sonnenschein.*

„Die burgundischen Weinberge sind nach Osten und Süden ausgerichtet", betont Le Bault de la Morinière. „Wir sind hier die große Ausnahme, denn wir liegen in westlicher Richtung. Wenn man im Juni um 7 Uhr morgens hier ist, steht man in der Sonne. Kommt man um 9 Uhr abends her, sieht man die Sonne noch immer. Das sind 14 Stunden direkte Einstrahlung – nicht Hitze wohlgemerkt, denn dazu braucht man eine Südlage, sondern gutes Licht, kühles Licht. Das wirkt sich wohl auf die besondere Struktur und Ausgewogenheit von Corton-Charlemagne aus. Der pH-Wert liegt immer extrem niedrig. Wir haben viel natürliche Säure und ein gutes Alkoholpotenzial. Ein Jahr nach der Abfüllung ist unser Wein uninteressant. Er braucht 10, 15, manchmal 20 Jahre. Im Moment ist der 1976er-Jahrgang trinkreif."

Alle Weinberge sind eine Art mehrdimensionales Planquadrat: Eine Koordinate ist die Erde mit ihrem Mineraliengehalt, ihrer Biologie und ihrer Struktur, eine weitere die Lage der Rebfläche inmitten von Hügeln und Tälern und eine dritte ihre Beziehung zu einem rund 150 Millionen Kilometer entfernten Feuerball im All. Die Reben sind eine Messsonde, die obendrein den Unwägbarkeiten jeder Saison und dem Zutun von Menschen unterschiedlichen Einfühlungsvermögens unterworfen ist. Sie liefert uns Daten, die man Wein nennt. Wir lesen sie durch Riechen und Schmecken.

An keinem Ort der Welt kommen die vielfältigen Einflüsse stärker zur Geltung als in Burgund. Karl der Große gab 775 seine Reben den Mönchen von St-Androche de Saulieu. Sie kultivierten die Weinstöcke 1000 Jahre lang zu Ehren Gottes und zum Wohle ihres Ordens, bis die Französischen Revolutionäre sie enteigneten. In dieser langen Zeit brachte jeder Jahrgang die Schönheit und Einzigartigkeit des Terroir aufs Neue zum Ausdruck. So begann die Côte d'Or, dieses 50 km lange Band aus Weinbergen, allmählich ihr Potenzial zu zeigen. Caradeux kam dabei nicht an Corton-Charlemagne heran, so sehr sich die Mönche und ihre Winzer auch bemühten. Man kann aus einem Terroir nicht mehr herausholen, als in ihm steckt.

Deshalb gibt es in diesem uralten Weinbaugebiet wenig Neues. Burgund hat zweifellos das komplizierteste AOC-System in Frankreich, doch dieses mächtige Puzzle, das 1300 Jahre menschliches Wissen widerspiegelt, ist ein Geschenk der Geschichte an uns. Dagegen ist unser Verständnis für die Böden und Lagen des Médoc jung. Im Languedoc oder in den Gemeinden der südlichen Rhône beginnen wir die Geheimnisse des Landes sogar erst zu ergründen.

Andererseits aber gibt es natürlich in Burgund ebenso eine neue Weinlandschaft wie in anderen Regionen Frankreichs. Das Stadium der Suche nach dem Terroir indes hat sie längst hinter sich. Im 20. Jahrhundert stand die Authentizität der Weine im Mittelpunkt. Wie sich herausstellte, taugte roter Burgunder nicht zum suppigen, herzhaften Tropfen, der womöglich noch Rückendeckung durch Alicante Bouschet aus dem Languedoc oder Carignan aus Algerien bekam, sondern war ein Roter von leichtem Körper, verführerischem Duft und ätherischer Eleganz. Für das 21. Jahrhundert besteht die Herausforderung darin, ihm vollendeten Ausdruck zu verleihen.

Das ist nicht einfach. Kein Wein lässt sich so schwer gut bereiten wie roter Burgunder. Das muss im 9. oder 13. Jahrhundert noch viel schwerer gewesen sein. Mit Sicherheit hat es viele Jahrgänge gegeben, in denen die Weintrinker kaum mehr als verdünnten Alkohol bekamen und dafür dankbar sein mussten. Schließlich befinden wir uns in einer nördlichen Weinregion, in der die Vollreife im launischen Herbst oftmals zum Glücksspiel gerät, jederzeit mit Hagel gerechnet werden muss und Frühjahrsfröste wie Strauchdiebe hinterm Busch lauern. Außerdem ist der Pinot noir eine viel geklonte, dünnhäutige, für Fäulnis und Viren anfällige Diva, deren Vinifizierung zu einer Gratwanderung zwischen zu viel oder zu wenig Extrakt, Rauheit bzw. Herbheit gerät oder – bei zu hohen Erträgen bzw. zu starker Chaptalisierung – einfach nur zu einer nichtssagenden Leere führt. Weißer Burgunder aus Chardonnay ist einfacher herzustellen, doch auch ihn kann nachlässige Arbeit in Weinberg und Keller in eisiges Schweigen verfallen lassen. All diese Probleme gilt es nun anzugehen.

Flache Rebgärten und Lesegut im Bottich lassen einen Wein verstummen. Wie ausdrucksvoll er geraten kann, zeigen die goldenen Hänge dahinter. ▶

Fruchtwechsel bedeutet Regeneration und Nahrung für einen ruhenden Weinberg. So kann er Kraft für ein weiteres Jahrhundert Rebbau schöpfen.

Wider die Ausdruckslosigkeit

Der biologisch-dynamische Weinbau (siehe S. 24–45) hat in Burgund vermutlich nicht zufällig einen höheren Stellenwert als anderswo. Die Weinlandschaft ist hier relativ kleinstrukturiert: Der durchschnittliche Rebflächenbesitz eines Gutes verteilt sich auf rund ein Dutzend Lagen und umfasst bestenfalls 20 ha. (Zum Vergleich: Château Lafite in Bordeaux verfügt über 94 ha.) Die Spitzengüter können sich also den gegenüber konventionellem Weinbau mindestens doppelt so hohen Aufwand an Arbeitsstunden leisten, den ökologisches Wirtschaften im Weinberg erfordert. Und natürlich fiel das biodynamische Gedankengut in einer Region, die sich dem Terroir von jeher so verpflichtet gefühlt hat wie Burgund, auf besonders fruchtbaren Boden. Der Umstieg von führenden Domänen wie Leroy, Leflaive und Lafon veranlasste auch weniger bedeutende Erzeuger zu einem umweltgerechteren Weinbau.

Auch im Keller hat sich einiges getan. Dabei haben sich nicht so sehr die Bereitungsmethoden geändert, sondern vielmehr die Sorgfalt, mit der die Winzer ihr Lesegut verarbeiten. Anfang der 1990er-Jahre stand die von Guy Accad propagierte Kaltmazeration hoch im Kurs, doch war sie im Grunde nichts weiter als eine alte Praxis in neuem Gewand. Der mittlerweile in den Ruhestand getretene Henri Jayer setzte schon in den 1970ern auf „Kaltmaischung", um den Beerenschalen die Aromastoffe zu entlocken, ohne die harten, unausgewogenen Tannine zu lösen. Er gilt generell als erster und hervorragendster moderner Weinmacher Burgunds. Und lange Zeit vor ihm, als die Weinbauern noch keinerlei Möglichkeit hatten, die Temperatur ihrer Keller oder Behälter zu verändern, sorgte bisweilen die Natur für „Kaltmaischung": In diesem nördlichen Weinbaugebiet mit seinem kontinentalen Klima bricht der Herbst oft sehr schnell herein. Jayer: „Ich habe festgestellt, dass die Weine in Jahren, in denen der Herbst sehr kühl ausfiel und die Vergärung langsamer in Gang kam, fruchtiger als sonst gerieten und eine schönere Farbe hatten. Also habe ich sie auch in wärmeren Jahren gekühlt und auf diese Weise sehr fruchtige, ausgewogene, komplexe Tropfen bekommen."

Pinot noir ist, wie bereits erwähnt, eine dünnschalige rote Traube und daher anfällig für Grauschimmel. Gute Weinbergpflege, behutsame Lese und das Aussortieren befallener Beeren vor der Vergärung gelten als Eckpfeiler ernsthafter Weinbereitung in Burgund. Ein Jahrgang wie der 1983er, als viele Erzeugnisse eindeutig von faulem Lesegut stammten, wird sich kaum mehr wiederholen.

Die Weine werden häufiger entrappt als früher (eine berühmte Ausnahme ist die Domaine de la Romanée-Conti); gleichzeitig chaptalisiert man den Most heute nicht mehr so exzessiv wie in den 1970ern und 1980ern. Die Erzeuger sind eher bereit, hohe Risiken einzugehen, um eine gute Ausreifung des Leseguts zu erreichen. Darin spiegelt sich auch die Erkenntnis wider, dass niedrige Erträge die Grundvoraussetzung sind, wenn ein Wein die Eigenheiten des Terroir offenlegen soll. Fast alle Spitzenerzeuger geben mittlerweile Wildhefen den Vorzug vor Zuchthefen. Der Extraktgehalt bei den Roten wiederum variiert beträchtlich. Die einen schütteln nur noch den Kopf über die überhohen Extrakte der beginnenden 1990er-Jahre, mit denen man der duftigen Eleganz den Garaus machte, für die roter

Jean-Marie Guffens

Ein Belgier in Burgund zu sein ist schon problematisch genug. Wenn man über seine Winzerkollegen aber noch dazu mit derselben Feinfühligkeit spricht, mit der sich Boxer gegenseitig aufstacheln, dann wird man zwangsläufig zum Ausgestoßenen. Jean-Marie Guffens ist eine viel gescholtene Berühmtheit. Jeder hat einen Spruch von ihm auf Lager. Ich fragte ihn einmal in einem von Marketingfachleuten besuchten Londoner River Café, wie er denn seine Weine an den Mann bringe. „Marketing", rief er mir über den Tisch zu, „ist die Kunst, Müll an Idioten zu verkaufen."

Doch Guffens ist auch ein gewissenhafter Weinbauer, fähiger Kellermeister und kluger Analytiker der burgundischen Weinszene. Als er 1990 mit Jean Rijckaert das Gut Verget gründete, ahnte noch niemand, wie wichtig die winzigen négociants in Burgund und zunehmend auch an der Rhône und im Languedoc werden würden. Der saubere, reine Verget-Stil mag nichts für die sein, die mit den traditionellen weißen Burgundern aufgewachsen sind. Doch Guffens hat seine Weine mit mehr Terroir-Charakter beseelt als viele traditionelle Händler. Obendrein erwies er sich in Chablis und im Mâconnais als Wegbereiter für Qualität. Seine Domäne Guffens-Heynen im Mâconnais zählt zur absoluten Spitzenriege. Vor Guffens wusste niemand, dass ein Mâcon Pierreclos oder ein Pouilly-Fuissé es mit einem Corton-Charlemagne oder einem Bâtard-Montrachet aufnehmen kann. Jetzt weiß man es.

Burgunder berühmt ist. Die anderen begrüßen die Tiefe und Struktur, die ein erhöhter Gehalt an Inhaltsstoffen mit sich bringt, und verweisen darauf, dass man in der Region seit je Gefahr läuft, dünne, grüne und leere Weine zu bereiten. Wie dem auch sei, Ende der 1990er wählten die meisten Erzeuger den Mittelweg und meiden nun sowohl tintig-dicke wie auch dünne, schmächtige Tropfen.

Ausgewogenheit und Geschmacksreichtum eines Burgunders aber werden nur zum Teil durch seinen Extrakt bestimmt. Nicht minder wichtig sind das Abstechen, Schönen und Filtrieren. Mit anderen Worten: Wie lang lässt man den Wein vor dem Abfüllen im Fass und wie viele Aromen erstickt man durch „Säubern", wenn man ein stabiles, aber letztendlich lebloses Produkt haben will?

Wer je zum Verkosten von Weinen nach Burgund gekommen ist, weiß, dass roter Burgunder eigentlich direkt vom Fass getrunken werden müsste, denn das Abfüllen behagt ihm überhaupt nicht. Aus dem Holz rinnt ein Trunk von fein gewirkter Zartheit ins Glas, dem jegliches Schönen und Filtrieren nur schaden kann. Den idealen Zeitpunkt für das Abfüllen zu erwischen erfordert ebenso viel Einfühlungsvermögen wie der Einsatz von neuer Eiche, der einen Wein bereichern und nicht austrocknen oder zu holzlastig auf die Reise schicken soll. Man muss amerikanischen Journalisten und Importeuren wie Robert Parker, James Suckling, Peter Vezan und Kermit Lynch dankbar sein, denn sie haben die Winzer vom „sicheren" Schönen und Filtrieren abgebracht, das nur zu sterilen, hohlen Tropfen führte. Von den „bakteriellen Zeitbomben", die Weinautoren wie Hugh Johnson und James Halliday herannahen sahen, ist unter den Weinen der burgundischen Domänen, die nun auf das Klären ihrer Erzeugnisse verzichten (und dazu zählen fast alle Spitzengüter), nichts zu sehen.

Die neue Weinlandschaft Burgund wird heute von ausdrucksstärkeren, volleren und konzentrierteren Tropfen geprägt. Dieser Fortschritt ist guter Weinbergpflege, niedrigeren Erträgen, einer umsichtigen Vinifizierung und dem Verzicht auf plumpe Filtrierungsmethoden zu verdanken. Ebenso wichtig wie alle diese Elemente aber ist die finanzielle Situation der einzelnen Domänen: Ohne Geld kann kein guter Wein entstehen.

Anne-Claude Leflaive

Der größte Unterschied zwischen den Winzern von heute und ihren Vätern betrifft nicht den Weinbau oder die Kellertechnik, sondern die Einstellung zur Umwelt. Kunstdünger, Pestizide, Herbizide, Insektizide und Fungizide erschienen der Nachkriegsgeneration als „Segnungen". Heute aber findet man kaum einen bedeutenden Erzeuger in Frankreich, der sie nicht von seinen Anbauflächen verbannt oder ihren Einsatz zumindest gedrosselt hat. Das gilt auch für Anne-Claude Leflaive-Jacques.

Sie stieg 1990 in der Domaine Leflaive ein und führte sie mit ihrem Cousin Olivier Leflaive bis 1994, als dieser sich ausschließlich seinem négociant-Geschäft zu widmen begann und ihr die alleinige Führung überließ. Die 22 ha Rebfläche sind der Traum jedes Winzers: jeweils 2 ha Chevalier-Montrachet und Bâtard-Montrachet, eine Parzelle Montrachet und fast 5 ha Premier cru Clavoillon. Das Durchschnittsalter der Stöcke liegt zwischen 23 Jahren in Clavoillon und 50 Jahren in Montrachet.

Ab 1990 tastete sich Anne-Claude zunächst vorsichtig an die Biodynamik heran. Ihr britischer Agent Adam Brett-Smith von Corney & Barrow erinnert sich, dass Weine aus ihren ökologisch bewirtschafteten Rebgärten schon in den ersten sechs Jahren bei Blindverkostungen die Erzeugnisse von konventionellen Flächen regelmäßig aus dem Rennen schlugen. 1997 stieg sie dann vollständig um. Seither ist sie eine leidenschaftliche Verfechterin des biologisch-dynamischen Weinbaus. Selbst geschönt und filtriert wird in ihrem Gut nicht mehr. Brett-Smith beschrieb sie als „klar denkende Frau mit festen Überzeugungen". Mittlerweile hat Leflaive-Jacques einen neuen Feldzug gestartet: Sie möchte die burgundischen Weinberge frei von gentechnisch veränderten Organismen halten, die ihrer Ansicht nach „mit dem Grundsatz der kontrollierten Herkunftsbezeichnung unvereinbar sind".

Bourguignon, der Burgunder…

…stammt eigentlich aus dem 6. Arrondissement in Paris. Selbst in dieser großstädtischen Umgebung interessierte sich Claude Bourguignon von Anfang an für die Natur. Er gründete einen Ornithologieverein und zählte die in der französischen Hauptstadt beheimateten Raubvögel. Seine Arbeit führte ihn zu den Gorillas von Zaire, den Vögeln in der Türkei, den Tigern im Himalaja und schließlich nach Burgund, wo er zum einflussreichsten Bodenexperten Frankreichs avancierte. Nirgendwo ist sein Wirken deutlicher zu spüren als hier. Zu seiner Klientel zählen die Domaine de la Romanée-Conti, Leflaive, Lafon, Lafarge und Trapet. Sie alle haben sich dem organischen bzw. biologisch-dynamischen Weinbau verschrieben. Durch seine Bodenuntersuchungen in Frankreich und der Dritten Welt ist Bourguignon zu dem Schluss gelangt, dass sich der massive Einsatz von Chemie in der konventionellen Landwirtschaft verheerend auf die Mikroorganismen im Erdreich ausgewirkt hat. Er zeigt seinen Kunden, wie sie die Aktivitäten der in gesunden Böden vorkommenden Myriaden von Lebewesen – Pilze, Algen, Bakterien – verbessern können. Dazu schätzt er deren Zahl und ihren biochemischen Umsatz. „Bakterielle Gärprozesse stehen am Anfang allen Lebens", erklärt er. Die in der herkömmlichen Landwirtschaft eingesetzten Pestizide und Herbizide vernichten Bodenorganismen. Berühmt geworden ist seine Bemerkung, in den Weinbergen Burgunds gebe es weniger Mikroorganismen als in der Sahara. Mit Kompost, der Bearbeitung des Bodens zwischen den Rebzeilen und traditionellen Pflügemethoden (DRC setzt mittlerweile sogar ein Pferd ein) bringt man wieder Leben ins Erdreich.

Bourguignon ist kein Verfechter der Biodynamik. Doch er hat festgestellt, dass der Unterboden biologisch-dynamischer Rebflächen mehr Mikroorganismen enthält als der von organisch bewirtschafteten. Beeindruckt ist er außerdem von den starken Aktivitäten der Mikroorganismen in den im biodynamischen Landbau eingesetzten Hornpräparaten. In seinem Buch Le sol, la terre et les champs (Erde, Boden und Felder) schreibt er, 88 % aller pflanzlichen Materie setzten sich aus Kohlenstoff und dem bei der Photosynthese entstehenden Sauerstoff zusammen. Die Trockenmasse betrage sogar 92–98 %, wobei nur 2–5 % des Pflanzengewichts aus dem Boden stammten. Die konventionelle Landwirtschaft sehe den Boden als Quelle allen Wachstums, für die Biodynamik aber habe das, was darüber und darunter sei, den gleichen Stellenwert.

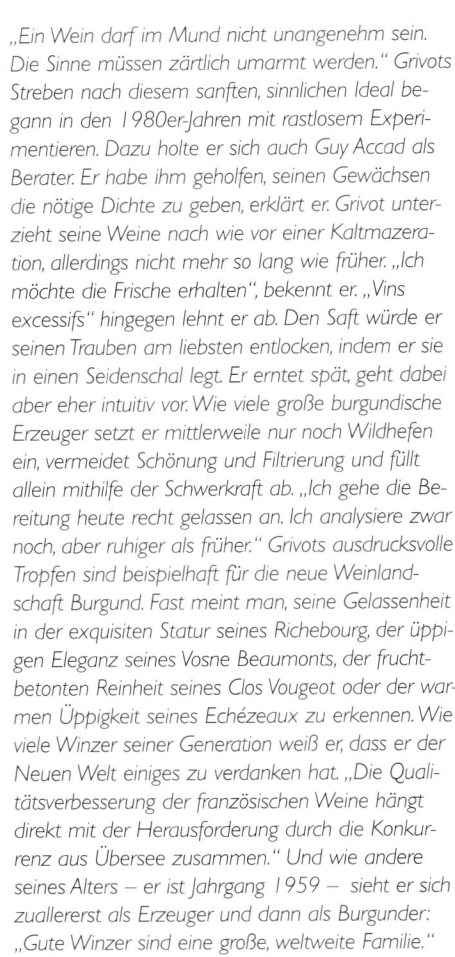

„Ein Wein darf im Mund nicht unangenehm sein. Die Sinne müssen zärtlich umarmt werden." Grivots Streben nach diesem sanften, sinnlichen Ideal begann in den 1980er-Jahren mit rastlosem Experimentieren. Dazu holte er sich auch Guy Accad als Berater. Er habe ihm geholfen, seinen Gewächsen die nötige Dichte zu geben, erklärt er. Grivot unterzieht seine Weine nach wie vor einer Kaltmazeration, allerdings nicht mehr so lang wie früher. *„Ich möchte die Frische erhalten"*, bekennt er. *„Vins excessifs"* hingegen lehnt er ab. Den Saft würde er seinen Trauben am liebsten entlocken, indem er sie in einen Seidenschal legt. Er erntet spät, geht dabei aber eher intuitiv vor. Wie viele große burgundische Erzeuger setzt er mittlerweile nur noch Wildhefen ein, vermeidet Schönung und Filtrierung und füllt allein mithilfe der Schwerkraft ab. *„Ich gehe die Bereitung heute recht gelassen an. Ich analysiere zwar noch, aber ruhiger als früher."* Grivots ausdrucksvolle Tropfen sind beispielhaft für die neue Weinlandschaft Burgund. Fast meint man, seine Gelassenheit in der exquisiten Statur seines Richebourg, der üppigen Eleganz seines Vosne Beaumonts, der fruchtbetonten Reinheit seines Clos Vougeot oder der warmen Üppigkeit seines Echézeaux zu erkennen. Wie viele Winzer seiner Generation weiß er, dass er der Neuen Welt einiges zu verdanken hat. *„Die Qualitätsverbesserung der französischen Weine hängt direkt mit der Herausforderung durch die Konkurrenz aus Übersee zusammen."* Und wie andere seines Alters – er ist Jahrgang 1959 – sieht er sich zuallererst als Erzeuger und dann als Burgunder: *„Gute Winzer sind eine große, weltweite Familie."*

Wer macht Burgunder?

Früher bereiteten und verkauften die *négociants*, die Händler, Burgunder Wein. Dabei gehörten die Weinberge nicht ihnen, sondern den Weinbauern. Vor rund 30 Jahren ähnelte Burgund der Champagne: Es gab Tausende von Weinbauern, aber nur etwa ein Dutzend bekannter Namen für die Verbraucher außerhalb der Region.

Eines aber war ganz anders: Die Champagne hatte eine große AOC, Burgund über 500 kleine. Die meisten *négociants* waren nicht besonders gut darin, die subtilen und bisweilen kurzlebigen Unterschiede zwischen den Rebhängen zum Ausdruck zu bringen, ja, es gelangen ihnen nicht einmal immer gute Weine. Die Weinbauern hatten reichlich Anreize, ihre Güter unabhängig zu führen und Bereitung sowie Verkauf in die eigenen Hände zu nehmen – was in der zweiten Hälfte des 20. Jahrhunderts auch immer mehr taten. Die Händler unterdessen verschwanden oder fusionierten.

Das heißt aber nicht, dass nun plötzlich ausdrucksvolle Terroir-Weine in Burgund entstanden, denn oftmals fehlte den Winzern der ersten Stunde die nötige Kellererfahrung, um Großes zustande zu bringen. Anfang des 3. Jahrtausends aber haben ihre Söhne und Töchter oder sogar ihre Enkel das Ruder in die Hand genommen. Und diese Generation wirft ein ausgezeichnetes Know-how in die Waagschale. Heute zeichnen unabhängige Erzeuger wie Jean-François Coche, Etienne Grivot, Dominique Lafon, Emmanuel Rouget oder Vincent Dauvissant, um nur fünf zu nennen, für die größten roten und weißen Burgunder überhaupt verantwortlich.

Mittlerweile ist indes ein Gegentrend zu erkennen. Wenn Familien zerfallen oder ein Pachtvertrag endet, bleibt vielen erfahrenen Weinbauern zu wenig Rebland. Sie werden dann selbst zu *micro-négociants*. Diesen Weg haben zum Beispiel Olivier Leflaive, Jean-Marie Guffens, Dominique Laurent, Nicolas Potel, Gérard Boudot vom Gut Sauzet und Jean-Nicolas Méo von Méo-Camuzet eingeschlagen, wenn auch aus unterschiedlichen Beweggründen. Die neue Kaste der Kleinsthändler wartet mit vorzüglichen Tropfen auf, die einem Vergleich mit denen der besten Erzeuger standhalten. Eine weitere Alternative für die burgundische Winzerelite ist das Ausweichen auf andere Weinregionen, wo sie Etiketten mit derselben Sorgfalt, aber in wesentlich größeren Mengen bereiten können. Dominique Lafon beispielsweise ist ins Mâconnais gegangen, Seysses in das Departement Var und Guffens nach Lubéron. Aber auch einige der großen Händler, die den Niedergang ihrer Zunft in Burgund überlebt haben, starten derzeit durch und konkurrieren mit den besten Gütern. Das beweisen die hervorragenden Einzellagenweine von Jadot, Drouhin oder Bouchard Père et Fils, der unter der Ägide von Joseph Henriot einen erstaunlichen Aufwärtstrend hinter sich hat. Leider gilt das nicht für alle *négociants*: Boisset, Jaboulet-Vercherre oder Patriarche dümpeln weiter im alten Fahrwasser dahin.

Burgund im Überblick

Chablis, die Côte d'Or, die Côte Chalonnaise, das Mâconnais und das Beaujolais: Aus diesen fünf Regionen setzt sich Burgund zusammen. Chablis und dem Beaujolais sind eigene, kurze Kapitel gewidmet. Das Beaujolais verdient auf jeden Fall eine gesonderte Behandlung, denn es hat hinsichtlich Rebsorte und Boden mit Burgund nicht das Geringste gemein. Chablis auf den ersten Blick hingegen schon: Der kalkliebende Chardonnay ist typisch für Burgund. Nichtsdestotrotz schmeckt Wein aus Chablis anders und ist eher den Tropfen der Kimmeridgium-Kette zuzuordnen, die von Sancerre und Pouilly-Fumé durch Chablis bis zur Subzone Aube in der Champagne verläuft.

Im Mittelpunkt dieses Überblicks steht die **Côte d'Or** in ihrer ganzen Länge zwischen Dijon und Chagny, die **Côte Chalonnaise** zwischen Chagny und St-Boil südwestlich von Chalon-sur-Saône und das **Mâconnais** westlich von Tournus und Mâcon.

Côte d'Or

Wenn Sie ein Faible für Denksportaufgaben haben, sind Sie in Burgund genau richtig: In dem rund 50 km langen Band aus Weinbergen findet man über 500 AOCs. Warum? Ich will versuchen, es Ihnen so einfach wie möglich zu erklären.

Die AOCs in Burgund werden oft als Pyramide beschrieben. Den breiten Sockel bilden die allgemeinen Regional-Appellationen Bourgogne Grand Ordinaire (für vorwiegend aus Gamay bereiteten Wein), Bourgogne Rosé (Pinot noir), Bourgogne Blanc (Chardonnay) und Bourgogne Aligoté (Aligoté).

Darüber befinden sich die subregionalen AOCs Bourgogne-Hautes Côtes de Nuits und Bourgogne-Hautes Côtes de Beaune für Rebflächen in den Bergen. Auch die Côte d'Or ist in zwei Subzonen unterteilt: die Côte de Nuits zwischen Dijon und Nuits-St-Georges und die Côte de Beaune zwischen Beaune und Chagny. Weine aus der ersten Zone dürfen sich Côte de Nuits-Villages und aus dem südlichen Bereich Côte de Beaune-Villages nennen, sofern sie nicht anders klassifiziert sind. (Der Vollständigkeit halber: Es gibt auch eine unbedeutende kleine AOC Côte de Beaune.)

Klettert man die Pyramide noch eine Stufe höher, erreicht man die 25 *villages* bzw. Gemeinden der Côte d'Or. Jede hat ihre eigene Appellation. Berühmte Beispiele sind Gevrey-Chambertin, Nuits-St-Georges und Meursault. Bis hierher war es einfach.

Die meisten Dörfer — jetzt tief Luft holen — verfügen über eine Reihe von Premiers crus, deren Namen man an den der Gemeinde anhängen kann, also z. B. AOC Nuits-St-Georges Premier Cru Les Cailles oder AOC Meursault Premier Cru Les Genevrières. Damit wird es richtig schön kompliziert, denn in Burgund sind über 450 Premiers crus registriert — allein Beaune hat schon 44 davon. Um die Verwirrung noch ein bisschen zu steigern, gibt es auch Weinberge *(lieux-dits)* ohne Premier-cru-Status, deren Namen man gelegentlich auf den Etiketten von Villages-Weinen findet. Zu allem Unglück sind manche Premiers crus auch *lieux-dits*, d. h., ein Teil des Rebgartens hat Premier-cru-Rang, ein anderer ist lediglich als Villages-Wein eingestuft. Premiers crus können sich obendrein auf mehrere Gemeinden erstrecken oder je nach Weinfarbe an verschiedene Villages-AOCs angefügt werden, wie es beim weißen Santenots von Meursault oder dem roten Santenots von Volnay der Fall ist. Ein Verschnitt aus mehreren Premiers crus kann als „Premier Cru" ohne Weinbergangabe in Umlauf gelangen. Dass derselbe Weinbergname in verschiedenen Dörfern auftaucht — so haben Beaune wie auch Santenay einen Clos des

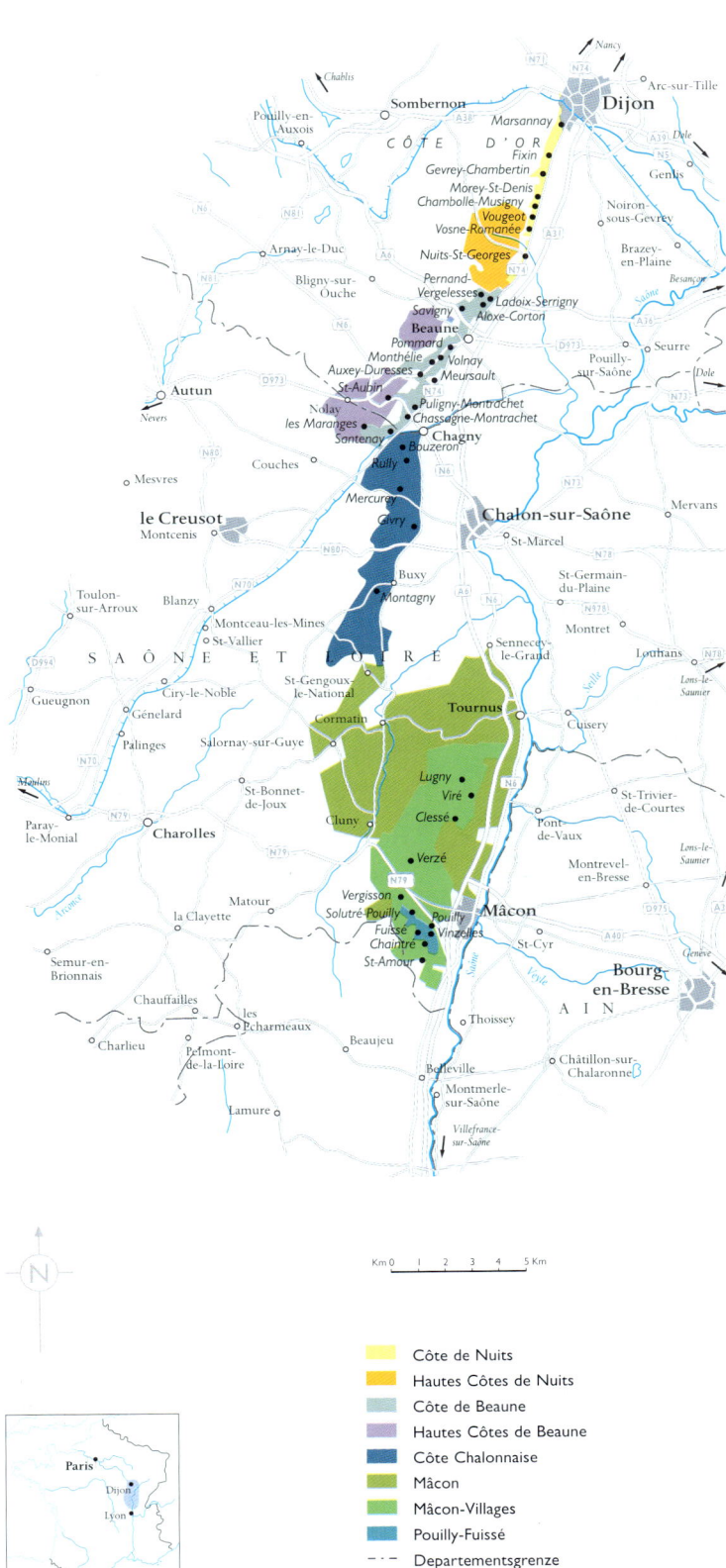

Mouches – oder die Schreibweise eines Premier cru von Hersteller zu Hersteller variieren kann, erhöht den Nervenkitzel zusätzlich.

Zur Besänftigung der Gemüter nach dieser Klassifizierungsschlacht füge ich hinzu, dass die burgundischen Premiers crus einige der köstlichsten Namen der Weinwelt bereithalten. Fixin hat einen Premier cru Queue de Hareng (Heringsschwanz), Chambolle-Musigny einen Les Amoureuses (Die Liebenden), Vosne-Romanée einen Les Malconsorts (Die schlechte Gesellschaft), Meursault einen La Goutte d'Or (Der Goldtropfen), Blagny einen Sous Le Dos d'Ane (Unter dem Rücken des Esels – fragen Sie nicht, wo), St-Aubin einen Sur Le Sentier du Clou (Auf dem Pfad des Nagels) und Chassagne-Montrachet einen Les Dents de Chien (Die Hundezähne). Und mit dem alten *lieudit* Montreculs in Dijon gedenkt man einer besonders geschätzten alten Tradition: dem Herzeigen des Allerwertesten.

An der Spitze der Pyramide schließlich stehen die Grands crus. Es gibt ihrer 30 an der Côte d'Or. Sie sind einer Nomenklatur unterworfen, in der der Name der Herkunftsgemeinde keinen Platz hat: AOC Chambertin etwa oder AOC La Grande Rue. Außerdem sollte auf dem Etikett noch stehen, dass es sich um einen Grand cru handelt. Das dürfte man aber schon vorher am Preis gemerkt haben.

Was soll dieser Namenswirrwarr nun widerspiegeln? Burgund ähnelt in seiner geologischen Struktur dem Elsass (siehe S. 64). Mit anderen Worten: Auf den ersten Blick sieht die Region wie ein Anbaugebiet aus, das an den Hängen eines Flusstals in den Genuss von reichlich Sonne kommt. Im Elsass ist es der Rhein, hier die Saône. Im Lauf der Jahrmillionen scheint sich der Fluss etwas von den Hängen entfernt zu haben. In Wirklichkeit sind die beiden Talwände auseinander gedriftet und haben den Weg für den Fluss mitsamt seiner kiesigen Fracht freigemacht. Es entstand ein Graben. Auf der anderen Seite des Saône-Grabens findet man die Weinberge des Jura, des seltsamen, verkümmerten Zwillings Burgunds. (Auch das Elsass hat mit dem deutschen Anbaugebiet Baden ein solches Gegenstück.)

Der lange Nord-Süd-Hang des Anbaugebiets Burgund wird von kleineren Verwerfungen und Einschnitten unterbrochen. Diese Seitentäler werden *combes* genannt. Bäche und Flüsse haben die Lücken genutzt, um von den Hügeln im Hintergrund der Saône zuzustreben. Der „Goldhang" ist also geologisches Stückwerk.

Das Muttergestein besteht aus Kalk und Mergel unterschiedlicher Zusammensetzungen. Bei Comblanchien, am Übergang zwischen der Côte de Nuits und der Côte de Beaune, wird Stein plötzlich wichtiger als Wein. Hier entstanden vor Jahrmillionen in einem warmen Meer aus Myriaden zu Boden gesunkener Austern die wunderschönen *dalles nacrées*, perlmuttartig schimmernde Steinplatten. Man fördert sie in Comblanchien zutage. Das Gestein ist zwar nicht kristallisiert wie Marmor, hat aber poliert eine ähnliche Oberflächenstruktur und leuchtet dank der in ihm enthaltenen Eisenoxide in zartem Rosa.

Verwerfungen, Täler, Kalk und Mergel, Schwemmland, Schotter, Kies in bunter Mischung – ja, die Côte d'Or hat einen komplexen Untergrund. Das Zusammenspiel der verschiedensten Elemente verbindet sich jedoch nicht zu der wirren geologischen Sinfonie des Elsass, die wie von Goethes Zauberlehrling verursacht worden zu sein scheint, sondern eher zu Bachs exquisiten, brillanten, fein nuancierten Goldberg-Variationen. Tausende Winzer haben in Hunderten von Jahren in ihren Weinen die Unterschiede der verschiedenen Parzellen erschmeckt und dieses Wissen an andere weitergegeben. Das heutige Appellationssystem spiegelt diesen Facettenreichtum wider. Es dient den Weinbauern als Inspiration und Herausforderung zugleich. Henri Jayer brachte es auf den Punkt: „Mit der Gesetzgebung von 1936 wurden nur die empirischen Beobachtungen unserer Vorfahren bestätigt. Man darf nicht vergessen, dass die Klassifizierung vor ihrer Absegnung durch den Staat bereits im Glas durchgeführt worden war – und zwar von Leuten, die sich auf das Verkosten verstanden."

Côte de Nuits

Die Côte d'Or beginnt in den Randbezirken von Dijon bei Chenôve. Erst auf der Höhe von **Marsannay** allerdings – der einzigen burgundischen Gemeinde übrigens, in der Rot-, Weiß- und Roséwein hergestellt werden darf – beginnen Reben die Vorortszenerie zu dominieren. Ab hier verändert sich das Bild der Hanglandschaft kaum mehr, außer dass die Hügel im Süden etwas weitläufiger sind und das Potenzial der Böden durch Beimischungen von Schwemmland leicht beeinträchtigt wird. Das Gros der 225 ha Rebfläche von Marsannay liefert Trauben für Rotweine und Rosés. Sie fallen leicht, klar, frisch und delikat aus. Aus dem nächsten Dorf, **Fixin**, kommen fast ausschließlich Rotweine. Man merkt, dass die Hänge wärmer werden, denn die Gewächse geraten relativ stämmig. Hinter Fixin fährt man durch die nicht klassifizierte Gemeinde Brochon, deren Erzeugnisse von ebenen Schiefertonflächen stammen und als AOC Bourgogne etikettiert werden. Schon die Weine vom nächsten Hügel indes fließen als Gevrey-Chambertin in die Flasche. Die Côte de Nuits läuft rasch zur Bestform auf.

Direkt südlich von **Gevrey-Chambertin** stößt man auf die Combe Lavaux, das erste größere Quertal, das die Hangkette unterbricht. An der Nordseite des Talausgangs zieht sich von Ost nach Süd eine Tribüne aus Premier-cru-Lagen mit dem herausragenden Clos St-Jacques in der Mitte. Glaubt man den Einheimischen, unterscheidet ihn so gut wie nichts von einem Grand cru. Südlich von Gevrey erblickt man den ersten Grand-cru-Hang der Côte d'Or: den beschaulich-majestätischen Chambertin. Er setzt sich aus mehreren Lagen zusammen, die natürlich auch unter sich eine Rangordnung ausmachen. An der Spitze stehen Chambertin und Chambertin-Clos de Bèze, die Zweitplatzierten sind Chapelle-, Griottes-, Latricières-, Mazis- und Charmes-Chambertin (auch Mazoyères-Chambertin genannt). Die stattliche Gemarkung Chambertin geht im Süden in die gleichrangigen Lagen Clos de la Roche, Clos St-Denis, Clos des Lambrays, Clos de Tart und Bonnes Mares über. Schon ist man in Chambolle-Musigny, auf dessen Höhe sich die nächste größere Unterbrechung im Steilabbruch der Côte de Nuits befindet: die Combe Ambin.

Ein Blick von der berühmten Nationalstraße N74 nach oben macht die typische Schichtung burgundischer Weinberge deutlich. Die besten Lagen befinden sich in der Mitte. Hier ist die Sonne am wärmsten, die

▲ *Rebgärten in der Hangmitte bekommen wie verwöhnte Kinder alle Annehmlichkeiten: Sonne, Stein und trockenen Untergrund für ihre Wurzeln.*

Bodendurchlässigkeit am besten, der Untergrund am steinigsten und dünnsten und das Muttergestein aus Kalk der Oberfläche am nächsten. Zwischen ihnen und den bewaldeten Kämmen erstreckt sich ein etwas kühlerer, kargerer Bereich, während am Fuß der Anhöhen der Boden fruchtbarer und feuchter ausfällt und das Muttergestein tiefer liegt. Eine Ausnahme bilden Chambertin und seine Nachbarn. Die Grand-cru-Lagen reichen bis an den Wald heran, der an der Côte d'Or die Hügelspitzen meist bedeckt. Typischer für Burgund sind da schon die Grands crus von **Morey St-Denis**. Sie liegen in der Mitte zwischen den höheren Premier-cru-Lagen und den tieferen Villages-Bereichen. Der Gevrey-Stil ist ausdrucksvoll, geschmacksintensiv, fast fleischig, während man in Morey elegantere, reinfruchtigere Tropfen keltert.

Mit **Chambolle-Musigny** und seiner *combe* wird im burgundischen Weinbergregister ein neuer Ton angeschlagen. Das Wasser hat viel kalkreiches Gestein nach Chambolle gebracht; außerdem weht ein kühler Wind durch das Tal, weshalb die Roten an diesem Punkt der Côte besonders elegant und fein ausfallen. Der Schwemmlandfächer am Ausgang der *combe* mindert zwar die Qualität der Rebflächen um das Dorf etwas, doch schon ein Stück weiter südlich sorgen Le Musigny, Clos de Vougeot, Grands Echézeaux und Echézeaux auf mittlerer Hanglage wieder für großartige Qualität. Nach einer etwas unvermuteten Unterbrechung durch die Premiers crus Les Suchots, Les Beaux Monts und Aux Brûlées strebt die Grand-cru-Prachtstraße ihrem Höhepunkt zu – Richebourg, La Romanée, Romanée-Conti, Romanée-St-Vivant, La Grande Rue und La Tâche. Wer nun Dramatisches erwartet, wird überrascht sein: Großer roter Burgunder ist duftig, leicht, ätherisch, in der Jugend lebhaft-fruchtig und im Alter sanft-animalisch, scheinbar zart, doch unergründlich kraftvoll, robust und vollmundig. Die Kreszenzen von hier erreichen dieses Ideal gelegentlich.

Unter den Villages-Weinen präsentiert sich der Chambolle graziös, duftend und verführerisch. Diese Eigenschaften teilt er mit den Grands crus Bonnes Mares und dem ätherischen Musigny. **Vougeot** und **Vosne-Romanée** sind dunkler und gebieterischer. Der 50 ha große Weinberg Clos Vougeot zieht sich bis zur Straße hinunter, wo tiefgründiger Boden über Mergel ruht. Dieser untere Bereich trägt das Grand-cru-Siegel, hat jedoch Villages-Niveau. Warum? Die Mauern des großartigen Clos wurden vor 500 Jahren hochgezogen, die Ursprünge des Weinbergs gehen gar bis ins Jahr 1110 zurück. Selbst die Bürokraten des INAO wagten nicht zu teilen, was die Mönche von Cîteaux als Einheit erachteten.

Warum aber ist hinter Vosne-Romanée das Terrain für den Weinbau so günstig? Nun, manchmal ist das einfachste Rezept das beste: 1 m Oberboden und Kiesel aus einer nahrhaften Kalk-Mergel-Mischung, gewürzt mit etwas auflockerndem Sand, das Ganze über makellosem Muttergestein aus Trochitenkalk. Die Rebenwurzeln lieben diesen tonigen Kuchen aus fossilen Seelilien; ihren Stöcken wiederum behagt der geschützte, sonnige Platz. Doch auch die Geschichte spielt eine Rolle: Die Parzellen wurden schon im 12. Jahrhundert von klösterlichen Winzern geschätzt; später zankten sich Adelige und Mätressen darum. Kein Besitzer sah in ihnen je etwas anderes als die besten Lagen Burgunds und pflegte sie entsprechend. Hätte man sie mit Gamay oder Merlot bepflanzt und 100 hl/ha aus ihnen herausgepresst, würde man heute wohl kaum so ein Loblied auf sie singen.

Hinter Vosne-Romanée zerreißt die Einheit der Côte de Nuits. Der Hang wird vom Fluss Meuzin durchschnitten, auf dessen Schwemmlandfächer das Städtchen **Nuits-St-Georges** sitzt. Südlich davon wird zwar das klassische geologische Thema noch einmal aufgegriffen, doch dann ergießen sich in Comblanchien harte Steinkaskaden die Hänge hinunter. Die Reben weichen Steinbrüchen – Weinbau wäre in dieser zerklüfteten Topographie auch schwierig. Noch einmal begegnet man in den Premier-cru-Lagen der typischen Sandwich-Staffelung, vor allem in der Sonnenfalle südlich des Orts. Die Weine von hier treten grimmig, viril und vollbepackt mit roter Frucht auf.

▲ *Einen Tag noch… und noch einen… und noch einen: Die Entscheidung über den besten Lesezeitpunkt ist nie einfach.*

Côte de Beaune

Schon seltsam: Die Côte de Nuits liegt nördlich der Côte de Beaune, und doch findet man die besten Weißweine Burgunds im südlichen Anbaugebiet, während Rotweine die Spezialität der Zone im Norden sind. Winzer Henri Jayer und Weinautor Jacky Rigaud haben beschrieben, wie es dazu kam. Entlang der ganzen Côte d'Or wurde zehn Jahrhunderte lang Pinot noir angebaut, während Chardonnay ein weit jüngerer Zuwanderer ist. Anfangs setzte man die Weißweintraube mal hier und mal dort, es stellte sich jedoch heraus, dass sie in dem südlicheren Streifen des Weinbergbands bessere Ergebnisse erbrachte. Die klimatischen Unterschiede sind bei 30 km minimal – Jayer zufolge ist es an der Côte de Nuits sogar kühler und trockener als an der Côte de Beaune. Daher scheint der Boden den Ausschlag zu geben: Die Côte de Beaune ist wesentlich reicher an Mergel als die Côte de Nuits, wo reinerer Kalk dominiert.

Andererseits verfügt die Côte de Beaune über die doppelte Rebfläche der Côte de Nuits und trotz ihrer berühmten Weißen ist das Gros der Weine rot. Landschaftlich und geologisch ähnelt die Côte de Beaune eher der südlichen Rhône, während die Côte de Nuits Parallelen zur Côte Rôtie und zu Hermitage aufweist. Mit anderen Worten: Das für die Côte de Nuits so typische Band aus Hängen geht an der Côte de Beaune in einen zerrissenen und verschobenen Fleckenteppich über. Die Weinberge verteilen sich großflächiger, sie sind stärker nach Süden als nach Osten ausgerichtet und auch der Boden ist nicht mehr so einheitlich, wie wir gleich sehen werden.

Beim Übergang zwischen beiden Zonen wird man an der Côte de Beaune gleich vom unübersehbaren Berg Corton begrüßt, dem Gegenstück zum Chambertin an der Côte de Nuits. Der Corton ist eine längliche, von einem Wald gekrönte Erhebung, deren südöstlicher Hang sich zu den Dörfern **Aloxe-Corton** und **Ladoix-Serrigny** hinunterzieht. Seine Rückseite wird von winzigen Bächlein begrenzt, an deren Zusammenfluss das beschauliche Dorf **Pernand-Vergelesses** gewachsen ist. Über die Flanke des Corton zieht sich der mit 148 ha größte Grand cru Burgunds. Bis Mitte des 19. Jahrhunderts entstand hier nur Rotwein. Dann fand man heraus, dass Weißwein vom En Charlemagne genannten gelbbraunen, oberen Mergelhang Richtung Pernand überragend geriet. Deshalb wächst dort heute der weiße Corton-Charlemagne, während in den übrigen Weinbergen mit ihren eisenhaltigeren Böden roter Corton heranreift. Der Herkunftsbezeichnung Corton können je nach Lage bis zu 20 verschiedene Namen angehängt werden. Da weiße Grands crus einen höheren Preis erzielen als rote, breitet sich Chardonnay mittlerweile in den höheren Bereichen auch Richtung Corton aus.

Die *combe* von Pernand ist nicht die einzige Lücke im Hang. Auch das Tal des bei **Savigny-lès-Beaune** in die Ebene hinaustretenden Flüsschens Rhoin unterbricht ihn und sorgt so für die unterschiedlichsten Ausrichtungen und Bodentypen. Hinter **Chorey-lès-Beaune** liefern zahlreiche niedrig gelegene Rebflächen Unmengen leichter Villages-Weine. Die besten Premiers crus aus Pernand und Savigny geben sich spritzig mit Himbeereinschlag.

Als Nächstes gelangt man nach **Beaune**, der Hauptstadt der Côte d'Or. Auch hier wird das Band aus Weinbergen von kleinen Einschnitten unterbrochen. Die Hänge fallen unterhalb der Wälder auf den Kämmen relativ abrupt ab. Im mittleren Bereich fehlt ihnen die Qualität der Böden, die weiter nördlich Echézeaux, Musigny oder Bonnes Mares zu Ruhm verholfen hat. Grands crus gibt es nicht, dafür eine Unmenge von Premiers crus, die zum Teil steiles, steiniges Terrain, zum Teil aber auch flacheres, fruchtbareres Rebland einnehmen. Tiefe Weine, leichte Weine, ja, sogar dünne oder beißende Weine, Beaune hat sie alle – die meisten aber geben sich weich, anmutig und geschmeidig.

▲ *Großer Wein entsteht auch aus dem, was man nicht hineintut. Diese weggeworfenen Trauben verkünden eine klare Botschaft: Weniger ist mehr.*

Pommard ist ein für Burgund in doppelter Hinsicht untypisches Anbaugebiet. Zum einen nehmen die besten Rebflächen nicht die Hänge über dem Ort zu beiden Seiten der *combe* ein, sondern finden sich im Flachland. Zum anderen erbringen diese Premier-cru-Lagen relativ farbtiefe, tanninhaltige Rote mit merklichem Pflaumeneinschlag und gelegentlich sogar einem Hauch Schokolade. Der Grund dafür dürfte eisenhaltiger, rotbrauner Oolith sein, der eine kleine Verwerfung mehr oder weniger in der Mitte des fast völlig ebenen Premier-cru-Areals an die Oberfläche drängt, wo es Regen und Frost bearbeiten. Rugiens, der Name eines der Weingärten, verweist auf die rötliche Farbe des Bodens. Unter der Oberfläche ist zudem reichlich Mergel vorhanden, der schon fast tonartig wirkt und für eine Art Pétrus-Effekt im Kleinen sorgt. Pommard ist praktisch das Pomerol von Burgund. Die nächste Gemeinde, **Volnay**, ähnelt Pommard, allerdings sind die roten, eisenhaltigen Böden über eine größere Fläche verteilt und mit kiesigem Kalk und braunem Mergel durchsetzt. Die in der Regel hochwertigen Premiers crus ziehen sich auch wieder den Hang hoch, wie es sich gehört, denn dort ist der Boden leichter und flachgründiger. Volnays Weine sind in Bestform eine sinnlich-unbeschwerte Melange aus einem fleischigen Pommard und einem eleganten, zugänglichen Beaune.

Nun wird es so richtig kompliziert: Die Côte de Beaune gabelt sich in eine Art Bergstraße und eine Piste nach Süden. Begeben wir uns zunächst ins Hügelland. **Monthélie** liegt gleich hinter Volnay, ist jedoch stärker nach Süden ausgerichtet, denn zwei *combes* flankieren den Ort. Man lässt den Haupthang bei **Auxey-Duresses** hinter sich und gelangt durch das Seitental nach **St-Romain**, das zwar seit 1967 seine eigene AOC hat, aber eigentlich den Hautes Côtes zugerechnet wird. Auch **Blagny**, die nicht klassifizierte Gemeinde Gamay und **St-Aubin** gehören zum „Hochland" mit seinen kühlen, leichten Roten und korrekt gemachten, doch kaum je fleischigen Weißen.

Mehr zu bieten indes hat das „Tiefland". Weinbaulich verzahnt sich der rötliche Bereich im Norden von **Meursault** mit Volnay: Roter Premier cru Santenots gilt als Volnay zugehörig, weißen ordnet man Meursault zu. Im südlichen Teil von Meursault wird das Erdreich heller. Die Schicht aus Comblanchien-Stein dringt wieder an die Oberfläche und wurde früher hier auch abgebaut. Oberhalb der ehemaligen Steinbrüche erstreckt sich gutes Villages-Land, die weißen Premiers crus von Meursault hingegen findet man weiter unten auf Kalk, Mergel und altem, beim Tagebau angefallenem Schutt. Dank der geschützten Lage kann man in den Weinen eine buttrige, fette Sonnenwärme schmecken, die von mineralischer Finesse getragen wird. Perrières gilt gemeinhin als beste Lage und verdiente zweifellos Grand-cru-Format. Lavalle stufte ihn im 19. Jahrhundert gleich hinter Montrachet ein. Der Name Perrières ist ein altes Wort für Steinbruch, wörtlich etwa „Steinhof".

Südlich von Meursault zieht sich unterhalb des Rotwein-Dörfchens Blagny das Premier-cru-Band bis nach **Puligny-Montrachet** hin und endet am Grand cru Montrachet. Der Weißwein von hier ist für viele der größte der Welt. Auf dem Weg von Meursault nach Montrachet hat sich geologisch einiges getan. Zwar herrscht noch immer harter, mergeliger Kalk vor, doch hat dieser nun eine andere Zusammensetzung. Das Comblanchien-Gestein ist *Pierre de Chassagne* gewichen, während der *Ostrea-acuminata*-Mergel aus dem Norden in *Pholadomya-bellona-* und *Digonella-divionensis*-Mergel übergegangen ist. Kleine Verwerfungen unterteilen den Grand cru grob in drei Areale: den steinigen Chevalier-Montrachet hoch oben auf dem Hügel, den eigentlichen Montrachet auf der sanft geneigten Hangmitte und die drei Bâtard-Montrachets auf fast flachem, feuchterem Land. Montrachet muss wie Corton-Charlemagne viele Jahre reifen. Auf seinem Höhepunkt ist er ebenso ausdrucksvoll, doch mit anderen Vorzeichen: Wo Corton mit nervigem Charakter und mineralischen Geschmacksnoten aufwartet, beeindruckt Montrachet mit üppigen Wildpilzaromen und nussigen Tönen. Das große, fast flache Band aus hochklassigen Premiers crus, das bei Meursault seinen Anfang nahm, setzt sich derweil nach Süden fort und streift Puligny-Montrachet sowie **Chassagne-Montrachet**. Hier überzeugen Weißweine; den Roten kommt nur noch eine Statistenrolle zu.

Die Hangkette zieht sich in das nächste Dorf, **Santenay**, und macht anschließend bei **Dezize-** und **Sampigny-lès-Maranges** eine Biegung nach rechts. Hier endet die Côte d'Or in geologischer Wirrnis. Die Weinberge von Maranges sind anders als die übrige Côte d'Or nicht nur nach Süden ausgerichtet, sondern haben mit ihrem magnesiumreichen Dolomitenkalk und Schieferton auch eine andere Bodenbeschaffenheit. Santenay, die letzte Bastion der klassischen Côte Richtung Süden, hat eine Reihe saftiger, himbeerfruchtiger Roter zu bieten. Und die Rebflächen von Couchois südwestlich von Maranges bekamen Anfang 2001 für ihre Roten auf Pinot-Basis das Siegel AOC **Bourgogne Côtes du Couchois** verliehen.

Hautes Côtes

Oberhalb der Haupthänge der Côte d'Or liegen die Hautes Côtes. Man unterteilt sie in **Hautes Côtes de Nuits** und **Hautes Côtes de Beaune**. Die Böden sind nicht mehr kalkig, die Lagen zerrissen und weit verstreut. Obendrein findet man ein merklich kühleres Klima vor. Weinberge sind hier genutzte Chancen: Hie und da hat man einen günstig gelegenen Hang bestockt, der aussah, als könnten die Reben auf ihm ausreifen. Die eigentliche Stärke der Hautes Côtes sind Schwarze Johannisbeeren (für Crème de Cassis); lediglich die Aligoté-Traube liefert gute Ergebnisse. Leider fallen die Roten aus Pinot und Weißen aus Chardonnay meist dünn und unangenehm aus. Stünden auf den Etiketten nicht die Zauberworte „Nuits" und „Beaune", fänden sie außerhalb ihrer Heimat wohl kaum einen Käufer.

Côte Chalonnaise

Das Band aus Hängen setzt sich fort – aber auf der anderen Seite der Dheune, wo es vollends zerreißt. Umständlich windet es sich durch die fünf Gemeinden Bouzeron, Rully und Mercurey im Norden der Region sowie Givry und Montagny weiter südlich. Das Flickwerk aus Lagen wird von zahlreichen Verwerfungen unterbrochen: Kalk, sandiger Ton und Mergel wechseln sich ab. Die Weinberge sind exponierter und kühler als an der Côte d'Or. Gelegentlich entsteht Beachtliches, ansonsten aber sind die Qualitätsansprüche bescheiden. So ist auch das Prädikat „Premier cru" mit Vorsicht zu genießen, denn die Messlatte hängt wesentlich tiefer als in der nördlichen Nachbarregion.

Die erste und kleinste Gemeinde, **Bouzeron**, darf den Titel AOC führen, hat ihn aber aus eher historischen denn geologischen Gründen nur für Aligoté bekommen, denn einen Grund, warum Chardonnay für die kalkigen Böden ungeeignet sein sollte, gibt es nicht. Wer den zitrusfruchtigen Einschlag des Aligoté mag oder gern einen guten Kir trinkt, wird am Bouzeron Gefallen finden. Die Appellation **Rully** südlich davon ist für Rot- und Weißwein klassifiziert und nennt prahlerisch 23 Premiers crus ihr Eigen. Die kühlen, eleganten Weißen schlagen sich besser als die dünnen Roten. Das nächste Dorf, **Mercurey**, pumpt Rotwein auf den Markt, der bestenfalls feste, roh behauene, ehrliche Burgunder Handwerksarbeit ist; auch ihre 30 Premiers crus sind deshalb arg dick aufgetragen. Zusätzlich hat man etwas Weißen in petto. In **Givry** nahe Chalon-sur-Saône dominiert ebenfalls die Farbe Rot. Die Weine sind leichter strukturiert und entsenden einen einnehmenderen Duft. Auch hier bietet man 22 so genannte Premiers crus auf. In der letzten, nur für Weißweine zuständigen Gemeinde gerät der Premier-cru-Nonsens gänzlich außer Kontrolle: Nicht weniger als 53 „Erste Gewächse" hat man dort großspurig ausgewiesen. Mergel und Sandstein verhelfen dem Chardonnay hier zu etwas mehr Substanz als andernorts an der Côte Chalonnaise; die Glanzlichter der AOC können es immerhin mit vielen Villages-Weißen von der Côte d'Or aufnehmen.

Mâconnais

Das Mâconnais verschmilzt an seinem südlichen Ende mit dem Beaujolais: Auf einigen Kilometern mischt sich der Kalk von St-Véran mit dem Granit von St-Amour. Zwei unterschiedliche Böden, zwei unterschiedliche Weine – und doch haben sie eines gemein: Zugänglichkeit. Ihre schnörkellose Fülle und ihr Charme machen die Mâcons zu geradlinigen, leicht erkennbaren Chardonnays, die aber auch durch und durch Burgunder sein können, da sie ihre weinige Struktur und Tiefe über ein einfaches reinsortiges Produkt hinaushebt. Wie Beaujolais sind sie dankbare Essensbegleiter in klassischer französischer Tradition, versprechen aber auch bestes Trinkvergnügen, da ihre angenehme Art nie in die ernsthafte, gewichtige Grandezza eines Gewächses von der Côte d'Or oder aus dem Médoc übergeht. Sie gehören zu den französischen Weißen mit dem besten Preis-Leistungs-Verhältnis.

Das Mâconnais ist größtenteils zerzaustes Weideland, in dem man auf jeden viel versprechenden Hügel Reben gesteckt hat. Die Stöcke teilen sich die anheimelnde Landschaft mit einheimischen Charolais-Rindern, Ziegen und Obsthainen. Es herrscht Kalk vor, man findet aber auch Ton, Sandstein und Schwemmland. Die 9000 Winzer der Region sind oft Bauern mit Mischbetrieben und weniger als 1 ha Land, weshalb Genossenschaften einen hohen Stellenwert haben. Trotz der kleinstrukturierten Weinlandschaft aber ist das Mâconnais ein Riese: Hier entsteht so viel Wein wie an der Côte d'Or und der Côte Chalonnaise zusammengenommen.

Wie an der Côte d'Or bildet das AOC-System eine Pyramide. An der Basis findet man **Mâcon** und **Mâcon-Supérieur** mit passablen Weißen und oft unsäglichen Roten. **Mâcon Rouge** gehört zu den wenigen französischen Appellationen, von denen ich behaupten kann, noch nie einen guten Wein ins Glas bekommen zu haben – es soll ihn allerdings geben. Fast alle Erzeugnisse werden aus Gamay bereitet, und Gamay hasst nun einmal den Kalk, den man in Mâcon findet. Die kristallliebende Rebsorte gehört auf die Sand- und Granitböden der Gegend, der Qualität der Weine nach zu urteilen geschieht das aber entweder nur sporadisch oder ohne Erfolg. Wird Pinot noir kultiviert, was keine schlechte Idee ist, darf man ihn Bourgogne Rouge nennen.

Qualitativ interessant wird es ab **Mâcon-Villages**, auch Mâcon Blanc-Villages genannt, da alle Erzeugnisse weiß sein müssen. Zur AOC gehören 43 *villages*. Jedes Dorf kann seinen Namen an den von Mâcon anhängen, etwa Mâcon-Lugny, Mâcon-Igé, ja, sogar Mâcon-Chardonnay, denn Chardonnay heißt tatsächlich eine Ortschaft hier, auch wenn unklar ist, ob sie der Traube den Namen gegeben hat. Die beiden Dörfer Viré und Clessé ergatterten 1999 sogar eine eigene AOC namens **Viré-Clessé**, obwohl ihre Bestimmungen nicht einen Deut strenger sind als in den anderen Gemeinden.

Höchst interessant wird die Geologie im äußersten Süden des Mâconnais, wo burgundischer Kalk auf Beaujolais-Granit trifft. Mergel- und Kalkschichten liegen hier wie Spielkarten aufeinander. Die berühmtesten landschaftlichen Besonderheiten sind die Felsen von Vergisson und Solutré. In prähistorischer Zeit hetzten Jäger Wildpferde, Hirsche und überhaupt alles, was vier Beine hatte, über die Klippen in den Tod. Die Knochen der Tiere bilden eine 2 m dicke Schicht am Fuß des Felsens. Die drei Pouilly-Appellationen **Pouilly-Fuissé**, **Pouilly-Loché** und **Pouilly-Vinzelles** liegen in einer Schüssel aus Kalk. Sie wird von der AOC **St-Véran** umrandet, die die Weinproduktion einer Hand voll Dörfer um Pouilly unter einen Hut bringt. Hier entstehen die Spitzenreiter des Mâconnais; ihre Substanz und ihr Feuer vermisst man bei den weicheren Weißen des Villages-Bereichs.

Handlese und Aufbewahrung des Leseguts in kleinen Kisten gewährleisten die Qualität, die Jadot aus der Masse der négociants herausragen lässt.

Im Kreuzfeuer

Sorten? Nein, danke!

Die meisten professionellen Verkoster und Weinkenner sind der festen Überzeugung, dass in Burgund die größten Pinot-noir- und Chardonnay-Kreszenzen unserer Zeit entstehen. (Chardonnay ist nebenbei bemerkt die beliebteste Rebsorte der Welt.) Aber welche unbedeutende Kleinigkeit darf ein Weißweinerzeuger in Burgund nicht auf seinem Etikett erwähnen? Richtig: dass der Wein aus Chardonnay bereitet ist. Und auch auf der Flasche eines AOC Bourgogne Rouge darf unter keinen Umständen „Pinot noir" stehen. Die Appellationsbehörden sind da ganz kategorisch: Auf dem Vorderetikett von Appellationsweinen darf grundsätzlich keine Rebsorte angegeben sein, außer dort, wo es eine lange Tradition hat, also etwa im Elsass.

Nun kann man in vielen französischen Weinregionen zumindest auf Vin de pays umsteigen, um sich Freiheiten zu schaffen und der Zensur zu entgehen. Nicht so in Burgund – entweder AOC oder gar nichts, heißt es dort. Kein Wunder, dass zahlreiche Winzer auf die Gesetze pfeifen und ihren Bourgogne Blanc als Chardonnay oder ihren Bourgogne Rouge als Pinot noir etikettieren. Warum aber ist das verboten? Von offizieller Seite heißt es, dass die Weine nicht nach einer Rebsorte schmecken, sondern nach ihrem Herkunftsort Burgund. Stimmt. Doch zumindest könnte man dem Verbraucher die Entscheidung darüber selbst überlassen und ihm das kleine Informationshäppchen gönnen. Das Gesetz stellt Dogma vor Transparenz. Eine Änderung der Vorschrift würde den Vorwurf der Arroganz entkräften, ohne den Weinen auch nur im Geringsten zu schaden.

AOC-Chaos

Wie schon erwähnt, hat die Côte d'Or auf 50 km Länge über 500 Appellationen. Irrsinn?

Nicht unbedingt. In der Weinwelt gibt es im Grunde kein besseres Appellationssystem als das burgundische. Es spiegelt jede Nuance des Bodens, der Lage und der Ausrichtung wider. Seine Feinheiten wurden nicht von blinden Bürokraten in einem staubigen Pariser Büro ausgeklügelt, sondern kristallisierten sich in vielen hundert Jahren mühseligen Weinbaus vor Ort heraus. Das Zitat von Henri Jayer auf Seite 83 ist nicht leeres Gerede: Der Mann hat sein ganzes Leben im Freiluftlabor Weinberg gearbeitet; er gibt lediglich das wieder, was zehntausende von Winzern vor ihm bereits festgestellt haben. Mit den AOC-Grenzen wird institutionalisiert, was Weinbauern vorher im Schweiße ihres Angesichts erarbeitet haben. So ausgefeilt das System aber ist, manchen geht es nicht einmal weit genug. „Das, was wir Echézeaux nennen", meint Jayer, „ist eigentlich ein Komplex aus elf *lieux-dits* in unterschiedlichen Lagen auf einem Hügel." Jean-Charles Le Bault de la Morinière von Bonneau du Martray bewirtschaftet 16 verschiedene Parzellen Corton-Charlemagne und bereitet daraus 16 verschiedene Weine.

Wem aber nutzt das System? Den Weintrinkern oder eher dem Gros der Erzeuger, die darin eine Möglichkeit sehen, unzulänglichen Tropfen mit einem klingenden Namen Geltung zu verleihen? Ein derart ausgefeiltes Appellationssystem ist wie eine Religion: Kaum jemand erfüllt die hohen Ansprüche. Immer wieder verkoste ich verschiedene Burgunder auf der Suche nach minimalen Unterschieden zwischen den Lagen – und stoße doch nur auf unterschiedliche Winzerfähigkeiten. Da kann man sich gleich die Mühe sparen und zu den verschiedenen Produkten eines Erzeugers von Renommee greifen. Natürlich gibt es jahrgangsbedingte Unterschiede zwischen benachbarten Weinbergen – das aber kann im nächsten Jahr schon wieder anders sein. Die Spitzenerzeuger wissen das, denn sie verfolgen über Jahrzehnte hinweg die Entwicklung ihrer Weine. Der durchschnittliche Kunde aber hat diese Möglichkeit nicht. Mein Vorschlag: Nehmen Sie das Appellationssystem als Orientierungshilfe hin, die den Weg durch Chaos und Anarchie weist – und darauf stößt man nun einmal, wenn man Burgunder trinkt. Leider ist für die Qualität burgundischer Tropfen zu 80 % der Hersteller und Jahrgang verantwortlich und nur zu 20 % das Terroir.

Zweitklassiger roter Burgunder: der schlechteste Spitzenwein der Welt

Selbst heute noch sind nicht wenige rote Burgunder von beleidigend schlechter Qualität: Roh, dünn und ausdruckslos schwimmen sie im Glas. Früher war das noch schlimmer, aber die Region verlässt sich nach wie vor auf ihren Ruf, um ein Produkt loszuwerden, das ihr oft nicht gerecht wird. Die Erzeuger haben es aber auch schwer: Sie müssen mit einer der kapriziösesten roten Trauben in einem kleinen, uneinheitlichen Gebiet am nördlichsten Rand der Zone zurechtkommen, in der der Anbau roter Rebsorten gerade noch möglich ist. Die Verkostungsausschüsse sollten allerdings die Verantwortung dem Verbraucher gegenüber vor ihre winzerische Loyalität stellen. Es lässt sich bestürzend einfach nachweisen, dass die schlechtesten Grand-cru-Produkte nicht an die besten Villages- oder gar Regionalweine heranreichen. Das liegt unter anderem daran, dass Burgunder nicht zur Prüfung eingereicht werden müssen, um das AOC-Siegel zu erhalten – nicht einmal die Grands crus. Die gesamte Weinpalette eines Erzeugers wird auf der Basis von ein oder zwei „repräsentativen" Mustern bewertet. Sicher könnte sich eine Ablehnung mieser Grand-cru- und Premier-cru-Getränke durch die Verkoster nachteilig auf die sozialen Strukturen auswirken. Doch Burgund wird nie aus der Grauzone treten, in der es die letzten 50 Jahre verbracht hat, solange teure Flaschen die Weinwelt weiterhin enttäuschen. Es bleibt abzuwarten, ob das im Sommer 2001 gestartete „Projekt Burgund" Besserung bringt.

Namen über Namen

Burgund hat die verwirrendste Nomenklatur aller französischen Weinregionen. Das liegt zum Teil an dem komplizierten Appellationssystem, aber auch an der riesigen Zahl von Erzeugern, von denen jeder nur ein paar kleine Parzellen bewirtschaftet. Oft haben nicht einmal die Bezeichnungen von Familiengütern lange Bestand, denn Heirat und Zusammenschlüsse sorgen fortwährend für Veränderungen. Zudem ist Burgund eine zutiefst ländliche Region und entsprechend häufig sind manche Namen. Sie haben eine Flasche Boillot, Gagnard oder Morey im Keller liegen? Das sagt noch gar nichts. In Bordeaux hingegen bleibt der Name eines Guts selbst nach einem Eigentümerwechsel unverändert (sogar wenn sich seine Grenzen verändern, was allerdings dann nicht mehr unbedingt von Vorteil ist); hinzu kommt ein unendlich einfacheres AOC-System. Deshalb ist dieses Anbaugebiet international auch populärer. Liebhaber von Burgunder indes gelten als die Sonderlinge der Weinwelt – eine Art verschworener Geheimbund, dessen kompliziertes Steckenpferd Außenstehenden ein Rätsel bleibt. Soll Burgund seinen Namensdschungel nun auslichten? Da es seine relativ geringe Menge an Weinen problemlos an den Mann bekommt, scheint der Anreiz zu fehlen. Außerdem wäre es schade, ein Terroir-gestütztes Appellationssystem zu zerschlagen, das von Zeit und Geschichte geformt wurde. Wenn Burgund aber verstanden werden will, braucht es eine Vereinfachung. Frankreichs größtes Problem auf dem Weinmarkt ist seine Undurchschaubarkeit – und nirgendwo ist sie größer als in Burgund.

Leute

François d'Allaines
71150 Demigny, Tel. 03 85 49 90 16, Fax 03 85 49 90 19

Der 1996 gegründete *négociant* der neuen Generation überließ die Bereitung seiner Weine bis vor kurzem dem talentierten Weinmacher Jean-Yves Devevey von den Hautes Côtes. D'Allaines Spezialität sind Villages-Erzeugnisse, unter denen sich ein reicher, blütenduftiger Mâcon La Roche Vineuse und ein tiefer, zitrusfruchtiger weißer St-Romain finden.

Bertrand Ambroise ✪
21700 Premeaux-Prissey, Tel. 03 80 62 30 19, Fax 03 80 62 38 69

Der Erzeuger in Nuits-St-Georges kreiert fast atypisch üppige, kraftvolle, dichte Rote. Der köstlich dunkle Premier cru Les Vaucrains reicht an den Corton Le Rognet heran und übertrifft bisweilen sogar den Clos Vougeot des Hauses. Probieren sollte man auch den Corton-Charlemagne, einen der vollsten Weine dieser Lage, und den reinen, nussigen Chassagne-Montrachet Premier Cru La Maltroie. Der weiße Ladoix Premier Cru Les Gréchons bietet wie der stämmige Bourgogne Rouge ein hervorragendes Preis-Leistungs-Verhältnis.

Guy Amiot
21190 Chassagne-Montrachet, Tel. 03 80 21 38 62, Fax 03 80 21 90 80

Amiot schickt ein vorzügliches Premier-cru-Team aus Chassagne ins Rennen, das vom festen, intensiven, langsam reifenden Caillerets angeführt wird. Er bewirtschaftet auch eine Parzelle Montrachet, aus der er einen tiefen, mineralischen Tropfen holt, der mindestens zehn Jahre braucht, um sich zu entfalten.

Pierre Amiot
21220 Morey-St-Denis, Tel. 03 80 34 34 28, Fax 03 80 58 51 17

Die Qualitätskurve dieses Erzeugers weist steil nach oben, seit er mit dem Broker Patrick Lesec zusammenarbeitet. Mittlerweile haben Pierres Söhne Jean-Louis und Didier übernommen; mit ihnen setzt sich der Aufwärtstrend weiter fort. Mein Tipp: der tiefgründige Gevrey-Charmbertin Les Combottes, ein Premier cru aus einer von Grand-cru-Terrain umschlossenen Lage.

Amiot-Servelle
21220 Chambolle-Musigny, Tel. 03 80 62 80 39, Fax 03 80 62 84 16

Die eleganten, seidigen Tropfen dieser Domäne sind das Werk von Pierre Amiots Sohn Christian. Unter ihnen befindet sich ein warmer, fruchtiger Chambolle Premier Cru Derrière La Grange, dem man aber selten begegnet.

Marquis d'Angerville
21190 Volnay, Tel. 03 80 21 61 75, Fax 03 80 21 65 07

Die Premiers crus Taillepieds und Clos des Ducs (aus einer zu 100% in Gutsbesitz befindlichen Lage) gehen mit ihrer runden, vollen Frucht eine für Volnay typische Synthese aus Eleganz und Kraft ein. Die aristokratische Domäne setzt zwar auf konservative Bereitung, füllte aber als erster Betrieb in Burgund seine Weine selbst ab. Warum? Die *négociants* boykottierten den damaligen Marquis d'Angerville, weil er mehr Transparenz auf dem Etikett gefordert hatte.

Domaine de l'Arlot
21700 Nuits-St-Georges, Tel. 03 80 61 01 92, Fax 03 80 61 04 22

Der ehemalige Buchhalter Jean-Pierre De Smet gründete dieses Gut im Auftrag von AXA Millésimes und führt es auch. Jacques Seysses von der Domaine Dujac wies ihn in die Kunst der Weinbereitung ein, weshalb die Weine auch denen von Dujac ähneln, d. h., weniger Muskelspiel und Kraft ist angesagt, dafür mehr köstlich reine Frucht und Eleganz. Der Pinot noir ist perfekt modelliert.

Comte Armand ✪
21630 Pommard, Tel. 03 80 24 70 50, Fax 03 80 22 72 37

Eines der Glanzlichter von Pommard, vor allem wegen des 5-ha-Weinbergs Clos des Epeneaux, in dem mit die dichtesten Tropfen von der Côte d'Or heranreifen. Zu Ruhm gelangte das biodynamisch geführte Gut wegen der Bereitungskünste des Frankokanadiers Pascal Marchand, den mittlerweile Boisset für die Domaine de la Vougeraie abgeworben hat. Seinen Platz hat der junge Benjamin Leroux eingenommen. Das Zugpferd des Guts ist der dichte, stattliche, oft kraftvoll tanninhaltige Clos des Epeneaux mit Lakritzton.

Domaine Robert Arnoux ✪
21670 Vosne-Romanée, Tel. 03 80 61 09 85, Fax 03 80 61 36 02

Wer in ein Winzerumfeld hineingeboren wird, bereitet nicht zwangsläufig den besten Wein – zuweilen sorgt frisches Blut von außen für den nötigen Pep. Pascal Lachaux, eigentlich Apotheker von Beruf, hat seit seinem Einstieg 1993 die Erträge gedrosselt, für sorgfältigeren Umgang mit der Frucht gesorgt, den Anteil von Eichenholz erhöht und auf Schönung und Filtrierung verzichtet. Das Ergebnis: eine überragende Palette von tiefen, fleischigen, weichen, runden Nuits- und Vosne-Romanée-Weinen, die mit reichlich Frucht gesegnet sind.

Domaine d'Auvenay ✪✪
21190 Saint-Romain, Tel. 03 80 21 23 27, Fax 03 80 21 23 27

Die persönliche Domäne von Lalou Bize-Leroy (siehe Domaine Leroy) hat zwar ihren Sitz in St-Romain, bewirtschaftet aber Villages- und Premier-cru-Lagen in Auxey-Duresses, Meursault und Puligny und hat sogar Anteile an den Grands crus Criots-Bâtard-Montrachet, Chevalier-Montrachet, Mazis-Chambertin und Bonnes Mares. Dank Erträgen, die zu den niedrigsten an der Côte d'Or zählen, und einer rigoros zurückhaltenden Weinbereitung entstehen Tropfen von außerordentlicher Konzentration und Aromaintensität.

Daniel Barraud
71960 Vergisson, Tel. 03 85 35 84 25, Fax 03 85 35 86 98

Daniel Barraud gehört zu den wenigen Winzern, die zeigen, was im Mâconnais möglich wäre, wenn Erzeuger und Verbraucher nur höhere Maßstäbe ansetzen würden. Niedrige Erträge, späte Lese und der Einsatz kleiner Fässer anstelle großer Edelstahltanks zahlen sich aus, wie die überragende Palette von Weinen aus Einzellagen in Vergisson, St-Véran und Pouilly-Fuissé zeigt. Die meisten Gewächse bleiben 15 Monate auf der Hefe und werden anschließend unfiltriert und ungeschönt abgefüllt. Barrauds Pouilly-Fuissé En Bulands Vieilles Vignes von 70-jährigen Stöcken gerät verblüffend üppig und exotisch.

Ghislaine Barthod-Noëllat
21220 Chambolle-Musigny, Tel. 03 80 62 80 16, Fax 03 80 62 82 42

Die kleine, gut geführt Domäne wartet mit relativ körperreichen, kräftigen, gelegentlich pfefferigen Tropfen von ertragsarmen Stöcken auf. Der Parfümduft der Weine ist ein Markenzeichen dieses Dorfs; Barthods Gewächse ergänzen ihn mit erdigen, würzigen Noten. Der einfache Bourgogne ist oft ein Schnäppchen. Ghislaine Barthod muss ohne Grands crus auskommen, doch die Premiers crus fallen recht vielschichtig aus.

Domaine des Beaumont
21220 Morey-St-Denis, Tel. 03 80 51 87 89, Fax 03 80 51 87 89

Die preisgünstigen Gevrey-Chambertin- und Morey-St-Denis-Weine des ehemaligen Motorradpiloten Thierry Beaumont sind lebhafte, barocke Tropfen. Sie ähneln den Erzeugnissen seines Kollegen Vincent Géantet, der ebenfalls begeisterter Zweiradfahrer ist. Empfehlenswert: der seltene Gevrey Premier Cru Les Cherbaudes.

Jean-Claude Belland
21590 Santenay, Tel. 03 80 20 61 90, Fax 03 80 20 65 60

Dank Jean-Claudes Mutter, einer geborenen Latour, verfügt diese Gut in Santenay auch über vorzügliche Flächen in Chambertin und Corton. Die Weine sind unspektakulär, aber dicht und sorgfältig bereitet. Sie belohnen einen längeren Kelleraufenthalt.

Bewertung ✪ Sehr guter Wein ✪✪ Ausgezeichneter Wein ✪✪✪ Großer Wein

Bertagna
21640 Vougeot, Tel. 03 80 62 86 04, Fax 03 80 62 82 58

Das deutsch-britische Ehepaar Eva Reh und Mark Siddle führt dieses Gut mit wertvollen Anteilen an Chambertin, Clos St-Denis und Clos Vougeot. Es legt viel Wert auf guten Weinbau, weshalb das Qualitätsbarometer beständig steigt.

Vincent Bitouzet-Prieur
21190 Volnay, Tel. 03 85 51 00 83, Fax 03 85 51 71 20

Die sorgfältig geführte Domäne bietet ein feines Repertoire an klassischem rotem Volnay und weißem Meursault auf. Die Volnays leben von warmen roten Früchten, die Weißen verwöhnen den Gaumen mit nussiger, buttriger Fülle.

Simon Bize
21420 Savigny-lès-Beaune, Tel. 03 80 21 50 57, Fax 03 80 21 58 17

Verlässliche, elegante, ausgeklügelte Weine aus verschiedenen Lagen sind Patrick Bizes Spezialität. Sie werden ungeschönt und unfiltriert abgefüllt, was für die zarten Weinen von östlichen Schutthängen besonders wichtig ist. Die leichten, bekömmlichen Burgunder trinkt man am besten kühl.

Jean-Yves Bizot
21100 Vosne-Romanée, Tel. 03 80 61 24 66, Fax 03 80 61 24 66

Henri Jayers junger Nachbar hat viel von seinem alten Lehrmeister gelernt. Der Echézeaux und Vosne-Romanée werden buchstäblich Fass für Fass bereitet und abgefüllt. Man beschränkt den Einsatz von Schwefeldioxid auf ein Minimum. Außerdem wird weder geschönt noch filtriert. Eleganz, Tiefe und intensiver Duft charakterisieren die Weine, allerdings brauchen die in neuen Fässern ausgebauten Erzeugnisse Zeit, bis sie die Eiche verdaut haben.

Blain-Gagnard
21190 Chassagne-Montrachet, Tel. 03 80 21 34 07, Fax 03 80 21 90 07

Ein Teil der Reben von Jacques Gagnard wird nun von seinem Schwiegersohn Jean-Marc Blain gehegt. Man verarbeitet kleine Mengen von vorzüglichen Weinbergen, war aber in der Vergangenheit nur gelegentlich erfolgreich: Der 1990er Bâtard-Montrachet, den ich verkostete, war oxidiert und 2000 schon in sich zusammengesunken. Die Domäne übernahm 2000 Jacques' Montrachet-Parzelle.

Daniel Bocquenet
21700 Nuits-St-Georges, Tel. 03 80 61 24 48, Fax 03 80 62 15 98

Der schlitzohrige Monsieur Bocquenet versteckt sich in einem der seltsamsten Keller, die ich je gesehen habe. Sein Bekanntheitsgrad aber steigt stetig dank seines göttlich saftigen, tiefen Echézeaux und einiger guter Nuits-St-Georges.

Jean Boillot
21190 Volnay, Tel. 03 80 21 61 90, Fax 03 80 21 29 84

Die Domäne wird von Henri Boillot geführt, dem Bruder von Jean-Marc Boillot und Schwager von Gérard Boudot von Sauzet. Er betätigt sich seit kurzem als *micro-négociant* für Weiße namens Maison Henri Boillot. Boillot legt Wert auf einen hohen Standard und bereitet lebhafte, fein ziselierte Weißweine.

Jean-Marc Boillot
21630 Pommard, Tel. 03 80 22 71 29, Fax 03 80 24 98 07

Viele Weine des Guts geben sich weich, ausdrucksvoll und schon früh saftig und zugänglich. Der Pommard Rugiens von über 80-jährigen Stöcken kann sehr dicht und dunkel, ja, fast schon rosinenartig ausfallen. Boillot bietet auch eine überragende Palette an Weißen auf, z. B. einen üppigen Bâtard-Montrachet und einen Puligny-Montrachet Premier Cru Les Combettes. Er hält ertragreiche Jahrgänge für die besten und rührt in solchen Jahren eifrig die Hefe auf. Wie sein Bruder Henri hat der einstige Kellermeister von Leflaive Frères eine *négociant*-Lizenz.

Domaine du Bois Guillaume *siehe* Jean-Yves Devevey

Jean-Claude Boisset *siehe* Domaine de la Vougeraie

Domaine de la Bongran
71260 Clessé, Tel. 03 85 36 94 03, Fax 03 85 36 99 25

Jean Thévenets großartiger Mâcon-Viré und Mâcon-Clessé sind das Ergebnis niedriger Erträge, später Lese und einer natürlichen, nicht beschleunigten Vergärung mit Wildhefen. Deshalb haben die Tropfen oft einen gewissen Restzuckergehalt. Das gefällt den Behörden aber gar nicht, denn die Vorschriften der neu geschaffenen AOC Viré-Clessé ächten Restzucker, weshalb man Thévenet das AOC-Siegel verwehrt. So etikettiert er seine Erzeugnisse eben als Mâcon-Villages. Ihre Verkostung gerät zu einer aufregenden Safari durch exotische Gefilde. 2001 wurde Thévenet zum Präsidenten von Sapros gewählt, einem Zusammenschluss von Erzeugern nicht chaptalisierter, edelfauler Weine aus ganz Frankreich.

Bonneau du Martray ✪✪
21420 Pernand-Vergelesses, Tel. 03 80 21 50 64, Fax 03 80 21 57 19

Eine Domäne wie diese zu erben ist Glück und Bürde zugleich, denn man bekommt ein Juwel, trägt aber auch eine enorme Verantwortung. Die vorwiegend mit Chardonnay bestockten 11 ha, die Jean-Charles Le Bault de la Morinière 1994 von seinem Vater übernahm, gehören alle zum Grand cru Corton. Der Corton-Charlemagne ist ein nuancierter, fein ziselierter Tropfen, der sich mit der Langsamkeit eines Gletschers entfaltet. Daneben offeriert man noch etwas roten Corton aus einer von Chardonnay umschlossenen Pinot-Parzelle. Le Bault möchte nach eigenem Bekunden „präzise Weine" bereiten. Wie zur Bekräftigung dieses fast asketischen Ideals zitiert der ehemalige Architekt Ingres: „Die Zeichnung ist die Wahrheit der Kunst." Doch er hat noch weitere ästhetische Maximen: „Alle Architekturstudenten lernen Mies van der Rohes Grundsatz, dass Gott im Detail steckt. Dasselbe gilt für die Weinbereitung, die wie die Architektur eine Kombination aus Technik und Ästhetik ist. Außerdem muss man jetzt schon an Dinge denken, die in einigen Jahren von Belang sein werden." Le Bault will aber nicht nur Präzision, sondern auch Intensität. „Es wäre schön, wenn ein Schluck zehn Minuten lang anhalten würde. Das ist keine Fantasterei, sondern durchaus möglich." Die Roten und Weißen der Domäne sind die Qualitätsleiter vor allem deshalb nach oben geklettert, weil man die Erträge reduziert hat. Insbesondere der 1999er Corton-Charlemagne hat dadurch eine für diesen Jahrgang umwerfende Intensität mitbekommen. Eiche wird mit äußerster Zurückhaltung eingesetzt: „Wie können wir das Holz so dosieren, dass es den Wein ins rechte Licht rückt, ohne selbst in Erscheinung zu treten?" Le Bault löst dieses Problem, indem er den Wein zu höchstens einem Drittel in neuem Holz ausbaut. Der Charlemagne kommt dann noch sechs Monate in Edelstahl, „weil er sich dort weiter von den besten Bestandteilen des Hefesatzes nährt". Außerdem wird die Vergärung auch in Edelstahl in Gang gebracht. Der Wein braucht nach der Abfüllung etwa 20 Jahre Zeit.

Bouchard Père et Fils ✪
21200 Beaune, Tel. 03 80 24 80 24, Fax 03 80 24 97 56

Bouchard Père et Fils hat nach der Übernahme durch Joseph Henriot im Jahr 1995 mächtig aufgeholt und wieder einen Platz unter der Spitzengruppe burgundischer *négociants* erobert. Wie Jadot und Drouhin stellt Bouchard unter Beweis, dass große Handelshäuser ganz vorne mitmischen können und höchstens von den zielstrebigsten Winzern übertroffen werden. Mit 30 ha Grands crus und 74 ha Premiers crus allerdings ist Bouchard der größte Landbesitzer an der Côte d'Or und eigentlich selbst ein Erzeuger. Zu den Stars seiner roten Riege zählen der samtige Beaune Grèves Vignes de l'Enfant Jésus und der angenehme Clos de la Mousse, die beide mehr Tiefe und Textur bekunden als viele Gewächse aus Beaune. Der Volnay Taillepieds und der Volnay Caillerets Ancienne Cuvée Carnot haben weit mehr Tiefgang und Volumen als früher. Von einer hervorragenden Lage profitiert der Grand cru *monopole* La Romanée: Die Jahrgänge ab 1995 gehören zu den größten Roten Burgunds. In den fein austarierten Weißen macht sich ein vorzüglich dosierter Eichenton bemerkbar. Zu den Besten ihrer Couleur zählen der vorzügliche Montrachet und Chevalier-Montrachet, doch der Meursault Genevrières steht ihnen kaum nach. Einfachere Tropfen wie der Beaune Clos St-Landry und St-Aubin Les Murgres des Dents de Chiens bieten ein ausgezeichnetes Preis-Leistungs-Verhältnis. Der Rully les Thivaux erobert den Gaumen mit einer frischen Eleganz, in der sich die Côte Chalonnaise von ihrer besten Seite zeigt. Bouchard ist endlich ein Betrieb geworden, auf den man sich verlassen kann.

Michel Bouzereau et Fils
21190 Meursault, Tel. 03 80 21 20 74, Fax 03 80 21 66 41

Michel Bouzereaus Sohn Jean-Baptiste verfeinert den Stil des Hauses. Man offeriert sorgfältig bereitete, bemerkenswert intensive Bourgogne Blanc und eine Reihe von Meursault-Weinen, unter anderem aus den *lieux-dits* Grands Charrons (weich), Limozin (reich) und Tessons (mineralisch).

Louis Carillon
21190 Puligny-Montrachet, Tel. 03 80 21 30 34, Fax 03 80 21 90 02

Das traditionsreiche Gut wird von Jacques und Philippe Carillon geführt. Es produziert Weiße, die anfangs eher unauffällig sind, mit der Zeit aber zu einem vielfältigen Ausdruck und cremiger Fülle finden. Der Bienvenues-Bâtard-Montrachet ist ein herausragender Nektar, entsteht aber nur in winzigen Mengen.

Carré-Courbin
21190 Volnay, Tel. 03 80 24 67 62, Fax 03 80 24 66 93

Die kleine, aber viel versprechende Domäne wird von Philippe und Maëlle Carré-Courbin geführt. Sie besitzen Flächen in Volnay (Taillepieds, mit alten Stöcken) und Pommard. Die 1999er weisen klare, duftende Frucht auf.

Château de Chambolle-Musigny *siehe* Frédéric Mugnier

Champy Père et Cie
21200 Beaune, Tel. 03 80 25 09 99, Fax 03 80 25 09 95

Burgunds ältester *négociant*, 1720 gegründet, gehört heute der Familie Meurgey. Man verkauft ein Sortiment eleganter, ausgewogener, sanfter Roter und Weißer.

Chandon de Briailles
21420 Savigny-lès-Beaune, Tel. 03 80 21 52 31, Fax 03 80 21 59 15

Graf und Gräfin de Nicolay erzeugen auf ihrem 13-ha-Gut konservativ geartete, ansprechend etikettierte Weine. Man bevorzugt alte Eiche, um die Reinheit und Finesse der seidigen, verschlossenen, manchmal etwas zu schlanken Roten und reinen, rassigen Weißen zu unterstreichen.

Chanson Père et Fils
21206 Beaune, Tel. 03 80 25 97 97, Fax 03 80 24 17 42

Die Bollinger-Gruppe hat sich diesen *négociant* kürzlich einverleibt. Die zarten, weichen, jedoch langlebigen Tropfen locken mit Grazie und Charme. Besonders erfolgreich: der 1999er-Jahrgang. Mit weiteren Verbesserungen ist zu rechnen.

Philippe Charlopin
21220 Gevrey-Chambertin, Tel. 03 80 51 81 18, Fax 03 80 51 81 18

Unter den 13 ha dieses vorzüglichen Erzeugers findet sich ein superber Clos St-Denis. Der dichte, volle Gevrey Vieilles Vignes ist enorm preisgünstig, aber rar.

Baron de la Charrière *siehe* Vincent Girardin

Chartron et Trébuchet
21190 Puligny-Montrachet, Tel. 03 80 21 32 85, Fax 03 80 21 36 35

Jean Chartron und Louis Trébuchet halten auf ihrem Gut eine breite Palette meist weißer Tropfen bereit. Der Qualitätsbogen spannt sich von gut gemachten Weinen der Basislinie bis hin zu herausragenden Kreszenzen aus den besten Premiers crus (Clos de la Pucelle) und Grands crus. Flaggschiff des Hauses ist der Chevalier-Montrachet Clos des Chevaliers.

Jean Chauvenet
21700 Nuits-St-Georges, Tel. 03 80 61 00 72, Fax 03 80 61 12 87

Jean Chauvenets Schwiegersohn Christophe Drag hat dafür gesorgt, dass die feinen Nuits-St-Georges Premiers crus mehr Tiefe bekommen und sich deutlicher voneinander unterscheiden als bisher. Erreicht hat er das durch Umstellung auf organischen Weinbau und zum Teil auch durch längere Maischung. Zugängliche, warme, verlässliche Weine sind das Ergebnis dieser Gangart.

Robert Chevillon ✪
21700 Nuits-St-Georges, Tel. 03 80 62 34 88, Fax 03 80 61 13 31

Diesen Namen muss man sich merken, wenn man Nuits-St-Georges-Weine in Reinkultur haben möchte: mit heller, kräftiger, feuriger Frucht. Robert Chevillon und seine Söhne Bertrand und Denis bewirtschaften etwa 13 ha. Sie besitzen Parzellen in allen guten Premiers crus. Die Weinberge in Les St-Georges, Les Cailles und Les Vaucrains sind mit sehr alten Reben bestockt (75 Jahre). Sie erbringen vielschichtige, dichte Rote mit ungewöhnlich viel Kraft und Fülle.

Bruno Clair
21160 Marsannay-la-Côte, Tel. 03 80 52 28 95, Fax 03 80 52 18 14

Unter den 20 ha des Guts finden sich Weinberge entlang der ganzen Côte d'Or. Die Domäne wird von Bruno Clair mit Unterstützung des Kellermeisters Philippe Brun geführt. Die Schmuckstücke von 1999 waren der süßfruchtige Vosne-Romanée Les Champs Perdrix, ein in Lakritz gepackter Gevrey-Chambertin Premier Cru Clos St-Jacques und ein unendlich tiefer Chambertin-Clos de Bèze. Erwähnung verdient auch der blütenduftige, mit Honig beladene Corton-Charlemagne.

Coche-Bizouard
21190 Meursault, Tel. 03 80 21 28 41, Fax 03 80 21 22 38

Alain Coche ist ein Vetter des gefeierten Jean-François Coche. Auch ihm gelingen feine Weiße, doch liegen seine Rebflächen nicht ganz so günstig wie die seines Verwandten. Dank später Lese und Abfüllung entstehen aber komplexe, strukturierte, langsam reifende Meursaults.

Coche-Dury ✪✪
21190 Meursault, Tel. 03 80 71 24 12, Fax 03 80 21 67 65

Jean-François Coche zählt zu den Legenden der Region; an seinen Meursaults werden alle anderen gemessen. Er bereitet aber auch einen überragenden Les Enseignières aus Puligny-Montrachet und einen Corton-Charlemagne von vorzüglicher Finesse. Bei allen Gewächsen lässt man große Sorgfalt walten. Ihre dichte Frucht ist mit üppiger, doch nahtlos integrierter Eiche unterlegt, die während des 18-monatigen Ausbaus Zeit hatte, mit der Flüssigkeit zu verschmelzen. Alle Weine kommen unfiltriert in die Flasche und altern virtuos. Bei einer Verkostung großer weißer Burgunder im Jahr 2000 schlug sich der 1988er Bourgogne noch immer gut, während der 1990er Corton-Charlemagne gerade erst aufzublühen begann. Coche hatte ein seltenes Pech: Ein Helikopter, der eine Nachbarparzelle besprühte, stürzte im Juli 1998 in seinen Corton-Charlemagne-Weinberg und ruinierte zehn Reihen 40-jähriger Stöcke, verseuchte aber zum Glück den Boden nicht mit Chemikalien oder Flugbenzin.

Marc Colin et Fils
21190 St-Aubin, Tel. 03 80 21 30 43, Fax 03 80 21 90 04

Marc Colins Söhne Pierre-Yves und Joseph haben ihren Vater abgelöst. Sie bewirtschaften Puligny- sowie Chassagne-Flächen und erzielen trotz umfangreicher *bâtonnage* — Pierre-Yves hat in Kalifornien Erfahrungen gesammelt — feine, nervige Tropfen, die etwas Zeit brauchen. Das Gut, dessen Keller in Gamay steht, ist auch eine empfehlenswerte Quelle für guten St-Aubin.

Michel Colin-Déléger
21190 Meursault, Tel. 03 80 21 32 72, Fax 03 80 21 32 72

Michel Colin und Sohn Bruno bewirtschaften fast 20 ha Rebfläche in Chassagne-Montrachet. Darunter finden sich Parzellen in Bâtard-Montrachet, Chevalier-Montrachet und den Premiers crus La Truffière und Les Demoiselles in Puligny. Alle Weine gehen in Edelstahl an den Start, bevor man sie für die weitere Vergärung und einen kurzen Ausbau ins Fass umsiedelt. Die besten Tropfen sind komplex, reif und charaktervolll und erreichen früh ihre optimale Ausdruckskraft.

Jean-Jacques Confuron
21700 Prémeaux-Prissey, Tel. 03 80 62 31 08, Fax 03 80 61 34 21

Alain Meunier und seine Frau Sophie Confuron haben kürzlich ein *micro-négociant*-Geschäft namens Féry-Meunier gegründet. Die ausgewogenen, mit eleganter, ausdrucksvoller Frucht beladenen Roten verheißen eher hedonistischen denn intellektuellen Genuss. Zu den Spitzenlagen gehören der Romanée-St-Vivant, ein feiner Vosne-Romanée Les Beaux Monts und einer der aufregendsten Clos Vougeot. Die Féry-Meunier-Erzeugnisse werden zwar nur aus zugekauftem Lesegut bereitet, das aber stammt zum Großteil von Meuniers Freund Jean Féry und wächst auf Flächen, die Meunier selbst kultiviert.

Confuron-Coteditot
21700 Vosne-Romanée, Tel. 03 80 61 03 39, Fax 03 80 61 17 85

Yves Confuron weiß sein ansehnliches Weinberg-Portfolio zu nutzen: Mit einfühlsamer Hand bereitet er fruchtige Weine, allen voran den graziösen Vosne-Romanée Premier Cru Suchots und einen voluminösen Charmes-Chambertin.

Cordier Père et Fils ✪
71960 Fuissé, Tel. 03 85 35 62 89, Fax 03 85 35 64 01

Eines der besten Güter im Mâconnais. Roger Cordier hat es mittlerweile seinem Sohn Christophe übergeben, einem Forschergeist, der u.a. mit *microbullage*, intensivem Hefesatzaufrühren und später Lese experimentiert. Ihm gelingen spektakuläre, überaus anregende Weine von alten Reben, die zeigen, wie ausdrucksvoll Pouilly-Fuissé, Pouilly-Loché und St-Véran geraten können. Selbst der einfache Mâcon Blanc ist ein vieldimensionaler Tropfen.

Coste-Caumartin
21630 Pommard, Tel. 03 80 22 45 04, Fax 03 80 22 65 22

Der enthusiastische Jérôme Sordet trumpft in Pommard mit virilen, festen, saftigen Roten auf.

de Courcel
21630 Pommard, Tel. 03 80 22 10 64, Fax 03 80 24 98 73

Besitzer Gilles de Courcel arbeitet für Calvet in Bordeaux, weshalb die Domäne in seiner Abwesenheit von Yves Confuron geführt wird (siehe Confuron-Coteditot). Und Confuron macht seine Sache gut, denn er zähmt die rohen Pommard-Gewächse und verwandelt sie in zugängliche, angenehme Tropfen.

Pierre Damoy
21220 Gevrey-Chambertin, Tel. 03 80 34 30 47, Fax 03 80 58 54 79

Zu den großartigen Besitzungen des Guts an den Côtes de Nuits gehört ein ganzes Drittel des Clos de Bèze. Pierre hat die Erträge gedrosselt und die Qualität erhöht. Vor allem der Chambertin begeistert durch rassige, tiefe Fülle.

Vincent Dancer
21190 Chassagne-Montrachet, Tel. 03 80 21 94 48, Fax 03 80 21 94 48

Der junge Weinbauer bringt saubere, kernige Meursault, Beaune und Pommard zuwege, hat aber auch einen dichten Bourgogne Rouge von alten Reben parat.

Darviot-Perrin
21190 Monthélie, Tel. 03 80 21 27 45

Die sauber umrissenen, präzisen, eleganten, klassischen Erzeugnisse dieses Guts stammen von beachtlichen Lagen in Volnay, Meursault und Chassagne, darunter auch dem Premier cru Blanchots-Dessus in Chassagne neben Montrachet.

Marius Delarche
21420 Pernand-Vergelesses, Tel. 03 80 21 57 70, Fax 03 80 21 58 96

Philippe Delarche bereitet seine Weine in Zusammenarbeit mit den US-Importeuren Peter Vezan und David Hinkle. Die Editionen werden als Réserve etikettiert und ohne Schönung oder Filtrierung von Hand abgefüllt. Die intensiv fruchtigen Tropfen bekunden Geschmackstiefe und Lebendigkeit. Delarches Rebgärten, zu denen auch Anteile an Corton und Corton-Charlemagne zählen, liegen bei Pernand-Vergelesses zu beiden Seiten des Tals.

Denogent siehe Robert-Denogent

Bruno Desaunay-Bissey
21640 Flagey-Echézeaux, Tel. 03 80 62 80 06, Fax 03 80 82 87 38

Die unbekannte Domäne kann mit einigen vorzüglichen Rebhängen aufwarten. Dazu gehört eine exzellente Parzelle Grands Echézeaux, deren Trauben zum Teil an Dominique Laurent verkauft werden. Kaum weniger gut fällt der saftige, aromagesättigte Premier cru Les Beaumonts aus Vosne-Romanée aus.

Domaine des Deux Roches
71960 Davayé, Tel. 03 85 35 86 51, Fax 03 85 35 86 12

Feine, subtile St-Véran mit exzellentem Preis-Leistungs-Verhältnis.

Jean-Yves Devevey
71150 Demigny, Tel. 03 85 49 91 11, Fax 03 85 49 91 59

Die Weine von den Hautes Côtes enttäuschen im Allgemeinen, doch Devevey ist ein Könner und bringt einige der besten und reifsten Tropfen der Gegend zuwege. Mittlerweile bearbeitet er auch eine Parzelle Beaune Pertuisots.

Joseph Drouhin
21200 Beaune, Tel. 03 80 24 68 88, Fax 03 80 22 43 14

Drouhin gehört neben Jadot und Bouchard Père et Fils zum Triumvirat der großen burgundischen *négociants*. Das Niveau der gesamten Angebotspalette ist erstklassig. Man setzt auf reichlich Finesse bzw. Reinheit und lehnt vulgären Extraktreichtum oder massive Eiche ab. Das beste Stück im Hause Drouhin ist der ansprechend etikettierte Beaune Clos des Mouches aus dem gleichnamigen Premier cru, an dem der Händler mit 14ha beteiligt ist; man bekommt ihn als angenehmen, runden Roten und delikat nussigen Weißen. Als Musterbeispiel für den Stil des Hauses dient der Corton-Charlemagne mit seiner nervigen Finesse. Von wahrhaft adeligem Geblüt ist der außergewöhnlich konzentrierte weiße Montrachet Marquis de Laguiche (Drouhin bereitet und vermarktet seit den 1940er-Jahren die Weine dieses Guts, das den größten Anteil an Montrachet hat). Unter den weißen Premiers crus ragt der Puligny-Montrachet Les Folatières als besonders dichter, reicher und würziger Tropfen heraus. Nicht weniger konsistent präsentieren sich die Roten, die zudem noch köstlich herkunftstypisch sind, wie ein Vergleich zwischen dem eleganten, kirschfruchtigen 1999er Villages-Wein Chambolle-Musigny und dem pflaumigen 1999er Pommard beweist. Zu den Stars gehören auch der höchst präsente, tiefe und elegante Musigny und der verzaubernde Griotte-Chambertin, der seinem Namen alle Ehre macht – *griottes* sind Sauerkirschen – und zusätzlich eine sehr tiefe, fleischige Ader hervortreten lässt. Patriarch Robert Drouhin hat mittlerweile Verstärkung durch seine Tochter Véronique, die auch die Domaine Drouhin in Oregon führt, sowie seine beiden Söhne Philippe und Frédérique bekommen. Als Kellermeister steht ihnen Laurence Jobard zur Seite.

Claude Dugat ✪
21420 Gevrey-Chambertin, Tel. 03 80 34 36 18, Fax 03 80 58 50 64

Claude Dugat beweist, dass es keine feste Formel für die Bereitung großer Burgunder gibt und auch Avantgarde-Verfahren nicht unbedingt notwendig sind; Liebe zum Detail ist alles, was man braucht. Seine Kreszenzen zeichnet eine Art komplexer Einfachheit aus: Sie belohnen den, der danach sucht, mit einer Vielzahl von Tönen und Anspielungen, stellen sich jeder Qualitätswertung und sind dabei doch vom Tag der Abfüllung an köstlich frisch-fruchtige Trinkgenossen. Renommierwein des Guts ist der alkoholschwere, betörend duftende und mit kraftvollen, intensiven Geschmacksnoten ausgestattete Griotte-Chambertin.

Bernard Dugat-Py ✪
21220 Gevrey-Chambertin, Tel. 03 80 51 82 46, Fax 03 80 51 86 41

Noch ein Gevrey-Gut, noch ein Dugat: Diesmal ist Claudes Vetter Bernard am Ruder, ein vielleicht noch anspruchsvollerer Winzer. Er kann in seiner viel zu kleinen 7-ha-Domäne auf Heerscharen alter Rebstöcke zählen, die ihm eine Reihe von Vieilles-Vignes-Cuvées liefern. Bei Dugat-Py bekommt man tiefe, dunkle Tropfen voll würziger Fleischigkeit, kurz: Gevrey-Weine in Hochform.

Domaine Dujac
21220 Morey-St-Denis, Tel. 03 80 34 01 00, Fax 03 80 34 01 09

Angesichts der Grundstückspreise in Burgund ist die Neugründung einer Domäne der oberen Kategorie heute fast unmöglich. Fast. Jacques Seysses wagte Mitte der 1960er-Jahre dennoch diesen Schritt und bewirtschaftet mittlerweile 12ha einschließlich fünf Grand-cru-Parzellen. Er verwendet keinen Presswein, hält die Temperaturen bei der Vergärung relativ niedrig und sticht so oft ab, wie es nötig ist, um plumpe Geschmacksnoten zu vermeiden. Gleichzeitig aber lässt er wie sein Freund Aubert de Villaine von DRC alle Stiele an den Beeren und setzt auch reichlich neues, leicht angeröstetes Holz ein. Dabei entstehen relativ blasse Weine von weicher Textur, aber großer Tiefe, Frucht, Feinheit und Ausgewogenheit. Seysses' viel gereister Sohn Jeremy steigt immer mehr mit ins Weingeschäft ein.

Vincent Dureuil-Janthial
71150 Rully, Tel. 03 85 87 02 37, Fax 03 85 87 00 24

Vincent ist Weinbauer mit Leib und Seele. Er profitiert von alten Reben und setzt auf späte Lese. Seine exotisch dichten, dunklen, saftigen Roten und die reichen, vielschichtigen und zuweilen stark eichenlastigen Weißen können den oft recht matten Erzeugnissen von der Côte Chalonnaise als Vorbild dienen. Sie stehen in krassem Gegensatz zu den Produkten des zweiten Starwinzers in Rully, Jacqueson.

Maurice Ecard et Fils
21420 Savigny-lès-Beaune, Tel. 03 80 21 50 61, Fax 03 80 26 11 05

Auf Ecards Konto geht eine ansehnliche Palette von Weinen aus den verschiedenen Premiers crus der Gemeinde. Die eleganten, angenehmen, wie für den Mittagstisch geschaffenen Roten reizen die Geschmacksnerven mit mehr Reife und Tannintiefe als die meisten anderen Gewächse aus Savigny-lès-Beaune.

René Engel
21700 Vosne-Romanée, Tel. 03 80 61 10 54, Fax 03 80 62 39 73

Die Vougeot-, Echézeaux- und Vosne-Romanée-Weine dieses Guts gehören in der Regel zum Besten, was diese Crus zu bieten haben. Die fleischigen, tiefen Tropfen des energiegeladenen Philippe Engel sind dankbare, üppige Getränke.

Arnaud Ente
21190 Meursault, Tel. 03 80 21 66 12, Fax 03 80 21 66 12

Eine Flasche Vega Sicilia unter dem Leergut vor Entes Keller gibt Aufschluss über den konservativen Geschmack und die großen Ambitionen des stillen jungen Winzers. Sein Sortiment ist nicht sonderlich umfangreich, enthält aber einen verblüffenden Meursault Vieilles Vignes aus einer Parzelle mit über 100-jährigen Stöcken in En l'Ormeau, außerdem einen Premier cru namens Les Réferts aus Puligny-Montrachet. Entes erklärtes Ziel ist „Eleganz und Reinheit".

Faiveley
21701 Nuits-St-Georges, Tel. 03 80 61 04 55, Fax 03 80 62 33 37

Mit 117,5 ha Rebfläche regiert *négociant* Faiveley über ein größeres Reich als Bouchard Père et Fils, Jadot oder Drouhin. Er hat in allen Qualitätskategorien Herausragendes zu bieten. Unter den preisgünstigen Tropfen sind der saftige weiße Givry Blanc Champ Lalot, der üppigere, hefigere Mercurey Blanc Clos Rochette und der bissfeste, kirschentönige Mercurey Rouge Premier Cru Clos du Roy empfehlenswert. Zu den Bestlagen zählen der 9 ha große Premier cru Clos de la Maréchale in Nuits-St-Georges, der zu 100% Faiveley gehört, sowie insgesamt 3,5 ha Fläche in den verschiedenen Grands crus in Chambertin. Alle Roten verbringen 18 Monate in Eiche; die meisten Grands und Premiers crus werden außerdem unfiltriert direkt aus dem Fass von Hand abgefüllt. Faiveleys Weine machen nicht durch Finesse und Vielschichtigkeit auf sich aufmerksam, sondern eher durch eine kraftvolle, lebhafte, volle, üppige und kernige Art. Der für Nuits typische Stil zieht sich quer durch das Sortiment hin.

Féry-Meunier *siehe* Jean-Jacques Confuron

Jean-Philippe Fichet
21190 Meursault, Tel. 03 80 21 28 51, Fax 03 80 21 28 11

Der junge Erzeuger vinifiziert alle Parzellen getrennt. Zu seinen Einzellagenweinen zählen der außerordentlich tiefe, volle Gruyaches aus einem kleinen, mit alten Reben bestockten Weinberg unterhalb von Les Charmes.

Follin Arbelet
21420 Aloxe-Corton, Tel. 03 80 26 46 73, Fax 03 80 26 43 32

Arbelets Lesegut wanderte früher in Flaschen von Louis Latour. Zum Sortiment zählen ein Corton-Charlemagne und ein roter Corton aus dem Weißweinareal En Charlemagne. Stilistisch mag Arbelet es schneidig, lebhaft und säurereich.

Fontaine-Gagnard
21190 Chassagne-Montrachet, Tel. 03 80 21 35 50, Fax 03 80 21 90 78

Der ehemalige Luftfahrtingenieur Richard Fontaine führt dieses Gut, das durch Erbteilung bei Gagnard-Delagrange entstanden ist. Die Weine haben einen stärkeren Eichenanstrich als die von Blain-Gagnard. Das Potenzial der erstklassigen Lagen wird meiner Ansicht nach nicht ganz ausgeschöpft.

Château de Fuissé
71960 Fuissé, Tel. 03 85 35 61 44, Fax 03 85 35 67 34

Die Familie Vincent führt das 30-ha-Gut seit 1852. Jean-Jacques Vincent ist der derzeitige „Schlossherr"; ihm zur Seite steht Tochter Bénédicte. Die Flaschenriege enthält drei Einzellagenweine aus Pouilly-Fuissé: Les Brûlées, Le Clos und Les Combettes. Außerdem offeriert man einen Château Fuissé und das Spitzengewächs Château Fuissé Vieilles Vignes. Alle Weine sind fest gewirkte, eichenwürzige Editionen, die erst mit der Zeit weich werden und sich entfalten.

Jean-Noël Gagnard
21190 Chassagne-Montrachet, Tel. 03 80 21 31 68, Fax 03 80 21 33 07

Jean-Noël Gagnards Tochter Caroline Lestimé übernahm Mitte der 1990er das Kommando. Seither geht die Konzentration der Weine beständig nach oben. Das Sortiment enthält feine Premiers crus aus Chassagne: den streng fruchtigen Masures, den nervigen Chenevottes, den barocken Chaumées, den festen Morgeots und den mineralischen Caillerets. Der Bâtard-Montrachet wird von herrlich brotiger Substanz eingehüllt. Mit den Roten allerdings kommt man weniger gut zurecht. Selbst in einem besseren Jahr wie 1999 schmeckten sie ziemlich leicht und dünn. Da konnte man nicht einmal mit 25% neuer Eiche und dem Verzicht auf Filtrierung das Ruder herumreißen.

Gagnard-Delagrange
21190 Chassagne-Montrachet, Tel. 03 80 21 31 40, Fax 03 80 21 91 59

Ein in der Auflösung begriffenes Gut, denn Altwinzer Jacques Gagnard überschreibt seine Weinberge nach und nach seinen Töchtern, deren Domänen von Heirats wegen als Blain-Gagnard und Fontaine-Gagnard firmieren. Gagnard achtet auf niedrige Erträge, tadellos sauberes Lesegut und niedrigen Schwefelgehalt. Seine nervigen, robusten Weine bleiben lange auf der Höhe.

Geantet Pansiot
21220 Gevrey-Chambertin, Tel. 03 80 34 32 37, Fax 03 80 34 16 23

Das Prachtexemplar unter den unbeschwerten, saftigen Weinen von Radfahrer Vincent Geantet ist der tieffruchtige, mit weichen Tanninen ausgestattete Charmes-Chambertin. Geantet setzt auf frühe Lese und Abfüllung, um so viel frische Frucht wie möglich zu erhalten.

Génot-Boulanger
21190 Meursault, Tel. 03 80 21 49 20, Fax 03 80 21 49 21

Bis Anfang der 1990er verkaufte man an *négociants*. Mittlerweile aber hat die Familie Delaby-Génot mächtig investiert, sodass das Gut nun auf eigenen Füßen steht. Es wird geführt vom ehemaligen Kavallerieoffizier Guillaume de Castelnau, der auch Jadots Château des Jacques in Moulin-à-Vent befehligt. Die beste Parzelle liegt in der Mitte des Corton-Charlemagne und ergibt Weine, die eine für diesen Grand cru ungewöhnliche Tiefe und Dimensionalität aufweisen. Feine Lagen besitzt man auch in Chassagne-Montrachet (Chenevottes) und Meursault (Clos du Cromin). Unter den Roten ist ein Clos Vougeot und ein Corton.

Emilian Gillet *siehe* Domaine de la Bongran

Vincent Girardin
21190 Chassagne-Montrachet, Tel. 03 80 21 96 06, Fax 03 80 21 96 23

Vincent Girardin fährt wie Gérard Boudot von der Domaine Sauzet zweigleisig: Er betreibt ein Weingut und tritt zugleich als *micro-négociant* auf; einige Weine werden außerdem unter der Bezeichnung Baron de la Charrière verkauft. Girardins eigene Rote aus Santenay sind Tropfen von mustergültiger seidiger, zugänglicher Reinheit. Die Weißen wiederum, eine Seltenheit in der AOC, fallen frisch und zitronig aus. Für das Handelsgeschäft kauft Girardin weder Saft noch fertigen Wein, sondern nur frisches Lesegut aus Parzellen mit alten Rebstöcken entlang der Côte de Beaune. Auf Schönung und Filtrierung wird verzichtet. Trotz der berüchtigten Unzuverlässigkeit burgundischen Weinbaus gelingen ihm Tropfen von erstaunlich beständiger Qualität. Selbst die bescheidensten AOC-Erzeugnisse wie der Maranges Clos des Loyères Vieilles Vignes verdienen Lob. Zu Girardins vielen roten Stars gehören drei kraftvolle, üppige Premiers crus aus Volnay (Champans, Clos des Chênes und Santenots) und ein überragendes, dichtes, fest gewirktes Trio von alten Weinstöcken aus Pommard: Les Chanlins Vieilles Vignes, Clos des Lambots Vieilles Vignes und der Premier cru Les Rugiens Vieilles Vignes. Zudem hat er einen robusten Premier cru Les Epenots zu bieten. Weiße Höhepunkte im Programm sind Weine von Vieilles-Vignes-Parzellen in den Premiers crus von Chassagne-Montrachet (v. a. Morgeots) und ein vielschichtiger Corton-Charlemagne.

Henri Gouges ✪
21700 Nuits-St-Georges, Tel. 03 80 61 04 40, Fax 03 80 61 32 84

Dieser 14,5-ha-Betrieb im Süden von Nuits-St-Georges kann auf eine reiche Geschichte zurückblicken. Er füllt seit den 1920er-Jahren selbst ab. Henri Gouges war in den 1930ern an der Erarbeitung des Appellationssystems für Burgund beteiligt. Heute führen Pierre und Christian Gouges das Gut. Dank niedriger Erträge und einer langen Vinifizierung, bei der reichlich Extrakt aus den Früchten geholt wird, gelingen alterungsfähige Kreszenzen. Eiche wird sparsam eingesetzt, so dass die für Nuits so typische, massive Frucht hervortritt. Eine Spezialität der Domäne sind die beiden nussigen weißen Nuits (Clos des Porrets und Les Perrières) aus mutierten weißen Pinot-noir-Trauben.

Jean Grivot ✪
21700 Vosne-Romanée, Tel. 03 80 61 05 95, Fax 03 80 61 32 99

Der sensible, abwägende Etienne Grivot (siehe S. 88) führt sein Anwesen mit geschickter Hand. Die Flaschen am Kellereingang (Kistler, Niepoort-Portweine, Château Latour) geben Aufschluss über den breiten Horizont des Besitzers. Grivot sucht nach einer Einheit aus Struktur und einschmeichelnder Harmonie („das einbeschriebene Dreieck; keine Ecke darf über den Rand des Kreises hinausragen"). Seine 15 ha Rebland reichen ihm für 20 AOC-Weine, darunter fünf Premiers crus aus Vosne, drei Premiers crus aus Nuits und drei Grands crus. Das Durchschnittsalter der Stöcke liegt bei über 30 Jahren. Dank dieses vorzüglichen Rebenarsenals und Grivots umsichtiger Bereitung entstehen frische, klar definierte, volltönende Rote von herausragender Frucht, Subtilität und Ausdruckskraft. Bei der Verkostung des 1996er Vosne-Romanée gaben sich die Tannine geschmeidig, die Eiche war perfekt eingepasst. Der harmonische Wein erinnerte mich an eine Messe von Monteverdi, deren Klänge sich in den Bögen und Seitenschiffen einer Kathedrale fangen. Großer Burgunder eben.

Robert Groffier et Fils
21220 Morey-St-Denis, Tel. 03 80 34 31 53, Fax 03 80 34 31 53

Das Gut steht in Morey-St-Denis, verfügt aber auch über Parzellen in Chambolle-Musigny, Gevrey-Chambertin und sogar Chambertin selbst. Robert bekommt mittlerweile Unterstützung durch Sohn Serge. Ihre dichten, reifen, genussbetonten Roten treten mit der für die Côte de Nuits typischen Kraft auf.

Anne-Françoise Gros
21630 Pommard, Tel. 03 80 22 61 85, Fax 03 80 24 03 16

Die Glanzlichter unter den üppigen, vollen Gewächsen dieses Vosne-Romanée-Guts sind der feurige Echézeaux und ein reiner, tiefer, fest gewirkter Richebourg, der viele Jahre Kelleraufenthalt braucht.

Guffens-Heynen ✪
71960 Sologny, Tel. 03 85 51 66 00, Fax 03 85 51 66 09

Der kompromisslose, tatkräftige und gnadenlos direkte *micro-négociant* Jean-Marie Guffens hat mit seinem Unternehmen Verget überaus erfolgreich lebhafte, konzentrierte, bestechend reine Weiße auf den Markt gebracht. Die Domäne in Mâcon gehört ihm und seiner Frau Maine (siehe Verget); der Keller befindet sich direkt unter dem Wohnhaus. Guffens Schwerpunkt liegt auf traditioneller, handwerklicher Bereitung, d. h., alle Entscheidungen werden intuitiv nach Gefühl und mit dem Gaumen statt auf der Basis technischer Analysen getroffen. Die Erzeugnisse tragen die für alle großen Mâconnais-Weine typischen Züge einer späten Lese. Chaptalisierung kommt ebenso wenig in Frage wie Säuerung, Schönung oder Filtrierung. Zum Pressen verwendet man eine Kelter aus dem 17. Jahrhundert. Ihr entströmen reiche, dichte, anspruchsvolle, bisweilen üppige, doch stets lange, reintönige Mâcon Pierreclos und Pouilly-Fuissé, die unter verschiedenen Cuvée- und Lagennamen auf den Markt kommen und in der Appellation Maßstäbe setzen.

Pierrette et Marc Guillemot-Michel
21420 Savigny-lès-Beaune, Tel. 03 80 21 50 40, Fax 03 80 21 59 98

Das biodynamische Gut produziert saubere, reiche, vollmundige Mâcon-Villages Quintaine aus spät gelesenen Trauben von alten Stöcken. Pierrette Guillemot ist Jean Thévenets Cousine und Patenkind (siehe Domaine de la Bon Gran). Wie Thévenet möchte sie das Potenzial der Spätlesen voll ausschöpfen – beide behaupten, diese hätten eine lange Tradition im Mâconnais. Guillemots Weine tragen den poetischen Namen Sélection des Grains Cendrés, wörtlich „Auslese aus Ascheraubten", da sie recht blass, verfallen und angestaubt aussehen.

Antonin et Dominique Guyon
21420 Savigny-lès-Beaune, Tel. 03 80 67 13 24, Fax 03 80 66 85 87

Ein 50-ha-Gut mit Rebflächen entlang der ganzen Côte d'Or. Die Qualität war in der Vergangenheit unbeständig; dennoch sollte man sich den Namen merken, denn jüngste Verbesserungen lassen einen Aufschwung erwarten.

Hudelot-Noëllat
21640 Chambolle-Musigny, Tel. 03 80 62 85 17, Fax 03 80 62 83 13

Unter den 10 ha Rebland der Domäne in Vougeot finden sich einige vorzügliche Parzellen, z. B. in Romanée-St-Vivant und Richebourg. Alain Hudelot verzichtete schon 1990 auf Schönung und Filtrierung. Die Intensität und Ausdruckskraft seiner Weine steigt seit langem beständig.

Henri et Paul Jacqueson
71150 Rully, Tel. 03 85 87 18 82, Fax 03 85 87 14 92

Jacqueson liefert feine, mineralische Tropfen mit Feuersteinnote, die in Frankreichs Spitzenrestaurants sehr begehrt sind. Gutes Preis-Leistungs-Verhältnis.

Jadot ✪
21200 Beaune, Tel. 03 80 22 10 57, Fax 03 80 22 56 03

Die großen burgundischen *négociants* sind seit Jahrzehnten die bevorzugte Zielscheibe enttäuschter Weinverkoster, -trinker und -autoren. Ein Vertreter der Händlerzunft aber kam über all die Jahre hinweg ungeschoren davon: Louis Jadot. Warum? Seine Weine gehören oft zu den Glanzstücken ihrer Appellation. Die amerikanischen Eigentümerinnen Patricia Colagiuri, Sue Mueller und Brenda Helies lassen Betriebsleiter Pierre-Henri Gagey freie Hand. So konnte er das Haus zu seinem heutigen Erfolg führen und das Jadot-Reich nebenbei noch stark vergrößern. Gageys Geheimwaffe ist Kellermeister Jacques Lardière. Das Unternehmen verfügt über 70 ha Rebland an der Côte d'Or. Sie verteilen sich auf 38 Appellationen und umfassen 50 ha Premier- und Grand-cru-Parzellen, liefern aber nur einen kleinen Teil der erzeugten Menge. Die Verkostung des gesamten Sortiments ist eine zeitraubende Angelegenheit – noch mehr aber die Bereitung der Weine, denn sie werden alle einzeln vergoren und ausgebaut. Bei dieser selbst nach burgundischen Maßstäben aufwändigen Produktionsmaschinerie ist der hohe Standard umso bemerkenswerter.

Lardière ist in vielerlei Hinsicht ein ungewöhnlicher Kellermeister. Er zieht die Vergärung bei sehr hoher Temperatur und eine lange *cuvaison* vor. Nach guten Jahrgängen kommen die Weine nicht so lange mit neuer Eiche in Kontakt wie nach schlechten. Die Weißen werden nicht immer einer malolaktischen Vergärung unterzogen. Das Abstechen und Schönen beschränkt man auf ein Minimum. Zum Schluss kommen die Weine unfiltriert in die Flasche. Bei dem umfangreichen Sortiment sind Empfehlungen schwierig. Die Beaune-Weine zeichnen sich durch ein besonders gutes Preis-Leistungs-Verhältnis aus, allen voran der Clos des Ursules aus dem Premier cru Vignes Franches. Der Bonnes Mares und der Musigny verbinden duftige Finesse mit ungewöhnlicher Strukturvielfalt. Unter den Weißen findet sich ein überragender Montrachet, doch der Chevalier-Montrachet Les Demoiselles steht ihm manchmal kaum nach. Es kommt in Burgund nicht oft vor, dass man aus dem Angebot eines Hauses blind einen Wein herausgreifen kann. Jadot gehört auf jeden Fall dazu.

Patrick Javillier
21190 Meursault, Tel. 03 80 21 27 87, Fax 03 80 21 29 39

Der scharfsinnige, intelligente Erzeuger präsentiert eine großartige Palette von Einzellagenweinen und Bourgogne-Blanc-Cuvées. Letztere kommen sogar zu verschiedenen Zeiten in die Flasche; die späteren Abfüllungen heißen Mise Spéciale. Javilliers Cuvée Oligocène ist der beste Beweis dafür, wie gut ein Bourgogne Blanc geraten kann, wenn man keinen Aufwand scheut – dabei liegt er preislich auf der Höhe von Villages-Weinen schlechterer Erzeuger. Die Paradepferde aus seinem Weingestüt sind ein exotischer Les Narvaux und die dichte, konzentrierte Cuvée Tête de Murger mit explosivem Nachhall. Sie setzt sich zu einem Drittel aus Casse-Tête zusammen, der nach Ansicht Javilliers einen guten Angriff hat, aber keinen Abgang, und zwei Dritteln Les Murgers, der zwar mit einem langen Finale ausklingt, aber unspektakulär beginnt. Die Cuvée ist ein typisches Beispiel für Javilliers Drang nach stetigen Verbesserungen.

Georges Jayer ✪
21640 Flagey-Echézeaux, Tel. 03 80 62 84 56, Fax 03 80 62 86 61

Zwar ist Emmanuel Rouget für Weinbau und Bereitung zuständig, aber verkauft werden die Tropfen unter Jayers Namen, dem die Weinberge gehören.

Henri Jayer *siehe* Georges Jayer, Méo-Camuzet, Emmanuel Rouget

Jayer-Gilles
21700 Magny-les-Villers, Tel. 03 80 62 91 79, Fax 03 80 62 99 77

Hier entstehen dichte, fest gewirkte, eichentönige Weine aus Echézeaux und Nuits-St-Georges sowie von den Hautes Côtes. Gilles Jayer ist mittlerweile in die Fußstapfen seines Vaters Robert getreten. Das Gut hatte 1998 die Justiz am Hals, weil einige 1996er-Erzeugnisse zu stark chaptalisiert gewesen waren. Das hat man den köstlich aromatischen Weinen aber nie angemerkt.

François Jobard
21190 Meursault, Tel. 03 80 21 21 26, Fax 03 80 21 26 44

François Jobard bereitet einige der langlebigsten Meursault-Weine überhaupt. Entgegen dem modernen Trend ist er der Meinung, dass das Aufrühren des Hefesatzes die Weißen nur vorzeitig altern lässt. Seine Gewächse, darunter ein vibrierender Genevrières und ein tiefer, steiniger Charmes, sind jung unnahbar, reifen aber nach zehn Jahren im Dunkeln zu imposanter Größe heran.

Rémi Jobard
21190 Meursault, Tel. 03 80 21 20 23, Fax 03 80 21 67 69

Der junge Rémi hat seinen Vater Charles abgelöst. Er ist der Neffe von François Jobard, dessen Bruder Jean-Pierre für Louis Latour als Kellermeister arbeitet. Wie François hält er vom Hefesatzaufrühren nicht viel, obwohl er die Weine lange auf der Hefe lässt. Seine Mutter füllt die Flaschen noch per Hand ab. Rémi Jobard bevorzugt niedrige Erträge; seine konzentrierten, fein strukturierten Meursaults sind der beste Beweis für sein Bekenntnis zur Qualität.

Joblot
71640 Givry, Tel. 03 85 44 30 77, Fax 03 85 44 36 72

Jean-Marc Joblot gehört wie Deiss im Elsass oder Papin an der Loire zu jener Sorte Weinbauern, denen man getrost eine Professur an der Sorbonne anvertrauen könnte, so gekonnt beschreiben sie ihre Arbeit, so profund und umfassend ist ihr Wissen über die Abläufe im Weinberg und so herrlich metaphysisch sind manche ihrer Ausführungen. Mit seinen üppig „geeichten" Weinen geht Joblot in punkto Fülle und Kraft an die Grenzen des in Givry Machbaren.

Michel Lafarge ✪
21190 Volnay, Tel. 03 80 21 61 61, Fax 03 80 21 67 83

Michel Lafarge und Sohn Frédéric führen eine der am meisten bewunderten Domänen der Region. Man verbeugt sich vor ihrer für Burgund untypisch konstanten Qualität in beiden AOCs (ihre Bourgogne und Bourgogne Passe-Tout-Grains sind zum Niederknien). Mit niedrigen Erträgen erreichen sie große Tiefe, mit später Lese (sofern das Wetter mitspielt) reife, lebhafte, saftige Frucht. Das Gut sattelte 1996 auf biodynamischen Weinbau um. Zu den Spitzenreitern gehören der Clos du Château des Ducs aus einem Premier cru *monopole*, der Caillerets und der Clos des Chênes.

Comtes Lafon ✪✪✪
21190 Meursault, Tel. 03 80 21 22 17, Fax 03 80 21 61 64

1987 übernahm Dominique Lafon die Domäne von seinem Vater – und schraubt die Qualität seither höher und höher. Außerdem hat er die Besitzungen des Guts beträchtlich ausgeweitet, denn was vorher in *métayage*, Teilpacht, bewirtschaftet wurde, ist nun in den Familienbesitz zurückgeholt worden. Heißt das, dass sich alles geändert hat, seit er ans Ruder gekommen ist? Eigentlich nicht. Dominique vertraute mir einmal an, dass er von seinem Vater den besten Rat in Sachen Wein erhalten habe: „*Il faut avoir le courage de ne rien faire*" – man muss den Mut haben, nichts zu tun. Mit anderen Worten: Lass der Natur in den Weinen ihren freien Lauf, damit sie ihre Vorzüge zur Geltung bringen kann. Lafon stellte seine Weinberge nach und nach zunächst auf organische, dann biologisch-dynamische Bewirtschaftung um – allerdings aus reinem Pragmatismus, da seine Erzeugnisse dadurch energievoller, dichter und reiner wurden. „Die Unterschiede zwischen den verschiedenen Lagen sind ausgeprägter, die Erde ist gesünder und die Reben sehen besser aus." Sein neuestes Projekt ist eine Rebfläche im Mâconnais: 10 ha hat er dort in Milly gekauft; den Wein bietet er als Hérétiers du Comte Lafon an. Da die alten Besitzer zu stark gedüngt haben, wird es wohl noch einige Jahre dauern, bis er dort ebenfalls die niedrigen Erträge und die hohe Qualität erreicht, die er sich verspricht.

Seine 13-ha-Domäne in Meursault verfügt über wahre Weinbergjuwelen, darunter einen Anteil an Charmes, Clos de la Barre, Désirée (die Reben sind auf SO4-Unterlagen veredelt, weshalb sie etwas höhere Erträge erbringen und die Weine nicht ganz so intensiv ausfallen), Genevrières (dessen Gewächse mit ihrer blumigen Finesse und ihrer Ausgefeiltheit meine Favoriten sind), Goutte d'Or, Perrières (ein Weißer von mächtiger Substanz) und ein drittel Hektar Montrachet. Seit dem Rückkauf der Montrachet-Parzelle 1991 liefert dieses kostbare Stück Land Kreszenzen von eindringlicher, vielschichtiger Intensität, die im Mund förmlich zu explodieren scheinen. Mitte der 1990er sicherte sich Lafon außerdem Champs Gain in Puligny-Montrachet. Sein Sortiment enthält auch weniger glanzvolle Erzeugnisse, die jedoch stets seine Handschrift tragen und mit Geschick bereitet sind: Der Volnay Champans, der Santenots und der Santenots du Milieu geraten lebhaft fruchtig und stellen eine vollendete Ausgewogenheit zwischen Frucht, Tanninen und Extrakt zur Schau, und selbst der Monthélie ist ein ganz entzückendes, duftiges Wesen.

Domaine des Lambrays ✪
21220 Morey-St-Denis, Tel. 03 80 51 84 33, Fax 03 80 51 81 97

Flaggschiff dieses Guts in deutscher Hand ist der Grand cru Clos des Lambrays, der fast ausschließlich der Domäne gehört; der fleischige, üppige 1999er war der bislang beste Jahrgang. Kellermeister Thierry Brouin hat seit dem Besitzerwechsel 1995 die Erträge gedrosselt, manche Weine deklassifiziert und einen höheren Anteil neuer Eiche mit ins Spiel gebracht.

Hubert et Olivier Lamy
21190 St-Aubin, Tel. 03 80 21 32 55, Fax 03 80 21 38 32

Marc Colin und Lamy – diese beiden Güter sollte man sich merken, wenn man eine Erkundungsreise durch den Kosmos der subtilen Geschmacksnuancen eines St-Aubin plant. Hubert und Olivier Lamy nehmen den Weinbau ernster als viele Erzeuger in renommierteren Gemeinden. Sie verwenden zu 20% neue Eiche und verzichten weitgehend auf Schönung oder Filtrierung. Der charmante Clos de la Chatenière und der dichte, gewichtige Les Murgers des Dents de Chien – beides Premiers crus – können herausragend ausfallen.

Louis Latour
21204 Beaune, Tel. 03 80 24 81 00, Fax 03 80 22 36 21

Trotz 45 ha feiner Lagen fabriziert dieser *négociant* suppige, nichtssagende, hohle Rote. Die meisten Kritiker nennen die Erhitzung der Weine auf 70 °C nach der Vergärung als Grund, doch Latour beharrt weiter stur auf diesem Verfahren. Seltsamerweise spielt das Unternehmen auch die Bedeutung des Terroir bei der Entstehung des Geschmacksgefüges herunter, was zwar einigen Weinautoren der Neuen Welt gefällt, ansonsten aber der vorherrschenden Auffassung in der Region völlig zuwiderläuft. Die Weißen geraten besser als die Roten, werden jedoch auch nicht so heiß gebadet. Die 9 ha Corton-Charlemagne von Latour ergeben oft einen gut strukturierten, fleischigen, langen Wein, der üppiger, aber dafür weniger intensiv und nervig ausfällt als der Bonneau du Martray. Zugreifen kann man ferner beim Premier cru La Grande Roche aus Montagny, den eine saftige Wärme durchströmt.

Latour-Guiraud
21190 Meursault, Tel. 03 80 21 21 43, Fax 03 80 21 64 26

Das Gut hat in den 1990er-Jahren einen Neustart hingelegt und erzeugt nun exzellente *lieux-dits* und Premiers crus, wobei der Genevrières Cuvée des Pierres das Feld anführt.

Dominique Laurent ✪✪
21700 Nuits-St-Georges, Tel. 03 80 61 31 62, Fax 03 80 61 49 95

Der extrovertierte ehemalige Konditor hat die Rolle des *négociant* neu definiert und sich als einflussreicher Erneuerer profiliert. Dabei hat er mehr mit einem Erzeuger von Garagenweinen in Bordeaux (siehe S. 169) gemein als mit einem traditionellen burgundischen Händler. Laurent besitzt selbst keine Weinstöcke. Er kauft eine geringe Menge seines Rohmaterials als Frucht, das meiste aber holt er sich bereits fertig vinifiziert ins Haus. Er nennt sich einen *éleveur*, einen „Züchter" oder „Erzieher" von Wein also. „Meine Arbeit ist eine Mischung aus Innovation und Tradition. Ich möchte das goldene Zeitalter Burgunds zwischen den beiden Weltkriegen wieder aufleben lassen. Dabei suche ich nach *vieux Pinot fin* – alten Klonen, alten Stöcken. Sie haben einen kürzeren Reifezyklus, dickere Schalen und einen höheren Anteil von Beerenhäuten als junge, moderne Züchtungen. Ich arbeite mit kleinen Eichenfässern und lasse die Weine so lang wie möglich in Ruhe auf der Hefe liegen. Damit kann man großartige Ergebnisse erzielen, aber auch scheitern, denn die Tropfen nehmen schnell seltsame oder reduktive Geschmacksnuancen an. Ich setze ungefähr ein Zwanzigstel der Schwefelmenge der meisten anderen Winzer ein. Pumpen kommen überhaupt nicht zum Einsatz; alle Weine werden von Hand, ungeschwefelt und unfiltriert abgefüllt." Manche kommen während des Ausbaus sogar zweimal in neue Eiche. Laurents fast ausschließlich rotes Sortiment ist naturgemäß sehr facettenreich. In einigen Gewächsen macht sich reichlich Eiche bemerkbar, aber auch jede Menge reifer, cremiger Frucht und weicher Tannine. Viele Editionen sind Verschnitte aus mehreren Parzellen und kommen als durchnummerierte Cuvées in den Handel, doch selbst die einfachsten Erzeugnisse werden mit fast fanatischer Sorgfalt behandelt. Nehmen wir Laurents Passe-Tout-Grains, der eigentlich ein Etikettenschwindel ist, denn er enthält keinen Gamay, sondern nur Pinot aus einer Parzelle auf der den berühmten Weinbergen gegenüberliegenden, nicht so hoch bewerteten Seite der RN. Laurent hält ihn für nicht gut genug, um in seinem Bourgogne Rouge Cuvée No. 1 mitverschnitten zu werden. Trotzdem verbringt er zwei Jahre in Holz und wird von Hand abgefüllt! Manche seiner Kreationen sind Exoten, wie man ihnen in Burgund noch nie begegnet ist (wie der Premier cru Richemone aus Nuits-St-Georges von 1996): Die Anklänge an Kirschlikör, Crème de Cassis, Schokolade und Havanna-Zigarre sind außerordentlich konzentriert und drängen sich selbstbewusst nach vorn. Hier ist einer, der an die Grenzen des in Burgund Möglichen geht und völlig neue Qualitätsperspektiven aufzeigt, die die Rotweinmacher der Region zum Nachdenken anregen sollten. Nicht alle Produkte indes sind ein Erfolg. Manche bekunden einen seltsamen Arzneieinschlag, überraschende Säure und unausgewogene Textur bei zu viel Gewicht. Mehr Kontrolle in Weinberg und Keller dürfte verlässlichere Qualität mit sich bringen, allerdings kalkuliert Laurent Risiken bewusst mit ein. Er ist ein cleverer Vermarkter und nutzt die Seltenheit und Exklusivität seiner Erzeugnisse als Verkaufsargument. So bietet er speziell verpackte, gemischte Kisten als Séries Rares an. Umso mehr erstaunen die langweiligen Etiketten.

Lécheneaut
21700 Nuits-St-Georges, Tel. 03 80 61 05 96, Fax 03 80 61 28 31

Das Bruderpaar Philippe und Vincent Lécheneaut aus Nuits-St-Georges bereitet kraftvolle, nervige Tropfen aus Les Cailles und Les Damodes, außerdem eine der tiefsten, volltönendsten Ausgaben eines Clos de la Roche überhaupt.

Leflaive ✪✪
21190 Puligny-Montrachet, Tel. 03 80 21 30 13, Fax 03 80 21 39 57

Mit Anne-Claude Leflaive am Steuer hat die gefeierte Domäne einen Zahn zugelegt. Der Tochter von Patriarch Vincent stand als Kopilot zunächst Cousin Olivier zur Seite. Der jedoch stieg 1994 aus, um sich auf sein eigenes *négociant*-Geschäft zu konzentrieren. Derzeit arbeitet Anne-Claude mit Pierre Morey als Kellermeister. Das Gut hat in den 1990er-Jahren auf biodynamischen Weinbau umgestellt – wie Lafon allerdings aus vorwiegend pragmatischen Gründen, denn die Trauben hatten mehr Substanz und Definition. Der Durchbruch kam mit dem Jahrgang 1995; seither werden die Weine ihrer Reputation und ihrem Preis gerecht. Unter den 21 ha Anbaufläche findet sich auch eine winzige Parzelle Montrachet, die eine legendäre, nirgendwo erhältliche Kreszenz erbringt – 1995 waren es ganze 25 Kisten. Ansonsten offeriert man intensive, aber auch teure Villages-Weine aus Puligny und einige reinrassige, blumige Premiers crus derselben Herkunft, darunter ein Pucelles und ein Combettes.

Olivier Leflaive
21190 Puligny-Montrachet, Tel. 03 80 21 37 65, Fax 03 80 21 33 94

Der *négociant* der neuen Generation verkauft über 60 verschiedene AOC-Weine, 90 % davon weiß. Er verarbeitet nur Trauben oder Most. Mithilfe von Weinmacher Franc Grux will Olivier Leflaive elegante Gewächse mit Finesse bereiten, was ihm größtenteils auch gelingt. Der St-Aubin En Remilly ist für ein ausgezeichnetes Preis-Leistungs-Verhältnis zu haben; der Corton-Charlemagne präsentiert sich rein, fein gezeichnet und mit langem Nachhall.

Leroy ✪✪✪
21190 Auxey-Duresses, Tel. 03 80 21 21 10, Fax 03 80 21 63 81

Lalou Bize-Leroy stand einst der Domaine de la Romanée-Conti als Ko-direktorin vor und hält nach wie vor einen Anteil an dem Gut. 1993 machte sie ihren Chefsessel frei – und prompt ist die Domaine Leroy mit ihrem Einstieg zur Hauptkonkurrentin von DRC geworden. Die 22 ha Rebfläche lassen Kenner vor Ehrfurcht erschaudern, denn mit dabei sind sage und schreibe neun Grands crus. Lalou Bize sattelte als eine der ersten großen Winzerinnen Burgunds auf biodynamischen Weinbau um. Sie setzt die Prinzipien so rigoros und auf niedrige Erträge bedacht um, dass die alternative Bewirtschaftung die Weine stärker prägt als die Rebgärten selbst (der mittlere Ertrag lag 1995 bei ganzen 15 hl/ha). Von der fabelhaften Konzentration und dem Extraktreichtum wird man schier überwältigt. Zu den Supernovas am funkelnden Leroy-Firmament zählen ein muskulöser, kraftvoller Richebourg und ein feinduftiger Romanée-St-Vivant. Der Clos de Vougeot setzt Maßstäbe. (Siehe auch Domaine d'Auvenay und Maison Leroy.)

Maison Leroy ✪
21190 Auxey-Duresses, Tel. 03 80 21 21 10, Fax 03 80 21 63 81

Der *négociant*-Ausläufer von Lalou Bize-Leroys Gut. Die Weine des Hauses werden von Leroy gekauft, verschnitten und abgefüllt, aber nicht unbedingt angebaut oder vinifiziert. Die Konzentration der Gutsweine sollte man nicht erwarten, dennoch bürgt der Name Leroy für Charakter und Eigenständigkeit.

Hubert Lignier
21220 Gevrey-Chambertin, Tel. 03 80 34 37 79, Fax 03 80 51 80 97

Ligniers Weine sind ein typisches Beispiel für die hochwertigen Erzeugnisse, die dereinst in der Anonymität der Cuvées großer *négociants* untergingen. Das von Hubert Lignier und seinem Sohn Roman geführte Gut in Morey bereitet nun auf eigene Faust reinfruchtige, duftige Rote. Besonders empfehlenswert ist der dichte, langlebige Premier cru Vieilles Vignes aus Morey-St-Denis, ein Verschnitt von Weinen aus den Parzellen mit den ältesten Stöcken.

François Lumpp
71640 Givry, Tel. 03 85 44 45 57, Fax 03 85 44 46 66

Lumpp bereitet solide, runde Givry-Weine in den Farben Rot und Weiß.

Michel Magnien et Fils
21220 Morey-St-Denis, Tel. 03 80 51 82 98, Fax 03 80 58 51 76

Unter der Leitung des weit gereisten Fred Magnien, Michels Sohn, hat diese Domäne einen Riesensprung nach vorn gemacht. Fred will möglichst naturbelassene Tropfen erzeugen – er nennt sie „lebendige Weine". Dazu düngt er die Stöcke mit Schafmist, chaptalisiert grundsätzlich nicht und verwendet kaum neues Holz. Das beste Preis-Leistungs-Verhältnis bietet der seltene Premier cru Les Chaffots aus Morey.

Méo-Camuzet ✪
21700 Vosne-Romanée, Tel. 03 80 61 11 05, Fax 03 80 61 11 05

Zu den 15 ha dieses Guts gehören die Weinberge, die dem jungen Henri Jayer seinerzeit vom damaligen Bürgermeister von Vosne und Regionalabgeordneten Etienne Camuzet zur Nutzung in *métayage*, Teilpacht, angeboten wurden: der Vosne-Romanée Aux Brûlées und der Nuits-St-Georges Les Murgers. Der Rest ging an andere Erzeuger oder Händler. Als die Teilpacht auslief, übernahm Jean-Nicolas Méo, Erbe der Camuzet-Besitzungen, die Flächen. Er orientiert sich an Jayers Methoden, was den üppigen Stil der Weine erklärt, die für mich zu den modernsten und internationalsten feinen Burgundern zählen. Der Grund dafür dürfte in Méos geschäftlichem Background sowie seinem Arbeitsaufenthalt in Kalifornien zu finden sein. Méo betätigt sich ferner als *micro-négociant*.

Olivier Merlin
71960 La Roche, Tel. 03 85 36 62 09, Fax 03 85 36 66 45

Weinbauern in Pouilly-Fuissé und Viré-Clessé beliefern diesen *négociant*, der aber auch Trauben aus seiner eigenen Domaine du Vieux Sorlin verarbeitet. Seine Mâconnais-Weine sind sauber, hell, wenngleich bisweilen etwas streng.

Lucien Le Moine
21200 Beaune, Tel. 06 07 56 76 07, Fax 03 80 24 99 98

Der libanesische Weinmacher Mounir Sawma, der auch für Picard arbeitet, und seine Verlobte Rotem Brakin haben sich in einer Seitenstraße in Beaune eine winzige Kellerei eingerichtet. 1999 kam man auf gerade 31 Fässer, doch die vorwiegend Weißen, darunter auch ein Fass Montrachet, sind saftige Kraftprotze.

Mommessin
21220 Morey-St-Denis, Tel. 03 80 34 30 91, Fax 03 80 24 60 01

Der *négociant* hat einen Trumpf im Ärmel: den 7,5 ha großen Grand cru Clos de Tart an der Côte d'Or, der ihm allein gehört. Die Weine erschienen mir auffällig schlank, doch Verwalter Sylvain Pithiot, ein kenntnisreicher Weinautor und Kartograph, genießt in der Region einen ausgezeichneten Ruf. Die jüngsten Jahrgänge wurden sehr gelobt. Mommessin gehört mittlerweile Boisset.

Château de Monthélie *siehe* Eric de Suremain

Hubert de Montille
21190 Volnay, Tel. 03 80 21 62 67, Fax 03 80 21 67 14

Rechtsanwalt Hubert de Montille und sein Sohn Etienne bereiten bei leichter Extraktion, minimaler Chaptalisierung und geringem Einsatz von neuer Eiche rote Burgunder, die in ihrer Jugend abweisend und streng sind. Wer sie nach 15 Jahren Lagerzeit getrunken hat, behauptet aber, das Warten würde sich lohnen.

Bernard Morey
21190 Chassagne-Montrachet, Tel. 03 80 21 32 13, Fax 03 80 21 39 72

Der Name Morey sorgt für reichlich Verwirrung in Burgund, denn er ist Bestandteil etlicher Domänenbezeichnungen und in vielen Dörfern fast so häufig wie Weinstöcke. Dieser Morey hier ist Winzer und *micro-négociant* zugleich – sein Gut nennt er Domaine, die Handelsfirma Maison. Intensive, runde Fruchtaromen zeichnen seine Weine aus. Wie viele Weißweinerzeuger in Burgund hält er sich seit Jahren mit dem Aufrühren des Hefesatzes zurück, um die Tropfen nicht zu ermüden, ihr langes Leben nicht zu verkürzen und den Fruchtgeschmack nicht zu überdecken. Wie gut das den Weinen tut, zeigt sein vorzügliches Sortiment von Premiers crus aus Chassagne, das einen herausragenden Les Caillerets enthält. Darüber hinaus hat er einen der feinsten Bâtard-Montrachet-Essenzen überhaupt zu bieten. Auch die Roten sind von beständig guter Qualität; der Griff zum geschmeidigen, grazilen Beaune Grèves lohnt sich besonders.

Jean-Marc Morey
21190 Chassagne-Montrachet, Tel. 03 80 21 32 62, Fax 03 80 21 90 60

Noch ein Morey aus Chassagne. Seine Weine nehmen eine Mittelstellung ein zwischen denen seines Bruders Bernard mit ihrer üppigen Frucht und den zurückhaltenden, reinen Marc-Morey-Erzeugnissen von Bernard Mollard. Auch er hat einen Les Caillerets in petto.

Marc Morey
21190 Chassagne-Montrachet, Tel. 03 80 21 33 52, Fax 03 80 21 90 20

Schwiegersohn Bernard Mollard bereitet eine feine Auswahl von Chassagne- und Bâtard-Weinen. Dank niedriger Erträge geraten die straffen, strengen, dicht gewirkten Tropfen eindrucksvoll konzentriert.

Pierre Morey
21190 Mersault, Tel. 03 80 21 21 03, Fax 03 80 21 66 38

Pierre arbeitet mit Anne-Claude Leflaive zusammen, betreibt aber auch ein eigenes kleines Gut und obendrein ein *micro-négociant*-Haus namens Morey Blanc. Stilistisch verfolgt er konsequent eine reine, fein gezeichnete, elegante Linie. Die Domänenweine zeichnen sich durch Tiefe und Konzentration aus.

Morey Blanc *siehe* Pierre Morey

Albert Morot
21200 Beaune, Tel. 03 80 22 35 39, Fax 03 80 22 47 50

Das Preis-Leistungs-Verhältnis der Premiers crus von Beaune ist in Burgund Spitze, wie Morots Weine beweisen. Sie sind mit knackiger, pikanter, konzentrierter Frucht gesegnet. Herausragend: der Bressandes und der Teurons.

Denis Mortet ✪
21220 Gevrey-Chambertin, Tel. 03 80 34 10 05, Fax 03 80 58 51 32

Denis Mortet, Neffe von Charles Rousseau, tat in den 1990er-Jahren viel für die Reputation dieses Guts. Er betrieb hohen Aufwand im Weinberg, verzichtete auf ein Abstechen und Filtrieren und ließ die Weine so weit wie möglich in Ruhe. Mit Eiche spart er zwar nicht, doch fühlt er sich ganz dem Terroir verpflichtet. Belohnt wird er dafür mit dunklen, hedonistischen Weinen aus Gevrey und einem der besten Clos de Vougeot überhaupt.

Georges Mugneret
21700 Vosne-Romanée, Tel. 03 80 61 00 97, Fax 03 80 61 24 54

Georges Mugnerets Töchter Marie-Christine Teillaud und Marie-Andrée Nauleau bewirtschaften dieses Gut sowie das Tochterunternehmen Mugneret-Gibourg. Sie bereiten herausragende Ruchottes-Chambertin und Clos Vougeot. Dank steter Verbesserung im Keller geraten ihre Weine immer tiefer und füliger.

Mugneret-Gibourg *siehe* Georges Mugneret

Frédéric Mugnier
21220 Chambolle-Musigny, Tel. 03 80 62 85 39, Fax 03 80 62 87 36

Die intensiven, eleganten Weine von Frédéric Mugnier, die als Château de Chambolle-Musigny verkauft werden, verkörpern eine gelungene Melange aus Zugänglichkeit und Tiefgang. Mugniers Vater, ein Pariser Bankier, verpachtete einst sein Land an Faiveley. Sein Sohn hat die Parzellen nach und nach heimgeholt und entlockt ihnen nun grazile, doch nachhaltige Weine bei einer Ertragsobergrenze von 30 hl/ha und minimalem Einsatz von Eichenholz.

Philippe Naddef
21160 Couchey, Tel. 03 80 51 45 99, Fax 03 80 58 83 62

Der kleine Betrieb hat sich auf Parzellen mit alten Stöcken spezialisiert und erzeugt aromaintensive Rote, die lange auf der Hefe liegen. Da überrascht es nicht, dass auch Dominique Laurent hier Kunde ist.

Michel Niellon ✿
21190 Meursault, Tel. 03 80 21 30 95, Fax 03 80 21 91 93

In den burgundischen Weißweinlanden ist Niellon seit langem ein klangvoller Name. Zusammen mit seinen Schwiegersöhnen gewährleistet Michel, dass das Gut seinem Ruf für intensive, üppige, vielschichtige Weine weiterhin gerecht wird. Wer den nervigen, mineraliengeschwängerten Chevalier-Montrachet vom oberen Hang dem plumperen, früchtebeladenen Bâtard-Montrachet vom unteren Hang gegenüberstellen will, kann mit zwei Flaschen von Niellon eine faszinierende Vergleichsstudie anstellen, muss sich dann aber auf ein sündhaft teures Vergnügen gefasst machen. Eindrucksvoll vielfältig: die Premiers crus.

Annick Parent
21190 Monthélie, Tel. 03 80 21 21 98, Fax 03 80 21 21 98

Die einstige Psychotherapeutin Annick Parent bereitet ihre Weine aus Monthélie, Volnay und Pommard, die ihr Vater Jean früher an *négociants* verkaufte, nun selbst. Die 1999er sind ausgewogen, tief, würzig und vollmundig geraten.

François Parent
21200 Beaune, Tel. 03 80 22 61 85, Fax 03 80 24 03 16

François Parent ist mit Anne-Françoise Gros (siehe Domaine Anne-Françoise Gros) verheiratet; die Weine beider Güter werden im selben Keller in Beaune vinifiziert, haben allerdings völlig verschiedene Etiketten (auf denen von François ist eine Trüffel zu sehen). Parents Tropfen ragen oft aus der AOC-Masse heraus.

Jean Parent *siehe* Annick Parent

Domaine des Perdrix
21700 Premeux-Prissey, Tel. 03 80 61 26 53

Diese Domäne gehört Bertrand Devillard, Geschäftsführer von Antonin Rodet. Er bringt eindrucksvolle, ausdrucksstarke Echézeaux und einen guten Nuits-St-Georges Aux Perdrix zuwege.

Paul Pernot
21190 Puligny-Montrachet, Tel. 03 80 21 32 35, Fax 03 80 21 94 51

80 % der Produktion dieses feinen 19-ha-Betriebs landen bei Drouhin, weshalb der Name Pernot nicht allzu bekannt ist. Die besten Fässer füllt man allerdings selbst ab. So entstehen hier exzellente, allerdings rare weiße Burgunder der Spitzenkategorie, darunter ein aufschlussreicher Bâtard-Montrachet.

Perrot-Minot ✿
21220 Morey-St-Denis, Tel. 03 80 34 32 51, Fax 03 80 34 13 57

Ex-Makler Christophe Perrot-Minot bewirtschaftet einige wertvolle Flächen mit alten Stöcken, darunter eine Parzelle Charmes-Chambertin, die intensive Tropfen liefert, und den seltenen Mazoyères-Chambertin. Perrot-Minot setzt auf zurückhaltende Bereitung, verzichtet also auf Abstechen bzw. Filtrieren und fügt nur ein Mindestmaß an Schwefel zu. So entstehen neue, ausdrucksvolle Burgunder in Hochform, denen fruchtige, blumige und würzige Düfte zugleich entsteigen, während sie sich am Gaumen gut strukturiert und tief präsentieren.

Jean Pillot
21190 Chassagne-Montrachet, Tel. 03 80 21 33 35, Fax 03 80 21 92 57

Das 10-ha-Gut wird mittlerweile von Jeans Sohn Jean-Marc geführt. Seine Weine vereinen ein breites Fruchtspektrum mit großzügigem Eichenanstrich. Mein Tipp: der Premier cru Chenevottes von 60-jährigen Rebstöcken.

Ponsot
21220 Morey-St-Denis, Tel. 03 80 34 32 46, Fax 03 80 58 51 70

Wenn das Gut zur Hochform aufläuft, liefert es Gewächse von außerordentlicher Reinheit und Tiefe. Allerdings fallen die Abfüllungen unbeständig aus, vielleicht weil Ponsot auf Schwefel verzichtet. Diejenigen, die die Weine lange Zeit gehegt haben, sind voll des Lobes über ihre Reifequalitäten.

Nicolas Potel ✿
21700 Nuits-St-Georges, Tel. 03 80 62 15 45, Fax 03 80 62 15 46

Gérard Potels Sohn Nicolas hat sich als *micro-négociant* etabliert. Sein Sortiment umfasst Weine von der gesamten Côte d'Or. Besonders stark sind natürlich Erzeugnisse aus Volnay vertreten – 1999 waren es insgesamt 14. Die Weine der Spitzenriege sind wahre Fruchtbomben, dank massivem Eicheneinsatz aber schmecken selbst Tropfen bescheidenen Ursprungs ungewöhnlich edel. Der 2000er-Jahrgang fiel besser aus als bei den meisten anderen Gütern.

Domaine de la Pousse d'Or
21190 Volnay, Tel. 03 80 21 47 38, Fax 03 80 21 40 27

Die Domäne war ein bewunderter Erzeugerbetrieb, als Gérard Potel noch ihre Geschicke lenkte. Er starb just an dem Tag, an dem die australischen Besitzer ihren Verkauf perfekt machten. Dem neuen Eigentümer misslang der Start etwas, doch der 1999er-Jahrgang lässt hoffen. Zu den Spitzenlagen zählen der *monopole* Clos de la Bousse d'Or und die Caillerets-Parzelle „60 Ouvrées".

Jacques Prieur ✿
21190 Meursault, Tel. 03 80 21 23 85, Fax 03 80 21 29 19

Die Domäne ist mit besten Weißweinlagen ausgestattet, wie Anteile an Corton-Charlemagne, Chevalier-Montrachet und Montrachet beweisen. Die Tage unspektakulärer Tropfen sind vorbei, seit Martin Prieur übernommen hat und das Team um Antonin Rodet mitmischt. Der neue Weinstil ist von üppiger Fülle geprägt; neue Eiche wird mit viel Fingerspitzengefühl eingesetzt. Auch unter den Rotweinbesitzungen finden sich illustre Namen: Chambertin, Clos Vougeot, Corton-Bressandes, Echézeaux und Musgniny; der Volnay Clos des Santenots nimmt es jedoch mit all diesen Größen auf. Der rote Meursault Clos de Mazeray ist eine faszinierende, kirschenschwere Kuriosität.

Prieuré-Roch ✿
21700 Nuits-St-Georges, Tel. 03 80 62 00 00, Fax 03 80 62 00 01

Henri Roch, der mit Aubert de Villaine die Domaine de la Romanée-Conti (DRC) leitet, hält sich nebenher dieses kleine 4-ha-Gut. Es besitzt Anteile an Clos de Vougeot und Clos de Bèze sowie einen ehemaligen *lieu-dit* der DRC in Vosne, Clos Goillotte. Die fleischigen, stattlichen Weine lassen sich viel Zeit für ihre Entwicklung; sie ähneln ihren illustren Vorbildern von der DRC.

Château de Puligny-Montrachet
21190 Puligny-Montrachet, Tel. 03 80 21 39 14, Fax 03 80 21 39 07

Der 20-ha-Betrieb im Besitz von Crédit Foncier liefert unter Kellermeister Jacques Montagnon wesentlich beständigere, ausdrucksvollere Weine ab als früher. Die Premiers crus Meursault und Puligny, insbesondere der Meursault Perrières und Puligny Les Folatières, sind gelungene Vertreter ihrer Lage. Mit dem St-Aubin En Remilly hat man einen generösen Wein im Programm, dessen Preis-Leistungs-Verhältnis zum Zugreifen verführt.

Ramonet
21190 Meursault, Tel. 03 80 21 30 88, Fax 03 80 21 35 65

Zu den 18 ha dieser renommierten Domäne gehört ein vorzügliches Arsenal an Premiers crus und sogar ein Fleckchen Montrachet. Die besten Weine geraten intensiv, reintönig und mineralisch, die Qualität ist jedoch unbeständig.

Reine Pedauque
21420 Aloxe-Corton, Tel. 03 80 25 00 00, Fax 03 80 26 42 00

Das *négociant*-Haus befindet sich im Aufwärtstrend. Aus 40 ha Rebfläche holte man 1999 exzellente Gewächse wie den pikanten Beaune Clos du Roi.

Jean Rijckaert
71570 Leynes, Tel. 03 85 35 15 09, Fax 03 85 35 15 09

Jean-Marie Guffens' ehemaliger Partner steht nun als *micro-négociant* auf eigenen Beinen. Er hat sich auf weniger illustre Weißweine aus dem Mâconnais und von der Côte d'Or spezialisiert, etwa den konzentrierten Maranges En Borgy.

Daniel Rion
21700 Premeaux, Tel. 03 80 62 31 28, Fax 03 80 61 13 41

Der Betrieb steht seit langem dem Bioweinbau nahe und zeichnete sich stets durch unermüdliches Experimentieren im Keller aus. Das von den Geschwistern Christophe, Olivier und Pascale Rion geführte Gut bereitet vorzügliche Rote und mit dem Nuits-St-Georges Les Terres Blanches einen der führenden Pinot-blanc-Weine Burgunds.

Michèle et Patrice Rion
21700 Nuits-St-Georges, Tel. 03 80 62 32 63, Fax 03 80 62 49 63

Der einfallsreiche Patrice führt das 2,5-ha-Gut mit seiner Frau. Man besitzt Anteile an Chambolle-Musigny Les Cras und dem Premier cru Les Argillières in Nuits. Von der Domäne und der *micro-négociant*-Firma wird man noch hören.

Robert-Denogent
71960 Fuissé, Tel. 03 85 35 65 39, Fax 03 85 35 66 69

Pouilly-Fuissé- und Mâcon-Solutré-Weine der Spitzenkategorie fließen von hier aus auf den Weinmarkt. Jean-Jacques Robert sichert sich den Verbleib in der oberen Qualitätsliga mit niedrigen Erträgen, später Lese und Vergärung im Eichenfass. Superb: vier Vieilles-Vignes-Cuvées aus Pouilly-Fuissé.

Antonin Rodet
71640 Mercurey, Tel. 03 85 98 12 12, Fax 03 85 45 25 49

Champagnerhersteller Laurent-Perrier verkaufte das vorzügliche Handelshaus 1997 an das Konsortium Worms. Bertrand Devillard führt es mit viel Geschick; für umsichtige Kellerarbeit sorgt Weinmacherin Nadine Gublin. Die besten Pferde in ihrem Stall stammen von der Domaine Jacques Prieur, an der Rodet zu 50 % beteiligt ist. Es entstehen aber auch ausgezeichnete, ausdrucksvolle, subtil nuancierte *négociant*-Weine, vor allem die als Cave Privée etikettierten Erzeugnisse, die ausnahmslos als Saft eingekauft und von Rodet vinifiziert werden. Mit die besten Côte-Chalonnaise-Weine bekommt man übrigens von den Gütern Château de Chamirey, Château de Rully und Domaine du Château de Mercey, die Rodet entweder besitzt oder führt.

Rémi Rollin et Fils
21420 Savigny-lès-Beaune, Tel. 03 80 21 57 31 / 50 35, Fax 03 80 26 10 38

Eleganz und Finesse zeichnen die Aligoté- und Corton-Charlemagne-Weine dieses Guts aus, das mit Weißen mehr Erfolg hat als mit seinen leichten Roten.

Domaine de la Romanée-Conti ✪✪✪
21700 Vosné-Romanée, Tel. 03 80 62 48 80, Fax 03 80 61 05 72

Diese Domäne ist nach einhelliger Meinung der hellste Stern am Burgunder Weinhimmel. Ihre Weine gehören zu den teuersten der Welt: 2001 wurde der Romanée-Conti von 1998 für etwa 800 Euro freigegeben – die Flasche, wohlgemerkt. Nur wenige werden einen solchen Nektar je ihr Eigen nennen oder verkosten dürfen. Insgesamt bewirtschaftet man gerade einmal 26 ha, die aber sind vom Allerfeinsten. Sie tragen ausnahmslos das Grand-cru-Siegel. Der 1,81 ha große La Romanée-Conti ist das kostbarste Stück Rebland in Burgund und auch La Tâche mit 6 ha ist zu 100 % in Gutshand. Weitere Juwelen in der Weinkrone der Domäne sind Richebourg (3,5 ha), Grands Echézeaux (3,5 ha), Echézeaux (4,7 ha), Romanée-St-Vivant (5,3 ha) und Montrachet (0,7 ha). Trotz der sublimen Qualität aller Besitzungen führen Aubert de Villaine und Kodirektor Henri-Frédéric Roch den Betrieb im Namen der Eigentümerfamilien unauffällig und mit gebührender Zurückhaltung. Als Weinbergverwalter ist Gérard Marlot eingesetzt, während Bernard Noblet als *chef de cave* agiert.

Die Rebgärten werden organisch bewirtschaftet, 5 ha La Tâche und Grands Echézeaux sogar biodynamisch. Die Stöcke von Montrachet sind 61 Jahre alt, die von Romanée-Conti 52 Jahre; die jüngsten stehen in Echézeaux und haben immerhin 31 Lesen hinter sich. Gutsintern hat man etwa 50 verschiedene Klone für künftige Neupflanzungen selektiert. Entscheidenden Einfluss auf die Arbeit hatte der Bodenspezialist Claude Bourguignon. Die Domäne kompostiert den gesamten Rebschnitt und den Abfall aus der Bereitung für die Wiederverwertung im Weinberg; hinzu kommen 25 % Stallmist. Diese Mischung wird den Rebflächen alle drei Jahre verabreicht; de Villaine nennt sie „Injektion von Mikroben". Wie in Coulée de Serrant an der Loire und Magdelaine in St-Emilion setzt man mittlerweile ein Pferd zum Pflügen ein. Die Erträge sind sehr niedrig angesetzt: 1998 lagen sie bei nur 22 hl/ha für die Roten; das 10-Jahres-Mittel hat man auf 24 hl/ha begrenzt. Gelesen wird spät, wobei man sowohl im Weinberg als auch im Keller aussortiert. Die Domäne zählt zu den ganz wenigen Erzeugern, die ihre Beeren nicht entrappen. Die Gärung läuft bei unter 30 °C ab, die Maischegärung dauert bis zu einem Monat. Anschließend kommen die Weine in leicht angeröstete neue Fässer von François Frères, wo sie 16–20 Monate bleiben und nur einmal abgestochen werden. Abgefüllt wird ohne Schönung und Filtrierung. Nach Auskunft von de Villaine will man die Weine nach „prä-önologischen" Methoden bereiten. Auch in den Rebgärten soll die Stockdichte und -gesundheit aus der Zeit vor der Reblausinvasion wieder hergestellt werden.

Der Echézeaux und Grands Echézeaux sind berühmt für ihre Fülle und fleischige Kraft, während der Romanée-St-Vivant und Romanée-Conti mit intensivem Duft und verführerischer Tiefe locken. Der Richebourg und La Tâche geraten würzig, zeigen viel Substanz und jede Menge Frucht. Und der vielschichtige Montrachet, von dem es alljährlich nur 3000 Flaschen gibt, ist verschwenderisch ausgestattet mit cremigem Charme, Mineraltiefe und natürlich der verblüffenden Geschmackskonzentration, die nur die größten burgundischen Lagen ihren Weinen mit auf den Weg geben.

Joseph Roty
21220 Gevrey-Chambertin, Tel. 03 80 34 38 97, Fax 03 80 34 13 59

Kraftvolle, langsam reifende Gevrey-Chambertin, darunter die Grands crus Charmes und Griottes, sowie preisgünstige Rote und Rosés aus Marsannay bereitet dieser Philatelist und Militärhistoriker mit Hilfe seines Sohnes Philippe.

Emmanuel Rouget ✪
21640 Flagey-Echézeaux, Tel. 03 80 62 84 56, Fax 03 80 62 86 61

Kein Winzer des späten 20. Jahrhunderts genoss einen so ausgezeichneten Ruf wie Henri Jayer, obwohl dieser stets behauptet hatte, lediglich traditionelle Techniken mit besonderer Sorgfalt anzuwenden. Jayers legitimer Nachfolger ist sein Neffe Emmanuel Rouget, ein großer, doch schüchterner ehemaliger Mechaniker. Emmanuel scheint seine Lektionen gelernt zu haben, denn wenn man die süßen, cremigen, brombeerigen Freuden eines Vosne-Romanée und Echézeaux kennen lernen will, dann kann man das mit keinem Wein besser als mit seinem. Der explosive, tiefe, würzige Cros Parentoux aus einem winzigen Premier cru ist teurer als der geschmeidige, ausdrucksvolle Grand cru Echézeaux.

Jean-Marc Roulot
21190 Meursault, Tel. 03 80 21 21 65, Fax 03 80 21 64 36

Das vorzügliche Gut erzeugt leichte, klare, unkomplizierte Tropfen, in denen frische Frucht und Bodengeschmack sich ungeniert nach vorn drängen.

Christophe Roumier *siehe* Georges Roumier

Georges Roumier
21220 Chambolle-Musigny, Tel. 03 80 62 86 37, Fax 03 80 62 83 55

Christophe Roumier sortiert pingelig aus und bereitet seine Tropfen mit großer Sorgfalt. Er hat feine Grands crus zu bieten, die in dem in winzigen Mengen erzeugten Musigny gipfeln. Sein Premier cru Les Amoureuses allerdings nimmt es mit einigen Grands crus auf. Außerdem bereitet Roumier einen Corton-Charlemagne, der üppiger und sinnlicher ausfällt als viele seiner Namensgenossen. Er hat einige Quadratmeter Charmes-Chambertin und Ruchottes-Chambertin gepachtet und verfügt obendrein über eine Villages-Parzelle Chambolle sowie einen Anteil am Premier cru Les Cras.

Armand Rousseau
21220 Gevrey-Chambertin, Tel. 03 80 34 30 55, Fax 03 80 58 50 25

Charles Rousseau gehörte vor Jahrzehnten zu den Pionieren der Erzeugerabfüllung. Mittlerweile hat sein Sohn Eric die Leitung übernommen. Der 14-ha-Betrieb ist im Besitz einiger ausgezeichneter Flächen an der nördlichen Côte de Nuits, darunter fast 7 ha Grands crus in Chambertin. Beim Weinbau und im Keller liegt man auf einer Linie mit den besten Winzern in Burgund. Der größte Trumpf allerdings ist ein Arsenal an uralten Reben: Das Durchschnittsalter der Stöcke in der 2,2 ha großen Chambertin-Parzelle liegt bei 60 Jahren.

Aleth le Royer-Girardin
21630 Pommard, Tel. 03 80 22 59 69, Fax 03 80 24 96 57

Dieser Erzeuger lässt seine Weine weitgehend in Ruhe: Er vergärt sie in großen *foudres* aus Eiche, lässt sie lange auf der Hefe und setzt wenig Schwefel ein. So entsteht eine Kollektion feiner, klarer, fruchtiger, ausdrucksvoller Kreszenzen.

Etienne Sauzet ✿
21190 Mersault, Tel. 03 80 21 32 10, Fax 03 80 21 90 89

Nachdem Gérard Boudot 1990 ein Drittel seiner Weinberge an seinen Schwager abtreten musste, beschaffte er sich eine *négociant*-Lizenz. Deshalb bekommt man bei ihm nun sowohl Domänen- als auch Fremdweine. Ihre Preise sind enorm in die Höhe geklettert, haben aber auch in punkto Konzentration, Kraft und kribbelnder Energie zugelegt. Unter den feinen Premiers crus aus Puligny ist der honigwürzige, dichte Combettes besonders empfehlenswert. Dass auch die vier weißen Grands crus ambitionierte Erzeugnisse sind, erkennt man an ihrer Geschmacksdichte und den Apothekerpreisen.

Mounir Sawma *siehe* Lucien Le Moine

Christian Serafin
21220 Gevrey-Chambertin, Tel. 03 80 34 35 40, Fax 03 80 58 50 66

Üppige, aromaintensive Rote sind die Spezialität von Serafin. Sein Erfolgsrezept lautet: niedrige Erträge, späte Lese und reichlich neue Eiche. Die Qualität des Charmes-Chambertin hat sich nach dem Kauf alter Stöcke in den 1990ern verbessert – heute ist er ein Vorzeigewein.

Eric de Suremain
21190 Monthélie, Tel. 03 80 21 23 32, Fax 03 80 21 66 37

Nomen est omen: Suremain, wörtlich „sichere Hand", muss mit relativ bescheidenen Rebgärten in Rully und Monthélie (Château de Monthélie) auskommen. Doch die dunklen, üppig fruchtigen Ergebnisse des 1999er-Jahrgangs zeigen, dass er aus wenig viel macht und bei guter Weinbergpflege und Ertragsdrosselung ernsthafte, außergewöhnlich tiefe Weine zuwege bringt.

Jean Thévenet *siehe* Domaine de la Bongran

Tollot-Beaut
21200 Beaune, Tel. 03 80 22 16 54, Fax 03 80 22 12 61

In den 1990ern zeichnete sich das Gut in Chorey-lès-Beaune durch solide Weine und großzügigen Eicheneinsatz aus. Seit dem 1999er-Jahrgang aber legt man die Qualitätslatte höher und sorgt sich nun auch um die Herausarbeitung üppiger Frucht. Das beste Preis-Leistungs-Verhältnis bekommt man mit dem Basis-Chorey, Spitzenreiter aber ist der ausdrucksvoll-süße Corton-Bressandes.

Jean et Jean-Louis Trapet
21220 Gevrey-Chambertin, Tel. 03 80 34 30 40, Fax 03 80 51 86 34

Die Trapets befinden sich im Aufwind: Mit reduzierten Erträgen, später Lese, biodynamischem Weinbau und dem Verzicht auf Filtrierung und Schönung haben sie eine größere Fruchtdichte und fleischige Tiefe erreicht.

Domaine Valette
71570 Chainte, Tel. 03 85 35 62 97, Fax 03 85 35 68 02

Der ehemalige Genossenschaftler Gérard Valette und sein Sohn Philippe erzeugen dank niedriger Erträge und später Lese volle, exotische Weiße aus Mâcon-Chaintré und Pouilly-Fuissé. Eines ihrer Paradepferde, ein Pouilly-Fuissé von 1994, schlug 1997 bei einer Verkostung in Paris 14 Montrachets desselben Jahrgangs aus dem Rennen. Wegen der Spätlesepraktiken bekamen die Valettes wie Kollege Thévenet in Mâcon Ärger mit den AOC-Behörden, denn manche ihrer Weine sind aus so üppigem Most bereitet, dass sie zwar rein technisch als trocken gelten, aber dennoch leicht lieblich schmecken. Wie Thévenet fertigen die Valettes außerdem einen edelfaulen Chardonnay, der der Appellationsaufsicht ebenfalls aufstoßen dürfte. Die Spitzengewächse bleiben 18 bis 36 Monate in Holz und werden ungeschönt und unfiltriert abgefüllt. Wer die blumige Kraft, die Fruchtfülle und die Üppigkeit südlicher Burgunder erkunden möchte, möge bei den Valettes vorbeischauen.

Verget ✿✿
71960 Sologny, Tel. 03 85 51 66 00, Fax 03 85 51 66 09

Der Belgier Jean-Marie Guffens, neben Jean Rijckaert Schöpfer dieses *négociant*-Hauses, ist ein Exot in der Welt des französischen Weins. Hinter seiner robusten, besserwisserischen Hemdsärmeligkeit und seinem fast gangsterartigen Aussehen verbirgt sich eine geballte Ladung Energie, eine fanatische Liebe zum Detail und ein formidabler Forscherdrang in Sachen Wein. Guffens kauft bevorzugt Trauben statt Most oder Wein, zahlt Höchstpreise für Lesegut von ertragsarmen Rebflächen, erntet manuell mit eigenem Team und sortiert wie besessen. Außerdem unterteilt er den Pressvorgang in vier Stufen und lagert den dabei gewonnenen Saft getrennt, um den fertigen Wein später so flexibel wie möglich zusammenstellen zu können. Das Haus verarbeitet Trauben aus ganz Burgund. Wer nach den käsezähen, üppigen traditionellen weißen Burgundern sucht, ist hier an der falschen Adresse. Die Kreszenzen bekunden die hinreißende Reinheit und sinnliche Strenge, die man bei den besten Winzern an Saar und Ruwer oder im Elsass findet. (Es wäre interessant zu wissen, was Guffens aus Riesling machen würde.) Zu den Schmuckstücken vergangener Jahrgänge zählen die fruchtig-dichten Meursault-Weine Poruzots und Casse Têtes, roh behauener, würziger Chassagne-Montrachet La Maltroye Vieilles Vignes, ein vielschichtiger Chassagne-Montrachet La Romanée und ein ungewöhnlich schneidiger, lebhafter Bâtard-Montrachet. Da Guffens im Mâconnais selbst als Winzer aktiv ist, hat er eine ansehnliche Palette von Einzellagen-Cuvées aus der Region zu bieten, darunter Les Quarts und die Spätlese Levrouté, zwei faszinierende Pouilly-Vinzelles von 50-jährigen Stöcken.

A&P de Villaine
71150 Bouzeron, Tel. 03 85 91 20 50, Fax 03 85 87 04 10

Aubert de Villaine von der Domaine de la Romanée-Conti erzeugt hier im eigenen Betrieb gute Weine von der Côte Chalonnaise und einen herausragenden Bouzeron-Aligoté. Wenn die Erzeugnisse aber trotz des betriebenen Aufwands und des Know-hows nicht noch besser werden, dann ist das ein gutes Argument für die Bedeutung des Terroir, auf die Aubert selbst gern hinweist.

Comte de Vogüé ✿
21220 Chambolle-Musigny, Tel. 03 80 62 86 25, Fax 03 80 62 82 38

Diesem Gut gehören die besten Lagen in Chambolle-Musigny, darunter 70% des gesamten Grand cru Le Musigny und 2,5 ha Bonnes Mares. Kellermeister François Millet hat seit seinem Einstieg 1985 die Qualität der in den 1970er- und frühen 1980er-Jahren oft enttäuschenden Grand-cru-Weine erheblich verbessert. Dabei sträubt sich der ruhige, besonnene Mann, diesen Erfolg auf eine Strategie zurückzuführen: „Ich habe kein System. Ich beobachte nur. Und auch die Stimmung des Terroir spielt eine Rolle…" Seine Tropfen haben weder hohen Extrakt noch einen starken Eichenton. Stattdessen steht bei ihnen Eleganz, Duftigkeit und seidiger Atem im Vordergrund. Der Bonnes Mares strotzt vor schwarzen Früchten. Etwas vielschichtiger kommt der Musigny daher, dessen leicht teergetönte Frucht sich aufregend hartnäckig hält. Beide sind Musterbeispiele für klassische Burgunder von enormer Kraft.

Domaine de la Vougeraie
21700 Premeux-Prissey, Tel. 03 80 62 48 25, Fax 03 80 61 25 44

Jean-Clauce Boisset ist wirtschaftlich gesehen der erfolgreichste burgundische *négociant* der letzten Jahre. Zielstrebig hat er ein Imperium aufgebaut – und doch eines nicht erreicht: Bewunderung und Lob für seine Weine. Viele seiner Erzeugnisse sind nach wie vor dumpfe, ausdrucksschwache Tropfen und werden hauptsächlich wegen ihres illustren AOC-Namens gekauft. Boisset besitzt außerdem Viénot, Chauvenet, Mommessin, Jaffelin, Pierre Ponnelle, Ropiteau Frères, Bouchard Aîné und Thorin, ferner Moreau in Chablis und Varichon et Clerc in Savoyen. Sein Weinunternehmen ist das fünftgrößte in ganz Frankreich. Mit der Gründung dieser Domäne will er nun auch qualitativ vorne mitmischen. Zwei Drittel der Rebflächen gehören zu den Côtes de Nuits, ein Drittel zur Côte de Beaune. Der Name Vougeraie soll die Tatsache widerspiegeln, dass 29 Parzellen in und um Vougeot zu finden sind, wo die Familie Boisset auch lebt. Pascal Marchand, der früher für Comte Armand arbeitete, hat die absolute Kontrolle über die Weinbereitung, Bernard Zito ist mit den Weingärten betraut, die organisch bewirtschaftet und mit Pferden gepflügt werden. Unter den Weinen, die ich bislang verkostet habe, war ein feiner, süßwürziger Premier cru Les Cras 1999 aus Vougeot von 35-jährigen Stöcken und ein köstlich pfeffriger Pommard Les Petits Noizons von 1999. Der duftende Weiße vom *monopole* Clos Blanc de Vougeot ist mehr als nur eine Kuriosität. Gute Flächen und hoher Ehrgeiz sind da – man darf gespannt sein.

Beaujolais

Seltsame Frucht Das Beaujolais ist ein Rätsel. In seinen Böden steckt gutes Potenzial, seine besten Winzer sind geschickt, und doch kennt man die feinen Weine der Region kaum. Der Grund: Gamay, ein Zwitter mit dem Geschmack von Rotwein, aber der Textur und Ausgewogenheit von Weißwein.

Es war ein Abend wie aus dem Drehbuch. Am Ende eines hektischen Reisetages, die Dunkelheit begann soeben die noch nackten Frühlingsweinberge zu liebkosen, fuhren wir in den Hof der Familie Foillard in Morgon. Zwei Kunden waren bereits da. Man trank und diskutierte über die Weine. Einer der beiden erinnerte sich, dass Beaujolais in seiner Jugend *vin de palefrenier*, „Stallburschenwein", genannt wurde. Ein Dritter erschien, der Leiter der örtlichen Blaskapelle – schon hatte er ein Glas in der Hand. Auch mir schenkte man ein. Alle redeten und lachten. Und dann trat einer jener Momente ein, wie man sie aus Filmen kennt: Das laute Stimmengewirr schien zu verblassen und einer Stille Platz zu machen, die erfüllt war von stumm sich bewegenden Lippen, während der Wein ins Unermessliche wuchs und sich unbeirrbar in den Vordergrund drängte, wie ein nach Aufmerksamkeit hungerndes Kleinkind. Er war eine Offenbarung. Ich kritzelte ein paar seltsame, unvollständige Notizen über Aromen und Auftrieb aufs Papier. Hartnäckig kam mir immer wieder das Wort „Freudenfest" in den Sinn. Zu guter Letzt brachte ich drei banale, aber geradlinige Worte zustande, die ich mit solchem Nachdruck unterstrich, dass die Spitze meines Bleistifts abbrach: „absolute, reine Köstlichkeit". Dann widmete ich mich wieder dem Wein. Richtig, er konnte gar nicht bis ins Kleinste aufgeschlüsselt werden; dieser 2000er Côte de Py von Jean Foillard, gekeltert aus Trauben von 30- bis 70-jährigen Stöcken, ließ sich nicht in Metaphern kleiden – und vor allem: Er drängte danach, getrunken zu werden.

„Ein Durstlöscher", sagte Marcel Lapierre zwei Tage später zu mir, als er seinen neuen Beaujolais-Villages namens Château Cambon beschrieb. „*Ça se boit sous la douche*", den kann man unter der Dusche trinken. Ein Wein also, den man nicht groß hinterfragt. Er meinte einen seiner „einfacheren" Tropfen, dasselbe aber gilt für die größten Beaujolais-Kreszenzen. Einen Beaujolais in allen Einzelheiten zu beschreiben hieße, seine Schönheit zu verkennen. Er erfüllt alle Kriterien eines guten, aber keine eines großen Weins. Er ist der Beweis, dass Glückseligkeit manchmal unkompliziert ist.

Und das alles nur, weil Beaujolais aus Gamay gemacht wird, jener dünnschaligen, ertragreichen, früh reifenden, im Grunde trivialen Rebsorte. Dass diese gutmütige, unbekümmerte Traube nach wie vor geschätzt wird, gehört zu den ungewöhnlichen Lektionen, die uns die neue Weinlandschaft Frankreich lehrt. Warum aber auch nicht, schließlich ist das Beaujolais nach wie vor eine von Kleinwinzern geprägte Anbauregion. Viele treffen dieselben Entscheidungen wie ihre Kollegen an der Rhône oder im Languedoc. Das Beaujolais kennt weder die unkritische Nachfrage einheimischer Weintrinker, die etwa in Savoyen Qualitätsverbesserungen verhindert, noch werden seine Tropfen von riesigen *négociants* oder Genossenschaften bereitet wie in der

Champagne, wo Menge und Herkunft zählen. Man schätzt alte Stöcke und erntet noch von Hand. Spitzenerzeuger wie Foillard oder Lapierre arbeiten mit Kaltmazeration, Naturhefen und möglichst wenig Schwefeldioxid. Außerdem füllen sie ihre Weine ungeschönt und unfiltriert ab. Eric Janin, dessen Reben zu einem Drittel älter als 80 Jahre sind, experimentiert mit biodynamischen Methoden, Bodendeckern zwischen den Stockreihen, Entrappen, *pipeage* und Ausbau im Barrique. In allen zehn Crus versucht man den Charakter der Einzellagen zu ergründen; auf den Etiketten erscheinen immer mehr *lieux-dits*. In Morgon beispielsweise ziehen die Weine von der Côte de Py die Aufmerksamkeit auf sich und auch Corcelette sowie Clachet machen sich allmählich mit stilistischer Eigenständigkeit einen Namen. Fleurie kann auf ganze 13 vom INAO anerkannte *climats* stolz sein, darunter La Madone, Grille-Midi und die Lage mit dem viel versprechenden Namen Le Bon Cru.

Und dennoch gibt es einen großen Unterschied zwischen den Glanzlichtern aus dem Beaujolais und jenen aus Châteauneuf, Cahors, Roussillon oder Richebourg: Sie sind aus ganz anderen Erträgen entstanden. „Gamay ist nicht wie Pinot noir", erklärt Guillaume de Castelnau. „Bei Gamay spielt es so gut wie keine Rolle, ob der Ertrag bei 50 hl/ha und oder bei 25 hl/ha liegt. Lediglich das Alter der Stöcke hat Einfluss auf die Qualität." Marcel Lapierre versuchte es mit 15 hl/ha. Sein Fazit: „Es war sinnlos; die Frucht ging unter. 2000 hingegen hatte ich 60 hl/ha – und bekam einige der besten Tropfen in meiner ganzen Karriere." Eric Janin hat 30-hl/ha-Weine mit 50-hl/ha-Weinen verglichen und sieht keinen Unterschied. Und auch Agnès Foillard meint: „Wenn man die Erträge zu stark zurückschraubt, verlieren die Tropfen ihre Süffigkeit." Ich habe keinen Grund, die Aussagen dieser intelligenten, überlegten Winzer in Frage zu stellen – und dennoch nagt der Zweifel an mir, denn ich muss an einen anderen Gamay denken, der aus Erträgen von höchstens 30 hl/ha bereitet wurde: den legendären 1996er Anjou Gamay „sur spilite" von Claude Papin. Können beim Gamay niedrige Erträge in Anjou eine Rolle spielen, nicht aber im Beaujolais?

Vielleicht ist alles nur eine Frage der Ästhetik: Welche Schönheit will man schaffen? Die der nüchternen, dunklen, ambitionierten, intensiven Ernsthaftigkeit mit Bitternote oder die der heiteren, durstlöschenden, unbeschwerten Trinkbarkeit? Auf dem Rückenetikett der Cuvée du Clos Bertrand aus dem Château Thivin steht zu lesen: *„L'éclat de rire à la table"*, das schallende Gelächter bei Tisch. Keine Verkostungsnotiz oder Weinempfehlung zum Essen könnte aufschlussreicher sein. Die Schönheit des Beaujolais lag immer schon im Genuss, in strahlenden Augen und rosigen Wangen, in Düften, die den Mund füllen und dem unbeschwerten Lachen, das darauf folgt.

„Ich will größtmögliche Reife. Das ist gar nicht so einfach, denn die Gamay-Traube neigt zur Fäulnis. Im Keller lasse ich so weit wie möglich die Finger vom Wein. *C'est un vin de fainéant et de radin* (dieser Wein wird von einem Faulpelz und Geizkragen großgezogen)."

MARCEL LAPIERRE

Wenn ein Beaujolais älter werden kann als ein Hund und dabei noch an Statur gewinnt, dann der Moulin-à-Vent. Er wächst auf dem knirschenden, rostroten Sand, der auch der Windmühle im Hintergrund Halt gibt.

Guillaume de Castelnau

17 Jahre hat er als Kavallerieoffizier gedient, ausgeschieden ist er als commandant: Guillaume de Castelnau hat aus seiner Zeit in der Armee ein spürbares Engagement für die Sache mitgebracht. Er quittierte den Dienst sogar, „weil es keinen Krieg gab. Ohne Krieg kein Vorankommen." Zufällig kam er zum Rebbau und nun versucht er im Auftrag von Louis Jadot, im Beaujolais neues Terrain zu erobern. Er will den Eigenheiten der Lage wieder zur Geltung verhelfen: „Das Terroir ist uns im Beaujolais abhanden gekommen. Wir müssen es wiederfinden." Dazu experimentiert er unter anderem mit biologisch-dynamischem Weinbau, obwohl dieser für ihn „nur eine landwirtschaftliche Strategie und keine Religion" ist. Zum Jadot-Imperium zählen nun 27 ha Moulin-à-Vent mit fünf unterschiedlichen climats, 9 ha Beaujolais Blanc, die mit Chardonnay bestockt sind, und die 35 ha große Neueroberung Château de Bellevue in Morgon mit drei weiteren climats. Der commandant formiert seine Truppen.

Das Beaujolais im Überblick

Das Beaujolais gehört verwaltungstechnisch zu Burgund, geologisch aber eindeutig zur nördlichen Rhône. Großer roter Burgunder entsteht aus Pinot noir von alkalischen Kalkböden, guter Beaujolais aus Gamay auf saurem Granit.

Die Region lässt sich in zwei Bereiche einteilen: einen nördlichen Teil, Haut-Beaujolais genannt, und einen südlichen, Bas-Beaujolais. Beaujolais-Villages stammt aus dem granitreichen Norden mit seiner sanft geschwungenen Landschaft, in der alle zehn Crus des Beaujolais zu finden sind. Sie dürfen jeweils eine eigene AOC für sich beanspruchen und erzeugen ein Viertel der Weinmenge im Beaujolais.

Die Höhenlage und die mineralische Zusammensetzung der Böden machen den Hauptunterschied zwischen den Crus aus. **St-Amour** (310 ha) heißt der nördlichste Bereich; hier prägen Granit, Ton und Schiefer die Weine. Der benachbarte Cru **Juliénas** (600 ha) hat im sandigen Granit einen etwas höheren Tonanteil. Der kleinste Cru ist **Chénas** (280 ha) jenseits des Flusses Mauvaise; er liegt relativ hoch auf Sand-Granit-Böden mit Beimengungen von Kies. Etwas darunter erstreckt sich **Moulin-à-Vent** (650 ha), der beste Cru. Seine pikanten Weine kehren süffige Tiefe und eine relativ großzügige Tanninstruktur hervor, was auf das Mangan in den lachsrosa Granit- und Sandböden zurückgeführt wird. Mindestens ebensolche Bedeutung für die Weinqualität aber dürfte die südöstliche Ausrichtung der Hänge haben. Westlich von Moulin-à-Vent trifft man auf den Cru **Fleurie** (860 ha), dessen vorteilhafte Osthänge und rosa Granitschotterböden jene verlockend blumigen Weine erbringen, auf die schon der Name hindeutet. **Chiroubles** (370 ha) liegt zwischen 250 und 450 m über dem Meeresspiegel und ist damit der höchste Cru des Beaujolais, weshalb die Tropfen besonders leicht und schneidig ausfallen. Die Granitböden sind von einem feinen Ton namens Smektit geprägt. **Morgon** (1100 ha) unterscheidet sich geologisch etwas von den anderen Crus: Das graurote Erdreich hier nennt man roches pourries, „verfaulter Fels". Es besteht aus zersetztem Schiefer mit Eisenanteilen und erbringt die nach Moulin-à-Vent tiefsten Cru-Weine, die mit ihrer kirschartigen Frucht im Alter einem Pinot noir verblüffend ähnlich werden. Im Côte-de-Py-Bereich von Morgon findet man einige erstklassige Rebgärten. Die Böden von **Régnié** (550 ha) bestehen zum Teil aus sandigem Granit und zum Teil aus Schiefer; sie liefern bestenfalls saubere, klassische Tropfen. Die beiden südlichsten Crus sind **Brouilly** und **Côte de Brouilly** am 484 m hohen Mont Brouilly. Die höher gelegenen Rebflächen zählen zur Côte (320 ha) und haben Granitböden mit blauem Diorit und Schiefer. In den besten Lagen reifen duftige, alkoholstarke Weine heran. Brouilly ist mit 1300 ha der größte Cru des Beaujolais und wird von vielfältigem Untergrund geprägt, der Granit, Schiefer, Schwemmland und etwas tonigen Smektit enthält. In Hochform präsentiert sich ein Brouilly generös und fruchtig. Guter **Beaujolais-Villages** kann an einen Cru heranreichen, schlechter dagegen dünn und scharf ausfallen.

Bevor wir dem hübschen Haut-Beaujolais den Rücken kehren, sei noch ein rätselhafter Widerspruch erwähnt. Die Region hat einen der mineralienreichsten Böden der Weinwelt zu bieten: Die Rebwurzeln baden förmlich in Granit, Schiefer und Sand. Und doch taucht das Wort „mineralisch" in Verkostungsnotizen für Beaujolais nur selten auf; meist dreht sich alles um Früchte und Blüten. Bei Chablis und Sancerre hingegen greift man unablässig zu Vergleichen mit Stoffen aus dem Mineralienreich, obwohl die Stöcke in diesen Regionen auf klebrigen, alkalischen nicht kristallinen Sedimenten stehen. Warum?

Dafür gibt es mehrere Erklärungen. Vielleicht hat das, was wir mineralisch nennen, einen ganz anderen Ursprung und wir empfinden es bloß als solche Note. Oder mineralische Töne werden nur von Rebsorten wie Chardonnay und Sauvignon blanc, nicht aber von Gamay vermittelt. Möglicherweise sind mineralische Einschläge auch häufiger, wenn die Stöcke auf Sedimentgestein stehen, das dem Wurzelsystem die Mineralien leichter zur Verfügung stellt als kristalline Strukturen. Dagegen spricht jedoch, dass Riesling im Elsass und in Deutschland intensiv mineralisch ausfallen kann, wenn er auf kristallinem

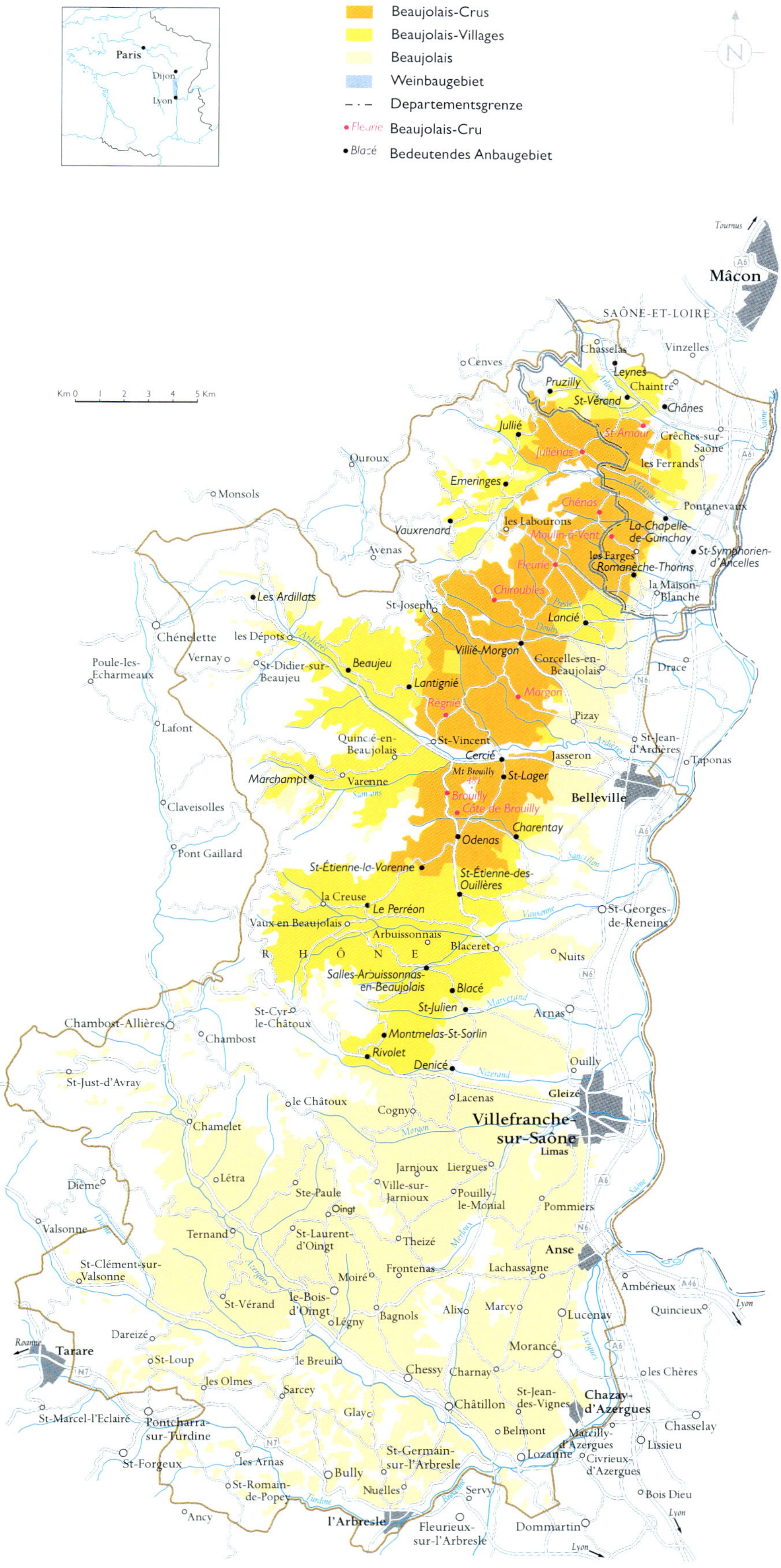

Untergrund oder Schiefer, einem metamorphen Gestein, heranreift. Vielleicht tritt Mineralisches deutlicher zutage, wenn die Reben auf alkalischem statt saurem Erdreich wachsen. Auch dem widerspricht allerdings das Beispiel Elsass und Deutschland. Sind mineralische Züge im Weißwein einfach nur leichter auszumachen? Wohl kaum. Rotwein aus Graves, dem Médoc und vielen Teilen des Languedoc ist oft merklich mineralisch eingefärbt. Eventuell machen sich mineralische Töne auch nur bemerkbar, wenn die Erträge unter 30 hl/ha fallen. Doch Vincent Dauvissat bereitet in Chablis auffallend mineralische Tropfen bei zweimal so hohen Erträgen. Kurz: Die Wissenschaft vom Wein steht vor ihrem größten Rätsel.

Kommt man ins Bas-Beaujolais, heißt es: adieu Granit. Die Zone ist das Land der *pierres dorées*, des goldenen Kalkgesteins. Ein ideales Baumaterial, aber der Gamay-Traube behagt es nicht so sehr wie der Granit weiter nördlich. Von hier stammt der gewöhnliche **Beaujolais** und der **Beaujolais Supérieur**, der überhaupt nicht *supérieur* ist, sondern lediglich etwas mehr Alkohol hat. Das Gros kommt als Beaujolais Nouveau in den Handel. Die **Coteaux du Lyonnais** schließlich bilden eine kleine AOC-Übergangszone zwischen dem Beaujolais und der Rhône, deren Weine aus Gamay, Chardonnay und Aligoté aber eher dem Beaujolais ähneln.

Im Kreuzfeuer

Nouveau: die Geißel des Beaujolais

Das Beaujolais ist das einzige Anbaugebiet Frankreichs, das ein Drittel bis die Hälfte seiner Trauben in den ersten sechs Monaten nach der Lese bereitet, abfüllt und verkauft. Was anfangs eine clevere Verkaufsmasche der Erzeuger für den Pariser Markt war, wurde in den 1970er- und 1980er-Jahren zu einer ausgefeilten internationalen Strategie von gigantischen Ausmaßen. Der neue Wein aus dem Fass ist duftig, frisch, saftig und steigt zu Kopf. Eigentlich typischer Beaujolais. Wo also ist das Problem?

Die Sache hat einen Haken: Neuer Wein ist im Grunde eine rein regionale Angelegenheit. Die schönsten Erinnerungen daran habe ich aus Deutschland mitgenommen, wo der Wein noch milchig vor Kohlensäure und manchmal süß vom unvergorenen Zucker in Krügen auf den Tisch kam. Wenn man ihn in Flaschen füllt und exportiert, ist er nicht mehr er selbst – denn dann muss er stabilisiert werden.

Deshalb schmeckt Beaujolais Nouveau meist unangenehm bonbonartig. Seine Bereitung und sein Verkauf sind ein Missbrauch von Rohmaterial. Kein Wein, der durch eine Thermobehandlung gejagt und anschließend mit massiver Stabilisierung bzw. Filtrierung malträtiert wurde, hat hinterher noch alle Elemente beisammen. Vielmehr ist er zu einem von Chemikern gefertigten Industrieprodukt verkommen. Er mag die Kasse klingeln lassen, tut der Region insgesamt aber nicht gut, denn er bremst Qualitätsbestrebungen aus. Je eher Beaujolais Nouveau in Vergessenheit gerät, desto besser.

Leute

Bellevue *siehe* Jadot

Christian Bernard ✪
69820 Fleurie, Tel. 04 74 04 11 27, Fax 04 74 69 86 64

Bernards üppige, extraktreiche Tropfen aus Fleurie und Moulin-à-Vent sind vielleicht nicht typisch für das Beaujolais, versprechen aber höchsten Trinkgenuss. Der Fleurie Clos des Grands Fers wartet mit cremigen Schwarzkirschen auf, während der Moulin-à-Vent Christian Bernard trüffeltönig und exotisch auftritt.

Jean-Marc Burgaud
69910 Villié-Morgon, Tel. 04 74 69 16 10, Fax 04 74 69 16 10

Burgauds 13-ha-Domäne offeriert nicht nur einen ungewöhnlich guten Régnié, sie ist auch die ideale Anlaufstelle, wenn man die unterschiedlichen Terroirs von Morgon vergleichen will. Typische Vertreter ihres Schlages sind der würzige, fruchtige Côte de Py und der weichere, verführerische Charmes.

Calot
69910 Villié-Morgon, Tel. 04 74 04 20 55, Fax 04 74 69 12 93

Ein weiteres Morgon-Gut, das den Qualitätspegel beständig hoch hält. François und Jean Calot entlocken ihren 12 ha geschmeidige, duftige, kirschbeladene Gewächse. Im Programm haben sie vier Cuvées, darunter ein sinnlicher Vieilles Vignes und eine „Tête de Cuvée". Glanzlicht allerdings ist die dicht gewirkte Cuvée Jeanne mit leichtem Tanninanstrich.

Cambon *siehe* Marcel Lapierre

La Chanaise *siehe* Piron

La Chaponne ✪
71570 Romanèche-Thorins, Tel. 04 85 35 52 42, Fax 04 85 35 56 41

Laurent Guillets 10-ha-Betrieb in Morgon besitzt Reben in zwei Haupt-*climats* der AOC: Côte de Py und Grands Cras. Dank reifer Frucht und langer Fassreife entstehen überragende Kreszenzen. Der Domaine de la Chaponne 2000 mit 13% natürlichem Alkoholgehalt verwöhnt mit schokoladiger Kirschfrucht, während sich der 2001er Côte de Py süß und schnörkellos köstlich gibt.

Cheysson
69915 Chiroubles, Tel. 04 74 04 22 02, Fax 04 74 69 14 16

Chiroubles ist ein heikles Terrain. Wegen der Höhenlage müssen die Weinbauern ständig um die Reife ihrer Trauben fürchten. Dieses 26-ha-Gut aber ist eine der besten Quellen guter Tropfen, wie der fruchtige Tradition und der nicht ganz ohne Risiko in Eiche ausgebaute Prestige beweisen.

Chignard
69820 Fleurie, Tel. 04 74 04 11 87, Fax 04 74 69 81 97

Michel Chignard besitzt 8 ha des *lieu-dit* Moriers in Fleurie. Hier entstehen weiche, reife Weine mit lockender Frucht und leicht fleischigem Einschlag. Die Cuvée Spéciale von ertragsarmen, alten Stöcken kommt mit neuem Holz in Berührung und kehrt deshalb eine rauchige, dunkle Seite im Burgunderstil hervor.

Clos des Grands Fers *siehe* Bernard

Clos du Fief *siehe* Tête

Diochon
71570 Romanèche-Thorins, Tel. 03 85 35 52 42, Fax 03 85 35 56 41

Nur 2 ha mit 80-jährigen Methusalems stehen Bernard Diochon für seine Cuvée Moulin-à-Vent Vieilles Vignes zur Verfügung; mit ihrer vollmundigen schwarzen Frucht aber gehört sie zu den Stars der Appellation.

Dubœuf
71570 Romanèche-Thorins, Tel. 03 85 35 34 20, Fax 03 85 35 34 25

Für viele Weintrinker rund um den Globus ist Beaujolais gleichbedeutend mit Dubœuf. Der *négociant* verkauft jährlich 30 Millionen Flaschen. Unglaublich aber ist nicht die enorme Zahl, sondern die bei dieser Menge gleichbleibend hohe Qualität. Die Erzeugnisse sind selten zu stark verarbeitet, manche Crus geraten sogar ausgezeichnet, allen voran der Morgon. Auch Dubœufs Gutsabfüllungen wie der Fleurie Domaine des 4 Vents fallen sehr differenziert aus.

Dubost
69430 Lantignie, Tel. 04 74 04 87 51, Fax 04 74 69 27 33

Die Tropfen dieses 13-ha-Betriebs kommen als Dubost oder Domaine du Tracot in Umlauf. Bei den meisten handelt es sich um Beaujolais-Villages, aber auch einige Parzellen Morgon, Régnié und Brouilly sind darunter. Jean-Paul Dubost hat mittlerweile die Leitung übernommen, doch sollte man Ausschau nach dem exzellenten, in Holz gereiften Villages Les Charmieux Tête de Cuvée halten, für den noch sein Vater Henri verantwortlich zeichnete. Der Morgon ist der beste Cru-Wein, obwohl dafür nur knapp 0,5 ha zur Verfügung stehen.

Fines Graves
71570 Romanèche-Thorins, Tel. 04 85 35 57 17, Fax 04 85 35 21 69

Jacky Janodet bewirtschaftet vorzügliche Weinberge und erzeugt einen gut gemachten, nahrhaften Chénas und Moulin-à-Vent.

Foillard ✪
69910 Villié-Morgon, Tel. 04 74 04 24 97, Fax 04 74 69 12 71

Das Gros der Weinberge dieses 8-ha-Guts von Jean Foillard und seiner Frau Agnès befindet sich in Morgon, darunter 5 ha an der Côte de Py. Der Vergärung geht eine vierwöchige Kaltmazeration voraus; die Weine werden in altem Holz gelagert. Jean testet seit 2000 eine eigene Cuvée aus Trauben 50-jähriger Stöcke von den sandigen Böden von Corcelette. Sie ist ein weicherer, samtigerer Tropfen als der sinnliche, teerbestrichene, kirschtönige Côte de Py. Noch besser präsentiert sich die Cuvée Laure vom Vorlaufmost der ältesten Stöcke (80 Jahre). Dieser Gipfel schmackhafter Finesse wird jedoch nicht verkauft, sondern nur guten Freunden und Kunden kredenzt.

du Granit
69840 Chénas, Tel. 04 74 04 48 40, Fax 04 74 04 47 66

Gino Bertollas 8,5-ha-Domäne findet man in bester Lage in den oberen Gefilden von Moulin-à-Vent: In rund 260 m Höhe bewirtschaftet er eine Parzelle in La Rochelle mit rosafarbenem Granit als Untergrund und eine weitere in Les Caves, deren Böden sich durch höheren Mangangehalt auszeichnen. Die 45-jährigen Stöcke sind sehr dicht gepflanzt. In schlechten Jahren gibt es nur eine Cuvée namens Tradition, meist aber entsteht noch eine Cuvée Vieilles Vignes, die mit der Zeit einnehmende Lakritz-, Kaffee- und Schokoladennoten annimmt. Der Jahrgang 1989 ist noch ganz auf der Höhe.

des Jacques *siehe* Jadot

Jadot ✪
71570 Romanèche-Thorins, Tel. 03 85 35 51 64, Fax 03 85 35 59 15

Das in US-amerikanischer Hand befindliche *négociant*-Haus nennt in Beaujolais drei Besitzungen sein Eigen: das 27 ha große Château des Jacques (Moulin-à-Vent), das neu erworbene Château de Bellevue, das einst dem Filmpionier Louis Lumière sowie seinem Bruder Auguste gehörte und 35 ha umfasst, und eine 9 ha große Lage bei Chénas, die zu den wenigen französischen Chardonnay-

---

Bewertung ✪ Sehr guter Wein ✪✪ Ausgezeichneter Wein ✪✪✪ Großer Wein

Weinbergen auf Granit gehört. Der daraus gewonnene Bourgogne Blanc Clos de Loyse wird nach burgundischer Manier im Fass vergoren, während der Beaujolais Blanc Grand Clos de Loyse in Edelstahl entsteht. Der Bourgogne Blanc fällt – leider – interessanter aus. Im Château des Jacques erzeugt man neben einigen herkömmlichen Roten auch fünf Cuvées aus Einzellagen: den eleganten Champ de Cour, den adretten, fleischigen Clos des Thorins, den kristallinen La Roche, den komplexen, runden Grand Carquelin und den erdigen, kraftvollen Rochegrès von reinen Granitböden. Alle entstehen im burgundischen Stil. Das sortierte Lesegut durchläuft eine Kaltmazeration, wird entrappt, bis zu 30 Tage lang mazeriert, dabei mehrmals umgepumpt und schließlich in Eiche ausgebaut. Dasselbe Verfahren will man auf Bellevue mit den drei *climats* Côte de Py, Clos de Bellevue in Corcelette und Les Charmes übertragen.

Janin ✪
71570 Romanèche-Thorins, Tel. 03 85 35 52 80, Fax 03 85 35 21 77

Eric Janins 12,5-ha-Gut wird biodynamisch bewirtschaftet. Janin experimentiert mit einem Entrappen der Beeren und Vinifizierung à la Burgund. Spitzen-Cuvée ist der Clos du Tremblay von 60- bis 90-jährigen Stöcken, ein explosiver Tropfen, hinter dessen Frucht erdige Tiefe spürbar ist.

Joubert
69430 Quincié-en-Beaujolais, Tel. 04 74 04 33 67, Fax 04 74 69 05 83

Ein 10-ha-Betrieb mit eleganten, ausdrucksvollen, ungefilterten und ungeschwefelten Brouilly und Beaujolais-Villages.

Lacoque
69910 Villié-Morgon, Tel. 04 74 69 16 52, Fax 04 74 04 27 03

Joël Lacoques in Eiche ausgebaute Cuvée Marie Jeanne Morgon von 80-jährigen Stöcken an der Côte de Py ist eine wundervoll süße, sinnliche Exotin mit Schwarzkirschen- und Kaffeeteint.

Hubert Lapierre
71570 La Chapelle-de-Guinchay, Tel. 03 85 36 74 89, Fax 03 85 36 76 69

Hubert Lapierre ist der Präsident der Appellation Chénas. Auf seinem 7,5-ha-Gut bereitet er ausgezeichnete Chénas-Weine. Traditionalisten dürften die geschmeidige Cuvée Vieilles Vignes, eine wahre Fruchtbombe, bevorzugen, während Anhänger moderner Erzeugnisse wohl eher zu der mit Erfolg in Eiche ausgebauten Cuvée Spéciale greifen werden. Außerdem entsteht in den frischeren, höheren Weinbergen der Gemeinde ein Moulin-à-Vent.

Marcel Lapierre ✪
69910 Villié-Morgon, Tel. 04 74 04 23 89

In ganz Frankreich habe ich noch keine besser gepflegten Rebflächen als die 11 ha von Marcel Lapierre gesehen – sie stellen sogar manchen klassifizierten Rebhang im Médoc in den Schatten. Die Weine durchlaufen eine lange Kaltmazeration, eine Vergärung in klassischem Beaujolais-Stil mit dem Unterstampfen der Trauben, der *délestage*, dem Untertauchen des Tresterhuts, sowie dem Einsatz einer Korbpresse und enden in gebrauchten *pièces* von Prieuré-Roch. Daraus entstehen dunkle, fruchtbepackte Gewächse, die in ihrer Jugend die für Morgon typische Kirschfruchtigkeit hervorkehren, sich aber mit der Zeit leichteren Erdbeeraromen zuwenden. Beim Blindverkosten dieser Nektare scheinen einen Augenblick lang nicht einmal Pommard und Pomerol allzu weit entfernt zu sein.

La Madone
69820 Fleurie, Tel. 04 74 69 81 51, Fax 04 74 69 81 93

Die Madonna, die über die kleine Kapelle auf dem Hügel über Fleurie wacht, wurde kürzlich von einem Sturm umgeworfen, die Qualität aber ist damit zum Glück nicht auch gekippt. Auf den reinsten Granitböden des Beaujolais reifen hier gute, köstlich weiche Durstlöscher. Besonders gut: der Vieilles Vignes.

Nesme
69910 Villié-Morgon, Tel. 04 74 04 21 28

Morgon hat jede Menge guter Weine zu bieten – und die fruchtige, tiefe Cuvée Fûts de Chêne von 57-jährigen Stöcken auf manganhaltigen Oberböden zeigt mit ihrem wunderbar fleischigen Stil, was in diesem Cru möglich ist.

Piron
69910 Villié-Morgon, Tel. 04 74 69 10 20, Fax 04 74 69 16 65

Nicht alle Weine dieser 22-ha-Domäne sind empfehlenswert, doch der Morgon Côte de Py verwöhnt mit sauberer, schön strukturierter Frucht, während der Beaujolais-Villages Vignes de Pierreux in guten Jahren ein ausgezeichnetes Preis-Leistungs-Verhältnis bietet.

Sornay
69910 Villié-Morgon, Tel. 04 74 04 23 65, Fax 04 74 69 10 70

Noël und Christophe Sornays kleines 8-ha-Reich ist die Heimat höchst angenehmer klassischer Tropfen, die vor Kirschfrucht förmlich vibrieren.

Terres Dorées
69380 Charnay de Beaujolais, Tel. 04 78 47 93 45, Fax 04 78 47 93 38

20 ha im Süden des Beaujolais zu erben ebnet nicht unbedingt den Weg in den Weinolymp. Jean-Paul Brun aber hat ein Sortiment auf die Beine gestellt, mit dem die kalkigen Tonlagen bestens genutzt sind. Sein größtes Verdienst ist der Einsatz der Chardonnay-Traube, aus der er ohne Eicheneinsatz einen reifen, exotischen Beaujolais Blanc, eine nicht ganz so gelungene, fassvergorene Cuvée und eine massive, cremige Spätlese namens Labeur d'Octobre bereitet. Aus den Gamay-Cuvées ragt der fast pinotartige, duftige L'Ancien von alten Stöcken hervor. Brun offeriert ferner einen leichten, zurückhaltenden Pinot noir und einen tieferen Moulin-à-Vent, den er als *négociant* kauft und vertreibt.

Tête
69430 Beaujeu, Tel. 04 74 04 82 27, Fax 04 74 69 28 61

Tête setzt in Juliénas und St-Amour Maßstäbe. Der Juliénas (7 ha) ist dank seiner Kraft der Nuits-St-Georges des Beaujolais, während der St-Amour (1 ha) mit einer leicht bitteren Kirschkernnote prickelnde Tiefe und Schärfe bekundet.

Jean-Paul Thévenet
69620 St-Vérand, Tel. 04 74 71 79 42, Fax 04 74 71 84 26

Zu den vielen Vorzeigewinzern in Morgon gehört auch Jean-Paul Thévenet. Zwar stehen ihm nur 5,5 ha zur Verfügung, dennoch gelingen ihm ein pfiffiger Tradition und eine Vieilles-Vignes-Cuvée, die die anmutige, elegante Reinheit und das weiche Wildbretaroma eines typischen Gamay aus der Subzone Clachet offeriert.

Thivin ✪
69460 Odenas, Tel. 04 74 03 47 53, Fax 04 74 03 52 87

Das 26-ha-Gut schmiegt sich an den Mont Brouilly. Claude Geoffray ergänzt seinen Gamay immer um einen zulässigen Schuss Chardonnay, „um Finesse und Komplexität zu verbessern. Ich mag reinsortige Erzeugnisse nicht." Er verfügt über 15 ha an der Côte de Brouilly und 3 ha in Brouilly, die Weine von erfrischend knackiger, saurer Frucht erbringen (Cuvée du Clos Bertrand und Manoir du Pavé). Seine beiden Highlights sind die Cuvée de la Chapelle aus der höchstgelegenen Parzelle (4 ha) des Guts, deren Kirschfrucht mit seltener, steiniger Tiefe beschwert wird, und die dunkle, Barrique-gereifte Cuvée Zaccharie, in der das Vanillearoma und Tannin aus dem Holz der üppigeren, dunkleren Kirschfrucht einen sinnlichen Glanz verleihen.

de Tracot *siehe* Dubost

Vignes du Tremblay *siehe* Janin

Vissoux
69620 St-Vérand, Tel. 04 74 71 79 42, Fax 04 74 71 84 26

Nur wenige Erzeuger können die Unterschiede im Terroir der Beaujolais-Zonen so überzeugend veranschaulichen wie Pierre-Marie Chermette: Er hat 15 ha im Süden, 6 ha in Fleurie und 1 ha in der Appellation Moulin-à-Vent. Klima und Ausrichtung sind vielleicht doch die wichtigsten Faktoren, denn der Gamay reift im Süden zwar auf Granit statt Kalk heran, doch die Unterschiede zwischen ihm und den Cru-Weinen sind nach wie vor augenfällig. Die knackig frische Frucht des Moulin-à-Vent wird von Fleischigkeit unterlegt; die Nr. 1 der Domäne aber ist der leicht in Rauch gehüllte Fleurie Les Garants mit verführerischer Frucht.

Jura

Pastorale in Gelb und Korallenrot Die beschaulich-ländliche Heimat von Louis Pasteur ist bis heute von Konventionen und Modeströmungen weitgehend unberührt geblieben. Exoten haben hier Tradition.

Ich hatte noch eine halbe Stunde Zeit bis zu meinem nächsten Termin bei der Fruitière Vinicole in Voiteur. Gegenüber der kleinen Genossenschaft gluckerte das Flüsschen Seille eifrig Richtung Burgund. Etwa 60 Höhenmeter weiter oben kauerte das Dorf Château-Chalon auf einem steilen Kalkfelsen. Ich spazierte durch die Weinberge, die sich am Fuß des zerklüfteten, honiggelben Steins entlangzogen, zu den Häusern in luftiger Höhe. Zwölf verschiedene Wildblumenarten zählte ich an diesem Aprilnachmittag auf meinem Weg nach oben. Wie ein biblischer Sämann streute ein einsamer Weinbauer Dünger über seinen Rebhang. Auf der anderen Seite des Tals weideten Kühe; das blecherne Gebimmel ihrer Glocken war weithin zu hören. Ich setzte mich, um etwas zu rasten. Ein Pfauenauge unterbrach seinen Flug und hielt auf meinem Knie kurz inne. Müde wippte es mit den Flügeln, als wollte es noch einmal Kraft für den letzten Monat seines Lebens schöpfen.

Ein Landidyll? Zweifellos. Die Zeit ist hier stehen geblieben und hat Moos angesetzt – das macht den Reiz der Landschaft und seiner Weine aus. Kleine Weingärten, alte Stöcke, seltsame, nur hier heimische Rebsorten und Bereitungsmethoden, über die önologische Gleichschalter auf internationalen Weinmessen nur die Köpfe schütteln würden ... wer der Seichtigkeit und Langeweile von Weinmoden entfliehen möchte, findet hier Zuflucht.

Sechs Jahre dauert es, bis die größten Kreszenzen des Jura bereitet sind – und noch einmal zehn in der Flasche, bis sie auch nur halbwegs zugänglich werden. Selbst dann würden viele den *vin jaune* als önologischen Seiltanz abtun. Die meisten Weißen der Region hat man absichtlich oxidieren lassen, während die Roten blass ausfallen. Eine lebhafte, bisweilen scharfe Säure zieht sich durch alle Erzeugnisse. Neue Eiche, hoher Alkoholgehalt, Extrakt, glyzerintönige Textur, süße Frucht? Im Jura sind diese beschwichtigenden Elemente so gut wie unbekannt. Wer wissen möchte, wie guter Wein zu Shakespeares Zeiten geschmeckt haben könnte, kommt hierher.

Angesichts dessen könnte man annehmen, dass der Jura in der neuen Weinlandschaft Frankreich eine vergessene Welt ist. Wenn aber die Weinliebhaber von heute vorwiegend aus Neugier zu Tropfen aus dem Jura greifen, was bleibt für die Winzer-Avantgarde in dieser Region überhaupt noch zu tun?

Offenbar viel. Zum einen sind Marktanreize vorhanden. Im Gegensatz zum nahen Savoyen muss der Jura seine Weine überregional verkaufen. Es ist sicher kein Zufall, dass der bedeutendste *négociant* vor Ort, Henri Maire, auch Frankreichs größter Direktverkäufer von Wein ist. Zum anderen braucht eine erhaltenswerte Tradition laufend belebende Anreize. Erstarrt sie, stirbt sie. „Heute wird hier wesentlich professioneller gearbeitet als noch in den 1960ern", meint Jacques Puffeney.

„Früher waren viele Weine stümperhafte Machwerke von Hobbywinzern. Heute nehmen fast alle Erzeuger ihr Handwerk ernst." Außerdem sind die Trends, die andere französische Weinregionen erfasst haben, am Jura nicht völlig spurlos vorübergegangen. Michel Rollands Überzeugung, dass es keinen besseren Weinbehälter als das Eichenfass gibt und voll ausgereifte Trauben für das Endprodukt von allergrößter Bedeutung sind, hat im Jura beispielsweise in der Arbeit der Gebrüder Rolet ihren Niederschlag gefunden. Energiebündel Stéphane Tissot nimmt wie Michel Escande im Minervois und Gérard Gauby in Roussillon nichts als selbstverständlich hin und überdenkt alles, was er tut, auch wenn er damit bisweilen auf das AOC-Siegel für einige seiner Weine verzichten muss, etwa bei seinem *vin de paille*. Die bei Zind-Humbrecht MW oder Deiss so offensichtliche Suche nach dem Terroir treibt auch den jungen Julien Labet an. Labet stellt das Dogma in Frage, dass die größten Gewächse der Region nur *sous voile* heranreifen, also unter dem für *vin jaune* typischen Hefeschleier. „Ich finde, dass Schwund und Hefeschicht den Ausdruck des Terroir eher verhindern als fördern. Deshalb fülle ich meine Fässer nach." Ob Labets Haltung zum *voile* gerechtfertigt ist, sei dahingestellt. Bertrand Delanney von der Genossenschaft in Voiteur meint, dass sogar seine in reduktivem Zustand gehaltenen, regelmäßig aufgefüllten Grundweine für den Crémant du Jura einen eindeutigen *jaune*-Einschlag entwickeln würden, wenn er sie als Reserveweine lagert. Mit anderen Worten: Das Terroir im Jura liegt nicht nur in der Erde, sondern auch in der Luft.

Mittlerweile wird der Jura auch für nicht einheimische Investoren interessant. Jean Rijckaert, ehemals Partner von Jean-Marie Guffens bei Verget, heute selbständiger Winzer und *négociant*, ist begeistert vom Potenzial, das er im Jura entdeckt hat, auch wenn er nur zufällig hier gelandet ist. Er weist darauf hin, dass Arbois nur 80 km von Beaune entfernt ist und auf einer Höhe mit Montrachet liegt. Beeindruckt hat ihn außerdem das Alter der Rebstöcke, mehr noch aber die Offenheit und Unverdorbenheit der örtlichen Weinbauern. „Wenn man von einem Erzeuger mit guten Weinbergen in Burgund etwas will, muss man vor ihm auf die Knie fallen und ihm die Füße küssen. Hier sind die Winzer schon glücklich, wenn man Interesse zeigt." Rijckaert hat sich sogar von den Vorzügen der Savagnin-Traube überzeugen lassen, auch wenn viele mit diesem dickschaligen, zähfleischigen, saftlosen, säurereichen, spät reifenden Vetter des Gewürztraminers nichts anzufangen wissen. „Savagnin kann eine Komplexität erreichen, zu der auf den schweren Tonböden hier selbst Chardonnay nicht imstande ist", schwärmt er. „Die Frucht hat eine kräftigere *confit*-Note von gekochtem Obst, außerdem geraten die Weine außerordentlich konzentriert und spritzig. Die Schale ist unglaublich dick. Savagnin würde sogar als Rotweintraube fantastische Nektare erbringen."

„Was hat allen alten Rebstöcken in Frankreich den Garaus gemacht? Geld. Der Jura ist eine alte Weinbauregion und konnte es sich nie leisten, die betagten Pflanzen zu roden und durch neue, produktivere Klone zu ersetzen. Und gerade das ist heute ein großer Vorteil."

JEAN RIJCKAERT

Weinbau ist selten so beschaulich, wie er hier anmutet. Die Weinspezialitäten des Jura sind ganz anders als die pastorale Landschaft: fremd und eigentümlich.

JURA 115

Jacques Puffeney

Jacques Puffeneys Vater war Weinbergarbeiter. Jacques selbst begann seine Laufbahn in den 1960er-Jahren mit gerade einmal 20 Ar. Heute hat er 7,5 ha und eine Reihe feiner, reiner, sehr charakteristischer Tropfen vorzuweisen. Puffeney ist zum stillen Gelehrten, aber auch praxisorientierten Forscher herangereift. „Ich war acht Tage in Jerez", erzählte er mir. „Ich habe mehr Unterschiede zwischen vin jaune und Sherry gesehen als Gemeinsamkeiten. Dann bin ich nach Tokaj gegangen und was dort unter der Hefe lag, hatte schon sehr viel mehr Ähnlichkeit mit einem vin jaune." Puffeney experimentiert unablässig mit Schalenmaischung, Auffüllen, neuer Eiche und (für den Rouge Vieilles Vignes) mit Mischpflanzungen. „Nur eines habe ich noch nicht ausprobiert: das Pflanzen unveredelter Savagnin-Stöcke. Darüber liege ich mit dem INAO seit zwei Jahren im Clinch. Aber bald ..."

Der Jura im Überblick

Dem Jura kann man sich von zwei Seiten nähern. Man kann ihn als Zwilling von Burgund sehen oder als erste Stufe der alpinen Treppe.

Warum Zwilling von Burgund? Weil die Weinberge des Jura die gegenüberliegenden Hänge im breiten Saône-Tal einnehmen. Die Saône hat sich nicht selbst ein Bett geschaffen, sondern wie die Rhône als Flusslauf einen Graben genutzt, also eine Vertiefung zwischen zwei parallel laufenden Verwerfungen. Auch bei den Rebsorten hallt das Echo Burgunds auf der anderen Seite wider: Auf 45 % der Anbauflächen steht Chardonnay; mit Pinot noir sind 10 % bestockt.

Und warum die erste Stufe auf dem Weg zu den Alpen? Weil die Berge alpin anmuten, die Luft nach Gebirge riecht und die Straßenschilder in Richtung Alpen zeigen. „Vignoble du Revermont" nennt man den Jura, Weinberg der Hinterberge. Die Hügelkette wird von einer Reihe von Seitentälern zerschnitten. Fährt man sie entlang, stößt man zunächst auf Wälder und Almen, dann auf steile Felswände und schließlich auf heimelige Skigebiete bzw. Paradiese für Mountainbiker.

Seit *Jurassic Park* gibt es wohl keine bekanntere erdgeschichtliche Epoche als die nach dieser Region benannte. Weit mehr Bedeutung als die Dinosaurier aber hatten die warmen, stillen Meere des Jura, ihre Seelilien und Muscheln, ihre Seesterne und Korallen. Aus ihren Überresten entstand eine mächtige Kalksichel, die sich durch Frankreich zieht. Seltsamerweise ist das „Jura"-Element in vielen französischen Weinregionen viel stärker ausgeprägt als im Jura selbst, der als eine Art Madiran des Nordens von schweren Tonböden geprägt ist. Der Kalk drückt dem gelegentlich von Fossilien durchsetzten Boden zwar seinen Stempel auf, doch liegt das eigentliche Gestein viel tiefer im Untergrund verborgen.

Die größte AOC im Jura heißt **Arbois** und umfasst 850 ha Rebfläche in der Umgebung der gleichnamigen Stadt. **Pupillin** ist ein Cru, dessen Name der Appellationsbezeichnung angefügt werden darf, obwohl die Tropfen sich nicht merklich vom Rest der Zone unterscheiden. Arbois ist das Weinzentrum im Jura, doch die Anbauflächen ziehen sich parallel zur Hügelkette ein gutes Stück weiter nach Nordosten und Südwesten. Dieser langgestreckte, lose AOC-Bereich wird **Côtes du Jura** (650 ha) genannt. Die beiden Appellationen decken das gesamte komplizierte Spektrum der Jura-Weine ab.

Arbois könnte man das Rotweinherz des Jura nennen (an den Côtes du Jura werden sehr wenig Rote bereitet). Die Roten entstehen aus Poulsard, den man manchmal auch Rosé-Traube nennt, weil seine Tropfen durchweg hell geraten. Korallenrot ist allerdings eine treffendere Farbbeschreibung. Poulsard-Weine haben oft einen Schimmer, bei dem einem unwillkürlich heiliges Blut in den Sinn kommt. Kultiviert werden außerdem der etwas tiefere und fleischigere Trousseau und Pinot noir, der hier wie ein in den Bergen wohnender Verwandter von Savigny anmutet. Ihre Namen dürfen auf dem Etikett reinsortiger Erzeugnisse stehen, obwohl Poulsard und Trousseau oft miteinander verschnitten werden. Weiße wiederum entstehen meist aus Chardonnay. Sie können als klassische, in reduktiver Umgebung gereifte, heute oft in neuer Eiche vergorene Tropfen im burgundischen Stil oder als einheimische Spezialität mithilfe kontrollierter Oxidation bereitet werden. Außerdem erzeugt man Weiße aus Savagnin, der *vin-jaune*-Traube. Sie kommen meist in halboxidierter Form auf den Markt, denn wenn sich *vin jaune* während seines sechsjährigen Ausbaus nicht allzu viel versprechend entwickelt, wird er oft verschnitten oder zu einem reinsortigen Savagnin deklassifiziert. Einige Erzeuger vinifizieren Savagnin aber auch als klassischen Sortenwein ohne kontrollierte Oxidation; er ähnelt dann einem besonders nervigen Viognier, sofern das Lesegut voll ausreifen konnte. Verschnitte sind zulässig. Meist ist Chardonnay mehrheitlich beteiligt; bei einigen Weinen kann aber oft Savagnin ein starkes Aroma entwickeln und dominieren.

Nun zur großen Spezialität des Jura, dem **Vin Jaune**, der ganze 4% der Jura-Weine ausmacht. Er wird ausschließlich aus Savagnin gekeltert, der in der Regel auf dunklen Mergelböden heranreift und spät gelesen wird. Überhaupt ist Savagnin eine spät reifende Sorte, die den Unbilden frühherbstlicher Witterung dank ihrer dicken Schale widersteht. Nach der Vergärung kommt der neue Wein in Eichenfässer, in denen schon zuvor *vin jaune* lag, weshalb sich in den Holzporen noch Hefezellen befinden. Im oberen Teil des Fasses bleibt ein Lufteinschluss, der nicht aufgefüllt wird. Nach einer Weile bildet sich auf der Flüssigkeit ein Hefefilm, der im Jura *voile*, „Schleier", genannt wird und dem Flor auf Fino und Manzanilla Sherry ähnelt, allerdings etwas grauer und dünner als dieser ausfällt. Nun lässt man den Wein sechs Jahre und drei Monate lang in Ruhe und überwacht lediglich seine Entwicklung. Anschließend füllt man ihn in eine nur im Jura anzutreffende plumpe Flasche, den *clavelin*. Er hat ein Fassungsvermögen von genau 62 cl – der Menge Wein, die von einem Liter nach sechs Jahren langsamer Verdunstung im Fass angeblich übrig bleibt. Der Duft von *vin jaune* ähnelt dem von Sherry, nimmt nach längerer Flaschenlagerung aber Waldpilz- und Walnussnoten an. Geschmacklich indes hat er überhaupt nichts mit seinem spanischen Pendant gemein. Sherry entsteht nämlich aus Palomino, einer der säureärmsten Weißweintrauben. *Vin jaune* hingegen trägt stets eine ansehnliche Säureladung mit sich herum, die die Zunge wie ein Peitschenschlag trifft. Deshalb taugt er auch gar nicht so sehr zum Einzelgänger, sondern gibt den idealen Essensbegleiter ab, der vor allem zu üppigen, cremigen Speisen passt. Großer *vin jaune* gleicht zwar etwa ab seinem 20. Geburtstag die Säure mit einer Fülle von Anspielungen aus Feld und Flur aus. Zweifellos aber ist er anfangs ein schwieriger Geselle, an den man seinen Gaumen erst gewöhnen muss, so wie an klassischen französischen Käse à la Munster, Maroilles oder Crottin de Chavignol.

Die zweite große Spezialität des Jura ist der **Vin de Paille**. „Strohwein" wird in mehreren französischen Anbauregionen erzeugt. Im Jura stammt er von Poulsard, Savagnin und Chardonnay. Er wird meist in den ersten Monaten des neuen Jahres nach der Lese aus Trauben bereitet, die man zuvor zum Trocknen aufgehängt hat. Im Gegensatz zum *vin jaune* füllt man die Fässer bei ihm stets auf. Jura-Strohwein gerät selten so saftig und ölig wie seine Vettern aus wärmeren Regionen, doch die Säure des Savagnin verleiht ihm eine erfrischende Lebendigkeit und damit eine Ausgewogenheit in der Art eines Tokajer. **Macvin** ist gespriteter Traubensaft im Stil eines Pineau des Charentes, obwohl er wegen der Verwendung des einheimischen *marc* anstelle eines „polierten" Branntweins eher rustikal ausfällt. Der Jura ist außerdem die Heimat eines überraschend guten Schaumweins; die besten Vertreter werden als **Crémant du Jura** verkauft.

Zur Region gehören noch zwei weitere AOCs. **L'Etoile** ist eine 80 ha große Weißweinzone, die sich über fünf Hügel in der Umgebung der gleichnamigen Stadt zieht. Die Rebflächen sind zu 90% mit Chardonnay und zu 10% mit Savagnin bestockt. Zwar wird auch hier etwas *vin jaune* erzeugt, doch bekannt geworden ist L'Etoile durch seine Weißen auf Chardonnay-Basis, in denen sich anspielungsreiche Finesse mit jurassischem Biss paart. Auch die Schaumweine fallen sehr gut aus – vor der Aufnahme von L'Etoile in den AOC-Kreis kauften Champagnerhäuser hier sogar in beträchtlicher Menge Grundmaterial ein.

Die AOC **Château-Chalon** schließlich ist allein *vin jaune* vorbehalten; alles andere in der Gegend läuft unter Côtes du Jura. Die Appellation gehört seit je zu den am strengsten geregelten in ganz Frankreich. Vor der Lese nimmt ein Ausschuss jede einzelne Parzelle in Augenschein und überprüft Qualität bzw. Ertrag. In schlechten Jahrgängen wie 2001 einigen sich alle Erzeuger darauf, das Appellationssiegel überhaupt nicht in Anspruch zu nehmen. Kultiviert werden lediglich 50 ha um das Dorf Château-Chalon und in einigen Nachbargemeinden.

Im Kreuzfeuer

Die Katze im Sack

Das Entkorken hat zuweilen etwas von einem Ratespiel: Welche Aromen und Geschmackseindrücke erwarten einen, wenn man einen Weißen aus dem Jura öffnet? Handelt es sich um einen klassischen, fassvergorenen Chardonnay, dessen Charakter allein die für das Terroir typische kräftige Säure prägt? Oder begegnet einem ein oxidierter Stil, für den das *vin-jaune*-Vorbild Pate stand? Beide Gattungen unterscheiden sich deutlich – doch die Etiketten geben keinerlei Auskunft über sie. Da mehr und mehr junge Winzer den halboxidierten, vor Ort geschätzten, außerhalb ihrer Heimat aber mit Unverständnis aufgenommenen Tropfen den Rücken kehren, wird man beim Kauf eines Jura-Weins immer öfter vor einem Rätsel stehen. Packt das Rückenetikett mit Infos über die Vinifizierung voll – dafür müssen keine Gesetze geändert werden! Wir wollen nur wissen, was drin ist.

Leute

d'Arlay
39140 Arlay, Tel. 03 84 85 04 22, Fax: 03 84 48 17 96

Das Château d'Arlay im Besitz von Schlossherr Alain de Laguiche ist das größte und aristokratischste Gut der Region, wenn auch aus weinbaulicher Sicht nicht gerade das am günstigsten gelegene. Laguiche setzt sehr stark auf Verschnitte. Der Corail dürfte die bizarrste Mixtur der französischen Weinszene sein, eine *assemblage* aus Pinot noir, Trousseau und Poulsard mit Chardonnay und Savagnin. Der einfache weiße Côtes du Jura fällt oftmals am besten aus.

Aviet
39600 Montigny-lès-Arsures, Tel. 03 84 66 11 02

Lucien Aviet ist ein echtes Jura-Original. Ein Besuch in seinem „Caveau de Bacchus" mit Ofen, Klavier, einer verführerisch gekleideten Schaufensterpuppe — „am besten bei Zimmertemperatur und ohne Maßhalten zu genießen", steht auf ihrem Arm — und der Promenadenmischung Gorki zählt zum Pflichtprogramm für jeden Weinfreund, der in die Nähe von Arbois kommt. Bald wird man infiltriert sein und Chardonnay „Melon à Queue Rouge", Poulsard „Ploussard" und Pinot noir ein „gefährliches Produkt" nennen. Bei allem Humor aber nimmt man die Erzeugung von Wein auf dem kleinen 6-ha-Gut sehr ernst: Hervorzuheben sind die rote Cuvée des Géologues auf Trousseau-Basis und der ungewöhnlich weiche Arbois Vin Jaune. Lucien ist mittlerweile nur noch für den Unsinn zuständig — die harte Arbeit erledigt heute sein Sohn Vincent.

Berthet-Bondet
39210 Château-Chalon, Tel. 03 84 44 60 48, Fax 03 84 44 61 13

Fast wähnt man sich in einem Hollywood-Western: Die Rothäute sind ausdruckslose Schattenkrieger, während die Weißen zu den Guten gehören. Unter Letzteren findet sich ein ausgewogener, vollmundiger Château-Chalon und ein Côtes du Jura Tradition, ein Verschnitt aus Savagnin und Chardonnay, der dieselbe komplexe Nussigkeit auf Lager hat, aber weit weniger kostet.

Croix d'Argis *siehe Henri Maire*

Durand-Perron
39210 Voiteur, Tel. 03 84 44 66 80, Fax 03 84 44 62 75

Jacques Durands Château-Chalon ist oft der Spitzenreiter der Region. Das liegt zum einen an den alten Rebstöcken und zum anderen an der langen Tradition der *vin-jaune*-Bereitung im Hause Durrand-Perron. Wem nur das Beste und Lagerfähigste gut genug ist, der greift zu ihm. Als Dreingabe bekommt man dafür den Rat mit, ihn vor dem Öffnen nicht in den Kühlschrank zu legen. Wer sich auch mit der zweiten Garnitur zufrieden gibt, nimmt einen der Côtes-du-Jura-Weine mit heim: Der Savagnin und ein Villages-Chardonnay aus Voiteur sind fast genauso gut und kosten weniger als die Hälfte.

Fruitière Vinicole de Voiteur
39210 Voiteur, Tel. 03 84 85 21 29, Fax 03 84 85 27 67

Die kleine Genossenschaft unterhalb von Château-Chalon verarbeitet das Lesegut von lediglich 75 ha (45 davon Chardonnay), gehört aber 50 Mitgliedern; nur acht von ihnen sind Vollzeit-Weinbauern. Alle Erzeugnisse werden sorgfältig bereitet und bieten guten Trinkgenuss. Das beste Pferd im Stall dürfte der vollmundige Chardonnay-Savagnin mit frischer, mandelfruchtiger Substanz sein. Der Vin Jaune und der Château-Chalon wiederum sind typische und deshalb nicht unbedingt unkomplizierte Vertreter ihrer Gattung.

Grange Grillard *siehe Henri Maire*

Labet ✪
39190 Rotalier, Tel. 03 84 25 11 13, Fax 03 84 25 06 75

Gegründet wurde diese 9 ha große Domäne von Alain und Josie Labet, mittlerweile sind aber auch ihre drei Kinder Julien, Romain und Charline mit eingestiegen. Für die Weinbereitung ist der überlegte, talentierte Julien zuständig. Wie viele junge Winzer seiner Generation im Jura vinifiziert auch er seine besten Tropfen in randvoll gefüllten Fässern, denn auf diese Weise tritt seiner Ansicht nach das Terroir am deutlichsten zutage. Das Sortiment umfasst den angenehmen Fleur de Chardonnay und zwei Alternativen aus Einzellagen: Les Varrons, einen üppigen, cremigen Chardonnay von roten Kalkböden, und den duftigen La Bardette von bläulichem Mergeluntergrund, der das Wesen der Juralandschaft gut verkörpert. Labets Vin de Paille ist bestens ausbalanciert, sein Vin Jaune bemerkenswert nussig. „Wir begreifen *vin jaune* nicht so ganz, aber er ist eine gute Sache", räumt Labet ein. „Warum soll es nicht auch Dinge geben, die sich unserem Verständnis entziehen?"

Ligier ✪
39380 Mont-sous-Voudray, Tel. 03 84 71 74 75, Fax 03 84 81 59 82

Diese nur 9 ha große Domäne in Arbois bietet ein beachtliches Arsenal aus 14 Weinen auf, darunter eine Vieilles-Vignes-Cuvée aus Chardonnay und einen reinsortigen Savagnin im *vin-jaune*-Stil. Das Schmuckstück des Hauses allerdings ist die superreife, fast Viognier-artige Cuvée des Poètes, ein sortenreiner Savagnin, der nur in den besten Jahren angeboten und nach klassischer Burgunderart ausgebaut wird. Auf dieselbe Art und Weise wird die Cuvée des Princes bereitet, eine je zur Hälfte aus Chardonnay und Savagnin bestehende Melange, deren Fass stets bis zum Anschlag voll gehalten wird. Auch der Griff zu Ligiers Rotweinen und insbesondere dem köstlich fleischigen Poulsard lohnt sich.

Lornet
39600 Montigny-lès-Arsures, Tel. 03 84 37 44 95, Fax 03 84 37 40 17

Frédéric Lornet wohnt in der Abtei von Montigny-lès-Arsures; von hier aus leitet er auch sein 15 ha großes Gut in Arbois. Sein Prachtstück ist der eichenwürzige Trousseau les Dames, doch auch der Chardonnay les Messagelins kann intensiv und einnehmend ausfallen.

Macle ✪
39210 Château-Chalon, Tel. 03 84 85 21 85, Fax 03 84 85 27 38

Der höfliche Jean Macle gilt gemeinhin als Weinmeister von Château-Chalon. Mittlerweile führt sein Sohn Laurent die Tradition der erstklassigen Domäne weiter. Bewirtschaftet werden insgesamt 11 ha: 8 ha Chardonnay an den Côtes du Jura und 3 ha Savagnin in Château-Chalon selbst, die sich aus 1 ha auf steilen, steinigen Böden am Fuß des Felsens und 2 ha in Ménétru-le-Vignoble zusammensetzen. Das Durchschnittsalter der Reben liegt bei 30 Jahren; bei den Erträgen beschränkt man sich auf 40 hl/ha für Chardonnay und 25 hl/ha für Savagnin. Die Weine werden mit Naturhefen in mit Email ausgekleideten Tanks vergoren und altern anschließend im Fass unter dem Hefeschleier. Der Côtes du Jura steht dem *vin jaune* hier in nichts nach, ja, er gerät in manchen Jahren sogar zugänglicher und weniger

---

Bewertung ✪ Sehr guter Wein ✪✪ Ausgezeichneter Wein ✪✪✪ Großer Wein

streng, wobei er ein typisches komplexes Aromagefüge aus Morcheln und anderen Waldpflanzen hervorkehrt. Großer, gut gealterter Château-Chalon aus dem Hause Macle, wie zum Beispiel der 1989er-Jahrgang, der nun allmählich in sein frühes Reifestadium eintritt, zeigt sich als großartig dichter, komplexer Trunk. Er gehört zu jenen Kreszenzen, die in Nase und Mund das ganze Repertoire an Naturaromen aufbieten.

Henri Maire
39600 Arbois, Tel. 03 84 66 12 34

Der Gigant des Jura verkauft fast die Hälfte der regionalen Produktion über ein Netz aus 360 Vertretern an französische Heimkunden. Der Vertrieb im Restaurantgeschäft läuft unter dem Firmennamen Marcel Poux. Maire bewirtschaftet 300 ha eigener Weinberge und betreibt die vier Domänen Grange Grillard, Sorbief und Montfort sowie Croix d'Argis, wo man gerade mit organischem Weinbau experimentiert. Die ungewöhnliche Verkaufsstrategie erklärt vielleicht, warum die Weine nicht mit den Spitzenreitern der Region mithalten können. Allerdings zeigt sich am Beispiel Rolet, dass Qualität und Größe sich nicht unbedingt ausschließen. Die Rosinen im Maire-Kuchen sind die Roten und Rosés des Gutes Sorbief.

Montfort *siehe* Henri Maire

Overnoy
39600 Pupillin, Tel. 03 84 66 14 60, Fax 03 84 66 14 60

Die winzige Domäne mit nur 2 ha Anbaufläche gehört dem legendären Pionier des französischen Ökoweinbaus und der zurückhaltenden Vinifizierung, Pierre Overnoy, der mittlerweile von Emmanuel Houillon unterstützt wird. Sowohl der ungeschwefelte rote Poulsard mit starkem Hefeeinschlag als auch die kraftvollen, aromatischen Weißen zählen zu den absoluten Highlights der Region Allerdings sind sie nicht leicht zu bekommen.

La Pinte
39600 Arbois, Tel. 03 84 66 24 58

Als ich dem 30 ha großen Weinbaubetrieb in Arbois-Pupillin vor über zehn Jahren zum ersten Mal einen Besuch abstattete, war es schlecht um die Zukunft des Gutes bestellt, weil Gründer Roger Martin mit zu hohen Ambitionen an das Projekt herangegangen war. Unter Philippe Chatillon aber hat sich die Domäne nun behauptet und wartet mit eindrucksvoll reifen, für die Region untypischen Weißen auf. Chatillon zieht sie in Fässern heran, die er stets gut gefüllt hält. In dem begeisterungsfähigen Winzer hat Poulsard seinen Verkünder gefunden.

Poux *siehe* Henri Maire

Puffeney ○
39600 Montigny-lès-Arsures, Tel. 03 84 66 10 89, Fax 03 84 66 10 89

Jacques und Monique Puffeneys 7,5-ha-Kellerei in Arbois gehört nach Auskunft des Besitzers zu den gerade einmal sechs Betrieben in der Region, deren Trauben zu 100% von Hand gelesen werden. Die Puffeneys pflügen die Böden, verwenden Naturhefen, vergären fast alles in *foudres* und gewähren fast allen Weinen einen zweijährigen Ausbau, nach dem sie angeblich keine Filtrierung mehr brauchen. Ihr Weinspektrum setzt sich aus reinen, bestens gemachten, klar differenzierten Tropfen zusammen, die von vollreifen Trauben stammen. Kaum jemand in Arbois holt die Trauben später nach Hause als sie: 2001 nahmen sie die Lese erst im Oktober in Angriff. Ihr Chardonnay ist ein komplexer, intensiver Geselle mit reichlich Aprikosenfrucht und einem Quäntchen Jura-Einschlag, das ihn weit über einen herkömmlichen Sortenwein hinaushebt. Die Cuvée Sacha – eine Abkürzung aus SAvagnin und CHArdonnay – hat reichlich Biss und Schärfe, da der Savagnin *sous voile*, unter der Hefe, lag. Mit ihrem reinsortigen Savagnin hingegen wollen die Puffeneys einen blumigen Wein bereiten, der aus stets randvoll gehaltenen, kleineren Fässern stammt. Hier findet man außerdem mit die besten Roten der Region: einen hübschen, leuchtenden, leicht nussigen Poulsard, den wildbretartigen Trousseau, einen reif duftenden Pinot noir und einen leicht fleischigen, aber delikaten Rouge Vieilles Vignes mit Assamtee-Tanninen, der aus einer Mischpflanzung mit Poulsard, Trousseau und Pinot sowie etwas Chardonnay stammt und an Stöcken herangereift ist, die 1929 und 1945 gesetzt wurden. Der *vin jaune* ist ein reiner, harmonischer und ungewöhnlich weicher Vertreter seiner Gattung. „Ein echter *vin jaune* ist praktisch unzerstörbar", meint Puffeney. „Er lässt sich nur schwer bereiten und man hat mit vielerlei Unwägbarkeiten zu kämpfen, wenn er aber erst einmal da ist, dann bleibt er auch."

Rijckaert
71570 Leynes, Tel. 03 85 35 15 09, Fax 03 85 35 15 09

Der belgische Winzer und *négociant* Jean Rijckaert besitzt nun auch 4 ha eigenes Rebland in Buvilly an den Côtes du Jura und in Arbois; außerdem kauft er von einheimischen Weinbauern, die zusammengenommen weitere 7 ha bewirtschaften (ihre Namen sind auf den Etiketten erwähnt). Seine subtilen, sorgfältig gemachten Weißen werden im klassischen Burgunder Stil bereitet, d.h. im Fass vergoren und ohne kontrollierte Oxidation ausgebaut. Rijckaert zufolge brauchen sie eine längere *élevage* als seine Weine in Mâcon und außerdem eine gewisse Ruhezeit in der Flasche, um zu ihrem optimalen Ausdruck zu finden. In der Jugend sind sie Musterbeispiele sauberer, kalkgetünchter Reinheit.

Rolet ○○
39600 Arbois, Tel. 03 84 66 00 05, Fax 03 84 37 47 41

Diese tadellose 65-ha-Domäne wird von den vier Rolet-Geschwistern Pierre, Elaine, Kellermeister Guy und Weinbauer Bernard mit erstaunlicher Sorgfalt geführt. Wie bei den Bunans in Bandol und den Gebrüdern Laplace in Aydie (Madiran) zeigt sich wieder einmal, dass Familiengüter einfach unschlagbar sind, wenn es darum geht, die höchsten Stufen der Winzerkunst zu erklimmen. Vollreife Trauben, ein brillant dosierter Einsatz von Holz und die nicht minder umsichtige Einbindung kontrollierter Oxidation in den Reifeprozess, um den Weinen „eine kleine Haselnussnote" zu geben, wie Guy es formuliert, all das sind Markenzeichen der Rolet-Schöpfungen, die eine für das kühle Klima erstaunliche Qualitätsbeständigkeit zur Schau stellen. Zu den strahlendsten Pretiosen im Rolet-Schatz gehören der duftige, elegante und würzige Arbois Pinot Noir, ein anhaltend blumiger, intensiver L'Etoile und einige der alterungsfähigsten Chardonnay-Savagnin-Verschnitte in den Stilsparten weißer, traditioneller Arbois und Côtes du Jura. Der „Strohwein" lockt mit viel Waldzauber, während die *vins jaunes* in ihrer Klasse Maßstäbe setzen.

Sorbief *siehe* Henri Maire

Tissot ○
39600 Montigny-lès-Arsures, Tel. 03 84 66 08 27, Fax 03 84 66 25 08

Die Domäne mit 20 ha Anbaufläche in Arbois und weiteren 10 ha an den Côtes du Jura trägt nach wie vor den Namen von André und Mireille, doch mittlerweile ist Sohn Stéphane am Ruder. Er krempelt das Gut mit atemberaubender Geschwindigkeit zu einem der eindrucksvollsten, innovativsten und gelegentlich auch kontroversesten Betriebe in der Weinlandschaft Jura um. Wie Julien Labet hat auch Stéphane in Südafrika und Australien gearbeitet, bevor er 1990 bei seinem Vater mit einstieg. Mittlerweile hat er zu 100% auf organische Bewirtschaftung umgestellt. Er betont: „Für mich ist der Bioweinbau die Zukunft. Ich sehe ihn aber als Mittel zum Zweck." Etwa die Hälfte der Flächen findet man an günstigen Hanglagen in den vier Parzellen Les Bruyères, La Mailloche, Les Graviers und En Barberon. Daraus entstehen im Fass vergorene Einzellagen-Chardonnays, die zu den „burgundischsten" und Terroir-orientiertesten Tropfen seines Weinarsenals zählen. Nicht minder vorzüglich aber fallen seine eleganten, in *demi-muids* gelagerten Roten aus Trousseau, ein feiner reinsortiger, ungewöhnlich reifer und glyzerinschwerer Savagnin, die duftigen *vins jaunes* und der außergewöhnliche *vin de paille* aus, dessen Trauben endlos lange getrocknet werden und daher so süß sind, dass ihnen das AOC-Prädikat versagt wird. Tissot verkauft ihn als PMG, *pour ma gueule* – „für mein Maul".

Savoyen

Vom Erfolg gezeichnet Savoyen ist Frankreichs unbekümmertste Anbauregion: Eine anspruchslose Klientel kauft vor Ort munter drauflos. Schneller Absatz indes ist der Qualität nicht gerade förderlich. Winzer auf der Suche nach großen *vins de terroir* stehen oft allein auf weiter Weinflur.

Schon allein die Vorstellung ist absurd: Wein, hier, in den Bergen? Wo Touristen noch Mitte April auf Krücken heimwärts humpeln? Wo man Schneisen durch den Wald schlägt, damit die Lawinen einen Weg nach unten finden? Schließlich braucht Wein nicht nur ein, zwei sonnige Wochen im Sommer. Er braucht Hitze, die das Gras verdorren lässt und die Holzpfosten der Weidezäune bleicht. Und die soll es hier geben?

Ja, genau. Man darf die Wirkung einer günstigen Ausrichtung nicht unterschätzen: Die Rebhänge recken ihre Zöglinge buchstäblich dem Licht entgegen. Selbst in den Randzonen des globalen Weinbaugürtels kann eine Bergflanke die Sonne für die Stöcke an den höchsten Punkt des Himmels rücken und die Wärme eines Sommertags zur Bruthitze steigern. Wenn noch dazu hinter dem Weingarten ein Berg aufragt und ein weiterer Gebirgsriese das Tal verschließt, dann sorgt der Kesseleffekt für Temperaturen wie im Backofen.

Das Winzerhandwerk kann in Savoyen auf eine lange Tradition zurückblicken: Schon im 11. Jahrhundert baute man in Chignin Reben an. Damals war das Reisen in der Region noch beschwerlich. Vor der Erfindung von Telefon und Auto war jedes Bergtal praktisch eine Insel für sich. Vielleicht ist die Weinlandschaft Savoyen deshalb ein solches Wirrwarr. Trotz der geringen Produktion – allein die AOC Corbières erzeugt viermal so viel Wein wie ganz Savoyen – ist das Anbaugebiet in vier AOCs und eine VDQS-Zone untergliedert, die jeweils mehr als 20 Crus und über ein Dutzend Rebsorten beider Farben aufbieten.

Das Appellationssystem in Savoyen müsste gründlich saniert werden. Und wenn die Region je einmal unter Verkaufsdruck gerät, wird man es zweifellos auch umkrempeln. Da derzeit aber so wenig Wein bereitet und dann auch noch fast ausschließlich vor Ort getrunken wird, spielt es keine Rolle, ob die AOC-Landschaft für Außenstehende ein Buch mit sieben Siegeln ist. (Selbst ein Spitzenerzeuger wie Michel Quénard wird 70 % seiner Weine in der Region Rhône-Alpes los.) Die meisten Weinliebhaber begegnen einem Tropfen aus Savoyen nur im Urlaub – und dann wird sein Wert als erfrischendes Getränk sowie sein Geschmacksgefüge aus Baumobst, Mineralsalzen, Saft und Nüssen die Nachteile des undurchdringlichen Namensdschungels bei weitem überwiegen.

Savoyen im Überblick

In Savoyen ist oft der halbe Himmel von Fels verdeckt. Auf einer gewundenen Straße kann man in nur 15 Minuten von Weinbergen mit sprießendem Laub über frischgrünen, sonnendurchfluteten Mischwald und knospende Birkenhaine mit blühenden Schlüsselblumen hinauf zu kühlem Niederwald, Wolkenschwaden und Nadelbaumpflanzungen fahren, wo Flecken aus müdem Schnee wie

schmutzige Kissen auf der noch frostig kalten Erde liegen. Für das Pflanzenleben ist die Vertikale ebenso wichtig wie die Horizontale. Savoyen ist die Antithese des Médoc.

Geologisch ist das Gebiet genauso komplex wie es aussieht. An der Gesamtfläche hat landwirtschaftliches Kulturland nur einen geringen Anteil – und Reben stehen auf gerade einmal 2 % dieses nutzbaren Terrains. Weinberge sind also beim Schopf gefasste Gelegenheiten. Die Stöcke wurzeln auf Schotter oder Ablagerungen, die Gletscher hinterlassen haben und die generell am Fuß von Bergen zu finden sind. Das Geröll besteht wie die Massive, aus denen es gesprengt oder geschliffen wurde, in der Regel aus Kalkgestein.

Die Regional-AOC heißt **Vin de Savoie**. Zu dieser generellen Appellationsbezeichnung wird in der Regel der Name eines der 15 Crus hinzugefügt. Bereitet werden dürfen Rot- wie Weißweine aus einer ganzen Reihe von Rebsorten, die oft, aber nicht immer auf dem Etikett angegeben sind. Weiße ohne Nennung der Traube sind in der Regel aus Jacquère bereitet. Es gibt noch eine weitere regionale AOC, **Roussette de Savoie**. Sie gilt nur für Weißwein aus der einheimischen Roussette oder Altesse. Auch diese Anbauzone hat ihre eigenen Crus, allerdings nur vier an der Zahl.

Die hinsichtlich der erzeugten Menge bedeutendsten Crus der AOC Vin de Savoie sind **Apremont** und **Abymes** für leichte Weiße aus Jacquère. Die Namen, wörtlich „bitterer Berg" und „Ruinen", erinnern an eine Katastrophe im November 1248, als in einer Regennacht ein Teil des Mont Granier abbrach und das Dorf St-André sowie mehrere Weiler unter sich begrub. 5000 Menschen und unzählige Tiere wurden im Schlaf überrascht und fanden den Tod. Jahrhundertelang mied man das zugeschüttete Areal, bepflanzte es schließlich aber doch wieder mit Reben. Wegen der nordöstlichen Ausrichtung und der geringen Neigung entstehen hier bestenfalls leichte, frische, salzige, prickelnde Tropfen, eine Art alpiner Muscadet.

Auf der anderen Seite des Tals liegen die steileren, wärmeren Rebhänge von **St-Jeoire-Prieuré**, **Chignin**, **Montmélian**, **Arbin**, **Cruet** und **St-Jean-de-la-Porte**. Zusammen bilden sie die Anbauzone der Combe de Savoie unterhalb des Massif des Bauges. In diesem bumerangförmigen Gebiet aus Weinbergen auf Kalksteingeröll entstehen die wohl besten savoyischen Weine, allen voran der duftige weiße **Chignin-Bergeron** aus Roussanne (Bergeron ist der Lokalname für Roussanne), ein Wunder an Quittenfrucht und Weißdorn. Außerdem reifen hier die gewichtigeren, saftigeren Weine der generellen AOC Roussette de Savoie heran. Alle Weißen zeichnet eine auffallende mineralsalzige Komplexität aus. Auch die autochthone Rotweintraube Mondeuse ist in der Gegend heimisch, vor allem in Arbin. Ihre Crus liegen in der Nähe der Stadt Chambéry. Unweit davon versteckt sich

„Vor 20 Jahren hielten uns alle für verrückt, weil wir die Coteaux de Torméry bestockten. Sie waren so steil, dass wir Terrassen anlegen mussten. Das schnelle Geld ließ sich damals machen, indem man tiefer gelegene Weinberge mit Jacquère bepflanzte. Heute ist das anders geworden: Mittlerweile will jeder in höhere Lagen."

MICHEL QUÉNARD

◀ Jongieux, Marestel und Monthoux, die besten Crus am Lac du Bourget, liegen eigentlich westlich des Sees über der Rhône.

Michel Quénard

Als Weinbauer in Savoyen braucht man stämmige Beine und ein kräftiges Herz. Wenn man den Rebhang in Chignin betritt, in dem Jason Lowe Michel Quénard fotografierte, steht man vor einer Felswand; das Massif des Bauges verschwindet nicht selten in den Wolken. Der Boden besteht aus dem Geröll, das Wind, Sonne und Frost aus den Furchen und Kaminen im Stein gesprengt haben. Michel und sein Vater André sind Meister der Bergeron-Traube, andernorts auch Roussanne genannt. Sie sollte ihrer Ansicht nach auf die besten und steilsten Lagen in Savoyen beschränkt bleiben, etwa die Coteaux de Torméry, wo sie voll ausreifen kann. Sie liefert dann gut strukturierte, duftige Weine. Weniger anspruchsvolle Winzer finden, auch leichter, hellerer Bergeron habe eine Existenzberechtigung, und kultivieren die Rebe auf flacheren, satteren Böden bei höheren Erträgen. Beide Arten verkaufen sich gut.

ferner der winzige Roussette-de-Savoie-Cru **Monterminod** zwischen den imposanten Gipfeln des Croix du Nivolet und Mont Peney.

Ein weiterer Anbaubereich zieht sich bei Aix-les-Bains an beiden Seiten des Lac du Bourget entlang. Die Crus **Jongieux**, **Marestel** und **Monthoux** sind durch den Katzenbuckel des Mont du Chat vollständig vom See getrennt und nach Westen hin zum beschaulichen Weideland des oberen Rhône-Tals ausgerichtet. Der steinige Jongieux ist ein Cru der AOC Vin de Savoie, während Marestel und Monthoux zur AOC Roussette de Savoie zählen. Auf den sonnenverwöhnten, kalkigen Mergel- und Geröllböden erbringt die Altesse-Traube einige der komplettesten, subtilsten Tropfen in Savoyen. Ihnen fehlt zwar der mineralsalzige Einschlag der Weine aus der Combe de Savoie, doch locken sie mit Anklängen an Honig, Marzipan und Lindenblüte. Andere weiße Rebsorten sind Jacquère und Chardonnay, die hier ebenfalls sehr gute Ergebnisse bringen. Die Roten hingegen fallen nicht sonderlich eindrucksvoll aus.

Zwar sind die Vororte von Aix am Ostufer des Sees von einigen verstreuten Weinbergen durchsetzt, doch liegt der nächste Cru der AOC Vin de Savoie rund 5 km nördlich des Lac du Bourget an der Rhône: **Chautagne** wird vorwiegend für die Erzeugung leichter Roter auf Gamay-Basis genutzt. Noch weiter nördlich trifft man am Flüsschen Usses auf **Frangy**, einen Cru der AOC Roussette de Savoie. Er ist kleiner und unbedeutender als etwa Marestel oder Monthoux.

Weit weg von allen Crus stößt man oberhalb von Bonneville auf **Ayze**. In diesen höchstgelegenen Weinbergen der AOC Vin de Savoie reift ein leichter, scharfer Schaumwein aus der Lokaltraube Gringet heran, die mit dem Savagnin des Jura verwandt ist. Sie wird mit Mondeuse blanche (oder Roussette d'Ayze), Marsanne (hier Grosse Roussette) und Chasselas (vor Ort Bon blanc genannt) verschnitten.

Die letzten Vin-de-Savoie-Crus nehmen schon die Uferbereiche des Genfer Sees ein. **Ripaille**, **Marin** und **Marignan** haben sich auf Chasselas von Moränengestein spezialisiert. Ihr Aushängeschild sind leichte, frische, buttrige Weißweine mit salzigem Einschlag. Unweit von ihnen hat **Crépy** aus unerfindlichen Gründen eine eigene Appel-

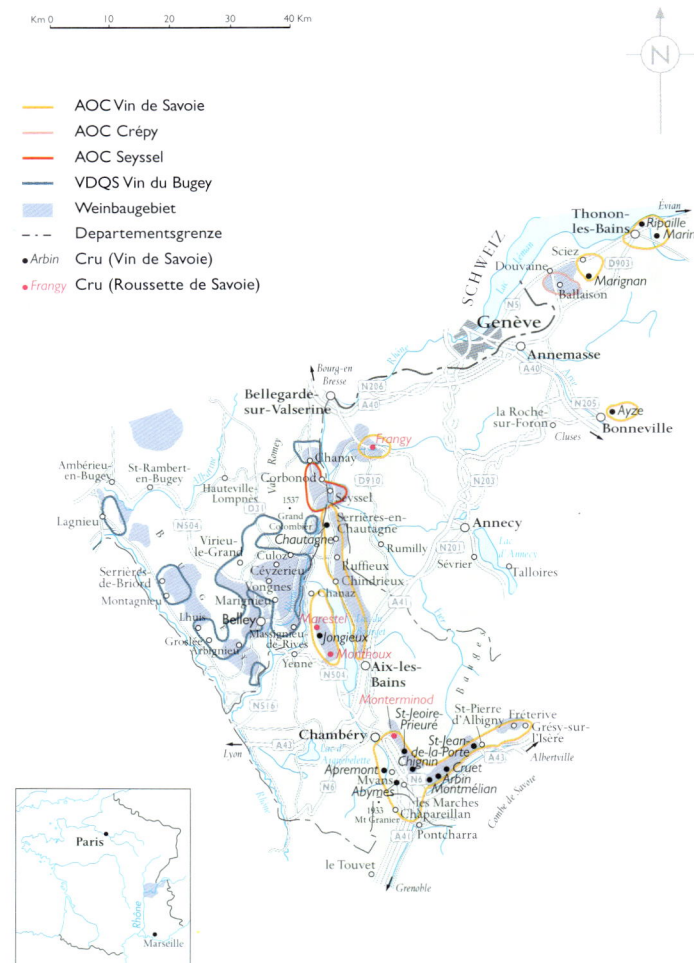

▲ *Dank der südwestlichen Ausrichtung hin zum „Boulevard der Alpen" zählen die Geröllböden von Chignin zu den besten Rebflächen in Savoyen.*

lation bekommen; der Wein ähnelt stilistisch den drei benachbarten Crus.

Die letzte AOC in Savoyen ist **Seyssel**, deren 82 ha sich 10 km nördlich des Lac du Bourget das Rhône-Tal zwischen Frangy und dem Vin-de-Savoie-Cru Chautagne entlangziehen. Das Terrain gehört zum Großteil der weißen Altesse-Traube (auch Seyssel oder Roussette de Seyssel genannt). Man bereitet aus ihr Stillweine, nutzt sie bei der Herstellung der angenehmen Schaumweine von Seyssel aber auch zur Aufwertung der recht neutralen Weine aus der lokalen Molette.

Es geht noch weiter. Das benachbarte Departement Ain umfasst die große, aber dünn bepflanzte VDQS **Bugey**, die sich westlich der savoyischen AOCs erstreckt. Selbst hier kennt man elf verschiedene Crus für **Vin du Bugey** und **Roussette du Bugey**, die mittlerweile aber bis auf **Cerdon**, **Manicle** und **Montagnieu** alle erloschen sind. (Auch Vin de Savoie hat im Übrigen solche in Vergessenheit geratenen Crus, etwa Sainte-Marie d'Alloix und Charpignat.) Die auf Roussette basierenden Still- und Schaumweine von Montagnieu reifen auf günstig gelegenen, kalkigen Moränenhängen etwas flussabwärts hinter Jongieux, Marestel und Monthoux heran. Manicle, der Geburtsort des berühmten französischen Gastrosophen Brillat-Savarin, liegt bei Virieu-le-Grand und beschert der Weinwelt Weiße auf der Grundlage von Jacquère und Chardonnay sowie einige leichte Rote. Cerdon schließlich ist das Anbaugebiet, das dem französischen Geflügelzentrum Bourg-en-Bresse am nächsten liegt; hier hat man sich auf rosa Schäumer aus der Jura-Traube Poulsard spezialisiert. Die restlichen Bugey-Weine außerhalb dieser Crus geraten bestenfalls leicht, elegant und kurzlebig.

Im Kreuzfeuer

Talfahrt der Qualität

Nach einer euphorisierenden Lichttherapie im grellen Schnee und dem Adrenalinstoß einer Schussfahrt ins Tal sind Urlauber in den französischen Alpen möglicherweise nicht allzu wählerisch, wenn es um ein Getränk zum abendlichen Fondue geht. Vielleicht ist es auch reizvoller, einmal einen einheimischen Tropfen angeboten zu bekommen, statt immer nur die Qual der Wahl aus den allzu vertrauten internationalen Erzeugnissen zu haben. Auf jeden Fall tummeln sich savoyische Erzeugnisse in der französischen Qualitätsliga am untersten Tabellenende. Ich habe in der Region Apremont- und Abymes-Weine von abgrundtief schlechter Güte getrunken: Sie schmecken schwach, wässerig und rau wie ein mit Alkohol angereichertes Erfrischungsgetränk. Dem INAO sollte das ein Anlass zur Sorge sein, denn die für die AOC Vin de Savoie zuständigen Verkostungsausschüsse drücken angesichts wirtschaftlicher Sachzwänge offensichtlich beide Augen zu. Die Spitzenwinzer der Region hingegen schütteln oft den Kopf über die Hatz nach Höchsterträgen in den Rebhängen um sie herum und klagen, dass ihre eigenen Vorräte zu schnell zur Neige gehen. Um Lieferengpässe zu vermeiden, müssen sie ihre besseren Gewächse zu früh abfüllen. Savoyen braucht mehr Weinberge, damit die ernsthaften Erzeuger ihre Produktion ausbauen und national wie international mithalten können. Nach Auskunft einheimischer Weinbauern gibt es noch viele gute oder sogar große Lagen, die brach liegen, obwohl sie durchaus regionale Spitzenweine liefern könnten.

Leider wird in Frankreich über Neupflanzungen auf nationaler Ebene entschieden – und die sind in Savoyen ebenso schwer durchzusetzen wie im Languedoc. Vielleicht schreckt auch die enttäuschende Qualität „gewöhnlicher" Savoyer die Bürokraten von Zugeständnissen ab. Somit wird savoyischer Wein in absehbarer Zukunft wohl eine bisweilen enttäuschende Lokalkuriosität bleiben.

Leute

Pierre Boniface
73800 Les Marches, Tel. 04 79 28 14 50, Fax 04 79 28 16 82

Die Linie Les Rocailles von Pierre Boniface enthält einige der am sorgfältigsten bereiteten Jacquère-Weine aus ganz Apremont. Boniface verarbeitet aber nicht nur Lesegut aus eigenem Anbau, sondern kauft obendrein Trauben für sein kleines *négociant*-Geschäft ein.

Bouchez
73800 Cruet, Tel. 04 79 84 30 91, Fax 04 79 84 30 50

Aus Gilbert Bouchez' Domäne in Cruet fließen beständig gute Roussette de Savoie auf den Markt. Daneben offeriert der Mann noch einen nachhaltigen Jacquère, dessen Grapefruit- und Lindenblütennoten gelegentlich ins Rauchige umschlagen.

Bouvet
73250 St-Pierre-d'Albigny, Tel. 04 79 28 54 11, Fax 04 79 28 51 97

Wie viele Erzeuger in Fréterive sind die Bouvets in erster Linie Gärtner, die den weichen, fruchtbaren Schlickboden am Talgrund nutzen. Hoch oben an den Hängen der Combe de Savoie allerdings zieht die Domäne ein ganz eigenes Rebarsenal roter Sorten heran, aus dem der angenehme, in Eiche gealterte Pinot noir und ein schmackhafter Mondeuse herausragen.

Eugène Carrel
73170 Jongieux, Tel. 04 79 44 02 20, Fax 04 79 44 03 73

Gleich zwei Domänen bewirtschaftet Carrel im vorzüglichen Cru Jongieux. Diese hier liefert konzentrierte Gamay-Weine von alten Stöcken und subtile, birnenfruchtige Roussette de Savoie.

Charlin
01680 Groslée, Tel. 04 74 39 73 54, Fax 03 74 39 75 16

Patrick Charlins Erzeugerbetrieb im Bugey-Cru Montagnieu gereicht der VDQS zur Ehre, denn er liefert feine Schaumweine. Und auch der Rote auf Pinot-noir-Basis gehört zu den Prachtstücken seiner Art in der Region.

Cave de Chautagne
73310 Ruffieux, Tel. 04 79 54 27 12, Fax 04 79 54 51 37

Bei einer Rundfahrt durch die Region sollte man an dieser kleinen, gastfreundlichen und problemlos erreichbaren Genossenschaft nicht achtlos vorbeirauschen. Sie hat sich einen Namen mit guten Gamay-Weinen gemacht, doch auch den Mondeuse des Hauses wird man sich gerne ins Glas schütten.

Claude Delalex
74200 Marin, Tel. 04 50 71 45 82

Wer einmal erfahren möchte, wie sich ein Abstoppen der malolaktischen Gärung auf die ansonsten salzigen, biskuittönigen, gelegentlich auch leicht pfirsichfruchtigen Weißen auswirkt, greift zu den auf Chasselas basierenden Weinen dieser Domäne. Die Spitzen-Cuvée des Hauses ist der Clos de Pont.

Dupasquier ✪
73170 Jongieux, Tel. 04 79 44 02 23, Fax 04 79 44 03 56

Nur wenige Güter in Savoyen werden mit solcher Sorgfalt geführt wie dieses hier. Die Rebflächen von Noël Dupasquiers 12,5-ha-Betrieb im dörflichen Jongieux ziehen sich hinter der Kellerei auf erstaunliche 450 m hinauf. Man kultiviert zwar einige kleinere Parzellen mit Gamay, Pinot noir und Mondeuse, ansonsten aber eignen sich die tonig-kalkigen Böden der Domäne am besten für weiße Rebsorten und insbesondere Altesse, die 4 ha einnimmt. Noël und sein Sohn David verarbeiten sehr stark ausgereiftes Lesegut und greifen auf viele für den zurückhaltenden Weinbau der neuen Schule übliche Methoden zurück, d. h., sie setzen Naturhefen ein, halten den Schwefeleinsatz so gering wie möglich, verzichten auf ein künstliches Einleiten der Vergärung (auch der malolaktischen, die die Hälfte der Weine durchlaufen) und füllen ihren Wein lediglich leicht filtriert ab – aber auch das nur, weil die belieferten Restaurantbesitzer es verlangen. Die Weißen können sich sehen lassen: Das Sortiment enthält einen köstlich saftigen Jacquère, einen verblüffend eigenständigen, mit weichem Honig und Nüssen gewürzten Chardonnay von 50-jährigen Stöcken, einen üppigen, vollmundigen Roussette de Savoie aus weniger gut gelegenen Altesse-Parzellen und den denkwürdigen Cru-Wein Roussette de Savoie Marestel aus Rebgärten in mittlerer Hanglage, eine sinnliche, füllige und duftige Kreszenz mit Anklängen an Birne, Ingwer, Sahne, Gewürze und Honig, die im Abgang fast an Sake erinnert, elegant altert und mit den Jahren einen nussigen Anstrich bekommt. Unter den Roten ist der leichte, aber ausgewogene Pinot noir von kiesigen Böden der wohl gelungenste. Der Mondeuse fällt hier nicht so üppig, reif und volltönend aus wie in der Combe de Savoie.

Michel Grisard
73250 Fréterive, Tel. 04 79 28 54 09, Fax 04 79 71 41 36

Grisard ist der führende Vertreter des biologisch-dynamischen Weinbaus in Savoyen. Er hat seine Domäne von der seines Vaters Jean-Pierre und seines Bruders Philippe abgekoppelt, obwohl sich die Familie nach wie vor gut versteht und zum Teil sogar gemeinsame Vinifizierungsanlagen nutzt. Die beiden Spezialitäten von Michel sind feine, gut gemachte Mondeuse-Weine, darunter auch eine Prestige-Edition, die nur in guten Jahrgängen herausgegeben wird, und ein lange nachklingender, dicht gewirkter Roussette de Savoie, der in Anlehnung an burgundische Bereitungstechniken entsteht, also z. B. im Fass vergoren wird.

Marjorie Guinet et Bernard Rondeau
01640 Boyeux-St-Jérôme, Tel. 04 74 37 12 34, Fax 04 74 37 12 34

Der nach der *méthode ancestrale* bereitete süße, rosafarbene Schaumwein Cerdon aus Bugey wird Laurent-Perrier oder Krug nie ernsthaft Konkurrenz machen. Wer aber herausfinden möchte, wie viel Spaß er trotzdem bereiten kann, sollte sich die Version aus dem Hause Guinet-Rondeau vornehmen.

de l'Idylle *siehe* Tiollier

Jacquin
73170 Jongieux, Tel. 04 79 44 02 35, Fax 04 79 44 02 35

Wer sich auf eine Abenteuerexpedition zur Erkundung der fülligen Weine aus dem Roussette-Cru Marestel begibt, wird früher oder später auf Edmond Jacquin stoßen. Bei dieser Gelegenheit wird er als Zufallsfund auch gleich noch einen der tiefsten, ausgewogensten, auf Mondeuse-Basis bereiteten Roten aus dieser ruhigen, abgelegenen Zone als Trophäe mit nach Hause nehmen. Kaum weniger interessant ist der überaus duftige Gamay dieser verlässlichen Domäne.

Lucey
73170 Lucey, Tel. 04 79 44 01 00

Das imposante mittelalterliche Château de Lucey befindet sich im Besitz von Charles Defforey, dem Gründer der französischen Supermarktkette Casino. Zu dem Schloss gehört eine kleine 3,5-ha-Rebenparzelle, die aber erst Anfang der 1990er-Jahre mit Roussette und Mondeuse bestockt wurde. Defforey

---

Bewertung   ✪ Sehr guter Wein   ✪✪ Ausgezeichneter Wein   ✪✪✪ Großer Wein

vertraute das Gut einem Burgunder namens Michaël Grosjean an. Hut ab vor dem jungen Mann: Er rührt den Hefesatz seiner Weine auf, bringt sie intensiv mit Holz in Berührung und baut sie lange aus, mit anderen Worten, er formt sie nach dem Ebenbild eines Burgunders – ganz anders als das, was man aus Savoyen gewohnt ist, aber nichtsdestotrotz eindrucksvoll.

Magnin
73800 Arbin, Tel. 04 79 84 2 12, Fax 04 79 84 40 92

Die 5,5-ha-Domäne wird von Louis Magnin und seiner Frau Béatrice mit großer Leidenschaft geführt. Die beiden haben fast ihre gesamten Jacquère-Flächen gerodet, um sich ganz ihren Roten auf Mondeuse-Basis (4 ha) und einer geringen Menge Bergeron sowie Altesse widmen zu können. Der Chignin-Bergeron schmeckt nach Bergflora und kehrt feste Aprikosenfrucht hervor, während der Roussette mit Altesse als wesentlichem Bestandteil größer und fester ausfällt, dabei aber auch Honigtöne und Nugat in die Waagschale wirft. Der Mondeuse Tradition ist ein leichter, schwungvoller Tropfen. Mit mehr Würde hingegen tritt die üppigere, fleischigere Cuvée Vieilles Vignes auf. Und der in neuer Eiche gealterte, unfiltriert und ungeschönt abgefüllte „La Brova" bekundet gute Textur und Tiefe; seine lebhafte Frucht hält lange wider. Man könnte in ihm fast den entfernten Verwandten eines St-Emilion aus den Bergen erkennen.

Mollex
01420 Seyssel, Tel. 04 50 56 12 20, Fax 04 50 56 17 29

Die dichten weißen Stillweine und kernigen, ausgefeilten, lange auf der Hefe ausgebauten Schaumweine gehören zu den besten Erzeugnissen in der AOC Seyssel an der Rhône.

André et Michel Quénard ✪
73800 Chignin, Tel. 04 79 28 12 75, Fax 04 79 28 09 60

Michel Quénard führt dieses Gut mit großer Hingabe. Sein stets lächelnder, unermüdlicher Vater hat sich zwar offiziell in den Ruhestand verabschiedet, mischt aber immer noch mit. Die Rebgärten der beiden liegen in den südlichen, sonnigeren Arealen der Combe de Savoie und umfassen einige bestens ausgerichtete, steile Schotterhänge, die mit Bergeron, Altesse und in den tonhaltigeren Parzellen vor allem mit Mondeuse bestockt sind. Die nicht ganz so günstig gelegenen Weinberge nutzt man für den Anbau von Jacquère, Gamay und Pinot noir. Ganz gleich, zu welcher Flasche des Quénard-Sortiments man greift, man wird nicht enttäuscht. Herausragend die Cuvée Vieilles Vignes aus Chignin von 40-jährigen Jacquère-Stöcken, die mit ihrer zurückhaltenden Birnenfrucht und salzigen, saftigen Tiefe den meisten Abymes- und Apremont-Erzeugnissen eine Lektion in Sachen Qualität erteilt. Mit ihr hält der exotische, pfirsichfruchtige Roussette de Savoie mit, den man nicht so schnell vergisst; er wurde kurz vor der Schwelle zur Überreife gelesen, weshalb er flüchtig an einen Pinot gris oder sogar Viognier aus den Bergen erinnert. Der Chignin-Bergeron ist ein eleganter, konzentrierter, ebenfalls fruchtbepackter Tropfen. Frucht steht auch im Vordergrund beim Einzellagenwein Les Terraces, der sein Obst obendrein auf ein verblüffendes mineralisches Rückenpolster und extra-saftige Fülle bettet. Mit der Zeit bekommen diese Bergerons einen Anstrich von Nugat, Lindenblüte und Honig, während die Frucht eine Metamorphose von Birne und Apfel zu Aprikose und Pfirsich durchläuft. Der Mondeuse hebt mit reichlich lebhafter, roter Frucht an, geht mit der Zeit aber in mineralische und Lakritztöne über. Beachtung verdient auch die feine Vieilles-Vignes-Cuvée von den hoch gelegenen Coteaux de Torméry.

Jean-Pierre et Jean-François Quénard
73800 Chignin, Tel. 04 79 28 08 29, Fax 04 79 28 18 92

Jean-François Quénard hat in Bordeaux und Kalifornien studiert und deshalb einen für savoyische Verhältnisse selten breiten önologischen Horizont, den er nutzt, um handwerklich solide, zugängliche Tropfen zu bereiten. Die Domäne befindet sich in einer der schönsten Gegenden von Chignin in der Nähe des Tour Villard, der zur Ruine des Château de Chignin gehört. Seine Vorzeigegewächse sind der reife, runde Chignin-Bergeron Vieilles Vignes und der Chignin Anne de Biguerne auf Jacquère-Basis.

Raymond Quénard
73800 Chignin, Tel. 04 79 28 01 46, Fax 04 79 28 16 78

5 seiner 7,5 ha Rebfläche hat Raymond Quénard bereits Sohn Pascal übergeben, der damit eine eigene Domäne aufgezogen hat. Der Chignin Vieilles Vignes ist ein faszinierender Jacquère, nicht zuletzt, weil er von 100-jährigen Reben stammt. Und auch die Stöcke, an denen sein Bergeron heranreift, haben bereits 70 Jahre hinter sich; ihr Wein entsendet einen stärkeren Duft von weißen Blüten als die meisten seiner savoyischen Rivalen. Quénard hat ohne Erfolg mit Eiche experimentiert und ist zu dem Schluss gekommen, dass dieses Holz „sowohl den Sortencharakter als auch das Lokalkolorit verblassen lässt".

de Ripaille
74200 Thonon-les-Bains, Tel. 04 50 71 75 12, Fax 04 50 71 72 55

Dieses prachtvolle, viel besuchte Anwesen erstreckt sich über eine sonnenverwöhnte, in den Genfer See hineinragende Kieszunge. Seine 21 ha Rebfläche bilden die Gesamtheit des Cru Ripaille, der gemeinsam mit den weiteren Vin-de-Savoie-Crus Marignan und Marin sowie der AOC Crépy eine Chasselas-Hochburg ist. Nirgendwo sonst in Frankreich bemüht man sich mit mehr Hingabe um diese Traube als in den genannten vier Zonen. Die Frankokanadierin Paule Necker, Frau des Eigentümers Louis Necker, ist für die Kellerarbeit verantwortlich. Sie unterzieht ihre Weine alle einer malolaktischen Gärung nach Schweizer Art. Dabei entstehen Tropfen, die mit buttrigem Duft locken, am Gaumen jedoch eine kribbelnd frische, fast biskuitartige Mineralsalznote hervorkehren und auf unergründliche Weise Anklänge an Mango, getrocknete Pfirsiche, geröstete Mandeln und Lindenblüten ins Spiel bringen. Unweit des Guts wird Evian-Mineralwasser abgefüllt – und auch die Weine in diesem wunderschönen Fleckchen Erde haben einen erfrischenden Zug.

Les Rocailles *siehe* Pierre Boniface

Tiollier
73800 Cruet, Tel. 04 79 84 30 58

Die hoch gelegene Domäne von Philippe und François Tiollier steht auch qualitativ über allen anderen Erzeugern in der Combe-de-Savoie-Zone Cruet. Die Brüder warten mit einer breiten Palette von Jacquère-Weinen auf. In ihren Händen schwingt sich der Jacquère zu einem kräftigen Trunk mit mehr Substanz empor, als man es von den Produkten aus den flacheren Weinbergen auf der anderen Seite des Tals gewöhnt ist. Neben einem reinsortigen Jahrgangswein offeriert man auch eine jahrgangslose Cuvée l'Orangerie von jungen Stöcken, die sich als belebender Durstlöscher anbietet, und eine nervigere, tiefere Vieilles-Vignes-Cuvée. Die Roussette-Cuvée Emilie ist ein fülliger, saftiger Tropfen, der leichte Mondeuse hingegen enttäuscht.

Trosset
73800 Arbin, Tel. 04 79 84 30 99, Fax 04 79 84 30 99

Die kleine Kellerei im Combe-de-Savoie-Cru Arbin versorgt den Markt mit fleischigen, pikanten Weinen von Mondeuse.

Vullien
73250 Fréterive, Tel. 04 79 28 61 58, Fax 04 79 28 69 37

Ein weiterer Winzer aus der Riege guter Erzeuger in und um Fréterive am östlichen Ende der Combe-de-Savoie-Zone. Vullien stellt einen charakteristisch subtilen, weichen, mandeltönigen Roussette her.

Rhône

Erfolgsstory Der Flusslauf verbindet zwei gegensätzliche Weinfamilien. Eine zunehmend an verführerischen Duft, glyzerinschwere Textur und warme, reife Frucht gewöhnte Weinklientel wendet sich den Tropfen von der Rhône mit Begeisterung zu.

Der März breitet seinen grauen Schleier über den Süden von Lyon. Industrie, Chemie und Elektrizität beherrschen die Randbereiche der Stadt. Dieser Teil Frankreichs ähnelt einem Handgelenk: Wie Venen, Arterien und Sehnen an einer geballten Faust zeichnen sich die Kommunikationswege ab. Die Hochgeschwindigkeits-Bahnstrecke schmiegt sich an den Fluss, begleitet von Autobahnen. Stromleitungen überziehen die Hügel wie pulsierende Nervenstränge. Jede Stadt hält ihr Arsenal an billigen Hotelboxen bereit, die den Flüchtigen der Nacht als Refugium dienen. Selbst die Landwirtschaft ist hier industrieller als anderswo: Allgegenwärtig sind die Gewächshäuser, in denen Pflanzen, dem flüchtigen Blick entzogen, zum Wachsen angewiesen werden.

Doch es gibt auch noch traditionellen Landbau, wenngleich er in dieser kühlen, laublosen Jahreszeit kaum ins Auge fällt – vor allem nicht, wenn man auf der Nord-Süd-Achse dahineilt und keine Zeit für einen Blick zur Seite hat. Wer aber die steilen Hänge genauer ins Visier nimmt, erkennt einen feinen Wald kahler Reben, die auf die Rückkehr von Wärme und Licht warten. Doch sie stehen nicht allein dort oben: Eine dichte Struktur aus Stangen gibt den Stöcken Halt. Deutschlands Moselwinzer würden sich hier heimisch fühlen, denn auch sie müssen auf den Schwindel erregend steilen Schieferhängen jede Rebe stützen.

Stein prägt die Hügelflanken: Granitgeröll, Quarzklumpen und vor allem weicher Schieferfels. Beim Hochklettern rutscht man aus, denn nur wenige Wurzeln halten das Gestein fest. Deshalb hat man Terrassen angelegt. Nebel kriecht an diesem kühlen Märzmorgen aus den Seitentälern empor.

In den oberen Hanglagen wird der Boden fetter. Bienenstöcke gesellen sich zu den Reben. Dann öffnet sich das Land und lässt das monochrome Tal hinter sich. Nach und nach weichen die Weinberge Obstbäumen. Diese zeigen schon stolz ihre Blüten, während die Reben noch in tiefem Schlummer liegen.

Schnitt. Es ist September geworden, die Zeit der Lese. So blass das erste Bild war, so farbenfroh präsentiert sich nun das zweite. Nicht anders als im März hebt der Tag mit Nebel an, doch hier an der südlichen Rhône ist er rosa- und ockerfarben getönt. Bald wird ihn die Sonne vertrieben haben. Wie Geister bewegen sich die Lesearbeiter durch den Dunst. Sie sind wohl vor wenigen Stunden aus dem Bett gekrochen, könnten aber genauso gut einem Fresko entstiegen sein.

Ich kenne in Frankreich keine schöneren Weinberge als die an der südlichen Rhône. Kulturell befinden wir uns bereits in der Provence, deren Luft durchdrungen ist vom Duft des Lavendels und dem Klang alter Gesänge. Die Sonne scheint hier heller zu strahlen und langsamer unterzugehen als anderswo. Während sie sich zurückzieht, ent-

zieht sie der Landschaft nach und nach ihre Farben: das Orange der Steine, das Grau der Zypressen, das Weiß der Häuser, das Silber der Olivenbäume, das Grün der Reben und das Lila des Lavendels.

Endlos schwingt das Gelände auf und ab. Keine hundert Meter, ohne dass es sich hebt, senkt oder faltet. Gipfel folgt auf Gipfel – und unter jedem kauert ein blumenübersätes Dorf voll nutzloser mittelalterlicher Pracht. Nachts glimmen die von warmem Staub und Motten bedeckten Steine der Häuser friedlich im Mondlicht. Unter ihnen reiht sich beständig Weinberg an Weinberg. Der Fluss ist kilometerweit weg, fast schon vergessen. Je höher man kommt, desto stärker ergreift strauchige, trockene Vegetation mit Kiefern, verkrüppelten Eichen und Thymian Besitz von der Erde.

Nördliche und südliche Rhône: Beide Landschaften verbindet ein Fluss – und doch trennen sie Welten. Die Rhône kommt im kalten, rassen Schlamm eines Alpengletschers zur Welt und taumelt durch die spektakulären Gebirgs-Rebhänge des Wallis nach Frankreich hinein. Als erstes Anbaugebiet begegnet sie Savoyen; Seyssel erstreckt sich direkt an ihrem Ufer. Danach schlängelt sie sich Lyon entgegen. Hat der Wasserlauf einmal den Weg nach Süden eingeschlagen, fließt er zunächst zügig durch einen schmalen Korridor zwischen Vienne und Valence, bevor ihm die Hast zu viel wird und er sich der berühmten Brücke von Avignon und dem Delta dahinter gemächlicher

nähert. Das Weinbergband am nördlichen Lauf wird Côtes du Rhône Septentrionales genannt, das weitläufige Rebland um den südlichen Abschnitt Côtes du Rhône Méridionales. Beide haben wenig gemein.

Von Norden her nähert sich das Beaujolais den Toren von Lyon, Richtung Süden erstreckt sich die Côte Rôtie. Die Weine der beiden Regionen sind sich ähnlicher, als man glaubt. Sowohl die Côte de Brouilly als auch die Côte Rôtie gründen sich auf Quarz, Schiefer und Granit. Ihren Gewächsen ist eine glitzernde, säuerliche Härte eigen. Die auf kristallinem Gestein herangereiften Syrah- und Gamay-Weine sind Tenöre – Gamay könnte man sogar einen Kontratenor nennen –, während Grenache und Mourvèdre von Kalkuntergrund den Bass singen. Bleiben wir beim Bildlichen: Der üppige, träge Châteauneuf mit seinen schmelzfetten Tanninen und der Côte Rôtie verhalten sich zueinander wie Bulldogge und Windhund. Ein typischer Côte Rôtie tänzelt luftig-leicht am Rande der Reife entlang, während sich die grollende Alkoholwucht eines Châteauneuf-du-Pape nur mit viel Geschick zähmen lässt. Die nördliche Rhône ist äußerst anfällig für jährliche Schwankungen; Weine aus kühlen bzw. verregneten Jahren können den Gaumen auf eine harte Probe stellen. Tropfen aus dem Süden hingegen nehmen Wetterkapriolen nicht so übel.

Ein weiterer wesentlicher Unterschied ist die Größe der Parzellen. Die nördliche Rhône bildet in dieser Hinsicht eine Fortsetzung Bur-

„Ich mag das Wort ‚Weinmacher' nicht. Es sagt mir nichts. Man macht Schuhe, aber keine Weine. Ich nenne mich lieber ‚Weingehilfe'. Ich helfe dem Wein zu werden. Ansonsten halte ich mich aus dem heraus, was Natur, Klima und Frucht unter sich ausmachen. Wein ist ein Geschenk. Wir haben ihn nicht gemacht. Es hat 2000 Jahre gedauert, bis er geworden ist. Wir hingegen sind nur kurz auf der Welt."

LOUIS BARRUOL

◀ *Tavel am Anfang eines langen, heißen Sommertags: Wen wundert's, dass die sonnenverwöhnten Rosés der Stadt zu den alkoholreichsten der Welt gehören?*

Michel Chapoutier

Der draufgängerische, freimütige junge Michel Chapoutier hat sich eines zweitklassigen Handelshauses im Dornröschenschlaf angenommen und es zu einem beispiellosen Höhenflug geführt. Heute zählen seine Erzeugnisse zu den größten modernen Weinen Frankreichs. Unterstützt wird Michel von seinem älteren Bruder Marc und dem talentierten Önologen Albéric Mazoyer. Er orientierte sich zum Teil an der Elsässer Avantgarde um Jean-Michel Deiss und André Ostertag, zum Teil aber auch an zwei Größen vor Ort, Marcel Guigal und Gérard Chave. Chapoutier hat seine 85 ha im Rhône-Tal ebenso wie seine Güter in anderen Regionen auf biodynamischen Weinbau umgestellt. Für seine Spitzengewächse, etwa den weißen Hermitage Cuvée de l'Orée, hat er die Erträge bis auf das Niveau von Leroy in Burgund heruntergefahren. Sie sind genauso hochkonzentriert – und ebenso sündhaft teuer. Im Gegensatz zu Leroy aber offeriert Chapoutier auch preiswertere Alternativen.

Yves Cuilleron

Leidenschaft, Begeisterung und Energie sind die Stärken des optimistischen Yves Cuilleron, der eigentlich eine Laufbahn als Industriezeichner hätte einschlagen sollen. Als aber die Weinberge eines Onkels mangels Nachkommen zum Verkauf standen, sattelte Cuilleron um und übernahm 1987 dessen 3,5 ha, aus denen mittlerweile 30 geworden sind. Doch damit nicht genug: Als einer der drei Beteiligten am Unternehmen Vins de Vienne hat er einen aufgegebenen Weinberg im Norden der Côte Rôtie wieder zum Leben erweckt, bereitet als micro-négociant einige schöne Tropfen und machte sich kürzlich auf, im Languedoc ein großes Terroir zu erschließen. Das Vins-de-Vienne-Team bewirtschaftet derzeit 4 ha Rebfläche auf vorwiegend schieferigen Böden in Faugères, allerdings wird es noch ein, zwei Jahre dauern, bis die neu gepflanzten Syrah-, Grenache-, und Mourvèdre-Stöcke fruchten. Die Sotanum-Weinberge oberhalb von Vienne sind in gewisser Weise typisch für Cuilleron, der gern reist und sich für Weingeschichte interessiert. „Ich bin verrückt nach alten Büchern", erklärt er. „Ich möchte herausfinden, wie man früher Wein gemacht hat. An der nördlichen Rhône gelten das Ausdünnen des Reblaubs und der Einsatz neuer Eiche als moderne Methoden, ich habe aber in 100 Jahre alten Büchern bereits Hinweise darauf gefunden. Es gibt wenig wirklich Neues." Das hat er auch mit seiner süßen Spätlese aus Condrieu unter Beweis gestellt, die praktisch eine Verbeugung vor der Geschichte ist.

Rémi Klein

In Gegenwart von Rémi Klein muss man das Leben einfach genießen. Die frühen Wurzeln seiner Familie liegen im Elsass, doch sein Vater stammt aus Marokko und kam erst Anfang der 1960er-Jahre nach Frankreich. Die nordafrikanische Herkunft scheint den lebenslustigen Winzer und seine Frau Ouahi geprägt zu haben. Bei den Weinen indes ist von Laisser-faire nichts zu spüren: Die Domaine de Réméjeanne kann unter anderem deshalb mit solch gelungenen Côtes-du-Rhône-Gewächsen aufwarten, weil Klein ständig neue Methoden ausprobiert. „Ich gehe gern in kleinen Schritten voran", bekennt der „Evolutionär", der mit anderen Schlüsselfiguren der einheimischen Winzerszene zusammenarbeitet, etwa André Romero, Marcel Richaud und Denis Alary. Klein setzt auf lange Extraktion, Mikrooxygenase — er stattete Patrick Ducournau einen Besuch ab, um mehr über diese Technik zu erfahren —, Arbeit mit Hefesatz und malolaktische Vergärung im Barrique, geht dabei aber immer überlegt, nie routiniert vor. Das Ergebnis sind Weine, die wie ihr Schöpfer Finesse mit Freundlichkeit verbinden.

Louis Barruol

Die Geschichte des Château de St-Cosme lässt sich bis auf das Jahr zurückverfolgen, als Kolumbus Amerika entdeckte. Im Keller stehen sogar Steintanks, die schon von römischen Winzern errichtet und von Barruols Onkel, einem bekannten Archäologen der Gegend, entdeckt wurden. Louis übernahm 1992 das elterliche Gut zum 500-jährigen Jubiläum. 1997 allerdings hatte er mit einem Mal das Gefühl, „dass mein Gehirn immer kleiner wurde". Also orientierte er sich neu und bereitet nun als micro-négociant nebenher eine Reihe von Weinen aus dem gesamten Rhône-Tal. Die Beziehungen, die er dabei geknüpft hat, nennt er eine Bereicherung. „Ich arbeite mit jungen und alten, unkomplizierten und schwierigen Leuten zusammen, um Weine zu schaffen, die in erster Linie ihre Herkunft zum Ausdruck bringen, denn diese Eigenschaft macht für mich ihren Wert aus. Ist es nicht großartig, an einen ganz bestimmten Ort erinnert zu werden, selbst wenn man 10 000 km davon entfernt ist? Aber natürlich spielen der Mensch und seine Methoden beim Werden eines Weins eine ebenso große Rolle wie das Terroir."

Weinbereitung à la Guigal

„Als Erstes braucht man sehr reife Trauben – keine überreifen, sondern vollreife, die gerade an der Schwelle zur Überreife stehen. Es gibt zwei Arten von Reife: die anhand von Zucker und Säure messbare Reife und die Stielreife. Die Stiele von Cabernet Sauvignon scheinen nie richtig reif zu werden, während die von Syrah vollständig ausreifen können." Guigal hat eine Maschine, mit der er nach Belieben zwischen 1 und 100% der Stiele mitverarbeiten kann – und er nutzt die Bandbreite voll aus. Und dann? „Ich gebe die Trauben in einen Tank. Die festen Bestandteile schwimmen oben, die flüssigen sickern nach unten. Meine Aufgabe ist es, dafür zu sorgen, dass das Beste der festen Bestandteile von der Flüssigkeit aufgenommen wird. Man kann den Saft über den Hut laufen lassen oder den Hut zweimal täglich in den Most tauchen; das wurde 2400 Jahre lang mit den Füßen gemacht. Doch es ist nicht unproblematisch: In drei, vier Wochen verliert man zwei Prozentpunkte Alkohol. Das geben nicht viele zu, vor allem nicht Burgunder Winzer, denn damit räumen sie ein, dass sie chaptalisieren. Außerdem geht Aroma verloren. Bei Syrah sollte man es aber möglichst erhalten. Deshalb haben wir einen geschlossenen Tank erfunden, in dem wir den Hut nach unten pumpen können." Guigal verwendet nur Naturhefen. Seine Vergärung beginnt bei 28–30 °C und steigt auf 33–34 °C. Wenn sie abgeschlossen ist und sich noch rund 5 g/l Restzucker im Wein befinden, werden die Trauben gepresst. Der Presswein wird sofort mit dem Vorlaufmost vermischt. Dann führt man den Gärprozess bei 18 °C im Fass zu Ende. Es wird viel darüber spekuliert, warum Guigal seinen Syrah 42 Monate im Fass ausbauen kann, ohne dass er holzig wird. Seiner Ansicht nach geben die Stiele, der Presswein, die Beendigung der alkoholischen Gärung im Fass und die Durchführung der malolaktischen Gärung im selben Behälter den Ausschlag. „Durch die 'malo' in Holz werden die Weine rund und bekommen Volumen. Wenn ich alles entrappen und den Presswein nicht dazugeben würde, würde der Wein austrocknen." Guigals Leidenschaft ist der Ausbau. „Warum uns ein langer Ausbau interessiert? Weil Wein in dieser Hinsicht wie Käse ist: Durch die Reifung bekommt er eine zusätzliche Note." Sorgfalt ist das A und O der Kellerarbeit bei Guigal. „Wir arbeiten mit einem sehr niedrigen Säuregehalt. Ein Wein mit viel Säure ist pflegeleicht, bei einem mit wenig Säure und hohem pH-Wert hingegen muss das Fass zwei, drei Mal pro Woche aufgefüllt und hochwertigstes Holz verwendet werden." Wegen des langen Ausbaus kann er seine Weine weitgehend in Ruhe lassen – zwei, drei Abstiche im ersten und ein bis zwei im zweiten Jahr reichen. Guigal verwendet nur wenig Schwefel und verzichtet auf Schönung und Filtrierung. „Ein langer Ausbau heißt, dass wir ruhig schlafen können."

gunds. Winzer, die ihren Lebensunterhalt mit 3 oder 4 ha bestreiten, sind hier nichts Ungewöhnliches. Ein Blick auf eine Karte mit den *lieux-dits* an der Côte Rôtie oder in Hermitage zeigt, dass die Hänge ebenso vielgestaltig sind wie in der nördlichen Nachbarregion; es fehlt lediglich die offizielle Hierarchisierung der mannigfaltigen Unterschiede.

Ganz anders der Süden. In einer durchschnittlichen Saison entsteht hier mehr als 25-mal so viel Wein wie an der nördlichen Rhône. Wenn Hermitage, die Côte Rôtie und ihre Nachbarn Burgund ähneln, dann erinnert der südliche Teil des großen Flusstals an Bordeaux. Wie sich der Wasserlauf allmählich zum Fächer weitet und im hellen Blau des Mittelmeers auflöst, so gehen die Granithänge im Norden nach und nach in die üppigen, rotbraunen, sonnendurchfluteten Steinfelder im Süden über.

Jede der beiden Regionen hat in der neuen Weinlandschaft Frankreich ihren Platz. Zunächst zum Norden.

Angesichts der heutigen Qualität von Côte-Rôtie-, Hermitage- und Condrieu-Kreszenzen kann man sich kaum vorstellen, dass diese Gebiete einst mit schweren Rückschlägen zu kämpfen hatten. Zunächst setzte ihnen die Reblaus zu, dann richteten die Fröste des Jahres 1956 schwere Schäden an. Anfang der 1960er-Jahre schien dem produktiveren Rebbau in den Ebenen die Zukunft zu gehören. Warum also sollten Weinbauern auf dem Granitschotter der Hänge herumstolpern, deren Rückhaltemauern für die Terrassen alle zehn Jahre erneuert werden mussten? Warum sollten sie im ausgehenden 20. Jahrhundert noch das Lesegut in mittelalterlichen Körben 15 m bergan zu einem winzigen Weg schleppen? Warum sollten sie sich mit kapriziösen, degenerierten Rebsorten wie Viognier herumschlagen? Das Leben konnte doch so viel einfacher sein.

In der Tat gaben viele ihre Weinberge auf; andere hielten durch, wie Georges Vernay in Condrieu, der mittlerweile als Starwinzer gefeiert wird. Ihre Beharrlichkeit zahlte sich aus; manche halten die Côte Rôtie heute für eine der besten Weinlagen der Welt. Die Rückkehr zu früherer Größe setzt sich weiter fort. Die drei Winzer Yves Cuilleron, François Villard und Pierre Gaillard erschließen die Hänge neu, die einst in Seyssuel die „Vins de Vienne" erbrachten. „Wir wussten immer schon um diese Terrassen und sind oft an ihnen vorbeigefahren", erklärt Villard. „Eines Tages meinte Yves ganz beiläufig: ‚Warum bestocken wir sie nicht wieder?' Es war eine glänzende Idee: Vielleicht gehören sie bald zu den besten Anbauflächen in der ganzen Region." Bislang wurden 7 ha neu bepflanzt: 6 ha mit Syrah (der Boden besteht vorwiegend aus Schiefer) und 1 ha mit Viognier. Der Wein heißt Sotanum und ist ein Vin de Pays des Collines Rhodaniennes, denn die Rebflächen waren schon aufgegeben worden, bevor man die AOC gegründet hatte.

Auch andere Appellationen erholen sich langsam, aber sicher vom Siechtum früherer Tage. Insbesondere St-Joseph ist ein riesiges Gebiet mit zahlreichen viel versprechenden Nischen. Es bildet die südliche Fortsetzung der Côte-Rôtie- und Condrieu-Granithänge, obwohl der Fluss nun nicht mehr nach Südwesten, sondern direkt nach Süden strebt und die östliche statt südöstliche Ausrichtung nicht mehr ganz so vorteilhaft ist. Hier könnte man sehr gut ein Cru-System austüfteln (La Côte Ste-Epine gegenüber von Hermitage ist bereits recht bekannt). Ähnliches gilt für Crozes-Hermitages.

Auch die Weinbauern ähneln in vielerlei Hinsicht ihren burgundischen Kollegen: Sie suchen unablässig nach den Besonderheiten des Terroir. Das Arsenal an Rebsorten ist zum Glück überschaubar und überdeckt die Eigenheiten der Lagen nicht. Unter den Roten ist Syrah der Star; die Traube liefert duftige, schlanke, lebendige Weine (wer glaubt, dass Hermitage oder sogar Cornas schwere Brocken sind, liegt völlig falsch). Die Weißen spalten sich unterdessen in zwei Lager: Viognier macht dem Elsässer Gewürztraminer den Rang als exotischster, duftigster Weißwein der Welt streitig, während aus Marsanne und Roussanne strukturierte, nervige und fette Weiße entstehen. Wie in Burgund machen einige *négociants* wie Chapoutier, Jaboulet und Guigal den besten Erzeugern Konkurrenz. Und ebenso treten an der Rhône allmählich Händler auf den Plan, die sich darauf spezialisiert haben, den Weinen nur den letzten Schliff zu geben: Das Gegenstück zum Burgunder Dominique Laurent ist hier Michel Tardieu, der seinerseits junge Winzer wie Louis Barruol prägt. Nicht minder einflussreich ist die Arbeit des Beraters Jean-Luc Colombo.

Der Süden hingegen steht vor ganz anderen Herausforderungen und spricht auch eine etwas andere Zielgruppe an. Nicht existenzielle Bedrohungen wie in Condrieu oder Seyssuel bereiteten den Weinbauern hier früher Probleme, sondern niedrige Qualität, niedrige Preise und große Mengen. Nach wie vor dominieren Genossenschaf-

▲ Vielleicht haben Hannibals Elefanten einst die Rhône bei Roquemaure durchquert. Heute beschert die Gegend uns warmen, reifen Lirac.

ten, von denen es im Rhône-Tal 114 gibt; viele Spitzenerzeuger von heute waren noch vor zehn Jahren *co-opérants*. Noch immer fließt ein Meer aus nichts sagenden Weinen die Côtes du Rhône herunter; das meiste wird *en vrac, à la tireuse* verkauft, also aus Tanks gepumpt. Die Masse-statt-Klasse-Mentalität hält sich eisern. Während einer Lese in den letzten Jahren habe ich einmal zwei Anhänger voller Trauben entdeckt, die zwischen Tavel und Bagnols in der prallen Sonne standen, während die Fahrer ein paar Stunden Mittagspause hielten. Vielleicht gab es ja eine Erklärung dafür; vielleicht kam irgendwo ein Kind zu früh zur Welt und die werdende Mutter musste schleunigst ins Krankenhaus gefahren werden. Vielleicht wussten die beiden auch nicht, dass sengende Hitze der Qualität frischer Trauben kaum förderlich ist. Oder es war ihnen einfach nur egal.

Die führenden Erzeuger im Süden sind ebenso stark am Terroir interessiert wie ihre Kollegen im Norden, doch ist man bei der Erkundung seiner Feinheiten noch nicht so weit vorgedrungen. Châteauneuf-du-Pape dürfte die einzige AOC sein, in der Crus bald eine wichtige Rolle spielen werden. Doch selbst dort wird das enorme Spektrum zugelassener Rebsorten (theoretisch sind es 13) die Aussagekraft eines Vergleichs zwischen den Lagen stärker schmälern als in Anbauzonen mit nur einer Traube. Ein Hommage à Jacques Perrin aus Beaucastel unterscheidet sich sicher sehr stark von einem Rayas, aber machen den Unterschied nun ihre Crus aus oder ihre Trauben Mourvèdre und Grenache, die beide von ertragsarmen, alten Stöcken stammen? Winzer wie Yves Gras, Louis Barruol, Serge Férigoule und André Romero beweisen zwar, wie herausragend ein Gigondas, Vacqueyras und Rasteau geraten können, doch braucht man schon ein, zwei Dutzend weiterer Jahrgänge und eine Gemeinschaft konkurrierender Erzeuger ähnlichen Kalibers, bis sich die Unterschiede der Lagen in den Weinen zu manifestieren beginnen.

Trotz alledem gehört die Rhône derzeit zu den aufstrebendsten Weinregionen in Frankreich. Sie wird gut verwaltet und vermarktet (lediglich Châteauneuf-du-Pape leidet unter den für viele französische Anbaugebiete typischen internen Zwistigkeiten). Die Rhône-Kreszenzen geraten allmählich ebenso ins Visier der Weinwelt wie die Spitzengewächse aus Bordeaux und Burgund. Außerdem macht sich die Erkenntnis breit, dass die Erzeuger an der Rhône langfristig mehr und bessere Alltagsweine als in Burgund zuwege bringen werden, aber auch qualitätsbeständigere und zugänglichere Tropfen als in Bordeaux. Die Region sieht einer strahlenden Zukunft entgegen.

Asphaltwahn

„Wir haben etwas spät davon erfahren, aber das ist oft so", erzählt Marcel Guigal. „Ich bin sofort nach Paris gefahren und habe das INAO aufgefordert, über eine Entschließung gegen die Autobahn abzustimmen. Ich war angenehm überrascht von meinen Kollegen: Sie haben nicht nur abgestimmt, sie sind nach Ampuis gekommen, um lautstark zu protestieren. Die Côte Rôtie ist eine Museums-AOC mit den ältesten und steilsten Rebhängen in ganz Frankreich. Dieses seltene Kulturerbe muss bewahrt werden."

Um was es ging? Wie bereits erwähnt, verläuft unterhalb der Weinberge an der nördlichen Rhône die meistbefahrene Verkehrsengstelle Frankreichs. Die Reben können sich nicht wehren, die Einwohner von Lyon schon. Derzeit führt die Autobahn A6/A7 mitten durch die Stadt und weiter nach Vienne und Ampuis. Geht es nach dem Willen des ehemaligen Bürgermeisters von Lyon, Raymond Barre, soll die Betonpiste bald im Westen einen Bogen um die Stadt machen. Nach Auskunft von Präfekt Michel Besse würde man damit auch die Achse Saône-Rhône näher an das Departement Loire heranführen, wodurch die beiden wichtigsten Flusstäler Frankreichs enger zusammenrücken. Wo aber sollen die neue und die alte Autobahn zusammenlaufen? Bei Ampuis. „Keine AOC-Parzellen werden davon betroffen sein, nicht einmal die noch gar nicht bestockten", beteuert Besse. Allerdings verläuft die neue Autobahn durch einen Tunnel unter der Côte Rôtie und tritt in einem Steinbruch zwischen den Weinbergen von Côte Rozier, La Landonne und Neve wieder zutage. AOC-Präsident Gilles Barge zufolge hätte die Zone um den Steinbruch schon 1964 in den Rang einer Appellation erhoben werden sollen, doch damals war die Region noch völlig unbekannt. Die Autolawinen werden die Luft verschmutzen, während der Tunnel die Wurzeln der Reben stört, die sich tief in den Fels graben. Deshalb lehnen die Winzer von der Côte Rôtie die Autobahn kategorisch ab. „Noch reden wir nur", warnt Guigal. „Aber wenn es sein muss, gehen wir auch auf die Straße."

Die Rhône im Überblick

Bevor wir uns mit Böden und Hängen befassen, zunächst ein Wort zum Wind. Er verebbt in diesem Korridor nie. Und man braucht sich nur die Bäume und Sträucher auf den Hügeln anzusehen, um zu sehen, woher er weht: aus dem Norden. Der allgegenwärtige Mistral ist Fluch und Segen zugleich. Er lindert die Hitze und vertreibt die Pilzkrankheiten, die in Bordeaux und der Champagne oft die Reben befallen, kann aber auch zu einem dämonischen Sturm anschwellen, der die zarten jungen Triebe von den Stöcken reißt. Die besten Weinberge an der Rhône liegen daher meist etwas geschützt hinter Felsvorsprüngen oder im Windschatten einer Flussbiegung. Am durchdringendsten bläst der Mistral an der nördlichen Rhône, wo er sich mit dem Verkehrsstrom durch den Trichter des Flusstals zwängt. Deshalb ist dieser Bereich etwas kälter, als der Breitengrad vermuten lässt. Kühlend wirkt sich ferner das kontinentale Klima aus. Der Einfluss des Mittelmeers macht sich erst zwischen Valence und Montélimar so richtig bemerkbar.

Die kürzlich neu bestockten Weinberge von Vienne am Ostufer des Flusses müssen sich erst noch bewähren, bevor sie aus der dunklen, wenngleich oft viel versprechenden Landweinzone Vin de Pays des Collines Rhodaniennes heraustreten können. Gelingt ihnen aber der Schritt ans Licht der Anerkennung, werden sie der nördlichste Anbaubereich der Region sein. Bis dahin darf die **Côte Rôtie** diesen Superlativ für sich in Anspruch nehmen. Der Fluss hat sich hier sein Bett durch kristallines Gestein gegraben, das die Ostkante des Zentralmassivs bildet, jenes kalten, uralten Herzens, das in Frankreichs Mitte pocht. Die 200 ha der Côte erstrecken sich allesamt über die steilen Westflanken des Flusstals mit ihrer ausgezeichneten südlichen bis südöstlichen Ausrichtung. Die flacheren Osthänge auf der gegenüberliegenden Talseite zeigen nach Nordwesten und sind daher gänzlich ungeeignet für den Rebbau. Schon den Römern fielen die Schwindel erregend steilen Abstürze ins Auge; sie erkannten sogleich, dass es sich lohnen würde, dort von Sklaven Terrassen anlegen zu lassen und Rebstöcke zu pflanzen. Die Hänge bestehen aus glimmerhaltigem Schiefer sowie Gneis und sind in eine Vielzahl von Crus unterteilt, die jedoch noch nicht auf den Etiketten erscheinen. (Das könnte sich bald ändern, wenn das Interesse an dieser vorzüglichen AOC steigt.) Durchaus erwähnt werden allerdings die Côte Brune und die Côte Blonde. Damit benennt man den mittleren Teil der AOC oberhalb von Ampuis, wo die besten Weine reifen. Brune liegt im Nordosten auf dunklem Schiefer und ist ausschließlich mit Syrah bepflanzt, Blonde nimmt den Südwesten ein, dessen hellere, grauere Böden außerdem noch mit der weißen Rebsorte Viognier bestockt sind, die bis zu 15 % Anteil an den Weinen haben darf.

An die Côte Rôtie schließt sich im Süden die 98 ha große AOC **Condrieu** für Weiße auf Viognier-Basis an. Warum der plötzliche Übergang von Rot zu Weiß? Der Boden bekommt eine etwas andere Zusammensetzung. Glimmer und Schiefer gehen über in Sand und Granit – die Strohblonde färbt sich platinblond. Noch stärker aber wirkt sich der Richtungswechsel der Rhône aus, die ab hier geradewegs nach Süden fließt. Was immer auch passiert, der Viognier-Traube gefällt es gewaltig: Sie ist mittlerweile in Frankreich weit herumgekommen, doch nirgendwo liefert sie auch nur annähernd so hocharomatische, glyzerinschwere Weine wie auf diesen winzigen, brüchigen Terrassen. Großer Condrieu mischt beim Wettbewerb um den duftintensivsten, sinnlichsten Weißen ganz vorn mit. All das aber hat seinen Preis – und im Falle eines Condrieu ist es seine Kurzlebigkeit: Innerhalb von etwa drei Jahren verliert er seinen Reiz vollständig. Condrieu ist der einzige große französische Wein, der am besten direkt nach dem Erwerb getrunken wird. Inmitten der AOC Condrieu findet man außerdem die 4 ha kleine Appellation **Château Grillet**, das Rhône-Gegenstück zur Lage Coulée de Serrant an der Loire. Die Rebflächen des Guts liegen in einem ungewöhnlichen Amphitheater nach Art von Bandol und müssten eigentlich den großartigsten Viognier überhaupt erbringen. Was der neue Besitzer aber in die Flasche füllt, erfüllt die Erwartungen nicht.

St-Joseph überlappt sich mit dem südlichen Ende von Condrieu, zieht sich rund 60 km weit bis hinunter nach Cornas und streift dabei Hermitage sowie Crozes-Hermitage am anderen Ufer. Die lange Kette aus der Natur abgetrotzten Weinbergen (870 ha) ist vielleicht die faszinierendste Appellation an der nördlichen Rhône und könnte mit ihren Weinen sogar einmal der Côte Rôtie oder Cornas Paroli bieten. Auch hier aber geht es nicht ohne harte Arbeit bei der Erschließung der geeignetsten Hänge. Weiterhin dominieren Granit und Schiefer, was den auf Syrah basierenden Roten große Reinheit und Intensität verleiht. Die Weißen geraten ganz anders als ihre Vettern weiter nördlich: Sie ähneln denen aus Crozes-Hermitage, bekunden aber zusätzliche Finesse; außerdem geben Roussanne und Marsanne statt Viognier den Ton an. Die Erzeuger von St-Joseph haben den löblichen Entschluss gefasst, die AOC zu verkleinern statt wie sonst üblich zu vergrößern, damit sich die Rebflächen nicht zu weit auf das Flachland oberhalb der Hänge hinausziehen, wo sie nichts zu suchen haben. Fast könnte man die 91 ha von **Cornas** als besten und südlichsten Cru von St-Joseph ansehen – oder als gigantisches rotes Gegenstück zum Château Grillet, wenn man so will. Mit anderen Worten: Hier trifft man auf ein weiteres natürliches Amphitheater. Wenige Kilometer nordwestlich von Valence weitet sich die Anbauzone ins Hinterland aus. Die Böden setzen sich aus relativ feinem Granitsand und Ton mit einer für die nördliche Rhône einzigartigen Prise Kalkgeröll aus den nahen Arlettes-Bergen zusammen. Dank der geschützten Lage kann es hier heiß werden, weshalb die Syrah-Weine recht robust ausfallen. („Robust" sollte man hier aber im Kontext der Rhône sehen: Selbst ein Cornas mit seinen wummernden Tanninen wirkt gegenüber einem felsenfesten Bandol oder Coteaux du Languedoc noch duftig und ätherisch.) Jean-Luc Colombo, der Cornas wie kein anderer kennt, hat den Bereich einmal als „Insel des Südens im Norden" beschrieben.

Östlich von St-Joseph liegt der **Hermitage**, ein spektakulärer Hügel, wie Bahnfahrer bestätigen werden, die mit dem TGV zwischen Paris und Avignon unterwegs sind. Wie an der Côte Rôtie findet sich auch unter den 134 ha der AOC Hermitage eine Reihe inoffizieller Crus. Im Gegensatz zur Côte aber zeichnen sie sich durch merklich unterschiedliche Böden und Gesteinstypen aus. Das westliche Ende des Hügels, das gemeinhin als beste Ecke gilt, besteht aus Granit. Seiner Zusammensetzung nach zu urteilen ist er ein versprengtes Stück Porphyr vom anderen Ufer und gehörte einst zum Zentralmassiv. Weinkenner horchen hier beim Namen Les Bessards auf. Die Ostflanke des Bergs setzt sich größtenteils aus zusammengepressten, hoch aufgeschichteten, mit Ton und Löss durchsetzten Flussablagerungen zusammen; die besten Lagen sind unter anderem Méal, Chante Alouette und Rocoules. Frohlocken lässt ihre Reben vor allem der erhöhte Standort etwa 100 m über dem Fluss, dank welchem die Sommersonne ungehindert über sie hinwegziehen kann. Vor allem auf Granit liefert die Syrah-Traube gebieterische, elegante Kreszenzen

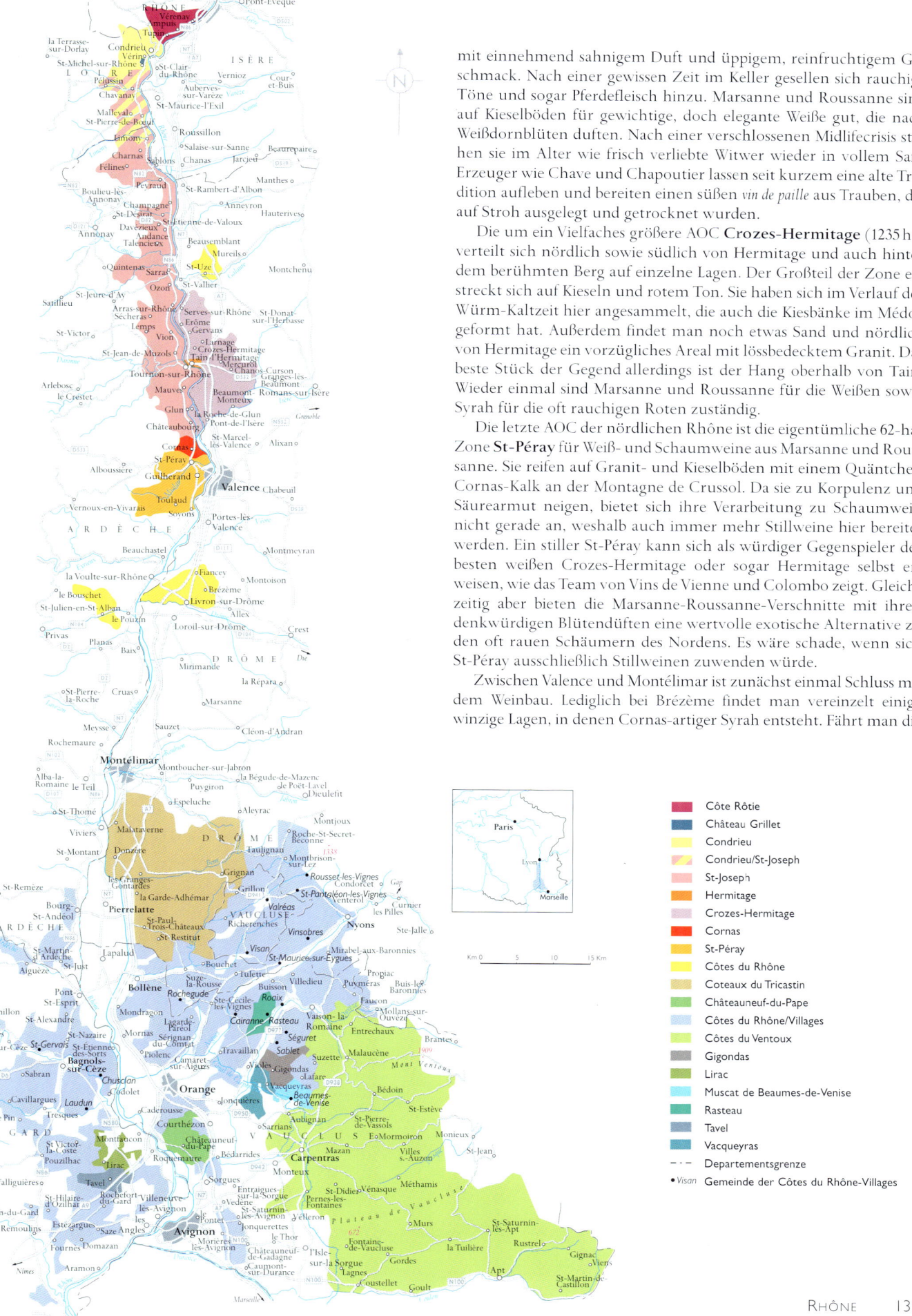

mit einnehmend sahnigem Duft und üppigem, reinfruchtigem Geschmack. Nach einer gewissen Zeit im Keller gesellen sich rauchige Töne und sogar Pferdefleisch hinzu. Marsanne und Roussanne sind auf Kieselböden für gewichtige, doch elegante Weiße gut, die nach Weißdornblüten duften. Nach einer verschlossenen Midlifecrisis stehen sie im Alter wie frisch verliebte Witwer wieder in vollem Saft. Erzeuger wie Chave und Chapoutier lassen seit kurzem eine alte Tradition aufleben und bereiten einen süßen *vin de paille* aus Trauben, die auf Stroh ausgelegt und getrocknet wurden.

Die um ein Vielfaches größere AOC **Crozes-Hermitage** (1235 ha) verteilt sich nördlich sowie südlich von Hermitage und auch hinter dem berühmten Berg auf einzelne Lagen. Der Großteil der Zone erstreckt sich auf Kieseln und rotem Ton. Sie haben sich im Verlauf der Würm-Kaltzeit hier angesammelt, die auch die Kiesbänke im Médoc geformt hat. Außerdem findet man noch etwas Sand und nördlich von Hermitage ein vorzügliches Areal mit lössbedecktem Granit. Das beste Stück der Gegend allerdings ist der Hang oberhalb von Tain. Wieder einmal sind Marsanne und Roussanne für die Weißen sowie Syrah für die oft rauchigen Roten zuständig.

Die letzte AOC der nördlichen Rhône ist die eigentümliche 62-ha-Zone **St-Péray** für Weiß- und Schaumweine aus Marsanne und Roussanne. Sie reifen auf Granit- und Kieselböden mit einem Quäntchen Cornas-Kalk an der Montagne de Crussol. Da sie zu Korpulenz und Säurearmut neigen, bietet sich ihre Verarbeitung zu Schaumwein nicht gerade an, weshalb auch immer mehr Stillweine hier bereitet werden. Ein stiller St-Péray kann sich als würdiger Gegenspieler der besten weißen Crozes-Hermitage oder sogar Hermitage selbst erweisen, wie das Team von Vins de Vienne und Colombo zeigt. Gleichzeitig aber bieten die Marsanne-Roussanne-Verschnitte mit ihren denkwürdigen Blütendüften eine wertvolle exotische Alternative zu den oft rauen Schäumern des Nordens. Es wäre schade, wenn sich St-Péray ausschließlich Stillweinen zuwenden würde.

Zwischen Valence und Montélimar ist zunächst einmal Schluss mit dem Weinbau. Lediglich bei Brézème findet man vereinzelt einige winzige Lagen, in denen Cornas-artiger Syrah entsteht. Fährt man die

Drôme flussaufwärts, die sich hier in die Rhône ergießt, stößt man außerdem auf ein weiteres Mitglied im kleinen französischen Club ungewöhnlicher Schaumweine: **Clairette de Die**. Dieser traditionell bereitete Tropfen kann ähnlich wie die nach der *méthode rurale* vinifizierten, prickelnd frischen Perler aus Gaillac auf eine lange Geschichte zurückblicken. Seit den frühen 1990er-Jahren allerdings darf der Name nur noch für halbsüße, alkoholarme Schaumweine auf Muscat-Basis verwendet werden. Das hat paradoxerweise dazu geführt, dass die Rebsorte Clairette nicht mehr für die Herstellung von Clairette de Die verwendet wird; der aus ihr bereitete trockene Schaumwein heißt nunmehr **Crémant de Die**. Und es gibt auch noch zwei völlig bedeutungslose AOCs für Stillwein: **Coteaux de Die** mit einem Anbaugebiet, das mit Clairette de Die deckungsgleich ist, und **Châtillon en Diois** aus einem etwas höher gelegenen, kühleren Bereich.

Die südliche Rhône ist die mollige Schwester der schlanken Region im Norden. Sie hat eine weitaus vielgestaltigere AOC-Landschaft zu bieten als ihre ältere Verwandte vom Oberlauf. Grenache übernimmt nun das Kommando von Syrah; die Sonne scheint heller, die Bestockungsdichte sinkt von 10 000 auf unter 3000 Reben/ha. Die Allerwelts-AOC heißt **Côtes du Rhône**; nach der AOC Bordeaux ist sie die zweitgrößte französische Appellation. Wie in Bordeaux hat man für die viel versprechendsten Rebflächen dieser riesigen, 42 000 ha umfassenden Anbauzone höherwertige AOCs eingeführt. Die Bezeichnung Côtes du Rhône ohne Zusatz verheißt in der Regel unkomplizierte, helle Rote mit der weichen Süße der Grenache-Traube oder füllige Weiße mit verhaltener Persönlichkeit. Das Traubenspektrum ist jedoch sehr breit, weshalb verheißungsvolle Entdeckungen in der Syrah-, Mourvèdre- und Viognier-Landschaft immer möglich sind. Nicht selten liefert ein talentierter Erzeuger mit ein, zwei Parzellen in guter Lage erdbeerrote Côtes-du-Rhône-Gewächse von solcher Duftintnsität und Eleganz ab, dass man für ein paar Augenblicke den feinsten französischen Nektar vor sich zu haben meint. Die AOC Côtes du Rhône ist immer für Überraschungen gut.

Seit Mitte der 1960er-Jahre gibt man den Weinen außerdem die Chance zum Aufstieg in eine höhere Liga: die AOC **Côtes du Rhône-Villages**. Man kennt zwei Arten von Villages-Weinen: 96 Gemeinden haben das Recht, den AOC-Titel zu führen; die besten 16 unter ihnen dürfen der Appellation sogar ihren Namen hinzufügen. Interessanter-

▲ *Gigondas liegt höher als Châteauneuf-du-Pape, was man auch an den lebhafteren, aggressiveren Tanninen erkennt.*

weise ist die Rebfläche der 16 Gemeinden mit zusammengenommen 4000 ha größer als die der 80 namenlosen Dörfer, in denen nur 3000 ha Rebfläche bewirtschaftet werden.

Die generelle AOC Côtes du Rhône-Villages ähnelt zwei asymmetrischen Lungenflügeln mit einem etwas größeren rechten Organ. Im Osten findet man unterhalb des Mont Ventoux ein Amphitheater aus mehreren Gemeinden. Ihre Sichel wird von dem elfenbeinfarbenen Hammer der Dentelles de Montmirail unterbrochen. Aus den Alpen ziehen sich Wasserläufe herab, die nur im Winter zum Leben erwachen. Sie stehlen sich kaum beachtet durch die Steinfelder, um kurz darauf im Strom der Rhône aufzugehen. Im Westen erstreckt sich eine relativ unzusammenhängende Gruppe von Gemeinden unterhalb des Hochlands der Ardèche. Südlich davon zieht sich das Flachland der Rhône Gardoise nach Süden Richtung Nîmes. In der geologischen Vielfalt dieses riesigen Bereichs stößt man auf einige exzellente Anbaugebiete. Der einzige Bodentyp, den man hier mit Sicherheit nicht findet, ist das saure, kristalline, für die nördliche Rhône typische Gestein. Vielmehr gehört das Terrain staubigem Kalk, Sand, Mergel und Kiesel (in loser Form oder als Konglomerat). Die Höhe bewegt sich zwischen 40 m bei Laudun bis etwa 300 m in den Dörfern Rousset oder St-Pantaléon. Steile Hänge sind hier rar, die meisten Weinberge nehmen die Flanken sanfter Hügel ein. Zwischen Dörfern im Südosten wie Cairanne, Rasteau, Séguret, Sablet und Beaumes-de-Venise sowie den Gemeinden im Nordosten, etwa Vinsobres, Valréas und St-Maurice gibt es beträchtliche klimatische Unterschiede. Die südlichen *villages* sind nach Ansicht von Louis Barruol „Grenache-Land; Syrah bringt in den nördlicheren Dörfern wesentlich bessere Ergebnisse. Sie bilden sozusagen die nördliche Rhône des Südens." Wenn man auf die nächste Gemeinde wetten könnte, die Cru-Status erlangt, würde ich auf die Mergel- und Kiesel-Hochburgen Cairanne und Rasteau tippen. Ihre besten Weine halten problemlos mit der Konkurrenz aus Gigondas und Vacqueyras mit.

Die Reben am oberen Ende der steilen Hänge an der Côte Rôtie baden förmlich in Sonne. Hier findet man nach Ansicht vieler einige der besten Weinberge der Welt. ▶

Die AOCs **Rasteau** und **Muscat de Beaumes-de-Venise** gelten für süße, gespritete *vins doux naturels*. Während Rasteau dunkelrote Süßweine mit viel Grenache zu bieten hat, ist die Schwesterzone vorwiegend für traubige, weizengoldene Süßweine bekannt.

Unterhalb der Dentelles erstreckt sich die AOC **Gigondas**. Ihr roter Mergel, Sand und Kiesel auf Kalk bilden ein gemütliches Bett für die Grenache-Traube, die sich hier in der Sonne suhlen und schön ausreifen kann. Allerdings ziehen sich die Hänge bis auf 400 m hinauf und sind zum Teil sogar nach Norden ausgerichtet, weshalb die Weine nur selten so viel Fett wie im tiefer gelegenen Châteauneuf-du-Pape mitbekommen. Zudem fallen die Tannine lebendiger und durchdringender aus. Wie immer bei Erzeugnissen mit Grenache als Hauptbestandteil sollte man von der blassen Farbe nicht automatisch auf leichte Tropfen schließen: Ein Gigondas kommt stets alkoholschwer daher. Newcomer unter den Crus ist die 1100 ha große AOC **Vacqueyras**. Sie wurde zwar erst 1990 in den Kreis der Appellationen aufgenommen, profiliert sich aber bereits mit Weinen, die eine geringfügig weichere, fleischigere Seite als ihre Gegenstücke aus der Nachbarzone Gigondas hervorkehren. Die Reben beider Bereiche wachsen auf einem ähnlichen geologischen Mix, doch liegen die Weinberge von Vacqueyras etwas tiefer und sind obendrein flacher, weshalb die Grenache-Traube hier bis zu zwei Wochen früher reift als in Gigondas. Im Vacqueyras macht sich oft eine von Steinobst dominierte Duftigkeit bemerkbar, die den feurigeren, würzigeren Gigondas-Etiketten manchmal fehlt.

Nun zum Aushängeschild der südlichen Rhône: **Châteauneuf-du-Pape**: ein sanft geschwungenes, heißes Großreich mit 3200 ha Anbaufläche. Den spektakulärsten Anblick der Zone bieten die *galets roulés*, mit denen manche Rebhänge bedeckt sind. Für viele liegt in ihnen sogar das Geheimnis des Erfolgs. Doch so einfach ist das nicht. In zahlreichen Weinbergen von Châteauneuf ist von den riesigen Kieseln nichts zu sehen, so auch bei Rayas, einem der berühmtesten Güter der AOC. Stattdessen herrschen oft Sand und kleine Steine vor. Und selbst wo die vom Wasser geschliffenen Brocken tatsächlich das Terrain prägen, haben sie weit weniger Bedeutung als der Ton und der eisenhaltige Sand darunter. Im südlichsten Teil der Appellation zwischen Fortia und dem Fluss findet man ferner Kies. Einen weiteren Beitrag zur Vielfalt des Anbaugebiets leistet die große Bandbreite zugelassener Trauben, insgesamt 13 an der Zahl. Trotz der niedrigen Höchsterträge und eines Verbots maschineller Lese aber versteckt sich hinter der typischen Luxusflasche manch schwachbrüstiger Wein. Einige Erzeugnisse wiederum fallen bei unsensibler Vinifizierung unangenehm feurig und kräftig aus. Die besten Kreszenzen indes sind in der französischen Weinlandschaft unerreicht: Wie Zedern mit schneebeladenen Ästen tragen die großartig weichen Tropfen eine köstlich süße, würzige Last. Sie weisen den Weintrinker schon nach zwei, drei Jahren nicht mehr ab, können mit ihren daunenweichen Tanninen und dem fleischigen Extrakt aber noch 20 Jahre später verführen. Weißer Châteauneuf wirft so viel Alkoholschwere in die Waagschale wie sein roter Bruder – manchmal auch nur das. Die besten Weißen aber sind glyzerinbeladene, aprikosenfruchtige Nektare von solcher Fülle, dass man erstaunt ihr trockenes Gerüst bemerkt, sobald die Aromen nach dem Schlucken purzeln wie Herbstlaub von den Ästen.

Die beiden Crus westlich der Rhône heißen **Lirac** und **Tavel**. Ihre Geologie unterscheidet sich nicht sonderlich von der in Châteauneuf-

Der Bach Ouvèze sprudelt über helle Kalksteine Richtung Vaison-la-Romaine. Châteauneuf liegt weiter flussabwärts.

du-Pape, doch findet man unter den Kieseln statt Ton eher Sand und Kalkplatten. Der Boden wird dadurch noch trockener und durchlässiger. Lirac und vor allem Tavel haben sich einen Namen mit kräftigen, alkoholschweren Rosés gemacht (die AOC Tavel gilt sogar ausschließlich für Rosés). Die muskulösen Kerle aber sind ihre Roten, wie die besten Güter in Lirac bewiesen haben.

Die bisher beschriebenen Bereiche bilden das Herz der südlichen Rhône. Um sie herum gruppieren sich sechs Satelliten-AOCs: die Côtes du Vivarais und Coteaux du Tricastin im Norden, die Côtes du Ventoux, Côtes du Lubéron und Coteaux du Pierrevert im Südosten und schließlich Costières de Nîmes im Südwesten.

Die **Côtes du Vivarais** bekamen erst 1999 das AOC-Prädikat verliehen. Sie erstrecken sich zu beiden Seiten der Ardèche-Schlucht, die der Fluss tief in den Kalk gegraben hat. Von hier stammen frische, leichte, einfache Hochlandweine von Tonböden über einem Muttergestein aus Kalk. Das Klima fällt naturgemäß kühler und feuchter als weiter südlich aus. Die **Coteaux du Tricastin** östlich der Rhône wiederum sind ein vom Mistral gebeuteltes Gebiet, das eher für seine Trüffeleichen als die relativ leichten, wässrigen Roten bekannt ist. Syrah hat sowohl in Vivarais als auch in Tricastin bessere Chancen auszureifen als Grenache; seltsamerweise aber verlangen die AOC-Bestimmungen einen Verschnitt beider Sorten. Die **Côtes du Ventoux** gliedern sich in zwei recht unterschiedliche Bereiche: ein großes, hufeisenförmiges Weinbergareal hinter Carpentras und unterhalb des Mont Ventoux sowie den langen Rebflächenkorridor an der Nordseite des Apt-Tals. Wir befinden uns zwar mittlerweile ein schönes Stück südlich der Gemeinden Rasteau und Gigondas, doch sind die Roten aus Ventoux nach wie vor von einer gewissen Bergkühle und -frische geprägt. Die Nächte können recht kalt werden und außerdem schicken die Berge mehr Regen in das Gebiet, als man es im offenen Rhône-Tal gewöhnt ist. Eine weitere große AOC im Herzen der Provence sind die **Côtes du Lubéron** südlich von Apt; ihre Rebgärten ziehen sich nördlich und südlich der Montagne du Lubéron entlang. In landschaftlich überaus reizvoller Gegend reifen auf nicht sonderlich vorteilhaften Kiesböden über Sand Weine heran, die stets mit den Schönheiten der Natur mitzuhalten versuchen. Den Weißen gelingt das auch im Gegensatz zu den leichtgewichtigen, etwas scharfen Roten, weshalb es den Weißweinspezialisten Jean-Marie Guffens in die Gegend gezogen hat. Noch weiter östlich liegen ferner die **Coteaux de Pierrevert**, eine Art Ostzone der Côtes du Lubéron. Ihre Spitzengewächse geben sich wie die aus Lubéron leichter, eleganter, frischer und provenzalischer als die süßen, schweren Rhône-Klassiker.

Das Gegenteil ist in den **Costières de Nîmes** der Fall. Sie gehören bereits zum Rhône-Delta und damit halb zum Languedoc. Die Landschaft wird flach und unspektakulär, als sei ihr Reiz im sumpfigen Rand der Petite Camargue versickert. Trotzdem präsentieren die Roten sich hier in verblüffend guter Verfassung. Selbstbewusst kehren sie ihre Eigenständigkeit und etwas von dem weichen, muskulösen Fleisch sowie der Kraft eines guten Châteauneuf-du-Pape hervor. Sowohl Grenache als auch Mourvèdre reifen voll aus, obwohl die meisten Erzeuger üppig fruchtige Syrah-Getränke bevorzugen. Die Costières de Nîmes ähneln den Sand- und Kieszonen von Châteauneuf, aber auch einigen Bereichen der viel versprechenden Languedoc-Zone La Méjanelle, deren schmackhafte Rote wohlbekannt sind. Gerade 150 m erreicht die Landschaft an ihrem höchsten Punkt noch; der Boden ist mit einer mächtigen, bis zu 10 m tiefen, mit Sand und gelegentlich rotem Ton durchsetzten Schicht aus Flusskieseln bedeckt.

Im Kreuzfeuer

Wacht auf, Genossen!
Viele Genossenschaften im Süden haben den Aufstieg in die Qualitätsweinliga bislang verschlafen, ja, ihre Erzeugnisse gehören sogar zu den schlechtesten Genossenschaftsweinen in ganz Frankreich. Solange die Schlusslichter unter ihnen nicht den besten Betrieben nachzueifern beginnen, etwa der Cave de Clairmonts im Norden oder den Caves in Rasteau und Cairanne im Süden, so lange wird die AOC Côtes du Rhône ihr außergewöhnlich breit gefächertes Potenzial nicht ausschöpfen können.

Überfällige Crus
Das INAO sollte den besten Zonen unter den führenden Côtes du Rhône-Villages, etwa Cairanne oder Rasteau, eine eigene Rotwein-AOC geben. Dann hätten die Erzeuger einen Anreiz, das Wesen des Terroir in ihren Weinen noch sorgfältiger herauszuarbeiten.

Schluss mit Prestige
In einigen Appellationen an der südlichen Rhône, allen voran Châteauneuf-du-Pape und Gigondas, ist es ganz groß in Mode gekommen, eine Cuvée de Prestige, also einen Luxusverschnitt aus dem gesamten Lesegut, zu offerieren. Das ist nachvollziehbar und in mancherlei Hinsicht auch begrüßenswert, denn die besten dieser Cuvées gehörten in den Jahren 1998 und 2000 zu den größten Rhône-Weinen, die je entstanden sind. Es ist ein Privileg, sie genießen zu dürfen. Andererseits aber unterhöhlen diese Spitzenweine die Qualität der „gewöhnlichen" Cuvées, die den Namen des Guts ohne Zusatz tragen.

Zwei Lösungen bieten sich an. Zum einen könnte man sich am Vorbild Bordeaux orientieren, d. h. den Hauptwein einer Kellerei als Grand Vin oder Cuvée de Prestige anbieten und die weniger guten Zweitweine unter einem anderen Namen in Umlauf bringen. Das erfordert viel Disziplin, zahlt sich langfristig aber aus und würde auch für Regionen wie die südliche Rhône passen, wo Verschnitte mit vielerlei Rebsorten die Norm sind. Unter anderem hat etwa Vieux Télégraphe diesen Weg eingeschlagen. An der nördlichen Rhône hingegen bietet man den Hauptwein einer Domäne als Verschnitt an, während in geringeren Mengen erzeugte Tropfen als Crus oder Einzellagenabfüllungen auf den Markt kommen (die besser oder schlechter als die Verschnitte sein können). Das funktioniert in Zonen mit Einzellagen, eignet sich aber weniger gut für Gebiete, in denen man den Gewächsen durch Kombination von Lesegut mehrerer Parzellen zu wahrer Größe verhilft.

Serine: aussterbende Gene
Für viele Winzer an der Côte Rôtie ist die beste Rebsorte nicht Syrah, sondern eine enge Verwandte namens Serine. „Sie ist sehr ertragsarm – mehr als 35 hl/ha liefert sie nicht. Und ihre Beeren sind immer klein", erklärte mir François Villard. Alain Paret verweist ferner darauf, dass Syrah runde Beeren trägt, während sie bei der Serine länglich sind. Die Stiele aber reifen nach Auskunft von Villard wesentlich verlässlicher aus als beim Syrah. „Serine ist ein alter Syrah-Klon", vermutet Villard. „Sie fällt meist leichter und farbschwächer aus als Syrah, erbringt jedoch Weine mit viel mehr Komplexität, Ausdruckskraft und Finesse, was diesen klassischen Rauchton und eine Schinkennote mit sich bringt. Allerdings kommt der Anbau auch einem Glücksspiel gleich, denn man kann fürchterlich baden gehen. In Hochform aber kann keine andere Traube an der Côte Rôtie der Serine das Wasser reichen." Und doch sieht man sie von Jahr zu Jahr seltener. Bestenfalls 20 % der Rebflächen sind noch mit Serine bestockt. Warum? „Die Pflanzen kränkeln", seufzt er. „Man muss sie alle 30 Jahre austauschen. In den Pflanzenschulen bekommt man sie deshalb schon nicht mehr." Villard bestätigt, dass die Weinbauern den Fortbestand von Serine nur gewährleisten können, wenn sie die Rebe auf eigene Faust selektieren und vermehren. Die Nachzucht aber gestaltet sich schwierig und zeitaufwändig. Mit dem Verschwinden der Serine-Traube ginge die genetische Vielfalt einer der beliebtesten Rebsorten der Welt verloren. Nicht auszudenken.

▼ *Die Römer wussten, dass Reben offene Hanglagen bevorzugen. Kein Wunder, dass sie die Côte Rôtie zum Weinbaugebiet erkoren.*

▼ *Offenbar bekommt die Reklamewand der Familie Champet ebenso viel Sonne ab wie die Weinberge dahinter.*

Leute

Alary
84290 Cairanne, Tel. 04 90 30 82 32, Fax 04 90 30 74 71

Der ruhige Denis Alary und sein Vater Daniel regieren ihr 25-ha-Fürstentum mit großer Umsicht. Ihr weißer Font d'Estevenas (65% Roussanne, 20% Viognier, 10% Clairette) ist eine clevere Mixtur, in der ein Schuss Clairette die Weißdorn- und Orangenblütenaromen der beiden anderen Trauben mit etwas Säure aufpeppt. Der rote Font d'Estevenas (40% Syrah, 60% Grenache) gehört zu den Weinen, die für die Erhebung von Cairanne in den Rang eines Cru sprechen: Sein Duftspektrum mit Anklängen an gewürztes Rindfleisch und die intensiven, trocken-herben Lorbeer-, Zypressen- und Thymianaromen sind ein eindringliches Plädoyer dafür. Eine Parzelle mit 65-jährigen Grenache-Stöcken liefert den Rohstoff für die vollmundige Cuvée La Jean de Verde.

Thierry Allemand ✪
07130 Cornas, Tel. 04 75 81 06 50, Fax 04 75 81 06 50

Ganze 3,4 ha stehen Allemand zur Verfügung, weshalb einem der dichte, duftende, fest gewirkte Cornas Chaillot und die ohne neue Eiche ausgebaute Spitzen-Cuvée Reynard nur selten begegnen. Dank einer mit alten Reben bestockten Parzelle von Noël Verset und einer selten feinfühligen Extraktion erlangen die Tropfen eine für die AOC untypische Tiefe und Finesse.

Aphillanthes
84850 Travaillan, Tel. 04 90 37 25 99, Fax 04 90 37 25 99

Die Villages-Domäne stößt nur eine geringe Menge Wein aus – die aber ist vom Feinsten. In der Cuvée Trois Cépages sind Grenache, Syrah und Mourvèdre zu gleichen Teilen vereint, bei der Cuvée du Galets liegt das Schwergewicht auf Syrah und die köstliche Cuvée du Cros ist ein reinsortiger Syrah.

Gilles Barge
69420 Ampuis, Tel. 04 74 56 13 90, Fax 04 74 56 10 98

Auf dem Gut des AOC-Präsidenten werden geradlinige Côte-Rôtie-Weine auf traditionelle Art bereitet. In Jahren, in denen das Lesegut stark ausreift, schwingt sich die Cuvée du Plessy zu einem verblüffend guten, kernigen Côte Rôtie auf.

Beaucastel ✪
84350 Courthézon, Tel. 04 90 70 41 00, Fax 04 90 70 41 19

Mit 100 ha Rebfläche im Nordwesten von Châteauneuf-du-Pape ist das herrschaftliche Gut so etwas wie der Latour oder Lafite seiner Appellation. Einige Weinkenner halten die Erzeugnisse des von den Brüdern François und Jean-Pierre Perrin geführten Betriebs für die besten Châteauneuf-du-Pape überhaupt, andere schimpfen über ihre Unberechenbarkeit und Entwicklungskurve. Beaucastel sattelte schon 1970 auf biologische Bewirtschaftung um – damals noch unter der Führung von Jacques Perrin, dem Vater der heutigen Besitzer. Er perfektionierte auch die Kurzzeiterhitzung des Leseguts auf 80 °C (angeblich dringt die Hitze in der kurzen Zeit nicht vollständig bis zum Fleisch vor). Dem Vernehmen nach geht damit eine bessere Extraktion, eine langsamere Vergärung und eine Verringerung der Oxidationsgefahr einher, sodass die Perrins anschließend nur sehr wenig Schwefel einsetzen müssen. Andererseits aber wird mit der Erwärmung erstklassiges Rohmaterial fürchterlich malträtiert, was so gar nicht zu einem Gut passt, das gerade die respektvolle Behandlung der Natur zu seiner Philosophie erkoren hat. Als eine der wenigen Kellereien schöpft Beaucastel das gesamte Spektrum der 13 zugelassenen Rebsorten voll aus. Mourvèdre hat hier einen höheren Stellenwert als anderswo, denn die Traube ist im Basis-Roten zu durchschnittlich 30% und in dem nur in den besten Jahren herausgegebenen Hommage à Jacques Perrin zu 70% vertreten. Außerdem bringen die Perrins der dunklen Counoise-Traube sowie den obskuren Sorten Muscardin und Vaccarèse viel Wertschätzung entgegen. Die in den meisten Châteauneuf-Weinen wegen ihrer süßen Öligkeit dominierende Grenache indes spielt mit 30% Anteil lediglich eine Nebenrolle. Mit Ausnahme des geringen Anteils Syrah, der einige Zeit im Barrique ausgebaut wird, kommen alle Weine in große hölzerne *foudres*. Fazit? In seiner idealen Ausprägung ist Beaucastel ein feiner, unverwechselbarer Wein. Der Châteauneuf vereint würzige Tiefe mit ungewöhnlich lebendiger Frucht und hat elegantere, subtilere Gewürznoten anzubieten als die meisten Konkurrenten. Im Alter streift er sich ein Gewand aus Fleisch, Kaffee, Tabak, Trüffeln und Weihrauchnoten über (der nach Havana duftende 1989er ist ein Musterbeispiel dafür). Tiefer, kräuterwürziger, säurereicher, tanninschwerer und in der Jugend überwältigend fruchtig tritt der Hommage à Jacques Perrin auf; er braucht Jahre, um ins Gleichgewicht zu kommen. Allerdings erweisen sich zu viele Flaschen aus dem Haus Beaucastel nach dem Öffnen als reduktive Stinker – vielleicht weil so wenig Schwefel verwendet wird. Die Qualität der einzelnen Jahrgänge scheint bei Beaucastel stärker zu schwanken als in der AOC ansonsten üblich (obwohl man dieses Problem durch die Kurzzeiterhitzung eigentlich in den Griff bekommen wollte). Diese Unberechenbarkeit ist auch dem Côtes-du-Rhône-Wein namens Coudoulet de Beaucastel eigen. In Bestform allerdings erobert er den Gaumen mit viel Ausdruckskraft und reiner Frucht. Der nussige, saftige weiße Châteauneuf hingegen erweist sich als bemerkenswert qualitätsbeständiger Tropfen. Das Flaggschiff der Domäne ist meiner Ansicht nach die Cuvée Roussanne Vieilles Vignes, eine fette, aber lebendige, aprikosenfruchtige, von mineralischer Komplexität durchdrungene Kreszenz.

Beaurenard
84231 Châteauneuf-du-Pape, Tel. 04 90 83 71 79, Fax 04 90 83 78 06

Paul, Daniel und Frédéric Coulon erzeugen auf ihrem 50-ha-Gut reine, süßfruchtige Weine von moderner Machart, jedoch mit reichlich altmodischer Tiefe. Die Luxus-Cuvée Boisrenard (Grenache mit etwas Mourvèdre von mindestens 65-jährigen Reben) wird zu 20% in neuen Barriques ausgebaut und präsentiert sich als ein warmer, schmackhafter, aber trotzdem subtiler Tropfen.

Bois de Boursan
84230 Châteauneuf-du-Pape, Tel. 04 90 83 51 73, Fax 04 90 83 52 77

Jean-Paul Versino gehört zu jenen Erzeugern in Châteauneuf, deren Spezial-Cuvée (Cuvée des Félix) nicht bloß eine Sparversion der „klassischen" Ausgabe ist. Bei beiden handelt es sich um fette, glühende Rote, wobei der Félix sogar ein Extra-Quäntchen Textur und Tiefe aufweist. Auf dem 13-ha-Gut hat man stets die Optimierung der Qualität im Blick.

Henri Bonneau
84230 Châteauneuf-du-Pape, Tel. 04 90 78 13 81

Ich wollte Henri Bonneau einen Besuch abstatten, wurde aber abgewiesen: „Monsieur Bonneau empfängt keine englischen Journalisten." Wer ihn kennt, schwärmt von den unvergesslichen Besuchen bei diesem großen Exzentriker – vielleicht dem größten, seit Jacques Reynaud nicht mehr ist. Leider hatte ich nicht einmal Gelegenheit, seine Erzeugnisse zu probieren, doch auch von ihnen hört man nur Lobliches. Sie stammen von einer kleinen, von Grenache beherrschten 6-ha-Parzelle in der Lage La Crau und einem winzigen Weinberg bei Courthézon, die zusammengenommen gerade einmal 1500 Kisten liefern. Die Cuvée Marie Beurrier und die legendäre Réserve des Célestins gelten als Superstars der Appellation. Ich gebe nicht auf.

Bewertung ✪ Sehr guter Wein ✪✪ Ausgezeichneter Wein ✪✪✪ Großer Wein

Bosquet des Papes ✪
84230 Châteauneuf-du-Pape, Tel. 04 90 83 72 33, Fax 04 90 83 50 52

Lassen Sie sich nicht von den volkstümelnden Etiketten täuschen: Dem 27-ha-Betrieb gelingen lange nachklingende, elegante Châteauneuf-Gewächse mit Garrigue- und anderen Kräuterdüften. Die herkömmliche Cuvée kann etwas trocken ausfallen, doch die liebenswert unbeholfen betitelte Cuvée Essentiellement Grenache, ein volles, üppiges, süßes Wesen, sollte man ebenso probieren wie die dichte, konzentrierte Cuvée Chante Le Merle Vieilles Vignes.

La Bouïssière ✪
84190 Gigondas, Tel. 04 90 65 87 91, Fax 04 90 65 82 16

Die 8-ha-Domäne gehört zu den Newcomern von Gigondas. Ihr Villages-Wein geriet 1998 und 1999 hervorragend: Das dunkle, süß-fleischige, mit reichlich Extrakt durchdrungene Gewächs umgeht geschickt die Trockenheit und unangenehme Wärme mancher Konkurrenzprodukte. Die Auslese La Font de Tonin aus Grenache und Mourvèdre hat noch mehr Tiefe, Kraft und aufsteigende schwarze Frucht zu bieten; sie trägt ihr neues Eichengewand mit Leichtigkeit. Von den Gebrüdern Gilles und Thierry Faravel ist noch einiges zu erwarten.

Brusset
84290 Cairanne, Tel. 04 90 30 82 16, Fax 04 90 30 73 31

Die Reben der 87-ha-Großkellerei von Daniel Brusset und Sohn Laurent stehen in vier Appellationen. Die Grundweine sind gut gemacht, aber unspektakulär. Die Spitzenerzeugnisse hingegen geraten prächtig. Wen wundert's: Sie werden mit niedrigen Erträgen, Naturhefen, Kaltmazeration, automatisiertem „Unterstampfen", dem Liegenlassen auf dem Hefesatz und dem Verzicht auf Filtrierung verhätschelt. Der Cairanne Vendanges Chabrille aus überreifem Lesegut von 80-jährigen Grenache- und Syrah-Stöcken ist gespickt mit Kräutern, wird aber durch lebhafte natürliche Säure bestens austariert. Und der Cairanne Hommage à André Brusset, eine neue, seit dem 1999er-Jahrgang angebotene Prestige-Cuvée, fällt dicht und fest gewirkt aus, braucht allerdings Zeit, bis die Elemente verschmolzen sind. Außerdem hat man zwei Gigondas-Cuvées im Sortiment: den vollmundigen, wenngleich etwas rauen, reichlich mit Gerbstoffen und weißem Pfeffer gewürzten Grand Montmirail (70–75% Grenache, 20–25% Syrah, 5–10% Cinsault) und den Hauts de Montmirail (55–60% Grenache, 25% Mourvèdre, 15% Syrah), eine dunkle, in Eiche aufgezogene Cuvée mit mehr Süße und fleischigerer Frucht.

du Caillou
84350 Courthézon, Tel. 04 90 70 73 05, Fax 04 90 70 76 47

Jean-Louis Vacheron, Spross der gefeierten Familie an der Loire, hat das Gut mittlerweile von seinem Schwiegervater Claude Pouizin übernommen und seinen Châteauneuf aufgewertet. Allerdings gehört du Caillou zu jenen Domänen, in denen die zwei Spezial-Cuvées ihre „kleinere" Schwester enttäuschend einfach und ausdrucksarm aussehen lassen. Einer der Vorzeigeweine heißt Les Quartz – und tatsächlich schmeckt er mineralisch und nicht so breitbäuchig, wie es in der AOC üblich ist. Die Réserve Clos du Caillou wiederum ist ein kraftvoller, dichter, von Rauch und Feuer durchdrungener Châteauneuf.

Les Cailloux ✪
84230 Châteauneuf-du-Pape, Tel. 04 90 83 73 20, Fax 04 90 83 77 24

André Brunel gehört zu den wenigen Glücklichen in Châteauneuf, die Parzellen mit 100-jährigen Stöcken ihr Eigen nennen dürfen; bei ihm finden sie für die herrliche Cuvée Centenaire Verwendung, die so tief und füllig gerät, dass die Vergärung 1998 ein ganzes Jahr dauerte. Doch auch der „gewöhnliche" Châteauneuf ist exzellent (und bietet sogar ein günstigeres Preis-Leistungs-Verhältnis): Voller Anspielungen an Tabak, Kaffee und Kräuter rinnt dieser Tropfen für Hedonisten saftig-süffig die Kehle hinunter.

la Canorgue
84480 Bonnieux, Tel. 04 90 75 81 01, Fax 04 90 75 82 98

Jean-Pierre Margan bewirtschaftet sein 30-ha-Anwesen organisch und zum Teil sogar biologisch-dynamisch. Seine Südhänge sind wärmer als viele andere Weinberge in der AOC, sodass Mourvèdre hier voll ausreifen kann. Der von Syrah dominierte Rote mit 20% Grenache und 10% Mourvèdre gehört zu den beststrukturierten und ausdrucksvollsten Erzeugnissen der AOC – ein leuchtendes, reines Wunder aus Sauerkirschendüften und -aromen.

du Cayron
84190 Gigondas, Tel. 04 90 65 87 46, Fax 04 90 65 88 81

Michel Farauds 15-ha-Domäne gehört zu den ersten Adressen für guten Gigondas, denn seine Gewächse vereinen Gewicht und Finesse – eine Seltenheit in der AOC. Sie werden nach langem Ausbau ungeschönt und unfiltriert abgefüllt.

M. Chapoutier ✪✪
26600 Tain-l'Hermitage, Tel. 04 75 08 28 65, Fax 04 75 08 81 70

Bis Mitte der 1980er-Jahre enttäuschten Chapoutiers Produkte oft. Seit aber Michel und Marc Chapoutier das Gut 1987 von ihrem Vater Max übernahmen, hat die Qualität einen Riesensprung nach vorn gemacht. Fast alle Weine zeigen nun mehr Konzentration und Tiefe – anfangs sogar zu viel Tiefe, da die späte Lese als Nonplusultra galt und man klafterweise neue Eiche verbrauchte. Seit den frühen 1990er-Jahren aber achtet Michel mehr auf Finesse und erntet wie z. B. 1999 manchmal sogar früher als seine Kollegen. Alle Domänen in Chapoutier-Hand – insgesamt besitzt man 80 ha im ganzen Tal – wirtschaften biodynamisch oder stellen gerade um. Damit ist Chapoutier das erste große französische Handelshaus, das in dieser Hinsicht dem Beispiel privater Güter folgt. Den Chapoutiers zufolge liegen die Vorteile auf der Hand: Der 1999er-Jahrgang beispielsweise reifte dank Biodynamik und niedrigen Erträgen früher aus als in den Nachbarweinbergen.

30% machen die Gutsweine, 70% die *négociant*-Erzeugnisse aus, wobei Erstere oft überlegen sind. In St-Joseph z. B. beglückt der weiße Domaine Les Granits, ein fassvergorener reinsortiger Marsanne, mit reichlich Fülle, Reife und Aprikosenfrucht, während sein *négociant*-Gegenstück namens Deschants lediglich angenehm und anisweich ausfällt. Noch deutlicher sticht der Kontrast bei den roten Versionen ins Auge. Dasselbe gilt für einen Vergleich zwischen dem *négociant*-Wein Crozes-Hermitage Les Meysonniers und der Domänenabfüllung Les Varonnières. Die Gebrüder Chapoutier haben sich vom grassierenden „Prestige"-Fieber anstecken lassen und warten bei allen Tropfen von den besten Crus mit Luxuseditionen (von Parzellen mit alten Rebstöcken) auf. Natürlich geraten sie überragend. Eine Kreszenz wie der 1999er Côte Rôtie La Mordorée mit seiner reinfruchtigen Intensität und Fülle wäre heißer Anwärter auf den Wein-Oscar der Region, wenn es ihn denn gäbe. Dank der Cuvées ist Chapoutier mit dem vorzüglichen Barbe Rac aus einem kleinen Weinberg mit hundertjährigen Stöcken und dem feinen Einzellagenwein Croix de Bois sogar Guigal und Jaboulet in Châteauneuf eine Nasenlänge voraus. In Hermitage – oder Ermitage, wie die Chapoutiers ihre Cru-Weine nennen – aber tut die Dominanz des ausgezeichneten Triumvirats der Luxus-Cuvées Méal (die Elegante), Pavillon (die Kraftvolle) und l'Ermite (die Mineralische) dem La Sizeranne nicht sonderlich gut; er fällt passabel aus, aber selten hervorragend aus. Selbst in punkto Opulenz kann man es bisweilen übertreiben, wie der massiv eichenlastige weiße Ermitage l'Orée zeigt: Der reinsortige Marsanne aus Le Méal wird vom Holz schier erdrückt, vor allem in den weniger gelungenen Jahrgängen zu Anfang der 1990er. Nichtsdestotrotz kann man das Haus zu seinem konzentrierten, üppigen, ausdrucksvollen Stil nur beglückwünschen. Die Spitzenweine kosten ein Vermögen, einige der Auslesen von der südlichen Rhône aber bieten ein vorzügliches Preis-Leistungs-Verhältnis, allen voran die generösen Roten aus Rasteau, Vinsobres und Valréas.

La Charbonnière
84230 Châteauneuf-du-Pape, Tel. 04 90 83 74 59, Fax 04 90 83 53 46

Kaum eine französische AOC wartet mit hässlicheren Etiketten auf als Châteauneuf-du-Pape – Michel Maret allerdings bildet eine löbliche Ausnahme. Der Basiswein des Guts, das sich in letzter Zeit stark gebessert hat, ist solide Handwerksarbeit, aber nichts Besonderes. So richtig interessant wird es erst bei der Cuvée de Prestige. Und davon gibt es gleich drei: Beim Mourre de Perdrix handelt es sich um einen feurigen Tropfen aus einer Crau-Parzelle, dem man 10% neue Eiche gegönnt hat; die Vieilles Vignes mit attraktivem Orangenschalenduft und glyzerinüppiger Frucht stammt von alten Reben und Les Hautes Brusquières erfreut als enorm konzentrierte *sélection* aus Grenache und Syrah.

J.-L. Chave ✪✪
26600 Tain l'Hermitage, Tel. 04 75 07 42 11, Fax 04 75 07 47 34

Bis ins Jahr 1481 reichen die Wurzeln der Chaves zurück. Mit einigem Fug und Recht könnten sie daher Anspruch auf den Titel der Weinkönigsfamilie erheben. In keiner anderen führenden Weinregion Frankreichs ist der größte Landbesitzer so fest mit der Landschaft und ihrer Geschichte verwurzelt, so außerordentlich kompetent und ein solch bescheidener Wahrer einstiger An- und Ausbautraditionen. Seit Jahrzehnten schwingt Gérard Chave das Zepter; mittlerweile steht ihm sein intelligenter, beredter Sohn Jean-Louis zur Seite. Das Niveau des Gutes, das ausschließlich Hermitage, etwas St-Joseph und den Côtes du Rhône Mon Cœur erzeugt, ist so hoch wie nie. Bei Chave hält man wie bei Vieux Télégraphe wenig davon, sich die Rosinen aus dem Lesegut herauszupicken und daraus Cru-Weine oder Luxus-Cuvées zu bereiten. Nur selten wird der Maître seinem Vorsatz untreu: 1990, 1991, 1995 und 1998 hat er nicht ohne Bedenken rund 200 Kisten einer üppigen, eichengefärbten Cuvée Cathelin aus seiner Parzelle in Bessards herausgegeben; außerdem offeriert er einen *vin de paille*. Meist aber wird das hochklassige Rohmaterial zu zwei normalen Hermitage-Cuvées verschnitten; die Weißen stammen aus Roucoules, Maison Blanche, l'Ermite und Péléat, die Roten aus Roucoules, Beaumes, Dionnières, l'Ermite und Méal; obendrein verfügt man noch über 2 ha Bessards auf Granit. Was nicht würdig ist, den Namen Chave zu tragen, wird an *négociants* veräußert, die sich darum reißen, wie man sich vorstellen kann. Die in der Regel aus 80 % Marsanne und 20 % Roussanne komponierten Weißen sind Kreationen von burgundischer Komplexität. In jungen Jahren begeistern sie durch Duftfülle, Honignote und kindlichen Überschwang, dann verschließen sie sich für ein Jahrzehnt und öffnen sich wieder, um ihre ganze mineralische Tiefe zu offenbaren. Die Roten erreichen zunächst nicht ganz das Niveau mancher Rivalen und geben sich insbesondere in der Jugend etwas unzugänglich; sie kommen nicht mit neuer Eiche in Berührung, sind jedoch mit reichlich Extrakt, Tannin und reifer Frucht bepackt. Mit fortschreitendem Alter aber wachsen sie über sich hinaus und lassen mehr Nuancen aufblitzen als jeder andere Konkurrenztropfen. Chave setzt auf niedrige Erträge, späte Lese (die Kastanien, so Gérard, müssen zuerst fallen), minimale Eingriffe in den Bereitungsprozess, keine Filtrierung. Mit anderen Worten: keine Tricks – nur das Wirken von Hermitage.

Jean-Louis Chave
07300 Mauves, Tel. 04 75 08 24 63, Fax 04 75 07 14 21

Jean-Louis Chave trumpft auch als *micro-négociant* auf. Er hält ein ansehnliches Blatt aus Assen von der nördlichen Rhône und aus St-Joseph in der Hand. Sie stechen mit der für Syrah typischen rauchigen Mineralität aus dieser Gegend.

Chèze
07340 Limony, Tel. 04 75 34 02 88, Fax 04 75 34 13 25

Lebendiger, liebenswürdiger St-Joseph von einem Betrieb der Gruppe Rhône Vignobles aus dem Guts-Portfolio von Colombo. Die rote Cuvée Prestige de Caroline, benannt nach Louis Chèzes Tochter, ist ein pikantes, tiefes Tröpfchen.

La Citadelle
84560 Ménerbes, Tel. 04 90 72 41 58, Fax 04 90 72 41 59

Das 40-ha-Gut in Lubéron gehört dem *Emmanuelle*-Filmproduzenten Yves Rousset-Rouard und wird mit viel Ehrgeiz geführt. Man bietet ein beachtliches Arsenal aus 65 Parzellen, 14 Rebsorten und 4 Bodentypen auf. Drei Linien werden offeriert: ein Chataîgnier von jungen Stöcken, die klassischen Domänenweine und die rote Cuvée du Gouverneur. Die ersten beiden bestehen aus saftigen, lebendigen Roten und weichen Weißen, während der Gouverneur mit Tiefe, Weichheit und Würze gefällt. Zum Gut gehört ein Korkenziehermuseum.

Cave des Clairmonts
26600 Beaumont-Monteaux, Tel. 04 75 84 61 91, Fax 04 75 84 56 98

Die kleine Familiengenossenschaft mit 86 ha in Crozes-Hermitages erzeugt parfümduftige, energievolle Weine. Bestes Preis-Leistungs-Verhältnis der AOC.

Auguste Clape ✪
07130 Cornas, Tel. 04 75 40 33 64, Fax 04 75 81 01 98

Drei Generationen sind mittlerweile an diesem gefeierten 11-ha-Gut beteiligt: Auguste, Sohn Pierre und Enkel Olivier. Die vollmundigen, würzigen, fest gewirkten, dichten, lagerfähigen Weine sind typische Kinder von Cornas. Ihr Tresterhut wird zweimal täglich „untergestampft". Man hat eine Cuvée namens Renaissance im Repertoire, die von jungen Stöcken stammt, außerdem einen üppigen Côtes du Rhône und einen reinsortigen Syrah namens Vin des Amis.

Clos des Papes
84230 Châteauneuf-du-Pape, Tel. 04 90 83 70 13, Fax 04 90 83 50 87

Trotz des Namens holt diese Domäne ihre Trauben aus 18 Parzellen, die sich auf 32 ha verteilen (der Clos des Papes ist nur eine davon). Paul Avril und sein in Burgund ausgebildeter Sohn Vincent bereiten kräftige, intensive Weine mit weicher Textur, die in großen Fässern altern und unfiltriert abgefüllt werden.

Clos Petite Bellane
84600 Valréas, Tel. 04 90 35 16 45, Fax 04 90 35 19 27

Thierry Sansots betörend duftende, seidige Gewächse stellen die für Valréas typische Eleganz mustergültig zur Schau. Les Echalas ist ein reinsortiger Syrah und das warme südliche Gegenstück zu einem feinen St-Joseph.

Clusel-Roch ✪
69420 Ampuis, Tel. 04 74 56 15 95, Fax 04 74 56 19 74

Gilbert Clusel und Brigitte Roch zeigen in ihrem 4-ha-Kleinbetrieb viel Sinn für Finesse. Les Grandes Places an der Côte Rôtie ist ausschließlich mit der ertragsarmen Serine-Traube bestockt (siehe S. 137). Die Lage erbringt eine Spitzen-Cuvée, die verblüffend lange nachhallt, erdige Textur aufweist und mit würzigen, animalischen Tönen lockt. Fast burgundischer als ein Burgunder gebärdet sich der gewöhnliche Côte Rôtie, ein Sud aus duftenden roten Früchten, der in der Jugend umwerfende Reinheit offenbart (z. B. 1999). Wie aus dem Nichts beginnen ihn mit der Zeit rauchige Noten zu durchdringen.

du Colombier
26600 Tain-l'Hermitage, Tel. 04 75 07 44 07, Fax 04 75 07 41 43

Florent Viale führt mit seinen Weinen von der 15-ha-Domäne die Einmaligkeit eines Syrah von der nördlichen Rhône vor Augen: Die reinfruchtigen Düfte züngeln wie Flammen eines Freudenfeuers aus den Gewächsen hervor, die sich am Gaumen als lebhafte Durstlöscher empfehlen. Der Hermitage gibt sich hier weitaus strukturierter als der Crozes (einschließlich der Spitzencuvée Gaby), was für den Hügel spricht.

Jean-Luc Colombo ✪
07130 Cornas, Tel. 04 75 40 24 47, Fax 04 75 40 16 49

Als der aus Marseille stammende Önologe Jean-Luc Colombo in Cornas seine Zelte aufschlug, stieß er Traditionalisten mit seiner Vorliebe für neue Eiche, Sauberkeit im Keller und 100-prozentiges Entrappen vor den Kopf. Letztendlich aber hat er dazu beigetragen, dass die Tropfen dieser unbekannteren AOC im internationalen Weingefüge den Platz gefunden haben, den sie verdienen: Er schnitt sie auf eine Klientel zu, die von der bissigen Säure, den trockenen Tanninen und dem gelegentlichen Mangel an Hygiene abgeschreckt worden war. Seine Erzeugnisse sind eine Verbeugung vor den Eigenheiten der jeweiligen AOCs, wenngleich sie dem Terroir nur selten uneingeschränkt gerecht werden. Auf seiner 17-ha-Domäne bereitet er drei Cornas-Weine, unter denen der dunkle, nach Harz duftende, mit explosiver Frucht, verhaltenen Gewürznoten, fleischigem Extrakt und einem festen Rückgrat aus Tanninen ausgestattete Les Ruchets von einer Einzellage mit alten Stöcken am gelungensten ausfällt. Leichtere, poetischere Geschöpfe sind der La Louvée und der Terres Brûlées. Der Collines de Laure von jungen Reben wiederum ist ein deklassierter Cornas, der in guten Jahren als Schnäppchen gilt. Wie eine Gewürzbombe explodiert der Cornas Les Méjeans von eingekauftem Lesegut auf der Zunge. Der elegante St-Péray La Belle de Mai entsendet cremige Blütendüfte; er ist einer der besten Weine moderner Machart – und einer der wenigen reinsortigen Roussannes. Wie

Michel Tardieu hat Colombo auch erfolgreich mit Genossenschaften wie der Cave de Cairanne zusammengearbeitet, etwa bei der Cuvée Antique, der Cuvée Temptation und der Réserve des Voconces.

Pierre Coursodon
07300 Mauves, Tel. 04 75 08 18 29, Fax 04 75 08 75 72

Jérôme Coursodon hat erkannt, dass die Zukunft einer so außergewöhnlichen AOC wie St-Joseph in der Ausweisung von Crus liegt. Eine entsprechend große Bandbreite von Einzellagenweinen findet man hier. Naturgemäß ist nicht jedes Erzeugnis der große Knaller, doch ein Tropfen wie der von alten Stöcken stammende, endlos tiefe 1999er L'Olivaie sollte die Winzerkollegen schon aufrütteln.

Yves Cuilleron ✪
42410 Chavanay, Tel. 04 74 87 02 37, Fax 04 74 87 05 62

Dieses Gut ist an der nördlichen Rhône einer der ganz großen Newcomer der letzten Jahre. Die Erfolgsstory begann, als Yves 1987 die Weinberge seines Onkels Antoine übernahm, der sie mangels Nachfolger eigentlich verkaufen wollte. Cuillerons 1994er Chaillets Vieilles Vignes erbrachte als erster Wein den Beweis, dass ein Viognier aus Condrieu mit seiner überwältigenden Aromakraft selbst den größten Elsässer Gewürztraminer in den Schatten stellt. Drei Condrieu-Cuvées stehen zur Auswahl: der üppig fruchtige La Petite Côte, der duftschwere Chaillets Vieilles Vignes von 35- bis 55-jährigen Reben und ein lieblicher Les Eguets, den man erst um Allerheiligen heimholt. Der weiße St-Joseph Le Lombard kann ausgezeichnet geraten, unterscheidet sich aber stark von den Cuvées, denn er macht mit Weißdorn statt Gardenien auf sich aufmerksam. Der rote St-Joseph Les Serines wiederum schägt gelegentlich sogar die Côte-Rôtie-Editionen Bassenon und Terres Sombres, die bisweilen zu eichenlastig ausfallen, 1999 allerdings vollendet ausbalanciert waren. (Siehe auch Vins de Vienne)

Delas ✪
07302 Tournon-sur-Rhône, Tel. 04 75 08 60 30, Fax 04 75 08 53 67

Bis vor kurzem entstanden hier traditionelle, oft beeindruckend kraftvolle, doch recht harsche Tropfen. Unter der neuen Leitung des Burgunders Jacques Grange, der von Chapoutier in die Kunst der Bereitung eingeführt wurde, haben die Weine eine üppig fruchtige, sinnenfrohe Richtung eingeschlagen. Einst runzelte man bei Delas die Stirn über neue Eiche – heute wird sie mit Begeisterung eingesetzt. Durch Entrappen, Mazeration vor der Vergärung, Hefekontakt und den Verzicht auf Schönung und Filtrierung gibt man den Weinen nun wesentlich mehr Fülle mit. Wegen der Vielzahl von Cuvées lässt sich der Hausstil nur schwer zusammenfassen. Wer auf ein gutes Preis-Leistungs-Verhältnis achtet, greift am besten zur knackigen, den Gaumen kitzelnden Cuvée François de Tournon aus St-Joseph oder dem fein gezeichneten Crozes-Hermitage Clos St-Georges der mittleren Kategorie. Qualitätsfanatikern seien der Hermitage Les Bessards oder der Côte Rôtie La Landonne empfohlen, beides wahre Wunder an Tiefe und explosiver Kraft. Dazwischen findet man reichlich Abstufungen, etwa den Côte Rôtie Chante Perdrix, der früher als bescheidener Wein in einer Auflage von 30000 Flaschen auf den Markt kam, mittlerweile aber in einer stark verbesserten Version mit Stückzahlen zwischen 5000 und 10000 Bouteillen jährlich erscheint.

de Deurre
26110 Vinsobres, Tel. 04 75 27 62 66, Fax 04 75 27 67 24

Hubert Valayer kehrte 1987 nicht nur der mittelmäßigen Genossenschaft in Vinsobres den Rücken, sondern für ein paar Jahre auch gleich seiner Heimat, teils um in Kalifornien und Australien (bei Penfolds) Erfahrungen zu sammeln, teils aber auch, weil er mit seinen Plänen zur Gründung einer privaten Kellerei auf schier unüberwindliche bürokratische Hürden stieß (der örtliche Bürgermeister war Präsident der Genossenschaft!). Die Weine dieser 46-ha-Domäne klettern die Qualitätsleiter beständig nach oben (önologischer Berater ist Jean-Luc Colombo). Ihr Weinkatalog enthält einen würzigen Villages aus St-Maurice und einen frischfruchtigen Vinsobres Fûts de Chêne. Die Cuvée des Oliviers ist ein pikanter, lorbeerduftiger Syrah, als Nummer Eins des Guts aber präsentiert sich die Cuvée des Rabasses, ein reinsortiger Grenache mit von Schokolade und Erde unterlegter Kraft und Fülle.

Pierre Dumazet ✪
07340 Limony, Tel. 04 75 34 03 01, Fax 04 75 34 14 01

Pierre Dumazet ist ein Viognier-Künstler, dessen brillanter Côtes du Rhône Cuvée du Zenith von Reben direkt an der Grenze zur AOC Condrieu zweimal so viel kosten würde, wenn die Stöcke nur etwas weiter hangaufwärts stünden. Selbst sein Vin du Pays Viognier ist mit geschickter Hand bereitet und ein absolut seriöser Tropfen. Niedrige Erträge sind für ihn der Schlüssel zum Erfolg. Er ist entschlossen, den Spagat zwischen der berühmten exotischen Aromaextravaganz von Condrieu-Weinen und ihrer oft vernachlässigten zitronigen Schärfe zu schaffen, die für den Erfolg unabdingbar ist, wie zahllose flaue Viogniers beweisen. Sein Meisterwerk, der Côte Fournet, stammt von über 70-jährigen Stöcken.

Entrefaux
26600 Chanos-Curson, Tel. 04 75 07 33 38, Fax 04 75 07 32 27

Charles und François Tardys 25-ha-Gut befindet sich weiter im Aufwind. Crozes-Hermitage verdankt ihnen einige der lebendigsten, opulentesten Tropfen. Eiche kommt stärker als früher zum Einsatz, was beim Les Machonnières von alten Reben zu beeindruckenden Ergebnissen führt. Der weiße Les Pends ist eine gelungene Melange aus 80% Marsanne und 20% Roussanne.

des Espiers
84190 Vacqueyras, Tel. 04 90 65 81 16, Fax 04 90 65 81 16

Die Cuvée des Blaches dieses Gigondas-Guts ist ein dichter, gewichtiger Tropfen, der sich jedoch auf angenehm süße Tannine stützt. Sie stammt aus einer Parzelle mit 35-jährigen Stöcken an den Dentelles-Hängen hinter dem Dorf.

des Estubiers
26600 Tain-l'Hermitage, Tel. 04 75 08 28 65, Fax 04 75 08 81 70

Chapoutier kaufte dieses 50ha große Tricastin-Gut 1998 und begann umgehend mit der Umstellung seiner Kieselflächen auf biodynamischen Weinbau. La Ciboise ist ein leichter Grenache, der am besten kühl getrunken wird. Der bergfrische Château des Estubiers mit geschmeidigen Tanninen wird von Syrah geprägt.

Ferraton
26600 Tain-l'Hermitage, Tel. 04 75 08 59 51, Fax 04 75 08 81 59

Trotz guter Weinberge gelangen dieser Kellerei früher nur rustikale Gewächse. Seit Albéric Mazoyer aus Chapoutiers Wirkungskreis für die Bereitung zuständig ist, hat sich viel getan. Er macht das Beste aus den gut gelegenen 10ha in Hermitage und Crozes-Hermitage. Mazoyer verkauft auch einige Weine auf *micro-négociant*-Basis (erkennbar an der fehlenden Bezeichnung „Domaine").

Font de Michelle ✪
84370 Bedarrides, Tel. 04 90 33 00 22, Fax 04 90 33 20 27

Eine weitere Châteauneuf-Kellerei, die Ende der 1990er-Jahre zu einem Höhenflug angesetzt hat. Ihre 30ha liegen unweit der Crau-Weinberge von Vieux Télégraphe. Im Verschnitt spielt Grenache die Hauptrolle. Der Rote ist ein geradliniger, unbekümmerter Trunk mit köstlicher Marmeladenfrucht. Statt einen Zweitwein zu produzieren, haben sich die Brüder Jean und Michel Gonnet für eine Cuvée de Prestige entschieden: Sie heißt Cuvée Etienne Gonnet und ähnelt stilistisch dem normalen Wein, hat aber eine Extraportion Tannine, konzentriertere Frucht und ein besseres Alterungspotenzial.

Font Sane
84190 Gigondas, Tel. 04 90 65 86 36, Fax 04 90 65 81 71

Die beiden Vorzeigetropfen von Véronique Peysson sind der üppige, würzige, klassische Gigondas und die dichtere, rauchige Cuvée Futée aus dem Barrique.

Fortia
84321 Châteauneuf-du-Pape, Tel. 04 90 83 72 25, Fax 04 90 83 51 03

In diesem 30-ha-Gut wurden die epochalen Vorgaben für die AOC Châteauneuf-du-Pape erstmals formuliert. Nach einem Durchhänger vom Ende der 1970er- bis Anfang der 1990er-Jahre hat es sich unter der Leitung von Bruno Leroy wieder aufgerappelt; außerdem stand ihm Colombo beratend zur Seite. Hier entsteht ein geradliniger Châteauneuf von mittlerem Gewicht. Weder Spezial-Cuvées noch Auslesen schmälern die Qualität der Hauptlinie.

Pierre Gaillard ✪
42520 Malleval, Tel. 04 74 87 13 10, Fax 04 74 87 17 66

Von Gaillards Zusammenarbeit mit Yves Cuilleron und François Villard im Rahmen des Vins-de-Viennes-Projekts scheinen auch seine eigenen Weine profitiert zu haben: Der Standard ist durchweg hervorragend – und das bei einem erstaunlich breit gefächerten Sortiment. Gaillard hat ein Händchen für Viognier, wie sein blütenweißer Côtes du Rhône beweist. Der Condrieu, ein Prachtexemplar seiner Art, unterlegt seine exotische Duftigkeit mit mineralischer Rauheit. Mit der Spätlese Fleurs d'Automne und dem „Strohwein" Cuvée Jeanne-Elise tun sich exotische neue Horizonte für Condrieu auf, der sich mit diesen Pionieren als einer der großen Dessertweine der Welt etablieren könnte. Ein Muss: Gaillards Roussanne St-Joseph, ein weißer Früchtekorb mit reinen, fleischigen Pfirsichen und Aprikosen. Der gewöhnliche rote St-Joseph schleudert einem Schwarze Johannisbeeren entgegen, denen der Cru Clos du Cuminaille noch eine granitschwere Intensität hinzufügt. Les Pierres naht mit Eiche und einem wahren Fruchthammer. Der Côte Rôtie schließlich ist ein schwül-sinnlicher Tropfen, der mit Schokolade und Trüffeln verführt (15% Viognier), während der Rose Pourpre, ein sortenreiner, nicht weniger üppiger Syrah von der Côte Rôtie zusätzlich eine wesentlich rauchigere Note ins Spiel bringt. Das Gaillard-Repertoire umfasst ferner drei Cru-Weine: den süßduftigen Le Cret von der Côte Blonde, den fleischigen, kraftvollen Les Viallières und den dichten, düsteren Côte Rozier.

Gangloff
69420 Condrieu, Tel. 04 74 59 57 04, Fax 04 74 59 57 04

Yves Gangloff und seine Frau Mathilde bewirtschaften ein leider nur kleines Areal, doch der vollmundige Condrieu und die beiden rauchigen, lebhaft johannisbeerfruchtigen Cuvées von der Côte Rôtie – La Barbarine von jungen Reben (10% Viognier) und La Sereine Noire von älteren Stöcken – sind ein Erlebnis.

La Gardine
84230 Châteauneuf-du-Pape, Tel. 04 90 83 73 20, Fax 04 90 83 77 24

Das große Gut baut seine eindrucksvolle Spezial-Cuvée La Cuvée des Générations und ihr weißes Äquivalent Marie Léoncie in neuen Barriques aus. Dieses stilistische Experiment gelingt, denn das Rohmaterial ist so dicht und lebendig, dass es die vom Holz ins Spiel gebrachten zusätzlichen Tannine und üppigen Vanillenoten gut stützt. Der *classique* Tradition ist ein erfreulich muskulöser Tropfen.

Gerin ✪
69420 Ampuis, Tel. 04 74 56 16 56, Fax 04 74 56 11 37

Jean-Michel Gerin stehen nur 7 ha an der Côte Rôtie und 1,5 ha in Condrieu zur Verfügung, doch seine Roten bestechen. Der Champin le Seigneur ist ein Verschnitt aus verschiedenen Parzellen an der Côte Rôtie und enthält 10% Viognier; 1999 fiel er üppig und duftig aus. Die beiden Crus sind reinsortige Syrahs: Der geradlinige La Landonne dampft förmlich vor teeriger Wärme, während der La Grande Place von einem hoch gelegenen Weinberg als verführerisch duftender, samtiger Nektar voller Anspielungen an Schokolade und Blüten auftritt. La Loye aus Condrieu wiederum bekundet mehr Glyzerinschwere als früher. In guten Jahren bereitet Gerin ferner einen exotischen Vendanges Suprêmes von Trauben, die erst im November gelesen werden.

Alain Graillot
26600 Pont l'Isère, Tel. 04 75 84 67 52, Fax 04 75 84 79 33

Der Autodidakt und ehemalige Landmaschinenvertreter Alain Graillot drängte Mitte der 1980er-Jahre ins Rampenlicht von Crozes-Hermitage – und schien sich schon am Ende der Dekade in die Riege der besten Erzeuger in der AOC einreihen zu können. Anfang der 1990er ließ er etwas nach, fing sich aber in der zweiten Hälfte des Jahrzehnts wieder und hält nun ein hohes Niveau. Seine Fassauslese La Guiraude fällt oft besser aus als sein Einzellagen-Hermitage.

Gramenon ✪
26770 Montbrison, Tel. 04 75 53 57 08, Fax 04 75 53 68 92

Michèle Laurent führt das 24-ha-Gut in Vinsobres mit Bravour, seit ihr Mann Philippe bei einem Jagdunfall ums Leben kam. Sie offeriert mehr Cuvées denn je, allen aber ist die für Gramenon-Weine typische außerordentliche Finesse, Eleganz, Duftigkeit und Geschmackstiefe eigen. Wer „sichere" Vinifizierung für unerlässlich hält, wird von diesen Weinen eines Besseren belehrt: Die besten, wie der Ceps Centenaires aus zwei Parzellen mit 100-jährigen Grenache-Stöcken, ein göttlich reiner Rhône-Klassiker, kommen ohne Schwefeldioxidzusatz aus und werden ungeschönt und unfiltriert abgefüllt. Empfehlenswert auch der duftschwere, harmonische Hauts de Gramenon, der Sierra du Sud mit üppig blumigen Zügen und der Poignée de Raisins mit seiner schlichten Köstlichkeit.

Grands Devers
84600 Valréas, Tel. 04 90 35 15 98, Fax 04 90 37 49 56

Nachdem die Bouchards ihr Unternehmen Bouchard Père et Fils in Burgund an Joseph Henriot verkauft hatten, wollten sie zunächst nach Bordeaux gehen, änderten jedoch ihre Pläne, weil die „kulturellen Unterschiede" ihrer Ansicht nach zu groß gewesen wären. Stattdessen entschieden sie sich für René Sinards altes Domizil, bestehend aus 25 ha in der kühleren Nordecke der Villages-Zone. Man bereitet elegante, blumige, seidige, charmante Tropfen ohne Holzeinsatz. Selbst die größeren Kreationen sind duftige Essenzen, deren Substanz eher auf Frucht als auf Tanninmasse zurückzuführen ist.

Bernard Gripa
07300 Mauves, Tel. 04 75 08 14 96, Fax 04 75 07 06 81

Eine der verlässlichsten Quellen von St-Joseph. Das Sortiment ist von durchweg hoher Qualität, angefangen von den leichten, lebhaften Weißen voller Waldblumen bis hin zu den tiefen *classiques* sowie dem üppigen, saftigen Les Berceaux aus einer Parzelle mit 50-jährigen Stöcken. Alterungsfähiger St-Péray.

Guigal ✪✪✪
69420 Ampuis, Tel. 04 74 56 10 22, Fax 04 74 56 18 76

Genies poltern nicht. Marcel Guigal ist ein ruhiger Zeitgenosse. Er erinnert eher an einen ehrwürdigen Kardinal oder unauffälligen Meisterspion als an einen säbelrasselnden Brigadier. Er ist klein, fast unscheinbar, kleidet sich zurückhaltend, flüstert mehr, als dass er spricht – und doch gibt es in Frankreich gegenwärtig keinen erfolgreicheren *négociant*. Selbst als Winzer agiert er mit der Souveränität eines „Produktionsdirektors" auf einem Bordelaiser Gut der Premier-Cru-Klasse. Mit seinen Methoden hat er die französische Weinlandschaft nachhaltig beeinflusst. Den Grundstein zum Erfolg legte sein Vater Etienne, der seinen beruflichen Werdegang als Arbeiter bei Vidal-Fleury begann und das Unternehmen mit 75 als Krönung seiner Karriere gemeinsam mit seinem Sohn Marcel kaufte. Wenn die Spitzenerzeugnisse von der nördlichen Rhône heute so hoch im Kurs stehen wie die größten Grands crus aus Burgund, denen sie in vielerlei Hinsicht ähneln, dann ist das zu einem großen Teil das Verdienst der Guigals. Marcels Sohn Philippe scheint die Bescheidenheit und das Engagement seines Vaters geerbt zu haben. Kürzlich hat sich die Familie neuen Herausforderungen gestellt und die Güter Jean-Louis Grippat und de Vallouit erworben.

Guigal aber ist nicht gleich Guigal: Da gibt es zum einen den *négociant* – ein riesiges Handelshaus, das allein an der Côte Rôtie von 67 Weinbauern kauft und an der Côte du Rhône sogar mit fast 400 Winzern unter Vertrag steht – und zum anderen die Domäne mit ihren berühmten Hängen an der Côte Rôtie sowie in Condrieu, die im Jahr 2000 gerade einmal 14 ha umfasste, wenngleich kürzlich Flächen hinzugekommen sind. Die drei Sterne gelten dem Gut. Diesen Spitzenwert erreichen die *négociant*-Weine nur selten, einen Stern aber verdienen sie allemal.

Guigals Methoden werden auf Seite 130 beschrieben. Sein massiver Einsatz von neuem Holz, der den Weinen jedoch gut zu tun scheint, fasziniert Winzer wie Weintrinker gleichermaßen. Fast bekommt man den Eindruck, als sei Magie im Spiel – ein Zauber allerdings, den man riechen und schmecken kann, sofern man jemals das Glück hat, einen der Domänenweine zu ergattern. Der Condrieu La Doriane ist ein sinnlich fülliger Tropfen, der von reintönigen Mineraliennoten im Zaum gehalten wird. Halten Sie Ausschau nach dem neuen St-Joseph Vigne de l'Hospice (ehemals Grippat), ein Musterbeispiel subtiler, eichengefärbter Reinheit. Alle anderen Flächen gehören zur Côte Rôtie, darunter drei Einzellagen (La Mouline, La Landonne und La Turque) und das Château d'Ampuis, eine Zusammenstellung aus sechs Lagen (La Garde, La Clos, La Grande Plantée, La Pommière, Pavillon Rouge und Le Moulin). La Landonne z. B. stammt von steilen Hängen an der Côte Brune und wird ohne Viognier-Zusatz bereitet; er entfaltet kaffeeschwere, erdige Trüffelnoten. La Turque von der Côte Blonde wiederum ist ein kraftvoll-lebendiger, reifer Tropfen, der einmal Blumendüfte und ein andermal Bratengerüche verströmt. Der Château d'Ampuis fasst den jeweiligen Jahrgang immer gut zusammen. Seine johannisbeertönige Reinheit nimmt dank später Lese eine wohltuende Fleischigkeit an.

Und die *négociant*-Weine? Der Côte Rôtie, Condrieu und weiße Hermitage können herausragend ausfallen und auch der rote Hermitage ist ein anständig gemachter Tropfen. Die Erzeugnisse von der südlichen Rhône zeigen vielleicht etwas zu viel nördliche Zurückhaltung. Gute Qualität zum konkurrenzlos günstigen Preis bekommt man mit dem Côtes du Rhône; die Jahrgänge 1995 und 1998 etwa boten schönen Trinkgenuss. (Siehe auch de Vallouit und Vidal-Fleury)

Paul Jaboulet Aîné ✪
26600 La Roche-de-Glun, Tel. 04 75 84 68 93, Fax 04 75 84 56 14

Jaboulet gehört zu den drei großen in Familienbesitz befindlichen Handelshäusern an der nördlichen Rhône (die beiden anderen sind Guigal und Chapoutier). Der Betrieb bewirtschaftet 91 ha eigener Rebfläche, darunter 26 ha am Berg Hermitage selbst. Ferner gehört Jaboulet die 40-ha-Domäne Thalabert in Crozes-Hermitage, die zwar mit ihrem flachen Kieselareal südlich von Tain nicht gerade über die besten Weingärten verfügt, aber trotzdem zu den Glanzlichtern der AOC zählt. Ein neuerer Trumpf im Jaboulet-Ärmel ist die Domaine de St-Pierre in Cornas; ihre Weine bilden mit beeindruckend süßer, verhaltener Frucht ein schönes Gegenstück zur animalischeren *négociant*-Version. Außerdem hat Jaboulet das mit alten Reben bestockte 5-ha-Gut des verstorbenen Raymond Roure an den nach Süden gerichteten Granithängen nördlich von Tain unter seine Fittiche genommen, Land in St-Joseph und Condrieu gekauft und ein Jointventure mit der Stadt St-Péray gestartet. Bis vor kurzem ließ die Qualität quer durch das Sortiment nichts zu wünschen übrig. Vor allem der legendäre rote Hermitage La Chapelle, ein lebendiger, verführerischer Tropfen, überzeugte durch bemerkenswerte Konsistenz, cremige Aromafülle und exquisite Frucht. Er fand den perfekten Mittelweg zwischen der Duftigkeit und Finesse des Nordens und der Substanz und Stoffigkeit des Südens. Die *négociant*-Erzeugnisse erreichen nicht die Güte ihrer Vettern von der Domäne, in guten Jahrgängen aber kann man sie sich getrost anschaffen, wie der weidenduftige Côte Rôtie Les Jumelles, der saftige St-Joseph La Grande Pompée und der wildbretartige Hermitage Le Pied de la Côte zeigen.

Jean-Paul et Jean-Luc Jamet ✪
69420 Ampuis, Tel. 04 74 56 12 57, Fax 04 74 56 02 15

Die Jamets haben zwar nur 6,5 ha, bestechen aber Jahr für Jahr durch beständige Qualität. Der ölige rote 1978er gehörte zu den größten Côte-Rôtie-Kreszenzen, die mir je untergekommen sind. Stilistisch findet man wohl kaum typischere Erzeugnisse: Sie offenbaren Johannisbeer- und Rauchdüfte sowie kernige, frische, lebhafte Aromen, die in einen tanninreifen, seidigen Abgang münden.

La Janasse ✪
84350 Chourthézon, Tel. 04 90 70 86 29, Fax 04 90 70 75 93

Der ansehnliche 47-ha-Betrieb hat seine Stammflächen im Courthézon-Bereich von Châteauneuf bei Beaucastel, besitzt aber weitere, über die ganze AOC verstreute Weinberge. Aimé Sabon kümmert sich um die Stöcke, Sohn Christophe ist für die Kellerei zuständig. Man setzt auf zeitgemäßen Stil und lässt sich von Colombo beraten: Man entrappt das Lesegut, setzt wenig neue, kleine Eichenfässer ein und verzichtet auf Schönung und Filtrierung. Die Sabons bieten einen Tradition, einen Prestige, eine Cuvée Vieilles Vignes von über 80-jährigen Reben und eine Cuvée Chaupin von fast ebenso alten Stöcken an. Sowohl die Vieilles Vignes als auch die Cuvée Chaupin sind himmlische Tropfen: Sie begeistern durch klassische Statur sowie schön definierte Wesenszüge und sind opulent, ohne in suppige Süße zu verfallen. Dem Tradition aber tun alle diese Auslesen nicht gut: Er fällt einfach und unscheinbar aus. Wer auf ein gutes Preis-Leistungs-Verhältnis Wert legt, ist mit dem Côtes du Rhône Les Garrigues gut bedient.

Robert Jasmin
69420 Ampuis, Tel. 04 74 56 16 04, Fax 04 74 56 01 78

Seit Robert Jasmin 1999 unerwartet früh verstarb, muss sein Sohn Patrick das Geschäft im Alleingang weiterführen. Der Côte Rôtie zeichnet sich durch große Reinheit und Eleganz aus – er erinnert daran, wie stilistisch nah sich Burgund und die nördliche Rhône doch sind.

Laurus *siehe* Gabriel Meffre

Patrick Lesec (Lesec Selections)
75018 Paris, Tel. 01 44 70 62 90, Fax 01 44 70 62 93

Broker Patrick Lesec kauft gutes bis bestes Grundmaterial und verleiht den Weinen nach Tardieu-Manier den letzten Schliff. Er baut sie aufwändig aus und füllt sie ungeschönt und unfiltriert ab. Sein Paradepferd dürfte der Châteauneuf Les Galets Blonds von alten Stöcken (aus Crau) sein, doch auch der im Barrique gereifte Gigondas Les Espalines-Les Tendrelles kann sich sehen lassen.

Marcoux
84230 Châteauneuf-du-Pape, Tel. 04 90 34 67 43, Fax 04 90 51 84 53

Das 16-ha-Gut gehörte unter Philippe Armenier zu den Pionieren des biodynamischen Weinbaus an der Rhône. Philippes Schwestern Sophie und Catherine führen sein Werk im selben Geist fort. Die Weine von Parzellen aus mehreren Zonen, darunter auch Crau, geraten süß, scharf, glyzerinschwer und üppig. Die Cuvée Vieilles Vignes von 70- bis 100-jährigen Rebengreisen in Charbonnières bei La Crau stützt diese Süße mit enormem Extraktreichtum.

Mas Neuf
30600 Gallician, Tel. 04 66 73 33 23

Luc Baudet kaufte dieses 22-ha-Anwesen in Costières de Nîmes im Jahr 2000 und legte einen furiosen Schnellstart hin mit einer superben Cuvée Prestige (75 % Syrah, der Rest Grenache und Mourvèdre), die mit Anklängen an gezuckerte Heidelbeeren und satter Tanninstruktur aufwartet. Ihre höheren Weihen bekommt sie in gebrauchten Barriques von Lafite und Smith Haut Lafitte.

Gabriel Meffre
84190 Gigondas, Tel. 04 90 12 30 22, Fax 04 90 12 30 22

Der große *négociant* trumpft mit einer erstaunlichen Palette von Weinen aus 18 führenden AOCs vom gesamten Lauf der Rhône auf. Seine Laurus-Linie setzt sich aus anständigen, gelegentlich ausgezeichneten Weinen zusammen. Alle altern in übergroßen 275-l-Barriques, die Meffre „Laurus-Fässer" nennt. Der Côtes du Rhône Chasse du Pape beweist eindringlich, welch warme Gewächse die Region zu liefern vermag, wenngleich die Flaschenform und der Name Verwechslungen mit Châteauneuf förmlich heraufbeschwören.

Monteillet
42410 Chavanay, Tel. 04 74 87 24 57, Fax 04 74 87 06 89

Newcomer Stephan Montez ist wie so viele junge Franzosen seiner Generation weit gereist, um kalifornischen und australischen Weinmachern über die Schulter zu gucken – sogar im englischen Weinberg Denbies hat er schon gearbeitet! Die traditionellen Bereitungsmethoden seiner Heimat versucht er durch größte Sauberkeit und behutsamen Umgang mit dem Rohmaterial zu perfektionieren. Er bringt Beeindruckendes zuwege, muss sich bei knapp 0,5 ha Fläche aber mit minimalen Mengen bescheiden. Der Côte Rôtie Les Grandes Places ist mit verführerisch süßen Kaffee- und Toastnoten ausgestattet. Etwas größer ist die Auswahl bei den St-Joseph-Erzeugnissen, von denen die saftig-süße Cuvée Papy als besonders preisgünstig zu empfehlen ist.

La Mordorée ✪
30126 Tavel, Tel. 04 66 50 00 75, Fax 04 66 50 00 75

Christophe Delormes biodynamisch bewirtschaftetes 55-ha-Gut ist die Geburtsstätte einer Reihe ungewöhnlich frischer Tavel-Weine und eines üppigen, fleischigen, wenngleich in viel zu geringen Mengen erzeugten Châteauneuf Reine des Bois. Wie alle biodynamischen Weine Frankreichs bestechen sie durch eine herausragende Definition, die den weichfruchtigen Basis-Wein ebenso auszeichnet wie den ungewöhnlich kräuterwürzigen, rauchigen Lirac Reine des Bois.

Mourgues du Grès
30300 Beaucaire, Tel. 04 66 59 46 10, Fax 04 66 59 34 21

François Collard machte ein Praktikum bei Lafite und arbeitete als Weinjournalist, bevor er sich auf diesem 35-ha-Familiengut niederließ. Die Rebflächen sind mit den für die AOC Nîmes typischen Kieseln bedeckt. Die Basis-Cuvée Les Galets (rot, weiß und rosé) ist für baldigen Trinkgenuss gedacht und zeigt selbst in ihrer roten Variante feste Säure und saftige Frucht. Zur Linie Terre d'Argence gehört ein tieferer, vollmundigerer Roter (80% Syrah, 20% Grenache, beide von 35-jährigen Stöcken) und ein von Roussanne dominierter, feinduftiger Weißer. Der Capitelles des Mourgues ist als Rosé und Rotwein zu haben: Die rosarote Edition mit 60% Mourvèdre wird im Fass vergoren, während die rote dieselbe Verschnittformel wie der Terre d'Argence aufweist, aber zusätzlich einem einjährigen Aufenthalt in Holz unterzogen wird, was seine Frucht mit einer attraktiven Duftnote unterlegt. Auf Filtrierung verzichtet Collard mittlerweile.

de Nages
30132 Caissargues, Tel. 04 66 38 44 30, Fax 04 66 38 44 21

Diese Domäne mit 70 ha in Nîmes führt *négociant* Michel Gassier. Er behauptet, die Kiesschicht seiner Rebflächen sei 13 m dick und enthalte nur noch etwas feuchtigkeitsspeichernden Sand und Mergel. Die beiden Vorzeigetropfen des Hauses sind die weiße Cuvée Joseph Torrès, ein ausschließlich im Fass vergorener Roussanne voll üppiger, rauchiger Aprikosenfrucht, und ihre rote Schwester, ein reines Syrah-Gewächs, das ein Jahr in zu einem Drittel neuen Fässern verbringt. Der 1998er-Jahrgang wartet mit schokoladigen Trüffeldüften sowie Brombeermarmelade- und Gewürznoten auf. Er kommt unfiltriert in die Flasche.

La Nerthe
84230 Châteauneuf-du-Pape, Tel. 04 90 83 70 11, Fax 04 90 83 79 69

Das große Gut erstreckt sich über eine nach ihm benannte Gemarkung etwas südwestlich von Crau und grenzt seit dem Aufkauf von La Terre Ferme im Jahr 1991 sogar direkt an Crau an. Seine Rebfläche lässt sich in eine Reihe unterschiedlicher Terroirs unterteilen (Sand, Ton und Kiesel über Ton). In den 1990er-Jahren hat sich La Nerthe langsam, aber beständig verbessert. Da Grenache in den Verschnitten nie mehr als 50% Anteil hält, zeichnen sich die Weine durch mehr Brombeerfrucht und lebhaftere Tannine aus als die der meisten Konkurrenten. Die Cuvée des Cadettes ist eine dichtfruchtige, zu 50% im Barrique gereifte rote Auslese von einer 1900 bestockten Grenache-Mourvèdre-Parzelle.

Niero-Pinchon
69420 Condrieu, Tel. 04 74 59 84 38, Fax 04 74 56 62 70

Banker Robert Niero übernahm die Domäne an steilen Condrieu-Hängen in den 1980ern von seinem Schwiegervater und erweiterte sie auf 3 ha. Die Basis-Cuvée wird größtenteils in Edelstahl vergoren und stellt sich als pfirsichfruchtiger Tropfen mit eleganter Säure vor. Der Coteau du Chéry von älteren Stöcken fällt üppiger und glyzerinhaltiger aus. Niero gehört außerdem eine kleine Parzelle Côte Rôtie in Les Viallières, aus der er einen stämmigen, pfeffrigen Tropfen holt.

Oratoire St-Martin
84290 Cairanne, Tel. 04 90 30 28 82 07, Fax 04 90 30 74 27

Noch ein Gut, das beweist, wie viel Klasse ein Cairanne haben kann. Als konzentrierteste Gewächse aus Frédéric und François Alarys 25-ha-Kellerei empfehlen sich die Weine Réserve des Seigneurs und Prestige.

Les Pallières *siehe* Vieux Télégraphe

Alain Paret
42520 St-Pierre-de-Bœuf, Tel. 04 74 87 12 09, Fax 04 74 87 17 34

Paret gehören Weinberge in Condrieu und St-Joseph; außerdem betreibt er eine Vin-de-Pays-Domäne im Hérault, wo er Syrah und Viognier kultiviert. Er ist mit Gérard Depardieu befreundet, der in Condrieu sogar sein Partner ist. Depardieu war von einer Flasche Wein von diesem Gut so angetan, dass er Paret begeistert anrief. Daraus entwickelte sich eine Freundschaft. Das Sortiment umfasst den feurigen, intensiven Einzellagenwein Lys de Volan Condrieu, den duftigeren Ceps du Nebadon aus Lesegut von mehreren Lagen und gelegentlich eine Condrieu-Spätlese namens Sortilèges d'Automne. Der in Holz gereifte Larmes du Pierre St-Joseph (rot und weiß) stammt von einem Weinberg auf Granit und blauem Ton und ist durchdrungen von Mineralien. Les Pieds Dendés hingegen fällt leichter und einfacher aus. Der Spitzenwein aus St-Joseph, 420 Nuits genannt, wird aus Serine von einer Lage namens Rochecourbe bereitet und bleibt genau 420 Nächte in neuer Eiche aus fünf verschiedenen Wäldern. Natürlich kann er einen süßen Eichenton nicht verhehlen, gleichzeitig aber ergießt sich ein Meteorschauer aus kernigen, würzigen Früchten und lebhaften Pfeffernoten über die Geschmacksknospen.

Pegaü ✪
84230 Châteauneuf-du-Pape, Tel. 04 90 83 72 70, Fax 04 90 83 53 02

Das 20-ha-Gut besitzt Parzellen in mehreren Zonen der AOC; sie sind meist mit 40- bis 70-jährigen Reben bestockt. Paul Feraud und Tochter Laurence bevorzugen einen üppigen, bisweilen rustikalen, aber immer kraftvollen, muskulösen Stil und arbeiten vorwiegend mit spät gelesenen Grenache-Trauben. Ihr „klassischer" Wein heißt seltsamerweise Cuvée Réserve. In guten Jahren wird er in einer im Barrique gereiften Version namens Cuvée Laurence herausgegeben. 1998 komponierte man eine monumentale Cuvée da Capo mit allen 13 zugelassenen Rebsorten, die sehr spät gelesen wurden und zwei Jahre lang sanft vor sich hingären durften, bis sie bei 16,5% Alkohol stehen blieben. Geschönt oder filtriert wird auf diesem Gut nicht. Alle Tropfen sind enorm alterungsfähig.

Perrin
84100 Orange, Tel. 04 90 11 12 00, Fax 04 90 11 12 19

Die Bezeichnung Domaine Perrin verwenden die Perrins aus Beaucastel – und insbesondere Pierre Perrin, der Sohn von Jean-Pierre – für ihre regionaltypischen, preisgünstigen *micro-négociant*-Erzeugnisse.

André Perret ✪
42410 Chavanay, Tel. 04 74 87 24 74, Fax 04 74 87 05 26

Perret schöpft das Potenzial von St-Joseph bis zum Limit aus: Den vollreifen Trauben entlockt er saftige, tiefe Essenzen. Der rote Les Grisières von 50-jährigen Stöcken gerät großartig. Im Programm hat Perret außerdem gute Condrieu-Weine, allen voran den saftigen, exotischen Coteau de Chéry.

Pesquié
84570 Mormoiron, Tel. 04 90 61 94 08, Fax 04 90 61 94 13

Der Quintessence, eine Lagenauslese aus Grenache von 55-jährigen Reben und 20% Syrah, gehört zu den intensivsten Côtes-du-Ventoux-Geschöpfen – zum herausragenden Überwein fehlt ihm nur noch ein Quäntchen fruchtiger Süße und eine vielgestaltigere Tanninstruktur. Paul und Edith Chaudière bereiten auf ihrer 72-ha-Domäne ferner eine Cuvée Terrasses und eine Cuvée Prestige.

Le Pigeoulet *siehe* Vieux Télégraphe

Pignan *siehe* Rayas

Rabasse Charavin
84290 Cairanne, Tel. 04 90 30 70 05, Fax 04 90 30 74 42

Corinne Couturier verfügt über 14 ha Cairanne, 8 ha Rasteau, 25 ha Villages-Land und 18 ha Vin-de-Pays-Areal. In Rasteau tariert man 40% Mourvèdre mit Grenache aus, wodurch ein ganz eigener Gewürz- und Pflaumenton angeschlagen wird. Die Cairanne-Weine fallen Grenache-lastiger aus und kehren die süße Öligkeit vollreifen Leseguts hervor, ohne in die bisweilen beißenden Tannine eines Gigondas oder das alkoholische Feuer eines Châteauneuf abzugleiten. Die Cuvée d'Estevenas tritt blass, doch saftig und kirschfruchtig auf.

Rayas ✪✪
84260 Sarrians, Tel. 04 90 65 41 75, Fax 04 90 65 38 46

Der Mitte der 1990er-Jahre verstorbene Jacques Reynaud war bekannt als bisweilen misanthroper Exzentriker, aber auch als brillanter Kellermeister, der einer auf den ersten Blick verwahrlosten Kellerei Rayas großartigen Châteauneuf entlockte. Sein Neffe Emmanuel bemüht sich stärker um Beständigkeit, bleibt der von seinem Onkel vorgegebenen Linie ansonsten aber treu. Die Grenache-Traube ist die unumstrittene Herrin im Château. Sie reift an alten, ertragsarmen Stöcken auf sandigem oder lehmig-tonigem Boden heran und wird sehr spät heimgefahren. Die Weine sind relativ hell, stellen aber ein sehr schönes Wesen und lange Alterungsfähigkeit unter Beweis. Die fetten, süßen, gleichzeitig pikanten Tropfen entfachen in ihrer Jugend ein Strohfeuer aus Erdbeeren und Kirschen, das mit der Zeit in ein weiches Glimmen von Gewürzen übergeht. Erwartungsgemäß werden keine Cuvées de Prestige bereitet; der *classique* ist zugleich der *grand vin*. Der Pignan ist eine Art Zweitwein. Er stammt von der gleichnamigen Parzelle bei Courthézon und aus weniger erfolgreichen Behältnissen in den Rayas-Kellern. Fonsalette heißt ein Côtes du Rhône vom Rand der Châteauneuf-Zone, der dank rigoros niedriger Erträge oftmals besser ausfällt als schwächere Châteauneuf-Erzeugnisse anderer Güter. Das etwas kühlere Klima gibt ihm eine dunklere Farbe und frischere Tannine mit als den anderen Rayas-Gewächsen, doch ist er genauso lagerfähig. Der weiße Fonsalette schließlich übertrifft die Rayas-Weißen sogar oft. Mit der Fonsalette-Linie zeigen die Reynauds, dass sie nicht stur auf Grenache fixiert sind: Sie enthält eine Syrah-Cuvée von einem Nordhang, die mit Wild und Trüffeln betört. Die Cuvée Pialade ist Resteverwertung. (Siehe auch des Tours)

Reméjeanne ✪
30200 Sabran, Tel. 04 66 89 44 51, Fax 04 66 89 64 22

Zwei Beweise erbringt dieses von Rémi und Ouahi Klein geführte 35-ha-Gut. Erstens: Wenn es um einfache, schmucklose, köstlichen Trinkgenuss bietende Rote geht, kann einem Côtes du Rhône in Bestform fast kein Wein der Welt das Wasser reichen. Zweitens: Selbst in einem so umfassend kultivierten Gebiet wie dem Rhône-Tal gibt es noch viele Geheimnisse zu entdecken. Niemand hat dem abgelegenen Dorf Sabran als Anbauzone je so viel Aufmerksamkeit gewidmet wie Rémi Klein, und voilà! – schon schwingt Syrah sich in diesem neuen Terrain zu einem watteweichen, lyrischen Wein auf, wie man ihm selten begegnet. Les Arbousiers ist die „klassische" Cuvée-Linie des Hauses; sie umfasst einen zitrusduftigen Weißen, einen weinigen Rosé und einen süßfruchtigen, aus gleichen Teilen Syrah und Grenache bereiteten Roten von Lössböden. Les Chèvrefeuilles ist ein Verschnitt von jungen Reben, der mit etwas Carignan und Counoise von alten Stöcken gestützt wird. Les Genevrières aus Grenache mit kleineren Anteilen Syrah und Mourvèdre präsentiert sich als gelungene Gratwanderung zwischen Eleganz und Kraft. Das Schmuckstück der Domäne aber heißt Les Eglantiers und ist ein fast reinsortiger Syrah von kalkigen Sandböden, der ein Jahr im Barrique auf der Hefe gelegen hat und einer Mikrooxidation unterzogen wurde: Rein, duftig und exquisit ausbalanciert liegt er im Glas und verwöhnt den Weintrinker mit kakaobestäubter, süßer Frucht.

Remizières ✪
26600 Mercurol, Tel. 04 75 07 44 28, Fax 04 75 07 45 87

Jahr für Jahr steigert sich Philippe Desmeure mit seiner 27-ha-Domäne aufs Neue. Der St-Joseph macht mit kerniger Frucht und mineralischer Tiefe auf sich aufmerksam, währen die Crozes-Weine durch außerordentliche Reinheit und Lebendigkeit im Geschmack begeistern. Die unfiltrierte, eichengefärbte, rote Cuvée Christophe hält bravourös das Gleichgewicht zwischen Eichenfülle und frischfruchtiger Eleganz, während der Weiße mit Honignoten verführt. Remizières-Weine sind nicht immer einfache, auf jeden Fall aber sinnliche Genüsse.

Richaud
84290 Cairanne, Tel. 04 90 30 85 25, Fax 04 90 30 71 12

Marcel Richaud gehört zu den vielen aufstrebenden Jungtalenten in Cairanne. Mit seiner Palette kann er schon jetzt überzeugen: Der zum Teil im Barrique vergorene Weiße ist wesentlich besser, als die bescheidene AOC-Rangstufe Côtes du Rhône vermuten lässt. Der klassische Cairanne präsentiert sich als rundes, langes, fettes Gewächs. 41 ha Rebfläche reichen Richaud für zwei Spitzen-Cuvées: den eichenschweren Ebrescade und den dunklen, fleischigen Estrambords.

la Roquette *siehe* Vieux Télégraphe

René Rostaing ✪
69420 Ampuis, Tel. 04 74 56 12 00

Rostaing vervollkommnet seine Kunst weiter: Er drosselt den Einsatz von Eiche immer mehr, erntet noch später als früher und füllt unfiltriert ab. Damit hat er sich zu einem der besten Erzeuger an der Côte Rôtie emporgeschwungen. Seine drei Cuvées sind der Classique, der von der früher nicht zum Gut gehörenden Viallières-Parzelle profitiert, der dichte, satte Landonne und der duftende, verführerische Côte Blonde, der als einziger einen Schuss Viognier (unter 5%) enthält. Der Condrieu La Bonette mit einer Nase aus Geißblattaromen kommt nicht mit Eiche in Berührung.

Roger Sabon
84230 Châteauneuf-du-Pape, Tel. 04 90 83 71 72, Fax 04 90 83 50 51

Roger Sabons Besitzungen verteilen sich auf mehrere Châteauneuf-Zonen, unter anderem Crau und Nalys. Seine Besten gründen sich auf einen tragfähigen Sockel aus Grenache – so auch die Cuvée Prestige von 100-jährigen Stöcken. Abgesehen von dem einfachen Tradition handelt es sich um duftende, gut strukturierte, unfiltrierte *classiques*.

St-Cosme ✪
84190 Gigondas, Tel. 04 90 65 80 80, Fax 04 90 65 81 05

Der ehrgeizige, wortgewandte Louis Barruol gehört zu den neuen Stars an der südlichen Rhône – und auch an der nördlichen, denn seine Condrieu- und Côte-Rôtie-Erzeugnisse geraten ebenfalls überragend. Barruols Markenzeichen sind Eleganz, Reinheit und volltönende Frucht. Fast scheint es, als bereite er Gigondas als Côte-Rôtie-Wein. Der rote Côtes du Rhône Les Deux Albion ist in der Jugend ein zauberhaft blumiges Meisterwerk (er enthält 10% Clairette). Selbst der gefeierte Prestige-Gigondas Valbelle tritt mit fast Pinot-artiger aromatischer Finesse auf; er lässt seinen Eichenton schön verhalten anklingen.

Sang des Cailloux ✪
84260 Sarrians, Tel. 04 90 65 88 64, Fax 04 90 65 88 75

Serge Férigoule mischt mit seinen 16 ha in Vacqueyras ganz vorn mit. Wie bei vielen der bedeutendsten französischen Weinmacher von heute gründet sich sein Erfolg mehr auf das, was er sein lässt, als auf das, was er tut: Er verzichtet auf Herbizide und Pestizide, Edelstahl, Schönen und Filtrieren. Der fassvergorene Weiße bleibt dank seiner blumigen Intensität lange im Gedächtnis haften, wird allerdings nur in winzigen Mengen bereitet. Drei Rote bietet Férigoule auf, die die provenzalischen Namen seiner drei Töchter tragen: Doucinello bringt Blüten, weiche Tannine und Gewürze in Einklang, Floureto ist der erdigere, üppigere des Trios und Lopy vereint die Zitrusduftigkeit des Doucinello sowie die Tannine des Floureto zu einer denkwürdigen, kirschfruchtigen Kreation. Sang des Cailloux beweist, wie unterschiedlich die beiden Nachbarn Vacqueyras und Gigondas sind.

Santa-Duc ✪
84190 Gigondas, Tel. 04 90 65 84 49, Fax 04 90 65 81 63

Seit über einem Jahrzehnt bildet Yves Gras' 22-ha-Domäne nun schon die Speerspitze von Gigondas – und trotzdem scheinen sich seine Cuvées mit jedem Jahr weitere Dimensionen schokoladiger, erdiger Tiefe und Dichte zu erschließen, wie der überbordend fruchtige Côtes du Rhône und in guten Jahren der eichengefärbte, spät gelesene Gigondas Hautes Garrigues von alten Grenache-Stöcken beweisen. In Gigondas ist es alles andere als einfach, Tiefe und Fruchttextur mit solcher Leichtigkeit zu extrahieren wie die Tannine; nur wenigen gelingt es mit so beständigem Erfolg wie Gras. Wie er das macht? Hefe spielt bei ihm eine große Rolle; außerdem unterzieht er seine Weine vor der Vergärung einer Kaltmazeration. Beim Ausbau lässt er ihnen viel Zeit und füllt sie schließlich ungeschönt und nur leicht filtriert ab. Die Cuvée Hautes Garrigues ist eine *sélection* aus der gleichnamigen Gemarkung, die aber keineswegs hoch gelegen ist, sondern sich sogar noch unterhalb des Dorfs auf tonhaltigem Kalk erstreckt.

Marc Sorrel
26600 Tain l'Hermitage, Tel. 04 75 08 59 51, Fax 04 75 08 81 59

4 ha reichen nicht aus, um die Weinkeller der Welt mit Sorrels präzise bereiteten Tropfen aus Hermitage und Crozes-Hermitage zu bestücken. Marc hält einen beständig hohen Standard und setzt stilistisch auf klassische Reinheit. Er offeriert zwei Cru-Cuvées vom Berg Hermitage: Le Gréal ist ein roter Verschnitt aus Méal und Greffieux, der herausragende Weiße stammt aus Les Roucoules.

La Soumade ☉
84110 Rasteau, Tel. 04 90 46 11 26, Fax 04 90 46 11 69

Jeder französischen Appellation tut ein Verrückter gut – und die AOC Rasteau hat ihren in dem selbst ernannten „Narren" André Romero gefunden. Wie ein Besessener sucht er den Trauben das letzte Quäntchen Geschmack, Reife und Ausdruck zu entlocken. Sein vorzügliches Sortiment reicht von Vins de Pays bis hin zum großartigen Confiance, der von einer Einzellage mit 100-jährigen Stöcken stammt und nur in den besten Jahren bereitet wird. Neben seinen beachtlichen „Normalweinen" offeriert Romero auch Vins Doux Naturels mit dem Siegel der AOC Rasteau, etwa den reinsortigen, goldenen Grenache Blanc, der in *foudres* reift und dort eine ungewöhnliche Komplexität erlangt.

Jean-Michel Stephan
69420 Tupin et Semons, Tel. 04 74 56 62 66, Fax 04 74 56 62 66

Der viel versprechende junge Winzer von der Côte Rôtie wartet mit einer eleganten, reinen, konzentrierten Vieilles-Vignes-Cuvée von 100-jährigen Reben auf. Stephan arbeitete früher für Guigal, was man seinen polierten Weinen anmerkt.

Cave de Tain l'Hermitage
26601 Tain-l'Hermitage, Tel. 04 75 08 20 87, Fax 04 75 07 15 16

Es lohnt sich, die geschmeidigen, ausdrucksvollen Spitzen-Cuvées der Genossenschaft, Gambert de Loche und Nobles Rives, einmal zu probieren.

Tardieu-Laurent ☉☉
84160 Lourmarin, Tel. 04 90 68 80 25, Fax 04 90 68 22 65

Das Erfolgsrezept ist im Grunde einfach: Man kaufe die besten Trauben, zahle dafür Spitzenpreise und behandle sie wie Juwelen. Tardieu führt die fertig vinifizierten Weine durch zwei hefereiche, schwefelarme Jahre in erstklassigen Fässern, hält die Reduktion gering und füllt sie schließlich ungeschönt und unfiltriert ab. Der *négociant* hat aus dem ganzen Tal etwas zu bieten, z. B. einen gemeinsam mit der Cave Lourmarin bereiteten Lubéron, der tatsächlich nach Lavendel zu duften scheint, einen mächtig muskulösen Costières de Nîmes, einen exquisit blumigen *classique* von der Côte Rôtie und einen kaum weniger duftigen Hermitage. Enttäuscht wird man bei Tardieu-Laurent nie, wenn auch der gewöhnliche Crozes-Hermitage etwas unausgereift ausfallen kann und der weiße Côtes du Rhône Cuvée Guy Louis unter seiner Eichenlast etwas ächzt. Herausragendes ist dafür umso häufiger. Wer auf ein gutes Preis-Leistungs-Verhältnis achtet, sollte Weine wie den superwürzigen roten Côtes du Rhône Vieilles Vignes von 80-jährigen Grenache-Stöcken nahe Châteauneuf, den kaffeegetönten Vacqueyras Vieilles Vignes oder den veilchenduftigen St-Joseph Vieilles Vignes ins Auge fassen. In der gutsinternen VIP-Lounge tummeln sich der ausdrucksvolle, volltönende Cornas Vieilles Vignes von 100-jährigen Stöcken, die bei Sabarotte stehen, der typisch mineralische St-Joseph Les Roches Vieilles Vignes, der wirkt, als seien Schwarze Johannisbeeren in ihm eingelegt worden, und allen voran der Côte Rôtie Cuvée Spéciale Vieilles Vignes, der den Mund mit allerlei Aromen füllt.

Tourettes
71960 Sologny, Tel. 03 85 51 66 00, Fax 03 85 51 66 09

Jean-Marie und Maine Guffens' Gut bei Apt ist die Heimat der Verget-du-Sud-Weine. „Man muss das Terroir lieben wie seine Kinder", verkündete Guffens 2001 auf einer Pressekonferenz in Lubéron. Als er das nach Norden ausgerichtete, reine Kalkplateau in 400 m Höhe einst sah, wusste er, dass hier gute Weiße entstehen konnten. Wenn er dem Verschnitt Chardonnay beifügt – „ich kann ohne Chardonnay nicht leben" –, kommen die Weine als Vins de Pays in den Handel. Für die (natürlich fassvergorenen) Besten hat er sich den Namen Le Plateau de l'Aigle ausgedacht. Er hat auch weiße Verget du Sud aus Lubéron und Ventoux sowie Rote namens Tourettes aus Lubéron zu bieten. Die Jahrgänge 1998 und 1999 fielen dunkel, würzig, elegant und mit üppigen Tanninen beladen aus. Eine verheißungsvolle Zukunft ist den frischen Tropfen sicher.

des Tours
84260 Sarrians, Tel. 04 90 65 41 75, Fax 04 90 65 38 46

Emmanuel Reynaud produziert aus 90 % Grenache und etwas Syrah einen blassen, schmackhaften, reifen, lange nachklingenden Vacqueyras Grande Réserve, der allerdings 1998 wegen Differenzen mit dem Verkostungsausschuss als AOC Côtes du Rhône erschien. Ein leichterer, einfacherer Vin de Pays de Vaucluse aus Grenache, Syrah und Cinsault firmiert als Domaine des Tours.

de la Tuilerie
30900 Nîmes, Tel. 04 66 70 07 53, Fax 04 66 70 04 36

Unter den 70 ha Rebfläche der Familie Comte finden sich Nordhänge, die den Erzeugnissen einen Biss und eine Definition mitgeben, die man in der Gegend nicht immer findet. (In schlechten Jahren indes ist die Säure zu hoch bemessen.) Man offeriert drei Cuvées, die alle von Syrah dominiert werden: die frische, duftintensive Carte Blanche mit bis zu 40 % Grenache, eine Vieilles-Vignes-Cuvée von 25-jährigen Syrah-Stöcken und die in Eiche gelagerte Cuvée Eole.

du Tunnel
07130 St-Péray, Tel. 04 75 80 04 66, Fax 04 75 80 06 50

Stéphane Robert beschert der Weinwelt nicht nur sauberen, frischen St-Péray, sondern auch zwei Cuvées aus Cornas: eine schneidige, lebendige Prestige-Edition von 80-jährigen Reben, die nach schwarzem Pfeffer und Veilchen schmeckt, und eine nur minimal schwächere „Normalversion" von 50-jährigen Pflanzen.

Pierre Usseglio
84230 Châteauneuf-du-Pape, Tel. 04 90 83 72 98, Fax 04 90 83 72 98

Jean-Pierre und Thierry Usseglios 23-ha-Gut ließ Ende der 1990er-Jahre nicht nur wegen des feurigen, nach Oliven duftenden *classique* aufhorchen, sondern auch wegen der beiden neuen *sélections* Cuvée de Mon Aïeul (1998), deren Lesegut von 80-jährigen Grenache-Reben stammt, und der zum 50-jährigen Jubiläum der Domäne herausgegebenen Cuvée Cinquantenaire (1999). Ein Betrieb, den man im Auge behalten sollte.

de Vallouit
26240 St-Vallier, Tel. 04 75 23 10 11, Fax 04 75 23 05 58

Guigals neueste Erwerbung verfügt über einige feine Rebgärten an der nördlichen Rhône, etwa Les Greffières in Hermitage und Les Anges in St-Joseph, die man zu nutzen verstehen wird. Auch die *négociant*-Weine dürften sich verbessern, obwohl das dauern kann, wie am Beispiel Vidal Fleury zu sehen ist.

Verget du Sud *siehe* Tourettes

Georges Vernay ☉
69420 Condrieu, Tel. 04 74 56 81 81, Fax 04 74 56 60 98

Georges Vernay sollte als „der Mann, der Condrieu vor dem Untergang bewahrte", in die Geschichte eingehen. Er weigerte sich, seine ertragsarmen Viognier-Reben und unzugänglichen, nicht maschinell zu bearbeitenden Condrieu-Terrassen aufzugeben, als jeder Winzer sich von der Aussicht auf ein leichtes, modernes Weinbauerndasein verlocken ließ. Heute ist Condrieu die AOC mit einem der höchsten Durchschnittspreise in Frankreich, und Viognier hat in den meisten wärmeren Anbauregionen der Welt den Durchbruch geschafft. Mittlerweile führen Georges' Tochter Christine und ihr Mann Paul Amsellem den 7-ha-Betrieb. Der Basis-Condrieu empfiehlt sich als korrekter, weiniger, langer, doch unspektakulärer Tropfen. Wer in höhere Kategorien vorstoßen will, muss sich einen der beiden Cru-Weine zulegen, den Les Chaillées de l'Enfer oder den Coteau de Vernon, die beide im Barrique vergoren wurden, wobei man allerdings den Anteil neuer Eiche auf maximal 20 % begrenzt hat. Diese großartigen Essenzen zeigen unverhohlen ihre Sinnlichkeit, werden aber auch von einem ernsthaften mineralischen Rückgrat gestützt. Honig und Geißblatt charakterisieren den Coteau de Vernon, während der Chaillées einen würzigeren, feurigeren Zug an den Tag legt. Der Vernay-Katalog enthält ferner zwei Côte-Rôtie-Erzeugnisse: einen eleganten, schokoladigen Classique mit 10 % Viognier und einen sortenreinen Syrah Maison Rouge voller Holzkohlenglut.

Vidal-Fleury
69420 Ampuis, Tel. 04 74 56 10 18, Fax 04 74 56 19 19

Das wahrhaft historische Handelshaus befindet sich seit 1994 in der Hand von Guigal. Leider macht sich sein Geschick noch nicht bemerkbar, sodass die

Weine bisweilen etwas zu schlank und trocken ausfallen. Bei den Auslesen von der nördlichen Rhône und insbesondere dem Côte Rôtie La Chatillhomme hingegen ist ein erster Aufwärtstrend erkennbar.

Vieille Julienne
84100 Orange, Tel. 04 90 34 20 10, Fax 04 90 34 10 20

Jean-Paul Daumen gehört zu den vielen Shootingstars in Châteauneuf. Der Domänenwein stellt sich angenehm, geschmeidig und unauffällig vor, doch in der Cuvée Réservée und der Vieilles-Vignes-Cuvée begegnet man kraftvoll süßen, saftigen Kreszenzen mit etwa 80% Grenache-Anteil. Sie brauchen aber Zeit, um ihren jugendlichen Übermut abzulegen. Der Côtes du Rhône ist ein würziger, warmer Geselle.

Vins de Vienne ✪✪
38200 Seyssuel, Tel. 04 74 85 04 52, Fax 04 74 31 97 55

Yves Cuilleron, Pierre Gaillard und François Villard wollen in erster Linie dem historischen, aber längst aufgegebenen Weinberg Seyssuel oberhalb von Vienne wieder zu alter Größe verhelfen. Im Februar 1996 nahm die „leicht verrückte Idee", ihn neu zu bepflanzen, mit der Gründung von Vins de Vienne konkrete Formen an. Der Südhang auf Schiefer liegt zwar östlich der Rhône, ist aber so geschützt und warm, dass man hier sogar Kakteen findet, die normalerweise erst 200 km weiter südlich wachsen. Drei Rote sind geplant, alles reinsortige Syrah: ein „klassischer" Sotanum, die *sélection* Taburnum und die Super-*sélection* Heluicum, die nur in besten Jahren erscheint. Außerdem wird es einen Sotanum Rosé und einen weißen Vionnier – genau so geschrieben! – geben. Alle Erzeugnisse gehören zur Landweinzone Vins de Pays des Collines Rhodaniennes. Die ersten Ausgaben des 18 Monate in neuen Barriques gereiften Sotanum sind verheißungsvoll füllig und fleischig für einen Wein von blutjungen Reben.

Außerdem will das Trio mit Vins de Vienne ein *micro-négociant*-Geschäft für Rhône-Weine aufziehen – und hat mit einigen brillanten 1999er- und 2000er-Ausgaben gleich einen fliegenden Start hingelegt! Zu den Newcomern zählen der frische, cremige St-Péray les Bialères, der köstlich saftige, ausgewogene Condrieu La Chambée und der exotisch würzige, sinnliche Côte Rôtie Les Essartailles. Michel Tardieus Einfluss ist unschwer zu erkennen, denn alle Weine werden bestens vinifiziert, mit reichlich neuer Eiche verwöhnt (manchmal zu sehr, wie der weiße St-Joseph l'Elouède zeigt) und lange auf der Hefe liegen gelassen. Dank der schön minimalistischen Verpackung dürften sich die Flaschen zum Renner in Restaurants entwickeln. Und bald werden wohl auch private Käufer hinter ihnen her sein.

Le Vieux Donjon
84230 Châteauneuf-du-Pape, Tel. 04 90 83 70 03, Fax 04 90 83 50 38

Auf den Kieselflächen der Pied-Long-Zone im Nordwesten der AOC entstehen klassische, süße, warme Châteauneuf-Weine von runder Substanz. Bei den Erträgen bleibt man weit unter dem erlaubten Maximum von 35 hl/ha.

Vieux Relais
30126 Tavel, Tel. 04 66 50 36 52, Fax 04 66 50 35 32

Pierre Bardins Domäne scheint über einige der besten Weinberge in der AOC zu verfügen. Die beiden Cuvées des lang gedienten Winzers haben einen guten Ruf. Der geschmackstiefe, scharfe Tradition ist ein Verbund aus 50% Syrah und 50% Grenache, während die mit Oliven und Lakritze bepackte Sélection (ein für Costières de Nîmes ganz und gar untypischer Stil) vorwiegend aus Mourvèdre besteht, der mit einem Schuss Grenache abgeschmeckt wird.

Vieux Télégraphe ✪✪
84370 Bedarrides, Tel. 04 90 33 00 31, Fax 04 90 33 18 47

Frédéric und Daniel Brunier, die Urenkel des Gründers Hippolyte Brunier, leiten Vieux Télégraphe, eines der größten Güter an der Rhône, mit Bravour. Die 70 ha Rebfläche erstrecken sich ausnahmslos auf dem heißen, steinigen La-Crau-Plateau im Osten der AOC. Mittlerweile haben sich die Bruniers noch die 28-ha-Domäne La Roquette angeschafft, deren Rote von drei verschiedenen Terroirs stammen, u. a. von Sandböden in Pignan. Zudem sind sie gemeinsam mit ihrem US-Importeur Kermit Lynch Mitinhaber der 25-ha-Kellerei Les Pallières in Gigondas. Seit die Söhne das Gut von Vater Henri übernommen haben, fallen die Weine etwas tiefer aus, obwohl man Daniel zufolge gar nicht allzu sehr auf Extrakt aus ist. Nach wie vor verwendet das Gut große *foudres* anstelle von Barriques für den Ausbau – bei den Roten, wohlgemerkt; die Weißen kommen durchaus einige Zeit in Eichenfässer. Zwei Jahre lang werden die Weine alle drei Monate abgestochen und anschließend ungeschönt und unfiltriert abgefüllt. Der qualitative Aufschwung ist unter anderem auf die lobliche Entscheidung zurückzuführen, einen Zweitwein namens Vieux Mas des Papes (seit 1994 im Programm) zu erzeugen, der allerdings beileibe kein simples Getränk ist, denn auch bei ihm achtet man auf niedrige Erträge und verwendet Trauben von 40- bis 70-jährigen Stöcken. Er enthält Grenache als Hauptbestandteil, weshalb er relativ hell ausfällt, aber intensiv nach Braten, Kräutern und süßen Pflaumen duftet. Hinter der würzigen Fassade verbirgt sich ein Tropfen mit viel weichen, eleganten Tanninen. Kaum weniger eindrucksvoll tritt der vor cremig-süßer Frucht förmlich prickelnde Roquette auf. Der Pallières offenbart die fein gewirkte, süße, duftende Früchteladung eines Gigondas mit typisch feuriger Wärme im Hintergrund; noch mehr als ein Châteauneuf schmeckt er nach heißen Steinen. Le Pigeoulet empfiehlt sich als leichter, hübscher, duftiger Vin de Pays de Vaucluse vom Rand der AOC Châteauneuf. Weiß und Rot schmecken kühl am besten.

François Villard ✪
42410 St-Michel-sur-Rhône, Tel. 04 74 56 83 60, Fax 04 74 56 87 78

Ex-Küchenchef Villard hat mit 6,5 ha noch nicht viel Land erwirtschaftet, doch seine intensiven, dichten Weine stehen auf der Einkaufsliste vieler Liebhaber von Rhône-Weinen schon ganz oben. Er fertigt vier Condrieu-Cuvées (Grand Vallon, Terrasses du Palat, Deponcins und die Spätlese Quintessence), einen Côte Rôtie La Brocarde sowie St-Joseph in Rot (Reflet, Grand Reflet) und Weiß (Mairlant). Dank später Lese, Hefekontakt und sehr niedriger Erträge erreichen die Weine eine Aromafülle, in die sich sogar der relativ kräftige Eichenton gut integriert. Die Condrieu-Erzeugnisse sind allesamt prachtvolle Kerle, wenngleich manche etwas Subtilität vermissen lassen. Die rauchige, aromatische Ausdruckskraft, fruchtige Fülle und exquisite Tannindosis der Brocarde- und Reflet-Weine deuten darauf hin, dass Villards Roten eine noch größere Zukunft bevorsteht als den Weißen.

Viret
26110 St-Maurice, Tel. 04 75 27 62 77, Fax 04 75 27 62 31

Nicht organischen oder biodynamischen Weinbau wollen der ehemalige Genossenschaftler Alain Viret und Sohn Philippe praktizieren, sondern „Kosmokultur", eine von den Maya inspirierten Methode. Der Keller, die „Weinkathedrale", besteht aus 3–6 t schweren Steinblöcken, die nach dem goldenen Schnitt arrangiert sind, einer am architektonischen Aufbau griechischer Tempel orientierten Formel. Die Weine spiegeln das „einmalige Biotop" wider, aus dem sie entstehen. Sie werden handgelesen, mit Wildhefen vergoren, fast ohne Schwefel ausgebaut und unfiltriert abgefüllt. Sechs verschiedene Linien werden angeboten – Spitzenreiter sind die drei Einzellagenweine aus St-Maurice. Der Maréotis gibt sich leicht und duftig; Les Colonnades (Carignan, Mourvèdre, Grenache von 100-jährigen Reben) ist ein fester, schokoladenschwerer Tropfen; Emergence schließlich (Grenache, Carignan, Syrah) verströmt animalische Gerüche und erweist sich als kraftvollster, mineralischster Tropfen des Trios. Eine vierte Cuvée ist in Vorbereitung; sie harrt derzeit in ehemaligen Margaux-Fässern ihrer Veröffentlichung.

Voge
07130 Cornas, Tel. 04 75 40 32 04, Fax 04 75 81 06 02

Großvater Alain Voge hat seine sortenreine Marsanne-Cuvée Mélodie-William aus St-Péray nach seinen Enkeln benannt. In dem faszinierenden Nektar dominieren Mineralien und Blüten angenehm über die Frucht. Weniger gelungen ist die Cuvée Boisé, wo Eiche (50% neu) diese eher zarten Noten verhüllt. Der Cornas wiederum ist ein dunkler, rauchiger, duftiger *classique*. Zum Sortiment gehören ferner eine im Barrique gealterte Vieilles-Vignes-Cuvée und in großen Jahren die umwerfend animalische Cuvée Les Vieilles Fontaines von Stöcken, die in den 1920er-Jahren gepflanzt wurden. In jeder Appellation bewirtschaftet Voge 7 ha Fläche.

Provence

Auf der Suche nach Identität Auf den ersten Blick hat die Provence alles, was man für gute Weinkultur braucht: Schönheit, steinige Felder, Sonne, viele Rebsorten und eine in Frankreich einmalige Eignung für organischen Rebbau. Und doch sind große Tropfen rar. Warum nur?

Die AOC-Struktur verleiht dem französischen Weingebäude Stabilität und Beständigkeit. Wer würde mit Blick auf Bordeaux bezweifeln, dass das Zusammenspiel von Cabernet Sauvignon und Merlot ideal ist? Wer wollte in Frage stellen, dass Pinot noir die duftige Traumbesetzung in Nuits ist, Sauvignon blanc in Sancerre flintige Bestnoten erzielt und Viognier seine schwüle Sinnlichkeit nirgendwo besser entfaltet als in Condrieu?

Wer indes genauer hinsieht, erkennt Risse und Konstruktionsfehler hinter der schönen Fassade. Das Spektrum der geographischen Untergliederung reicht von fast schon überzogener Präzision in Burgund bis hin zur unzureichenden Grobeinteilung in der Champagne oder an der südlichen Rhône. Bei der Festlegung von Appellationsgrenzen sollten politische Erwägungen keinerlei Rolle spielen, doch in Regionen wie dem Languedoc überlagern sie die Gegebenheiten des Terroir, wie Corbières oder Fitou zeigen. In der Provence befindet sich das AOC-System noch in der Reifephase. Würde man die Grenzen auf dem jetzigen Stand belassen und die Rebsortenvorschriften in Stein meißeln, hätte das verheerende Auswirkungen auf die Region. Hier entstehen viele gute und einige große Gewächse, aber auch unzählige gesichtslose Weine. Das liegt zumindest zum Teil an der groben AOC-Einteilung und den wirren Sortenspezifikationen. Die Provence ist zu Höherem berufen, doch muss das INAO den begnadetsten Winzern die Freiheit lassen zu experimentieren und das Appellationsgefüge als Rohbau sehen, der konstanter Überarbeitung bedarf. Leider war das bisher nicht immer der Fall. Mit seinen Vorgaben hat das Institut in der Region am Mittelmeer oft der Mittelmäßigkeit Vorschub geleistet und ambitionierten Pionieren das Leben schwer gemacht.

Eines steht jedoch in der Provence außer Frage: die Schönheit der Region. Wohl keine Autobahn der Welt zieht ihre tosende Trasse durch eine malerischere Landschaft als die A8. Das unaufhörliche Auf und Ab der Silhouette – die Folge dreier Deformationsperioden während der Tertiärzeit – lässt die Landschaft einem Sinusschwingen gleich vibrieren. Mindestens drei verschiedene Kalkarten leuchten im verschwenderischen Sonnenlicht; man findet jedoch auch Glimmerschiefer und auffallend rotbraune, eisenoxidhaltige Erde, die ein reizvolles Gegengewicht zum azurblauen Himmel bildet. Duftende Bäume bedecken die unberührten weißen Steinschultern und -buckel oberhalb der A8. Zuweilen lassen die Aleppokiefern die Provence wie die harzfrischen, von winterlichen Regengüssen durchnässten Ionischen Inseln aussehen – manchmal aber wachsen sie auch zu verkümmerten Baumschönheiten heran, die in ihrer knorrigen Vollendung den japanischen Landschaftszeichnungen eines Masanobu oder Tohaku entnommen sein könnten. Abseits der Hauptroute

mutet die allgegenwärtige Garrigue mit Thymian, Fenchel, Wacholder und Eiche fast schon toskanisch an. Die Blätter der Olivenbäume glitzern mit ihrer silbrigen Unterseite im Wind wie Heringsschwärme in der Sonne. Nach Einbrechen der Dunkelheit hüllen die Nachtlieder der Zikaden die Schlafenden in eine dicke, warme Klangdecke. Fast scheint es, als hätte sich alles Schöne mediterraner Herkunft in der Provence zum Reigen versammelt. Selbst die Riesen in dieser klein strukturierten Landschaft – die Zähne der Alpilles, die kauernde Masse des Mont Ste-Victoire, die Kuppen der Maures – gestalten den Horizont mit einer Makellosigkeit, die man nur in Gemälden findet. Und kann man sich einen besseren Wind als den Mistral wünschen? Im Winter mag seine durchdringende Beharrlichkeit lästig sein; im Sommer aber beschert er dem Hinterland das trockenste, frischeste Klima im ganzen Süden. Er jagt nicht nur Nebel und Rauch aufs Meer hinaus, er sorgt auch für ein atemberaubend klares Licht. Die Reben lieben diese Brillanz. Ein beiläufiger Blick auf die Rebhänge von Bandol oder Les Baux, und schon bekommt man den Eindruck, dass Frankreichs größte Lagen nicht in Pomerol oder Pommard zu finden sind, sondern hier.

Den Reben gefällt es hier – den Menschen auch. Vielleicht hat sich der Weinbau deshalb nicht so langsam und stetig entwickelt wie in anderen Regionen. Die Provence war zu Beginn des 20. Jahrhunderts „ein armes, isoliertes Jammertal", erzählt Marielyne Pouchin vom Château Bas. „Die Menschen verhungerten. Man schlug sich mit etwas Schafzucht und Mischwirtschaft im kleinen Stil durch. Wir lagen nicht wie Bordeaux, Burgund oder das Rhône-Tal an einer der großen Handelsrouten. Die Provence war das Land der Kleinbauern. Erst seit Brigitte Bardot können wir unsere Erzeugnisse teurer verkaufen." Marielynes Mann Philippe verweist darauf, dass der Großraum Avignon-Marseille-Aix-Nimes heute nach Paris die zweitgrößte Verbraucherregion im Land sei; Aix gelte als Frankreichs Silicon Valley. Und Marielyne meint lächelnd: „Wir sind praktisch ein Vorort von Paris geworden." Der Landverbrauch steige immer weiter. Philippe: „Wir stehen nicht mit dem Rücken zur Wand – das ist unser Problem. Unsere Winzer beliefern einen riesigen einheimischen Markt und eine nicht minder große Fremdenverkehrsbranche. Außerdem können sie mit Grundstücksverkäufen Geld verdienen. Im tiefsten Languedoc hingegen, wo es keine Touristen, sondern nur Mücken gibt, hat man diese Möglichkeiten nicht. Dort müssen die Weinbauern kämpfen."

Wenn die Kellereien allzu leicht dankbare Abnehmer vor Ort finden, ist das eher ein Fluch als ein Segen. Wie zum Beispiel in Württemberg: An der miserablen Qualität vieler Weine aus diesem Anbaugebiet sind die anspruchslosen Verbraucher auf dem florierenden Stuttgarter Markt mit seinen Mercedes- und Porsche-Produktions-

„Carignan? Ich mag sie, weil sie so heikel ist. Cabernet Sauvignon hingegen ist die langweiligste Traube, mit der ich je zu tun hatte, weil sie so wenig Probleme bereitet. Man braucht einfach nur den Ertrag festzulegen. Sie erbringt nette Weine, aber nicht mehr. Das hier aber ist Syrah-, Mourvèdre- und Carignan-Terrain – ein schwieriges Land, das schwierige Rebsorten braucht."

LARS TORSTENSON

Szenerie bei Bonnieux: Ein kornblumenblauer Himmel und klare Luft machen das Leben in der Provence das ganze Jahr über zum Vergnügen.

stätten schuld. In der Provence wird das Ganze noch durch die vielen Einheimischen und Touristen verschlimmert, die Wein nicht mit Mund und Nase beurteilen, sondern mit den Augen. France Carreau Gaschereau vom Château du Seuil bringt es auf den Punkt: „Rosétrinker trinken in erster Linie Farbe."

Halb zehn an einem Morgen Ende August: Ich spaziere durch das Dörfchen Eguilles. Natürlich scheint die Sonne. Die Hunde verrichten ihr Geschäft auf dem Gehsteig, während ihre Besitzer Zeitungen und Frühstücksbrot kaufen. Ich komme an einem Straßencafé vorbei. An einem Tisch sitzt ein stämmiger, grauhaariger Mann. Eine Zigarette rauchend, beobachtet er das Leben auf der Straße. Unsere Blicke treffen sich kurz. Vor ihm steht ein halb volles Gläschen mit blassem Rosé. Es ist beschlagen, wurde also soeben erst eingeschenkt. Ich gehe weiter. Als ich fünf Minuten später auf dem Rückweg noch einmal am Café vorbeikomme, sitzt er noch immer da. Sein Glas ist nach wie vor beschlagen, doch diesmal bis zum Rand mit hellem, kaltem Rosé gefüllt. Er wirkt rundum zufrieden.

Der Treibstoff des regionalen Weinmotors ist rosa. 80 % der Côtes-de-Provence-, 70 % der Coteaux-Varois- und 50 % der Coteaux-d'Aix-en-Provence-Weine gelangen als Rosés in den Handel. Sicher, in der Provence entstehen einige große Rosés. Sie werden zum Teil sogar in Barriques vergoren und ausgebaut, was keineswegs ungewöhnlich ist, denn nur geschmacksintensives, hochwertiges Lesegut aus niedrigen Erträgen kann man dieser aufwändigen Prozedur unterziehen, ohne das Geld zum Fenster hinauszuwerfen. Der geschickte Einsatz von Holz kann Rosés mit dichter Frucht zusätzliche Struktur verleihen, wobei ein oder zwei Jahre alte Barriques Fässern aus nagelneuem Holz vorzuziehen sind. Guy Négrel nennt diese Weine „Winterrosés".

Die meisten rosafarbenen Tropfen aus der Provence indes sind zwar schön anzusehen, ansonsten aber klägliche Kreaturen. Bei der Arbeit zu diesem Buch war es nie schwerer für mich, interessante Weine zu finden, als bei den Rosés in der Provence. Das kann man kaum den Erzeugern zum Vorwurf machen, denn sie nutzen nur die Gunst der Stunde. Wenn sich die aus Höchsterträgen produzierten Getränke zu Geld machen lassen, dann ist das die Schuld der kritiklosen Verbraucher, obwohl „Schuld" vielleicht der falsche Ausdruck ist, da die meisten ja nur ihre Sommerferien in der Provence genießen möchten. Auf jeden Fall aber wird sich die Qualität der Provence-Weine insgesamt nicht groß verbessern, solange der Rosé weiter das Feld beherrscht. Alle großen Etiketten der Region sind entweder rot oder weiß – und doch spielen sie bei den meisten Erzeugern eine Nebenrolle (Weiße sogar nur eine winzige, denn sie machen nur 4 % der Côtes de Provence aus).

Auf die Unzulänglichkeiten im Appellationssystem habe ich bereits kurz hingewiesen. Unter „Die Provence im Überblick" werde ich die Probleme mit den AOC-Grenzen ansprechen. Hier möchte ich auf das Kreuz mit den Rebsorten eingehen.

Die glücklichste Verbindung zwischen Traube und Terroir in der Provence findet man zweifellos beim Mourvèdre in Bandol. Die spät reifende Sorte mag andernorts schroffe, ausdruckslose Weine erbringen, doch im Kalk- und Sandsteinkessel von Bandol schwingt sie sich zu dunklen, dichten Gewächsen auf, die mit Anklängen an Brombeeren, Rindfleisch, Toffees und Mineralien verwöhnen. Nun braucht Mourvèdre Philippe Pouchin zufolge aber „die Füße im Wasser, den Kopf in der Sonne und den Blick aufs Meer" (woraufhin Marielyne hinzufügte: „Wie ein Pariser im Urlaub"). Mit anderen Worten: In vielen provenzalischen Weinbergen ist Mourvèdre ein Blindgänger, denn die Flächen liegen in der Regel auf etwa 300 m Höhe. Sowohl Christian Double vom Château de Beaupré als auch Elois Dürrbach von der Domaine de Trévallon vermelden, dass Mourvèdre in ihren Rebgärten beim Alkohol kaum über 11 % klettert. Er reift also bei weitem nicht aus. Welche Trauben sollen die Weinbauern also pflanzen, wenn ihre Anbauflächen nicht gerade zu Bandol oder den heißen Küstenregionen der Côtes de Provence gehören? Grenache, Syrah, Cinsault, Cabernet Sauvignon und Carignan spielen alle eine wichtige Rolle, wobei Cabernet in vielerlei Hinsicht die kontroverseste Rebe ist (offiziell darf kein Weinberg zu mehr als 30 % mit ihr bestockt sein). Was sucht Cabernet überhaupt in der Provence? Gehört die Sorte hierher?

Lars Torstenson

Man kann sich kaum eine weniger provenzalische Erscheinung als diesen großen, blonden, fließend Englisch und Französisch sprechenden Schweden vorstellen. 14 Jahre im Süden haben ihn dauerhaft gebräunt – und ihm einen sonnigen Humor beschert. Torstenson führt zwei Güter: die Domaine Rabiega, die seit 1986 dem ehemaligen schwedischen Staatsmonopol Vin & Sprit gehört, und Château d'Esclans, einen von Vin & Sprit gepachteten Betrieb. Außerdem zeichnete Torstenson für einige négociant-Weine namens „Rabiega" verantwortlich. Er hat eine Reihe von Weinbüchern auf Schwedisch verfasst („Sie sind langweilig; ich wollte witzig sein, das ist aber in die Hose gegangen"). Ein Winzer mit Fantasie also?

Genau. Alles was seine Domäne verlässt, bereitet den Appellationsbehörden von vornherein Kopfschmerzen. Torstensons Arbeit ist endloses Experimentieren. Deshalb ist er für eine Region, die noch immer nach einem eigenen Weg sucht, so wertvoll. Um seine Etiketten zu entschlüsseln, sollte man etwas Englisch können. Der „Carbase" aus d'Esclans ist ein sortenreiner Carignan, dessen Trauben bei einem Ertrag von nur 10 hl/ha von 60- bis 70-jährigen Reben gepflückt und ein Jahr im Barrique ausgebaut werden. Als „Mourbase" bezeichnet er seinen reinen Mourvèdre. Theoretisch sind sortenreine Erzeugnisse an den Côtes de Provence nicht zulässig. Henning Hoesch vom Gut Richeaume aber hatte mit dieser Einschränkung nie Probleme und auch die Offiziellen scheinen der Ansicht zu sein, dass das zählt, was im Weinberg steht, und nicht, was letztendlich in die Flasche kommt. So ganz sicher allerdings ist da niemand.

Sortenreinheit jedoch ist für Torstenson erst der Anfang. Weit typischer für seinen kreativen Ansatz sind die beiden als Vin de Table eingestuften Weine Recinsaut und Vin Toussaint. Beim Recinsaut bereitet er von Cinsault aus d'Esclans eine Art recioto, indem er die Trauben vor dem Vergären trocknet. Warum Cinsault? „Ich wusste nicht, was ich mit der dummen Traube anfangen sollte." Der Vin Toussaint ist ein Experiment am Rande des Exzentrischen – oder einfach nur Resteverwertung. Der Jahrgangsmix (1991, 1992, 1993) wurde aus Carignan-Trauben erzeugt, die halbfaul nach Allerheiligen im November gelesen, in neuer Limousin-Eiche oxidativ ausgebaut und im Juli 1995 verschnitten und abgefüllt wurden. Die Reife war nach Auskunft von Torstenson so weit fortgeschritten, weil sich die Reben nach jahrelanger Überdüngung mit Stickstoff im Zuge des konventionellen Rebbaus noch nicht erholt hatten (mittlerweile wurden alle Weinberge auf organische Bewirtschaftung umgestellt). Die letzten 0,5-l-Flaschen dieser Rettungsaktion kosten mittlerweile 106 Euro. Dem Vernehmen nach sind sie sehr gefragt. Der Wahnsinn hat offensichtlich Methode.

Raimond Villeneuve

Die meisten biologisch-dynamischen Winzer in Frankreich sind aus recht pragmatischen Gründen auf Bioweinbau umgestiegen. Mit anderen Worten: Sie haben kühl zwischen konventioneller und ökologischer Bewirtschaftung verglichen, den Nutzen für ihre Weine erkannt und sich für die alternative Vorgehensweise entschieden. Nicht so Raimond Villeneuve (linkes Bild).

Rudolf Steiner hat weit mehr Berühmtheit durch seine Erziehungsmethoden als durch seine Landbaumethoden erlangt, die von anderen aus einer Reihe halbvisionärer, im Jahr vor seinem Tod gehaltener Vorträge abgeleitet wurden. Raimond hat zehn Jahre lang eine von Steiners pädagogischen Prinzipien geprägte Schule in Deutschland besucht (seine Mutter stammt aus Bayern) und bringt daher ein instinktives Verständnis für das biodynamische Wertgefüge mit, in dem z. B. ein Bauernhof als funktionsfähiges, eigenständiges Biotop statt als Produktionseinheit betrachtet wird. Auch die Polykultur hat in der Biodynamik einen hohen Stellenwert. Für das seit 1812 in Familienbesitz befindliche Château de Roquefort hat Villeneuve dieses Ideal zwar noch nicht verwirklicht, dafür verkörpert er selbst die abgerundete, vielfältige Einheit im Steinerschen Sinne. Er durchlief nicht die beengte Laufbahn, in die die meisten Kinder gezwungen werden, sondern begann seine Karriere zunächst als Schreinerlehrling und übte den Beruf drei Jahre lang in Italien aus, bevor er in Paris eine Ausbildung im Handelswesen machte und anschließend als négociant in Mâcon arbeitete. 1995 kehrte er in die Heimat zurück und fand Roquefort in „gesundem" Zustand vor. „Man kaufte lediglich Schwefel ein und verwendete davon aus Sparsamkeit nicht allzu viel. Im August kam noch etwas Bordeauxbrühe zum Einsatz – aber nicht jedes Jahr, denn das kostete zu viel. Ich habe viel von unseren erfahrenen alten Arbeitern Louis und François Rigaud gelernt. Biodynamische Präparate kann jeder kaufen, aber das allein reicht nicht aus."

Wie viele Spitzenwinzer in der Provence hat auch Villeneuve Probleme mit den AOC-Behörden. So fand er durch Beobachtungen und Verkostungen heraus, dass seine besten Parzellen auf einem Areal lagen, das vom INAO als minderwertig eingestuft ist. Deshalb möchte er alle Roten und Weißen in Zukunft als Vins de Pays bereiten und nur die Rosés noch als Côtes de Provence anbieten. „Das INAO versteht die Umwelt im Süden nicht. Der Boden hier ist ganz anders als der an der Loire oder in Burgund." Für seine Rebflächen im Süden der Appellation unweit von Bandol hält er Grenache und in geringerem Maß auch Carignan für die Ideallösung. „Für mich ist Grenache die Grundlage meiner Weine, denn voll ausgereift trägt die Rebe die für den Süden typische Lebensfreude in sich. Sie ist das Fleisch. Alles andere sind Zutaten und Gewürze."

Bei meinem Besuch fand ich Roquefort als Ort der Lebensfreude vor. Raimond sprach mit deutschen Weinbegeisterten, seine Frau Florence kümmerte sich um die verspielte Tochter Anastasia und sogar die Hunde tollten umher. Irgendwann tauchte ein polternder Ex-Offizier namens Max auf, um Wein zu verkosten, zu kaufen und zu tauschen. Fröhlich warfen sie sich Beleidigungen an den Kopf. Später vertraute mir der Capitaine an, dass Villeneuve „der Beste in der Region" sei. Mir schien, er wusste, wovon er sprach.

Die Ursprünge der Cabernet-Rebe in der Provence reichen in die Zeit kurz nach der Reblausinvasion zurück. Sie ist also keine Spätzuwanderin, die im Zug ihrer internationalen Karriere auch hier Einstand gehalten hat. Außerdem steht sie bei vielen Winzern hoch im Kurs, weil sie angeblich so unkompliziert ist – obwohl ich das zu bezweifeln wage. Viele Erzeuger halten es auch mit Guy Négrel, der bekennt: „Ich mag Cabernet Sauvignon, weil er Struktur mitbringt – aber ich will nicht, dass meine Weine nach ihm schmecken und riechen." Etwas verfälscht wurde das Bild von Cabernet Sauvignon in der Provence allerdings von den beiden größten Gütern des Anbaugebiets, Trévallon und Richeaume, die mit der Rebe herausragende Ergebnisse erzielen. Beide Domänen aber haben weder das für die Region typische Terroir, noch bereiten sie ihre Weine auf typische provenzalische Art. Meiner Ansicht nach ist Cabernet Sauvignon für den bitteren, sauren, strengen Geschmack und den Mangel an Textur verantwortlich. Man erreicht mit ihm zwar rasch einen guten Süßegrad in den Beeren, doch die volle physiologische Reife hinkt oft hinterher. Cabernet mag eine lange, vom Meeresklima geprägte Saison. Nach Auffassung des erfahrenen René Rougier vom Château Simone sollte Cabernet nur „das Salz und Pfeffer in den provenzalischen Roten" sein. Und Bernard Teillaud vom Château Sainte Roseline meint sogar: „Mit dieser Traube werden wir önologisch wie strategisch stets auf dem Holzweg sein. Verglichen mit Bordeaux bekommen wir immer nur einen zweitklassigen Wein hin." Ob man aber mit Grenache oder Syrah besser fährt, hängt von der Wärme und Höhe ab. Selbst Grenache reift in manchen höheren Lagen nicht voll aus. Die Winzer in der Provence müssen weiter forschen und beobachten. Immerhin hatte man sogar Mourvèdre in den Weinbergen von Bandol zunächst auf 20% Höchstanteil begrenzt – und heute werden die größten Kreszenzen der AOC sortenrein daraus bereitet!

Bei den weißen Trauben ist die Situation noch unbefriedigender. Die drei einheimischen Hauptsorten sind Rolle, Ugni blanc und Clairette; eine Nebenrolle spielen ferner Grenache blanc, Sauvignon blanc, Sémillon und Marsanne. Jede Rebe hat ihre Befürworter und zweifellos können hochkarätige Winzer aus den zugelassenen Varietäten durch geschicktes Verschneiden cremige, subtile und elegante Weine erzeugen. Ein gutes Beispiel ist die Cuvée du Temple Blanc, die Philippe Pouchin im Château Bas aus Sauvignon blanc, Rolle und Grenache blanc zusammenstellt. Die Weißen vom Château Simone in Palette wiederum liefern den besten Beweis für den Wert der Clairette. Andererseits aber sind viele Weiße aus der Provence milde, gesichts- und bedeutungslose Schattenwesen, selbst wenn die Höhenlage und kalkige Zusammensetzung des Bodens stimmen.

Wenn aber Rolle, Ugni blanc und Clairette nicht das Gelbe vom Ei sind, welche Traube dann? Eloi Dürrbach verweist darauf, dass seine Rebhänge kaum 10 km von der Grenze zur Rhône entfernt sind, ein Verschnitt aus Marsanne und Roussanne aber bei den Weißen der AOC nicht erlaubt ist, während die mittelmäßige Ugni blanc Narrenfreiheit genießt. Auch Gilles Meimoun vom Château Real Martin hält die Kombination Marsanne-Roussanne für die richtige Formel. Aus Ugni blanc holt er zwar heraus, was möglich ist, indem er einen Teil der Trauben von ertragsarmen, 50-jährigen Stöcken früh und einen anderen spät liest und den „frischen" Part zum Schluss mit dem überreifen Kontingent verschneidet. So entsteht ein angenehmer, aber unspektakulärer Tropfen. Meimoun steht der Sinn nach Besserem, doch es sind ihm die Hände gebunden.

Wie an der südlichen Rhône wird außerdem viel über den Einsatz von Barriques diskutiert. Zwei Lager haben sich herauskristallisiert. Die „Modernisten" sind felsenfest davon überzeugt, dass Barriques den bisweilen etwas strengen Weinen der Provence Tiefe und Sinnlichkeit verleihen. Zu den Befürwortern von Eichenfässern zählen

▲ Die Alpilles, wörtlich „kleine Alpen", liefern die in der Eiszeit herbeitransportierte Kalknahrung für die Reben von Les Baux.

Richeaume, Rabiega, Courtade, Bas und der Burgunder Luc Sorin in Bandol. „Für mich gehören *foudres* der Vergangenheit an. Sie sind Teil einer anderen Epoche", erklärt Philippe Pouchin. Die meisten Erzeuger in Bandol hingegen lehnen Barriques ab. Sie halten es mit Cyrille Portalis vom historischen Gut Pradeaux, von dem der Ausspruch stammt: „Bandol-Weine sind kein Eichentee." Auch Eloi Dürrbach und sein Jünger Rémy Reboul vom Château d'Estoublon lassen keine Eichenfässer in die Nähe ihrer Rotweine: „Barriques zähmen die Roten hier zu sehr. In *foudres* kommt ihr Geschmack besser zum Tragen. Ich möchte die Wildheit der Alpilles in meinen Weinen einfangen." Henri de St-Victor vom Château Pibarnon ist überzeugt, dass Pomerol mehr Größe hatte, als neues Holz noch nicht so leicht zu bekommen war. „Wenn man Bandol im Barrique ausbaut, weiß man immer, was man bekommt", findet er. „In *foudres* halten die Tropfen mehr Überraschungen bereit."

Kein Überblick über die Anbauregion Provence ist vollständig ohne den Hinweis, dass die Region führend im organischen Weinbau ist. „Das ist hier nichts Besonderes", erklärt Rémy Reboul. „Wir können Wein problemlos ohne Chemie erzeugen; warum also sollten wir das nicht auch tun?" Dominique Hauvette pflichtet ihm bei: „Bioweine zu bereiten ist ein Kinderspiel hier. Die meisten Güter stehen abgelegen inmitten der Garrigue. Außerdem haben wir den Mistral." Der Ökoweinbau ist die große Chance der Provence – und doch bemühen sich nur wenige Erzeuger um eine Zertifizierung. Auch die Marketingstrategen der Region machen keine Anstalten, auf ein grünes Image zu setzen. Vielleicht nehmen die Erzeuger fälschlicherweise an, dass sie den „normalen" Weintrinker als Kunden verlieren, wenn sie auf das Ökosiegel setzen. Das trifft aber in der heutigen Weinwelt nicht mehr zu. Die Provence täte gut daran, auf Grün statt Rosa zu setzen.

Die Provence im Überblick

Wo fängt die Provence an? Der Weinbürokrat wird darauf wohl eine ganz andere Antwort geben als der Olivenbauer. Als ich Serge Férigoule fragte, woher er stamme, antwortete mir der Winzer vom Spitzengut Domaine du Sang des Cailloux in Vacqueyras, er sei ein Provenzale aus Avignon. Wer durch die Dörfer an den südlichen Côtes du Rhône fährt, riecht Lavendel und sieht Mädchen in bunten Kleidern. Die Côtes du Ventoux könnten noch als Hochland-Rhône durchgehen (auch was die Weine anbelangt), doch die Côtes du Lubéron südlich davon gehören kulturell, landschaftlich und önologisch mit Sicherheit bereits zur Provence. Dasselbe gilt für die Coteaux de Pierrevert etwas weiter östlich. Die Texte von Bosco und Giono liefern dafür einen köstlichen literarischen Beweis. Für die INAO allerdings gehören alle diese Zonen zur Rhône. Vielleicht tun sie auch gut daran, dort zu bleiben, da diese Weinregion weitaus geschickter vermarktet wird als die Provence. Trotzdem nimmt man der Provence ein ganzes Stück von ihrer Kultur, wenn man ihre Grenze erst südlich von Durance zieht.

Die erste AOC hinter Avignon ist auch gleich die jüngste: **Les Baux-de-Provence** erlangte erst 1995 die Unabhängigkeit als Appellation für Rote und Rosés. Zuvor galt sie als Subzone der Coteaux d'Aix; die Weißen werden sogar noch immer unter dieser Bezeichnung feilgeboten. Wer je in Les Baux war, wird weder den Anblick der monumentalen Schlossruine hoch über dem Dorf vergessen noch die schauerlichen Erzählungen, die sich um das Gemäuer ranken. Die Feste wurde auf einem Felssporn der Alpilles angelegt. Die Weinberge der AOC findet man größtenteils nicht im Zentrum des Mittelgebirgsmassivs aus stark verwittertem und deformiertem Kalk, sondern auf seinen Vorhügeln. Die Reben stehen in der Regel auf dem Kalkschutt, der während der Eiszeiten die Berge hinuntergeschoben wurde. Selbst in diesem relativ begrenzten Bereich variiert die Reifezeit von einem Ort zum anderen beträchtlich: Mas de la Dame im Süden etwa kann die Trauben bis zu 15 Tage früher lesen als die Domaine de Trévallon im Norden. Verdienen die beiden Zonen also eigene AOCs? Lägen sie in Burgund, hätte man schon vier daraus gemacht. Die Vorschriften für Les Baux sind etwas strenger als für die Coteaux d'Aix: Die Behörden verlangen niedrigere Erträge, dichtere Bestockung und einen mindestens 12-monatigen Ausbau der Roten vor dem Verkauf.

Lourmarin und die Hügel von Lubéron sehen sich vielleicht noch als Teil des Rhône-Tals, doch ihre Düfte und und ihr Charakter sind eindeutig provenzalisch. ▼

Eine der beiden Allerwelts-AOCs in der Provence heißt **Coteaux d'Aix-en-Provence**. Sie umfasst ein breites Spektrum von Terroirs vom östlichen Ende der Alpilles bis zum Fluss Durance, vom Hochland im Norden bis zur flachen, dicht besiedelten Industriezone am Etang de Berre. Beim Anflug auf den Flughafen von Marseille sieht man zuallererst die Rebflächen der Coteaux d'Aix. Der Boden wird von Kalk geprägt – entweder in Form von blendend weißem Schutt und Geröll, im Verbund mit fetterem, dunklerem Ton und Mergel oder mit Sand und Kies gemischt. Für den Geschmack der Weine hat der Untergrund weit weniger Bedeutung als die Höhe und die damit einhergehenden Temperaturunterschiede. Viele führende Güter der Coteaux d'Aix findet man in den höheren Lagen. In dieser Zone zwischen 300 und 400 m über dem Meeresspiegel ist es bereits merklich kühler. James de Roany von Fonscolombe und Calavon beispielsweise hat Verwandte in Crozes-Hermitage. Ein Vergleich der Aufzeichnungen ergab, dass deren Syrah-Reben regelmäßig früher blühten und ausreiften als seine eigenen. Als ich im August 2001 in der Provence war, betrugen die Tagestemperaturen etwa 35 °C. Auf dem Château Calissanne, das in der Nähe des Etang de Berre auf Meerhöhe liegt, war es in der Nacht kaum kühler. Auf Château Revelette hingegen herrschten nach Auskunft von Besitzer Peter Fischer Morgentemperaturen von etwa 7 °C. Die AOC präsentiert sich wirklich nicht sonderlich einheitlich.

Noch schlimmer aber sind die **Côtes de Provence**, ein riesiger 20 000-ha-Anbaubereich mit sechs verschiedenen Zonen, die nicht einmal aneinander angrenzen. Wie die Coteaux du Languedoc ist diese AOC im Grund eine Übergangs-Appellation, obwohl das INAO seit ihrer Gründung 1977 keine Anstalten macht, den Status quo schnell zu ändern. An den Coteaux d'Aix sind die Böden relativ homogen (die große Bandbreite der Weinstile ist dort eher auf die unterschiedlichen Höhenlagen zurückzuführen). An den Côtes de Provence aber ist noch nicht einmal der Untergrund einheitlich: Mindestens drei völlig verschiedene Bodentypen lassen sich aufzählen. Hinzu kommen die Höhenunterschiede, die mindestens so stark ins Gewicht fallen wie an den Coteaux d'Aix. Der Osten und der Küstenbereich der Côtes de Provence sind kristalliner Natur: Durch Verwitterung von Granit, Schiefer und Quarz sind merklich saure Böden entstanden. Im Nordwesten findet man wie an den Coteaux d'Aix und in Les Baux Kalk, im Südwesten dominiert roter Sandstein und in den Übergangszonen dazwischen mischen sich die Bodentypen entsprechend. Man kann

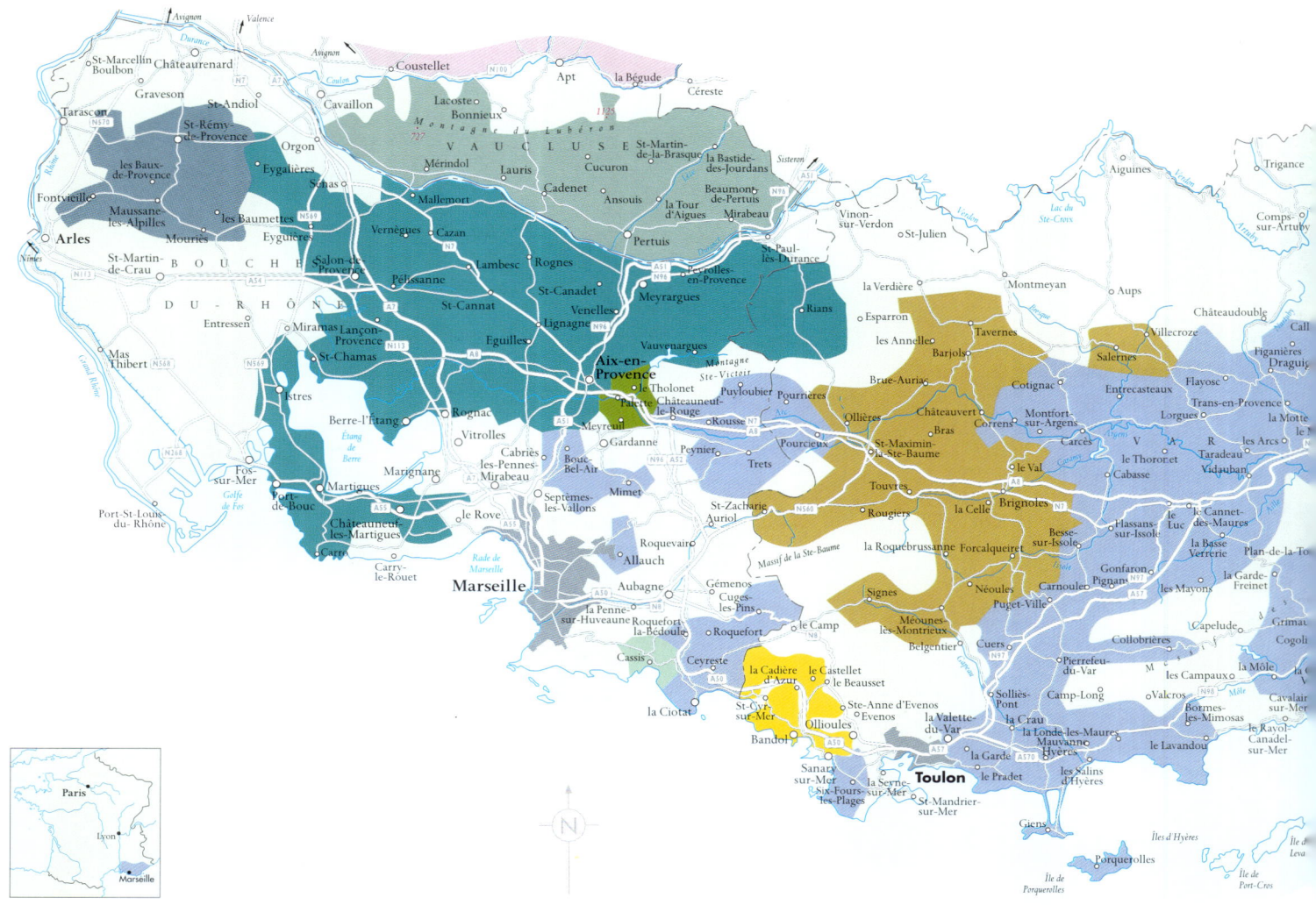

mit Fug und Recht behaupten, dass die Côtes de Provence unter allen französischen Weinregionen das Terroir mit der geringsten Bedeutung haben.

Zwischen den kleinen westlichen und den großen östlichen Flügel der Côtes de Provence schiebt sich die dritte große AOC, **Coteaux Varois**. Sie liegt ein zusätzliches Stück landeinwärts, weshalb die Rebstöcke im Schnitt noch einmal höher stehen – 300 bis 400 m über dem Meer sind keine Seltenheit – und das Klima kühler als in vielen anderen provenzalischen Zonen ausfällt.

90 % der Rebfläche in der Provence sind nun bereits abgedeckt. Bleiben noch drei winzige Appellationen von vorwiegend historischem Interesse – und die Weinberge des einzigen wahren Grand-cru-Bereichs in der Provence: **Bandol**. Im Gegensatz zu den benachbarten Riesen hat diese AOC eine so unverwechselbare Identität wie eine einsame Kiefer in provenzalischer Landschaft. Sie setzt sich aus den acht Gemeinden im Hinterland des schicken Urlaubsorts Bandol zusammen, die ein natürliches Amphitheater bilden. Die oft nach Süden ausgerichteten Hänge ziehen sich bis auf 400 m Höhe hinauf; man findet jedoch auch auf den tieferen Rängen Weinberge. Die Reben kommen in den Genuss von bis zu 3000 Stunden Sonnenschein im Jahr (in einem finsteren Jahr wie 1965 können es aber auch nur kümmerliche 1583 Stunden sein). Wenn ein französisches Anbaugebiet die Bezeichnung *côte rôtie* verdient, dann Bandol. Kalk und Mergel herrschen vor; zudem findet man etwas Sandstein und roten Ton. Die schroffe, spät reifende Mourvèdre-Traube fühlt sich hier wohl. Sie saugt in den brennend heißen Sommern reichlich Licht und Wärme auf und fällt hier deshalb zugänglicher und generöser aus als anderswo. Durch niedrige Erträge – für Mourvèdre 35 hl/ha; ansonsten maximal 40 hl/ha – und obligatorische Handlese wahrt man ein hohes Qualitätsniveau.

Zwischen Bandol und Marseille versteckt sich die winzige AOC **Cassis** mit gerade einmal 200 ha Anbaufläche. Sie erstreckt sich auf weit reinerem Kalk als Bandol, weshalb wohl auch die Weißen überwiegen. Da Ugni blanc die Haupttrebe ist und obendrein Rückendeckung durch Clairette, Marsanne sowie Sauvignon blanc bekommt,

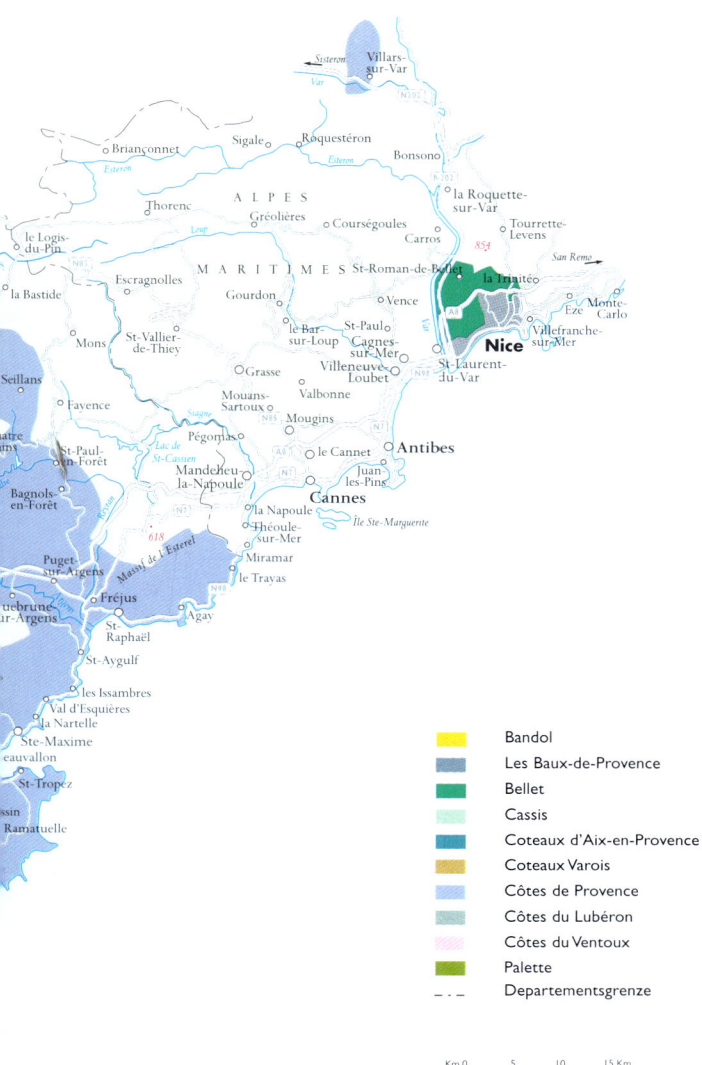

Im Kreuzfeuer

AOC-Agonie

Ein immer wiederkehrendes Thema in diesem Buch ist die Unzulänglichkeit des Appellationssystems. Manche Regionen haben zu viele Appellationen (Burgund), andere zu wenig (die südliche Rhône). Manche sind noch von einer Zeit geprägt, die passee ist (Bergerac), andere wurden auf eine Zukunft zugeschnitten, die noch gar nicht begonnen hat (die Côtes du Vivarais oder Coteaux du Tricastin). Die in vielerlei Hinsicht so glückliche Provence hatte mit ihrem AOC-System ausgesprochenes Pech: Es ist das vielleicht mangelhafteste in ganz Frankreich. Die einzige Zone ohne Fehl und Tadel ist derzeit Bandol. Auch mit Les Baux-de-Provence kann man zur Not noch zufrieden sein. Alle anderen Appellationen sind entweder haarsträubende Verallgemeinerungen und zwängen vielfältige, völlig unterschiedliche Terroirs in ein einziges Korsett (den schlimmsten Rundumschlag stellen die Côtes de Provence dar, doch die Coteaux d'Aix und die Coteaux Varois stehen ihnen kaum nach) oder sind als obskure Winzlinge bestenfalls von anekdotischem Interesse (Bellet, Palette, Cassis). Reformen sind überfällig, doch nirgendwo in Sicht.

Die Provence hat ein Traubenproblem

An sich verfügt die Provence über einen Schatz, den sich jede Anbauregion nur wünschen kann: eine eigene Traube. Leider handelt es sich um Mourvèdre – und die braucht Backofenbedingungen, um auszureifen. In Bandol hat sie ihren Bestimmungsort gefunden, doch die meisten anderen provenzalischen Rebbauflächen liegen relativ hoch, wo wesentlich kühlere Bedingungen herrschen und Mourvèdre ein hoffnungsloser Fall ist. Und sonst? Da wären noch Syrah, Grenache und Cabernet Sauvignon, eine ganz und gar unbefriedigende *ménage à trois*. Zusätzlich getrübt wird das Bild von Carignan und Cinsault. Bordeaux will nicht, dass die Provence ganz auf Cabernet Sauvignon setzt oder sogar mit Merlot herumspielt, während das Rhône-Tal es mit Misstrauen sieht, wenn der Nachbar sich auf Grenache und Syrah konzentriert.

Bei Weißwein sieht die Sache kaum anders aus. Die „Rivalen" (eigentlich sollten die französischen Weinregionen nicht miteinander konkurrieren) wollen der Provence dumpfe Mittelmeertrauben wie Vermentino, Clairette oder Ugni blanc unterschieben, am besten noch mit etwas Sémillon und Sauvignon als Dreingabe. Bordeaux gönnt ihr Sémillon und Sauvignon nicht, und das Rhône-Tal möchte ihr Viognier, Marsanne und Roussanne vorenthalten.

Zwangsläufige Entwicklungen lassen sich nicht aufhalten. Man braucht sich nur den kulturellen Kontext anzusehen, um den weinbaulichen zu verstehen. Die so genannte südliche Rhône ist nichts weiter als ein Teil der Provence. Die Winzer der Provence sollten dieselben Rebsorten nutzen dürfen wie ihre Kollegen von nebenan. Und die Bordeaux-Trauben sollte man nach und nach den Vins de Pays zuordnen, denn wenn einige wenige Spitzenerzeuger mit ihnen auch Großes zuwege bringen, so sind sie regional gesehen doch ein Fehlgriff.

Keine rosigen Zeiten

Anscheinend ist der berühmte Rosé der Provence nur für dieses Buch ein Problem. Für den Verkoster und Kenner existiert das rosa Getränk einfach nicht. Die Masse der Weintrinker wiederum sieht den Rosé durch die rosa Brille: Er hat eine nette Farbe – und mit seiner Qualität beschäftigt sich keiner. Er schmeckt. Punkt. Und für die Winzer ist er erst recht kein Problem. Schließlich bringt er Geld.

reichen die Weine in ihrer Schönheit nur selten an die Landschaft der Gegend heran. Auch die Appellation **Palette** findet man zwischen Marseille und Aix-en-Provence. Sie ist mit 35 ha noch einmal ein gutes Stück kleiner als Cassis und wird dominiert vom großartigen Château Simone, einem echten Juwel unter den provenzalischen Gütern. Das Muttergestein hier besteht zwar aus Kalk, ansonsten aber unterscheidet sich das Terroir sehr stark von dem der AOC Cassis. Die Hänge sind nach Norden gerichtet und liegen im Wald versteckt. Alles an Palette ist einzigartig, selbst die scheinbar zufällige Auswahl der Rebsorten (siehe S. 152). Der Weiße zeigt mehr Klasse als der Rote. Als Letztes sei die AOC **Bellet** erwähnt. Sie liegt viele Kilometer abseits der übrigen Zonen vor den Toren von Nizza. Wie Cassis und Palette ist sie ein Zwerg mit 38 ha Rebfläche und produziert in malerischer Landschaft Weine, die in der Weinwelt allenfalls eine Fußnote wert sind. Auf steilen Hängen aus Kies, Sand und Lehm reift ein Sammelsurium an Rebsorten heran – vorwiegend Rolle für Weißwein sowie Folle noire und Braquet für Rotwein.

PROVENCE 155

Leute

des Alysses
83670 Pontevès, Tel. 04 94 77 10 36, Fax 04 94 77 11 64

Dank der späten Lese gegen Ende Oktober bekommt die rote Cuvée Angelique eine für die Coteaux Varois gänzlich untypische, geschmeidige Reife. Der ehemalige Lehrer Jean-Marc Etienne bereitet ferner eine Cuvée Prestige, die zunächst in Barriques und dann lange in foudres ausgebaut wird (die 1997er und 1998er lagen 2001 noch immer in ihnen). Die Rohmaterialien sind offensichtlich exzellent: Die Jahrgänge 1994 und 1996 begeistern durch harmonische Fülle.

Barbanau
13830 Roquefort-la-Bédoule, Tel. 04 42 73 14 60, Fax 04 42 73 17 85

Dieses 20-ha-Gut der AOC Côtes de Provence grenzt fast an Roquefort, Bandol und Cassis. Es wird von Sophie Cerciello-Simonini und Didier Simonini geführt, die mit Clos Val Bruyère in Cassis ein weiteres Gut leiten. Die Weißen locken mit feinem, frischem Zitrusaroma, insbesondere der Barbanau Cuvée Classique aus 80% leicht überreif gelesener Rolle und 20% Clairette.

Bas
13116 Vernègues, Tel. 04 90 59 13 16, Fax 04 90 59 44 35

Unter Philippe Pouchins Verwaltung haben sich die Coteaux-d'Aix-Weine von Georges de Blanquets Château Bas gewaltig gesteigert. Man offeriert drei Kategorien. L'Alvernègue heißt der unbeschwerteste, einfachste Tropfen, die Linie Pierres du Sud umfasst „Gastronomieweine" und an der Spitze steht die Cuvée du Temple. Die rosa Variante zählt zu den erfolgreichsten in neuer Eiche ausgebauten Vertreterinnen ihrer Art in der Provence. Sie wird nur zu 40% im Fass vergoren, so dass sie angenehm vollmundig auftritt und eine sahnige Komponente ins Spiel bringt, ohne die Lakritz- und Pfeffernote der Frucht aufzugeben. Die rote Cuvée du Temple (55% Syrah, 30% Cabernet, 15% Grenache) überzeugt durch einschmeichelnde Milde, Ausdruckskraft und schokoladige Weichheit. Flaggschiff des Guts dürfte die weiße Cuvée sein, die in ihrer Farbklasse durchaus Anspruch auf den Spitzenplatz der AOC erheben kann: Das subtile, cremige Gewächs voll Finesse balanciert seine Mandarinenfrucht durch zitronige Hefefülle und Eiche wunderschön aus.

Bastide Blanche
83330 Le Beausset, Tel. 04 94 32 63 20, Fax 04 42 08 84 84

Louis und Michel Bronzos 23-ha-Gut gehört zu den tragenden Säulen von Bandol. Seine Cuvée Longue Garde mit rund 25% Grenache ist ein großartig stämmiger, muskulöser, für langen Kelleraufenthalt gedachter Wein. Ebenfalls im Sortiment: zwei mehr oder weniger reinsortige Mourvèdre-Cuvées namens Estagnol (von Ton-Kalk- und Kieselböden) und Fontanieu (von rotem Ton).

des Béates ✪
13410 Lambesc, Tel. 04 42 57 07 58, Fax 04 42 57 07 58

Die Chapoutier-Brüder sind Mitbesitzer dieser biodynamisch bewirtschafteten 25-ha-Domäne der AOC Coteaux d'Aix. Ihre Roten haben einen festen Platz unter den mächtigsten, kraftvollsten Tropfen der ganzen Appellation. Trüffel- und Unterholztöne beherrschen den Basiswein. Noch dunkler und eichenlastiger fällt die Cuvée Terra d'Or aus: Sie vereint in sich die für die Provence so typische kräuterwürzige Reinheit mit Kraft, Fülle und viel Extrakt.

la Bégude
83330 Camp de Castellet, Tel. 04 42 08 92 34, Fax 04 42 08 27 02

Guillaume Taris 11 ha Rebfläche auf Mergel und Ton liegen in etwa 400 m ü.M. und zählen zu den höchstgelegenen Weinbergen in der AOC Bandol. Der Rote (bis zu 10% Grenache) ist sanfter, heller und duftiger als mancher Vertreter seiner Rasse.

Bunan ✪✪
83740 La Cadière, Tel. 04 94 98 58 98, Fax 04 94 98 60 05

Als Paul und Pierre Bunan in den 1960er-Jahren im Moulin des Costes eintrafen, seien sie „allein auf dem Berg" gewesen, erinnert sich Paul. Heute dagegen ist jedes Fleckchen Rebland hart umkämpft und Bunan gilt als großer Pionier der AOC. Paul führt das Gut derzeit mit Unterstützung seines Sohns Laurent, der eine Weile für Mondavi und Phelps in Kalifornien gearbeitet hat; ihnen stehen der altgediente Kellermeister Robert Gago und 25 Angestellte zur Seite. Die 85 ha Weinberge verteilen sich auf vier Güter: Moulin des Costes, Mas de la Rouvière, Château de la Rouvière und Domaine de Bélouvé. Das Sortiment ist durchweg von hoher Qualität und Spitzenerzeugnisse wie der Moulin des Costes Charriage von 1998 führen Bandol sogar zu neuen Höhen – oder besser gesagt Tiefen. Er gehört zu den wenigen Weinen, die den Vergleich mit einem Orchester wirklich verdienen: Die tiefschwarze Essenz lässt eine verhaltene, doch viel versprechende Duftsinfonie aus Trüffeln, Erde und Pflaume mit furiosem Mineralienwirbel erklingen – gleichsam das Klangbild eines Bergs.

Calissanne
13680 Lançon-de-Provence, Tel. 04 90 42 63 03, Fax 04 90 42 42 00

Das Gut herrscht über ein riesiges 1000-ha-Reich, von dem 100 ha mit Reben bestockt sind. Da die Parzellen in der Nähe des Etang de Berre liegen, kann man sich über ein für die Coteaux d'Aix ungewöhnlich heißes Klima freuen. Eine vor kurzem mit Mourvèdre bepflanzte Parzelle inmitten der Garrigue erbringt bereits gute Ergebnisse. Clos Victoire heißt die Luxuslinie: Die weiße Version auf Clairette-Basis präsentiert sich als üppiger, honigschwerer Südwein, der Rote (60% Syrah, 40% Cabernet Sauvignon) wartet mit reichlich Rauch, Fett und weniger kräuterwürziger Strenge auf als viele Konkurrenten aus der AOC.

la Calisse
83670 Pontevès, Tel. 04 93 99 11 01, Fax 04 93 99 06 10

Patricia Ortelli hat diesen 10,5-ha-Betrieb an den Coteaux Varois mit viel Energie und Entschlossenheit zu neuem Leben erweckt. „Die Weintrinker sollen den Eindruck bekommen, dass sie in eine Traube beißen", erklärt die leidenschaftliche Winzerin, die erst relativ spät zum Weinbau fand. Die Frische der Frucht prägt denn auch das gesamte dreistufige Sortiment mit den Linien Tradition, Patricia Ortelli und Etoile.

la Courtade
83400 Ile-de-Porquerolles, Tel. 04 94 58 31 44, Fax 04 94 58 34 12

Die teuren, ambitionierten Côtes-de-Provence-Weine dieses 25-ha-Guts reifen auf der autofreien Insel Porquerolles vor Toulon heran. Der im Fass vergorene Weiße auf Rolle-Basis präsentiert sich zitronig und klingt lange nach, es fehlt ihm aber ein klar definiertes Aroma. Mit merklicher Säure und scharfen Tanninen ist der rote Mourvèdre ausgestattet, ein eichengefärbter, intensiver, allerdings etwas grob komponierter Tropfen. Die Zweitweine laufen unter der Marke L'Alycastre.

Duvivier
83670 Pontevès, Tel. 04 94 77 02 96, Fax 04 94 77 26 66

Diese faszinierende Kellerei an den Coteaux Varois gehört 4500 schweizerischen und deutschen Anteilseignern. Sie wird von dem Bioweinhändler Karl Scheffer verwaltet und von Antoine Kaufmann geleitet. Das Schmuckstück des Guts ist der Les Mûriers, der erdigste, dichteste Tropfen der AOC.

Bewertung ✪ Sehr guter Wein   ✪✪ Ausgezeichneter Wein   ✪✪✪ Großer Wein

d'Estoublon
13990 Fontvieille, Tel. 04 90 54 64 00, Fax 04 90 54 64 01

Das alte Gut im Südwesten der Coteaux des Baux wird derzeit von Rémy Reboul, seiner freundlichen Frau Valérie und ihrem Vater Ernest Schneider, Besitzer des Uhrenunternehmens Breitling, auf Vordermann gebracht. In Weinberg und Kellerei steht ihnen Eloi Dürrbach vom Gut Trévallon beratend zur Seite. Derzeit bewirtschaftet man 17 ha Rebfläche auf zumeist grobem Kies; weitere 3 ha sollen hinzukommen. Die in 30 hl großen *foudres* ausgebauten Roten der Jahrgänge 1999 und 2000 fallen relativ leicht aus, werden aber von viel süßer, angenehmer Frucht getragen. Im Verschnitt dominiert Grenache; hinzu kommen Syrah, Counoise und ein Quäntchen Cinsault. Der Weiße aus Ugni blanc und Grenache blanc gerät zu schwer. Reboul hat mittlerweile aber Marsanne und Roussanne gepflanzt, von denen er sich ab 2003 mehr erhofft, selbst wenn das INAO diese Sorten in der Provence überhaupt nicht gern sieht.

Jean-Pierre Gaussen ✿
83740 La Cadière-d'Azur, Tel. 04 94 98 75 54, Fax 04 94 98 65 34

Die besten Rebgärten dieses 15 ha großen Weintempels in Bandol findet man am Fuß eines langen Ton-Kalk-Hangs. Die Cuvée Longue Garde, ein Mourvèdre mit langer Tradition, entsteht nur in den besten Jahren. Die Weine werden in Rotofermentern vinifiziert und in alten *foudres* ausgebaut. Auf eine von Brombeeren und Schwarzen Johannisbeeren geprägte Jugend folgt Jahre später eine verschlossene Zeit, die allmählich in eine von Aromen aus Fleisch, Tabak und Olivenpaste geprägte Altersperiode übergeht. In den mit dichten Tanninen ausgestatteten Weinen pocht ein von der heißen Sonne verwöhntes, loderndes Herz.

Gros' Noré ✿
83740 La Cadière-d'Azur, Tel. 04 94 90 08 50, Fax 04 94 98 20 65

Der Rohdiamant Alain Pascal besitzt 13 ha Reben, die auf demselben tonigkalkigen Hangstück in Bandol stehen wie die von Lafran-Veyrolles und Jean-Pierre Gaussen. Das Terroir tritt in den Roten deutlich zutage. Ihre ruppige Kraft und fleischige Tiefe wird derzeit durch einen rauchig-süßen, von neuen *foudres* stammenden Anstrich ergänzt.

Dominique Hauvette
13210 St-Rémy-de-Provence, Tel. 04 90 92 03 90, Fax 04 90 92 08 91

Dominique Hauvette stehen in Les Baux 14 ha eigenes Land und 6 ha Pachtgrund zur Verfügung. Die geschickte Winzerin gehört zu den wenigen, die an Cinsault glauben, und stellt den Wert dieser Traube mit ihrem Amethyst (90% Cinsault von 35-jährigen Stöcken) unter Beweis, einem weichen, süffigen, duftigen Tropfen. Der Domänenwein aus 50% Syrah mit Grenache und Cabernet ist ein subtiles Geschöpf mit langem Finale.

Lafran-Veyrolles ✿
83740 La Cadière-d'Azur, Tel. 04 94 90 11 18, Fax 04 94 90 11 18

Claude Jouve-Ferec erzeugt beachtliche Weiße auf Clairette-Basis, einen leichten, fruchtigen Rosé, zwei tiefe rote Bandols, einen *classique* aus Mourvèdre, Cinsault, Carignan von alten Reben und Grenache sowie eine sortenreine Mourvèdre-Cuvée namens Longue Garde. Der *classique* ist ein stämmiger, brombeerduftiger Trunk, während der Longue Garde Erd- bzw. Aschedüfte verströmt und am Gaumen Feuer, Stein und frische Pflaumen aufbietet.

Mas de Cadenet
13530 Trets, Tel. 04 42 29 21 59, Fax 04 42 61 32 09

Die 40 ha Côtes-de-Provence-Rebland von Guy Négrel und Sohn Mathieu liefern das Ausgangsmaterial für zwei Weinlinien: die in *foudres* ausgebauten Mas de Cadenet und die in Barriques gereiften Mas Négrel Cadenet von alten Stöcken. Die Verschnittformel ist bei allen ähnlich: Rolle dominiert bei den Weißen und erbringt sanfte, anisweiche Weine, während die Roten als Trio aus Grenache (45%), Syrah (40%) und Cabernet Sauvignon (15%) auftreten. Beide roten Cuvées nehmen sich geschmeidig und reif aus, der Mas Négrel Cadenet allerdings hält ein überzeugendes Plädoyer für alte Reben und den Einsatz von Barriques. Der charakteristische Kiesgrund des Guts teilt sich über die erdige Finesse des Weins mit.

Mas de la Dame
13520 Les Baux-de-Provence, Tel. 04 90 54 32 24, Fax 04 90 54 40 67

Das *mas*, das Bauernhaus, in der wärmeren Südhälfte von Les Baux gehört heute nicht einer, sondern zwei *dames*: Anne Poniatowski und Caroline Missoffe. Ihr Gut wurde schon von dem Provenzalen Nostradamus in einer Prophezeiung erwähnt. Die beiden Weinbäuerinnen lassen sich von Jean-Luc Colombo beraten, der 100-prozentige Handlese eingeführt und das Sortiment überarbeitet hat. Der Coin Caché (80% Sémillon mit etwas Clairette) gehört zu den besten eichenfassgereiften Weißen der Provence, ein üppiger, cremiger Mundfüller. Unter den drei Roten ist der typischste Provenzale der Réserve du Mas Rouge, ein relativ leichter, trockener, mit würziger Steinfrucht ausgestatteter Tropfen. Sein roter Bruder, der würzige, marmeladige Coin Caché, ist ein gelungener Blick über den Zaun nach Châteauneuf. Das Renommierstück des Guts aber heißt La Stèle; der Name bezieht sich auf den pyramidenförmigen Torpfosten, an dem Nostradamus zufolge eines Tages das heranrollende Meer einhalten wird. Die 40% Cabernet scheinen ihn stärker zu prägen als der 60-prozentige Syrah-Anteil.

Mas de Gourgonnier
13890 Mouries, Tel. 04 90 47 50 45, Fax 04 90 47 51 36

Unter den Weinen des traditionellen Guts im warmen Südsektor von Les Baux schneidet die Réserve du Mas am besten ab. Der fleischige Rote aus Grenache, Syrah und Cabernet hat einen würzigen Zug, der nicht von neuer Eiche herrührt (die Cartier-Brüder ziehen die „kontrollierte Oxidation" in *foudres* vor).

Mas de la Rouvière *siehe* Bunan

Moulin des Costes *siehe* Bunan

Ouillières
13410 Lambesc, Tel. 04 42 92 83 39, Fax 04 42 92 83 39

Die besten Roten der Riesenkellerei mit 78 ha an den Coteaux d'Aix und 22 ha auf Vins-de-Pays-Terrain sind der Dame des Ouillières und die Réserve Louis Charles, die beide intensive Pflaumenfrucht mit intelligent dosierter Eiche vermählen. Als eine der wenigen Domänen besteht man hier noch auf der provenzalischen Tradition des *vin cuit*, des gekochten und anschließend im Barrique vergorenen und gereiften Mosts.

Pibarnon ✿
83740 La Cadière-d'Azur, Tel. 04 94 90 12 73, Fax 04 94 90 12 98

Pibarnon hat sich von einem 3,5-ha-Gut mit hässlichem Häuschen zu einem 50-ha-Anwesen mit einem Herrenhaus aufgeschwungen, das aus dem 18. Jahrhundert zu stammen scheint. Die treibende Kraft hinter diesem Aufstieg war Henri de St-Victor, der noch immer mit fast jungenhafter Begeisterung mitmischt, obwohl Sohn Eric allmählich übernimmt. Der subtile, nuancenreiche Weiße ist aus mindestens so vielen Rebsorten zusammengestellt wie die Erzeugnisse von Simone. Der rote, fast reinsortige Mourvèdre mit einem Hauch Grenache gehört zu den subtileren, sanfteren Bandol-Gewächsen; er brilliert mit würzigen und süßen Anklängen (weiche Pflaumen, Tabak, Veilchen, Kiefer).

Pigoudet
83560 Rians, Tel. 04 94 80 31 78, Fax 04 94 80 54 25

Sabine Rabes und Elke Schmidts 70-ha-Betrieb bei Rians ist das nördlichste Gut an den Coteaux d'Aix. Die Länge und Reinheit der nach Blüten und Kräutern duftenden Cuvée la Chapelle deutet auf sorgfältige Vinifizierung hin.

Pradeaux
83270 St-Cyr-sur-Mer, Tel. 04 94 32 10 21, Fax 04 94 32 16 02

Wenn es ein Gut in Bandol gibt, das den Hauch der Geschichte atmet, dann Pradeaux. Es wurde 1752 von Jean-Marie-Etienne Portalis erworben, einem der Autoren des napoleonischen *code civil*. Seine Nachkommen, insbesondere die Gräfin Arlette Portalis, betätigten sich 1941 als Geburtshelfer der AOC. Derzeit ist Cyrille Portalis für die antiken Keller mit ihren Unmengen uralter, bisweilen undichter *foudres* zuständig. Tradition wird groß geschrieben: Man erntet spät, entrappt nicht, verwendet keine Barriques und lässt die Weine drei bis vier Jahre in *foudres*. Die 20 ha Anbaufläche liegen auf 30 m ü. M. und damit tiefer als die der meisten anderen großen Domänen in der AOC. Die relativ blassen, tanninschweren Weine signalisieren Pilz-, Erd- und Olivenaromen.

Rabiega
83300 Draguignan, Tel. 04 94 68 44 22, Fax 04 94 47 17 72

Die innovativste, experimentierfreudigste Domäne in der Provence wurde 1986 vom schwedischen Getränkekonzern und damaligen Staatsmonopol Vin & Sprit übernommen. Seit 1988 leitet Lars Torstenson das Gut. Man ist in den Kategorien Côtes de Provence, Vin de Pays und sogar Vin de Table aktiv – je nachdem, ob und wie sehr die Weine gegen die örtlichen AOC-Bedingungen verstoßen. Rabiega ist nicht leicht zu beschreiben, denn Torstenson macht nichts zweimal. Man unterscheidet zwischen zwei Gütern: der Domaine Rabiega (10 ha, hoch gelegen und zu den Bergen hin offen) und dem gepachteten Château d'Esclans (35 ha, tiefe Lage, bei La Motte zum Meer hin ausgerichtet). Die einfach nur als Rabiega etikettierten Erzeugnisse laufen unter dem *micro-négociant*-Geschäft der Kellerei. Rabiegas Beste sind der weiße Clos Dière (60% Sauvignon blanc, 30% Chardonnay, 10% Viognier) mit verhaltener Pfirsichfrucht und sein rotes Pendant, das in zwei Varianten als Syrah und als Grenache-Carignan-Verschnitt mit einer Prise Cabernet erhältlich ist. Die Syrah-Edition verführt als sinnlicher, duftender, subtiler Tropfen mit sahniger Frucht, während die Grenache-Carignan-Version etwas dahinter zurückbleibt, obwohl sie sich mit ihrer süßlichen Eichennote und der saftigen Frucht recht angenehm präsentiert. Der Recinsaut ist ein faszinierender Cinsault im *recioto*-Stil. Carbase und Mourbase wiederum treten als sortenreine Carignan- und Mourvèdre-Erzeugnisse auf. Ersterer bekundet feurige Tiefe und eine intensive Pflaumennote, Letzterer ist lediglich korrekt bereitet.

Real Martin
83143 Le Val, Tel. 04 94 86 40 90, Fax 04 94 86 32 23

Auf etwa 33 ha dieses 200 ha großen Hofs in 350 bis 400 m Höhe an den Grenzen zu den Côtes de Provence und den Coteaux Varois stehen Reben – interessanterweise aber findet man darunter keinen Cabernet-Sauvignon-Stock. Gilles Meimoun, Schwiegersohn des Besitzers Jacques Clotilde, ist für die Weine zuständig. Meimoun möchte nach eigenem Bekunden vor allem den mediterranen Charakter der Weine herausarbeiten. Der Weiße ist so charaktervoll, wie ein Ugni blanc nur sein kann, während sich der Rote, ein Verschnitt aus Syrah und Grenache, durch Ausgewogenheit und Eleganz profiliert. L'Optimum läuft als rote Alternative, deren Syrah-Anteil ein Jahr lang im Barrique ruhen durfte.

Revelette
13490 Jouques, Tel. 04 42 63 75 43, Fax 04 42 67 62 04

Peter Fischers Domäne gehört zu den höchstgelegenen Betrieben an den Coteaux d'Aix: Seine Weinberge ziehen sich bis auf 400 m hinauf, was man an der Reinheit und Eleganz der Weine erkennen kann. Hier entsteht einer der besten Chardonnays in der ganzen Provence: der Grand Blanc, ein Vin de Pays des Bouches du Rhône. Aber auch der Grand Rouge, ein Syrah-Cabernet-Verschnitt, profiliert sich durch schneidige Tiefe und grazile Reinheit.

Richeaume ✪
13114 Puyloubier, Tel. 04 42 66 31 27, Fax 04 42 66 30 59

25 von insgesamt 60 ha dieses Côtes-de-Provence-Guts sind dem Weinbau gewidmet. Es kauert wie ein Welpe am Fuß des mütterlichen Mont Ste.-Victoire. Seit 30 Jahren entlockt Historiker Henning Hoesch der roten Erde nun schon Wein. Seit kurzem steht ihm sein Sohn Sylvain zur Seite, der bei Paul Draper im kalifornischen Ridge und Penfolds in Australien in das Winzerhandwerk eingeführt wurde. Obwohl man 1989 nach einem Brand neue Reben pflanzen musste, fallen die Weine heute wesentlich dichter und saftiger als früher aus, was zum Teil aber auch an der immer weiter hinausgezögerten Lese liegt. Der göttliche Cabernet vereint Johannisbeer- und Aschentöne, während sich im Syrah eine lyrische Duftigkeit abzeichnet, die von einem Wein der nördlichen Rhône stammen könnte. Die Cuvée Columelle gehört zu den größten Schöpfungen der Provence – eine komplexe, fein ausgearbeitete *sélection* aus den besten Cabernet-, Syrah- und Merlot-Weinen des Guts, die ein Hauch von süßem Thymian durchweht. Mit Nugat- und Blütenölaromen empfiehlt sich auch der Viognier.

Rimauresq
83790 Pignans, Tel. 04 94 48 80 45, Fax 04 94 33 22 31

Die Côtes-de-Provence-Kellerei mit 37 ha wird von dem aufrichtigen, intelligenten Pierre Duffort bestens geführt. Sie gehört einer schottischen Teeplantagenbesitzerfamilie namens Wemyss. Das ungewöhnliche Terroir wird geprägt von sandigem Granit, Quarz, Schiefer und Gestein mit einem Grünspanton, der Duffort zufolge auf Bauxit zurückzuführen sein könnte. Der Weiße (2000 als sortenreiner Rolle herausgegeben) und der Rote (Cabernet, Syrah, Mourvèdre, Grenache und etwas Carignan mit Ausbau im *foudre*) machen weniger durch Kräuter auf sich aufmerksam als durch mineralische Töne, die ihnen eine eindrucksvolle Reinheit verleihen. Bei niedrigeren Erträgen wären sie noch besser.

Romanin
13210 St-Rémy-de-Provence, Tel. 04 90 92 45 87, Fax 04 90 92 24 36

Jean-André Charial, Besitzer des Restaurants l'Oustau de Baumanière in Les Baux, hat dieses biodynamisch bewirtschaftete 54-ha-Gut im Auftrag des Pariser Ehepaars Colette und Jean-Pierre Peyraud gegründet. Der Rote ist ein Verschnitt aus Syrah, Grenache und Cabernet Sauvignon mit gelegentlichen Spritzern Counoise und Mourvèdre. Zum Sortiment gehört ferner die im Barrique gereifte *sélection* Cœur aus den besten Trauben des Guts, ein elegantes, lebendiges Wesen mit leicht bitterem, kräuterwürzigem Ausklang.

La Roque
83740 La Cadière-d'Azur, Tel. 04 94 90 10 39, Fax 04 94 90 08 11

Mit ihrem Grande Réserve beweist die Genossenschaft in Bandol, dass sie durchaus mit einigen der besseren Privatgüter der AOC mithalten kann. Der aus Erträgen von 30 hl/ha gewonnene Wein mit jeweils 5% Grenache und Carignan als Gegengewicht zum Mourvèdre entwickelt sich relativ schnell, wirbt aber mit angenehm ausgewogenem, cremigem Stil und Wildpilznoten.

de Roquefort ✪
13830 Roquefort-la-Bédoule, Tel. 04 42 73 20 84, Fax 04 42 73 11 19

Raimond Villeneuves 27-ha-Kellerei der Côtes de Provence liegt im Hinterland von Bandol und Cassis auf 350 m Höhe kaum 5 km vom Meer entfernt, unterhalb der Ruine von Roquefort. Die Böden in der warmen Kuhle werden von einer rötlichen Ton-Kalk-Mischung geprägt. Villeneuve ist stark von der biologisch-dynamischen Denkweise – nicht der biodynamischen Mode – geprägt: Er will, dass die Domäne als Biotop, also als nachhaltiger, ausgewogener Organismus funktioniert. Seine Palette umfasst einen kernigen, von Lakritztönen eingefärbten, sortenreinen Clairette Vin de Pays des Bouches du Rhône und dem üppigeren, cremigeren, fassvergorenen Les Genêts aus Clairette und Rolle. Les Mûres, ein Reigen aus allen seinen Rebsorten, signalisiert in der Nase einladende Fruchtnoten, eine pikante Lebendigkeit und einen sauberen, bitter-reifen Abgang. Rubrum Obscurum Ex Veteribus Vitibus, „der dunkle Rote von alten Stöcken", ist eine im *foudre* ausgebaute Mixtur aus Grenache, Mourvèdre und Carignan mit köstlich dichter Pflaumenfrucht und Einsprengseln aus süßen Kräutern. Der Vorlaufmost des Rubrum Obscurum wird für einen feinen, salzigen Rosé namens Semiramis verwendet. In manchen Jahren bereitet Villeneuve ferner einen La Pourpre, den Le Pin der Provence. Die würzige, exotische, üppige Cuvée aus Syrah und Carignan von alten Stöcken bekommt ihre Holzweihen in jungen *demi-muids*.

Routas
83149 Châteauvert, Tel. 04 94 69 93 92, Fax 04 94 69 93 92

Der tatkräftige Philippe Bieler, einstiger Finanzmann an der Wall Street, bereichert die Weinwelt mit einer ganzen Reihe von Erzeugnissen aus seinem 45-ha-Gut, das unter die Zuständigkeit der Coteaux Varois und des Vin de Pays du Var fällt. Der Pyramus ist ein charakteristischer provenzalischer Weißer aus Ugni blanc, Rolle und Clairette, der Coquelicot ein Verbund aus Viognier (80%) und Chardonnay. Infernet offenbart sich als regionstypischer Verschnitt mit dem Erfolgstrio Grenache, Syrah und Cabernet. Und Agrippa stellt sich als Syrah-Cabernet-Mischung vor. Mit von der Partie sind ferner drei reinsortige Rote: der Cabernet Sauvignon That Wild Boars Prefer (sic), der Cyrano (100% Syrah) und der Carignane (sortenreiner Carignan von 60-jährigen Reben). Stilistisch bewegt man sich auf leichtem, elegantem, reinem Terrain.

Rouvière *siehe* Bunan

St-André de Figuière
83250 La Londe-les-Maures, Tel. 04 94 00 44 70, Fax 04 94 35 04 46

Das 20 ha große Gut in einem von Granit- und Schieferböden geprägten Küstenareal der Côtes de Provence gehört Alain Combard, der 20 Jahre lang für Michel Laroche in Chablis gearbeitet hat, bevor er zu seinen Ursprüngen zurückkehrte. Was er nicht erwartet hatte: Seine Weißen fielen beeindruckender aus als die Roten. Die üppige, birnenfruchtige Grande Cuvée Delphine aus Rolle wird vollständig im Fass vergoren. Reinheit und Eleganz zeichnen seine Roten aus.

Sainte Roseline
83460 Les Arcs-sur-Argens, Tel. 04 94 99 50 30, Fax 04 94 47 53 06

Bernard Teillaud hat keine Kosten gescheut, um diese wunderschöne Côtes-de-Provence-Domäne zu restaurieren, die vor zehn Jahrhunderten von Klosterbrüdern geführt wurde und neben einer Kirche steht, in der man einen mumifizierten Heiligen bestaunen kann. Viele Weinberge wurden neu bepflanzt, weshalb ein Großteil der Reben auf den 37 ha Anbaufläche noch jung sind. Dank der Unterstützung von Michel Rolland aber entsteht bereits eine cremige weiße Cuvée Prieure (Rolle, Sémillon) und ihr warmes, johannisbeertöniges rotes Pendant aus Mourvèdre, Syrah und Cabernet Sauvignon.

du Seuil
13540 Puyircard, Tel. 04 42 92 15 99, Fax 04 42 92 18 77

Der auffallend etikettierten Linie Château Grand Seuil gehört ein üppiger Weißer mit Honignote an, ein von Eiche erstickter Rosé (12 Monate im Barrique) und ein weicher, schwerer Roter, dessen 60-prozentiger Cabernet-Anteil spät und daher vollreif gelesen wurde. Das malerische 55-ha-Gut der Coteaux d'Aix ist im Besitz der Familie Carreau Gaschereau und liegt auf etwa 350 m Höhe.

Simone
13590 Meyreuil, Tel. 04 42 66 92 58, Fax 04 42 66 80 77

Um den kleinen Weinberg im Wald kümmern sich René Rougier und Sohn Jean-François, beide Musiker und Weinmacher. Im Augenblick ist Simone das einzige Gut in Palette, das Ernsthaftes zuwege bringt, obwohl ihm bald Crémade Konkurrenz machen könnte, das von einem Pariser neu übernommen wurde. Die Weinwelt von Simone ist in nahezu jeder Hinsicht ungewöhnlich: Man findet sie mitten im Wald auf einem Nordhang mit Kalkkies im Arc-Tal. „Ich habe noch nie im Leben einen Weinstock gerodet", sagt René Rougier. Einige der Pflanzen sind 150 Jahre alt. Das enorme Rebenspektrum umfasst Muscat, Furmint und Bourboulenc für Weiße sowie Castet und Manosquin für Rote. Nichtsdestotrotz besteht der Weiße vorwiegend aus Clairette (80%), der Rote zu 50% aus Grenache und 25% aus Mourvèdre. Sie werden endlos lange ausgebaut – der Rote liegt zwei Jahre im *foudre*, bevor er ins Barrique kommt – und sollten danach noch eine Weile in der Flasche ruhen. Der Weiße ist auf eigentümliche, fast unheimliche Art und Weise anspielungsreich und signalisiert Wachs und Weihrauch, bleibt dabei aber durch seine frische Säure stets lebendig. Sollte man ihn als den weltbesten Clairette bezeichnen? Der in *foudres* vinifizierte und gereifte Rosé ist ein weiniger, stattlicher Tropfen, während die Roten relativ leicht, schlank und elegant ausfallen. Eine weitere Eigenheit der Domäne sind die Bordeaux-Flaschen mit ihren liebenswert altmodischen Etiketten.

la Suffrène ✪
83740 La Cadière-d'Azur, Tel. 04 94 90 09 23, Fax 04 94 90 02 21

Cédric Gravier mischt erst seit kurzem in Bandol mit. Er kehrte der Genossenschaft kurz vor der 1998er-Lese den Rücken. Die ersten Abfüllungen weisen ihn als einen der neuen Stars der AOC aus. Unter den Einstandsweinen zeigt die überragende Cuvée Les Lauves von alten Stöcken schön dosierte, üppige Tannine, Kastanien- und Erdnoten sowie eine verhaltene Säurebalance.

Tempier ✪
83330 Le Castellet, Tel. 04 94 98 70 21, Fax 04 94 90 21 65

Tempier ist neben Pradeaux eines der beiden großen alten Schlachtrösser der AOC Bandol. Die letzten Jahrgänge zeichnen sich durch eine Rückkehr zu alter Form aus. Fünf rote Cuvées werden angeboten. Zwei bilden einen Querschnitt aus allen Rebflächen des Guts: der leichte, kirschfruchtige Classique (Mourvèdre, Grenache, Carignan und Cinsault; Stockalter 20 Jahre) und die saftigere Cuvée Spéciale (80% Mourvèdre und 20% Grenache; Stockalter 35 Jahre). Hinzu kommen drei Einzellagenversionen: La Tourtine von einer 6-ha-Parzelle auf 170 m Höhe, Cabassou von einem 1,2-ha-Weinberg darunter und La Migoua, ein 5-ha-Rebgarten in 270 m ü. M., der allerdings direkt nach Süden gewandt ist und durch seine gewölbte Form die Wärme bündelt. Der Cabassou fällt durch seinen 95-prozentigen Mourvèdre-Anteil am muskulösesten, würzigsten und erdigsten aus; Migoua zeigt sich animalisch und nachhaltig bei merklichen Lorbeer- und Kalbsledertönen; La Tourtine gerät etwas streng, provoziert aber angenehm mit reinen Garrigue- und Olivennuancen.

Tour du Bon ✪
83330 Le Brûlat du Castellet, Tel. 04 98 03 66 22, Fax 04 98 03 66 26

Das 12-ha-Gut in Bandol ist für einen harmonischen, lebendigen, geschmeidigen, relativ früh trinkreifen Classique (55% Mourvèdre, 35% Grenache, 10% Cinsault) und einen herausragenden, lange lagerfähigen St-Ferréol mit konzentrierten Andeutungen an schwarze Oliven und Kakaopulver bekannt.

Trévallon ✪
13103 St-Etienne-du-Grès, Tel. 04 90 49 06 00, Fax 04 90 49 02 17

Es ist schon typisch für das Durcheinander in der provenzalischen Weinwelt, wenn der größte Erzeuger in Les Baux seine Gewächse als Vin de Pays verkaufen muss. Eloi Dürrbachs Hader mit den Behörden ist auf seine Verwendung von Cabernet zurückzuführen, geht aber schon so weit, dass man ihm eine Ausweitung seiner 15 ha untersagte und er neue Pflanzungen nur anlegen konnte, indem er einen Teil seiner alten Weinberge rodete. Seine Rebflächen im Norden von Les Baux verteilen sich auf 30 winzige Parzellen mit weißem Kalkschotter, weshalb seine Tropfen viel Finesse mitbringen, aber nicht unbedingt durch enorme Kraft glänzen. Der Weiße, eine im Barrique vergorene Roussanne-Grenache-Mischung, lässt Honignoten aufleben; der kräuter- und lorbeerwürzige Rote aus Cabernet und Syrah im 50:50-Mix gefällt durch Ausgewogenheit, öffnet sich aber erst mit der Zeit. Schon 1985 hat Dürrbach mit einem Barrique- und *foudre*-Ausbau seiner Roten experimentiert, wobei die *foudre*-Versionen „reiner" ausfielen und den wilden Charakter der Gegend besser zum Ausdruck brachten. Deshalb durchlaufen heute alle Weine des Guts ein *foudre*-Stadium.

les Valentines
83250 La-Londe-les-Maures, Tel. 04 94 15 95 50, Fax 04 94 15 95 55

Der einstige Pariser Computerunternehmer Gilles Pons sichert sich mit seinem 23-ha-Gut der AOC Côtes de Provence einen Platz in der Bestenliste der Provence, denn sein Ugni blanc von 70-jährigen Stöcken gehört zu den Spitzenreitern seiner Klasse. Pons erntet wie Meimoun einen Teil der Trauben früh und einen anderen sehr spät, um Frische und Opulenz gleichzeitig zu erhalten. Der Rote ist eine sorgfältige Kreation aus jeweils 35% Grenache und Syrah, die beide in Beton vinifiziert werden, um die Frucht herauszuarbeiten, und jeweils 15% Cabernet und Mourvèdre, die in hölzerne Kegel kommen, um Struktur anzunehmen. 30% des fertigen Verschnitts werden dann noch im Barrique ausgebaut. So entsteht ein frischer, lebendiger, pfeffriger Tropfen.

Vannières
83740 La Cadière-d'Azur, Tel. 04 94 90 08 08, Fax 04 94 90 15 98

Das malerische Gut an der Grenze zwischen Bandol (20 ha) und den Côtes de Provence (10 ha plus 2 ha für Vin de Pays) erzeugt einen pfirsichfruchtigen Weißen und einen roten Bandol mit blumigem Jugendaroma, frischen Kräuternoten und weichen Tanninen, der im Alter einen süßen, cremigen Anstrich bekommt.

Vignelaure
83560 Rians, Tel. 04 94 37 21 10, Fax 04 94 80 53 39

Mit den Besitzern dieser Domäne könnte man ein Buch füllen. Derzeit hält der ehemalige irische Pferdetrainer David O'Brien die Zügel in der Hand. Die Stärke von Vignelaure sind der angenehme, kirschfruchtige Gutswein mit Tabakduft und die reinsortigen Cabernet- und Merlot-Editionen, die als Vin de Pays etikettiert werden.

Bordeaux

Neuauflage eines Klassikers Bordeaux hat sich gewandelt. Einst blieb man stur der konservativen Linie treu – heute prägen Experimentierfreudigkeit, Ehrgeiz und stilistische Vielfalt die Weinlandschaft. Verwässerte, ausdruckslose Produkte haben keine Chance mehr.

Stellen Sie sich vor, Sie fahren in einem gläsernen Aufzug nach oben. Zunächst geht es nur wenige Stockwerke hoch. Doch dann gewinnen Sie rasch an Höhe. Im Nu schweben Sie weit über den Baumwipfeln. Plötzlich kippt der Lift nach vorn. Sie blicken durch das Glas direkt auf das staubige, vom Rotorwind zerpflügte Stück Erde, fallen aber nicht. Immer weiter entfernen sich der Boden und das Grün.

Höher und höher steigt der Helikopter in die Luft. Zunächst gibt das Médoc nur beschauliches, von feierlich grasenden Kühen gesprenkeltes Weideland preis, mit dem seine Geschichte begann. Die Wiesen ziehen sich bis zur großen, schlammbefrachteten Wasserstraße im Osten. Dann tauchen nach und nach weiße Flecken auf, die sich mit dem Grün zu einem gigantischen Brokatmuster vereinen. Straßen, Wälder, Wiesen und Deiche unterbrechen die Rebenlandschaft. Nur in St-Julien und Pauillac offenbart sich nach einem Zwischenspiel aus Viehweiden hinter Margaux so etwas wie eine Monokultur.

Viele Weinberge zeigen Lücken; hie und da findet man von Herbiziden gequälte, braune, leblose Flecken nackter Erde. Ein Hügel durchbricht die Monotonie: Der Buckel von Lafite zwischen Cos d'Estournel im Norden und Mouton im Süden erhebt sich zwischen Sümpfen und Gärten. Der Rest präsentiert sich aus der Vogelperspektive als fahler Fleckenteppich aus blassem Sand und Kies. Die am Boden so Ehrfurcht gebietenden Châteaux wirken wie Steinhaufen, die Wanderer aufgeschichtet haben, um in einer gleichförmigen Landschaft nicht die Orientierung zu verlieren. Hinter St-Estèphe ebbt der Rhythmus der Weinberge ab. Die weißen Flecken wachsen, die regelmäßigen Stockreihen werden seltener; der Wald greift in das Land.

Szenenwechsel. Die Zeit: Samstagabend. Ich sitze auf einem robusten, bequemen, nicht mehr ganz neuen belgischen Fahrrad. Der Regen ist abgeklungen; die Schauer haben die Luft reingewaschen. Die Frühlingssonne sinkt hinter Libourne und Bordeaux in den Atlantik und taucht Pomerol in ein goldbraunes Licht. Der erhobene Zeigefinger des Kirchturms sticht in den abkühlenden Himmel. Ich fahre von Le Pin und Catusseau, einem Dörfchen aus Gemüsefeldern, Arbeiterhäuschen und geheimen Wünschen, hinüber nach Trotanoy. Mit seinen Zypressenalleen mutet der Ort fast toskanisch an. Neben der Straße wird eine Parzelle neu bepflanzt. Ich sehe mir die nackte Erde genauer an, suche unsinnigerweise nach Spuren sichtbarer Magie und werde natürlich nicht fündig, sondern stoße nur auf Steine, Abermillionen von Steinen, die das Wasser aus den fernen Hügeln des Périgord und des Limousin herangeschwemmt hat und die nun von klebriger, orangebrauner Molasse festgehalten werden.

Ich fahre weiter zur Kirche, dem weithin sichtbaren Wahrzeichen von Pomerol. Die Trikolore am Kriegerdenkmal flattert tapfer im Wind. Die Schule, der Spielplatz und die wenigen Häuser ergeben

noch kein richtiges Dorf. Nicht einmal einen Friedhof gibt es; er liegt jenseits der Weinberge bei Eglise-Clinet. Ich fahre auf ihn zu, biege aber nach rechts in Richtung der Gay- und Lafleur-Güter ab. Das Terrain wirkt hier noch steiniger. Die Weinberge fallen zur Linken sichtbar zum Fluss Barbanne ab. Pétrus ist unschwer zu finden: Die *chaufferettes*, Heizöfen, sind entlang der Rebflächen aufgestellt, denn März und April können Fröste mit sich bringen. In der Abendsonne glänzt an der Spitze des Fahnenmasts das goldene P.

Ich fahre leicht bergan zum höchstgelegenen Areal der Appellation. Es erstreckt sich angeblich über eine Toninsel, die sich durch den Kies und die Molasse gezwängt hat. Aus Radfahrersicht allerdings unterscheidet es sich in nichts von den Rebflächen des Guts Vieux Château Certan nebenan. Ich fahre nach links und nochmals nach links, vorbei an La Conseillante und L'Evangile, überquere die seltsame Appellationsgrenze und mache einen Abstecher nach St-Emilion. Cheval Blanc und die Figeac-Güter stellen sich mit typisch Bordelaiser Zurückhaltung vor. Zurück geht es über Petit-Village und Beauregard nach Catusseau. Ich habe die Besten der Besten gesehen – und es hat gerade einmal eine halbe Stunde gedauert. Le Pin, Trotanoy, L'Eglise-Clinet, Lafleur und Pétrus neben Gütern wie Haut-Tropchaud, Guillot oder Chêne Liège – Weltberühmtheiten neben gesichtslosen Domänen. Auch das ist Bordeaux.

Weingigant Bordeaux

Man stelle sich eine Weinkarte von Frankreich vor, die nicht geographisch gegliedert ist, sondern Emotionen und Erwartungen zeigt: Bordeaux wäre nicht länger ein von einem Meereseinschnitt geteilter Sumpf im grünen, bergigen Südwesten, sondern befände sich ganz nah am Herzen des Landes. Die Region ist nicht nur die größte französische AOC, an ihr werden auch alle anderen Anbaugebiete des Landes gemessen. Überhaupt blickt jeder Erzeuger der Welt nach Bordeaux, wenn er den Ehrgeiz hat, großen Rotwein zu bereiten. Bordeaux ist für französischen Wein, was Shakespeare für das englische Drama, Verdi für die italienische Oper und Tolstoi für den russischen Roman waren: eine unerschöpfliche, vielfältige Erscheinung, die nicht nur sich selbst definiert, sondern den Maßstab für die gesamte Kunstrichtung vorgibt.

Einige Fakten und Zahlen sollen das veranschaulichen. Die große AOC Hermitage an der Rhône umfasst insgesamt 134 ha. Jean-Louis Chave, einer der führenden Erzeuger der Zone, bewirtschaftet gerade einmal 10 ha auf dem geologisch komplexen Hügel. Die AOC Condrieu hat sogar nur 98 ha. Und selbst die kürzlich ausgeweitete Appellation Côte Rôtie nimmt nicht mehr als 200 ha ein. Burgund ist noch kleiner strukturiert. Ein großer *négociant* wie Louis Jadot mischt in 38 Appellationen mit – und nennt doch insgesamt nur 70 ha sein Eigen. Den meisten am Grand cru Montrachet Beteiligten steht weit weni-

„Wir in Bordeaux spielen Finesse auf einem großen Terroir aus. Kraft ist nicht unsere Stärke, da wir nicht in den Genuss von so viel Sonne wie Kalifornien oder Australien kommen. Würden wir kraftvollen Tropfen Paroli bieten wollen, wären wir ein Boxer, der in einer zu hohen Gewichtsklasse kämpft. Jeder weiß, wie das endet: Man bekommt eins auf die Nase."

CHRISTIAN MOUEIX

„Trop de finesse tue la finesse."

JEAN-LUC THUNEVIN

◀ *Der Weg zur Spitze war lang für Angélus. Nun setzt man nicht mehr auf schieres Gewicht, sondern auf stilistische Feinheit.*

ger als 1 ha zur Verfügung. Die Weinwelt muss ganze 25 Kisten von Leflaives Montrachet unter sich aufteilen.

Ganz anders Bordeaux. Château Lafite-Rothschild, eines der fünf Premier-cru-Güter in Bordeaux, hat 90 ha bestockt und stößt bis zu 19 000 Kisten jährlich aus. Die größte unter den klassifizierten Domänen, Château Lagrange, bewirtschaftet sogar 113 ha, mehr als die Anbaufläche der gesamten AOC Condrieu. Die meisten Châteaux im Médoc können mindestens 50 ha aufbieten; vier von ihnen würden die Côte Rôtie also völlig in Beschlag nehmen – und das Médoc zählt Hunderte solcher Großbetriebe. St-Emilion und Pomerol sind zwar kein solches Land der Riesen (Cheval Blanc verfügt über 36 ha, Pétrus über nur 11 ha), doch die Appellation selbst ist für französische Verhältnisse enorm: St-Emilion hat 5000 ha Rebland ausgewiesen – die 37-fache Fläche der AOC Hermitage. Natürlich zählen nicht alle Weine aus diesen Landen zu den Großen; man findet jede Menge verwässerter, ausdrucksloser Durstlöscher in Bordeaux. Trotz alledem aber bleiben noch genügend erstklassige Weinberge, die ausgezeichnete Tropfen in allen Farben und Süßegraden liefern. Die Region an der Gironde ist der einzige Weinbaubereich in Frankreich, der Rotweine sowie trockene und süße Weißweine auf höchstem Niveau erzeugt. Man findet für so ziemlich jede Gelegenheit den passenden Bordeaux, ohne sich auch nur im Geringsten einschränken zu müssen; lediglich eine gute Schaumweinquelle hat sich noch nicht aufgetan.

Die Größe, der Glanz der „Schlösser" und die seit langem bestehenden, offiziell abgesegneten Klassifizierungssysteme haben enorm viel zum Ruhm von Bordeaux beigetragen. Sogar ein Aktienmarkt für feinen Bordeaux-Wein existiert – ein weltweit einmaliges Phänomen: Es gibt genügend Flaschen, sodass jeder sie problemlos kaufen, halten und verkaufen kann. Da die Châteaux-Namen obendrein keinerlei Hinweis auf die Eigentumsverhältnisse geben, verkörpern sie eine Kontinuität, die zum Beispiel den burgundischen Familiendomänen mit ihren im steten Wandel befindlichen Verwandtschaftsverhältnissen völlig abgeht. Der Kern jedes guten Weinhändler- oder Weinbrokergeschäfts ist feiner Bordeaux. Das beschert der Region Reichtum und rückt sie immer wieder in den Blickpunkt der Öffentlichkeit.

Vergessen wird dabei gern, dass Bordeaux eigentlich eine relativ junge Weinregion ist, weit jünger als Burgund und das benachbarte Cahors. Bordeaux neidete Cahors den Ruhm so sehr, dass es dem Rivalen sogar durch versteckten Protektionismus Marktanteile abluchsen wollte. In St-Emilion mit seinen steilen Südhängen gäb es zwar schon in der Antike etwas Weinbau, denn die Römer ließen kaum einen Hügel aus, wenn es darum ging, einen anständigen Rebberg anzulegen oder auf den Gipfel eine Festung zu setzen. Doch das Médoc war ein unwirtliches, unzugängliches Sumpfgebiet, das bis zum 17. Jahrhundert immer wieder von Fluten heimgesucht wurde. Erst als niederländische Ingenieure es entwässerten und die großen Kiesbänke freilegten, zeigte sich im Lauf der Zeit, wie gut Cabernet-Sauvignon-Reben darauf gediehen. Ein Terroir war entdeckt; das Napa Valley des 18. Jahrhunderts erblühte.

Im 20. Jahrhundert war Bordeaux wie allen großen französischen Weinregionen ein wechselhaftes Schicksal beschieden. Das Wohl und Wehe des Weinbaus hängt in erster Linie von zwei Faktoren ab: den Gaben der Natur, also der Qualität der Jahrgänge, die besonders in einem maritimen Klima wie dem Bordelaiser wechselhaft sein kann, und dem sozialen Kontext, in dem die Erzeugnisse getrunken werden. Zwei Weltkriege und eine globale Wirtschaftskrise erwiesen sich in der ersten Hälfte des 20. Jahrhunderts für die Weinwirtschaft nicht gerade als förderlich. Hinzu kamen miserable Jahrgänge in den 1930ern und

Das malerische, völlig unmoderne St-Emilion. In Seitenstraßen wie dieser kamen vor einiger Zeit die Garagenweine zur Welt. ▶

durchwachsene Lesen in den 1960er- und 1970er-Jahren, die das Interesse schwinden ließen. Bordeaux schlug sich selbstzufrieden durch und lebte von seiner Reputation. Die Bordelaiser Winzer von heute schaudern ob der Mittelmäßigkeit, in die man große Güter sinken ließ. Ihre eigenen Museumsflaschen aus jener Zeit öffnen sie nur ungern.

1982 wurde alles anders. In diesem glorreichen, heißen, ergiebigen Jahrgang zeigten die önologischen Neuerungen von Professor Emile Peynaud endlich Wirkung – allen voran die Einführung einer Auslese der besten Trauben für den *grand vin*. Seit 1982 dürfen sich die 300 Spitzengüter von Bordeaux über eine seit Mitte des 19. Jahrhunderts nicht mehr erlebte Blütezeit freuen. Wie kam es dazu?

Der erste wichtige Faktor war die Nachfrage. Die Welt ist friedlicher geworden und hat mehr Wohlstand erlebt als je zuvor. Kulturen, die sich vormals kaum für Wein und die europäische Küche interessierten, in der dieses Getränk ja eine Schlüsselrolle spielt, lernten beides zu schätzen. Bis 1982 kam die Kundschaft der Bordelaiser Châteaux in erster Linie aus dem europäischen Mittelstand; lediglich einige reiche Europaliebhaber aus Übersee zeigten noch Interesse an ihren Erzeugnissen. Mittlerweile hat die weltweite Wohlstandsgesellschaft Bordeaux entdeckt. Vor allem die an Hysterie grenzende Nachfrage aus den asiatischen Märkten ließ den En-Primeur-Preis 1996 in die Höhe schnellen und verleitete die Gutsbesitzer, den netten, aber schwachbrüstigen 1997er-Jahrgang zu ungerechtfertigt hohen Preisen zu offerieren. Die Quelle der Bordelaiser Spitzenweine ist tief, aber nicht unerschöpflich.

Der zweite Hauptfaktor war der Siegeszug der Weinmedien und Weinkritik. Im März jeden Jahres nach der Lese überfallen Verkoster die Region und geben ihre ersten Kommentare ab. Das ist kein ungefährliches Unterfangen, denn die Gewächse sind bei weitem nicht fertig, die Verschneider haben sich keineswegs bereits festgelegt und bis zur heiklen Phase der Abfüllung vergeht noch über ein Jahr. Die Folge sind nicht nur übereilte Bewertungen, auch *cuvées de journaliste*, speziell für Journalisten zusammengeschusterte Fälschungen, tauchen immer wieder auf. Pascal Delbeck vom Château Belair behauptete bei den En-Primeur-Degustationen des Jahres 2000, dass „die für die neuen Jahrgänge vergebenen prozentualen Noten oft auf falschen Mustern basieren." Und auch ein führender Gutsbesitzer aus Pomerol räumte ein, dass man die bei den En-Primeur-Verkostungen vorgestellten Proben oft mit amerikanischer Eiche „süße". Die Erzeuger orientieren sich bei der Festlegung der Preise für ihre Weine nun einmal an den Bewertungen der Journalisten und vor allem am Jahrgangsbericht von Robert Parker. Anschließend werden die Produkte freigegeben – und schon beginnen die Spekulanten zu kaufen, kaufen, kaufen. So entstand ein Markt mit Sieger- bzw. Sammlerweinen, die bisweilen ein ganzes Jahrzehnt vor der Reife, ja, manchmal sogar vor der Abfüllung, erstaunlich hohe Preise erzielen. Während ich diese Zeilen schreibe, wechseln die noch in den Kinderschuhen steckenden 2000er-Jahrgänge mancher Châteaux für höhere Preise den Besitzer als die großen, allmählich halbwegs ausgereiften 1990er derselben Güter. Der Geldsegen, der sich über die Gewinner ergießt, dient anderen Erzeugern als Anreiz, ebenfalls den Einsatz zu erhöhen; so entsteht ein immer größerer Markt für *trophy wines*. Fazit: Das Qualitätsniveau in Weinbau und -bereitung steigt – und damit auch der Gewinn für die Güter, die sich an dem Wettbewerb beteiligen.

Nicht alle haben aber von dieser Entwicklung profitiert. Als Erste gerieten die *négociants* ins Hintertreffen. Die Zeit der „Händlerprinzen" scheint definitiv vorbei zu sein. Einst unterstützten sie die Güter in schwierigen Jahren und legten sich ins Zeug, um deren Weine an zögerliche oder gleichgültige Kunden zu verkaufen. Dank enormer Fortschritte und weltweiter Absatzmärkte gehören die schwierigen Jahrgänge im früheren Sinn der Vergangenheit an. Die Rolle der *négociants* als Verkaufsförderer haben heute die Weinjournalisten über-

▲ *Eine kleine Statue vor dem Château Pétrus – der bescheidene Versuch, einem der hässlichsten chais in ganz Bordeaux ein gewisses Flair zu verleihen.*

nommen. Noch hat das System allerdings Bestand: Die Châteaux bringen ihre Gewächse über 15 oder 20 Spitzenhändler auf den Markt – größtenteils deshalb, weil sie sich beim Wert des 1997er-Jahrgangs gründlich verschätzt hatten. 2001 führen die *négociants* noch immer Bestände der 1997er-Weine, tragen damit das finanzielle Risiko der Erzeuger und sichern sich so deren Loyalität. Irgendwann aber wird es keinen Grund mehr für mehrere Zwischenhändler geben. Was soll beispielsweise ein Château Le Pin davon abhalten, einen En-Primeur-Internetverkauf zu organisieren? Die höheren Direkteinnahmen würden die zusätzlichen Verwaltungskosten mehr als aufwiegen.

Ich habe bereits von 300 Spitzengütern gesprochen. In ganz Bordeaux gibt es rund 12 500 Erzeuger. 95% davon verkaufen relativ geradlinige, einfache Weine ohne Alterungs- oder Wertsteigerungspotenzial. An ihnen ist der jüngste Aufschwung spurlos vorübergegangen. Im Gegenteil: Auf diesem Niveau gilt Bordeaux als immer weniger wettbewerbsfähig. Die lasch verwalteten AOCs verlieren für den Verbraucher zunehmend an Reiz. Selbst Eric Dulong, Präsident des Comité Interprofessionnel des Vins de Bordeaux, räumt ein, dass 57 Appellationen in Bordeaux „ein Unding" sind. Gegen die Einrichtung einer Vin-de-Pays-Zone allerdings sträubt er sich, denn damit würde man Sortenweinen Tür und Tor öffnen. „Davon gibt es eh schon viel zu viele. Wir sollten das AOC-System erhalten, aber die Vorschriften ändern, damit wir wettbewerbsfähiger werden."

Doch die neuesten Entwicklungen in Bordeaux haben noch einen weiteren Nebeneffekt. Manche begrüßen ihn, andere halten ihn für katastrophal: Der Geschmack der Bordeaux-Weine ändert sich.

Graf Stephan von Neipperg

Stephan von Neipperg ist das fünfte von acht Kindern. Sein Vater, Graf Joseph-Hubert von Neipperg, erwarb Canon-la-Gaffelière in St-Emilion 1971. Clos de l'Oratoire, La Monclotte und d'Aiguilhe kamen später hinzu. Seit Mitte der 1990er-Jahre arbeitet Neipperg mit Stéphane Derenoncourt zusammen. Ihre gemeinsam bereiteten Weine gehören heute zu den meistbewunderten Kreszenzen der Region. „Ich hatte stets ein klares Ziel: Ich wollte den bestmöglichen Wein jedes Terroirs erzeugen. Anfangs aber kannte ich mein Terroir nicht einmal. Es dauerte Jahre, bis ich es entdeckte – und ich weiß immer noch nicht alles darüber. Außerdem bin ich kein Forschergeist. Deshalb habe ich zunächst Weine erzeugt, wie man es eben auf der Winzerschule lernt. Heute aber machen wir Wein so wie vor 80 Jahren; das ist wesentlich interessanter als die Methoden der letzten zwei Jahrzehnte. Der Einklang mit der Natur, das Sortieren der Trauben, die Verwendung von Naturhefen, der Einsatz von Holz- und nicht Stahltanks, die Arbeit mit ganzen Beeren, das Unterstampfen, das Liegenlassen auf dem Hefesatz, die Verringerung der Schwefelmenge, die sehr langsame Vergärung... all das ist von großer Bedeutung. Man muss die Traube, aber auch ihre Schale schätzen. Hat man ausgezeichnete Schalen, bringt man auch einen ausgezeichneten Wein zustande."

Michel Rolland

Michel Rolland ist nicht nur der einflussreichste Weinberater in Bordeaux, er gilt heute als größter „Weinmacher" der Welt. „Ich verändere Weine nicht", bekennt er, „ich versuche nur, sie in dem Kontext, in dem sie entstehen, so gut wie möglich werden zu lassen. Außerdem trinke ich gern Wein; ich mag ihn. Und er soll mir Genuss bereiten. Deshalb strebe ich geschmeidige Tropfen aus vollreifen Trauben an. Und solche wollen auch die Verbraucher."

Zu den bedeutendsten Innovationen von Michel Rolland gehört die Lese vollreifer Trauben. Das galt in Bordeaux früher als nicht ganz ungefährlich, denn man riskierte, dass das Lesegut vom Herbstregen beeinträchtigt wurde. Sogar sein eigener Vater habe die Beeren auf dem Familiengut Le Bon Pasteur in Pomerol grundsätzlich vor dem Ausreifen der Frucht geerntet, vertraute mir Michel lachend an. „Er hat mich viel Nützliches gelehrt, aber über Reife habe ich von ihm nichts erfahren. Wie ich auf die Vorteile der Vollreife stieß? Als ich 1970 meine Laufbahn begann, sah ich mir die Weine der Vergangenheit an. In Bordeaux waren die Jahrgänge 1928, 1929, 1945, 1947, 1955 und 1961 in aller Munde – nur sechs große in 70 Jahren. Da habe ich mir überlegt, warum sie so hervorragend ausgefallen waren. Wenn man sie sich ansieht, stellt man fest, dass sie alle viel Alkohol und wenig Säure hatten und aus niedrigen Erträgen stammten. Es handelte sich also ganz offensichtlich um Weine aus reifem Lesegut. Nimmt man den 1947er unter die Lupe – er entstand in meinem Geburtsjahr, deshalb interessiert er mich besonders –, stellt man fest, dass er gut 14 % Alkohol und einen pH-Wert von über 3,6 hat. Bei einer Säure von nicht einmal 3 g/l ergibt das einen milden, runden, seidigen Tropfen. Er war also reif, sehr reif. Ich bin ein Genussmensch. Um Weine zu bekommen, die mir gefielen, brauchte ich also reife Trauben."

Rolland gilt unter anderem als Verfechter der mühsamen malolaktischen Vergärung in neuen Eichenfässern. „Meiner Meinung nach muss großer Wein in Holz ‚aufgezogen' werden. Man kann ihn aber mit diesem Material natürlich auch verderben. Was also tun? Man muss den Holzgeschmack so gut wie möglich integrieren. Dazu steckt man den Wein am besten in Barriques, solange er noch warm ist, also kurz nach der Vinifizierung bei einer Temperatur von 25–26 °C. Doch die malo in Holz ist kein Muss. Hauptsache, die Flüssigkeit kommt so schnell wie möglich ins Fass." Eine weitere wichtige Innovation Rollands ist die Senkung der Säure. Er „erlaubt" dem Wein einen Säuregehalt, der früher als gefährlich niedrig galt. „Säure hilft dem Wein über die Jahre, verbessert aber die Qualität nicht unbedingt. Mit anderen Worten: Er bleibt streng, ein bisschen starr und verschlossen, ist also kein so rechtes Vergnügen. Ich wiederhole: Alle großen Jahrgänge in Bordeaux mit Ausnahme des 1945er zeichnen sich durch niedrige Säure aus." Gerade wegen seiner Bereitschaft, eine geringe Säuredosis zuzulassen, muss Rolland aber auf penible Sauberkeit achten und ist deshalb berüchtigt für sein Beharren auf strengster Kellerhygiene. „Säurearme Weine sind gefährliche Weine, denn sie können von Bakterien oder Hefeinfektionen befallen werden. Bei geringer Säure ist auch das Schwefeldioxid nicht so aktiv. Deshalb werden die Tropfen schneller schlecht. Das vermeidet man mit einem sauberen Keller."

Die Weine der Güter, die Rolland berät, zeichnen sich durch geschmeidige Tannine aus – ein weiteres Markenzeichen des Önologen. „Das hängt mit meiner Vorliebe für reife Trauben zusammen. Mit voll ausgereiftem Lesegut bekommt man seidigweiche Tannine." Kritiker behaupten, die von ihm beeinflussten Erzeugnisse seien zu einfach und formelhaft. „Wein wird nicht für Weinjournalisten oder für Intellektuelle gemacht, die zweimal im Jahr an ihm nippen. Er ist ein Genussmittel. Jahr für Jahr entstehen weltweit rund 300 Millionen hl. Die sollen auch konsumiert werden. Aber nicht die Intellektuellen trinken ihn. Wenn man ein Versager ist, weil man jemandem Genuss bereitet, dann habe ich in der Tat versagt."

Gérard Perse

Gérard Perse ist neben Graf Stephan von Neipperg der wohl einflussreichste Bordelaiser Gutsbesitzer. Er arbeitet für Monbousquet, Pavie und Pavie Decesse in St-Emilion (mit Michel Rolland, Alain Raynaud und dem Weinbergmanager Laurent Lusseau) und ist zum Vorbild für alle geworden, die das Potenzial ihrer Rebflächen ausschöpfen wollen.

Wie lässt sich das bewerkstelligen? „Wir haben unsere Schnitttechnik verändert. Wir haben die Weinberge mit neuen Klettergerüsten ausgestattet, um ein höheres, offeneres Blätterdach zu bekommen. Wir haben den ganzen Weinberg entwässert, damit die Wurzeln tiefer in die Erde vordringen konnten. Wir haben die Erträge von 60 hl/ha auf 25 hl/ha gedrosselt. Das heißt sechs Trauben pro Stock und keine mehr. Im Keller habe ich mich an den besten Methoden aller Regionen orientiert: Sortiertische, Maximalreife, Temperaturregelung und Arbeiten mit dem Hefesatz. Wir heben den Hefesatz aus der Vergärung auf und fügen ihn dem Wein im Barrique wieder zu. Das gibt Tiefe, Fett, Aroma, Struktur. Die Kaltmazeration vor der Vergärung ist keine burgundische Erfindung, sondern wurde von mir entwickelt. Ich habe festgestellt, dass die Aromen umso reiner ausfallen, je später die Vergärung einsetzt. Früher leitete man die Fermentation so früh wie möglich ein, um Probleme zu vermeiden."

Wie charakteristisch aber sind diese Weine für den Bordeaux-Stil? „Wir hatten in der Region 30 Jahre lang zu hohe Erträge. Das ruiniert das Terroir. Je mehr man die Erträge drosselt, desto stärker kann sich das Terroir durchsetzen. Was wir heute bereiten, ähnelt dem, was vor 1939 entstand. Die ganzen modernen Verfahren haben die Weine nur verwässert. Mit Abkürzungen kommt man beim Weinbau nun einmal nicht ans Ziel."

Jacques Thienpont

Jacques Thienponts Familie unterhielt Geschäftsbeziehungen zu Pomerol, sein Großvater Georges Thienpont kaufte 1924 das Vieux Château Certan; es wird heute von seinem Cousin Alexandre geführt. Ein weiterer Vetter, Nicolas Thienpont, besitzt Güter an den Côtes de Francs und leitet Pavie Macquin sowie Bellevue. Sein Bruder Luc ist Eigentümer von Labégorce-Zédé und Clos des Quatres Vents in Margaux. Er selbst hat den hochgerühmten 2-ha-Weinberg Le Pin ins Leben gerufen. Die anfangs nur aus 1 ha bestehende Parzelle stand 1979 zum Verkauf an. Sein Onkel Léon wollte sie für VCC erwerben, doch die Aktionäre waren dagegen, also griff Jacques zu. Seither hat er ihre Größe verdoppelt, indem er „die Nachbarn umwarb". Als Winzer ist Thienpont das krasse Gegenteil eines Garagenwinzers. Terroir und Jahrgang stehen für ihn an vorderster Stelle. „Ich kümmere mich um die Trauben. Ich versuche den Wein so einfach wie möglich zu bereiten. Im Keller von Le Pin gibt es keine Maschinen und keinen Computer. Alles wird von Hand gemacht." Er verzichtet auf Kaltmazeration und lange Extraktion, erschlägt die Weine nicht mit 200% neuer Eiche, unterzieht sie jedoch einer malolaktischen Vergärung im Barrique. In seinen Kellern offenbarten sich per Zufall die Vorzüge der „malo". „Anfangs hatte ich nur einen Behälter im Keller. Also blieb mir gar nichts andres übrig, als die Weine nach der Vergärung in Fässer zu pumpen und die Umgebung zu erwärmen, damit die malo einsetzte. Meine Önologin Dany Rolland, die Frau von Michel Rolland, meinte: ‚Das ist ein gutes Experiment.' Heute ist die malolaktische Vergärung groß in Mode. Aber ich habe im Grunde nichts anderes getan als mein Großvater." Der außerordentliche Erfolg von Le Pin amüsiert Thienpont. „Mein Grundsatz ist eigentlich: vivons cachés, vivons heureux (sich bedeckt halten, ruhig leben). Und jetzt stehe ich an vorderster Front, was mir ganz unangenehm ist. Aber ich bereite meinen Wein so, wie ich es für richtig halte. Er ist in 30 Minuten verkauft. Keiner hat ihn je verschmäht. Es ist mir egal, was man über meinen Wein denkt. Der Markt entscheidet."

Eine Frage des Stils

Gestern Abend habe ich etwas begriffen. Ich war mit meinen Eltern zusammen. Zum Essen holte ich eine Flasche Château Cluzan 1998 heraus, einen einfachen, vom Maison Sichel verkauften und mir unverlangt als Kostprobe zugeschickten AOC Bordeaux. Beim Concours Général Agricole 1999 in Paris hatte er eine Bronzemedaille gewonnen.

Korken heraus, Wein ins Glas. Ich nippte, nippte noch einmal, diesmal aber zog ich viel mehr Wein in den Mund als üblich. Ich hatte es mit einem kühlen, klaren, volltönenden, ausgewogenen Trunk zu tun. Ausgewogen... ich dachte an die Möwen, die ich am Nachmittag auf dem Fluss Cherwell hatte landen sehen. Der Wind setzte ihnen zu, schüttelte sie über den Wellen – und doch ließen sie sich elegant und weich ins Wasser gleiten. Ich nahm drei große Schlucke, füllte meinen Mund mit der Flüssigkeit und ließ sie durch die Kehle rinnen. Kein Brennen, kein Feuer, nur Erfrischung war zu spüren. Mir war gar nicht so sehr nach Wein zumute; wir hatten schon zum Mittagessen ein Glas getrunken. Aber ich wusste, dass er mit der Leichtigkeit, mit der eine Billardkugel im Loch verschwindet, hinuntergleiten würde. Wir waren zu dritt, ich hätte die Flasche aber ohne Probleme alleine trinken können. Natürlich würde er nie mehr als eine Bronzemedaille gewinnen – schon allein diese Auszeichnung war ein Glücksfall für ihn. Aber er war ein gefälliges, ausgewogenes, äußerst bekömmliches Getränk.

Nun verstand ich auch, was Christian Moueix, der seit 1971 das Château Pétrus geformt hat, mir sechs Tage zuvor sagen wollte. Wir sprachen über das Für und Wider der neuen Weinlandschaft Bordeaux. „Ich bin Traditionalist", teilte er mir mit, „respektiere also das Terroir und das Wetter. Ich bin gegen die neuen Technologien. Mit ihnen läuft man Gefahr, die Finesse, Eleganz und Subtilität zu verlieren, die Bordeaux so einzigartig machen. Und die Leichtigkeit, die dafür sorgt, dass man einen großen Wein zu zweit trinken kann, ohne müde zu werden. Die neuen ‚Technologieweine' sind so dick, dass man sie fast nicht hinunterbringt. Heute zählen Muskeln statt Hirn. Ich halte diesen neuen Ansatz in Bordeaux für einen großen Fehler. Das heißt aber nicht, dass sich die neue Schule nicht durchsetzt. Sie wird sich wohl leider durchsetzen. Und das wird Bordeaux nicht gut tun."

Moueix steht mit seiner Meinung keineswegs allein da. Im Sommer 1999 erklärte mir Anthony Barton vom Château Léoville-Barton: „Die neuen, extraktreichen Tropfen sind sehr grob. Ob sie gut altern, bleibt abzuwarten. Mein Gaumen ist an einen weicheren, subtileren Stil gewöhnt." Auch die Bemerkung Paul Pontalliers vom Château Margaux über den 1999er Margaux kam mir in den Sinn: „Wir tun hier auf Margaux alles, um so etwas wie den 1999er-Jahrgang zustande zu bringen: Da ist so viel Geschmeidigkeit, so viel Zartheit. Und dahinter verbirgt sich pure Kraft. Der 1999er hat jetzt fünf Monate in 100% neuer Eiche gelegen. Wo ist das Holz? Der Wein hat es verdaut. Das ist ein Beweis für seine Stärke. Im Samthandschuh steckt eine Eisenfaust. Das ist das Geniale am Margaux." Der große Verkoster und Weinkritiker Michael Broadbent MW schließlich schreibt in seinem Buch *A Century of Wine*: „Kein Wein bietet bei Tisch einem roten Bordeaux Paroli. Er hat das richtige Gewicht, bringt selten zu viel Alkohol mit und verwöhnt die Sinne. Und die feineren Editionen nehmen sogar noch den Intellekt gefangen. Roter Bordeaux erfrischt. (...) Es steht zu hoffen, dass die Önologen einen Rückzieher machen, dass sie Pomerol den von Natur aus fleischigeren Stil lassen und dem Médoc die Mischung aus maskulinem und femininem Charakter nicht nehmen."

Worüber machen sich diese Leute überhaupt Sorgen? „Der 1998er ist ein gelungener Versuch, einer der Stars des Jahrgangs. Er brüstet sich mit einer undurchdringlich dichten, purpurschwarzen Farbe und einem prächtigen Aromagefüge aus Brombeeren, Heidelbeeren, Rauch, Mineralien und Vanillin. Der äußerst vollmundige, füllige (...) Überflieger zählt zu den großen Überraschungen des Jahrgangs." Das sind Robert Parkers Verkostungsnotizen für den St-Emilion Péby Faugères von 1998, den er 2001 höher einstufte als die Kreszenzen von Cheval Blanc oder Ausone. „Das dichte Purpurrot entsendet marmeladige Düfte von schwarzen Früchten, unter die sich Aromen von Rauch, Lakritze und Trüffel mischen. Der tiefe, vollmundige, superreine und ausgewogene Tropfen mit schöner Textur dürfte 10–15 Jahre lang gut trinkbar bleiben." Das schreibt Parker über den Clos du Jaugueyron Margaux von 1999, dem er 2001 mehr Punkte gab als dem Cos d'Estournel, Ducru-Beaucaillou, Léoville-Barton oder Léoville-Las-Cases desselben Jahres. Es wäre unzutreffend, wollte man Parker vorwerfen, dass er die subtile, stille Schönheit eines Weins nicht zu schätzen wüsste (seine Kritik des Haut-Brion beweist das Gegenteil), doch er ist ganz vernarrt in Gewächse mit viel Reife, Fülle und dicker, weicher Textur. Er feiert sie in seinen Notizen und verteilt mit beiden Händen Punkte an sie. Und Robert Parker bestimmt nun einmal den Markt für feinen Bordeaux, weshalb die Güter mit diesen neuen Weinen derzeit ein Vermögen machen.

Denis Durantou

Vielleicht ist es kein Zufall, dass das Wohnhaus von Denis Durantou und die Kellerei seines Guts Eglise-Clinet neben dem Friedhof von Pomerol liegen: Nur wenige haben mehr von den Vorfahren gelernt als dieser geschickte, schlitzohrige Meister des Weins, der mittlerweile seinen 20. Jahrgang vorbereitet. Moden, Grillen, Fetische sind ihm fremd – er setzt allein auf hervorragenden Kiesboden, alte Stöcke, niedrige Erträge und 80% neue Eiche für seine Besten.

Durantou ist mit der Malerin Marie Reilhac verheiratet und hat mit ihr drei begabte Kinder, Alix, Noémie und Constance. Statt auf den Garagenwinzerzug aufzuspringen, baut Durantou in seinen neuen chais im nahen Catusseau ein ansehnliches négociant-Geschäft auf. Darüber hat sich Marie Reilhac ein lichtdurchflutetes Studio eingerichtet. Wein führt hier ein unbeschwertes Dasein zwischen Kommerz und Kunst.

Jean-Luc Thunevin

Jean-Luc Thunevin mag St-Emilion mehr als jeder andere die nötigen Impulse gegeben und der Zone zu ihrem gebührenden Platz im Rampenlicht verholfen haben, doch er ist alles andere als ein Außenseiter. So ging er z. B. mit Alain Vauthier von Ausone in die Schule und die beiden sind nach wie vor gut befreundet. Die Familie hat hier den für traditionelle Médoc-Güter typischen hohen Stellenwert. Thunevins Frau Murielle Andraud (links im Bild mit ihm) ist eng in das Geschäft miteingebunden und bereitet auf Marojallia in Margaux sogar auf eigene Faust Weine. Die Valandraud-Cuvée 2000 hat Thunevin nach Tochter Axelle benannt. Seine Begeisterung für die Arbeit anderer Winzer, die wie er bei Null angefangen haben, ist so anregend wie Valandraud selbst. Er hat z. B. Michel Puzio vom Gut Croix de Labrie Hilfestellung geleistet. Puzio wiederum arbeitet mittlerweile als Berater für andere Châteaux. Das Netz weitet sich aus.

Natürlich sind Pétrus, Léoville-Barton und Margaux hoch angesehen und werfen schon allein deshalb Gewinn ab. Etwas mehr zu kämpfen haben Güter, die nichts von üppigen, fetten Weinen halten. Die Familie Lurton beispielsweise hat lange gebraucht, um den Châteaux Brane-Cantenac und Durfort-Vivens Anerkennung zu verschaffen. Dasselbe gilt für Laurent Vonderheyden vom Château Monbrison, für John Kolasa, der im Auftrag der Wertheimers von Chanel die Châteaux Rauzan-Ségla und Canon verwaltet, und für Pascal Delbeck vom Château Belair. Man denke dabei an Parkers verhaltene Begeisterung für die Weine von Magdelaine oder Vieux Château Certan, die viele zu den besten Gütern von St-Emilion bzw. Pomerol zählen, und seine offene Geringschätzung für Moueix' Moulin du Cadet oder Fonroque.

„Technologieweine"

Christian Moueix sprach weiter oben von „Technologieweinen". Was meinte er damit? Früher waren in Bordeaux Rebschnitt, Vinifizierung und Ausbau altüberlieferte Verfahren. Die Erträge – und damit auch die Qualität – variierten natürlich, je nachdem, wie großmütig sich der Sommer zeigte. „Jahrhundertelang fielen in Bordeaux von zehn Jahrgängen immer zwei groß, drei gut, drei mittelmäßig und zwei schlecht aus", klärte mich Moueix auf. In der zweiten Hälfte des 20. Jahrhunderts waren größtenteils Erträge zwischen 50 und 60 hl/ha die Norm. Und heute? Es gibt vielerlei Möglichkeiten, die Ernteerträge auf extrem niedrige Werte von 30 hl/ha oder sogar noch darunter zu drosseln. Früher wären sie unwirtschaftlich gewesen, aber mit 90 oder mehr Parker-Punkten können sich die Güter einen solchen Aufwand leisten. Und auch das überpenible Aussortieren nicht ganz makelloser Trauben für den *grand vin* wäre ohne die Superstarmanie im neuen Bordeaux undenkbar. Was früher galt, ist obsolet; die überreifen Weine von gestern sind die reifen von heute.

Nach dem Keltern der Beeren bieten sich weitere Verarbeitungsmöglichkeiten an. Die burgundische Methode der Kaltmazeration

Stéphane Derenoncourt

„Ich bin 1982 nach Fronsac gekommen. Wegen eines Mädchens. Ich kam also als Tramper hier an und habe gleich bei der Traubenlese mitgeholfen. Ich hatte noch nie im Leben einen Rebstock gesehen. Das Wetter war gut, also beschloss ich zu bleiben."

Stéphane Derenoncout ist – ganz und gar untypisch für die großen Bordelaiser Winzer – ein Autodidakt. Er wuchs in Dünkirchen auf. Selbst nach seiner Ankunft in Aquitanien dauerte es noch eine Weile, bis er seine Liebe zum Wein entdeckte. Die Musik war ihm anfangs wichtiger. „Ich habe alle möglichen seltsamen Arbeiten im Weinberg übernommen. Aber das gefiel mir nicht, es war mir zu anstrengend. Und auch psychisch war es eine Belastung, denn in Bordeaux herrscht noch eine feudalistische Mentalität. Aber ich musste mich ernähren und habe deshalb gelernt, die Reben zu schneiden. Ende der 1980er-Jahre bat mich Madame Barre, die Pavie Macquin leitete, ihr zur Seite zu stehen. Als ich das Gut sah, habe ich sofort zugesagt. Ich habe meine Liebe für den Weinbau entdeckt, als ich den ganzen Ablauf kennen lernte."

Derenoncourt unterscheidet sich grundsätzlich von anderen Bordelaiser Winzergrößen, denn er scheut das Rampenlicht und misstraut dem Reichtum. Er lehnt zwar technische Innovationen nicht ab, lässt sich bei ihrem Einsatz aber von Intuition, Beobachtung und tiefer Achtung vor der Natur leiten. Ich habe ihn noch nie im Anzug gesehen.

„Alles, was ich gelernt habe, habe ich mir selbst beigebracht. Zur Biodynamik bin ich über meinen Gemüsegarten gekommen. Ich arbeite liebend gern mit Lebewesen zusammen. Im biodynamischen Weinbau muss man ständig beobachten und den Reben ganz nah sein. Man kann nicht einfach zwei Wochen Pause machen. Deshalb wird die Biodynamik in Bordeaux so misstrauisch beäugt. Die Besitzer sind keine Winzer, sondern Geschäftsleute. Die Weinbergarbeiter stehen im Schatten. Wir an den Côtes de Castillon werden von viel weniger Rebenkrankheiten geplagt als die Güter in St-Emilion. Wir haben nicht so viel Geld für Chemikalien, was dem Leben im Boden gut getan hat. Eine Behandlung vernichtet Bodenorganismen. Alles Leben aber hängt voneinander ab." Seine Methode? „Zuerst habe ich den Geschmack der Trauben revolutioniert, dann den Umgang mit ihnen. Außerdem arbeite ich mit Mikrooxidation. In Bordeaux erfolgt alle drei Monate ein Abstich. Warum aber soll man Wein abstechen, wenn er es nicht braucht? Ich möchte so natürlich wie möglich arbeiten."

▲ *Das Gras zwischen den Stockreihen in diesem Rebgarten in St-Emilion ist ein bescheidener Schritt in Richtung eines nachhaltig umweltgerechten Weinbaus.*

vor der Vergärung zur Herausarbeitung der frischen Fruchtaromen etwa ist heute in St-Emilion weit verbreitet. Im Château Pavie werden in jeden hölzernen Gärbehälter 600 kg Trockeneis gekippt. Sie halten die Temperatur des Leseguts vor der Vergärung eine Woche lang konstant auf 8 °C.

Das am meisten berüchtigte neue Verfahren indes ist die Konzentration, die man allmählich der Chaptalisierung vorzuziehen beginnt. Bei der Chaptalisierung wird der Traubensaft mit Zucker angereichert, damit der Wein einen höheren Alkoholgehalt bekommt, als der Most ihn von Natur aus erreichen würde. Selbst die allergrößten Châteaux griffen in den meisten Jahren auf diese Methode zurück. 1999 war das erste Jahr seit 1961, in dem im Château Palmer Cabernet Sauvignon nicht chaptalisiert wurde. „Wir haben von jeher mindestens die Hälfte des Cabernet-Sauvignon-Safts mit Zucker angereichert, selbst in den besten Jahren", erklärte mir Paul Pontallier von Margaux 1999. Bei der Konzentration wird dem Wein Wasser durch Umkehrosmose oder Vakuumverdampfung entzogen, sodass ein üppigerer, dichterer Most entsteht. Er liefert nicht nur alkoholstärkere, sondern auch geschmacksintensivere Weine. Selbst die eifrigsten Verfechter dieses Verfahrens aber räumen ein, dass damit auch die unerwünschten Aromen verstärkt werden. Auch das traditionelle *saignée*-Verfahren wird praktiziert – und bisweilen sogar zum Exzess getrieben: So ließ das ehrgeizige Kleinstgut Croix de Labrie 1999 40 % des gesamten Traubensafts ablaufen, um den Anteil der Schalen zu erhöhen und die Konzentration der Weine damit auf ein Schwindel erregendes Niveau zu heben.

Mit Enzymen lässt sich die von den Trauben extrahierte Materie manipulieren. Durch Temperaturregelung kann man die Extraktion in die Länge ziehen. Zuchthefen sorgen für ein bestimmtes Aroma. Bisweilen pumpt man den Wein während der Vergärung in neue Eiche, wo er die Fermentation abschließt, und auch die aufwändige malolaktische Vergärung wird heute allenthalben praktiziert. Durch die beiden letztgenannten Methoden integriert sich die Eiche besser in den Wein und fällt geschmeidiger und fülliger aus. Man kann die Gewächse auch in „200 Prozent" neuer Eiche ausbauen, also von einem in ein anderes nagelneues Eichenfass abstechen und damit die Dosis an Vanille- und Röstaromen sowie Tanninen noch einmal nach oben schrauben. Gelegentlich wird auch der Hefesatz aus dem anfänglichen Gärprozess dem Wein im Fass noch einmal hinzugefügt und vor allem vor der malolaktischen Gärung aufgerührt. Durch diesen zusätzlichen Hefekontakt bekommt der Wein noch mehr Textur, Geschmack und Fülle, außerdem Farbtiefe und -dichte. Nach einer Reifezeit im Fass wird er schließlich ungeschönt und unfiltriert in Flaschen gefüllt.

Dank dieser und weiterer önologischer Verfahren heben die Winzer etwa einen Château Monbousquet über das bescheidene Potenzial hinaus, das ihm das Terroir in St-Emilion mitgibt, verhelfen einem La Mondotte schon in den ersten beiden Jahrgängen (1996 und 1997) zu einem spektakulären Start, erzielen für einen Château Valandraud von Trauben aus einer Reihe verschiedener, über St-Emilion verstreuter Weinberge einen Preis, der noch über den Premiers crus des Médoc liegt, und verwandeln einen Château Cos d'Estournel selbst in verregneten Jahren wie 1997, 1998 und 1999 in eine tiefe, vollmundige Kreszenz. Das ist die neue Weinlandschaft in Bordeaux, die Traditionalisten wie Christian Moueix mit Sorge in die Zukunft blicken lässt.

Begründeter Pessimismus?

Die Güte der besten Bordeaux-Weine sei dank der vielen verschiedenen Eingriffsmöglichkeiten sehr viel besser geworden, erwiderte ich Moueix. Er könne zwar die stilistische Entwicklung bedauern, aber nicht den qualitativen Aufschwung.

„Keine Frage", entgegnete er. „Dank der neuen Technologien sind die beiden großen Jahrgänge nach wie vor die Spitzenreiter unter den zehn verglichenen. Nur sind die drei guten nun sehr gut, die drei durchschnittlichen vermutlich jetzt gut und die beiden miserablen eben Durchschnitt. Das ist schon ein gewaltiger Unterschied." Allerdings befürchte er, dass sich die neuen, üppigen, schwarzen Bordeaux-Renner als vergängliche, oberflächliche Stars erweisen könnten. Denn Wein sei ja gerade auch deshalb so faszinierend, weil er sich nicht zur Eile treiben lasse. Die dichten, gesättigten, nicht mehr von saisonalen Einflüssen abhängigen Tropfen entstünden erst seit der zweiten Hälfte der 1990er-Jahre. Niemand wisse heute, wie sie 2020 aussehen werden.

Garagenweine

Die Wörter „Garage" und „Wein" fanden zusammen, als Jean-Luc Thunevin, einstiger Waldarbeiter, Discjockey, Bankangestellter und Weinhändler, auf dem Areal einer ehemaligen Garage in einer Seitenstraße von St-Emilion Wein zu bereiten begann. Er verwendete Lesegut von verschiedenen Parzellen und schuf daraus einen Wein, der zunächst weder einen Namen noch einen Ruf hatte. Thunevin setzte daher alles daran, den bestmöglichen Tropfen zu erzeugen. „Anfangs waren die garagistes Leute wie ich, die ohne Geld erstaunlich viel Erfolg hatten", erinnert er sich. Wir bereiteten handgewebte Weine, weil uns keine andere Wahl blieb. Mittlerweile haben sich viele unserer Bewegung angeschlossen, darunter auch klassifizierte Güter, die mit eigenen Garagenweinen aufwarten und damit ebenfalls verblüffend erfolgreich sind. Man sehe sich nur einmal den La Mondotte von Canon-la-Gaffelière, den La Gomerie von Beau-Séjour Bécot, den L'Hermitage von Matras oder den St-Domingue von La Dominique an. Oft hat das INAO den Garagenweinen Tür und Tor geöffnet, weil es nicht zugelassen hat, dass die Winzer auf ihrem Anwesen eine getrennte Parzelle klassifizierten und bewirtschafteten. Also sagten sich die Erzeuger: „Wir pfeifen auf das INAO, tun, was wir wollen, und bereiten großen Wein." Natürlich gibt es aber auch eine dritte Kategorie: die Trittbrettfahrer, die auf einen fahrenden Zug aufspringen wollen. Echte Garagenwinzer jedoch sind Leute, denen keine andere Möglichkeit blieb, als die größten Weine zu bereiten, weil sie weder Geld noch Weinberge hatten und vom Verkauf von 3000 Flaschen leben mussten."

Wie geht das?, fragte ich Thunevin. Was ist euer Erfolgsrezept? „Ganz einfach: Man muss nur das Gegenteil von dem tun, was man normalerweise tut, wenn man klein ist. Man investiert eine Menge Arbeit und opfert alles, damit es der Wein so gut wie möglich hat. Das heißt:
1. Kleine Erträge. Wir dürfen 60 hl/ha lesen. Großer Wein entsteht aus bestenfalls 30 hl/ha.
2. Organische Methoden. Man löst Probleme im Weinberg durch körperliche Arbeit statt Chemikalien.
3. Ausdünnen des Laubs.
4. Man erntet voll ausgereifte Trauben, und sei das Risiko auch noch so groß, alles zu verlieren. Natürlich wird von Hand gelesen und jede Beere sortiert.
5. Man betreibt ernsthafte Kellerarbeit, setzt also ausschließlich Naturhefen, gute Holztanks in sauberen Kellern und hochwertige neue Eichenfässer ein. Viel Mühe wird auf den Ausbau verwendet, indem man die Weine entweder auf dem Hefesatz liegen lässt und nicht absticht oder sie so wie ich auf traditionelle Weise mit Abstechen bereitet. Außerdem bietet man einen Zweitwein an, selbst wenn man winzig ist, oder verkauft, was nicht höchsten Ansprüchen entspricht. Und dann muss man den Wein Verkostern vorführen, damit sie sich in ihn verlieben."

Ich habe Thunevin mit der häufigsten Kritik an Garagenweinen konfrontiert: Der hohe technische Aufwand verschleiere das Terroir. Er widersprach. „Man macht aus einem Ackergaul kein Rennpferd. Das Terroir ist immer wichtiger als alle technischen Verfahren. Mit einem schlechten Terroir kann ein Garagenwinzer korrekten Wein bereiten. Mit einem durchschnittlichen schafft er immerhin einen guten. Und mit einem hervorragenden gelingt ihm ein sehr großer Wein. Der garagiste ist der Katalysator."

Aber kopieren Sie nicht nur einen internationalen, von der Neuen Welt beeinflussten Stil? „Man kann nicht eine Traube in Bordeaux lesen und daraus einen kalifornischen Tropfen machen. Wenn man aber einen Valandraud mit einem Grange vergleicht, dann freue ich mich natürlich über das Kompliment."

Und was ist mit den Markenzeichen von Bordeaux: Eleganz und Finesse? Findet man sie in einem Garagenwein? „Zu viel Finesse erstickt die Finesse. Weine mit Finesse müssen nicht zwangsläufig dünn ausfallen. Die großen Jahrgänge zeichneten sich nicht durch Eleganz und Finesse aus, sondern durch die Großzügigkeit der Natur. Die Garagenwinzer haben das verstanden. Die Natur gibt den Rahmen vor — und wir füllen ihn so gut wie möglich aus."

Ich sehe jedoch keinen Grund zur Sorge. Alle jüngsten Fortschritte in Bordeaux sind das Ergebnis intensiver Bemühungen in Weinberg und Keller: Man senkte die Erträge, erntet regelmäßiger als früher vollreife Trauben, achtet durch strenges Aussortieren auf beste Fruchtqualität und versteht bzw. überwacht den Entwicklungsprozess von Wein weit besser als früher. Hand aufs Herz: Das sind keine Bedingungen, unter denen schlechter Wein entsteht. Minderwertige Erzeugnisse sind die Folge hoher Erträge, kritiklos übernommener Traditionen, geschmacklicher Veränderungen durch chemische Eingriffe statt harter Arbeit im Weinberg und Industrialisierung der Weinbereitung zur Optimierung des Gewinns.

Bordeaux hat in den 1990er-Jahren zwei große Schritte nach vorn getan. Zum einen bemühen sich die meisten Eigentümer der Spitzengüter viel stärker als je zuvor in den letzten 50 Jahren darum, Saison für Saison großen Wein zu erzeugen. Zum anderen hat sich die Bandbreite der Bordeaux-Weine in punkto Aussehen, Duft und Geschmack erweitert. Die Region ist das wohl am günstigsten gelegene Fleckchen Erde für den Anbau von Rotwein: Nirgendwo sonst gibt es einen so großen Anbaubereich mit so offensichtlich herausragendem Terroir. Deshalb ist es gar nicht so abwegig, die gegenwärtige Tendenz in Bordeaux mit der Entwicklung der italienischen Malerei in der Renaissance oder der englischen Literatur im elisabethanischen Zeitalter zu vergleichen. Plötzlich eröffnen sich einem viel mehr Möglichkeiten als zuvor. Aus einer stagnierenden, beengten Welt ist eine breit gefächerte, abenteuerliche Landschaft geworden. Natürlich gibt es nach wie vor Torheiten und Auswüchse. Tatsache aber ist: In Bordeaux ist noch nie zuvor so guter, aufregender, ästhetisch vielfältiger Wein entstanden wie heute.

▼ Friedhof der Reben im Château Pavie. Der neue Eigentümer Gérard Perse will zum Glück weniger Herbizide einsetzen als seine Vorgänger.

Bordeaux im Überblick

Bordeaux ist die größte bedeutende Anbauregion der Welt. Wäre die Geologie so kompliziert wie in Burgund, hätte man schon allein wegen der Ausdehnung des Bereichs eine viel zu komplizierte Weinlandschaft und hunderte von Appellationen. Zum Glück ist dem nicht so. Bordeaux zeichnet sich durch große Güter, große AOCs und grob gefasste Unterschiede aus. Im Grund unterscheidet man nur links und rechts.

Rive gauche, dieser klangvolle Name, ruft das Paris der Bohemiens und Künstler in Erinnerung. Im Bordelaiser Kontext allerdings hat das „linke Ufer" eine völlig andere Bedeutung. Es bezeichnet das Land westlich von Garonne und Gironde, also das Médoc, Graves und – wenn man so will – Sauternes. Das „rechte Ufer" hingegen benennt den Weinbaubereich östlich von Dordogne und Gironde: St-Emilion, Pomerol und Fronsac. (Ich erwähne nur die wichtigsten, denn insgesamt hat Bordeaux 57 Appellationen.) Die Gironde ist ein Mündungstrichter hinter dem Zusammenfluss von Dordogne und Garonne. Zwischen den beiden Flüssen erstreckt sich ein Bereich, den man poe-

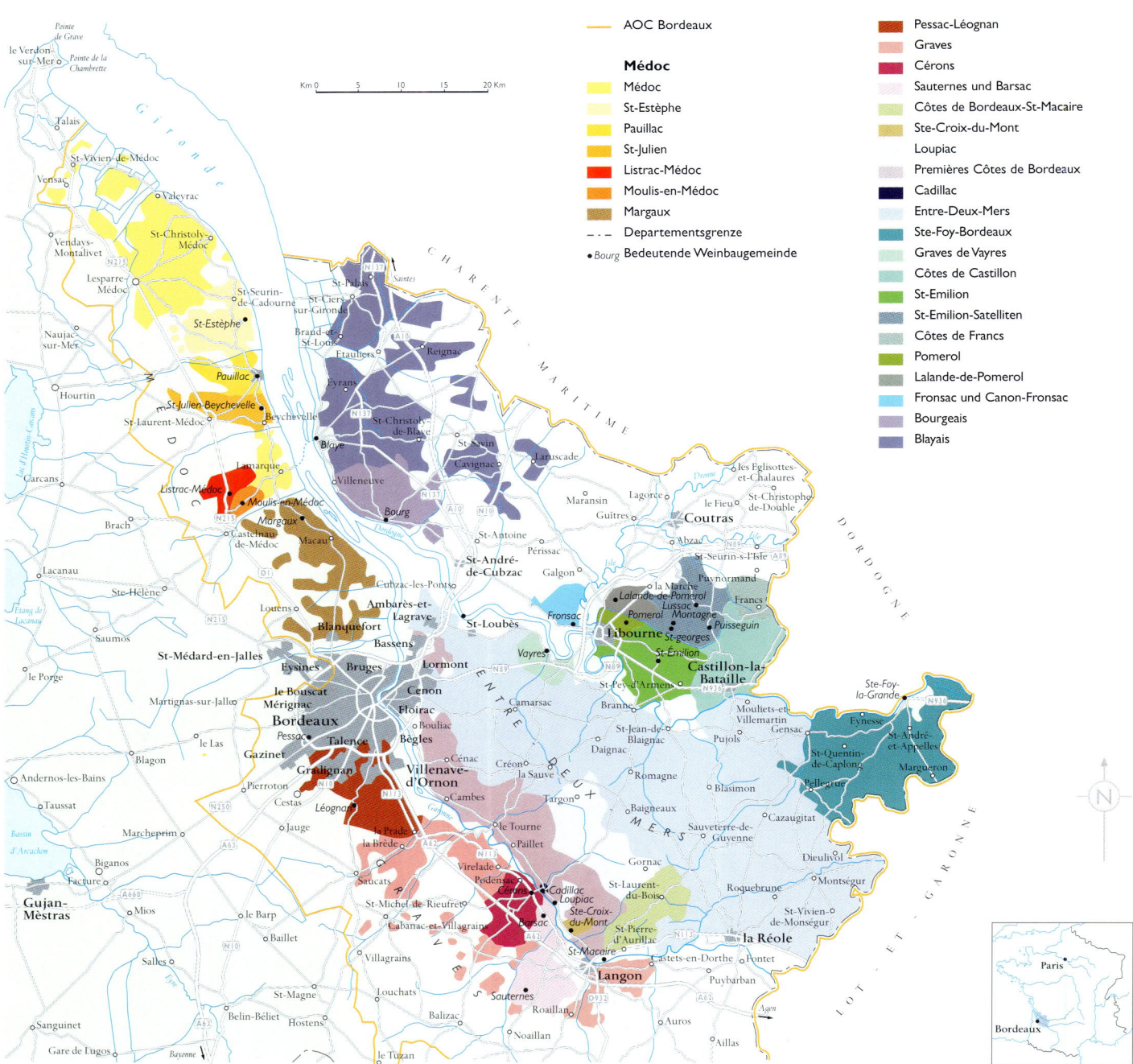

tisch Entre-Deux-Mers, „zwischen zwei Meeren", nennt. Die Unterscheidung zwischen linkem und rechtem Ufer ist von wesentlicher Bedeutung für das Verständnis der Weinlandschaft Bordeaux. Denn die beiden Seiten haben nicht nur gänzlich unterschiedliche Terroirs, auch die Haupttrebsorte ändert sich bei einer Überquerung der fließenden Grenze: Links ist das Reich von Cabernet Sauvignon, während rechts Merlot regiert. Bei Blindverkostungen großer roter Bordeaux-Kreszenzen erspüren Degustatoren als Erstes das Ufer. Erst dann folgen Appellation, Gut und Jahrgang.

Zunächst zum linken Ufer, dem geologisch jüngsten französischen Weinbaugebiet. Wie der Mensch selbst ist es ein Kind des Quartärs. Die Dinosaurier waren schon längst ausgestorben, als die Landschaft Form annahm. Mehr noch: Unsere Vorfahren wussten bereits mit dem Feuer umzugehen. Das war auch bitter nötig, denn es herrschte Eiszeit. Weite Teile Großbritanniens und ganz Skandinavien waren von Eisfeldern bedeckt. Ein Großteil des Wassers im Norden und Süden war gebunden, was dazu führte, dass sich der Meeresspiegel dazwischen senkte. Während der Würm-Kaltzeit, dem kältesten und längsten geologischen Winter des Jungpleistozän, lag der Wasserspiegel der Gironde rund 60 m tiefer als heute. (Im Übrigen trennte noch nicht einmal der Ärmelkanal Frankreich und England.) Das eisige Flussbett von einst ist längst verschwunden und tief vergraben.

Flüsse verändern ihren Lauf mit der Zeit. Katastrophen werfen sie aus der Bahn; zudem sucht das Wasser stets den Weg des geringsten Widerstandes. Gleichzeitig schiebt es sich unablässig dem Meer entgegen – und führt Kiesel und Schwemmland mit. So wurde das geologische Gesicht der größten französischen Anbauregion geformt. Die Weine der Güter Latour, Lafite, Haut-Brion, Yquem und aller anderen Giganten am linken Ufer wachsen auf den rund geschliffenen Steinen des Zentralmassivs, der Pyrenäen, des Périgord und des Limousin. Schnee, Regen und die Schmelzwasser eiszeitlicher und zwischeneiszeitlicher Gletscher wuschen Hang um Hang in das aquitanische Becken. Durch das Heben, Senken und Wandern von Garonne, Dordogne und Gironde wurde die Kieselfracht der Flüsse zu großen Bänken zusammengeschoben, so wie ein Gärtner das Herbstlaub zu Haufen aufschichtet. Die Kiesablagerungen, auf denen sich die meisten heutigen Weinberge erstrecken, stammen aus der Günz-Kaltzeit im Altpleistozän und entstanden vor knapp einer Million Jahren. Dasselbe gilt für die besten Lagen von Pomerol. Manchmal brachen ruhigere Perioden mit feineren Ablagerungen an: Wenn man die Kiesbänke röntgen würde, könnte man sehen, dass sie mit dichtem, feuchtem Ton und festem Sand durchsetzt sind. Als das Meer sich zurückzog, ließ es Kilometer um Kilometer einsamer Dünen zurück, die sich auf den Atlantik hinauszogen. Im Pleistozän, der großen Eiszeit, fegten kräftige Stürme über Land und Meer hinweg, sodass der Sand landeinwärts wanderte und äolische Ablagerungen formte. Während der Riss-Vergletscherung bedeckten diese vom Wind herangetragenen Sandschichten den Kies des Médoc fast vollständig. Hätte der Mensch an der sandigen Küste nicht einen der größten französischen Kiefernwälder zwischen dem Médoc und dem Meer gepflanzt, wäre das Kiesland heute von Dünen bedeckt und wir hätten nie erfahren, wie ein Lafite oder Latour schmeckt.

Unter dem Kies erstreckt sich das Muttergestein. Da Frankreich im Verlauf seiner geologischen Geschichte oft von Wasser bedeckt war, besteht es natürlich aus Kalk. Doch es handelt sich nicht um den Kalk der tropischen Dinosaurierzeit wie in Burgund, sondern um jüngeren Kalk, den die Meere während des Tertiärs hinterließen. Ihre charakteristischen Fossilien waren Seesterne, die zu Millionen in ihnen lebten und starben. Deshalb nennen die Franzosen das kalkige Muttergestein auch *calcaire à astéries*, Seesternkalk. Leider findet man das Fossil meist in Teilen und nur selten ganz vor.

Vereinfacht gesagt, setzt sich das linke Ufer aus Kies über Kalk zusammen, während am rechten Ufer der Kalk an die Oberfläche tritt und der Kies nicht so allgegenwärtig ist. Ein Großteil der höher gelegenen Flächen von St-Emilion, Bourg und Blaye, Canon-Fronsac und Côtes de Castillon erstreckt sich auf reinem, wenn auch stark verwittertem Seesternkalk. In den tieferen Arealen mischen sich Flussablagerungen neueren Datums mit reichlich Sand und gelegentlich Kies. Einzig das Plateau von Pomerol unterbricht die Gleichförmigkeit des rechten Ufers; fast könnte man es als Mini-Médoc bezeichnen. Hier hat das Flüsschen Isle, das heute ein winziger Nebenfluss der Dordogne ist, aber auf eine wesentlich bedeutendere eiszeitliche Vergangenheit zurückblicken kann, Millionen Tonnen Kies aus dem Périgord und Limousin abgeladen. Vor allem aber besteht das Muttergestein nicht aus Kalk, sondern aus den weichen Sand-Ton(Mergel)-Ablagerungen, die man Fronsadais-Molasse nennt. Bei Pétrus bricht die berühmte Toninsel durch die Oberfläche. Eine weitere Eigenheit von Pomerol ist eine Schicht, die die Franzosen *crasse de fer*, Eisenschmutz, nennen: eisenhaltiger, vom Wind herbeigetragener Sand.

Das Geheimnis von Bordeaux aber ist nicht nur der Kies; er allein hätte den Stöcken wenig zu bieten, wie die Weinbauern von Neuseeland feststellen mussten. Die Rebwurzeln können in Bordeaux auf Schatzsuche durch ein unterirdisches Mineralienreich gehen, das sich aus einer vielfältigen Mischung im Inneren der Kiesbank mit ihren Ton- und Sandtaschen sowie der Kalk- und Molasseschicht darunter zusammensetzt.

Außerdem ist das Terroir wie immer mehr als nur die Geologie. Auch Lage, Ausrichtung und Klima spielen eine Rolle. Eine Côte Rôtie, Côte d'Or oder einen Hermitage wird man in Bordeaux nicht finden. Auf den einzigen Südhang stößt man in St-Emilion und den südlich angrenzenden Côtes de Castillon, wo das Kalkplateau steil zur Dordogne abfällt. Ansonsten ähnelt die Region eher Châteauneuf-du-Pape. Bisweilen ziehen sich die Weinstöcke über eine sanfte Kuppe, *tertre* oder *croupe* genannt, doch in der Regel stehen sie auf einer flach ausgebreiteten Kiesdecke, die nur eine Ausrichtung kennt: die zur dramatischen meteorologischen Szenerie direkt über ihr.

Und dort kann es in der Tat turbulent zugehen. Im Grunde gehört das knapp unterhalb des 45. Breitengrads angesiedelte Bordeaux zur wärmeren Südhälfte der französischen Weinlandschaft und nicht zum kühleren Norden, doch der Atlantik und die warmen Strömungen aus dem Golf von Biscaya machen sich letzten Endes stärker bemerkbar als die untere Position auf der Nord-Süd-Leiter. Das Médoc selbst ist eine Kies- und Sandzunge, die in den salzigen Atlantik hineinreicht. Sollte die globale Erderwärmung tatsächlich eines Tages zum Ansteigen des Meeresspiegels führen, dann werden Latour und Margaux die allerersten Rebflächen der Welt sein, die in den heranrollenden Wellen versinken. Bordeaux muss also mit einem zutiefst maritimen Klima zurechtkommen, das ganzjährig mild und ganzjährig wechselhaft ist. Die Vinexpo begann 2001 kalt und nass, klang jedoch fünf Tage später in arabischer Hitze aus. Beständig drücken Westwinde vom Meer aus ins Land hinein; sie bringen oft Regen mit sich, der natürlich immer wieder zur falschen Zeit einsetzt. Herbstliche Niederschläge machen in den allermeisten Fällen den Unterschied zwischen einem großen und einem guten Jahrgang aus. Wegen der Wechselhaftigkeit des Klimas ist der exakte Zeitpunkt der Lese wichtiger, als bei einem Anbaugebiet auf diesem Breitengrad ansonsten üblich. Mit anderen Worten: In Bordeaux zählt der Jahrgang.

So viel zur allgemeinen Lage der Region. Nun zu den einzelnen Appellationen. **Bordeaux** ist die Basis-AOC und erstreckt sich über die gesamte Region. Mit ihren 38 551 ha ist sie dreimal so groß wie die Coteaux du Languedoc, 17-mal so groß wie die AOC Bourgogne und 35-mal so groß wie alle Anbauflächen im Jura zusammengenommen.

Entsprechend facettenreich fallen in diesem riesigen Gebiet Qualität und Stil aus. Unterteilen wir Bordeaux nun in vier Zonen: Médoc, Graves und Sauternes, Entre-Deux-Mers und das rechte Ufer.

Das Médoc nimmt die Landzunge zwischen dem Atlantik und der Gironde ein. Es gliedert sich in weitere Unterbereiche. Die nördlichste Zone, quasi die Zungenspitze, bildet die AOC **Médoc**, während die bessere südliche Hälfte von der AOC **Haut-Médoc** beansprucht wird. Innerhalb von Haut-Médoc wiederum findet man von Nord nach Süd die Gemeinde-AOCs **St-Estèphe**, **Pauillac**, **St-Julien**, **Listrac**, **Moulis** und **Margaux**. Aus diesen sechs Appellationen und insbesondere St-Estèphe, Pauillac, St-Julien und Margaux stammt die Mehrzahl der besten Weine vom linken Ufer. Hier regiert Cabernet Sauvignon mit einem Hofstaat aus Merlot, Cabernet franc sowie gelegentlich Malbec und Petit Verdot. An nur wenigen Orten in Frankreich kommen die komplexen Wesenszüge des Terroir subtiler zum Ausdruck als hier. Im Grunde erstrecken sich alle Spitzenlagen auf den gut durchlässigen Kiesbänken hinter dem sumpfigen Tiefland am Ufer. (Ich bin sowohl von Château Margaux als auch von Latour aus zum Meer hinuntergegangen: Nach nur wenigen Schritten lässt man kostbares Rebland hinter sich und marschiert über wertlose Weiden.) Wer aber je an einer Blindverkostung von Weinen aus den genannten Bereichen teilgenommen hat, weiß um ihre augenfälligen Unterschiede. Ein Margaux präsentiert sich leicht, blumig, elegant und duftig, ein St-Julien fruchtig, intensiv und fein, ein Pauillac muskulös, fett und kraftvoll, ein St-Estèphe karger und steiniger. Man hat in der Geologie nach Erklärungen für die Unterschiede gesucht und stieß im Kies von St-Estèphe auf Eisen, während in Margaux der Kalk und Mergel näher an der Oberfläche verliefen. Trotzdem bleiben die genauen Gründe in der komplexen unterirdischen Erdarchitektur jeder Kiesbank verborgen. In Moulis und Listrac findet man weniger Kies, während Kalk und Mergel stärker an die Oberfläche drängen. Die Weine fallen hier zäher und nicht ganz so fein aus wie in den anderen vier großen Médoc-Gemeinden, weisen sich aber immer noch als beachtliche Gewächse aus.

Graves – wörtlich „Kies" – beginnt in der Stadt Bordeaux. Das heißt, der Bereich begann einst dort. Aus unerfindlichen Gründen beschlossen die Erzeuger im nördlichen Teil 1987, die bildhafte, geschichtsträchtige Bezeichnung aufzugeben und sich in Anlehnung an zwei Gemeinden den pompösen Doppelnamen **Pessac-Léognan** zuzulegen. Wenn man den großen, mitten in Pessac gelegenen Weinberg von Haut-Brion sieht, dessen Reben sich in glitzernden Kies krallen, fragt man sich unweigerlich, wieso man diesen Bereich *nicht* Graves nennt. Haut-Brion hat mit seinem Günz-Kies über Seesternkalk sogar das wohl makelloseste Kies-Terroir aller Güter der Region zu bieten. Sein Roter präsentiert sich als Archetypus duftender, großartig konzentrierter Finesse bei mittlerem Körper. Als Bordeaux sich auf dem Kies über einem Muttergestein aus Kalk ausbreitete, gingen einige hervorragende Rebflächen für alle Zeiten verloren. Die Weinwelt hat ebensolchen Grund, ihren Verlust zu beklagen, wie Musikliebhaber den beiden verschollenen Bach-Passionen nachtrauern.

Ein Großteil von Pessac-Léognan zieht sich durch die Vororte von Bordeaux und die Wälder am Südrand der Stadt. Für viele Bauernfamilien in Graves und Sauternes ist der Verkauf von Kiefernholz die Haupteinnahmequelle. Wein – vor allem Kreszenzen vom Schlage eines Sauternes, der mit ungeheurem Aufwand entsteht – gilt hier als *danseuse*, als Tänzerin, d. h. als amüsante Frivolität, in die man überschüssiges Geld steckt, ohne Hoffnung, es je wiederzusehen.

Die AOC **Graves** schließt sich an die Südgrenze von Pessac-Léognan an. Ihre besten Lagen ziehen sich ebenfalls über Kieshügel, allerdings gibt es davon weniger als in der nördlichen Nachbar-Appellation, und so erreicht auch die Weinqualität selten deren Niveau. Pessac-Léognan und Graves sind die Heimat guter Roter und Weißer, was darauf schließen lässt, dass der Kies dünner wird und Sand und Kalk eine immer stärkere Rolle spielen. Auch die Waldkulisse bleibt nicht ohne Wirkung, denn Forste erhöhen die Luftfeuchtigkeit und dämpfen das grelle Licht, wie man es z. B. auf den offenen Kiesflächen des Médoc findet.

Die Süßweinzone **Cérons** zwischen Graves und Barsac gehört zu den vielen AOCs in Bordeaux, die hart um Anerkennung kämpfen müssen. Ihre Dessertweine genießen nicht den Ruf eines Barsac oder Sauternes. Die Bereitung großer Süßweine ist nun mal ein teures Geschäft, das große Opfer verlangt. Je weniger einträglich sie sind, desto schwerer lässt sich ihre Qualität verbessern. In Cérons entstehen auch trockene Rote und Weiße, die jedoch als Graves verkauft werden.

Mit den AOCs **Barsac** (deren Erzeuger ihre Tropfen auch unter der AOC Sauternes verkaufen dürfen) und **Sauternes** begeben wir uns endgültig auf Süßwein-Terrain. Hier gelingt es den Bordelaisern wieder einmal, die Rivalen rund um den Globus auszustechen. Denn man bereitet in den beiden Appellationen nicht irgendein süßes Getränk, sondern den wohl sinnlichsten Nektar überhaupt, einen schweren, öligen, glyzerinreichen Trunk, dessen Geschmack durch neue Eichenfässer noch intensiviert wird. Das Terroir hat in Barsac und Sauternes weniger Bedeutung als der Mensch. Oder um es anders auszudrücken: Diese Süßweine existieren dank eines von Menschen gemachten Terroirs.

Vor dem 17. Jahrhundert wurde hier Rotwein angebaut, obwohl dessen Qualität selten begeisterte (noch heute bereitet man einfache Rote, die das Siegel der AOC Bordeaux tragen). Die Kiesbänke sind nur selten durchgängig und müssen sich den Untergrund oft mit Sand, Kalk und Mergel teilen. In Barsac findet man sogar fast überhaupt keinen Kies, nur Kalk und roten Sand. Das bedeutendste Gut, Yquem, sitzt auf einer flachen Kuppe aus sandigem Kies über kalkigem Ton. Was aber macht die Appellationen dann so einzigartig?

Das Flüsschen Ciron fließt hier in die Garonne. Der schüchterne Wasserlauf hat vorher nur selten Sonnenstrahlen gesehen, denn er musste sich zwischen Millionen Kiefern hindurchzwängen, die der Mensch pflanzte, um die Sandflächen wirtschaftlich zu nutzen. Sein Wasser ist also kühl, kälter als das der Garonne. Zudem ziehen die Bäume die Luftfeuchtigkeit an. So bildet sich vor allem im Frühherbst am Zusammenfluss Nebel. Wenn morgendlicher Dunst und nachmittäglicher Sonnenschein zusammenarbeiten, werden die reifen Sémillon- und Sauvignonblanc-Trauben von *Botrytis cinerea*, auch Edelfäule genannt, befallen, und es entsteht Sauternes.

Überqueren wir nun die Garonne. Zwischen den Flüssen Garonne und Dordogne erstreckt sich die größte Anbauzone von Bordeaux, die jedoch kaum bedeutende Tropfen zu bieten hat, denn man hat einfach nur Acker- in Rebland umgewandelt. Entre-Deux-Mers ist in eine verwirrende Masse unbekannter Appellationen unterteilt. Sie machten sich oft einen Namen mit billigem weißem Süßwein, der jedoch heute nicht mehr sonderlich gefragt ist. **Cadillac**, **Loupiac** und **Ste-Croix-du-Mont** sitzen gegenüber von Sauternes am Nordufer der Garonne und gehören noch zu den besten AOCs. Allerdings sind die Hänge steiler und entsprechend kiesärmer, der Nebel lässt sich seltener blicken und man fährt höhere Erträge ein. Die **Premières Côtes de Bordeaux** (für Rote und süße Weiße) sind ein langgezogenes Areal, das sich von den Vororten von Bordeaux die Garonne entlang bis nach Langon hinunterzieht. An sie grenzen die völlig unbedeutenden AOCs **Côtes de Bordeaux-St-Macaire** (für süße Weiße) und **Entre-Deux-Mers-Haut-Benauge** (für trockene Weiße) an. Dann gibt es noch eine riesige AOC **Entre-Deux-Mers** für trockene Weiße. **Ste-Foy-Bordeaux** (für Rote sowie trockene und süße Weiße) ist ein Ausläufer der Regionen Bergerac und Montbazillac, gehört aber zum Departement Gironde und wird daher zu Bordeaux gezählt. **Graves de Vayres** schließlich heißt eine Rot- und Weißwein-AOC im Tiefland am Südufer der Dordogne, wo relativ fette Kiesböden vorherrschen.

Nun zum rechten Ufer. Das Terroir der beiden führenden Appellationen **St-Emilion** und **Pomerol** wurde bereits beschrieben. Das Kiesplateau von Pomerol ist homogener als das von St-Emilion, obwohl es dort noch immer eine Reihe relativ schlecht entwässerter Weinberge auf Sand und Mergel statt auf Kies gibt, wie ich bei einem Spaziergang feststellen musste. Zwischen Pétrus, La Conseillante und der Kirche in rund 35 m Höhe herrscht der Kies der Günz-Kaltzeit vor, der als der beste Boden für Bordeaux-Wein überhaupt gilt. Dahinter fällt die AOC sanft zum Kies der Mindel-Kaltzeit beiderseits der N89 in rund 20 m ü. M. ab und danach zum Kies der Riss-Kaltzeit in der Nähe der Eisenbahnlinie und der AOC-Grenze in 15 m Höhe und darunter. Mit den Höhenmetern aber sinkt auch die Qualität der Weine. Wäre Pomerol Burgund, gäbe es hier mindestens drei verschiedene AOCs.

Was für Pomerol gilt, bewahrheitet sich noch mehr in St-Emilion, wo mindestens vier Terroirs deutlich zu unterscheiden sind. Die besten Rebflächen ziehen sich nach gängiger Meinung die Kalkabbruchkante entlang, an der auch das Städtchen kauert, der mit Abstand schönste Ort im ganzen Bordelais. Die Weinberge werden von einem aus Seesternkalk entstandenen, hervorragend durchlässigen und nach Süden ausgerichteten Lehmboden geprägt. Die bekanntesten Güter hier sind Ausone, Belair und Magdelaine. Das Flachland unterhalb der Abbruchkante, das sich zur Dordogne hinunterzieht, gilt als nicht ganz so gut; es setzt sich aus Mergel, Sand und etwas Kies zusammen. Allerdings spielt der Ehrgeiz der Erzeuger hier eine große Rolle: Monbousquet beweist, zu welchen Höhen sich die Weine aufschwingen können. Die Rebstöcke auf dem sanft abfallenden, etwas kühleren Areal nördlich der Stadt stehen auf Lehm mit Seesternkalk als Muttergestein, den der Wind in neuerer Zeit mit Sand angereichert hat. Die nordwestliche Ecke von St-Emilion präsentiert sich im Grunde als Mini-Pomerol mit Terrassen aus Günz-Kies über Kalk. Davon profitieren das herausragende Château Cheval Blanc (das allein drei interne Terroirs zählt), die Besitzungen von Figeac und La Dominique.

Die AOC **Côtes de Castillon** bildet eine echte Fortsetzung der Kalkabbruchkante von St-Emilion. Ihre besten Lagen werden in den kommenden Jahren noch für Überraschungen sorgen. **Lalande-de-Pomerol** und die „Satelliten" von St-Emilion (**Montagne-St-Emilion**, **St-Georges-St-Emilion**, **Puisseguin-St-Emilion** und **Lussac-St-Emilion**) trennt nur das Flüsschen Barbanne von ihren ehrwürdigen Nachbarn. Lussac muss mit nacheiszeitlichen Schwemmlandterrassen zurechtkommen, die nicht so interessant sind wie die eiszeitlichen Kiesflächen von Pomerol. Ansonsten aber tritt in den Satelliten stellenweise der Seesternkalk hervor, auf dem man mit Merlot vorzügliche Ergebnisse erzielen kann. Die AOC **Bordeaux-Côtes de Francs** wiederum wird von Sand geprägt. Jenseits des Flüsschens Isle hat man die AOCs **Fronsac** und **Canon-Fronsac** eingerichtet. Auf ihren Ton-, Kalk- und Sand-Mergel-Böden erbringen Cabernet franc und Malbec relativ stämmige Tropfen. Gegenüber dem Médoc am rechten Ufer der Gironde stößt man auf eine Reihe von Anbauzonen mit einem verwirrenden Namensdschungel: **Blaye**, **Blayais**, **Côtes de Blaye** oder **Premières Côtes de Blaye** und südlich davon die **Côtes de Bourg**. Die Côtes de Blaye sind eine Weißwein-AOC, der Rest aber bereitet Weine in beiden Farben, wobei Bourg in der Regel bessere Rote zustande bringt. Seit dem Jahrgang 2000 bedeutet das Siegel der AOC Blaye, dass die Roten aus niedrigeren Erträgen stammen als die der Premières Côtes de Blaye, nämlich 51 statt 61 hl/ha. Die Böden bilden hier einen bunten Fleckenteppich, denn das Kalkgestein des Plateaus ist verwittert und hat sich mit Sand, Kies, Lehm und eisenhaltigem Ton vermischt.

◀ *Falls die Klimakatastrophe die Weltmeere steigen lässt, wird die Gironde wie hier über die Ufer treten – ein Alptraum für die Winzer im Médoc.*

Im Kreuzfeuer

Zweiklassengesellschaft

Bordeaux ist nicht gleich Bordeaux. Dieses Kapitel ist das längste des ganzen Buchs – und doch geht es um gerade einmal 5% der gesamten Weinproduktion in der Region. Mit dem Bordeaux-Wein, von dem die ganze Welt spricht, ist eine winzige Gruppe von Berühmtheiten gemeint, die von Reichen für Reiche bereitet werden. Auf die gewöhnlichen Winzer, die Basiserzeugnisse für den kleinen Geldbeutel verkaufen, fallen nur ein paar spärliche Lichtstrahlen, die von den Fenstern der großen Châteaux reflektiert werden. Herkömmlicher Bordeaux ist ein unauffälliger Roter mittleren Körpers. Wäre da nicht der ferne Glanz der großen Häuser – alle AOC-Bordeaux-Weine müssen von Amts wegen die großspurige Bezeichnung „Grand Vin de Bordeaux" tragen –, fände er wohl nicht einmal einen Absatzmarkt. Jahr für Jahr driften die Preise der Großen und Kleinen weiter auseinander. „Vor 100 Jahren kostete ein herkömmlicher Bordeaux zwei Drittel eines Spitzengewächses", erklärt Anthony Barton.

Darüber kann man heute nur lachen. Gleichzeitig leidet das Fußvolk in Bordaux unter zu hohen Erwartungen, weil es den Namen der strahlenden Verwandtschaft trägt. „Wir müssen Bordeaux-Weinen ein neues Image geben und sie zum Getränk für die Massen machen", schlägt Eric Dulong vom CIVB vor. „Der Verbraucher soll unsere Erzeugnisse trinken, wie er ein Bier an der Bar oder bei einem geselligen Abend genießt." Aber erreicht man das, indem man einen Supermarktroten *grand vin*

▼ *Nur wenige französische Weingüter können sich den Luxus fest installierter Anlagen leisten.*

nennt? Wohl kaum. Wie man es auch dreht und wendet: Die Allianz zwischen einer winzigen Elite weltberühmter Gewinner und einer riesigen Masse obskurer Verlierer ist unheilig. Bordeaux muss sich in seiner Weinfamilie um Ausgleich bemühen.

AOC-Wirrwarr

Das Appellationsgefüge in Bordeaux ist voller Ungereimtheiten. Einige der 57 AOCs sind völlig unbekannt. Wann haben Sie zum letzten Mal einen Haut-Benauge oder einen St-Macaire getrunken? Und was unterscheidet diese Weine von einem Tropfen aus der Basis-Appellation oder aus Entre-Deux-Mers? Andere wiederum sind viel zu umfassend. Die AOC St-Emilion erstreckt sich über mindestens vier völlig unterschiedliche Terroirs: den Günz-Kies bei Pomerol, das Kalkplateau hinter der Stadt, den Kalkhang selbst und das flachere, sandige Areal darunter. Untersuchungen der Universität Bordeaux zufolge setzen sich St-Emilion und seine Satelliten aus nicht weniger als 17 verschiedenen Bodentypen zusammen. Ein Großteil des Terroirs der Côtes de Castillon hat mehr Ähnlichkeit mit dem klassischen St-Emilion als Teile der bestehenden AOC St-Emilion selbst. Sogar das kleine Pomerol müsste geologisch in mindestens drei Zonen aufgeteilt werden: eine für jede Glazialterrasse (Günz, Mindel und Riss). Im Médoc gäbe es gute Gründe, das Terroir nach Kuppen einzuteilen, statt das bestehende Chaos der Gemeinde-AOCs weiterzuführen. Dann würde sich auch niemand mehr wundern, dass in der AOC Pauillac weltberühmte Güter wie Château Latour unmittelbar neben völlig unbekannten Erzeugern wie dem Château St-Mambert Bellevue stehen. Der Hügel

zählt und nicht die Gemeinde. Man hat zwar versucht, diese Unstimmigkeiten durch die verschiedenen Klassifizierungen zu beseitigen, aber das ist nicht ganz gelungen. Geologisch ist alles untersucht. Auch im Weinberg sind die Verhältnisse klar. Und in den Weinkellern der Reichen findet man weltweit genügend Beweismaterial. Warum ordnet das INAO Bordeaux nicht von Grund auf neu?

Die Gier der Bordelaiser

Gier gilt als das älteste Problem überhaupt in Bordeaux. Man mag die Weine bewundern, doch ihre Erzeuger gelten in den Augen der Öffentlichkeit als habsüchtige, arrogante Hautevolee. Große Weine aus Bordeaux kosten oft das Vier- oder Fünffache der hervorragendsten Kreszenzen von der Rhône oder aus Burgund, obwohl die meisten von ihnen in wesentlich größeren Mengen auf den Markt kommen. Wer ist schuld daran?

Die Antwort liegt auf der Hand: alle, die diese Preise zahlen. Der Markt bestimmt den Preis, nicht der Erzeuger. Es gibt genügend Wein auf der Welt – niemand muss Bordeaux trinken. Ist der Preis tatsächlich zu hoch (wie 1997), bleiben die Hersteller auf ihren Flaschen sitzen. Ansonsten aber besteht in der Weingemeinde keinerlei Zweifel, dass die größten Roten der Welt nach erfolgreichen Jahrgängen wie 1990, 1995, 1996 und 2000 aus Bordeaux stammen. Da in den Industrienationen derzeit Frieden und Wohlstand herrscht, gibt es dort viele Superreiche, denen 1667 Euro für eine Kiste großen Wein nicht zu viel sind. „Wenn jemand 23 Euro für eine Flasche Wein zahlt, wird man nicht sagen: ‚Guter Mann, Sie bekommen sie für 15 Euro'", bekennt Anthony Barton, der für seinen Léoville-Barton stets moderate Summen verlangt. „Das ist ein großes Problem", räumte auch Jean-Luc Thunevin ein, als ich ihn auf die hohen Preise seiner Bouteillen ansprach. „Es herrschen nun einmal die Gesetze von Angebot und Nachfrage. Auf den Aktienmärkten wurde viel Geld gemacht. Die Japaner haben sich mit dem „French Paradox" befasst und wollen unseren Wein trinken. Auch russische Millionäre und texanische Öltycoons sind scharf auf ihn. Viele wollen ein und dieselbe Kiste ergattern. Es ist eine Schande. Aber ich nehme das Geld gern, denn damit kann ich Spitzenweinberge kaufen und über der Hälfte meiner Beschäftigten mehr als das Doppelte der Mindestlöhne für eine 35-Stunden-Woche zahlen. Wir haben als eines der ersten Unternehmen in Frankreich die 35-Stunden-Woche eingeführt. Und ich fliege auch lieber Business Class als Economy Class. So ist das Leben. Niemand wird zum Kauf gezwungen. Ist der Wein zu teuer, bleibt die Kundschaft aus. Das passiert in Bordeaux alle zehn Jahre einmal – und trotzdem geht das Leben weiter."

Die Katze im Sack

Seltsam, aber wahr: Die teuersten Weine der Welt werden unfertig verkauft. Und so läuft es ab: Die Lese erfolgt im September, die Vergärung im Herbst. Im Februar befinden sich die Trauben von einem Dutzend Parzellen in Form von Wein in einigen hundert Fässern, die sich von Tag zu Tag mehr unterscheiden. Der Wein ist neu, hat seine Entwicklung noch lange nicht abgeschlossen. Bis zur Abfüllung vergehen noch eineinhalb Jahre.

Gerade jetzt müssen die Erzeuger entscheiden, welche Fässer für den *grand vin* in Frage kommen und welche als Zweit- oder Drittweine aussortiert werden. Sie müssen festlegen, wie viel Presswein hinzugefügt wird. Dann müssen sie Kostproben der Verschnitte zusammenstellen, die auch noch gut schmecken sollen.

▼ *Das ist nicht der Boden einer Großstadtbaustelle, sondern ein Weinberg mit kostbarem Günz-Kies. Die Parzelle von Trotanoy wartet auf ihre Neubepflanzung.*

Im März rücken dann die Punktevergeber an. Oder um ehrlich zu sein: der Punktevergeber der Welt. Die meisten Degustatoren sorgen nur für das „Hintergrundrauschen", wie es ein Château-Besitzer ausdrückte. Den Preis bestimmt nur einer. Die Güter harren ihrer Punkte. Sie setzen den Preis auf einer Höhe fest, die ihrer Ansicht nach aufgrund der erreichten Bewertung gerechtfertigt ist. Im Juli ist der Verkauf abgeschlossen. Und die Weine? Sie sind noch lange nicht fertig, liegen nach wie vor in hunderten von Fässern.

Dieses System lädt zu Betrügereien förmlich ein. Man kann die Kostproben nach Belieben hinbiegen – niemand überprüft, ob sie authentisch sind. Bekommt ein Tropfen eine höhere Punktzahl als erwartet, bereiten die Erzeuger vielleicht weniger Zweitwein als geplant. All diese Entscheidungen fallen, bevor der Wein in der Flasche liegt. Erreicht er später nicht die Qualität, die der Verkoster im März erschmeckt hat, dann wird eben die Note korrigiert. Aber niemand fordert Schadensersatz. Das Geschäft ist längst gemacht, das Geld auf dem Konto.

Es gibt eine Lösung, doch sie erfordert den Schulterschluss aller führenden Güter in Bordeaux. Das mutmaßlich großartigste Château der Welt, Yquem, hat sie uns gezeigt. Yquem ließ Verkostungen und Verkäufe erst zu, als der Wein abgefüllt war. Damit würden aber für alle Beteiligten enorme Verluste einhergehen. Also wird sich so etwas nie durchsetzen. Übrigens hat Yquem seinen 2000er-Jahrgang im Mai und Juni 2001 leider zum ersten Mal *en primeur* angeboten.

Klassifizierungen: Spielen sie eine Rolle?

Ich war einmal bei einer Blindverkostung von rotem Bordeaux dabei. Auch ein „Beamter" war zugegen, ein veritabler „Weinbürokrat". Er entrüstete sich, dass es völlig unangebracht sei, einen St-Emilion Grand cru mit einem St-Emilion Grand cru classé zu vergleichen – die beiden gehörten verschiedenen Klassen an. Fünf Minuten Degustationsvergnügen reichten, um ihm das Gegenteil zu beweisen. Solches Hierarchiedenken ist amüsant und zugleich bedauerlich.

Bordeaux hat vielerlei Klassifizierungen. In diesem Buch werden sie alle ignoriert (man findet sie in anderen Werken zur Genüge penibel aufgelistet). Sie sind aus zwei Gründen nur bedingt nützlich. Zum einen basieren sie nicht auf dem Terroir allein, sondern auf dem Landbesitz der privaten Güter. Châteaux aber tauschen, kaufen und verkaufen ihr Rebland ständig und verändern damit ihre Grenzen. Es gibt sicher hervorragende Lagen in ganz Bordeaux, anhand von Klassifizierungen aber macht man sie nicht ausfindig.

Zum anderen entstanden Klassifizierungen zu einem bestimmten Zeitpunkt in der Vergangenheit. Die Qualität der Güter aber ändert sich fortlaufend. Selbst wenn Klassifizierungen revidiert werden, dauert es in der Regel mindestens zehn Jahre, bis sich die Bemühungen eines Erzeugers in seiner Bewertung niederschlagen. Gerade im ausgehenden Jahrtausend wurde Bordeaux von einem raschen Wandel erfasst. Fazit: Die Klassifizierungen der Region waren nie nutzloser als heute.

Natürlich sind Einstufungen ein hervorragendes Diskussionsthema für Weinbegeisterte. Vor allem die Klassifizierung der Châteaux im Médoc von 1855 bietet reichlich Gesprächsstoff. Zuweilen nutzt man sie auch als Anhaltspunkt für die Suche nach dem besten Terroir oder bemisst die aktuelle Leistung eines Erzeugers nach seiner Ersteinstufung vor 150 Jahren. Das ist aber nur dann sinnvoll, wenn man davon ausgeht, dass 1855 bei allen Gutsbesitzern die gleichen Voraussetzungen herrschten, was äußerst unwahrscheinlich ist. Kurzum: Die Klassifizierung von 1855 war nichts weiter als eine Momentaufnahme.

Zweitweine, Drittweine – und *grands vins*

Vergleichen wir einmal ein typisches Château in Bordeaux mit einer typischen Domäne in Burgund. Das Château ist vollständig von seinen Weinbergen umgeben, die in der Regel in ein und derselben Appellation liegen. Das burgundische Gut hingegen verfügt über ein Fleckchen Grand-cru-Land, ein halbes Dutzend Premier-cru-Parzellen und reichlich „Villages"-Weinberge, die sich auf eine Strecke von 48 km und mindestens ein Dutzend AOCs verteilen. Nicht zu vergleichen?

Auf den ersten Blick nicht. Andererseits aber sind die Unterschiede irreführend. Die Gutsgrenzen der Châteaux in Bordeaux wurden nicht von Geologen, Weinbrokern oder dem CIVB gezogen. Sie entstanden in einem langen Prozess mit vielen Unwägbarkeiten: Das Land wurde auf gut Glück entwässert, man stieg von der Viehzucht auf Weinbau um oder entschied sich, an die Stelle von Pfirsichbäumen Rebstöcke zu setzen. Hinzu kommen jahrhundertealte, oft chaotische Familienstammbäume. Außerdem sagen die Grenzen der Domänen in Bordeaux wenig über das Terroir aus. Fast alle Châteaux besitzen gute, durchschnittliche und schlechte Parzellen. Sie kultivieren junge und alte Reben. Sie bauen bis zu vier Traubensorten an, die in einem Jahr vorzügliche und im anderen schlechte Ergebnisse erbringen. Sie stehen also im Juni jeden Jahres vor Posten von höchst unterschiedlicher Qualität. Sie könnten diese natürlich alle unter dem Château-Namen abfüllen und so einen durchschnittlichen Wein erzeugen. Sie können aber auch den besten Wein – den *grand vin*, der tatsächlich unter dem Namen des Château verkauft wird – herausnehmen und den Rest als „Zweitwein" verkaufen oder noch einmal in einen guten Zweitwein und einen weniger guten „Drittwein" unterteilen. Mittlerweile erzeugen alle Spitzengüter einen Zweitwein, kleinere Domänen hingegen nicht (was sie allerdings nicht davon abhält, schlechtes Material gegebenenfalls als Massenwein abzustoßen). Kennzeichen mittelmäßiger Bordeaux-Güter ist die Weigerung, einen Zweitwein anzubieten.

Die meisten Zweitweine bleiben im folgenden Kapitel unerwähnt, da sie das allgemeine Qualitätsprofil des jeweiligen Guts in der Regel beeinträchtigen. Trotzdem fallen diese Erzeugnisse oftmals vorzüglich aus und bieten zudem ein hervorragendes Preis-Leistungs-Verhältnis. Meist kann man dem Namen entnehmen, aus welchem Château ein Zweitwein stammt. Zu den berühmtesten Beispielen gehören Les Forts de Latour, Carruades de Lafite oder Réserve de la Comtesse. Andere setzen seltsamerweise lieber auf Verschleierungstaktik.

▼ *Die großen Châteaux in Bordeaux mögen Begüterten gehören. Diejenigen, die die harte Arbeit für sie erledigen, sehen aber meist wenig von den Reichtümern.*

Leute

Domaine de l'A
33500 Castillon, Tel. 05 57 24 60 29

Die Côtes de Castillon gehören zu den viel versprechenden neuen AOCs in Bordeaux. Im Kampf um ein Profil der Zone stehen Stéphane Derenoncourt (siehe S. 167) und seine Frau Christine als Vordenker in Weinberg und Keller an vorderster Front. Sie bewirtschaften ihre 4 ha große Domäne im Westen der Appellation an der Grenze zu St-Emilion biodynamisch. Ihre Weine stammen von alten Stöcken (60 % Merlot) und werden im Holz vergoren, im Barrique mit Hefesatz verwöhnt und ungeschönt sowie unfiltriert abgefüllt. Die ersten beiden Jahrgänge, 1999 und 2000, fielen verheißungsvoll üppig und fleischig aus. Sie dürften mit den Jahren ein kräftigeres Rückgrat bekommen.

d'Aiguilhe
33350 St-Philippe-d'Aiguille, Tel. 05 57 40 60 10, Fax 05 57 40 63 56

Graf Stephan von Neipperg, Besitzer von Canon-la-Gaffelière, Clos de l'Oratoire und La Mondotte, kaufte dieses 30-ha-Anwesen 1998 vom Cava-Produzenten Raventós i Blanc und brachte es im Handumdrehen auf Vordermann. Man findet in Bordeaux schwerlich Weine mit einem besseren Preis-Leistungs-Verhältnis als die Debütjahrgänge 1999 unc 2000. Die fülligen, ausdrucksvollen Tropfen tragen unverkennbar die Züge des rechten Ufers. Sie geben sich bei bester Ausgewogenheit in Begleitung üppiger, weicher Tannine die Ehre.

Ampélia
33500 Castillon, Tel. 05 57 25 19 94

Ein 4,5 ha kleines Côtes-de-Castillon-Gut auf Erfolgskurs. Der 2000er von François Despagne bietet elegantes, veilchenduftiges, vollmundiges Vergnügen.

d'Andréas
33330 St-Emilion, Tel. 05 57 55 09 13, Fax 05 57 55 09 12

Ein 2-ha-Winzling in St-Emilion, der sich von Thunevin beraten lässt. Die feurigen, kantigen, extraktreichen Tropfen beruhigen sich erst nach einer Zeit.

Angélus ✪
33330 St-Emilion, Tel. 05 57 24 71 39, Fax 05 57 24 68 56

Das 23,5-ha-Château nimmt ein Areal auf den sanfter abfallenden Hängen westlich der Stadt ein. Es gehört seit Mitte der 1980er-Jahre zu den Glanzlichtern der AOC. Der kraftvolle, konzentrierte und tiefe Angélus braucht Zeit, um die üppige, schokoladige Eiche zu verdauen. Hubert de Boüard de Laforest setzte als einer der Ersten in der Appellation auf Entlauben, Ausdünnen der Trauben und späte Lese. 1999 musste man wegen eines Hagelsturms die Ernte früher als geplant einfahren, wodurch sich neue ästhetische Möglichkeiten auftaten. Der 2000er zeichnet sich durch aufregende Frische, Lebendigkeit und Reinheit aus.

d'Angludet
33460 Cantenac, Tel. 05 57 88 71 41, Fax 05 57 88 72 52

Das abseits gelegene Margaux-Gut mit 34 ha Rebland wird von der Familie Sichel gut verwaltet. Es erzeugt sanfte Weine in ländlichem Stil.

l'Archange
33330 St-Emilion, Tel. 05 57 51 31 31

Das Familiengut war früher eine Rebschule. Es gehört Michel Rollands rechter Hand Pascal Chatonnet, der selbst als Berater international einen guten Ruf genießt und unter anderem Vega Sicilia zu seiner Klientel zählt. L'Archange liegt in unmittelbarer Nachbarschaft zu Cheval Blanc, La Dominique, Rol Valentin und Figeac. Der Einstandsjahrgang für den internationalen Markt war der 2000er, ein Nektar von traumhaft weicher, sinnlicher Frucht.

d'Arche
33210 Sauternes, Tel. 05 56 61 97 64, Fax 05 56 61 95 67

Im Aufwind befindliches 30-ha-Gut mit saftig pfirsichigfruchtigen Weinen.

d'Armailhac
33250 Pauillac, Tel. 05 56 59 22 22, Fax 05 56 73 20 44

Das Nesthäkchen im Trio der Güter von Philippine de Rothschild, Tochter von Baron Philippe, die alle nur einen Steinwurf voneinander entfernt liegen. Nach einer Reihe von Umbenennungen – Mouton d'Armailhacq, Mouton Baron Philippe, Mouton Baronne Philippe – heißt die Domäne seit 1989 schlicht d'Armailhac. Und diesen Namen sollte man sich merken, denn die klassischen Bordeaux-Weine des Guts begeistern mit einem vorzüglichen Preis-Leistungs-Verhältnis, so etwa 1995 und 1999. Trotzdem handelt es sich um echte Pauillac-Kreszenzen von Rang: weich, zugänglich, fein gewirkt und voller Fleisch.

l'Arrosée
33330 St-Emilion, Tel. 05 57 24 70 47

Die günstig an der Abbruchkante von St-Emilion gelegene Rebfläche erzielt in guten Jahren beachtliche Resultate. Die Weine gefallen durch einen eleganten, lyrischen, fein gewirkten Stil. Allerdings müssen die Keller und wohl auch die Weinberge auf Vordermann gebracht werden.

Aurelius
33330 St-Emilion, Tel. 05 57 24 70 71, Fax 05 57 24 65 18

Ein neuer Garagenwein der imposanten Genossenschaft in St-Emilion, der in einer Auflage von 4000 Kisten auf den Weinmarkt kommt.

Ausone ✪✪✪
33330 St-Emilion, Tel. 05 57 24 70 25, Fax 05 57 74 47 39

Cheval Blanc und Ausone gelten von jeher als die beiden Spitzengüter in St-Emilion, auch wenn sich ihr Terroir und Weinstil grundlegend voneinander unterscheiden. Von den zweien ist Ausone gewissermaßen die Seele der AOC. Die 7 ha des Guts liegen hoch oben zwischen alten Ruinen und malerischen Bruchsteinmauern auf Kalk. Auf Ausone reifen die Weine traditionell in spektakulären Höhenkellern, allerdings hat man sie wegen Problemen mit der Feuchtigkeit renoviert. Die Kreszenzen stammen von alten Reben und stellen so etwas wie die Quintessenz eines St-Emilion dar, dessen prächtige Fassade abgebröckelt ist und das rohe, feste, dichte, hochkonzentrierte Gerüst eines ertragsarmen, in der Sonne gerösteten Merlot von Kalkböden freigegeben hat. Leider ist Ausone in der zweiten Hälfte des 20. Jahrhunderts weitgehend unter seinen Möglichkeiten geblieben und hat von seinen Anhängern schon sehr viel Nachsicht verlangt. Nach einer schweren Krise Mitte der 1990er-Jahre, in deren Verlauf Eigentümer und Führung mehrmals wechselten, setzte das Château 1996 zu einem neuen Höhenflug an. Besitzer Alain Vauthier hat mit Unterstützung von Michel Rolland die Mineralität und Dichte in ein Gewand aus Blumen, Gewürzen und Fleisch gekleidet. Die Ehrfurcht gebietende Würde und Alterungsfähigkeit sind voll erhalten geblieben und haben sogar dazu beigetragen, dass die Weine ihr nüchternes Outfit abwerfen konnten und nun mit dem Feuer einer schwarzen Schönheit locken, ja, betören.

Axelle de Valandraud *siehe* Valandraud

Balestard
33750 St-Quentin de Baron, Tel. 05 57 24 28 09, Fax 05 57 24 18 76

Das 9,5-ha-Anwesen bringt einen der besten Roten der AOC Bordeaux auf den Markt. Es beweist, wie viel man mit kompromissloser, von den Garagenwinzern abgeguckter Qualitätsphilosophie erreichen kann. Balestard stellt viele klassifizierte Güter in ganz Bordeaux in den Schatten.

Balestard la Tonnelle
33330 St-Emilion, Tel. 05 57 74 62 06, Fax 05 57 74 59 34

Nicht so sehr hinreißende Konzentration und Finesse kennzeichnen die Weine dieses 11-ha-Guts, sondern solide Machart.

Bewertung ✪ Sehr guter Wein ✪✪ Ausgezeichneter Wein ✪✪✪ Großer Wein

Barde-Haut
33330 St-Christophe-des-Bardes, Tel. 05 56 64 05 22, Fax 05 56 64 06 98

Mit einem feinen, von Robert Parker bejubelten 1997er-Jahrgang trat dieses 17-ha-Gut in St-Emilion ins Rampenlicht. Ein führender Londoner Broker tat den Wein als dralles Kurzzeitvergnügen ab und prophezeite seinen Untergang. Doch dank ansehnlicher Leistungen in den Jahren 1998 und 1999 erregte die Domäne sogar die Aufmerksamkeit der ambitionierten Familie Cathiard-Garcin, die sie umgehend kaufte. Der 2000er lässt keinen Zweifel mehr daran, dass die Kellerei aus der Umgebung von Trottevieille in St-Emilion weiterhin vorne mitmischen wird. Dunkle Farbe und üppige Saftigkeit sind das Markenzeichen ihrer Weine.

Bastor-Lamontagne
33210 Preignac, Tel. 05 56 63 27 66, Fax 05 56 76 87 03

Das einst königliche Gut mit 58 ha Land gehört heute wie Beauregard in Pomerol dem Konzern Crédit Foncier. Die qualitätsbeständigen Weine verführen mit solider Ananasfrucht, altern gut und bestechen wie die meisten Spitzengewächse aus Sauternes mit einem hervorragenden Preis-Leistungs-Verhältnis.

Batailley
33250 Pauillac, Tel. 05 56 00 00 70, Fax 05 57 87 48 61

Das 55-ha-Anwesen Batailley ist ein ganzes Stück vom Fluss entfernt und erzeugt relativ zurückhaltende, runde, ausgewogene Tropfen.

Beaulieu
33540 Sauveterre-de-Guyenne, Tel. 05 56 61 55 21, Fax 05 56 71 60 11

Die ambitionierten Roten laufen unter der Bezeichnung Comtes des Tastes.

Beauregard
33500 Pomerol, Tel. 05 57 51 13 36, Fax 05 57 25 09 55

Beauregard gehört mit seinen 17 ha zu den größten Gütern von Pomerol. Es ist seit 1991 im Besitz von Crédit Foncier. Die Hofmauern des Château sind mit dem schönsten Blauregen der Gegend bewachsen. Man bereitet einen weichen, cremigen Pomerol von angenehm klassischer Machart, der rasch auf der Höhe ist, aber auch gut altert.

Beau-Séjour Bécot ✿
33330 St-Emilion, Tel. 05 57 74 46 87, Fax 05 57 24 66 88

Der stilistisch und geographisch Angélus nahe stehende 16-ha-Betrieb wartet mit vor Frucht, Eiche und Tanninen strotzenden Roten auf, die reichlich Zeit brauchen, bis sich die verschlungenen Aromen lösen und modulieren.

Beauséjour Duffau Lagarrosse
33330 St-Emilion, Tel. 05 57 24 71 61, Fax 05 57 24 66 88

Als Beauséjour in zwei Teile zerschlagen wurde, entstand die Kellerei der Familie Bécot und dieses mit 7 ha etwas kleinere Gut, das nervigere, nicht ganz so überschwängliche Weine wie die Schwester erzeugt. In großen Jahren (1990, 2000) entstehen bemerkenswert dichte, reine, intensive Tropfen.

Beau-Site
33250 Pauillac, Tel. 05 56 00 00 70, Fax 05 57 87 48 61

Fester St-Estèphe aus 70% Cabernet Sauvignon von Calon-Ségurs Nachbar.

Beau Soleil
33750 Pomerol, Tel. 05 56 68 55 88, Fax 05 56 68 55 77

Das von GAM Audy geführte 3-ha-Gut setzt auf späte Lese und erzielt dunkle, fast schon zu vollmundige Gewächse.

Bel-Air la Royère
33390 Cars, Tel. 05 57 42 91 34, Fax 05 57 42 32 87

Xavier Loriauds 45-ha-Betrieb an den Côtes de Blaye hat sich mit fleischigen, lebhaften Roten einen Namen gemacht. Sie werden aus niedrigen Erträgen (30 hl/ha) bereitet und sorgfältig in neuer Eiche sowie auf dem Hefesatz ausgebaut.

Belgrave
33290 Parempuyre, Tel. 05 56 35 53 00, Fax 05 56 35 53 29

Das 55-ha-Gut hinter St-Julien und neben Lagrange befindet sich im Aufwind. Es teilt eine Kuppe mit Camensac und La Tour Carnet. Wie bei einer Reihe vergleichbarer Domänen im Haut-Médoc erwies sich der 2000er-Jahrgang als der beste seit langem: ein lebendiger, voller, vor runder, ausgewogener schwarzer Frucht strotzender Tropfen.

Bellefont-Belcier
33330 St-Laurent-des-Combes, Tel. 05 57 24 72 16, Fax 05 57 74 45 06

Die 12 ha Rebfläche dieser Kellerei in St-Emilion erstrecken sich auf relativ flachem Land. Alles andere als flach ist die Qualität, die seit den späten 1990ern unter der Ägide eines ehemaligen Kellermeisters von Larmande nach oben geht. Die Weine bekunden mittlerweile beachtliche Dichte.

Bellegrave
33500 Pomerol, Tel. 05 57 51 20 47, Fax 05 57 51 23 14

Das 7-ha-Gut im Nordwesten von Pomerol bei de Sales ist nicht gerade mit einer Bestlage gesegnet, überzeugt aber dennoch mit sauberen, frischen, unkomplizierten und preisgünstigen Erzeugnissen.

Bellevue
33330 St-Emilion, Tel. 05 57 74 41 61

„Ein Traum-Terroir" nennt Stéphane Derenoncourt die 6 ha des Guts in der Nähe von Angélus, Beau-Séjour Bécot und Beauséjour Duffau. Der Betrieb erzeugte von jeher elegante, aber unauffällige Tropfen. Mit dem Jahrgang 2000 wurde alles anders: Nicolas Thienpont übernahm die Leitung und engagierte Derenoncourt als Berater. Sie machten 40-jährige Reben ausfindig und warteten bald mit einem schönen pflaumenfruchtigen Tropfen auf, indem sie die Erträge drosselten und dem Wein durch Kontakt mit dem Hefesatz Fülle verliehen.

Bellevue Mondotte
33530 Arveyres, Tel. 05 57 24 87 87, Fax 05 57 84 93 70

Die neue, Port-ähnliche *microcuvée* von Gérard Perse ist ein extravaganter, aber auch umstrittener Tropfen. Sind wir in Bordeaux oder Barossa?

Bellile Mondotte
33330 St-Laurent-des-Combes, Tel. 05 57 74 41 17

Die 4,5-ha-Domäne hat mit Troplong Mondot, La Mondotte und Tertre Rôtebœuf illustre Nachbarn – da versteht es sich von selbst, dass man auch selbst gut dastehen möchte. Jean-Luc Thunevin wurde engagiert, um die Vinifizierung zu beaufsichtigen. Der 2000er setzt auf viel Frucht. Im Auge behalten!

Berliquet
33330 St-Emilion, Tel. 05 57 24 70 48, Fax 05 57 24 70 24

Viele Jahre lang bereitete eine Genossenschaft die Weine dieses 9-ha-Guts im Besitz des Pariser Bankiers Vicomte Patrick de Lesquen, weshalb das Potenzial des guten Reblands nie so recht ausgeschöpft wurde. Unter der Leitung von Patrick Valett, Sohn des früheren Besitzers von Pavie, hat sich der Wein nun aber enorm gesteigert. Der 2000er ist ein tiefer, klassischer, volltönender, vorzüglich ausgewogener Tropfen mit feinen Eichenaromen, der nicht zur Karikatur eines St-Emilion verkommt wie manche seiner Rivalen.

Bernadotte
33250 St-Sauveur, Tel. 05 56 59 57 04, Fax 05 56 59 57 04

Das im Aufwind befindliche 8-ha-Haus in einem abgelegenen Teil von Pauillac unweit von Lynch-Moussas gehört demselben Besitzer wie Pichon-Lalande. Energiegeladene, fleischige Tiefe sucht man hier vergebens; vielmehr charakterisiert gut herausgearbeitete Johannisbeerfrucht die Weine.

Beychevelle
33250 St-Julien-Beychevelle, Tel. 05 56 73 20 70, Fax 05 56 73 20 71

Die Stärke dieses schönen, gut gelegenen 90-ha-Weintempels sind eher Eleganz und Finesse als Konzentration und Fleisch.

Bonalgue
33500 Libourne, Tel. 05 57 51 62 17, Fax 05 57 51 28 28

Auf diesem Gut in einem Vorort von Libourne entstehen robuste, stämmige, bäuerliche Pomerol-Gewächse mit gutem Preis-Leistungs-Verhältnis.

Bonnet
33420 Grézillac, Tel. 05 57 25 58 58, Fax 05 57 74 98 59

Der 225-ha-Gigant hat mehr Fläche als die Côte Rôtie oder Condrieu. Er gehört den Lurtons, die hier weiße Entre-Deux-Mers und rote Bordeaux erzeugen. Das beste Lesegut wird zu Réserve-Weinen und der Cuvée Divinus verarbeitet.

Le Bon Pasteur
33500 Pomerol, Tel. 05 57 51 23 05, Fax 05 57 51 66 08

Michel Rolland berät eine so große Zahl von Domänen, dass man sich fragt, wie viel Zeit er überhaupt für sein eigenes Familiengut an der Grenze zu St-Emilion hat. Wie dem auch sei, Le Bon Pasteur hält einen hohen Standard: Die Reife und auf niedrigen Erträgen beruhende Tiefe der Weine ist vorbildlich.

Bourgneuf Vayron
33500 Pomerol, Tel. 05 57 51 42 03, Fax 05 57 25 01 40

Das 9-ha-Gut bietet stämmige, rustikale Tropfen an, die in letzter Zeit etwas konzentrierter ausgefallen sind.

Boyd-Cantenac
33460 Margaux, Tel. 05 57 88 90, Fax 05 57 88 33 27

Das abseits der großen Châteaux gelegene Gut hat sich in der Vergangenheit nicht hervorgetan; die Tiefe und Eleganz des 2000er-Jahrgangs aber lässt hoffen.

Branaire
33250 St-Julien-Beychevelle, Tel. 05 56 59 25 86, Fax 05 56 59 16 26

Man hat auf diesem 52-ha-Château in letzter Zeit keinen Aufwand gescheut. Mit dem nahen Beychevelle verbindet Branaire eine fast Margaux-artige blumige Finesse und Eleganz der Weine, die zudem oft mehr johannisbeerfruchtige, süße Tiefe erreichen. Die Domäne gehört zu den leisen Stars des Médoc und gilt unter Insidern als Geheimtipp. Besonders gelungen: die Jahrgänge 1996 und 2000.

Branda
33570 Puisseguin, Tel. 05 57 74 62 55, Fax 05 57 74 57 33

Willkommene Nebenwirkung des Siegeszugs von Garagenwinzern ist die enorm gestiegene Qualität von Weinen bescheidener Herkunft, wie dem vollmundigen Roten aus diesem 5-ha-Betrieb. Michel Puzio vom Gut Croix de Labrie agiert hier im Auftrag der Besitzer Arnaud Delaire und Yves Blanc. Als Berater fungieren Rolland und Chatonnet. Das mittelalterliche Schloss, ein beliebtes Touristenziel, wirbt mit einem „Garten der Sinne". Sind das nicht alle Gärten?

Brane-Cantenac
33460 Cantenac, Tel. 05 57 88 83 33, Fax 05 57 88 72 51

Es dauert schon eine Weile, bis man ein Château mit 85 ha Ländereien auf Vordermann bringt. Deshalb arbeitet Henri Lurton auch schon ein Jahrzehnt an diesem Margaux-Gut. Der 2000er setzte neue Maßstäbe: Mit seinem aromatischen, sanften, vollmundigen Wesen präsentierte er sich als Musterbeispiel verhaltener, doch ausdrucksvoller Eleganz.

Branon
33850 Léognan, Tel. 05 56 64 05 22, Fax 05 56 64 06 98

Eine superweiche *microcuvée* aus dem Garcin-Cathiard-Stall. Die Reben eines 2 ha großen Weinbergs werden unter der Anleitung von Michel Rolland zu 250 Kisten Pessac-Léognan verarbeitet. Der 2000er-Jahrgang empfiehlt sich als eindrucksvoller, mit Fleisch und Sahne bepackter Trunk, der mit Räucherspecknoten lang ausklingt. Mittlerweile wurden weitere 4 ha bepflanzt.

Brisson
33220 St-André et Appelles, Tel. 05 57 46 10 79

Ein weiterer führender Newcomer von den Côtes de Castillon. Er verbindet die üppige Frucht eines Lalande-de-Pomerol mit der fleischigen Tiefe eines klassischen St-Emilion.

Broustet
33720 Barsac, Tel. 05 56 27 16 87, Fax 05 56 27 05 93

Die ausgewogenen, mit zitronencremiger Finesse gesegneten Weine dieses kleinen 16-ha-Hauses haben sich in den 1990er-Jahren kontinuierlich gesteigert.

Brown
33850 Léognan, Tel. 05 56 87 08 10, Fax 05 56 87 87 34

Bernard Barthe klettert mit seinem 25-ha-Betrieb im Norden der AOC die Qualitätsleiter beständig nach oben. Die mittelgewichtigen Tropfen weisen den für die Appellation typischen erdigen Zug auf.

La Cabanne
33500 Libourne, Tel. 05 57 51 04 09, Fax 05 57 25 13 38

Das Château in der Nähe von Trotanoy bewirtschaftet viele Parzellen, die zusammen 10 ha ergeben. Sie liefern rustikale, zähe, aber langlebige Weine.

Calon-Ségur ✪
33180 St-Estèphe, Tel. 05 56 59 30 08, Fax 05 56 59 71 51

Das malerische Château mit seinen 74 ha Rebland bildet den nördlichsten Außenposten der klassifizierten Médoc-Welt. 1995, 1996 und 2000 gelangen ihm beeindruckende Kreationen, die gegenüber den enttäuschenden Getränken der 1960er- bis 1980er-Jahre einen Quantensprung nach vorn bedeuten. Dank Kiesböden über Mergel und einer langen, illustren Geschichte – in den 1920ern und 1940ern entstanden viele große Jahrgänge – darf sich Calon-Ségur durchaus zu den ganz großen in St-Estèphe zählen. Seine Weine sind dicht texturierte, dunkelfruchtige, langsam reifende Essenzen.

Cambon la Pelouse
33460 Macau, Tel. 05 57 88 40 32, Fax 05 57 88 40 32

Das Haut-Médoc-Gut straft mit seinen reifen, zugänglichen, lyrischen Weinen den Mythos Lügen, dass jeder gute Bordeaux zu teuer sei.

Camensac
33112 St-Laurent-Médoc, Tel. 05 56 59 41 69, Fax 05 56 59 41 73

Ein 75-ha-Großgut aus einer der besten Zonen dieser ausgedehnten AOC. Die erfolgreichsten Jahrgänge, wie z. B. der 2000er, bringen Kraft, Tiefe, Bleistiftnoten und lebhafte Anklänge an Schwarze Johannisbeeren unter einen Hut.

Canon (Canon-Fronsac)
33500 Libourne, Tel. 05 57 55 05 80, Fax 05 57 55 79 79

Der 1,5-ha-Zwerg am Ufer der Dordogne gehörte einst Christian Moueix, ging jedoch kürzlich mit den anderen Unternehmen von Moueix in Fronsac in den Besitz von Jean Halley (Carrefour) über. In guten Jahren wie 1998 entstehen hier einige der vorzüglichsten Kreszenzen der AOC, schön gewirkte, feste, erdige Köstlichkeiten. Ganz in der Nähe befinden sich Canon de Brem (4 ha) und Canon-Moueix (4,3 ha), die mit solideren, umgänglichen Weinen aufwarten.

Canon (St-Emilion) ✪
33330 St-Emilion, Tel. 05 57 55 23 45, Fax 05 57 24 68 00

Das ehrwürdige Gut gehört seit Mitte der 1990er-Jahre der Wertheimer-Familie, die mit Chanel Berühmtheit erlangte. Den Reblandbesitz von 18 ha hat man kürzlich um eine 3,5 ha große Neuerwerbung eines Weinbergs vom benachbarten Gut Curé-Bon erweitert. Damit dürfte es der Domäne leichter fallen, ein umfangreiches Bestockungsprogramm durchzustehen, in dessen Verlauf 7 der 18 ha neu bepflanzt werden. Canon muss wie einige andere Châteaux in St-Emilion auch gegen die Folgen der *pourridié* kämpfen, eine Wurzelfäule, die besonders Reben auf ehemaligen Obstbaumhainen befällt. Anfang der 1990er litten viele Weine außerdem unter Verunreinigungen durch Holzschutzmittel. Der 2000er-Jahrgang gefiel durch Eleganz, Wärme, Konzentration und die für St-Emilion typische Fleischigkeit. Er stellt eine viel versprechende Zukunft in Aussicht.

Canon-la-Gaffelière ✪
33330 St-Emilion, Tel. 05 57 24 71 33, Fax 05 57 24 67 95

Das 19,5-ha-Anwesen erstreckt sich auf dem unteren Bereich der für den Weinbau idealen Abbruchkante aus Kalk. Es befindet sich seit 1971 im Besitz derer von Neipperg. Damals erwarb Graf Joseph-Hubert, seinerzeit einer der führenden württembergischen Winzer, das Gut. 1985 übernahm sein Sohn, Graf Stephan (siehe S. 164), die Leitung und profiliert sich seither durch Leistung. Mit intensiven, tiefen, konzentrierten Tropfen gehört Canon-la-Gaffelière heute zu den qualitätsbeständigsten Fixsternen am Weinhimmel von St-Emilion.

Die stämmigen, vollmundigen, fleischigen Kreszenzen sind auf ein Fundament aus Cabernet-franc-Reben (40–45%) von alten Stöcken gebaut. Neipperg zufolge herrscht hier ein wesentlich wärmeres Klima als in La Mondotte – fast zu warm für erfolgreichen Merlot-Anbau.

Cantemerle
33460 Macau, Tel. 05 57 97 02 82, Fax 05 57 97 02 84

Wenn man Bordeaux in nördlicher Richtung verlässt, macht als Erstes der Waldpark von Cantemerle auf die Grandeur von Médoc aufmerksam. Die 85 ha gehören mittlerweile der Versicherungsgesellschaft SMABTP. Die Weine geraten relativ leicht, aber wohlschmeckend.

Cantenac-Brown
33460 Cantenac, Tel. 05 57 88 81 81, Fax 05 57 88 81 90

Die 42 ha Weinberge und das prachtvolle viktorianische Schloss dieses illustren Margaux-Guts haben die Weinabteilung der Versicherungsgesellschaft AXA vor eine ihrer größten Herausforderungen gestellt. Margaux tut sich mit unmittelbar ansprechenden, eindrucksvollen Tropfen schwer, denn seine Vorzüge sind eher feine Nuancen und subtile Anspielungen; zu üppiger Extrakt kann leicht in Rustikalität und Tölpelhaftigkeit abgleiten. Seit 1997 aber gefällt das Gut mit köstlichen Getränken, die sich durch klassische Blüten-, Gewürz- und Bleistiftschachtelaromen auszeichnen

Cap de Faugères
33350 Ste-Colombe, Tel. 05 57 40 34 99, Fax 05 57 40 36 14

Filmproduzent Péby Guisez und seine Frau Corinne erwarben das Castillon-Gut 1987 zusammen mit dem benachbarten Château Faugères in St-Emilion direkt an der Grenze zwischen beiden Zonen. Guisez starb 1997, doch Corinne führt seine herausragende Arbeit fort. Mit ihren dunklen, intensiven, fleischigen Kreationen übertrifft sie viele schwächelnde Domänen in St-Emilion.

Caprice d'Angelique *siehe* Rocher Bellevue

Carignan
33360 Carignan, Tel. 05 56 21 21 31, Fax 05 56 78 36 65

Trotz des unglücklichen Namens gehört der Betrieb seit der Übernahme durch Philippe Pieraerts 1981 zu den Glanzlichtern der Premières Côtes de Bordeaux. Dank niedriger Erträge, zu 100% neuer Eiche und einfühlsamer Bereitung mit Unterstützung durch Louis Mitjaville entsteht ein intensiver, kraftvoller *grand vin* (aus nur 12 der 65 ha Rebfläche). Es fehlt ihm jedoch die geschmeidige Öligkeit, die man von einem Verschnitt mit solch hohem Merlot-Anteil (70%) erwartet.

de Carles
33141 Saillans, Tel. 05 57 84 32 03, Fax 05 57 84 31 91

Das eigentümliche, geduckte, wehrhafte Château de Carles in erhabener Lage über dem Flüsschen Isle steht unter Denkmalschutz. Hier kommen auf 20 ha Land einige der ambitioniertesten Kreszenzen von Fronsac zur Welt. Sie kehren die für die AOC so typische Stämmigkeit und Tiefe hervor. Die Prestige-Cuvée nennt sich Haut-Carles. Der 2000 entstandene La Preuve par Carles wurden wie der L'Interdit de Valandraud und der Le Défi de Fontenil auf Tafelweinniveau heruntergestuft, weil man die Weinberge, von denen sie stammten, zum Schutz vor Hagel mit Plastikfolien bespannt hatte.

Les Carmes Haut-Brion
33600 Pessac, Tel. 05 56 93 23 40

Das winzige, parkähnliche Gut liegt inmitten eines Vororts von Bordeaux. Im Gegensatz zu anderen Haut-Brion-Betrieben in der Nähe (Les Carmes gehört der Familie Furt, nicht den Nachfahren von Dillon) bereitet man hier ausschließlich Rotwein, der die von Bleistiftdüften getragene Finesse von Pessac mit cremiger Frucht vereint.

Carsin
33410 Rions, Tel. 05 56 76 93 06, Fax 05 56 62 64 80

Das in finnischer Hand befindliche 40-ha-Gut an den Premières Côtes de Bordeaux wird seit 1991 von der australischen Weinmacherin Mandy Jones geführt. Das Sortiment besteht aus soliden, sauber bereiteten Tropfen.

Certan de May (de Certan)
33500 Pomerol, Tel. 05 57 41 53, Fax 05 57 51 88 51

Einst waren dieses 5-ha-Gut und das Vieux Château Certan eins – heute sind sie durch eine Straße voneinander getrennt und werden separat geführt. Certan de May hat ähnlich elegante, milchige, zurückhaltende Tropfen zu bieten, die eventuell sogar mit noch feineren Tanninen ausgestattet sind.

Certan Guiraud *siehe* Certan Marzelle, Hosanna

Certan Marzelle
33500 Pomerol, Tel. 05 57 51 78 96

Eine kleine, nur mit Merlot bepflanzte Parzelle, die Moueix mit Certan Guiraud kaufte. Der Wein wird in der neuen Hosanna-Kellerei bereitet und abgefüllt.

de Chambrun
33500 Libourne, Tel. 05 57 51 18 95, Fax 05 57 25 10 59

Das winzige 1,5-ha-Gut in der aufstrebenden AOC Lalande-de-Pomerol gehört der ehrgeizigen Familie de Janoueix. Der 2000er-Jahrgang stellte erstaunlich tiefe Farbe unter Beweis und war von trüffeliger Brombeerfrucht durchdrungen.

Chantegrive
33720 Podensac, Tel. 05 56 27 17 38, Fax 05 56 27 29 42

Die eichengefärbte weiße Cuvée Caroline dieses riesigen 92-ha-Anwesens in Graves zeigt sich üppig. Als zunehmend eindrucksvoll erweist sich auch der Rote.

Charmail
33180 St-Seurin-de-Cadourne, Tel. 05 56 59 70 63, Fax 05 56 59 39 20

Weine mit gutem Preis-Leistungs-Verhältnis sind die Spezialität dieser 22-ha-Domäne auf der Kuppe St-Seurin-de-Cadourne nördlich von St-Estèphe. Sie experimentiert mit der Kaltmazeration, wie sie am rechten Ufer (und in Burgund) gebräuchlich ist, und gehört im Médoc zu den Vorreitern dieser Technik.

Les Charmes Godard
33570 St-Cibard, Tel. 05 57 56 07 47, Fax 05 57 56 07 48

Die 6-ha-Kellerei gehört zu den Côtes des Francs nördlich von Castillon. Besitzer Nicolas Thienpont von Puygueraud trug viel dazu bei, die malerische, bäuerliche Hügellandschaft für den Weinbau zu erschließen. Neben den lebhaften, vor Mineralien strotzenden Roten offeriert er einen üppigen, exotischen, fassvergorenen Weißen mit Pfirsich- und Zitronentönen aus Sémillon, Muscadelle und Sauvignon gris.

Chasse-Spleen
33480 Moulis-en-Médoc, Tel. 05 56 58 02 37, Fax 05 57 88 84 40

Die gut geführte Domäne mit 80 ha in Moulis gehört seit einiger Zeit der Familie Merlaut, die elegantere, ausgewogenere Weine aufbietet, als man es von der AOC normalerweise erwartet.

Cheval Blanc ooo
33330 St-Emilion, Tel. 05 57 55 55 55, Fax 05 57 55 55 50

Die beiden legendären Spitzen-Châteaux von St-Emilion, Ausone und Cheval Blanc, sind in jeder Hinsicht völlig gegensätzlich. Cheval Blanc liegt weit von der Stadt St-Emilion und ihrer berühmten Kalk-Côte entfernt. Das Gut grenzt an Evangile und La Conseillante und kann fast als Pomerol-Betrieb außerhalb von Pomerol bezeichnet werden. Die 36 ha große Rebfläche setzt sich aus drei unterschiedlichen Bodentypen zusammen: klassischem Pomerol-Kies, einer Kies-Ton-Mixtur und Sand-Ton-Erde. Cabernet franc nimmt mit 57% einen breiten Raum in den Weinbergen ein. Während jenseits der Grenze in Pomerol Merlot regiert, spielt in der exzentrischen Westzone von St-Emilion Cabernet eine Schlüsselrolle. 1998 erwarben Bernard Arnault und Baron Albert Frère Cheval Blanc von der Familie Fourcaud-Laussac. Seither hat man keine Kosten gescheut, um das Château nicht nur als Spitzenreiter am rechten Ufer, sondern gleich in ganz Bordeaux zu etablieren. Die Jahrgänge 1998, 1999 und 2000 gerieten hervorragend – der ruhige, zuversichtliche Direktor Pierre Lurton weiß die Freiheiten, die man ihm gegeben hat, um höchste Qualität zu erzielen, offenbar bestens zu nutzen. Unterstützt wird er bei seiner Arbeit von Weinbergfachmann Kees van Leeuwen. Ein Cheval Blanc wetteifert nie um den Rang des mächtigsten oder fleischigsten Roten in Bordeaux. Wer Tannine und Frucht in ihrer Jugend gegeneinander abwägt, wird sich fragen, warum um ihn so viel Aufhebens gemacht wird. Lässt man ihm aber Zeit, dann zieht er Seide aus einem unsichtbaren Schubfach hervor und trägt sie mit einer von Jahr zu Jahr besser texturierten Sinnlichkeit, die er durch Gewicht und Weichheit betont. Dem mit zederduftiger Finesse polierten Anstrich aus Schokolade-, Himbeer-, Kirsch- und Sahnetönen kann man nur schwer widerstehen. Wer Cabernet franc nur durch die Roten von der Loire erlebt hat, wird die Traube in diesen süßen, üppigen Mundfüllern nicht wiedererkennen. Wie auf Haut-Brion hat man auch auf Cheval Blanc immer wieder Großes hervorgebracht, selbst wenn man früher von der Weinbereitung weit weniger verstand. Dafür gibt es nur eine Erklärung: Cheval Blanc verfügt über eine der besten Lagen in Bordeaux.

Domaine de Chevalier
33850 Léognan, Tel. 05 56 64 16 16, Fax 05 56 64 18 18

Das 35-ha-Gut im äußersten Westen der AOC inmitten von Wäldern bietet Rote und trockene Weiße auf, die sich in großen Jahrgängen als Kreszenzen von anspielungsreicher Finesse zu erkennen geben, aber nur sehr langsam reifen. De Chevalier hat immer wieder mit Frost und Hagel zu kämpfen und ist daher nicht gerade unproblematisch. In den 1990er-Jahren wirkte sein Stil bisweilen recht altmodisch und auch die Ergebnisse fielen wechselhaft aus.

Cissac
33250 Cissac-Médoc, Tel. 05 56 59 58 13, Fax 05 56 59 55 67

Das 50-ha-Château in einem weniger begünstigten Bereich des Haut-Médoc (Cissac-Médoc) bereitete viele Jahre lang strenge, schlanke Weine, ist aber mittlerweile auf einen üppigeren, runderer Stil umgeschwenkt.

Citran
33480 Avensan, Tel. 05 56 58 21 01, Fax 05 57 88 84 60

Das 90-ha-Château in Haut-Médoc am Rand von Moulis profitierte neun Jahre lang von Finanzspritzen aus Japan. So konnte man in den Weinbergen unattraktive, doch dringend notwendige Entwässerungsarbeiten durchführen (vor allem schlechte Drainage verhindert in vielen nicht ganz so begüterten Bordelaiser Domänen Qualitätssteigerungen). Es gehört mittlerweile der Familie Merlaut, die hier fleischige, ansprechende Weine für baldigen Trinkgenuss erzeugt.

Clarke
33480 Listrac-Médoc, Tel. 05 56 58 38 00, Fax 05 56 58 26 46

Baron Edmond de Rothschilds 53-ha-Territorium sollte eigentlich für einige der feinsten Médoc-Weingeschöpfe gut sein, denn bei ihrer Erzeugung werden keine Kosten gescheut. Doch auch der Baron kann nicht über den Schatten des Terroir springen. So bereitet er zwar polierte Tropfen, die man nur empfehlen kann (vor allem jetzt, da die Reben älter werden), aber Listrac gibt den Weinen nun einmal nicht die endlose Tiefe mit, die den größten Kreszenzen von Kiesgrund aus dem nahen Pauillac oder Margaux eigen ist.

Clément-Pichon
33290 Parempuyre, Tel. 05 56 35 23 79, Fax 05 56 35 85 23

Das 25-ha-Gut am Nordrand von Bordeaux gehört dem Eigentümer von La Dominique, Clément Fayat, der hier mit Hilfe von Michel Rolland untypisch süßfruchtige, fest texturierte Weine bereitet.

Clerc Milon
33250 Pauillac, Tel. 05 56 59 22 22, Fax 05 56 73 20 44

Der 32 ha große Weinbaubetrieb in Mouton-Besitz verfügt über Reben in bester Lage, deren Weine mit einem dichten, strammen, stattlichen Stil zu den Erzeugnissen mit dem besten Preis-Leistungs-Verhältnis in ganz Pauillac zählen.

Climens ○○
33720 Barsac, Tel. 05 56 27 15 33, Fax 05 56 27 21 04

Die 29 ha Rebland von Climens erstrecken sich über eine der höchstgelegenen, besten Lagen in Barsac. Jeder Jahrgang wird von Bérénice Lurton sorgfältig und ohne Hast bereitet. Die reinfruchtige Finesse der Weine (das Gegenteil von üppiger Öligkeit) wird nur von wenigen Konkurrenten erreicht.

Clinet ○
33500 Pomerol, Tel. 05 57 51 27 87

Im Pantheon der Koryphäen vom rechten Ufer, die im letzten Jahrzehnt des 20. Jahrhunderts auf den Plan getreten sind, hält dieses 9-ha-Château einen Ehrenplatz. Clinet aber arbeitete sich nicht in kleinen Schritten hoch, sondern sprang mit den beiden sensationellen Jahrgängen 1989 und 1990 ins Rampenlicht. An diesen dicken, dunklen, öligen, gesättigten Tinkturen, diesen monumentalen Merlots, wird seither jeder Jahrgang gemessen. Der Schlüssel zum Erfolg waren niedrige Erträge und superreife Trauben, doch auch ein strenges Aussortieren der Beeren, 100% neue Eiche und ein Verzicht auf Schönung und Filtrierung spielten eine Rolle. Mit anderen Worten: Die Weine waren eine triumphale Beweisführung für die Theorien von Michel Rolland, einem engen Freund des Mannes, der sie bereitete: Jean-Michel Arcaute. In den 1990ern verfeinerte Arcaute seine Spätlesemethoden, blieb ihnen aber immer treu, weshalb seine Erzeugnisse zu den dunkelsten, saftigsten Tropfen dieser für dunkle, saftige Tropfen berühmten AOC avancierten. Natürlich ist sein Konzept nicht jedes Jahr aufgegangen. 1998 und 1999 machten ihm Niederschläge gegen Ende der Saison einen Strich durch die Rechnung. Doch Clinet fuhr auf dem eingeschlagenen Weg fort und verzeichnete wesentlich mehr gute als schlechte Jahre. Kritiker wenden ein, dass Lesegut mit einem solch niedrigen Säuregehalt recht korpulente, fette Weine erbringt, denen Frische und Süffigkeit fehlen. Arcaute verließ Clinet 2000 und starb 2001, doch der neue Besitzer Jean-Louis Laborde bleibt (mit Rollands Unterstützung) der Linie treu.

Clos Badon Thunevin
33330 St-Emilion, Tel. 05 57 55 09 13, Fax 05 57 55 09 12

Der Begriff clos, der eigentlich für einen ummauerten Weinberg steht und vor allem in Burgund gebräuchlich war, gilt heute in Bordeaux als Erkennungszeichen für Garagenweine. Die 6,6-ha-Parzelle am Hangende nördlich von Castillon unterhalb von Pavie wird vom König der Garagenwinzer, Jean-Luc Thunevin, bewirtschaftet. Sein Verschnitt aus Merlot und Cabernet franc fällt angenehm üppig aus und bietet ein besseres Preis-Leistungs-Verhältnis als viele andere Tropfen dieser Richtung.

Clos Chaumont
33550 Haux, Tel. 05 56 23 37 23, Fax 05 56 23 30 54

Das ehrgeizige Côtes-de-Bordeaux-Gut in niederländischer Hand bereitet üppige Rote, einen fassvergorenen trockenen weißen Bordeaux und kleine Mengen eines süßen Cadillac.

Clos du Clocher
33500 Pomerol, Tel. 05 57 51 92 14

Die Weine des 6-ha-Betriebs neben Beauregard ähneln mit ihrem lyrischen, den Gaumen streichelnden Stil denen des großen Nachbarn. Dank gedrosselter Erträge und der Hilfe von Michel Rolland hat sich ihre Konzentration verbessert.

Clos Dubreuil
33330 St-Emilion

Üppige, dichte St-Emilion-Weine, die mit Unterstützung von Louis Mitjavile in winzigen Mengen gekeltert werden.

Clos l'Eglise (Castillon)
33350 St-Magne-de-Castillon, Tel. 05 57 40 06 75

Neben dem Château Ste-Colombe das zweite Castillon-Gut, das Gérard Perse (Pavie) und Dr. Alain Raynaud (Quinault l'Enclos) gemeinsam besitzen. Mit 35 hl/ha Ertrag, Handlese und 100% neuer Eiche setzt man auf kompromisslose Qualität. 60% Merlot und jeweils 20% der Cabernet-Trauben vereinen sich zu einer der festesten, dichtesten Schöpfungen von Castillon.

Clos l'Eglise (Pomerol)
33500 Pomerol, Tel. 05 56 64 05 22, Fax 05 56 64 06 98

Die 6-ha-Kellerei in der Nähe von Clinet, Eglise-Clinet und Rouget wird von der Familie Cathiard-Garcin mit beispiellosem Engagement geführt. Das Ergebnis: mit Eiche, Vanille und Kakao bepackter Pomerol von endloser Tiefe.

Clos Fourtet
33330 St-Emilion, Tel. 05 57 24 70 90, Fax 05 57 74 46 52

20 ha Rebfläche vom Feinsten machen diese Domäne in der Nähe der Altstadt von St-Emilion zu einem der führenden Güter auf dem Plateau. Philippe Cuvelier kaufte Clos Fourtet 2001 von der Familie Lurton. Der Wein fällt heute schon wesentlich dichter und fülliger aus als früher, wird aber noch einmal zulegen.

Clos Haut-Peyraguey
33210 Bommes, Tel. 05 56 76 61 53, Fax 05 56 76 69 65

Vanilleduftiger, ausgewogener Sauternes aus einem vorteilhaft gelegenen 15-ha-Gut zwischen Yquem und Rayne-Vigneau. Gutes Preis-Leistungs-Verhältnis.

Clos du Jaugueyron
33460 Arsac

Margaux ist dank der Gemeinden Soussans, Arsac, Cantenac und Labarde größer als die anderen AOCs im Médoc. Hier hat die Garagenwinzerbewegung ihren Anfang genommen: mit Marojallia, Clos des Quatre Vents – und Clos du Jaugueyron. Der winzige 2,5 ha-Weinberg zieht sich an der Grenze Margaux-Haut-Médoc entlang. Michel Téron zufolge sollen die Reben noch aus der Zeit vor der Reblausinvasion stammen. Falls Sie jemals das Glück haben, einem seiner Margaux-Tropfen zu begegnen – er produziert jährlich nur 100 Kisten –, machen Sie sich auf reichlich Schwarze Johannisbeeren und Gewürze gefasst.

Clos Nardian
33330 Vignonet, Tel. 05 57 84 64 22, Fax 05 57 84 63 54

Ambitionierter Weißwein von Jonathan Maltus (Château Teyssier). Der Wein stammt aus einem 0,5 ha großen Areal in der nordöstlichen Ecke von Entre-Deux-Mers. Dank 50-jähriger Stöcke, einem Ertrag von nur 25 hl/ha und der Vergärung in neuen Eichenfässern fällt diese Sauvignon-Sémillon-Mischung im Verhältnis 50:50 angenehm üppig aus.

Clos de l'Oratoire
33330 St-Emilion, Tel. 05 57 24 71 33, Fax 05 57 24 67 95

Das auf dem kühleren Plateau nördlich von St-Emilion gelegene 10-ha-Rebland hat das wohl am wenigsten interessante Terroir der drei Neipperg-Güter in der AOC zu bieten (die beiden anderen sind Canon-la-Gaffelière und La Mondotte). Wer die Konsistenz, Konzentration, Ausgewogenheit, Saftigkeit und den vernünftigen Preis der Weine schätzt, wird sie jedoch nicht ohne Grund als Highlights aus dem Hause Neipperg ansehen. Graf Stephan zufolge reift Merlot hier ebenso gut wie auf La Mondotte, ist jedoch anders texturiert und weniger lebendig und üppig.

Clos Puy Arnaud
33350 Belvès-de-Castillon, Tel. 05 57 47 90 33, Fax 05 56 90 15 44

Der Jazzmusiker Thierry Valette hat diese 8,5-ha-Kellerei an den Côtes de Castillon kürzlich gekauft. Mithilfe von Stéphane Derenoncourt entstand hier ein eleganter, würziger 2000er. Weitere Verbesserungen und der Umstieg auf biologisch-dynamischen Weinbau stehen an.

Clos des Quatre Vents
33460 Soussans

Die 2-ha-Parzelle in Margaux ist zur Hälfte mit sehr alten Stöcken bepflanzt. Deren Trauben werden von Luc Thienpont vom Gut Labégorce-Zédé zu lebhaft fruchtigen, komplexen, fein ziselierten Etiketten verarbeitet.

Clos René
33500 Pomerol, Tel. 05 57 51 10 41, Fax 05 57 51 16 28

Im nordwestlichen Bereich der AOC, wo auch Clos René angesiedelt ist, entstehen nicht gerade große Pomerol-Kreszenzen. Dennoch gelingt der 12-ha-Domäne ein gut gemachter, unbeschwerter, geschmeidiger, fülliger Roter.

Clos St-Martin ✪
33330 St-Emilion, Tel. 05 57 24 71 09, Fax 05 57 24 69 72

1,4 ha allerbester Lage und eine spätestmögliche Lese liefern einen St-Emilion von honigartiger Konzentration mit solidem Tanningerüst.

Clos de Sarpe
33330 St-Emilion, Tel. 05 57 24 72 39, Fax 05 57 74 47 54

Auch an diesem 4-ha-Betrieb bei Trottevieille ist die Garagenwinzerbewegung nicht spurlos vorübergegangen. Das Rebland ist vorwiegend mit alten Stöcken bepflanzt. Man erntet winzige Erträge (25 hl/ha), schönt und filtriert nicht und setzt auf üppig extraktreichen Stil. Ab in den Keller mit dem Tröpfchen.

La Clotte
33330 St-Emilion, Tel. 05 57 24 66 85, Fax 05 57 24 79 67

La Clotte kann auf ein feines, 3,7 ha großes Sand-Kies-Areal bei Pavie-Macquin zählen. Erst allmählich offenbart sich in den jüngsten, süßfruchtigen, wohlschmeckenden Gewächsen die Klasse des Terroir.

La Clusière
33330 St-Emilion, Tel. 05 57 55 43 43, Fax 05 57 24 63 99

Das 2 ha große Mikrogut innerhalb des Pavie-Imperiums ist kein Marketingkniff von Eigentümer Gérard Perse, denn schon unter der Familie Valette war die Parzelle abgetrennt. Sie liegt etwas weiter östlich an der Abbruchkante. Die Weine sind nicht so ungezügelt kraftvoll wie die von Pavie, beeindrucken aber trotzdem durch tadellose Reinheit und schokoladige Tiefe.

La Conseillante ✪
33500 Pomerol, Tel. 05 57 51 15 32, Fax 05 57 51 42 39

Ein 12-ha-Château in vorzüglicher Lage an der Nordwestgrenze zu St-Emilion bei Evangile, Cheval Blanc, La Dominique und den Figeacs. Der Wein ist anfangs so mit Babyspeck bepackt, dass man von ihm nie erwartet, je alt zu werden. Weit gefehlt: Er schwingt sich zu beeindruckender Reife auf und nimmt mit den Jahren eine pikante, von Havanna-Aromen umwölkte Ehrwürdigkeit an. Die Bereitung eines Zweitweins allerdings würde seine Konzentration verbessern.

Corbin
33330 St-Emilion, Tel. 05 57 25 20 30, Fax 05 57 25 22 00

Die Gruppe der Corbin-Güter – es gibt fast ebenso viele Corbins wie Figeacs – nimmt einen vorzüglichen Sektor von St-Emilion an der nordöstlichsten Spitze unweit von La Dominique und Cheval Blanc ein. Hier entsteht watteweicher, Pomerol-artiger St-Emilion für Hedonisten und Sinnesmenschen, der bei weitem nicht die Furcht erregende Tanindosis ihrer Pendants von der Côte mitbringt. In diese Kategorie fällt auch der fruchtbeladene Corbin.

Cos d'Estournel ✪
33180 St-Estèphe, Tel. 05 56 73 15 50, Fax 05 56 59 72 59

Die Weine dieses gut geführten Deuxième cru mit 64 ha gefallen durch Üppigkeit, Würze und Beständigkeit. Das mit vorzüglichen, tiefen Kiesböden bestückte Château wurde kürzlich vom Genfer Nahrungsmittelhersteller Michel Reybier übernommen. Stilistisch weicht Cos d'Estournel im Gegensatz zu Calon-Ségur oder Montrose etwas von der St-Estèphe-Linie ab, kehrt also nicht deren zähe Tannine hervor und braucht auch nur selten eine ebenso lange Flaschenreife. Das könnte zum Teil an der Bereitschaft liegen, die neueste Kellertechnologie einzusetzen. Jean-Guillaume Prats hat als einer der Ersten im Médoc moderne Konzentrationsverfahren angewandt; zudem setzt er reichlich neue Eiche ein und unterzieht die Weine einer malolaktischen Gärung in Barriques, was ihrer üppigen, fein gewirkten Textur gut tut. Als einer der wenigen Direktoren im Médoc begrüßt er den „Tritt in den Hintern", den die Garagenwinzer vom rechten Ufer den etablierten Erzeugern seiner Zone verpasst haben. Er befasst sich mit ihren Methoden, drosselt die Erträge (obwohl er mit den anvisierten 40 hl/ha noch ein Stück über ihnen liegt) und bemüht sich im Weinberg um Verbesserung der Schalenqualität. Der 2000er Cos spiegelt diese neue Gangart wider, denn er verbindet blumige Aromen mit festen, dichten Asche- und Fleischtönen.

Cos Labory
33180 St-Estèphe, Tel. 05 56 59 30 22, Fax 05 56 59 73 52

Der 18-ha-Nachbar von Cos d'Estournel bietet beachtliche, doch nur selten herausragende Erzeugnisse an, denn den besten Bereich der Kieskuppe, den sich die beiden Güter mit Lafon-Rochet teilen, nimmt Cos d'Estournel ein.

Côte de Baleau
33330 St-Emilion, Tel. 05 57 24 71 09, Fax 05 57 24 69 72

Das 17-ha-Gut auf dem Plateau von St-Emilion ist das größte der drei Châteaux im Besitz der Familie Reiffers (die anderen beiden heißen Grandes Murailles und Clos St-Martin). Es hat sich in letzter Zeit enorm gesteigert und offeriert nun dichte, stramme Tropfen zu attraktiven Preisen.

Coufran
33180 St-Seurin-de-Cadourne, Tel. 05 56 59 31 02, Fax 05 56 59 32 85

Die 75 ha von Coufran sind für das Haut-Médoc doppelt ungewöhnlich. Erstens besetzen sie einen auffallenden Kieshügel in Bestlage nördlich von St-Estèphe, der nur einen Steinwurf weit von der Gironde entfernt ist. Und zweitens hat man 85 % der Fläche mit Merlot bestockt. Entsprechend üppiger, runder und würziger nehmen sich die Weine gegenüber dem AOC-Schnitt aus.

La Couspaude
33330 St-Emilion, Tel. 05 57 40 15 76, Fax 05 57 40 10 14

Die 7 ha dieses Guts – endlich einmal ein echter Clos – erstrecken sich über das Plateau hinter der Stadt. In der zweiten Hälfte der 1990er-Jahre bereitete man fast schon karikaturhaft an der Neuen Welle orientierte Weine mit wenig Säure; ihre Frucht scheint in einer Masse aus Karamell und Toffeesüße unterzugehen. Ein exotisches, faszinierendes, eigentümliches Erlebnis.

Coutet ✪
33720 Barsac, Tel. 05 56 27 15 46, Fax 05 56 27 02 20

Climens und diese 38-ha-Domäne sind die beiden größten Güter von Barsac. Die leichte, zitronige Finesse der Coutet-Weine dürfte kaum zu überbieten sein.

Couvent des Jacobins
33330 St-Emilion, Tel. 05 57 24 70 66, Fax 05 57 24 62 51

Das vor der Stadt gelegene ehemalige Kloster im Herzen von St-Emilion mit hinreißend schönen Gebäuden, unter denen sich geheimnisvoll verwinkelte Keller hinziehen, kelterte lange Zeit einen leichten, gut gemachten, doch unspektakulären Wein. Der 2000er allerdings bewies viel versprechende Tiefe.

La Croix-Canon
33126 Fronsac, Tel. 05 57 25 90 81, Fax 05 57 25 11 74

Das mit 14 ha größte Gut der nahe beieinander liegenden einstigen Moueix-Domänen in Canon-Fronsac, die sich heute in den Händen von Jean Halley von Carrefour befinden. Es trug früher den illustren Namen Charlemagne. Dank alter, teils hundertjähriger Stöcke und einem 70-prozentigen Merlot-Anteil entstehen für Canon-Fronsac ungewöhnlich volle Tropfen.

La Croix de Gay
33500 Pomerol, Tel. 05 57 51 19 05, Fax 05 57 74 15 62

Alain Raynaud und seine Schwester Chantal Lebreton entlocken den gut gelegenen 12 ha ihres Guts einige der leichtesten, grazilsten Pomerol-Weine überhaupt. (Siehe auch Fleur de Gay)

Croix de Labrie
33330 St-Emilion, Tel. 05 57 24 64 60

Das winzige Flachlandgut erzeugte einst ganze 125 Kisten, wartet aber mittlerweile mit 750 auf. Garagenwinzer Michel Puzio ist ein echter Qualitätsfanatiker. 1999 ließ er 40 % des Safts als *saignée* ablaufen – ein beispielloser Aderlass. Wer den Wein je ins Glas bekommt, dem wird ob seiner endlosen Tiefe schwindelig.

La Croix du Casse
33750 St-Germain-du-Puch, Tel. 05 57 34 51 51, Fax 05 56 30 11 45

Sonderlich günstig sind die 9 ha des Guts nicht gelegen: Man findet sie im Süden von Pomerol in der Nähe der Bahnlinie, die gleichzeitig die AOC-Grenze bildet. Nichtsdestotrotz können sich die jüngsten Schöpfungen sehen lassen: Den tiefen, spät gelesenen, üppig extrahierten, tanninreichen, in Eiche gefassten, säurearmen, unfiltriert und ungeschönt abgefüllten Roten fehlt zu wahrer Größe einzig der glühende Fruchtkern, den nur das Terroir einem Wein mitzugeben vermag. Besitzer Jean-Michel Arcaute und Sohn Alexi starben 2001 beide viel zu früh.

La Croix St-Georges
33506 Libourne, Tel. 05 57 51 41 86, Fax 05 57 51 53 16

Ein beachtenswertes 5-ha-Gut in Pomerol unweit von Le Pin. Die Jahrgänge 1999 und 2000 wurden im neuen Stil bereitet und stürmen den Gaumen mit reichlich Erde, tiefgründigen Tanninen und zerdrückten schwarzen Früchten.

Croizet-Bages
33250 Pauillac, Tel. 05 56 59 01 62, Fax 05 56 59 23 39

Kaum ein Château ist so lange unter seinen Möglichkeiten geblieben wie dieses mit bestem Terroir gesegnete 29-ha-Gut im Herzen des Lynch-Bages-Plateaus. Es liest die Trauben weiterhin maschinell und verzichtet auf einen Zweitwein. Zumindest aber sind die Erzeugnisse heute besser vinifiziert als früher.

Les Cruzelles
33500 Lalande-de-Pomerol, Tel. 05 57 51 79 83

Der Wein wurde vor kurzem von dem ehrgeizigen Denis Durantou von Château L'Eglise-Clinet ins Leben gerufen. Der Jahrgang 2000 überzeugt durch Frische, Weichheit und Geschmeidigkeit, ist aber für baldigen Genuss gedacht.

Dassault
33330 St-Emilion, Tel. 05 57 55 10 00, Fax 05 57 55 10 01

Das gut ausgestattete, vom Enkel des Luftfahrtindustriellen Marcel Dassault geführte 24-ha-Gut liegt im Norden der AOC auf dem Plateau. Es ist für geradlinige, unspektakuläre, aber sorgfältig bereitete Weine bekannt.

La Dauphine
33126 Fronsac, Tel. 05 57 25 90 81, Fax 05 57 25 11 74

Eines der Güter, die Moueix an Jean Halley von der Supermarktkette Carrefour verkauft hat. Die 10-ha-Kellerei liegt unweit von Canon de Brem und Canon-Moueix an der Grenze zu Canon-Fronsac. Ihr Wein hat mehr Charme als die Erzeugnisse der Nachbarn. Ausgezeichnetes-Preis-Leistungs-Verhältnis

Dauzac
33460 Labarde-Margaux, Tel. 05 57 88 32 10, Fax 05 57 88 96 00

Die 45-ha-Domäne unweit der Gironde hat ihre Reben auf einer kaum merklichen Kuppe im tiefen Süden der AOC Margaux stehen. Seit sie der Versicherungsgesellschaft MAIF gehört, entstehen hier weiche, geschmeidige, mittellang lagerfähige Tropfen.

Doisy-Daëne
33720 Barsac, Tel. 05 56 27 15 84, Fax 05 56 27 18 99

Die drei Doisy-Güter liegen zwischen Coutet und Climens. Teilinhaber dieses 15-ha-Anwesens ist der berühmte Bordelaiser Weißweinexperte Denis Dubourdieu. Sein reinsortiger Sémillon bekundet saftige, dicht texturierte Süße und ähnelt eher einem Sauternes als einem Barsac.

Doisy-Dubroca
33720 Barsac, Tel. 05 57 83 10 10, Fax 05 57 83 10 11

Der winzige 3-ha-Streifen zwischen den beiden größeren Geschwistern gehört den Lurtons, die die zitrusduftigen, süßen Weine im Gut Climens bereiten lassen.

Doisy-Védrines
33720 Barsac, Tel. 05 56 27 15 13, Fax 05 56 27 26 76

Das mit 27 ha größte Gut des Doisy-Trios. Seine beständig guten Etiketten sind sorgfältig bereitet, doch es fehlt ihnen die wilde Grandeur und massive Öligkeit der besten Barsac- und Sauternes-Kreszenzen.

Le Dôme
33330 Vignonet, Tel. 05 57 84 64 22, Fax 05 57 84 63 54

Die winzige 1,7-ha-Parzelle zwischen Angélus und Grand Mayne in St-Emilion ist zu 72 % mit Cabernet franc bestockt. Daraus soll nach dem Wunsch des Besitzers, des Engländers Jonathan Maltus vom Château Teyssier, ein „Garagen- oder Sammlerwein" werden. Für die Bereitung ist Neil White zuständig; unterstützt wird er dabei von Gilles Pauquet, der auch Cheval Blanc und Figeac berät. Die Jahrgänge 1998 und 2000 ergaben einen dunklen, schweren Tropfen mit üppiger, aber relativ unspektakulärer Himbeer- und Pflaumenfrucht. Die

150% neue Eiche machen sich nicht übertrieben bemerkbar, was auf eine gute Entwicklung hindeutet.

La Dominique
33330 St-Emilion, Tel. 05 57 51 31 36, Fax 05 57 51 63 04

Der 18-ha-Weintempel neben Cheval Blanc gehörte zu den ersten Gütern, die von Michel Rolland beraten wurden (unweit davon liegt Bon Pasteur). Die üppigen, saftigen, brombeerfruchtigen Weine erinnern an jene von La Conseillante auf der anderen Seite von Cheval Blanc, bekunden aber etwas weniger Komplexität und Tiefe der Frucht. Neben dem *grand vin* und dem *second vin* St-Paul de Dominique hat man eine *microcuvée* namens St-Domingue zu bieten, die aus nicht klassifizierten Parzellen stammt, noch konzentrierter daherkommt und die Sinne mit exotischen, durch die späte Lese entstandenen Fruchtnoten sowie der Süße einer üppigen Eichendosis umgarnt.

Ducru-Beaucaillou ✪
33250 St-Julien-Beychevelle, Tel. 05 56 73 16 73, Fax 05 56 59 27 37

Eine Institution in St-Julien. Der Name Beaucaillou, wörtlich „schöner Kiesel", bezieht sich auf ein 50-ha-Areal im Süden der AOC an der Gironde (natürlich aber nicht direkt am Ufer, denn um zum Wasser zu gelangen, muss man erst noch einige Weiden überqueren). Ducru bereitet klassischen Bordeaux von fast verschleierter Schönheit, eine Kreszenz von mittlerem Körper, die nie zu extraktreich, überfruchtig oder eichenlastig auftritt, sondern ein Musterbeispiel an Ausgewogenheit, Harmonie sowie reiner Schwarzer Johannisbeerfrucht abgibt und eine von Bleistiftnoten unterstrichene Klasse unter Beweis stellt. Seit die Familie Borie das Anwesen 1941 erwarb, hat man einen beständig hohen Standard gewahrt. Lediglich durch die Holzschutzmittelprobleme in den Jahren 1988 bis 1990 ist man etwas in Schwierigkeiten geraten.

Duhart-Milon
33250 Pauillac, Tel. 05 56 73 18 18, Fax 05 56 59 26 83

Die 65-ha-Domäne im Besitz von Lafite existiert nur als Rebfläche – es gibt kein Château dazu. Ihre eleganten, nuancierten Weine ersetzen die klassische Fleischigkeit eines Pauillac durch Lakritze, Pfeffer, Anis und eine zunehmende Reife. So wie Lafite Mouton an Grandeur übertrifft, so sticht Duhart-Milon Clerc Milon durch das bessere Preis-Leistungs-Verhältnis aus.

Durfort-Vivens
33460 Margaux, Tel. 05 57 88 31 02, Fax 05 57 88 60 60

Wie bei allen Gütern von Lurton – das hier gehört Gonzague Lurton – liegt der Schwerpunkt bei diesem Château mit 30 ha Rebfläche auf Eleganz, Finesse und klassischem Charakter statt auf modischem Extraktreichtum.

Domaine de l'Eglise
33330 St-Emilion, Tel. 05 56 00 00 70, Fax 05 57 87 48 61

Aus diesem 7-ha-Betrieb in der Nähe der weithin sichtbaren Kirche von St-Emilion fließen immer besser strukturierte, üppig fruchtige Weine auf den Markt.

L'Eglise-Clinet ✪✪
33500 Pomerol, Tel. 05 57 25 99 00, Fax 05 57 25 21 96

Denis Durantous 6-ha-Reich ist die Geburtsstätte einiger der qualitätskonstantesten Weine von Pomerol. Zu verdanken hat er das einem schlagkräftigen Heer alter, zum Teil hundertjähriger Rebstöcke und den tief reichenden Wurzeln auf sonnendurchflutetem Plateau. Durantou lässt sich nicht auf Modeströmungen ein und verzichtet auf späte Lese, reichlich Eiche und Mikrooxidation nach Art der Garagenwinzer. Seine festen Pomerol-Weine sind in der Jugend oft unzugängliche, feurige Wildfänge, entwickeln sich aber mit der Zeit zu nuancenreichen, langlebigen Rassehengsten.

L'Evangile ✪
33500 Libourne, Tel. 05 57 51 15 30, Fax 05 57 51 45 78

L'Evangile kann auf eine 14-ha-Bestlage zwischen Pétrus, La Conseillante und Cheval Blanc zählen. Einst waren große Jahrgänge ein Glücksspiel, doch seit Lafite-Rothschild 1990 übernommen hat, trifft man häufiger ins Schwarze. Stilistisch ähnelt ein L'Evangile dem milchigen Charme eines La Conseillante und verbindet den himbeerfruchtigen Zauber von Cheval Blanc mit der vollmundigen Tiefe eines Pétrus.

Faizeau
33570 Montagne, Tel. 05 57 24 68 94, Fax 05 57 24 60 37

Eine Erwähnung wert ist dieses 10-ha-Gut zum Teil wegen seiner 80-jährigen Merlot-Stöcke, aus denen man eine Vieilles-Vignes-Cuvée bereitet, und zum Teil wegen seiner Besitzer Alain Raynaud von Quinault L'Enclos und Schwester Chantal Lebreton, die nicht nur die Faizeau-Weine bereiten, sondern auch noch ihrem Vater Noël bei Croix de Gay und Fleur de Gay unter die Arme greifen.

Falfas
33710 Bayon-sur-Gironde, Tel. 05 57 64 80 41, Fax 05 57 64 93 24

Das biodynamische, in US-Besitz befindliche 22-ha-Gut an den Côtes de Bourg bereitet unspektakuläre, doch dichte, sorgfältig vinifizierte Tropfen.

de Fargues
33210 Fargues-de-Langon, Tel. 05 57 98 04 20, Fax 05 57 98 04 21

Einmal mehr ein Gut, das unter Beweis stellt, wie wichtig die Lage ist. Das Terroir schreibt die Melodie – der Rest ist Interpretationsgeschick. De Fargues gehört der Familie Lur-Saluces, die schon durch Yquem berühmt wurde, und befindet sich seit über 500 Jahren in deren Besitz, länger als ihr Yquem gehörte. Das Château hat seine Weine von jeher auf die gleiche Weise und mit derselben Sorgfalt bereitet wie Yquem und oft sogar niedrigere Erträge heimgefahren. Die Qualität und der Wert der Weine sind über jeden Zweifel erhaben – und doch ist es kein Yquem, denn seine 15 ha liegen auf einer anderen Kieskuppe mit einer anderen Äderung von Toneinschlüssen und etwas weiter von der Garonne sowie dem kühlen Fluss Ciron entfernt.

Faugères
33330 St-Etienne-de-Lisse, Tel. 05 57 40 34 99, Fax 05 57 40 36 14

Die 20 ha des Guts liegen keineswegs auf viel versprechendem Terrain – und doch entstehen hier unter der derzeitigen Besitzerin Corinne Guisez tiefe, verführerische Rote, wie sie einst nur den Besten der AOC gelangen. (Siehe auch Cap de Faugères und Péby Faugères)

Ferrand-Lartigue
33330 St-Emilion, Tel. 05 57 74 46 19, Fax 05 57 74 46 19

Winziges 3-ha-Gut mit perfektionsbesessener Führung. Dank der Unterstützung von Louis Mitjavile entstehen weiche, geschmeidige, reine Weine.

Ferrière
33460 Margaux, Tel. 05 57 88 76 65, Fax 05 57 88 98 33

Das kleine Ferrière-Gut (8 ha) bereitet unter der Ägide von Claire Villars-Lurton klassisch duftende Margaux-Gewächse.

Feytit-Clinet
33500 Pomerol, Tel. 05 57 25 51 27, Fax 05 57 25 93 97

Das 7-ha-Gut grenzt an Latour-à-Pomerol, produzierte aber unter Moueix im Gegensatz zur illustren Nachbarin leichte, weiche, unbeschwerte Weine. Der neue Besitzer Jeremy Chasseuil hat einen tieferen, volltönenderen Stil im Sinn.

de Fieuzal
33850 Léognan, Tel. 05 56 64 77 86, Fax 05 56 64 18 88

Dem 48-ha-Gut im Süden von Pessac gelingen immer üppigere Tropfen. Sowohl der 1999er- als auch der 2000er-Jahrgang übertrafen in dieser Hinsicht viele Konkurrenten in der AOC, was auf die Arbeit von Jean-Luc Marchive zurückzuführen ist, der früher bei L'Evangile gearbeitet hat. Die lebendigen, frischen Weine bieten ein gutes Preis-Leistungs-Verhältnis. 2001 erwarb der irische Bankier und Millionär Lachlann Quinn die Domäne.

Figeac ✪
33330 St-Emilion, Tel. 05 57 24 72 26, Fax 05 57 74 45 74

Großes, einst aber noch viel größeres Château mit 40 ha Weinbergbesitz nahe der Grenze zu Pomerol und gegenüber von Cheval Blanc gelegen. Wie Cheval Blanc, La Dominique und Corbin kommt es in den Genuss des Kiesplateaus von Pomerol, das sich hier fortsetzt. Jahrgänge wie 1982, 1990 und 1998 beweisen, dass ein sagenhaftes Potenzial in Figeac steckt. Da das Gut aber zu 70% mit Cabernet Sauvignon und Cabernet franc und nur zu 30% mit Merlot bestockt ist, zählt es nicht zu den typischen Gütern der Gegend. Man kann sich nicht immer auf die Qualität der Erzeugnisse verlassen, und auch die Fassproben sind schwerer einzuschätzen als die der meisten Konkurrenten. In Hochform aber sind die Kreszenzen von überragender Kraft und Ausdauer.

Filhot
33210 Sauternes, Tel. 05 56 76 61 09, Fax 05 56 76 67 91

Das 60-ha-Gut unterhalb von Guiraud bereitet Weine, die nicht mit Eiche in Kontakt kommen. Es schöpft sein Potenzial nicht aus.

La Fleur
33230 St-Emilion, Tel. 05 57 51 75 55

„La Fleur", die Blume – diese Bezeichnung sorgt in Bordeaux für reichlich Verwirrung. Denn sie übt eine ausgesprochene Faszination auf Gutsbesitzer aus. Sie findet nicht nur als Namensbestandteil einer ganzen Reihe von Gütern am rechten Ufer Verwendung, auch Zweitweine und Auslese-Cuvées werden gern mit „La Fleur" betitelt. Kein Wunder, dass die Verbraucher den Überblick verlieren. *Chers amis bordelais*, keine Blumen mehr, bitte! Das Gut, das sich als Einziges „La Fleur" ohne Anhängsel nennt, liegt im Norden von St-Emilion, hat 6 ha, wird von Moueix geführt und erzeugt unbeschwerte, rasch alternde Weine.

La Fleur de Boüard
33330 St-Emilion, Tel. 05 57 24 77 31

Eigentlich entsprießen diesem neuen Betrieb von Hubert de Boüard (Angélus) in Lalande-de-Pomerol noch zwei weitere „Blüten": Das Zweitetikett heißt La Fleur St-Georges, während die Spitzen-Cuvée den seltsamen Namen „Le + de la Fleur de Boüard" trägt. Die dunklen, üppigen, süßfruchtigen Erzeugnisse sind schon bei der Abfüllung enorm zugänglich. Bleibt abzuwarten, ob die Schwemmlandterrassen den Weinen genug Rückgrat für ein längeres Leben mitgeben.

La Fleur Caillou *siehe* La Grave (Fronsac)

La Fleur de Gay
33500 Pomerol, Tel. 05 57 51 19 05, Fax 05 57 74 15 62

Eine Spezial-Cuvée, die La Croix de Gay in Pomerol nur in den besten Jahren herausgibt. Sie zeigt reichlich Tannine und süße Frucht, aber nicht den für Weine mit Hefesatzkontakt typischen Superextrakt, und ist daher eher dem traditionellen als dem neuen Spektrum zuzuordnen.

La Fleur de Jaugue
33500 Libourne, Tel. 05 57 51 51 29, Fax 05 57 51 29 70

Preiswerter St-Emilion; ein konzentrierter „harter Kerl" aus niedrigen Erträgen.

La Fleur-Pétrus
33500 Pomerol, Tel. 05 57 51 78 96, Fax 05 57 51 79 79

Das 13-ha-Gut liegt direkt gegenüber von Pétrus und ist ihm stilistisch völlig entgegengesetzt: Die Weine sind feingliedrige Ballerinen von feiner, schüchterner, bisweilen nelkenduftiger Erscheinung, seidiger Textur und pudriger Frucht.

La Fleur St-Georges *siehe* La Fleur de Boüard

Fombrauge
33330 St-Emilion, Tel. 05 57 24 77 12, Fax 05 57 24 66 95

Mit 52 ha hat Fombrauge die größte Rebfläche von St-Emilion. Sie dominiert die Gemeinde St-Christophe-des-Bardes auf dem sanft gewellten Plateau im Nordosten der AOC. Von diesem Winkel hat man nie sonderlich hohe Qualität erwartet – doch das könnte sich bald ändern, denn Bernard Magrez von Pape-Clément und La Tour Carnet hat das Gut von einem dänischen Konsortium übernommen, dem auch ein 10-prozentiger Anteil an Lego gehörte. Der 2000er offenbarte eine enorme Steigerung gegenüber früheren Jahrgängen, nicht zuletzt weil man ihn aus niedrigeren Erträgen bereitete und bei der Auswahl der Trauben restriktiver vorging. Er beeindruckt durch reife, lebendige, vollmundige, fleischige Züge mit Anklängen an Kaffee und Brombeeren. Von diesem Gut dürfte noch einiges zu erwarten sein. (Siehe auch Magrez-Fombrauge)

Fonplégade
33330 St-Emilion, Tel. 05 57 74 43 11, Fax 05 57 74 44 67

Dieses 18-ha-Gut besetzt eine Bestlage in der Hangmitte an der Côte. Mit dem 2000er-Jahrgang, bei dem Christian Moueix mitwirkte, scheint eine lange Krisenzeit zu Ende zu gehen. Der in klassischem Côte-Stil gehaltene Tropfen unterstreicht die stillen schwarzen Früchte mit mineralischer Tiefe.

Fonroque
33500 Libourne, Tel. 05 57 51 78 96

Das 19-ha-Gut auf dem Plateau erbringt einen relativ kantigen Wein mit bisweilen übermütigen Tanninen – ein alles andere als modernes Erzeugnis, das allerdings dank seiner Fleischigkeit und Würze auch Genuss bereiten kann und obendrein ein gutes Preis-Leistungs-Verhältnis bietet. Im Auge behalten.

Fontenil
33500 Pomerol, Tel. 05 57 51 23 05, Fax 05 57 51 66 08

Michel Rollands Eigenkreation entsteht in der 8,5 ha großen Familiendomäne im Nordosten von Fronsac gegenüber von Lalande-de-Pomerol am anderen Ufer des Flüsschens Isle. Der üppige, reife, elegante Tropfen von satter Öligkeit ist tausend Schlucke von der für die AOC typischen, erdigen Kantigkeit entfernt.

Fougas Maldoror
33710 Lansac, Tel. 05 57 68 42 15, Fax 05 57 68 28 59

Die Spitzen-Cuvée des Côte-de-Bourg-Betriebs mit 11 ha präsentiert sich als dunkler, süßer, üppiger Nektar von einschmeichelnder Exotik. Besitzer Jean-Yves Béchet hat noch den angsteinflößend tanninhaltigen Riou de Thaillas zu bieten.

Franc Maillet
33500 Pomerol, Tel. 06 09 73 69 47, Fax 05 57 51 96 75

Die Qualitätskurve dieses obskuren Guts im viel versprechenden Nordosten bei Bon Pasteur zeigt nach oben. Besonders empfehlenswert: die Cuvée Jean-Baptiste. Jüngste Jahrgänge kehrten reichlich Pflaumen- und Pfefferzüge hervor.

Franc Mayne
33330 St-Emilion, Tel. 05 57 24 62 61, Fax 05 57 24 68 25

Die beiden Mayne-Güter (Franc und Grand) nehmen den sanften Hang ein, der sich von den Kalkböden der Stadt St-Emilion zu den Kiesarealen der Figeac-Besitzungen hinunterzieht. Franc ist mit 7 ha die kleinere der beiden Domänen. Sie war von 1984 bis 1996 im Besitz von AXA, gehört aber nun Georgy Fourcroy und seinen Partnern. Sie werden vom allgegenwärtigen Michel Rolland beraten, die Weine warten mit immer mehr Dichte und Tiefe auf. La Gomerie gehört zu den Paradeweinen der Zone.

de France
33850 Léognan, Tel. 05 56 64 75 39, Fax 05 56 64 72 13

Die 34 ha Rebland von de France stehen in der Nachbarschaft der Güter Domaine de Chevalier, Fieuzal und Haut-Gardère. Mit Unterstützung von Michel Rolland will der einstige Zuckerrübenmagnat Bernard Thomassin seiner Kellerei einen Platz in der Spitzengruppe von Pessac-Léognan sichern.

Gaby
33126 Fronsac, Tel. 05 57 51 24 97, Fax 05 57 25 18 99

Das aufstrebende 9,5-ha-Gut gehört Antoine Khayat, der sich von Berater Gilles Pauquet unter die Arme greifen lässt.

La Gaffelière
33330 St-Emilion, Tel. 05 57 24 72 15, Fax 05 57 24 69 06

Auf dem Areal des 22-ha-Guts im unteren Bereich der Côte stieß man auf einen der bedeutendsten archäologischen Funde in St-Emilion: die Überreste einer römischen 10-Zimmer-Villa. Ein Klassiker ist auch der Wein der Kellerei mit seiner verhaltenen, duftenden Fleischigkeit ohne zu viel Extrakt.

Gamage
33350 Castillon-la-Bataille, Tel. 05 57 40 52 02, Fax 05 57 40 53 77

Der britische Weinautor Stephen Spurrier ist Teilinhaber dieser 36-ha-Domäne in Entre-Deux-Mers. Der Weiße empfiehlt sich als frischer, verhaltener Tropfen, der rote Bordeaux Supérieur gefällt durch ausgewogene, geschmeidige Fülle.

La Garde
33650 Le Brède, Tel. 05 56 81 58 90

Das 45-ha-Gut in Bestlage zwischen Latour-Martillac und Haut-Nouchet gehört seit 1990 CVBG Dourthe-Kressman. Man keltert beständig gute Pessac-Léognan-Weine, die allerdings weder durch Tiefe noch durch Kraft glänzen.

Garreau
33710 Pugnac, Tel. 05 57 68 90 75, Fax 05 57 68 90 84

Das Preis-Leistungs-Verhältnis der reifen Côtes-de-Blaye-Roten von ertragsarmen Reben dürfte kaum zu übertreffen sein. Besonders empfehlenswert: die Cuvée Armande, eine *sélection* des besten Rohmaterials, das in 100% neuer Eiche ausgebaut wurde und einen dunkel funkelnden, rauchigen Trunk ergibt.

Le Gay
33500 Pomerol, Tel. 05 57 51 12 43, Fax 05 57 51 67 99

Kleines, aber gut geführtes 5-ha-Gut oberhalb des Flüsschens Barbanne im Norden der AOC mit tanninstrengen Erzeugnissen.

Gazin
33500 Pomerol, Tel. 05 57 51 07 05, Fax 05 57 51 69 96

Die hervorragende 24-ha-Parzelle grenzt an Pétrus und Evangile an und liefert kräftige, fleischige, bisweilen ziemlich roh behauene Weine.

Gigault
33390 Blaye, Tel. 05 57 42 34 34, Fax 05 57 42 34 35

Gigault beweist gemeinsam mit Grands Maréchaux, dass sogar in den zweitklassigen Weinbergen der Premières Côtes de Blaye feine, genussreiche Rote entstehen. Besitzer Christophe Reboul-Salze kreiert mithilfe von Anteilseigner Stéphane Derenoncourt dunkle, süßfruchtige, gefällige Rotweine. Gigaults Glanzlicht ist die überwiegend in neuer Eiche ausgebaute Cuvée Viva aus 95% Merlot.

Gilette
33210 Preignac, Tel. 05 56 76 28 44, Fax 05 56 76 28 43

„Gegen den Strom", so könnte das Motto dieses 4,5-ha-Guts in Sauternes unweit der Garonne lauten. Christian Médeville vergärt alle seine Weine in Edelstahl statt in Barriques und lagert sie vor dem Abfüllen mindestens 15 Jahre in Beton. Damit gelingen ihm überraschend frische, cremige Tropfen. Bezeichnenderweise aber ist seinem Beispiel bislang noch niemand gefolgt.

Girolate
33420 Naujan-et-Postiac, Tel. 05 57 84 55 08, Fax 05 57 84 57 31

Die 10 ha in Entre-Deux-Mers sind mit 10000 Stöcken/ha vollgepackt. Den Wein vinifiziert man ausschließlich in Barriques. Der Macher des ehrgeizigen Projekts heißt Jean Louis Despagne.

Giscours
33460 Labarde, Tel. 05 57 97 09 09, Fax 05 57 97 09 00

Die Qualität der 83 ha großen Domäne am Südende von Margaux schwankte im Lauf der Jahre gewaltig. Seit der Niederländer Eric Albada Jelgersma übernommen hat, ist ein starker Aufwärtstrend unverkennbar. Der 2000er-Jahrgang war der Beste seit zwei Jahrzehnten, ein üppiger, tiefer, schön texturierter Tropfen mit deutlich herausgearbeiteten Komponenten.

Gloria
33250 St-Julien-Beychevelle, Tel. 05 56 59 08 18, Fax 05 56 59 16 18

Gloria setzt sich aus einer Reihe weit verstreuter Parzellen in St-Julien zusammen, die miteinander immerhin 48 ha ergeben. Die Weine fallen in der Regel zugänglich, saftig und duftend aus, doch fehlt es ihnen an Konzentration.

La Gomerie
33330 St-Emilion, Tel. 05 57 74 46 87, Fax 05 57 24 66 88

Der stämmige, eichentönige, reinsortige Merlot von Gérard Bécot stammt aus einem kleinen, nicht klassifizierten 2,5-ha-Weinberg unterhalb von Grand Mayne. Er ist sozusagen der Mondotte der Familie Beau-Séjour Bécot und trägt seine unverhohlene Süße wie eine Federboa zur Schau.

Gracia
33330 St-Emilion, Tel. 05 57 24 70 35, Fax 05 57 74 46 72

Michel Gracia bereitet auf seinem winzigen Gut mit Unterstützung von Alain Vauthier von Ausone dunkle, scharfe, nervige Weine nach Garagenwinzerart.

Grand-Corbin-Despagne
33330 St-Emilion, Tel. 05 57 51 08 38, Fax 05 57 51 29 18

Das 27 ha große Château nordöstlich von Cheval Blanc ist in der zweiten Hälfte der 1990er-Jahre unter François Despagnes Leitung so richtig durchgestartet. Der Jahrgang 2000 war bepackt mit Pomerol-artiger Brombeerfrucht. Das Preis-Leistungs-Verhältnis ist unschlagbar.

Grandes Murailles ✪
33330 St-Emilion, Tel. 05 57 24 71 09, Fax 05 57 24 69 72

Die mächtigen, mittlerweile etwas kleiner gewordenen „großen Mauern" des 2-ha-Guts waren einst Teil eines Klosters. Wie die anderen beiden Weine der Familie Reiffers (aus dem noch kleineren Gut Clos St-Martin und dem etwas größeren Côte de Baleau) beeindrucken auch diese hier durch außergewöhnliche Festigkeit. Sie brauchen einen langen Kellerschlaf.

Grand Mayne
33330 St-Emilion, Tel. 05 57 74 42 50, Fax 05 57 24 68 34

Das mit 19 ha etwas größere der beiden Güter auf dem malerischen Mayne-Hügel wird von der Familie Nony mit viel Geschick geführt. 1993 und 1994 hatte man einige Probleme mit Trichloranisol, ansonsten aber gelingen breitschultrige Gewächse, die klassische Fleischigkeit mit großer Reinheit verbinden.

Grand-Pontet
33330 St-Emilion, Tel. 06 85 83 08 65

Der 14-ha-Betrieb am Nordrand von St-Emilion ist ein weiteres Beispiel für den enormen Qualitätsaufschwung gegen Ende der 1990er: Dank gesenkter Erträge und reiferer Trauben entstehen hier runde, klare, üppigfruchtige Tropfen.

Grand-Puy-Ducasse
33042 Bordeaux, Tel. 05 56 11 29 00, Fax 05 56 11 29 01

Die Rebfläche dieses Château mit einem Fasskeller am Kai von Pauillac setzt sich aus verstreuten Weinbergen zusammen, die insgesamt 40 ha ergeben. Seit Mestrezat übernommen hat, ist das Gut die Qualitätsleiter langsam, aber beständig nach oben geklettert, was unter anderem auf den Verzicht auf maschinelle Lese, peniblere Sortierarbeit und bis zu 50% neue Eiche für den *grand vin* zurückzuführen ist. Wer seine Weine nicht zu lange liegen lassen möchte, dem seien die Erzeugnisse dieser Domäne ans Herz gelegt.

Grand-Puy-Lacoste
33250 Pauillac, Tel. 05 56 73 16 73, Fax 05 56 59 27 37

Die fleischigsten, stämmigsten Kerle findet man im Weinsortiment dieses 5,2-ha-Guts nicht, doch wächst auf den Kiesbänken ein tiefer, lebhafter, lange reifender Tropfen mit vibrierender Brombeerfrucht heran.

Les Grands Chênes
33340 St-Christoly-Médoc, Tel. 05 56 41 53 12, Fax 05 56 41 35 69

Bernard Magrez von Pape-Clément und Fombrauge hat neuerdings auch dieses Haut-Médoc-Gut in seinen Besitz gebracht. Für seine Beratung ist das Rolland-Team zuständig. Der 2000er war ein fleischiges, langes, pikantes Geschöpf.

Grands Maréchaux
33920 St-Girons-d'Aiguevives, Tel. 05 57 42 49 08

Mit niedrigen Erträgen und neuen Methoden (Kaltmazeration, lange Vergärung, Ausbau in Eiche auf dem Hefesatz) bekommen die Weine von den Premières Côtes de Blaye einen völlig neuen Ausdruck, wie diese Kellerei beweist.

La Grave (Fronsac)
33126 Fronsac, Tel. 05 57 51 31 11, Fax 05 57 25 08 61

Hier machte Stéphane Derenoncourt von 1985 bis 1987 seine ersten Gehversuche. Paul Barres biodynamisches 4-ha-Gut wartet mit geradlinigen, weichen, angenehm rustikalen Gewächsen auf. Barre gehört auch La Fleur Caillou.

La Grave à Pomerol, Trignant de Boisset
33500 Pomerol, Tel. 05 57 51 78 96, Fax 05 57 51 79 79

Das 8,4 ha große Moueix-Gut mit dem komplizierten Namen ist für grazile Weine mit Finesse und Anklängen an Schwarze-Johannisbeer-Creme bekannt.

Gree Laroque
33910 St-Ciers-d'Abzac, Tel. 05 57 49 45 42, Fax 05 57 49 45 42

Ein Gut mit den Ausmaßen einer Garagenkellerei. Nur 1,6 ha Bordeaux-Supérieur-Fläche stehen den Eigentümern Patricia und Arnaud Benoit de Nyvenheim zur Verfügung, doch mithilfe von Stéphane Derenoncourt entlocken sie ihr ein köstlich süßes, intensiv fruchtiges Vergnügen.

Greysac
33340 Bégadan, Tel. 05 56 73 26 56, Fax 05 56 73 26 58

Früh trinkreife, eher elegante denn füllige Erzeugnisse sind die Spezialität dieses 80 ha großen Weinguts im Norden von St-Estèphe.

La Griffe de Cap d'Or
33330 St-Emilion, Tel. 05 57 55 09 13, Fax 05 57 55 09 12

Recht preiswerter, saftiger, eichenschwerer, reinsortiger Garagen-Merlot.

Gruaud-Larose ✪
33250 St-Julien-Beychevelle, Tel. 05 56 73 15 20, Fax 05 56 59 64 72

Das mächtige 82-ha-Château landeinwärts hinter dem Dörfchen Beychevelle befindet sich derzeit in der Hand von Jean Merlaut von der Taillan-Gruppe; die Weine aber werden schon seit 1970 von Georges Pauli (Cordier) bereitet. Auf dem sanften Hügel aus rotem Kies entsteht von jeher einer der massivsten, schroffsten, tanninschwersten Weine der Gemeinde. Er zeigt sich von seiner besten Seite, wenn die Gerbstoffe nahtlos mit der dunklen Frucht (Schwarze Johannisbeeren) verschmelzen, wie 1986, 1990 und 2000 geschehen.

Guiraud ✪
33210 Sauternes, Tel. 05 56 76 61 01, Fax 05 56 76 61 01

Hinter dem nüchternen schwarzen Etikett dieses 84-ha-Imperiums verbirgt sich eine wechselhafte Geschichte: Eine ganze Reihe exzentrischer Besitzer hat dem Château ein beispielloses Auf und Ab beschert. Seit 1981 ist die kanadische Familie Narby am Ruder. Ihr geschickter Verwalter Xavier Planty hat das Gut langsam, aber sicher in die Spitzengruppe der AOC zurückgeführt. Seine Weine gehören heute zu den öligsten, köstlichsten Sauternes-Kreszenzen. Ihr Markenzeichen sind die satten Aprikosen- und Aprikosenkernnoten.

La Gurgue
33460 Margaux, Tel. 05 57 88 46 65, Fax 05 57 88 98 33

Die Familie Merlaut nutzt die 10 ha Rebfläche dieses Guts für die Erzeugung sanfter, zurückhaltender Weine mit vibrierender Frucht.

Haut-Bages Averous
33250 Pauillac, Tel. 05 56 73 24 00, Fax 05 56 59 26 42

Kein Gut, sondern der Zweitwein von Lynch-Bages.

Haut-Bages Libéral
33250 Pauillac, Tel. 05 57 88 76 65, Fax 05 57 88 98 33

Ein Großteil der beneidenswert gut gelegenen 28 ha von Haut-Bages Libéral grenzen an Latour und Pichon-Lalande. Der Wein ist ein wohlschmeckender, frisch-aromatischer Klassiker. Kann man mehr erwarten? Der Lage nach schon.

Haut-Bailly ✪
33850 Léognan, Tel. 05 56 64 75 11, Fax 05 56 64 53 60

Einer der strahlendsten Sterne am Weinfirmament von Pessac-Léognan. Robert Wilmers, ein New Yorker Banker, ist neuer Eigentümer des 28-ha-Spitzenguts, das aber nach wie vor vom ehemaligen Besitzer Jean Sanders und seiner Enkelin Véronique geführt wird. Man könnte es La Conseillante von Léognan nennen: In den Anfangsjahren sind die Weine von sahniger Kirschenfrucht durchdrungen, setzen dann Fleisch an und gleiten schließlich in eine elegante, milchige Alterswürde über. Mit ihnen erreicht die Bordelaiser Weinlandschaft den Gipfel der Ausgewogenheit und Sanftheit.

Haut-Batailley
33250 Pauillac, Tel. 05 56 73 16 73, Fax 05 56 59 27 37

Die Familie Borie bereitet auf diesem entlegenen Gut einfache, unkomplizierte Gewächse, die mit frischer Eleganz und reiner Johannisbeerfrucht gefallen.

Haut-Beauséjour
33180 St-Estèphe, Tel. 05 56 59 30 26, Fax 05 56 59 39 25

Louis Roederer ist Eigentümer dieses 19-ha-Anwesens, das nicht immer überzeugt: Der 2000er fiel weniger fleischig aus als die Erzeugnisse der Konkurrenz.

Haut-Bergey
33840 Léognan, Tel. 05 56 64 05 22, Fax 05 56 64 06 98

Sowohl Michel Rolland als auch Jean-Luc Thunevin stehen dieser 26-ha-Kellerei beratend zur Seite. Sie gehört seit 1991 Sylviane Garcin-Cathiard, der Schwester von Daniel Cathiard vom Château Smith Haut-Lafitte. Man scheut weder in Weinberg noch Keller Kosten und so geraten die Weine seit 1998 immer dichter und fleischiger. Nach und nach öffnen sie einen eindrucksvollen Aromafächer aus Rauch und schwarzen Früchten. Mit zunehmender Reife sollte sich in den letzten 1990er-Jahrgängen das wahre Potenzial des Terroir offenbaren.

Haut-Brion ✪✪✪
33602 Pessac, Tel. 05 56 00 29 30, Fax 05 56 98 75 14

Wir befinden uns mitten in einem Vorort von Bordeaux – und doch reicht die Qualität der vor Quarz glitzernden Kiesbänke von Haut-Brion an die kostbarsten Quadratmeter Rebfläche von Pauillac und St-Estèphe heran. Das Château ist ein anheimelndes, holzvertäfeltes, rauchiges Refugium. Sogar Platz für einen Park hat man hier gefunden; jenseits seiner hohen Mauern braust der Stadtverkehr vorbei. Der 50-ha-Tempel gehört zu den fünf Premiers crus von Bordeaux – historisch gesehen indes ist er das älteste der fünf Châteaux, denn sein Wein ließ die Reichen in Paris und London schon zu ihren Brieftaschen greifen, als die niederländischen Ingenieure noch nicht einmal daran dachten, das Médoc zu entwässern. Noch heute ist der feine Stil von Haut-Brion und seinen vier Nachbarn eine Verbeugung wert. Die für Bordeaux typischen Bleistiftaromen findet man nirgendwo feiner zugespitzt als hier. Und selten gehen Zeder und Havanna eine so andeutungsreiche Alliance ein wie in einem Glas Rotwein von Haut-Brion. Die klassische Erdigkeit von Graves verleiht dem Göttertrunk verhaltene, pikante, saftige Züge. Natürlich liegt all dem die unvergleichliche Frucht zugrunde, doch ist sie in einem Haut-Brion nicht so wichtig, simpel und offensichtlich wie in freimütigeren Konkurrenten: Wie eine kostbare Trüffel muss sie erst aufgespürt und ausgegraben werden. Heiße Jahre (allen voran 1989) beseelen den Nektar mit einer erstaunlichen, hartnäckigen Dichte und einer unerwarteten, süßen Saftigkeit. Auch winzige Mengen Weißwein entstehen in dieser heiligen Stätte. Seine jugendlichen Zitronen- und Grapefruitnoten werden mit der Zeit von weicher Sahne aufgesogen.

Haut de Carles *siehe* de Carles

Haut-Chaigneau
33500 Néac, Tel. 05 57 51 31 31, Fax 05 57 25 08 93

Das mit 20 ha relativ große Lalande-de-Pomerol-Château im Ostsektor der AOC gehört dem Önologen André Chatonnet. Wie die meisten Erzeugnisse von hier zeichnet der Wein sich nicht gerade durch sehnige Struktur aus, empfiehlt sich aber dank seiner kirschschokoladigen Frucht als süffiger Tropfen für den baldigen Genuss.

Haut-Condissas
33340 Bégadan, Tel. 05 56 41 58 59, Fax 05 56 41 37 82

Haut-Médoc-Wein aus einer winzigen, zum Château Rollan de By gehörenden Parzelle. Der 2000er-Jahrgang ist ein dunkler, fruchtiger Trunk mit reifen Tanninen als Unterbau.

Haut-Gardère
33850 Léognan, Tel. 05 56 64 75 33, Fax 05 56 64 53 64

Der irische Bankier Lochlann Quinn erzeugt auf diesem 25-ha-Gut rauchige Rote und ausgewogene Weiße mit kräftigem Eichenfurnier.

Haut-Marbuzet
33180 St-Estèphe, Tel. 05 56 59 30 54, Fax 05 56 59 70 87

Die relativ weichen, mit reichlich Eiche verwöhnten Weine dieses 50-ha-Betriebs enthalten mehr Merlot als sonst in der AOC üblich.

Haut-Nouchet
33650 Martillac, Tel. 05 56 72 69 74

Louis Lurton bewirtschaftet das Pessac-Léognan-Gut (38 ha) nach organischen Grundsätzen. Seine Roten und Weißen bekommen immer mehr Tiefe und Fülle.

Haut-Sarpe
33506 Libourne, Tel. 05 57 51 41 86, Fax 05 57 51 53 16

Ein weiterer Außenposten des rasch wachsenden Janoueix-Imperiums.

Haut-Troquart la Grâce Dieu
33502 Libourne, Tel. 05 57 51 78 96, Fax 05 57 51 79 79

Eines der vielen Pferde im Moueix-Stall. Die 2,5 ha Rebland sind zu 90% mit der Merlot-Traube bestockt, aus der weiche Weine von leichter Textur entstehen.

Haut-Villet
33330 St-Emilion, Tel. 05 57 47 97 60, Fax 05 57 47 92 94

Das 7-ha-Gut liegt wie Faugères an der Ostgrenze der AOC St-Emilion und bereitet ebenso ambitionierte Tropfen, allen voran die dichte, stoffige Cuvée Pomone. Die Weine brauchen Zeit, um zu reifen.

L'Hermitage
33540 St-Martin du Puy, Tel. 05 56 71 57 58, Fax 05 56 71 65 00

Der reinsortige Merlot der 4-ha-Kellerei stammt zu zwei Dritteln von 70-jährigen Stöcken. Er stellt sich dunkel, süßfruchtig, reif und üppig vor.

Hosanna ✪
33500 Pomerol

Christian Moueix hat das einstige Gut Certan Guiraud in Hosanna umbenannt und 4ha Clos du Roy an Nenin (siehe Certan Marzelle) verkauft. Derzeit entsteht eine neue, von Herzog und de Meuron entworfene Kellerei, die den *chai* von Pétrus noch armseliger aussehen lässt. Hosanna verfügt über Bestlagen in der Nähe von Vieux Château Certan, Lafleur und Pétrus. Das Jahr 2000 erbrachte einen himmlisch eleganten, milchig-süßen, dunklen Wein, dessen dominierender Merlot-Anteil mit 30% Cabernet franc austariert wurde.

d'Issan
33460 Cantenac, Tel. 05 57 88 35 91, Fax 05 57 88 74 24

Nur das 52-ha-Gut d'Issan ist vom einst mächtigen Cruse-Reich noch übrig geblieben. Ein alles andere als trauriger Rest indes: Wenn man ein Imperium aufgeben muss, behält man ein Château wie dieses Märchenschloss aus dem 17. Jahrhundert für sich. D'Issans leichter, eleganter, duftiger Wein ist eher für europäische denn amerikanische Weinkritikergaumen gemacht. Der 1996er und der 1999er fielen außergewöhnlich lebendig und fein gezeichnet aus, und auch der 2000er-Jahrgang geriet herausragend.

Jacques Blanc
33330 St-Emilion, Tel. 05 57 56 02 97, Fax 05 57 40 18 01

Das 20-ha-Gut ist nach einer Persönlichkeit des 15. Jahrhunderts benannt. Es wird seit 1989 biodynamisch bewirtschaftet und erzeugt Cuvées von unterschiedlicher Qualität, unter denen der l'Apogée den Spitzenplatz einnimmt.

Jonqueyres
33750 St-Germain-du-Puch, Tel. 05 57 34 51 51

Der mittlerweile verstorbene Jean-Michel Arcaute und Michel Rolland haben diese 45-ha-Kellerei der GAM-Audy-Gruppe beraten. Der Wein zeigt teerige Tiefe und eine wesentlich festere Struktur als in der AOC Bordeaux Supérieur ansonsten üblich.

Karolus
33290 Le Pian-Médoc, Tel. 05 56 70 20 11, Fax 05 56 70 23 91

Eine kleine 3,5-ha-Parzelle des Guts Sénéjac liefert das Lesegut für diesen Wein, der tiefer und breitschultriger ausfällt als seine Vettern und auch eine üppigere Tanninstruktur an den Tag legt, dabei aber keineswegs Abstriche bei der duftigen, an Schwarze Johannisbeeren erinnernden Frucht macht.

Kirwan
33000 Bordeaux, Tel. 05 57 87 64 55, Fax 05 57 87 57 20

Nur wenige Médoc-Betriebe haben die Qualität ihrer Weine so enorm nach oben geschraubt wie dieses 35-ha-Château in Margaux. Die Jahrgänge 1998, 1999 und 2000 traten volltönend, duftend und körperreich auf – sie können mit den Allerbesten der AOC mithalten. Rolland fungiert als Berater.

Labégorce
33460 Margaux, Tel. 05 57 88 71 32, Fax 05 57 88 35 01

Als eines der wenigen Güter in Margaux lässt Labégorce (33 ha) amerikanische Eiche an seine roh behauenen, doch süß duftenden Gewächse. Sie zeigen seit geraumer Zeit mehr Schliff (vor allem 1995 und 1998) als früher.

Labégorce-Zédé
33460 Soussans, Tel. 05 57 88 71 31, Fax 05 57 88 72 54

Die 25,5 ha Rebland dieses klassischen Margaux-Guts hat man schon vor ewiger Zeit von Labégorce abgespalten. Es gehört wie Le Pin und Vieux Château Certan der belgischen Familie Thienpont und wird von Luc Thienpont geführt, der viel Wert auf Details und Terroir-Treue legt.

Lafaurie-Peyraguey
33000 Bordeaux, Tel. 05 57 19 57 77, Fax 05 57 19 57 87

Westlich von Yquem erstreckt sich auf etwas tiefer gelegenen Kiesböden unweit des Flüsschens Ciron dieses vorzügliche 40-ha-Château. Es gehört seit 1917 Cordier (jetzt Eigentum von Val d'Orbieu). Für die Bereitung ist Georges Pauli zuständig. Ihm gelingen beständig füllige, langsam reifende Kreszenzen.

Lafite-Rothschild ✪✪✪
33250 Pauillac, Tel. 01 53 89 78 00 / 05 56 59 01 74, Fax 01 53 89 78 01 / 05 56 59 26 83

Lafite ist mit 94 ha das größte der Premier-cru-Châteaux und besitzt ein hügeligeres Kiesland als die anderen Spitzengüter. Das Schloss selbst steht auf dem tiefsten und für den Weinbau am wenigsten geeigneten Terrain. Nachbar Cos d'Estournel kann zumindest geographisch auf den „Sumpf" von Lafite hinunterblicken, den man entwässert hat, um Felder und Gärten anzulegen. Südlich des Schlosses allerdings hebt sich die Kuppe wie eine gigantische Kieswelle von 25 m Höhe. Nach Osten zu erstrecken sich Rebparzellen fast bis zur ehemaligen Ölraffinerie von Pauillac. Da überrascht es nicht, dass nur ein Drittel des Leseguts zu *grand vin* verarbeitet wird. Unter Besitzer Eric de Rothschild und der Führung von Charles Chevalier (seit 1994) gelang Lafite eine in seiner Geschichte seltene Folge überragender Jahrgänge. Die besten Bordeaux-Kreszenzen zeichnen sich durch Eleganz und Finesse aus – Lafite gelingt es paradoxerweise, diese verhaltenen Wesenszüge noch zu verstärken. Die Tropfen präsentieren sich fein gezeichnet wie eine Graphik von Doré, mit zahllosen sprechenden Details, jedoch nie zu offenkundig oder stark extrahiert. Ein Wein voller Geflüster, das jedoch in einem einzigen Glas zu einem Chor voll göttlicher Harmonie anschwellen kann.

Lafleur ✪
33240 Mouillac, Tel. 05 57 84 44 03, Fax 05 57 84 83 31

Welcher der fünf illustren Nachbarn von Pétrus hat ein Terroir, das an das berühmte „Knopfloch" aus Ton heranreicht? In der Regel wird Lafleur mit seinem 4,5 ha großen, mit Eisen durchsetzten, tiefen Kiesterrain genannt. Natürlich ist es nicht ganz dasselbe – und auch die 50% Cabernet franc im Weinberg entsprechen nicht der Bestockung von Pétrus. In Bestform aber ist ein Lafleur ein sehnen- und muskelbepacktes Tier, das mit dem großen Pétrus mithalten kann. Der pantherartige, mit cremiger Pflaumenfrucht gesegnete 2000er-Jahrgang könnte ein solches Rassegeschöpf werden.

Lafon-Rochet
33180 St-Estèphe, Tel. 05 56 59 32 06, Fax 05 56 59 72 43

Lafon-Rochet müsste eigentlich dem Nachbarn Cos d'Estournel Paroli bieten und sogar das überragende, im Blickfeld liegende Château Lafite herausfordern können – doch es will einfach nicht klappen, obwohl sich die Besitzer Alfred und Michel Tesseron alle Mühe geben. Warum das so ist, bleibt ein Geheimnis. Vielleicht spielen die rätselhaften Einschlüsse im Kies des Médoc eine Rolle? Nichtsdestotrotz beschert Lafon-Rochet der Weinwelt seit Mitte der 1990er-Jahre köstliche, würzige, intensive und immer tiefere Tropfen zu zivilen Preisen.

Laforge
33330 Vignonet, Tel. 05 57 84 64 22, Fax 05 57 84 63 54

Die 6 ha des Guts verteilen sich auf insgesamt sechs Parzellen. Einige findet man auf der Ebene bei Monbousquet, andere auf dem Plateau bei Larmande. Die besten Weinberge liegen neben Clos Fourtet bei St-Emilion. Der ehrgeizige Brite Jonathan Maltus erzeugt hier seine süßfruchtigsten, Merlot-lastigsten Tropfen. Sie stellen sich mit viel cremiger Kirsch- und Pflaumenfrucht vor.

Lagrange (Pomerol)
33500 Libourne, Tel. 05 57 55 05 80, Fax 05 57 51 79 79

Das zentral gelegene Gut mit 8 ha ist Entstehungsort reinfruchtiger Tropfen, deren Substanz und Tiefe aber kaum an die der ebenfalls in Moueix-Besitz befindlichen Châteaux Pétrus, Trotanoy und Hosanna heranreichen.

Lagrange (St-Julien)
33250 St-Julien-Beychevelle, Tel. 05 56 73 38 38, Fax 05 56 59 26 09

Das größte klassifizierte Gut des Médoc nennt 113 ha sein Eigen. Es gehört seit 1983 dem Konzern Suntory. Verwalter Marcel Ducasse, ein ehemaliger önologischer Berater, führt Lagrange für die japanischen Herren. Und er macht seine Sache gut: In günstigen Jahren wie 1989 und 1990 zeigen seine klassischen Produkte Eleganz, Klarheit und schöne Schwarze-Johannisbeer-Frucht. Allerdings will Ducasse nicht das Risiko einer Abfüllung ohne Schönung und Filtrierung eingehen. Der aufregenden Tiefe, durch die sich die Weine aus dem Fass auszeichnen, begegnet man deshalb leider in den Flaschen nicht immer.

La Lagune
33290 Ludon-Médoc, Tel. 05 57 88 82 77, Fax 05 57 88 82 70

Das der Stadt Bordeaux am nächsten gelegene der großen Châteaux im Médoc entlockt seinen 72 ha unbeschwerte, runde, unkomplizierte Rote.

Lamothe-Bergeron
33460 Cussac-Fort-Médoc, Tel. 05 56 58 94 77, Fax 05 56 58 98 18

Das 66-ha-Gut in viel versprechender Lage am Mündungstrichter liefert zufrieden stellende, preiswerte Weine. Es gehört Mestrezat/Val d'Orbieu.

Lamothe Guignard
33210 Sauternes, Tel. 05 56 76 60 28, Fax 05 56 76 69 05

In den 1990er-Jahren bescherte dieses 17-ha-Gut neben La Tour Blanche den Sauternes-Liebhabern vollmundige, satt edelfaule und alterungsfähige Tropfen mit beachtlichem Preis-Leistungs-Verhältnis.

Lanessan
33460 Cussac-Fort-Médoc, Tel. 05 56 58 94 80, Fax 05 57 88 89 92

In den Dörfern, die St-Julien von Margaux trennen und in der generellen AOC Haut-Médoc zusammengefasst werden, steht dieses 40-ha-Anwesen ganz oben auf der Qualitätsskala. Es nimmt ein vorzügliches Areal in der Nähe von Gruaud-Larose in Beschlag. Die überschwänglichen Tropfen mit jeder Menge Schwarzer Johannisbeeren im Gepäck werden nicht in neuer Eiche ausgebaut.

Langoa Barton
33250 St-Julien-Beychevelle, Tel. 05 56 59 06 05, Fax 05 56 59 14 29

Die kleine Schwester von Léoville-Barton (nur 15 ha) verfügt über nicht ganz so gut gelegene Rebflächen. Die Weine geraten deshalb zwar leichter und nerviger, gefallen aber durch Duftigkeit und klassische Statur.

Larcis Ducasse
33330 St-Emilion, Tel. 05 57 24 70 84, Fax 05 57 24 64 00

Angesichts der Bestlage auf dem mittleren Hang neben Pavie schöpft dieses 11-ha-Gut sein Potenzial bei weitem nicht aus.

Larmande
33330 St-Emilion, Tel. 05 57 24 71 41, Fax 05 57 74 42 80

Das kühle, nördliche Plateau hinter St-Emilion ist die Heimat dieses 25-ha-Guts. Da die Versicherungsgesellschaft La Mondiale eine Menge in die Kellerei investiert hat, gelingen ihr im Augenblick eindrucksvoll dichte Tropfen.

Larose-Trintaudon
33112 St-Laurent-Médoc, Tel. 05 56 59 41 72, Fax 05 56 59 93 22

Der riesige Betrieb bewirtschaftet mit 172 ha Land mehr Fläche als viele französische AOCs und bereitet unkomplizierte, weichfruchtige Trinkgenossen. Etwas mehr Klasse blitzt in der Spezial-Cuvée La Tourette auf. Das Gut gehört der Versicherung AGF und stößt jährlich über eine Million Flaschen aus.

Larrivet Haut-Brion
33850 Léognan, Tel. 05 56 64 75 51, Fax 05 56 64 53 47

Ein weiteres Haus, das in der zweiten Hälfte der 1990er-Jahre mit beratender Unterstützung durch Michel Rolland eine Renaissance erfahren hat. Sowohl die Roten als auch die Weißen zeigen sich weich, glatt, üppig und mit sonnigem Gemüt. Philippe Gervoson führt das 42-ha-Gut mit viel Geschick. Es gehört der Andros-Gruppe, die die bekannte Bonne-Maman-Marmelade erzeugt.

Lascombes
33460 Margaux, Tel. 05 57 88 70 66, Fax 05 57 88 72 17

Auf Lascombes stehen einschneidende Veränderungen an. Als das Gut noch dem britischen Braukonzern Bass gehörte, blieb es weit unter seinen Möglichkeiten – wen wundert's? Doch nun hat das US-Investmenthaus Colony Capital das 50-ha-Château übernommen und den einstigen Montrose-Kellermeister Bruno Lemoine eingesetzt; außerdem mischen Alain Raynaud von Quinault l'Enclos und Yves Vatelot von Reignac mit. Mit dem üppigen 2000er-Jahrgang, entstanden aus niedrigen Erträgen und strikter Auslese (nur 30% des Leseguts kamen zur Verwendung), hat man einen Qualitätssprung nach vorn gemacht.

Latour ✸✸✸
33250 Pauillac, Tel. 05 56 73 19 80, Fax 05 56 73 19 81

Pauillac kann auf drei der insgesamt fünf 1855 als Premier cru klassifizierten Châteaux stolz sein. Von diesen dreien liegt das 65 ha große Latour dem Fluss am nächsten. Blickt man vom Verkostungsraum auf das beschauliche Stück Weideland und die riesige Wassermasse dahinter, bekommt man einen Eindruck davon, wie viel Licht den Reben zuteil wird, wenn die glitzernde Oberfläche der Gironde die Sonnenstrahlen reflektiert. Die Kiesflächen von Latour ziehen sich wie ein Hochstand das Ufer des Mündungsarms entlang. Latour gehört seit 1993 François Pinault, einem französischen Holzmagnaten. Für die Führung des Château zeichnet der intelligente, engagierte Frédéric Engerer verantwortlich. Derzeit wird der Keller mit enormem Aufwand modernisiert und es besteht kein Zweifel, dass das derzeitige Team alles daran setzt, Latour zum Spitzenreiter des Médoc zu machen. Zumindest das Terroir ist bereits unerreicht, denn sonst hätte sich das Gut nicht beständiger als die Konkurrenz über die Wirren der Jahrgänge hinwegsetzen können. Und der Stil? Latour hat die aristokratischsten Weine aller Premiers crus zu bieten. Sie begeistern mit außerordentlicher Kraft und endloser Tiefe. Viele Jahre dauert es, bis die Schätze aus ihrem Dunkel nach oben ans Licht steigen und sich in duftender Wärme offenbaren. Gibt es unter Pinault und Engerer nun einen neuen Latour? Jüngste Jahrgänge deuten zaghaft an, dass ein unerwarteter Charme mit ins Spiel gekommen ist. Latour galt einst als Madiran des Médoc: Vor der endgültigen Reife gab er sich unzugänglich und ließ kaum etwas von dem verführerischen Glanz aufblitzen, der ihm im Alter einen Platz im Weinpantheon sicherte. Die Großen des letzten Jahrzehnts (1995, 1996, 1999 und 2000) aber kehrten in der Jugend eine neue süße Fruchtigkeit und Cremigkeit hervor, ohne etwas von der tief im Untergrund grollenden Kraft zu verlieren, was vielleicht darauf zurückzuführen ist, dass Engerer den Pressweinen viel Aufmerksamkeit widmet. Alle Premiers crus warten nun mit beispielhaften Zweitweinen auf, doch der Les Forts de Latour spielt die zweite Geige besonders virtuos und reicht sogar an die *grands vins* anderer Spitzengüter im Médoc heran.

Latour-Martillac
33650 Martillac, Tel. 05 57 97 71 11, Fax 05 57 97 71 17

Früher entstanden hier fülligere Weiße als Rote, doch mit dem rundlichen Roten von 1998 kam der Umschwung. Das 38-ha-Gut der Familie Kressman liegt südlich von Martillac an der Grenze zu Graves.

Latour à Pomerol
33500 Libourne, Tel. 05 57 51 78 96

Das 8-ha-Gut setzt sich aus mehreren Parzellen zusammen; die beste befindet sich unweit der Kirche. In großen Jahren entstehen hier füllige Weine; in schlechten allerdings verderben einem bissige Säure und mürrische Tannine den Spaß. In Hochform zeigte sich die Domäne das letzte Mal 1998.

Laville Haut-Brion
33602 Pessac, Tel. 05 56 00 29 30, Fax 05 56 98 75 14

Das Nesthäkchen der Haut-Brion-Familie (3,7 ha) erzeugt nur Weißwein. Seine Rebflächen nehmen den kiesärmsten Südbereich der fünf Vorortgüter ein. In der frühen Jugend gebärden sich die Tropfen kerniger und blumiger als der Weiße von Haut-Brion selbst, sie überstehen jedoch die Jahre mit Bravour und entfalten sich allmählich zu einer üppigfruchtigen, komplexen Altersreife.

Léoville-Barton ✪✪
33250 St-Julien-Beychevelle, Tel. 05 56 59 06 05, Fax 05 56 59 14 29

Léoville-Barton genießt unter Weinkennern einen ausgezeichneten Ruf, denn das 45-ha-Château hält auf hohem Niveau an den ehrlichen, traditionellen Weinbereitungswerten des Médoc fest und verfolgt obendrein eine realistische Preispolitik. Beides ist einem der echten Grandseigneure des Médoc, Anthony Barton, zu verdanken. Er widerstand der Versuchung, als AXA ihm in den 1980er-Jahren einen „irren Preis" für sein Schloss bot. Barton bleibt der klassischen Linie treu. Zu den in den 1990er-Jahren eingeführten Änderungen gehören spätere Lese und ein strikteres Aussortieren der Trauben für den *grand vin*. Ansonsten aber lehnt er alles ab, „was den Wein dicker und schwärzer als zuvor macht". Außerdem mag er keine zu eichenlastigen Tropfen. „Mein Gaumen ist an einen weicheren, subtileren Stil gewöhnt." In den Jahren 1995, 1996, 1999 und 2000 hat er köstlich dichte, fein gewirkte Editionen herausgegeben. Unter den St-Julien-Gütern gilt Léoville-Barton heute als unerreichtes Musterbeispiel makelloser Ausgewogenheit und johannisbeerfrischer Rasse.

Léoville-Las-Cases ✪✪
33250 St-Julien-Beychevelle, Tel. 05 56 73 25 26, Fax 05 56 59 18 33

Das mit 97 ha größte der drei Léoville-Güter. Die Rebflächen ähneln denen von Latour und auch stilistisch fallen die Gemeinsamkeiten ins Auge: Las Cases bereitet einen Tropfen, der so monumental und großspurig wirkt wie der von einer Löwenskulptur gekrönte Steinbogen am Eingang zu den Weinbergen. Der Erzeuger gehört zu den Médoc-Châteaux, die mit den Premiers crus aufschließen wollen: In den 1980ern und 1990ern erhöhte Michel Delon die Konzentration und Tiefe der Tropfen Jahr für Jahr, so dass man es heute mit kraftvoll donnernden Giganten voller Ausdauer zu tun hat. Das gelang unter anderem, indem man Posten, die auch nur geringfügig von der Ideallinie abwichen, selbst in großen Jahren sofort aussortierte und degradierte (zu dem ebenfalls noch vorzüglichen Zweitwein Clos du Marquis und dem Drittwein Bigarnon). Auch der stattliche Preis war ein Anzeichen dafür, dass man den „ersten Gewächsen" Paroli zu bieten gedachte. Michel Delon starb 2000; sein Sohn Jean-Hubert führt das Gut mit unermüdlichem Ehrgeiz weiter.

Léoville-Poyferré ✪
33250 St-Julien-Beychevelle, Tel. 05 56 59 08 30, Fax 05 56 59 60 09

Die 80 ha dieses Guts liegen zwischen den Weinbergen von Barton und Las Cases verstreut. Das Château konnte früher nie mit seinen großen Brüdern mithalten. Seit Anfang der 1980er-Jahre allerdings schöpft es dank der beratenden Tätigkeit von Michel Rolland das Potenzial seines ausgezeichneten Terroirs aus. Die Weine fallen voller, weicher und fleischiger als die der anderen beiden Léoville-Betriebe aus und verwöhnen mit lebhaft duftender, eichengesüßter Frucht. 10 % Petit Verdot allerdings sorgen auch für reichlich Peffer und Würze.

Lezongars
33550 Villenave-de-Rions, Tel. 05 56 72 18 06, Fax 05 56 72 13 44

Seit die britische Familie Iles das 45-ha-Anwesen an den Premières Côtes übernommen hat, entstehen hier immer aufregendere Weine. Michel Puzio von Croix de Labrie steht Kellermeister Samuel Mestre beratend zur Seite. L'Enclos du Château Lezongars stammt von allerbesten Parzellen.

Lilian Ladouys
33180 St-Estèphe, Tel. 05 56 59 71 96, Fax 05 56 59 35 97

Das modernisierte 48-ha-Gut in guter Lage hinter Lafon-Rochet gehört mittlerweile Alcatel. Für die Vinifizierung ist Georges Pauli zuständig.

Liot
33720 Barsac, Tel. 05 56 27 15 31, Fax 05 56 27 14 42

Geschmeidige Dessertweine für baldigen Verbrauch sind das Markenzeichen dieses 20-ha-Betriebs unweit von Climens. Gutes Preis-Leistungs-Verhältnis.

Liversan
33250 St-Sauveur-Médoc, Tel. 05 56 41 50 18, Fax 05 56 41 54 65

50 ha im Haut-Médoc ganz in der Nähe des Weintempels Bernadotte sind ein gutes Kapital. Liversan nutzt es für die Produktion weicher, fleischiger Roter.

Loudenne
33340 St-Yzans-de-Médoc, Tel. 05 56 73 17 80, Fax 05 56 09 02 87

Loudenne hat eine Kieskuppe an der Gironde nördlich von St-Estèphe ganz für sich. Man kennt das Gut aber eher für seine Weinschule als seine erstaunlich leichten Tropfen. Mit dem 1998er-Jahrgang deuteten sich Verbesserungen an.

La Louvière
33420 Grézillac, Tel. 05 57 25 58 58, Fax 05 57 74 98 59

Inmitten der 48 ha Rebfläche dieses Guts zwischen Haut-Bailly und Carbonnieux erhebt sich ein prachtvolles Schloss. Die klassischen Roten und Weißen sind gut gemacht, aber eher für schnellen Genuss als lange Lagerung gedacht.

Lynch-Bages ✪✪
33250 Pauillac, Tel. 05 56 73 24 00, Fax 05 56 59 26 42

Wie Léoville-Barton steht dieser 90-ha-Riese immer ganz oben auf der Hitliste von Médoc-Liebhabern. Warum? Der charismatische Besitzer Jean-Michel Cazes bereitet mit Unterstützung von Daniel Lhose einen Pauillac-Klassiker, der Tiefe, Fleisch und eine warme, reife Offenherzigkeit vereint. Es sieht so aus, als könnte Lynch-Bages den Erfolg von 1989 und 1990, als sich das Gut einen Platz unter den Top Ten in Médoc sicherte, 2000 wiederholen. Das Terroir zeigt vor allem in heißen Jahren, was in ihm steckt. Doch auch in schwachen Jahren fallen die Weine nicht unbedingt mager aus. Selbst wenn es an der Konzentration fehlt, zeigen sie noch immer reichlich runde Kurven.

Lynch-Moussas
33250 Pauillac, Tel. 05 56 00 00 70, Fax 05 57 87 48 61

Die in einiger Entfernung vom Wasser gelegenen 35 ha der Domäne sind nicht unbedingt ein problemloses Terroir. Ihre geschmeidigen, weichen Weine kehren in warmen Jahren süße Frucht hervor und wollen relativ bald getrunken sein.

Magdelaine
33330 St-Emilion, Tel. 05 57 51 75 55, Fax 05 57 25 13 30

Christian Moueix sorgt sich in diesem Betrieb mit 10 ha Rebfläche (90% Merlot) um eine optimale Herausarbeitung der Finesse und Feingliedrigkeit seiner Weine. Aus den jüngeren Stöcken bereitet man einen Tropfen namens Château St-Brice. Stilistisch haben die Erzeugnisse weit mehr Ähnlichkeit mit denen des Nachbarn Belair als mit Ausone nach 1996 oder Angélus. Sie sind von seidiger Zartheit, bekunden dank der 50-jährigen Stöcke aber auch endlose Länge. Man bearbeitet die Weinberge nach wie vor mit Pferden. Mittlerweile hat Camilla die Arbeit von Reveuse übernommen, die seinerzeit Pompon ersetzte.

Magrez-Fombrauge
33330 St-Emilion, Tel. 05 57 24 77 12, Fax 05 57 24 66 95

Hochpreisiger Wein von ausgelesenen Trauben aus den Fombrauge-Weinbergen in St-Emilion; nicht einmal 500 Kisten werden von dieser Kreszenz herausgegeben. Die Reben sind rund 25 Jahre alt. Rollands Handschrift ist unverkennbar, denn der Wein trägt reichlich schwarze Früchte, eine schimmernde Reife und viel Eiche zur Schau. Wie gut das Terroir wirklich ist, wird die Zeit zeigen.

Malartic-Lagravière
33850 Léognan, Tel. 05 56 64 75 08, Fax 05 56 64 99 66

Nach einer unbeständigen Phase unter der Ägide des Champagnerhauses Laurent-Perrier ist das 44-ha-Gut nun in den Besitz der Familie Bonnie übergegangen, die die Weine stark aufgewertet hat. Vor allem der Rote zeigt nun viel pikante Tiefe bei mittlerem Körper.

Malescasse
33460 Lamarque, Tel. 05 56 58 90 09, Fax 05 56 59 64 72

Die Weinbereitung in diesem 37-ha-Betrieb von Alcatel Alsthorn im Haut-Médoc wird von Georges Pauli beaufsichtigt – frischfruchtige, lebendige Rote für mittelfristige Lagerung sind das Resultat.

Malescot-St-Exupéry
33460 Margaux, Tel. 05 57 88 97 20, Fax 05 57 88 97 21

Das relativ kleine Anwesen mitten in Margaux ganz in der Nähe des Château Margaux hat in den späten 1990er-Jahren einen Zahn zugelegt – wie alle Güter der Gemeinde. Der Charme des eleganten, zurückhaltenden, luftigen-duftigen Weins ist kaum auf modischen Extraktreichtum, sondern auf die Güte des Terroirs zurückzuführen. Von 45 ha sind gerade einmal 23 bestockt.

de Malle
33210 Preignac, Tel. 05 56 62 36 86, Fax 05 56 76 82 40

Die 200 ha dieses Riesen und sein wunderschönes, denkmalgeschütztes Château liegen näher an der Garonne und weiter vom wichtigeren Ciron entfernt als die ganz Großen von Sauternes. Nur 27 ha sind als Sauternes klassifiziert; die Hälfte fällt in die AOC Graves, wo der rote Cardaillan erzeugt wird. In guten Jahren entsteht ein leichter, unvergesslich klassischer Sauternes mit honigartiger Frucht, Anklängen an Crème brûlée und der Fülle von Lanolin.

Marbuzet
33180 St-Estèphe, Tel. 05 56 73 15 50, Fax 05 56 59 72 59

Marbuzet hieß einst der Zweitwein von Cos d'Estournel – nun hat man ein eigenes 7-ha-Gut daraus gemacht. Normalerweise handelt es sich um einen zugänglichen, runden Roten. Der tiefere 2000er deutet mit seinen reiferen Tanninen auf einen Aufwärtstrend hin.

Margaux ✪✪✪
33460 Margaux, Tel. 05 57 88 83 83, Fax 05 57 88 83 32

Wer schon einmal den von Bäumen gesäumten Kiesweg zum eleganten Château gegangen ist, wird sich mit Ehrfurcht an die aristokratische Würde erinnern, die jeder Stein und jedes Blatt dort ausstrahlen. Der viel besuchte Ort verkörpert die souveräne Überlegenheit, die ganz Bordeaux in der Weinwelt ausstrahlt – genau wie sein Wein. Er enthält all das, was die Region so einzigartig macht, in vollendeter Ausprägung: eine duftige Finesse, um die sich seine Rivalen seit je vergebens bemühen, Kraft in Verbindung mit Ausgewogenheit und konzentrierte Schönheit bei mittlerem Gewicht. Junger Margaux (die Jahrgänge 1996 und 2000 fielen typisch aus) ist ein Meer aus Blüten, reifer hingegen ein lebendiger, ausgewogener, erfrischender, warmer Roter. Alter Margaux enthält mehr Anspielungen und Nuancen als ein Roman von Henry James und überdauert die Zeiten ebenso lange (wenngleich der Zahn der Zeit an den schwachen 1960er- und 1970er-Jahrgängen mittlerweile stark genagt hat). Insgesamt werden 90 ha verstreuter Parzellen bewirtschaftet, die zum Teil mehrere Kilometer vom Schloss entfernt liegen – doch alle haben Verwalter Paul Pontallier zufolge das Zeug, „gelegentlich ihren Beitrag zu einem großen Margaux zu leisten." Seine Dichte und Komplexität erreicht ein Margaux durch Auslese statt Extrakt. Der 1999er und 2000er entstanden aus nur 40% des gesamten Leseguts, der Rest wurde zum beispielhaften Zweitwein Pavillon Rouge verarbeitet oder im Tank verkauft. Der *grand vin* wird ausnahmslos bis zu zwei Jahre lang in neuer Eiche ausgebaut, doch in der Fülle von Anspielungen aus dem Reich der Natur macht man dieses Holz nur schwer aus. Das Château gehört den Familien Agnelli (Fiat) und Mentzelopoulos.

Marjosse
33420 Tizac-de-Curton, Tel. 05 57 55 57 80, Fax 05 57 55 57 84

Pierre Lurton, Verwalter auf Cheval Blanc, gehört dieses AOC-Bordeaux-Gut. Er bereitet hier köstlich weichen Roten, der von Anfang an trinkbereit ist.

Marojallia
33330 St-Emilion, Tel. 05 57 55 09 13, Fax 05 57 55 09 12

Für viel Aufregung sorgte 1999 das Erscheinen des Marojallia von Murielle Andraud, der Frau von Jean-Luc Thunevin, denn er war der erste Garagenwein im Médoc. Für ihn stehen ganze 2 ha zur Verfügung. Aus extrem niedrigen Erträgen (20 hl/ha) bereitet man einen lebendigen, intensiven Tropfen. Wer der Meinung ist, dass das Terroir bei Garagenweinen keine Rolle spielt, sollte zur Kenntnis nehmen, dass sich der Marojallia mit seiner reinfruchtigen Frische grundlegend von den anderen St-Emilion-Erzeugnissen desselben Teams unterscheidet. Trotz der winzigen Größe des Weinbergs zwischen Le Tertre und Monbrison reichen die Trauben noch für einen Zweitwein namens Clos Margalaine.

Marquis d'Alesme Becker
33460 Margaux, Tel. 05 57 88 70 27, Fax 05 57 88 73 78

Das 10-ha-Gut gehört der Familie, die auch Malescot-St-Exupéry besitzt. Hier bereiten die Zugers allerdings einen nicht so eindrucksvollen, schlanken Wein.

Marquis de Terme
33460 Margaux, Tel. 05 57 88 30 01, Fax 05 57 88 32 51

Dieses 40-ha-Gut bringt in der Regel leichte, kräuterwürzige Weine auf den Markt. Der 1996er-Jahrgang indes fiel ungewöhnlich tief und tanninreich aus.

Marsau
33570 Francs, Tel. 05 57 40 67 23, Fax 05 57 40 67 23

Dunkler, eichensüßer Möchtegern-Pomerol aus 100% Merlot. Das 9-ha-Gut an der Côte de Francs gehört dem Direktor des *négociant*-Unternehmens CVBG Dourthe-Kressman, dem Weinhändler Jean-Marie Chadronnier.

Matras
33330 St-Emilion, Tel. 05 57 51 52 39, Fax 05 57 51 70 19

Ein 10-ha-Gut unterhalb von Berliquet. Es gehört demselben Besitzer wie l'Hermitage. Während dort aber sortenreiner Merlot entsteht, setzt Matras auf einen nervigeren Drittelmix aus Merlot, Cabernet Sauvignon und Cabernet franc.

Maucaillou
33480 Moulis, Tel. 05 56 58 01 23, Fax 05 56 58 00 88

Das stark ausgeweitete 85-ha-Gut verfügt über ein eigentümliches Château, das Besitzer Philippe Dourthe als „halb Renaissance- und halb Arcachon-Villa" beschreibt. Ende der 1990er-Jahre entstanden hier immer stämmigere, würzigere und ernsthaftere Tropfen. Vorläufiger Höhepunkt ist der eindrucksvoll dunkle, fest gewirkte 2000er.

Mazeris
33126 St-Michel-de-Fronsac, Tel. 05 57 24 96 93, Fax 05 57 24 98 25

Das Moueix-Gut stößt in der Regel zufrieden stellende, von pfeffriger Würze geprägte Gewächse aus. Die 15 ha Rebland gehören zur AOC Canon-Fronsac.

Mazeyres
33500 Libourne, Tel. 05 57 51 16 69

Noch ein Moueix-Betrieb. Trotz nicht sonderlich guter 20 ha Weinbergland befindet er sich im Aufwind. Der 2000er-Jahrgang trat eindrucksvoll fest gewirkt und nach Weihrauch duftend auf.

Méaume
33230 Marasin, Tel. 05 57 49 41 04, Fax 05 57 69 02 70

Ausgewogene, früh trinkreife Rote von Alan Johnson-Hills 28-ha-Gut.

Meyney
33180 St-Estèphe, Tel. 05 57 57 25 50, Fax 05 56 11 29 01

Die Reben krallen sich auf den 49 ha Rebland in Kies und blauen Lehm. Das ungewöhnliche Terroir liefert vollmundige, stämmige, rauchige, beständig gute Weine. Gutes Preis-Leistungs-Verhältnis.

Milens
33330 St-Hippolyte, Tel. 05 57 55 24 47, Fax 05 57 55 24 44

Trotz unauffälliger Lage im flacheren Südteil der AOC St-Emilion entstehen hier fleischige, angenehme Weine. Als Berater fungieren Jean-Luc Thunevin und Louis Mitjavile.

La Mission Haut-Brion OO
33602 Pessac, Tel. 05 56 00 29 30, Fax 05 56 98 75 14

La Mission liegt direkt gegenüber von Haut-Brion, von ihm nur durch die Avenue Jean Jaurès getrennt. Bei den 20 ha des Guts indes sind die Grenzen nicht so klar gezogen: Die südlichen Parzellen der beiden Châteaux greifen ineinander, wobei die La-Mission-Weinberge mit 10 000 Reben/ha etwas dichter bestockt sind als die von Haut-Brion (8000 Stöcke/ha). Seit 1983 gehören die beiden Domänen sogar ein und demselben Besitzer, was vielen gar nicht behagt, da La Mission Haut-Brion angeblich regelmäßig in den Schatten stellte, als die beiden noch direkte Konkurrenten waren. Jean Delmas zufolge aber sind Verwaltung, Ertrag und Weinbereitung völlig identisch. Das wiederum bietet eine hervorragende Gelegenheit, die Auswirkungen des Terroir zu vergleichen. La Mission brachte früher tanninhaltigere Weine mit kräftigerer Konstitution hervor als Haut-Brion, mittlerweile aber hat man sich hinsichtlich Finesse, Eleganz, perfekter Ausgewogenheit und aromatischer Komplexität stark dem Nachbarn angeglichen. In heißen Jahren wie 1989 und 2000 scheinen die mächtigen Tannine zurückzukehren, sodass der Wein das Niveau von Haut-Brion erreicht. Selbst in schwächeren Jahren bekunden die Tropfen noch reichlich Geschmackstiefe und werden daher zu den beständigsten unter den großen Bordeaux-Weinen gezählt.

Monbousquet O
33330 St-Sulpice-de-Faleyrens, Tel. 05 57 55 43 43, Fax 05 57 24 63 99

Das Château erlangte Berühmtheit, weil es exemplarisch veranschaulichte, wie sehr ein Gut die Erwartungen übertreffen kann, wenn es nur die nötigen Mittel hat. Einst war Monbousquet ein obskures St-Emilion-Gut in gehöriger Entfernung vom majestätischen Hang, auf dem die Stadt selbst und die meisten großen Lagen zu finden waren. Seine 34 ha erstrecken sich auf flachem Land; der Boden setzt sich aus Sand, Ton und etwas Kies zusammen. Kein weltbewegendes Terroir also. 1993 aber kaufte der ehemalige Besitzer einer Supermarktkette, Gérard Perse, das Anwesen und steckte reichlich Geld sowie Ehrgeiz hinein. Ab 1995 belieferte er die Weinwelt mit Gewächsen, deren üppige Fleischigkeit, sinnliche Fülle und dunkle, weich extrahierte Frucht all jene betören, die jemals ihre Lippen damit benetzen dürfen. Wenn Monbousquet aber so über den Schatten der Bedeutungslosigkeit springen kann, wie bereits mehrfach bewiesen, warum soll das nicht auch anderen gelingen? Die Garagenwinzer haben gezeigt, wie es geht, und haben dafür gesorgt, dass man das Terroir in St-Emilion heute mit ganz anderen Augen sieht.

Monbrison
33460 Arsac, Tel. 05 56 58 80 04, Fax 05 56 58 85 33

Das von Laurent Vonderheyden geführte 21-ha-Château teilt sich mit du Tertre den Ruf als bestes Gut in der Binnengemeinde Arsac. Die Weine sind ein Musterbeispiel an Reinheit und Eleganz, kehren aber eine leichtere Tanninstruktur hervor als die von du Tertre.

La Mondotte OO
33330 St-Emilion, Tel. 05 57 24 71 33, Fax 05 57 74 67 95

Dieser Wein verdankt seine Entstehung einem Streit. Die 4,5-ha-Parzelle, aus der er stammt, liegt zwischen Troplong Mondot und Tertre Rôteboeuf. Besitzer Graf Stephan von Neipperg wollte sie eigentlich Canon-la-Gaffelière einverleiben – nichts Ungewöhnliches, denn es gibt in Bordeaux mehrere Güter mit verstreuten Weinbergen, etwa Gloria, Prieuré-Lichine oder Valandraud. Die Behörden allerdings hatten etwas dagegen und drohten dem Schlossherrn, Canon-la-Gaffelière vom Grand cru classé zum Grand cru zu degradieren. „Gut", meinte der Graf pikiert, „ich zeige euch, was man dort machen kann." Er ließ einen „Spezialkeller" für einen „Spezialwein" bauen und machte sich mit Kellermeister Stéphane Derenoncourt an die „Gartenarbeit" im Weinberg, zupfte Blätter ab, drosselte die Erträge, verwöhnte die Erde mit fast biodynamischen Methoden und sortierte, was das Zeug hielt. Der Wein wird sehr langsam mit sehr wenig Schwefel vergoren; er kommt vor der malolaktischen Gärung in neue Eiche und bleibt unabgestochen auf dem Hefesatz liegen (die Reduktion wird durch Mikrooxidation auf ein Mindestmaß beschränkt). Auf dem Vorderetikett fehlen die „offiziellen" Pflichtangaben der AOC, die allesamt auf das Rücketikett verbannt wurden. Das Ergebnis der gräflichen Mühen ist ein sortenreiner Merlot von enormer Konzentration, Saftigkeit und Süßfruchtigkeit, von dem sich Parker und Millionäre in aller Welt zu Jubelarien hinreißen ließen. Leider können auch nur sie sich diesen Trunk leisten.

Montrose
33180 St-Estèphe, Tel. 05 56 59 30 12, Fax 05 56 59 38 48

Das überragende 68-ha-Gut ist zu einigen der größten, tanninreichsten und langlebigsten Kreszenzen im ganzen Médoc fähig. Leider schwankt die Qualität der Jahrgänge stark. In den letzten beiden Jahrzehnten entstanden bisweilen leichtere, „zugänglichere" Weine. Der 1999er und 2000er allerdings deuten eine Rückkehr zur alten Form an.

Le Moulin
33500 Pomerol, Tel. 05 57 51 77 69

Das winzige, einst völlig unbekannte Gut liefert heute saubere, lebendige, weiche, üppige, reine Weine ab.

Moulin du Cadet
33500 Libourne, Tel. 05 57 55 05 80, Fax 05 57 51 79 79

Auf diesem 5-ha-Kleingut hat J.-P. Moueix erstmals mit biodynamischen Methoden experimentiert. Wie viele Moueix-Güter erzeugt es leichtere und frischere Tropfen als derzeit üblich. Christian Moueix will damit bewusst die Eleganz und Finesse von Bordeaux-Weinen wieder in den Vordergrund rücken, die er durch die enorm extrahierten Tropfen der neuen Weinlandschaft bedroht sieht.

Moulinet
33330 St-Emilion, Tel. 05 57 74 43 11, Fax 05 57 74 44 67

Hier entstanden traditionell unauffällige und unkomplizierte Rote. 2000 hat Moueix die Führung auf dem 18-ha-Gut im benachteiligten Nordwesten der AOC übernommen, so dass mit einem Aufwärtstrend zu rechnen ist.

Moulin Pey-Labrie
33126 Fronsac, Tel. 05 57 51 14 37, Fax 05 57 51 53 45

Die gut geführte 7-ha-Domäne bereitet stämmige, robuste Tropfen.

Moulin St-Georges
33330 St-Emilion, Tel. 05 57 24 70 26, Fax 05 57 74 47 39

Alain Vauthier vom Château Ausone ist Besitzer dieses 6,5 ha großen Guts unterhalb der Stadt. Er erzeugt hier ausdrucksvolle Gewächse, die dichte Üppigkeit mit reinfruchtiger Eleganz – auch das Markenzeichen von Ausone – verbinden.

Mouton Rothschild OOO
33250 Pauillac, Tel. 05 56 59 22 22, Fax 05 56 73 20 44

Weltberühmtheit erlangte dieses Gut, als es 1973 vom Deuxième zum Premier cru befördert wurde – ein bislang einmaliger Aufstieg. Seine 75 ha erstrecken sich in einiger Entfernung von der Gironde auf der Südseite einer Kuppe, die es mit Lafite teilt. Sind die Weine also identisch? Kaum. Einen Lafite zeichnen aristokratische Zurückhaltung und heiter-anmutige Eleganz aus, ein Mouton hingegen ist sinnlich, rund und opulent, sozusagen der Falstaff unter den Premiers crus. Die Unterschiede lassen sich vielleicht durch Höhe und Ausrichtung erklären: Lafite fällt nach Norden zu ab und zieht sich bis auf fünf Meter hinunter, während Mouton in exponierter Lage auf 20 bis 25 Meter zu finden ist. Großer Förderer des Guts war der kreative, weitsichtige Philippe de Rothschild, Pionier der Erzeugerabfüllung, Künstleretiketten und Markennamen (Mouton-Cadet) in Bordeaux. Nach seinem Tod 1988 sackte das Château etwas ab, ist seit Mitte der 1990er-Jahre aber wieder mit einnehmenden, prachtvollen Roten voll auf der Höhe (wenngleich nichts an das schwarze Dynamit von 1986 heranreicht).

Myrat
33720 Barsac, Tel. 05 56 27 09 06, Fax 05 56 27 11 75

Die 22-ha-Kellerei gehört den Nachfahren der Familie de Pontac, die im 17. Jahrhundert als Erste Haut-Brion-Weine in London verkaufte. Die Flächen wurden 1988 völlig neu bestockt. Mittlerweile beginnen sich die Weine zu verbessern und geraten allmählich tiefer.

Nairac ✪
33270 Barsac, Tel. 05 56 27 16 16, Fax 05 56 27 26 50

Wenige Sauternes-Güter werden mit solcher Hingabe geführt wie die 16-ha-Domäne von Nicolas Tari. Er bereitet seine Weine mit derselben geduldigen Zurückhaltung wie die großen Winzer des Elsass, was in der konservativen, bisweilen finanzschwachen AOC nicht sonderlich verbreitet ist. Seine Weine entstehen aus dichtem, supersüßem Most von extrem spät und sorgfältig gelesenen Trauben. Die langsam reifenden Tinkturen vereinen das lebhafte Fruchtspektrum eines klassischen Barsac mit dem Gewicht und der Öligkeit der allergrößten Sauternes-Kreszenzen.

Nenin ✪
33500 Libourne, Tel. 05 57 51 00 01, Fax 05 57 51 77 47

Im September 1997 kaufte die Familie Delon von Léoville-Las-Cases dieses Château beim Weiler Catusseau und erweiterte den Grund durch Landkäufe von ursprünglich 25 ha auf heute 34 ha – unter anderem erwarb man den „Clos du Roy" von Certan Guiraud, den Christian Moueix für Hosanna nicht haben wollte. Die Jahre 1998 und 1999 fielen unspektakulär aus, 2000 aber gelang Nenin ein dichter, kraftvoller, aromapackter Wein, der zu den Spitzenreitern der AOC zählt. Erreicht wurde dieser Aufschwung durch gedrosselte Erträge, volles Ausreifen der Trauben und Auslese (einschließlich der Einführung eines neuen Zweitweins). Jean-Hubert Delon schließt weitere Neuerungen nicht aus, beispielsweise „andere Weintypen wie eine *microcuvée* oder einen Drittwein". Will er hier etwa seine „Garage" bauen? Abwarten.

Olivier
33850 Léognan, Tel. 05 56 64 75 16, Fax 05 56 64 54 23

Wie so oft in Graves macht das befestigte, mittelalterliche Château dieses 48-ha-Guts weit mehr her als der Wein. Trotzdem gelangen Olivier in den späten 1990er-Jahren immer eindrucksvollere Tropfen. Der rauchige, Tabak- und Pflaumendüfte verströmende 2000er gehörte zu den besten Roten der AOC.

Les Ormes de Pez
33180 St-Estèphe, Tel. 05 56 73 24 00, Fax 05 56 59 26 42

Das Preis-Leistungs-Verhältnis stimmt in dieser 35-ha-Kellerei der Familie Cazes, der auch Lynch-Bages gehört. Das Gut mit Weinbergen um das Dörfchen Pez herum produziert offene, zugängliche Tropfen mit reintönig herausgearbeiteten Schwarzen Johannisbeeren. Lesegut von alten Stöcken sorgt für die nötige Tiefe.

Les Ormes Sorbet
33340 Couquèques, Tel. 05 56 73 30 30, Fax 05 56 73 30 31

Die landwirtschaftlichen Flächen des nördlichen Médoc sind von hunderten unbekannter Güter durchsetzt. Dank dichter Bestockung, niedriger Erträge und dem Verzicht auf Eiche zum Aufpeppen der Weine gehört dieses 21-ha-Château zu den Besten.

Palmer ✪
33460 Margaux, Tel. 05 57 88 72 72, Fax 05 57 88 37 16

Die Weinqualität von Palmer steht und fällt mit dem Jahrgang. In Hochform aber empfiehlt das Gut sich als ernsthaftester Herausforderer des Château Margaux in der gleichnamigen AOC. Die 45-ha-Domäne liegt südlicher als Margaux zwischen d'Issan und Rauzan-Ségla. Wenn die Voraussetzungen stimmen (wie 1999 und 2000), kommt hier der fleischigste, raffinierteste, üppigste Tropfen der Gemeinde zur Welt, ein mit süßer Heidelbeerfrucht verführendes Erlebnis.

Pape Clément ✪
33600 Pessac, Tel. 05 57 26 38 38, Fax 05 57 26 38 39

Pape Clément liegt zwar einige Kilometer südwestlich von Haut-Brion, zählt aber ebenfalls zu den Vorortgütern, die von der Stadt Bordeaux mittlerweile völlig umschlossen sind. In den 1990er-Jahren sind die Besitzer Bernard Magrez und Léo Montagne hier mit Siebenmeilenstiefeln auf der Erfolgsstraße voranmarschiert. Pape Clément bietet heute einige der besten Roten und Weißen der AOC auf. Wie Haut-Brion verfügt das Gut über stark kieshaltige Böden. Sie erbringen hier allerdings weicher texturierte, menschenfreundlichere Rote, die leisere Graphit- und Bratensaucentöne, dafür aber stärkere Kirsch- und Kaffeeakkorde anschlagen. Dieselbe Cremigkeit ist auch in den Weißen schmeckbar.

Patache d'Aux
33340 Bégadan, Tel. 05 56 41 50 18, Fax 05 56 41 54 65

Das 43-ha-Gut an der Nordspitze des Médoc bereitet besonders in warmen Jahren Weine mit saftigem Charme.

Pavie ✪
33330 St-Emilion, Tel. 05 57 55 43 43, Fax 05 57 24 63 99

Der erste Keller dieses malerisch gelegenen 37-ha-Schlosses wurde einst in den spektakulären Abbruchhang von St-Emilion gegraben. 1998 kam das Gut in den Besitz der Familie Valette und des ehrgeizigen Gérard Perse, der „alles verkaufte", um es sich aneignen zu können. Perse ließ sogleich einen prachtvollen neuen *cuverie-* und *chai-*Komplex bauen (die alten, in den Felsen gehauenen Höhlen waren beeindruckend, aber zu feucht) – und vollzog damit einen dramatischen Richtungswechsel. Hatten die alten Eigentümer noch runde, ausdrucksvolle und in guten Jahren schön elegante Tropfen bereitet, die allerdings in schlechten Jahren dünn, kurz und unerquicklich ausfielen, verlieh Perse ihnen enorme Tiefe und Kraft, ohne allerdings ihr lyrisches, feinsüßes Wesen zu opfern.

Sein Erfolgsrezept sind drastisch reduzierte Erträge, ein Ausdünnen des Laubs, späte Lese, ein penibles Aussortieren der Trauben, Kaltmazeration, tadellose Kellerhygiene, viel neues Holz und der Verzicht auf Schönung und Filtrierung. Er kombiniert also Alt und Neu zu einem Ideal, das er „Omas Küche" nennt – zu Kreszenzen von satter Geschmackstiefe, die in der Jugend köstlichen Genuss bereiten, doch auch gut reifen und ihre Herkunft mit größtmöglicher Ausdruckskraft kundtun.

Pavie Decesse ✪
33330 St-Emilion, Tel. 05 57 55 43 43, Fax 05 57 24 63 99

Pavie Decesse ist mit 10 ha wesentlich kleiner als Pavie und liegt auch weiter oben auf dem Plateau. Da beide Güter Gérard Perse gehören und mit derselben Sorgfalt geführt werden, ist ein Vergleich zwischen ihnen recht aufschlussreich. Ein Pavie Decesse schmeckt kühler, schroffer und intensiver, er unterlegt seine Pfeffertöne mit Pflaumennoten. Außerdem fehlt ihm die schiere Kraft und feuchte, bissfeste Tiefe eines Pavie, obwohl das Bestockungsverhältnis bei Decesse 90% Merlot und 10% Cabernet franc beträgt, während die Flächen von Pavie 30% Cabernet franc und 10% Cabernet Sauvignon enthalten.

Pavie Macquin ✪
33330 St-Emilion, Tel. 05 57 24 74 23, Fax 05 57 24 63 78

Das 15-ha-Gut oberhalb von Pavie und über dem tiefen kleinen Tal am unteren Ende von St-Emilion gehört der Familie Corre-Macquin und wird von Nicolas Thienpont geführt, einem Cousin von Jacques Thienpont (Le Pin) und Alexandre Thienpont (Vieux Château Certan). Der Weinbau ist hier sehr stark von der Biodynamik geprägt. Man kann ein beachtliches Arsenal alter Stöcke aufbieten. Stéphane Derenoncourt, der seinen ersten Auftrag vom biodynamisch geführten Château la Fleur Caillou bekam, fungiert als Berater. Er legt Wert darauf, dass das Lesegut so weit wie möglich in Ruhe gelassen wird, setzt auf Kontakt mit der Hefe und unterzieht die Weine einer Mikrooxidation. So hat er aus den etwas strengen Gewächsen saftigere Tropfen gemacht und ansonsten ihre Farbe, Frucht und Tanninstruktur verbessert, sodass sie heute zu den besten *vins de garde* in der AOC gezählt werden können.

Péby Faugères
33330 St-Etienne-de-Lisse, Tel. 05 57 40 34 99, Fax 05 57 40 36 14

Corinne Guisez hat die Super-Cuvée, die sie auf Château Faugères im äußersten Osten von St-Emilion erzeugt, nach ihrem verstorbenen Mann Péby benannt. Das Traubengut stammt aus einer kleinen Merlot-Parzelle und enthält einen Schuss Cabernet franc. Wie der Monbousquet zeigt auch der Péby Faugères, was man selbst aus einem „ungünstigen" Terroir in St-Emilion herausholen kann. Der sattdunkle Wein kehrt in der Nase und am Gaumen intensive schwarze Früchte hervor und wartet mit brodelnden Tanninen auf.

Petite Eglise
33500 Pomerol, Tel. 05 57 51 79 83

Hinter Petite Eglise verbirgt sich nicht ausschließlich der Zweitwein von Eglise-Clinet, wie manche vermuten. Allerdings enthält Denis Durantous hochklassiger Pomerol-Verschnitt den gesamten Zweitwein des großen Eglise-Clinet (2000 z. B. waren es 70 von 120 Fässern, die Hälfte davon neues Holz), sodass durchaus etwas von der illustren Ingredienz durchschimmert.

Petit-Village
33500 Pomerol, Tel. 05 57 51 21 08, Fax 05 57 51 87 31

Der zwischen Vieux Château Certan und Beauregard eingezwängte Betrieb wurde in den letzten 30 Jahren zunächst von Bruno Prats (Cos d'Estournel) und daraufhin vom AXA-Millésimes-Team (Pichon-Longueville) geführt. Der Wein empfahl sich stets als gut gemachter, dunkler, üppiger und schwarzfruchtiger Pomerol, ohne aber die Kraft und Ausdauer der allerbesten Kreszenzen hervorzukehren. Mit dem neuen Besitzer Gérard Perse dürfte sich das ändern.

Pétrus ✪✪✪
33500 Pomerol, Tel. 05 57 51 17 96, Fax 05 57 51 17 96

Pétrus ist eines der zwei legendären Pomerol-Châteaux (auch das andere beginnt mit „P"), allerdings das ältere der beiden. Seine Geschichte als Spitzengut reicht bis in die 1920er-Jahre zurück – davor entstand hier zumeist ein sehr bescheidener Wein. Große Pétrus-Jahrgänge zeichnen sich durch enorme Dichte, Kraft, Vielschichtigkeit und ein Aromaspektrum aus Kaffee, Gewürzen, Erde und gerösteten schwarzen Früchten aus. Sie überdauern die Zeiten wie ein erstarrtes Stück Lava. Ihr großes Plus ist die Bodenständigkeit: Sie sind keine modernen Hi-Tech-Erzeugnisse, die sich über die Schwankungen der Jahrgänge hinwegsetzen, sondern berichten stets von den Wirren der Saison. Ihr großes Minus ist ihr Preis: Normalsterbliche können von einem Schluck nur träumen. Warum ist dieser Dinosaurier unter den Pomerol-Gütern so anders als die eleganten Nachbarn La Conseillante, Vieux Château Certan und La Fleur-Pomerol? Wenn man die Straße vom Vieux Château zu Pétrus geht, scheinen der feine Günz-Kies und der eisenhaltige Oberflächensand ihre Beschaffenheit an der Grenze nicht zu ändern. Allerdings drängt auf den Pétrus-Flächen angeblich die tonartige Fronsac-Molasse stärker an die Oberfläche – macht also weniger Kies und mehr Ton den Unterschied aus? So viel man weiß, ist ein Pétrus ein fast reinsortiger Merlot. Den bereitet man auch auf La Fleur-Pétrus – und doch unterscheiden sich die beiden von Grund auf. Der Merlot-ähnliche Cabernet-franc-Wein des nahe gelegenen Cheval Blanc deutet darauf hin, dass die Rebsorte in der Gegend weniger Einfluss hat als das Terroir. Unstreitig fest steht allerdings, dass Pétrus nach einem Durchhänger Mitte der 1990er-Jahre wieder voll auf der Höhe ist. Christian Moueix führt das Gut von Höchstleistung zu Höchstleistung. Der stets selbstkritische Schlossherr ist sogar sicher, dass sich sein 1998er als herausragender Jahrgang der letzten Zeit erweisen wird.

Peyrou
33350 St-Magne-de-Castillon, Tel. 05 57 40 06 49, Fax 05 57 74 40 03

Kleines, aber feines Côtes-de-Castillon-Gut (5 ha) an der Grenze zu St-Emilion.

de Pez
33180 St-Estèphe, Tel. 05 56 59 30 26, Fax 05 56 59 39 25

Seit 1985 gehört das 24-ha-Château Louis Roederer. Die Weine fallen dunkel und vollfruchtig aus, sie haben sich seit der Übernahme kaum verändert.

Phélan Ségur
33180 St-Estèphe, Tel. 05 56 59 74 00, Fax 05 56 59 74 10

Die Weine dieses malerischen 64-ha-Betriebs zwischen Meyney und Calon-Ségur fallen eleganter und reinfruchtiger aus, als man es von der AOC gewohnt ist.

Piada
33720 Barsac, Tel. 05 56 27 16 13, Fax 05 56 27 26 30

Einst gehörte dieser Weinbaubetrieb zum Château Coutet, mit dem er sich auch den Hügel teilt. Hier entstehen auf 9,5 ha qualitätsvolle Weine mit gutem Preis-Leistungs-Verhältnis, die dem Terroir aber nicht ganz gerecht werden.

Pibran
33250 Pauillac, Tel. 05 56 73 17 17, Fax 05 56 73 17 28

Pibran gehört zum AXA-Millésimes-Portfolio und liefert klassisch fleischige, muskulöse, fröhliche, unkomplizierte Tropfen. Das Preis-Leistungs-Verhältnis des 10-ha-Guts neben Pontet-Canet ist in guten Jahren unerreicht.

Pichon-Longueville Baron ✪
33250 Pauillac, Tel. 05 56 73 17 17, Fax 05 56 73 17 28

Das mit 68 ha kleinere der beiden Pichon-Güter hat mit dem prachtvollen Château und dem modernen, im ägyptischen Baustil gehaltenen *chai* die großartigsten Gebäude in ganz Pauillac zu bieten und macht zumindest architektonisch sogar Margaux Konkurrenz. Die Rebflächen nehmen den mittleren, stetig ansteigenden Hang einer Kuppe ein; er beginnt bei Latour und zieht sich von der Gironde bis zu Haut-Batailley hoch. Von den beiden Pichon-Weinen orientiert sich der Baron mit seinen dichten, zerdrückten schwarzen Früchten und der fleischigen Kraft am überzeugendsten am Latour-Stil. Das Haus wird seit den späten 1980er-Jahren von AXA Millésimes geführt. 1989 und 1990 waren herausragend erfolgreiche Jahrgänge.

Pichon-Longueville Comtesse de Lalande ✪
33250 Pauillac, Tel. 05 56 59 19 40, Fax 05 56 59 26 56

Eine Straße trennt den Baron von der Comtesse, die mit 75 ha größer als der Baron ist und zu beiden Seiten von Latour-Rebflächen flankiert wird. Abgesehen von einem kleinen Rebacker nördlich des Château liegen alle Weinberge ein Stück landeinwärts hinter dem Gebäude zwischen den Parzellen des Baron und denen von Haut-Batailley. Auf Lalande entstehen die elegantesten, feingliedrigsten großen Pauillac-Etiketten; in großen Jahren stellen sie eine cremige Üppigkeit zur Schau. Daran haben möglicherweise die höher gelegenen Parzellen einen ebensolchen Anteil wie der erkleckliche Merlot-Anteil (35%). 10% der Weingärten sind außerdem mit 1932 gepflanzten Petit-Verdot-Reben bestockt, auf die man zurückgreifen kann, wenn wie z. B. 2000 die Nervigkeit und der Pfeffer der glänzenden Weine etwas aufgepeppt werden soll.

Picque Caillou
33700 Mérignac, Tel. 05 56 47 37 98, Fax 05 56 97 99 37

Dieses 20-ha-Gut ist das Überbleibsel der Weinberge von Mérignac, die sich einst auf dem Areal des heutigen Flughafens von Bordeaux erstreckten. Das Terrain gehört zu Pessac-Léognan und gilt als einzigartig – ist aber auch die verregnetste Fleck in ganz Bordeaux, wie die Aufzeichnungen der Wetterstation in Mérignac zeigen. In niederschlagsreichen Jahren leidet Picque Caillou schwer unter der Nässe, in guten allerdings gelingt der Domäne ein leichter, intensiver, eleganter Tropfen, der unbeschwerten Trinkgenuss verspricht. Picque Caillou gehört Paulin Calvet, dem Exportmanager von J.-P. Moueix. Er lässt sich von Jean-Claude Berrouet beraten.

Le Pin ✪✪
33500 Pomerol, Tel. 05 57 51 33 99

Voilà – der zweite Superstar von Pomerol. Die Weine dieses 2,1-ha-Winzlings avancierten in den 1990er-Jahren zu den „Sammlerweinen" schlechthin, was niemanden mehr amüsierte als den pragmatischen Besitzer, den „Landweinhändler" Jacques Thienpont. 1979 kaufte er den ersten Hektar in der Nähe der abgelegenen Parzellen von Vieux Château Certan zurück, das Thienponts Großvater 1924 erstanden hatte. Das gute Areal nördlich von Catusseau ist mit tiefgründigem, gut entwässertem Günz-Kies über Fronsac-Molasse gesegnet. Thienpont bewirtschaftete den Weinberg zunächst eher als Hobby. Wegen der hohen Qualität der Böden und seiner Bereitungsphilosophie mit Schwerpunkt auf „Einfachheit" glänzte der Wein aber nicht nur in großen Jahren wie 1982, sondern auch in schlechteren, etwa 1987 und 1993. Außerdem erkannte Thienpont als einer der Ersten die Vorteile einer malolaktischen Vergärung in neuen Eichenfässern. Stilistisch tritt der Le Pin als sinnlicher, üppiger Exot auf – wie ein Pomerol eben sein soll. Doch er zeigt sich auch rein, feingliedrig und zugänglich. Mit anderen Worten: Er offenbart seine Größe nicht nur Kennern. Der Name war eingängig, das simple Etikett auf dem Tisch des örtlichen Druckers in zwei Minuten entworfen – so beginnen Erfolgsstorys. Bald wurden Sammler auf das rare Tröpfchen aufmerksam. Allerdings muss die betuchte Weinwelt alljährlich 500 Kisten unter sich aufteilen: Auf dem Höhepunkt der Weinspekulationen im Sommer 1997 erzielte der Le Pin von 1982 umgerechnet rund 50 000 Euro die Kiste! Jacques Thienpont hatte sie für weniger als 200 Euro verkauft. Er fühlt sich nach eigenem Bekunden „ein bisschen wie Van Gogh, der seine Gemälde billig hergab, während andere damit ein Vermögen machten." Der Ruhm der Weine hat auch zu falschen Erwartungen geführt. Viele rechneten wie bei den Garagenweinen von Thunevin mit schwarzen, tanninlastigen, kraftvollen, extraktreichen Gewächsen. Doch die Verwandtschaft zu einem Vieux Château Certan, den Thienpont oft als ebenbürtig erachtet, ist unverkennbar. Der Le Pin präsentiert sich als reiner, vibrierender Pomerol: üppig und seidig zugleich.

Le Pin Beausoleil
33420 St-Vincent-de-Pertignas, Tel. 05 57 84 02 56, Fax 05 57 84 02 56

Besitzer Arnaud Pauchet hat dieses 6-ha-Gut der AOC Bordeaux Supérieur an der Dordogne gegenüber den Côtes de Castillon ab 1994 von Grund auf modernisiert. Es produziert heute konzentrierte, weiche Weine, deren Aroma von Schwarzen Johannisbeeren geprägt wird. Sie liegen weit über dem AOC-Schnitt. Pauchet wird unterstützt von Nicolas Thienpont und Stéphane Derenoncourt.

de Pitray
33350 Gardegan, Tel. 05 57 40 63 38, Fax 05 57 40 66 24

Die 30-ha-Kellerei gehört zu den Juwelen der Côtes de Castillon und ist seit langem für ihre anständigen, ausgewogenen Weine im klassischen Stil bekannt.

La Pointe
33500 Pomerol, Tel. 05 57 51 02 11, Fax 05 57 51 42 33

Wenn man sich mehr Mühe im Weinberg geben und die Erträge drosseln würde, brächte man auf diesem 30-ha-Gut sicher Besseres zustande.

Pontet-Canet ✪
33250 Pauillac, Tel. 05 56 59 04 04, Fax 05 56 59 26 63

Ein Blick auf das Terroir genügt und es steht fest: Hier müsste eigentlich einer der größten Weine von Pauillac heranreifen. Die 79 ha des Weinguts erstrecken sich über den südlichen Teil der riesigen Kiesbank, auf der man auch die Weinberge von Lafite und Mouton findet. Das meiste davon befindet sich auch noch auf derselben Höhe wie die besten Parzellen von Mouton. Pontet-Canet wurde von der Familie Cruse ziemlich heruntergewirtschaftet, sodass die neuen Besitzer Guy und Alfred Tesseron einige Zeit brauchten, bis sie die notwendigen Verbesserungen umgesetzt hatten, z. B. die Einführung der manuellen Lese, ein striktes Aussortieren der Trauben und die Herausgabe eines Zweitweins. Seit 1994 entstehen endlich fülligere, üppiger texturierte Weine mit einem breiten Spektrum aus Bleistift-, Gewürz- und Erdaromen.

Potensac
33340 Lesparre-Médoc, Tel. 05 56 73 25 26, Fax 05 56 59 18 33

Unter den vielen Gütern, die den Norden von St-Estèphe bevölkern, ist dieser 51-ha-Weinbaubetrieb sicher nicht der am günstigsten gelegene. Sein großes Plus allerdings sind die qualitätsbewussten Besitzer und die alten Stöcke. Die Familie Delon setzt auf niedrige Erträge (35 hl/ha), Sortieren, 20% neue Eiche und Abfüllung ohne Filtrierung. Am besten schlägt sich ein Pontensac in warmen Jahren. Man bekommt dann einen dichten, mit Schwarzen Johannisbeeren bepakten, erdigen Roten, der sich langsam und ausdrucksvoll entwickelt.

Poujeaux
33480 Moulis-en-Médoc, Tel. 05 56 58 02 96, Fax 05 56 58 01 25

Das gut geführte 52-ha-Gut gehört zu den Besten in Moulis, der kleinsten Appellation des Médoc: Es bereitet feste, stämmige, intensive Rote, die ein paar Jahre lang im Keller vergessen werden müssen, bis sich die jugendlichen Kanten abgeschliffen haben.

La Prade
33570 St-Cibard, Tel. 05 57 56 07 47, Fax 05 57 56 07 48

Patrick Valette hat dieses kleine 4,5-ha-Gut 2000 an den Côtes-de-Francs-Spezialisten Nicolas Thienpont verkauft. Die kühlen, tonigen Böden liefern einen elegant mineralischen, erdigen Tropfen.

Preuillac
33340 Lesparre, Tel. 05 56 09 00 29, Fax 05 56 09 00 34

Die Familie Mau und ihre niederländischen Vertreter teilen sich dieses abgelegene Médoc-Gut mit 30 ha Rebland. Mit dem 2000er-Jahrgang landete man nach langer Zeit wieder einmal einen Hit. Zur Domäne gehört eine Weinschule.

Prieuré-Lichine
33460 Cantenac, Tel. 05 57 88 36 28, Fax 05 57 88 78 93

Ein allgemeines Statement zu diesem 70 ha großen Betrieb in Margaux ist nicht einfach, denn ihm gehören Weinberge in jeder Gemeinde der AOC. Sie wurden im Lauf der Jahre von Brane-Cantenac, Durfort-Vivens, Palmer, Ferrière, Kirwan, Giscours, d'Issan und anderen zusammengekauft. Das Gut in seiner heutigen Form ist das Werk von Alexis Lichine und Sohn Sacha. Allerdings verkaufte Sacha seinen Anteil im Juni 1999 an die Groupe Ballande, die Stéphane Derenoncourt engagierte. Dank seiner Methoden – er lässt die Trauben so weit wie möglich in Ruhe und bringt den Wein mit dem Hefesatz in Kontakt – zeichnen sich die Erzeugnisse nun durch neue Eleganz, Subtilität und eine vielfältigere Textur aus. Als Volltreffer erwies sich der 2000er-Jahrgang, ein weiches, in Blüten gewickeltes Fruchtpaket.

Prieurs de la Commanderie
33330 St-Emilion, Tel. 05 57 51 31 36, Fax 05 57 51 63 04

Kleines Pomerol-Gut mit 4 ha Rebgärten in ungünstiger Lage. Es gehört demselben Besitzer wie La Dominique in St-Emilion.

Puygueraud
33570 St-Cibard, Tel. 05 57 56 07 47, Fax 05 57 56 07 48

Das ausgezeichnete Gut an den Côtes de Francs gehört Nicolas Thienpont, der auch für die Bereitung zuständig ist. Es gelingen ihm Weine mit frischer Himbeerfrucht und leichter Bitternote. Die nur in den besten Jahren (wie 2000) herausgegebene Cuvée Georges ist eine lebhafte, mit reichlich pfeffriger Würze und Lakritze ausgestattete Mischung aus jeweils 35% Malbec und Cabernet franc, 20% Merlot und nur 10% Cabernet Sauvignon.

Quinault l'Enclos
33500 Libourne, Tel. 05 57 74 19 52, Fax 05 57 25 91 20

Wird sich Quinault l'Enclos als Haut-Brion von Libourne erweisen? Der ummauerte, mit 50-jährigen Stöcken bepflanzte, 15 ha große clos in der Stadt ging Mitte der 1990er-Jahre in die Hände von Alain und Françoise Raynaud über. Die Weine werden nach moderner Manier aus niedrigen Erträgen und penibel aussortierter Frucht bereitet, durchlaufen eine Kaltmazeration, lange cuvaison und malolaktische Gärung im Barrique und kommen schließlich für 15 Monate in 100% neue Eiche. Das Ergebnis hat natürlich nichts mit einem Haut-Brion gemein; vielmehr präsentiert sich der Wein als dunkler, dicht texturierter, mit Heidel- und Brombeerfrucht durchwobener und rauchig-süßer Eiche geglätteter St-Emilion.

Rabaud-Promis
33210 Bommes, Tel. 05 56 76 67 38, Fax 05 56 76 63 10

Das 33-ha-Gut in Sauternes kann auf eine Bestlage nahe dem Flüsschen Ciron zählen. Seit dem exzellenten Jahrgangs-Hattrick 1988, 1989 und 1990 hält man mit fülligen, eleganten Weinen einen hohen Standard.

Rahoul
33640 Portets, Tel. 05 56 67 01 12, Fax 05 56 67 02 88

Alain Thiénot aus der Champagne ist Besitzer dieser 31 ha in Graves; ihm gehört obendrein das Loupiac-Gut Château de Ricaud. Weiche, mit Johannisbeer- und Tabakaromen durchwirkte Weine mittleren Körpers sind seine Spezialität.

Rauzan-Despagne
33420 Naujan-et-Postiac, Tel. 05 57 84 55 08, Fax 05 57 84 57 31

Die Merlot-reiche Cuvée Passion dieser 40-ha-Domäne im Osten von Entre-Deux-Mers empfiehlt sich dem Gaumen als reifer, würziger Mundfüller.

Rauzan-Gassies
33460 Margaux, Tel. 05 57 88 71 88, Fax 05 57 88 37 49

Dieses Gut beweist: Wenn Weinbau und Kellerkunst versagen, bleibt auch das Terroir stumm. Wer weiter an maschineller Lese festhält und auf einen Zweitwein verzichtet, braucht sich nicht wundern, wenn seine bescheidenen Tropfen als kurzlebige Zechweine ohne viel Charakter gehandelt werden.

Rauzan-Ségla ✿
33460 Margaux, Tel. 05 57 88 82 10, Fax 05 57 88 34 54

Dass Rauzan-Gassies Besseres zu leisten imstande ist, beweist die Chanel-Familie Wertheimer mit diesem 51-ha-Juwel, denn die Weinberge beider Güter liegen nebeneinander. Man hat viel Geld in die Rebflächen, den Keller und das hübsche Château gesteckt. Und so kommt die Weinwelt in den Genuss schwanengleich eleganter Weine mit Tiefe, Finesse und viel Johannisbeerfrucht.

Raymond-Lafon ✿
33210 Sauternes, Tel. 05 56 63 21 02, Fax 05 56 63 19 58

Einst leitete er Yquem – heute gehört ihm selbst ein Gut. Pierre Meslier hat sich mit diesem 18-ha-Betrieb unterhalb von Yquem auf seine eigenen Beine gestellt. Ertragshöhe (10 hl/ha) und Bereitungsmethoden hat er vom übermächtigen Vorbild übernommen. Fazit: einer der größten Sauternes-Weine.

Rayne Vigneau
33210 Bommes, Tel. 05 56 01 30 12, Fax 05 56 01 30 27

Dem 80 ha großen Sauternes-Château gehört ein vorzüglicher Hügel direkt über dem Ciron; die Weinberge ziehen sich von 25 auf 60 Meter hoch. Nachbar La Tour Blanche hat ein ähnliches Profil, doch nicht so viel Fläche. Der Kies auf diesem Hang enthält angeblich Halbedelsteine wie Achat und Topas. Im letzten Jahrhundert enttäuschte Rayne Vigneau meist. Die von Mestrezat eingeleiteten Veränderungen bewirkten die Hinwendung zu einem korrekten, leichten, zitronigen Stil, mit dem das Potenzial des Terroir aber noch nicht ausgeschöpft sein dürfte. Auch die Reputation des Guts im 19. Jahrhundert lässt vermuten, dass mehr möglich ist.

Reignac
33450 St-Loubès, Tel. 05 56 20 41 05, Fax 05 56 68 63 31

Von dem Qualitätsbewusstsein, mit dem Stephanie und Yves Vatelot überragenden roten AOC Bordeaux erzeugen, könnten sich viele führende Médoc-Domänen ein Scheibchen abschneiden. Die Cuvée Spéciale ist verwirrenderweise eine Stufe über der Cuvée Prestige anzusiedeln. Auch einige feine Weiße hat man im Programm.

Reynon
33410 Béguey, Tel. 05 56 62 96 51, Fax 05 56 62 14 89

Der führende Weißweinexperte der Universität Bordeaux, Denis Dubourdieu, und seine Frau Florence erzeugen auf diesem 38-ha-Gut bei Cadillac eine Reihe Roter und Weißer: Ihr Zugpferd ist der sorgfältig bereitete, duftige Reynon Vieilles Vignes.

Rieussec ✿
33210 Fargues-de-Langon, Tel. 05 56 62 20 71, Fax 05 57 98 14 10

Nur wenige Sauternes-Güter konnten in letzter Zeit eine solche Erfolgsbilanz vorweisen wie diese 75-ha-Domäne. Zuerst wurde sie von Albert Vuillier geleitet, dann nahm sie Lafite unter die Fittiche der Domaines Barons de Rothschild. Die vorzüglichen Weingärten überziehen einen Hügel östlich von Yquem und liegen auch in etwa auf derselben Höhe (70 m). Man verwendet neuerdings mehr Eiche als zu Vuilliers Zeiten, weshalb der Wein, von jeher einer der fülligsten Sauternes, nun noch cremiger und dicker ausfällt. Der hohe Sémillon-Anteil und das warme Mikroklima geben den Etiketten Orangen-, Karamell- und Honignoten sowie volle, an Gardenien erinnernde Blütendüfte mit.

Riou de Thaillas
33330 St-Emilion, Tel. 05 57 68 42 15, Fax 05 57 68 28 59

Ein seltsam etikettiertes St-Emilion-Erzeugnis aus einem 2,5-ha-Kleingut an der Grenze zu Pomerol. Jean-Yves Béchet (siehe Fougas Maldoror) führt es mit dem Engagement eines Garagenwinzers. Lagern und sehen, was draus wird.

Ripeau
33330 St-Emilion, Tel. 05 57 74 41 41, Fax 05 07 74 41 57

Mit dem duftigen, lebhaften 2000er-Jahrgang hat man gemerkt, welches Potenzial in dieser 15-ha-Kellerei in der Nähe von Cheval Blanc und Figeac steckt. Alain Raynaud von Quinault l'Enclos wirkt beratend mit.

de la Rivière
333126 Fronsac, Tel. 05 57 55 56 56, Fax 05 57 24 94 39

Bissfeste, freimütige Weine aus dem eindrucksvollsten Château in ganz Fronsac.

Roc de Cambes
33330 St-Laurent-des-Combes, Fax 05 57 74 42 11

Auf Tertre Rôtebœuf nahm François Mitjavile die gegenwärtige Qualitätsrevolution in St-Emilion um ein Jahrzehnt vorweg – und auf Roc de Cambes gab er die Richtung für alle vor, die es sich in den Sinn gesetzt hatten, in bescheidenen Appellationen großen Bordeaux zu kreieren. Er kaufte dieses 10-ha-Anwesen an den Côtes de Bourg Mitte der 1980er-Jahre. Zweifellos erinnerten ihn die alten Stöcke und das natürliche Amphitheater über Bourg und den letzten Kilometern der Dordogne an Tertre. Durch niedrige Erträge, späte Lese und den behutsamen Einsatz von Eiche gelingen ihm köstliche, süßfruchtige Rote (65% Merlot), die in großen Jahren aus St-Emilion stammen könnten.

Rocher Bellevue
33350 St-Magne-de-Castillon, Tel. 05 57 40 08 88, Fax 05 57 40 19 93

An der Verlängerung des Hangs von St-Emilion begegnet man diesem Betrieb mit 15 ha in guter Lage. Der begabte umbrische Kellermeister Riccardo Cotarella bereitete hier 2000 einen fetten, fleischigen Garagenwein aus 100% Merlot und nannte ihn Caprice d'Angelique.

Rocher Figeac
33500 Libourne, Tel. 05 57 51 36 49, Fax 05 57 51 98 70

Dieses 7 ha große Mitglied der Figeac-Familie bietet weiche, sanfte Pomerol-artige Weine auf.

Rol Valentin
33330 St-Emilion, Tel. 05 57 74 43 51, Fax 05 57 74 45 13

Der ehemalige Fußballspieler für Lille, Eric Prisette, hat sich dieses winzige 3,5-ha-Reich auf dem Plateau von St-Emilion zugelegt und erzeugt hier einen festen, dichten, extraktreichen, lagerfähigen Garagenwein. 1999 wertete er den Landbesitz auf, indem er eine Sandparzelle verkaufte und ein Ton-Kalk-Areal erwarb.

Rollan de By
33340 Bégadan, Tel. 05 56 41 58 59, Fax 05 56 41 37 82

Die Qualität der Weine aus diesem 23-ha-Château hat sich seit den späten 1990er-Jahren merklich gebessert (siehe auch Haut-Condissas).

Romer du Hayot
33720 Barsac, Tel. 05 56 27 15 37, Fax 05 56 27 04 24

Eine donnernde Autobahn trennt dieses Sauternes-Gut mit 16 ha Rebfläche von de Malle. Die leichten, honigfeinen, weichfruchtigen Weine empfehlen sich für baldigen Trinkgenuss.

Rouget
33500 Pomerol, Tel. 05 57 51 05 85, Fax 05 57 55 22 45

Wo die feinen Parzellen auf dem Plateau in Blickweite der Kirche allmählich zum Fluss Barbanne abzufallen beginnen, liegt dieses Weingut am Nordrand der AOC-Grenze. Der Vorbesitzer wusste das viel versprechende Terroir nicht zu nutzen. Seit die Familie Labruyère am Ruder ist, geht es merklich aufwärts. Die einst stämmigen, vierschrötigen Gewächse beginnen nun subtilere Frucht und mehr Fülle hervorzukehren.

Roylland
33330 St-Emilion, Tel. 05 57 24 68 27, Fax 05 57 24 65 25

In dem 10 ha großen Weinbaubetrieb neben Angélus entstehen reine, süßfruchtige, von geschmeidigen Tanninen und würziger Eiche gestützte Tropfen. Bernard Oddo lässt sich von Jean-Michel Dubos (Beauséjour Duffau) beraten.

Saintayme
33500 Pomerol, Tel. 05 57 51 79 83

Denis Durantou vom Château L'Eglise-Clinet kauft Lesegut von Gütern bei Figeac, Tertre-Daugay sowie Monbousquet ein und unterzieht es einem klassischen Fassausbau in seinen neu errichteten Händlerkellern im Dörfchen Catusseau. Der Debütjahrgang 2000 fiel weich, üppig und modisch-süß aus.

St-Brice siehe Magdelaine

St-Domingue siehe La Dominique

St-Pierre (Pomerol)
33500 Libourne, Tel. 05 57 51 06 07, Fax 05 57 51 59 61

Dieses 3-ha-Gut ist unschwer zu finden: Es befindet sich neben der weithin sichtbaren Dorfkirche. Leider gelingt es ihm nicht, das Potenzial des Terroir auszuschöpfen – wie so vielen anderen Weinbaubetrieben in Pomerol.

St-Pierre (St-Julien)
33250 St-Julien-Beychevelle, Tel. 05 56 59 08 18, Fax 05 56 59 16 18

Die 17-ha-Domäne stößt robuste, erdige, üppige Weine ohne Subtilität aus.

Ste-Colombe
33500 St-Magne-de-Castillon, Tel. 05 57 40 06 75

Zwei Güter besitzen und betreiben Gérard Perse und Alain Raynaud an den Côtes de Castillon. In diesem hier arbeiten sie mit höheren Erträgen (50 hl/ha), Maschinenlese, Schönung und Filtrierung. Der knackig frische, geradlinige Rote braucht wenig oder überhaupt keine Reifezeit.

de Sales
33500 Pomerol, Tel. 05 57 51 04 82, Fax 05 57 25 23 91

Masse statt Klasse: Das mit 47,5 ha größte Château in Pomerol verfügt über alles andere als gute Flächen im tief gelegenen Nordwesten der AOC. In guten Jahren entstehen hier anständige Weine ohne höheren Anspruch.

Sansonnet
33330 St-Emilion, Tel. 03 26 88 75 81, Fax 03 26 88 67 43

Das ummauerte 7-ha-Anwesen auf dem Plateau von St-Emilion wurde 1999 von der Familie Aulan aufgekauft, der schon Piper-Heidsieck gehört hatte. Der vom verstorbenen Jean-Michel Arcaute vinifizierte Wein war ein üppiger, spät gelesener Tropfen mit viel dunkler Frucht und rauchiger Eiche.

Sénéjac
33290 Le Pian-Médoc, Tel. 05 56 70 20 11, Fax 05 56 70 23 91

Thierry und Loraine Rustmann vom Château Talbot haben diese 28-ha-Kellerei im Süden des Médoc kürzlich erworben. Ihr vormals leichter, sanft johannisbeerfruchtiger Wein hat nun wesentlich mehr Tiefe bekommen. Sénéjac hat die besten Weinberge für eine *microcuvée* ausgewählt (siehe auch Karolus).

Sigalas-Rabaud
33210 Langon, Tel. 05 56 11 29 00, Fax 05 56 11 29 01

Der mit 14 ha kleinere Teil des zerschlagenen Rabaud-Guts. Die Rebstöcke stehen etwas höher als die von Rabaud-Promis und galten von jeher als besser. Cordier und sein geschickter Kellermeister Georges Pauli verwalten das Gut im Auftrag der Eigentümer. Sie warten mit einem sorgfältig bereiteten, zugänglichen, üppigfruchtigen und angenehm duftigen Sauternes auf.

Siran
33460 Labarde, Tel. 05 57 88 34 04, Fax 05 57 88 70 05

Siran liegt schön exponiert im Süden der AOC Margaux in Flussnähe. Seit etwa 30 Jahren ist die Domäne in guten Händen. Dank eines 12-prozentigen Anteils Petit Verdot im Rebstock-Portfolio und der Unterstützung durch Rolland entsteht ein robusterer, vollmundigerer Wein, als man es von dieser Lage erwartet.

Smith Haut Lafitte ✪
33650 Martillac, Tel. 05 57 83 11 22, Fax 05 57 83 11 21

Nur wenige Domänen in Bordeaux werden mit größerem Aufwand bewirtschaftet als Smith Haut Lafitte. Besitzer Daniel Cathiard, ein ehemaliger Skirennfahrer, und seine begeisterungsfähige Frau Florence legen sich mächtig ins Zeug. Elf der 55 ha hat man für Weißwein reserviert (in der Regel Sauvignon blanc; hinzu kommen jeweils 5 % Sémillon und Sauvignon gris), der lebendige Frucht mit üppiger, sinnlicher Eichenfärbung verbindet. Der Rote tritt als fein nuancierter Tropfen der Mittelgewichtsklasse auf. Er zeigt sich weniger mineralisch und kiesig als seine Vettern der Haut-Brion-Gruppe, macht dieses Manko aber durch füllige, seidige, rauchig-süße Frucht und einen schokoladenschweren, von Zederntönen geprägten Abgang wett. Auf dem Anwesen betreibt Cathiards Tochter ein Heilbad, das mit Traubenprodukten arbeitet. Die Familie liebäugelt mit biodynamischem Weinbau. Sie stellt ihre eigenen Fässer her und hat früher sogar koscheren Pessac-Léognan bereitet.

Sociando-Mallet ✪
33180 St-Seurin-de-Cadourne, Tel. 05 56 73 38 80, Fax 05 56 73 38 88

Sociando-Mallet setzt sich über alle Klassifizierungen hinweg. Die 45 ha Rebfläche ziehen sich über einen hervorragenden Kieshügel in Flussnähe nördlich von St-Estèphe und Calon-Ségur. Besitzer Jean Gautreau erwarb das Gut 1969 als Ruine und brachte es mit viel Geschick und Einsatz auf Erfolgskurs. Eine hohe Pflanzdichte, manuelle Lese vollreifer Trauben, lange Maischung, 80–100 % neue Eiche und der Verzicht auf Schönung und Filtrierung sind nur einige der Ingredienzien im Erfolgsrezept Gautreaus. Sein kraftvoller Wein braucht viel Zeit.

de Sours
33750 St-Quentin de Baron, Tel. 05 57 24 10 81, Fax 05 57 24 10 83

Der Brite Esmé Johnstone erzeugt auf seinem 50-ha-Gut in Entre-Deux-Mers Weine in allen Farben. Am bekanntesten sind der herausragende Rosé, einer der besten in ganz Frankreich, und der rote La Source von 65-jährigen Stöcken.

Suduiraut ✪
33210 Preignac, Tel. 05 56 63 27 29, Fax 05 56 63 07 00

Yquem wird von einem illustren Hofstaat aus drei Gütern flankiert: Rieussec, Guiraud – und diesem 87-ha-Château. Seit der Übernahme durch AXA Millésimes 1992 sind die Weine die Qualitätsleiter beständig nach oben geklettert. Ein Suduiraut in Hochform präsentiert sich als dickes, glyzerinreiches Schwergewicht, das mit geschmolzener Zitronenbutter, Honig und Lanolin bestrichen im Glas liegt. Besonders gut geriet der 1999er, einer der Besten des Jahrgangs.

Taillefer
33500 Libourne, Tel. 05 57 25 50 45, Fax 05 57 51 50 63

Unspektakuläre, aber angenehme Weine sind das Markenzeichen dieses 11,5-ha-Guts im tiefen Süden der AOC Pomerol.

Talbot
33250 St-Julien-Beychevelle, Tel. 05 56 73 21 50, Fax 05 56 73 21 51

Das größte Château in St-Julien und eines der größten im ganzen Médoc regiert ein Rebenreich aus 102 ha. Das Gros steht auf einer Kiesbank in Flussnähe neben den Parzellen von Léoville-Las-Cases und Léoville-Poyferré. Talbot gehört Lorraine Rustmann und Nancy Bignon, zwei Mitgliedern der Cordier-Familie. Als Georges Pauli noch hier wirkte, waren die Weine für ihre beachtliche Tannindosis bekannt; mittlerweile fallen sie weicher, sinnlicher und zugänglicher aus.

du Tertre
33460 Arsac, Tel. 05 57 97 09 09, Fax 05 57 97 09 00

Du Tertre ist eines der beiden führenden Güter in der Margaux-Gemeinde Arsac. Seine 50 ha nehmen eine sandige Kieskuppe (*tertre*) vollständig ein. Der Betrieb wird schon seit 1961 langsam auf Vordermann gebracht. Zuerst führte ihn die Familie Capbern-Gasqueton und seit kurzem hat Eric Albada das Heft in der Hand. Allmählich kommen die Verbesserungen in hervorragenden Jahrgängen (1996 und 2000) zum Tragen. Heute zählt ein du Tertre zu den schwersten, am dichtesten gewirkten Essenzen in ganz Margaux.

Tertre Rôtebœuf ✪
33330 St-Laurent-des-Combes, Fax 05 57 74 42 11

Das brillant geführte 5-ha-Gut in Südlage ist in vielerlei Hinsicht der Vorläufer der heutigen Garagenwinzerbewegung. In den frühen 1980er-Jahren lief es zur Hochform auf, machte sich einen Namen und forderte Jahr um Jahr die größten Kreszenzen der Appellation heraus. Das ausgezeichnete Terroir ist daran nicht unwesentlich beteiligt, denn es befindet sich in einem bestens geschützten Amphitheater an der Stelle, an der die Côte von St-Emilion sich zwischen St-Laurent und St-Hippolyte zur Hufeisenform krümmt. Tertre Rôtebœuf wird von François Mitjavile geführt, hinter dessen Warmherzigkeit und Leutseligkeit sich ein gnadenloses Qualitätsbewusstsein verbirgt. Er erntet so spät wie möglich, beschränkt den Ertrag auf 35 hl/ha und lässt die Weine bis zu 18 Monate in neuer Eiche liegen. Damit gelingen ihm atemberaubend süße, würzige Essenzen in Rot – gewissermaßen die Châteauneufs von St-Emilion. Allein das Etikett enttäuscht.

Teyssier
33330 Vignonet, Tel. 05 57 84 64 22, Fax 05 57 84 63 54

Jonathan Maltus' Heimatgut (11 ha) befindet sich im niedrigsten und schwächsten Sektor der AOC (im Gegensatz zu seinen anderen Besitzungen, Le Dôme und Laforge). Dennoch liefert es gut gemachte, saftige, früh trinkreife Rote.

Thieuley
33670 La Sauve, Tel. 05 56 23 00 01, Fax 05 56 23 34 37

Der geschickte Francis Courselle bereitet auf seinem 60-ha-Château in bescheidener Lage zwischen Créon und Targon einen feinen weißen Bordeaux Sec und eine in Eiche vergorene Cuvée Francis Courselle.

La Tour Blanche
33210 Bommes, Tel. 05 57 98 02 73, Fax 05 57 98 02 78

Seit 1911 beherbergt das Château, dessen 30 ha Rebfläche relativ steile Hänge über dem Ciron einnehmen, eine Weinschule. Der letzte Privatbesitzer war ein Regenschirmhersteller mit dem denkwürdigen Namen Daniel Osiris, der es dem französischen Staat vermachte, auf dass es eine „freie und offene" landwirtschaftliche Lehranstalt werde. Das Terroir galt einst als so gut, dass man es gleich hinter Yquem auf den zweiten Platz einstufte. Seit Jean-Pierre Jausserrand 1983 die Führung übernahm, rollte der Betrieb das Feld der Sauternes-Güter langsam, aber sicher von hinten auf. Seit 1988 wird dem Wein die neue Eiche zuteil, die großer Sauternes braucht. In guten Jahrgängen wie 1990 und 1997 bekommt man es mit einem kraftvoll honigschweren, öligen, von Ananas- und Orangennoten durchdrungenen Nektar zu tun.

La Tour de By
33340 Lesparre, Tel. 05 56 41 50 03, Fax 05 56 41 36 10

Der *tour* war einst ein Leuchtturm auf einer Kuppe in der Nähe der Gironde. In den 1980er- und frühen 1990er-Jahren erzeugte das Gut (74 ha) stämmige Rote auf hohem Niveau. Die jüngsten Jahrgänge haben allerdings enttäuscht.

La Tour Carnet
33112 St-Laurent-de-Médoc, Tel. 05 57 22 28 00, Fax 05 57 22 28 05

Der 42-ha-Betrieb liegt in der Nachbarschaft von Belgrave und Camensac. Alle drei Güter empfehlen sich durch ein gutes Preis-Leistungs-Verhältnis. La Tour gehört seit kurzem dem geschickten, ehrgeizigen Bernard Magrez von Pape Clément und Fombrauge, der sich das Team von Michel Rolland als Berater engagiert hat. Der 2000er-Jahrgang ließ deutlich erkennen, dass man die Erträge reduziert hat und reiferes Lesegut verwertet: Er gab sich lebhaft und zart, doch auch dicht, und wurde von viel versprechenden Tanninen gestützt.

La Tour Figeac
33330 St-Emilion, Tel. 05 57 51 77 62, Fax 05 57 25 36 92

Es wäre doch gelacht, wenn man zwei Nachbarn wie Figeac und Cheval Blanc hat und nicht auch selbst einen aufregenden Tropfen zustande brächte. Das scheint sich Otto Rettenmaier gedacht zu haben, als er 1994 das 12-ha-Anwesen übernahm. Und der Erfolg gibt ihm Recht. Christine Derenoncourt, die Frau von Stéphane, führt das Gut mit viel Engagement nach biologisch-dynamischen Richtlinien und kann seit 1998 eindrucksvolle Resultate vorweisen. Sie hat etwas gegen „unreife" Weine, die ihrer Ansicht nach in Bordeaux noch zuhauf zu finden sind. Die Jahrgänge 1998 und 2000 waren üppige, ausdrucksvolle und süßfruchtige St-Emilion-Geschöpfe von großer Eleganz und Zartheit, kurz: mehr Cheval Blanc als Figeac.

La Tour Haut-Brion
33602 Pessac, Tel. 05 56 00 29 30, Fax 05 56 98 75 14

Die spärlichen 5 ha Rebfläche von La Tour Haut-Brion finden sich südlich von La Mission und sind mit Parzellen von La Mission und Laville durchsetzt. Mit fast 80% Cabernet Sauvignon und Cabernet franc im Weinberg ist das Erzeugnis des Guts im Wettbewerb um den unbeugsamsten Tropfen der kleinen Vorstadtgemeinde heißer Anwärter auf einen Spitzenplatz, selbst wenn die Stöcke noch relativ jung sind (vor 1983 lief der Trunk als Zweitwein von La Mission Haut-Brion). Im Duft und am Gaumen brechen sich Schwarze Johannisbeeren und Erde Bahn. Im Übrigen hat der endgültige Verschnitt oft eine ganz andere Rebenzusammensetzung als der Weinberg (der 2000er etwa enthielt 53% Merlot), was den Tropfen einen süßeren Anstrich gibt, als man erwartet.

Tour de Mirambeau
33420 Naujan-et-Postiac, Tel. 05 57 84 55 08, Fax 05 57 84 57 31

Jean-Louis Despagnes 60-ha-Château im Osten von Entre-Deux-Mers beschert der Weinwelt herausragende rote Bordeaux und weiße Entre-Deux-Mers. Die Basis-Cuvée gehört zu den Volltreffern der Appellation, die beiden Cuvée-Passion-Etiketten bieten in ihrer weißen Ausprägung sogar Pessac-Léognan-Kreszenzen und in roter Fassung (mit 70% Merlot) St-Emilion-Tropfen Paroli. Durchweg gutes Preis-Leistungs-Verhältnis (siehe auch Girolate).

La Tourette siehe Larose-Trintaudon

Troplong Mondot
33330 St-Emilion, Tel. 05 57 55 32 05, Fax 05 57 55 32 07

Dieses mit Unterstützung von Michel Rolland geführte 30-ha-Gut von Christine Valette liegt westlich der Stadt auf erstaunlichen 100m Höhe. Schon allein der unansehnliche Wasserturm neben dem Weg macht deutlich, dass man sich hier an einer der höchsten Stellen der Gegend befindet. (Zum Vergleich: Monbousquet erstreckt sich auf 5m und Cheval Blanc auf rund 35m Höhe.) Vielleicht fallen die Weine deshalb so fest und kernig aus – vielleicht liegt es aber auch an den alten Stöcken. In jungen Jahren macht sich die neue Eiche manchmal zu aufdringlich bemerkbar. Mit einem Pomerol würde man diese Erzeugnisse nie verwechseln; Saftigkeit und Üppigkeit sind viele Keller weit weg.

Trotanoy ✪✪
33500 Pomerol

Wo das Plateau nach Norden und Westen zu abzufallen beginnt und das Terroir sich aus Kies und Ton zusammensetzt, findet man Trotanoy. Das Château selbst erreicht man über eine italienisch anmutende Zypressenallee. Hier residiert Jean-Jacques Moueix, Christians Cousin. Trotanoy gehörte von jeher zu den strahlendsten Pomerol-Gütern und reichte gelegentlich sogar bis an den Rocksaum von Pétrus heran. Der Wein trägt kohleartige Dichte und straffe Tannine zur Schau; es dauert viele Jahre, bis er sich entfaltet und seine Schätze aus Fleisch und Schokolade preisgibt. Nach einer enttäuschenden Strähne in den 1980ern ist Trotanoy in den 1990er-Jahren und 2000 wieder zu alter Form aufgelaufen.

Trottevieille
33330 St-Emilion, Tel. 05 56 00 00 70, Fax 05 57 87 48 61

Die 10 ha des Guts schließen sich im Norden an Troplong Mondot an. Ein viel versprechendes Terroir also, dessen Potenzial allerdings nicht ausgeschöpft wird: Den Weinen mangelt es an Fülle und Tiefe.

Valandraud
33330 St-Emilion, Tel. 05 57 55 09 13, Fax 05 57 55 09 12

Das ist er also: der Garagenwein schlechthin vom König der Garagenwinzer. Jean-Luc Thunevins Kreation stieg in den mageren Jahrgängen Anfang der

1990er kometengleich zu Starruhm auf und bot den Spitzenweinen der Appellation die Stirn (siehe S. 169). Valandraud befindet sich in einer Seitenstraße der historischen Altstadt von St-Emilion. Hier hat sich Thunevin einen blitzsauberen Keller mit Verkostungsraum, Haus, Voliere und Swimmingpool eingerichtet. Bis 1997 setzte sich sein Wein aus dem Lesegut von drei Parzellen zusammen. Die beste versteckt sich im kleinen Tal am unteren Ende der Stadt. Die anderen beiden, nicht so guten Weinberge auf Sand und Kies gehören zum flacheren Süden der ACC. „Ich habe seit 1997 viel Geld verdient", erklärte mir Thunevin, „und deshalb zwischen Pavie und der Straße nach Castillon am Fuß der Côte eine 6,5-ha-Parzelle für ein Gut gekauft, das ich Clos Badon Thunevin nenne. Außerdem gehört mir seit 1999 ein 5,5 ha großes Stück Rebland namens Belle Air Ouÿ im allerbesten Bereich der AOC." Es liegt im Westen auf dem Plateau neben Fleur Cardinale, zählt also nicht unbedingt zum „allerbesten" Rebland, wie Thunevin behauptet. 2000 stammte ein Großteil des Verschnitts aus Belle Air Ouÿ, weshalb er nicht so fleischig, dafür aber kantiger ausfiel als frühere Jahrgänge. Erst wenn Thunevin die Grenzen seines Guts endgültig festgelegt hat, lässt sich definitiv etwas über den Wein sagen, doch vorerst tritt er als ernsthafter, dunkler, intensiv fruchtiger Tropfen mit kräftiger Eichendosis auf. Der Zweitwein trägt die Bezeichnung Virginie de Valandraud (Jean-Lucs Tochter heißt Virginie). 2000 wurden die besten Fässer mit Merlot, Cabernet Sauvignon, Cabernet franc und Malbec für einen nach Enkelin Axelle benannten schwarzen Tropfen von trüffelgeschwängerter Exotik verwendet.

Valrose
33370 Fargues-St-Hilaire, Tel. 05 56 68 33 83

Diese 5-ha-Domäne war ein Gemeinschaftsprojekt von Gérard Neraudau und dem mittlerweile verstorbenen Jean-Michel Arcaute. Zum Zeitpunkt von Arcautes tragischem Ableben arbeitete man gerade an Qualitätsverbesserungen.

Verdignan
33180 St-Seurin-de-Cadourne, Tel. 05 56 59 31 02, Fax 05 56 81 32 35

Ein Weinbaubetrieb der Familie Miailhe in vorzüglicher Lage auf einem tiefgründigen Kieshügel neben Sociando-Mallet. Gutes Preis-Leistungs-Verhältnis.

La Vieille Cure
33141 Saillans, Tel. 05 57 84 32 05, Fax 05 57 74 39 83

Von diesem 40-ha-Gut über dem Flüsschen Isle hat man einen Blick auf Lalande-de-Pomerol – und in gewisser Weise ist sein weicher, üppiger Wein typischer für Lalande als für Fronsac, wo eher polternde, bissfeste Tropfen entstehen. Der Wein ist wegen seines günstigen Preises zu Recht beliebt.

Vieux Château Certan ✪✪
33500 Pomerol, Tel. 05 57 51 17 33, Fax 05 57 25 35 08

Das an einer gefährlichen Kreuzung gelegene Gut (13,5 ha) wird von Alexandre Thienpont geführt, der sich allmählich aus dem Berufsleben zurückzieht. Bevor Pétrus zum Superstar aufstieg, galt VCC als Spitzenreiter der AOC. Die Weinberge grenzen an Pétrus und La Conseillante, zwei separate Parzellen an Le Pin. Die Erzeugnisse zählen selten zu den üpp gen Prachtkerlen unter den Weinen von Pomerol. Das liegt am Rebenmix (die beiden Cabernet-Sorten nehmen 40 % der Fläche ein), am gut entwässerten Kies sowie an Thienponts traditioneller Vinifizierung und der Weigerung, 100 % neue Eiche einzusetzen. In Bestform wie 1998 und 2000 entsteht ein Saft von bezaubernder Anmut, mit weicher, doch intensiver Himbeerfrucht und einem verführerischen Blumenduft. Wenn Pétrus als Latour von Pomerol firmiert, dann ist VCC sein Margaux.

Vieux Château Champ de Mars
33350 Castillon

Die 17-ha-Domäne in der AOC Côtes de Castillon kann auf ein ansehnliches Arsenal alter Stöcke zurückgreifen, die bei niedrigen Erträgen und Anwendung modernster Methoden aufregend dichte, konzentrierte Weine ergeben. Die Cuvée Johanna stammt nicht von einer separaten Parzelle und setzt sich auch aus demselben Verschnitt zusammen wie der Hauptwein; sie wird lediglich den burgundischen Verfahren der Kaltmazeration und Vergärung in kleinen Behältern bei regelmäßiger *pigeage*, dem „Unterstampfen" des Tresterhuts, unterzogen.

Vieux Robin
33340 Bégadan, Tel. 05 56 41 50 64, Fax 05 56 41 37 85

Ein Médoc-Gut, dessen Lesegut zur Hälfte zur duftigen, komplexen, beeindruckenden Cuvée Bois de Lunier verarbeitet wird.

Villa Bel-Air
33650 St-Morillon, Tel. 05 56 20 29 35, Fax 05 56 78 44 80

In der Waldidylle von Graves stößt man auf dieses 46-ha-Gut von Jean-Michel Cazes (Lynch-Bages). Sein roter 2000er war weich, cremig, charmant, frühreif und bot ein gutes Preis-Leistungs-Verhältnis.

Vray Croix de Gay
33500 Néac, Tel. 05 57 51 64 58, Fax 05 57 51 41 56

Ein Blick über den Zaun zu Lafleur und Croix de Gay täte dem 4-ha-Betrieb gut, denn seinen Weinen fehlt das Delikate; stattdessen dominieren Reibeisentannine.

Yon Figeac
33330 St-Emilion, Tel. 05 57 74 49 59, Fax 05 57 74 47 58

Bernard Germain hat in letzter Zeit in Fesles, Varennes und Chamboureau viel für das Loire-Tal getan. Yon Figeac mit 24,5 ha in guter Lage ist sein bestes Pferd im Bordelaiser Stall. Der rauchige 2000er-Jahrgang mit dicker Textur lässt keinen Zweifel: Dieses Gut muss man sich merken. Der Germain-Gruppe gehören noch zehn weitere Châteaux in Bordeaux.

d'Yquem ✪✪✪
33210 Sauternes, Tel. 05 57 98 07 07, Fax 05 57 98 07 08

Kein Gut in der französischen Weinlandschaft dominiert eine Appellation wie Yquem. Mit 113 ha ist es nicht nur das größte Château von Sauternes, es erzeugt ohne Zweifel dessen größte Schöpfung. Wenn Weinliebhaber über der Frage brüten: „Welches ist der beste Wein, den ich je getrunken habe?", scheint am häufigsten der Name Yquem zu fallen. Kein Getränk auf Erden ist schwieriger zu bereiten als ein Yquem, doch legt man hier so strenge Qualitätsmaßstäbe an, dass er zu den beständigsten unter den großen Weinen der Welt zählt (schlechte Jahrgänge werden sowieso deklassifiziert). Das Schloss befand sich seit 1785 im Besitz der Familie Lur-Saluces, wurde allerdings 1999 von dem Luxuswarenkonzern LVMH geschluckt. Das lief nicht ohne Probleme ab: Graf Alexandre de Lur-Saluces, der seit 1968 mit außerordentlichem Erfolg für die Leitung verantwortlich war, sträubte sich mit aller Macht gegen einen Verkauf und ging sogar gerichtlich gegen seinen Bruder und andere Familienmitglieder vor – doch er unterlag. Nun bereitet er den Wein als Angestellter von LVMH.

Was aber ist das Besondere an diesem Göttertrunk? Natürlich spielt das Terroir eine große Rolle. Doch es braucht die Hilfe des Menschen. Der Hügel von Yquem setzt sich aus sandigem Kies über kalkigem Ton zusammen. Der Ton sorgt für einen hohen Grundwasserspiegel. Im 19. Jahrhundert wurden über 10 km Dränagerohre verlegt. Ohne sie wäre Yquem nicht Yquem. Dank der oberen Hanglage über der Garonne und dem nahen Ciron können sich die Reben im herbstlichen Morgennebel baden und anschließend die Nachmittagssonne genießen. Winzige Erträge von 10 hl/ha – umgerechnet ein Glas Wein pro Stock! – und endlose Geduld bei der Lese – 150 Erntearbeiter verbringen jeden Herbst bis zu sechs Wochen auf dem Château und forsten den Rebenwald nach jeder perfekt ausgereiften Traube durch – lassen keinen Zweifel: Das Rohmaterial ist so perfekt, wie es die Natur nur zulässt. Die Weine werden in neuer Eiche vergoren und können sich dreieinhalb Jahre im Fass entwickeln, bis sie unfiltriert abgefüllt werden. Wegen der langen Lagerung gehen bis zu 20 % als „angel's share", als Engelsanteil, verloren, wie der Whiskybrenner sagt. Selbst in großen Jahren werden beim Verschneiden nicht 100-prozentig zufrieden stellende Fässer noch einmal aussortiert. Das Ergebnis der Mühen ist ein goldener, süßer Wein von umwerfender Konzentration, Komplexität und Öligkeit, der in den meisten Fällen ohne weiteres 50 Jahre gelagert werden kann. In großen Jahrgängen wie 1986 und 1988 scheint er die Konkurrenz hinsichtlich Subtilität und Geschmacksintensität noch einmal ein Stück weiter hinter sich zu lassen. Ein Jahr wie 1983 wiederum beeindruckt einfach nur, weil die Essenz schöner ist als ihre AOC-Rivalen – und vielleicht auch als jeder andere Wein auf der Welt.

Südwesten

Auf der Suche nach dem verlorenen Wein Keine französische Region ist weiter von Paris und den Überseemärkten entfernt als dieses Hochland. Fast wären ihre dunklen Weine deshalb für immer verschwunden. Nun sind sie zurück – weicher und polierter als zuvor.

Langsam fuhr der Zug in den Bahnhof von Cahors ein. Ich stand mit meinem Rucksack vor der Tür, bereit auszusteigen. Auf dem Gleis gegenüber war ein langer Güterzug mit seltsamer Fracht abgestellt. Nicht Kohle, nicht Sand und schon gar nicht Trauben oder Weinflaschen lagen auf den Waggons. Nein, die Frucht der *causses* türmte sich auf ihnen: Holz. Massive Stämme, gebündelt auf offenen Wagen, der ganze Zug ein gigantischer Rammbock.

Ich war durch wilde Wälder gerattert, um hierher zu kommen; weitere Wälder lagen noch vor mir. Das Wetter empfing mich rau und unfreundlich, wie es für Waldgegenden eben typisch ist. Von Zeit zu Zeit schüttete der graue, kalte Himmel der letzten Apriltage eisigen Regen über dem Städtchen aus. Die Frau an der Theke im Speisewagen bemerkte, dass gerade die Zeit der Eisheiligen sei. Den fehlenden Wahrheitsgehalt ihrer Information machte sie durch Freundlichkeit wett. Meine Mitfahrer an diesem Sonntagmorgen waren Nordafrikaner, die sich gegen die Kälte eingemummt hatten, Kaffee schlürften, rauchten und sich mit Gesten, die zu einem weit wärmeren Klima passten, quer durch den Waggon miteinander unterhielten. Auch Gesellschaft wärmt.

Ich ging durch die engen Straßen der leeren, stillen Stadt, die sich wie ausgedrückte Zahnpasta über die Halbinsel in der Flussschleife des Lot zieht. Die Gässchen waren voll witziger Spielereien: hier eine faszinierende Uhr mit scharrenden Kugellagern, dort ein musikalischer Brunnen, auf dem man Töne spielen konnte, wenn man die kleinen Wasseröffnungen zuhielt. Die köstlichen mechanischen Kuriositäten waren das Werk eines gewissen Michel Zachariov.

Am Mittag goss es in Strömen. Nur wenige Restaurants hatten geöffnet – die Auberge du Vieux Cahors gehörte dazu. Ich bestellte eine Flasche Château Lagrezette von 1998, eine dunkle, harmonische, dick gewobene Essenz, die wie zerstückelte Bahngleise mit einer Prise zermahlener Steine schmeckte. Wenn Frucht in ihr auszumachen war, dann Pflaume. Auch Kaffee und Rauch drängten sich nach vorn. Ein wilder Wein. Das Essen war durchschnittlich, doch das Mahl an sich ein Erlebnis: Für nur 15 Euro bekam man eine dicke Scheibe Foie gras, anschließend Entenbrust mit Tagliatelle und Bohnen und so weiter. Kaum habe ich einen Gang hinter mir, rückt schon der nächste an.

Der Koch ist im oberen Stockwerk. Er sieht wohl fern, vielleicht Fußball, und kocht gleichzeitig für das kleine, halb leere Restaurant. Zum Dessert wähle ich Ile Flottante. „Une Ile", ruft die Bedienung den Speiseaufzug hoch – und keine 30 Sekunden später schwebt die Köstlichkeit hernieder. Ich lasse nicht den geringsten Rest übrig.

Anschließend gehe ich über den Pont Valentré, den man nur noch zu Fuß überqueren darf, obwohl einst Millionen Wagenräder darüber hinweggeholpert sind und Spuren im Stein hinterlassen haben. Flut-

licht bestrahlt die Brücke; ich bin in dieser kalten, nassen Nacht der einzige Passant. Unter mir braust das Wehr. Ich halte den Regenschirm vor die grellen Scheinwerfer, blicke zum Lot hinab, der 30 m unter mir vorbeizieht, und sehe unzählige im Licht glitzernde Regentropfen auf das Wasser schweben – eine düstere mittelalterliche Szenerie wie aus einer Doré-Graphik. Das Wasser schimmert schwarz, wie der Wein einst war. Und wie er heute wieder ist.

Geschichtsbewältigung

Die Weine Südwestfrankreichs haben in den letzten beiden Jahrhunderten ein zweites düsteres Mittelalter erlebt. In der Antike erschlossen die Römer das Land um 50 v. Chr. als Holz- und Weinquelle. Im Mittelalter galten die Weine aus dem Haut-Pays, dem „hohen Land", denen von Bordeaux als überlegen. Man mischte einen Bordeaux sogar oft mit „schwarzem Wein" aus Cahors und anderen nahen Regionen, um ihm den Körper und die Statur mitzugeben, die die reiche nordeuropäische Klientel schätzte. Im 19. Jahrhundert machte die Weinerzeugung in Cahors und Gaillac der von Bordeaux Konkurrenz. Nun durchqueren aber die Flüsse Lot, Aveyron, Viaur, Tarn und Garonne alle Bordeaux. Diesen Vorteil der Lage nutzte – heute würde man sagen, missbrauchte – das Land am Meer und verfügte, dass die Weine aus dem Haut-Pays den berühmten Bordeaux-Hafen Port de la Lune nicht vor Weihnachten verlassen durften, oder bestand darauf, dass Cahors kleinere Fässer verwendete, aber dieselben Zölle pro Fass zahlte wie vorher. Der frühe Reichtum von Bordeaux gründete sich daher nicht auf seinen Rebensaft, sondern auf Zölle, eine Art der Wegelagerei also. Diese Schikanen wurmen die Weinbauern noch heute. Man hört in den Anbaugebieten von Cahors oder Madiran nicht viel Gutes über Bordeaux.

Als die Reblaus kam, verwüstete sie das Haut-Pays. Regionen wie Bordeaux oder Burgund erholten sich so schnell wie ihre Weinberge, weil sie über genug internationales Renommee verfügten. Cahors und Gaillac hingegen waren entlegene Gegenden mit schwierig zu bestellendem Land. Als die Reben starben, zogen die Weinbauern in die Städte oder versuchten ihr Glück in Südamerika. Mitte der 1950er-Jahre war die Weinlandschaft nur noch in Fragmenten vorhanden. Die wenigen Rebhänge gehörten alternden Winzern, die sich an die Genossenschaften klammerten. 20 Jahre AOC-Kultur waren am Südwesten spurlos vorübergegangen, der Weinbau schien fast ausgestorben.

Aber nur fast. In den letzten zehn Jahren ist der Südwesten durchgestartet wie kaum eine andere Weinregion in der neuen Weinlandschaft Frankreich. Auftrieb gegeben haben ihm vor allem drei Elemente: große Rebsorten, hervorragendes Terroir und die Entschlossenheit der Winzer, es der Weinwelt endlich zu zeigen. Natürlich gilt

„Mein Erfolgsrezept ist einfach: Jeden Morgen frage ich mich, wie ich die Qualität meines Weins verbessern kann. Dafür setze ich das anspruchsvollste und verlässlichste Werkzeug ein, das es gibt: den Gaumen. Durch Probieren findet man heraus, was funktioniert und was verbessert werden muss. Verkostungen bringen einem das Terroir näher. Die Arbeit eines ganzen Jahres im Weinberg lässt sich sofort nachprüfen – im Glas."

ALAIN BRUMONT

Alles im Lot: Die zahlreichen Windungen des Flusses bescheren den Menschen schöne Aussichten – und hervorragende Kiesbänke für den Weinbau.

es auf dem Weg in die Oberliga noch ein gutes Stück Weg zurückzulegen. Und auch flächenmäßig wird die Region nie wieder die vergangene Bedeutung erlangen. In Cahors beispielsweise sind derzeit rund 6000 ha bestockt. Das wird mehr werden, aber nie auch nur annähernd an die 40 000 ha heranreichen, die die Zone Mitte des 19. Jahrhunderts hatte. Allerdings wird man wieder großen Wein bereiten. Man hat schon damit begonnen.

Leicht ist der Südwesten nicht zu verstehen, denn kein anderes französisches Anbaugebiet ist heterogener. Hier einige Schnappschüsse, die seine Vielfältigkeit veranschaulichen.

Impression 1: Luc de Conti

Ich besuchte gerade die Vinexpo in Bordeaux. Allenthalben sah man herausgeputzte, plexiglasglänzende Messestände und aufwändige Pavillons. Am besten aber gefiel mir ein primitiver, funktionaler, unansehnlicher, mit Weinflecken übersäter Stand. Er gehörte einer Gruppe von Erzeugern, die sich *Vinarchistes*, „Weinanarchisten", nennen. Luc de Conti ist einer von ihnen.

Er bot mir einen Stuhl an und wir setzten uns. In der ganzen Hektik der Vinexpo schien er mir erstaunlich ruhig. „Ich bin kein Biodynamiker", schickte er voraus. Denn seine Bedenken seien typisch für alle großen Erzeuger außerhalb der konservativen, von Hierarchien geprägten Bordelaiser Weinwelt. „Der Boden ist ein Kadaver. Er kann totes Laub nicht mehr verdauen. Steiner kannte nur gesunde Böden, die unseren aber wurden 50 Jahre lang mit Chemikalien bombardiert. Ich muss mit der Anwendung von Steiners Präparaten noch zehn Jahre warten. Erst dann sind die Böden wieder gesund genug." De Conti nennt sich „Agrobiologe" und verwöhnt seine 40 ha Rebland mit Kompost, Seetang und Kieselerde, damit sie wieder zu Kräften kommen.

Seine zweite große Leidenschaft ist der Hefesatz – eine Lebensform im Wein, für die Schulbuchönologen wenig übrig haben. Sie entsorgen ihn wie Abfall. De Conti hingegen sammelt ihn nach der Vergärung, rührt ihn mit einem Mixer zu einer Paste und führt ihn dem Wein wieder zu, um ihn zu nähren. Dabei verzichtet er auf ein Abstechen; Reduktionsprobleme vermeidet er allein durch Mikrooxidation. Da er so gut wie keinen Schwefel einsetzt, muss der Keller makellos sauber gehalten werden. Jedes Jahr versucht er mit einem „Einstandsfass" herauszufinden, welche Hefepopulationen vorhanden sind. In einer „agrobiologischen" Domäne gebe es bis zu 300 verschiedene Hefestämme, behauptet er, während konventionelle Betriebe nicht einmal zwei Dutzend hätten. Wir verkosten seine kaschmirweichen Weine. Sie sind mit der Behutsamkeit einer Krankenschwester verschnitten, die einen Verband anlegt. Eine weitere Besonderheit in dieser Zeit der von dunkler Kraft beherrschten Rotweinästhetik ist die Beschränkung auf nur vier *pigeages* und eine Vergärtemperatur von 25 °C. „Wir bemühen uns um Unterextraktion – ich will alles Harte, Brutale vermeiden." Unterextraktion? In der Tat ein echter „Weinanarchist".

Impression 2: Clos Triguedina

Schade, dass Jean-Luc nicht da war, als ich vorbeischaute. Mit ihm baut die Familie Baldès auf Clos Triguedina in Cahors nun schon in der achten Generation Wein an. Nur wenige können mehr Kontinuität vorweisen. Der enthusiastische Arnaud Bergeron, sein *chef de culture*, deutete auf ein schäbiges weißes Auto: „Sehen wir uns doch die Weinberge an."

Wir kurvten durch strauchige Wälder nach oben. Von Zeit zu Zeit deutete Arnaud auf die von Gestrüpp überwucherten Reste von Trockenmauern einstiger Terrassen, die wie verwitterte Grabmale vom Weinbau vor der Reblausinvasion kündeten.

Immer höher ging es, bis wir schließlich zu einem weißen Weinberg kamen, dessen ausgebleichte Kiesel in der Spätnachmittagssonne

Alain Brumont

Alain Brumont ist der Citizen Kane von Madiran. Dieser Vergleich ist mein Beitrag zur laufenden Debatte. Blättert man durch seine Pressemappe, wird man sehen, dass er gern auch als Philippe de Rothschild von Madiran, Garibaldi des Südwestens, Che Guevara der Stöcke und Ludwig XIV. der Reben tituliert wird. Nicht leicht, ein Revolutionär und absolutistischer Sonnenkönig zugleich zu sein, könnte man einwerfen; aber man hat es nun einmal mit einem komplexen Charakter zu tun.

Brumont ist kein einfacher Mensch. Er hat sich mit seinem Vater überworfen – und mit so ziemlich jedem Menschen, dem er je begegnet ist. „Er lebt auf dem Planeten Wein, nicht auf der Erde", erklärte mir seine zweite Frau Caty. „Und dort kommt man mit Erdlingen nicht so gut zurecht …" Fazit: Brumont ist ein extremer Einzelkämpfer. Er hat die größte Domäne von Madiran aufgebaut; über 10 % der AOC, mehr als 150 ha allerbeste Rebfläche, gehören ihm. Er dünnt dreimal pro Saison aus, vinifiziert grundsätzlich nach seiner Fasson, verzichtet auf Mikrooxidation, hat sein eigenes System der auto-pigeage entwickelt und ist von neuem Holz fest überzeugt. Die Weinberge hat er mit 8500 Pflanzen/ha vollgepackt. Er erzeugt seinen Kompost selbst (aus Pferde-, Schaf- und Kuhmist, Trester und Steinmehl), baut sich ein Viersternehotel, sein ganz persönliches Château. Er versucht sogar, einen Großteil seiner Jahrgänge direkt an 60 000 Privatkunden zu verkaufen. „Wenn ich Wein machen will, muss ich alle Einflüsse von außen vermeiden." Deshalb erinnert er mich in seiner einsamen brillanten Grandeur eben an Citizen Kane.

Pascal Verhaeghe

Pascal Verhaeghes erste Liebe gehörte der Mathematik. „Wein interessierte mich nicht", erinnert er sich. „Ich war zwar der Sohn eines Winzers, aber der Beruf schien mir doch Knochenarbeit zu sein." Und dann? Ein Freund arbeitete bei Jean-Marie Guffens in Burgund und lud Pascal ein. „Ich wollte ein, zwei Stunden bleiben, aber es wurden drei Tage daraus. Danach gab ich mein Mathematikstudium auf. Mit Jean-Maries Hilfe entdeckte ich den Wein und den Spaß, den er bereiten kann." Verhaeghe arbeitete mit Guffens und bei Saintsbury im kalifornischen Carneros, bevor er mit Bruder Jean-Marc 1987 das Familiengut übernahm. Auch Luc de Conti zählt zu seinen Freunden und Mentoren. Pascal fand heraus, wie man Malbec zu voller Reife führt, durch Kontakt mit dem Hefesatz fülligere Weine bekommt und Roten durch Fassvergärung zu mehr Komplexität und Körper verhilft. Kurz: Er hat viel für das ausgezeichnete, doch vergessene Terroir von Cahors getan.

Die Familie Laplace

Château Aydie thront hoch oben auf einem Hügel. François Laplace stellte draußen zwei Stühle auf. Wir setzten uns; es begann kühl zu werden an jenem Nachmittag. Er zeigte mir sein Reich. Madiran, so François, bestehe aus vier Seitentälern an einer Biegung des Flusses Adour. Man konnte fast sehen, wie sie sich vor uns ausbreiteten. Gelegentlich flog die französische Luftwaffe ohrenbetäubend nah über uns hinweg, doch in der Stille davor und danach konnte man die Kirchenglocken in der Ferne läuten und Hunde bellen hören. Madiran ist Hundeland. Jeder hat hier Hunde; riesige Pyrenäen-Schäferhunde, die angriffslustig heranstürmen und beim Anblick der Schenkel vor Vorfreude geifern. Auch Traktoren gibt es jede Menge. Und Kühe. Und Mais. Überhaupt war all das bis vor kurzem viel häufiger als Wein. Man braucht sich auch nur den Boden anzusehen: Die blasse, fette, steinlose Tonerde sieht nicht gerade aus, als sei sie für Reben geschaffen. Doch der Schein trügt. Mächtige Kalkfelsen durchziehen den Untergrund „wie Wolken einen Sommerhimmel", wie Alain Brumont es formuliert.

Ich habe noch nie Weinbauern getroffen, die ihrem Handwerk mit mehr Hingabe nachgehen als die drei Laplace-Brüder. François ist für das Geschäftliche zuständig, Jean-Luc kümmert sich um die Bereitung und der wettergegerbte, gut aussehende, schweigsame Bernard pflegt die Reben. Ihre Schwester Marie hat die Verwaltung der Domäne übernommen und Vater Pierre springt noch ein, wo Not am Mann ist. Alles ist makellos sauber, bis ins Detail durchorganisiert, durchdacht und bis zum Äußersten verfeinert. Sie lächeln wenig und denken viel. Vielleicht passen Tannat, Ton und Tatkraft besonders gut zusammen.

Für Madirans Winzer erwies sich die spät reifende Tannat-Traube als Herausforderung, obwohl sie ein hohes Qualitätspotenzial birgt. Kurioserweise verweigert sie sich hartnäckig der automatisierten Lese, wie François Laplace berichtet: Die Maschinen schütteln alle Blätter von den Stöcken, doch die Trauben halten sich eisern daran fest. Tannat ist, wie der Name schon andeutet, das Tanninmonster unter den Rebsorten. Früher zähmte man es jahrelang in großen Holztanks. Bei der Gründung der AOC im Jahr 1948 mussten die Weine vor der Freigabe drei Jahre lang reifen (heute reicht ein Jahr). In den 1980er-Jahren ersetzten Edelstahltanks die alten Holzbehälter wie in den meisten französischen Weinregionen — zum einen, weil sie hygienischer sind, und zum anderen, weil Fruchtnoten im Wein immer stärker gefragt waren. Die Katastrophe nahm ihren Lauf. Tannat blieb nicht nur weiterhin eine Tanninbombe, sondern erwies sich auch als extrem reduktionsanfällig: Die Weine begannen zu stinken. Also mussten sie unaufhörlich abgestochen, bewegt und mit Sauerstoff behandelt werden, was sie wiederum auslaugte, aber nicht tanninärmer machte.

Doch wir sind in Madiran. Deshalb brütete jeder über eine Lösung. Und man fand sie in Form der Mikrooxidation. Dabei werden mehrmals winzige Sauerstoffbläschen durch den Wein geblasen. Erfunden hat die Mikrooxidation Patrick Ducournau, ein Cousin der Laplaces. Ein beträchtlicher Teil der Tests wurde auf Aydie durchgeführt, und so teilen sich Ducournau und die Laplaces das Patent. Jean-Luc erteilte mir einen Crashkurs in Mikrooxidation. Eine Kurzbeschreibung folgt auf Seite 205.

Die Mikrooxidation gilt heute als das bedeutendste Vinifizierungsverfahren, das in den 1990er-Jahren entwickelt wurde. Fast alle französischen Weinregionen wenden es mittlerweile an. Seine Auswirkungen in Bordeaux sind enorm. Das kleine Madiran hat den Geschmack der größten französischen Weine verändert. Vor dem Durchbruch war im Gespräch, den vorgeschriebenen Mindestanteil von 60% Tannat im Madiran-Wein zu reduzieren — als ich Aydie einen Besuch abstattete, war gerade das INAO in der Region, um Vorschläge für eine Anhebung auf 80% zu prüfen. Viele bereiten heute schon reinsortigen Tannat.

Wir haben die Tropfen verkostet. „Tannat ist der ideale Speisenbegleiter", betonte Jean-Luc. „Als Trinkkumpan für den Fernsehabend taugt er nicht, denn für sich allein getrunken ist er viel zu schwierig. Außerdem muss er dekantiert werden." Die tintenschwarze Flüssigkeit sah großartig aus in den nüchternen, schön geformten Dekantiergefäßen. Ich bin davon überzeugt, dass sie von den Laplaces nach spätabendlichen Verkostungen persönlich entworfen worden waren. Und die Weine?

Madiran schmeckt wie eine Winternacht. Der Rauch vom offenen Kamin, die Schwärze des Abendhimmels, eine Frucht wie eisiger Wind, die Tannine eines wütenden Schneesturms. Das alles versüßt durch Eiche. Dass Barriques die Gerbstoffe mildern, statt sie zu intensivieren, war eine weitere Entdeckung der Laplace-Brüder. Man muss nur wissen, was einen erwartet. „Unsere Weine sind das absolute Gegenteil eines Burgunders", sagt Jean-Luc.

leuchteten. Das war also der *causse*, das kalkige Hochland oberhalb der Terrassen, das zweite große Terroir von Cahors. Von hier aus tat sich das Tal des Lot in vollendeter Beschaulichkeit auf. Kein Mensch war zu sehen. Ein Wiedehopf entschwand ins Blau des Himmels. Am Rand des Weinbergs streckten purpurrote Orchideen ihre Köpfe aus dem Gras hervor.

Baldès stellt nicht nur Geschichtsbewusstsein unter Beweis, sondern auch Experimentierfreudigkeit. Er bereitet großartige Cahors – vor allem den Prince Probus, der mit der Gewalt eines muskelbepackten Minotaurus über die Zunge stürmt. Doch hat er in dieser fast ausschließlichen Rotweinzone auch feine Weiße aus seinen höchsten Rebflächen im Repertoire, etwa einen überragenden Dessertwein aus Chenin blanc. Nachdem er in der Geschichte der Zone gestöbert hatte, beschloss er außerdem, einen „New Black Wine" zu kreieren, einen „neuen schwarzen Wein".

Wie sah der alte schwarze aus? André Jullien berichtete 1816 von einer fürchterlichen Behandlung. Die Trauben wurden in den Herd gesteckt und gebacken oder gekeltert und als Saft in der Pfanne erhitzt. Nach einer angesichts dieser Anfangsprozedur wohl recht langwierigen Vergärung spritete man den Wein, machte also eine Art trockenen Port daraus. „Sehr nützlich, um schwachen Tropfen Farbe, Körper und Kraft zu verleihen", meint Jullien. „Er überstand lange Transportwege gut", fügt er überflüssigerweise hinzu. Der Wein wurde gemeinhin als *black wine* bezeichnet, weil er vor allem bei der englischen Kundschaft sehr beliebt war.

Baldès' moderne Version unterscheidet sich natürlich vom Original, sonst käme er nicht in den Genuss der Anerkennung durch die AOC Cahors. Arnaud Bergeron erklärte, wie der Wein mit Methoden der örtlichen Trockenpflaumenindustrie bereitet wird. Die Auxerrois-Trauben werden leicht überreif von Hand gelesen und in Holzkisten mit Gitterboden gelegt. Danach bläst man von unten heiße Luft in den Behälter, sodass die Beeren schrumpfen. Anschließend presst man sie und vergärt den Saft 18 Monate lang in neuen Eichenfässern. „Schwarz" ist also vielleicht nicht das richtige Wort – ein junger Probus fällt dunkler aus –, aber es entsteht ein dunkler, ausdrucksvoller Tropfen mit angenehmer Bitternote und Süße.

Impression III: Robert Plageoles

Die Weinberge von Gaillac bilden ein malerisches Hufeisen oberhalb des Flusses Tarn. Als ich bei Robert Plageoles eintraf, sprach er gerade mit einem Kunden, oder besser gesagt, einem leicht durchgeknallten Bewunderer, der uns den ganzen Nachmittag nicht von der Seite wich

▼ *Große Stockabstände wie hier in Bergerac sind maschinenfreundlich, doch nicht unbedingt der Weinqualität förderlich.*

und mit jeder Stunde stärker in einen rauschhaften Zustand abglitt. Plageoles ist Winzer, exakter aber wäre die Berufsbezeichnung „Weinarchäologe, der im Nebenberuf Weine bereitet, um bestimmte Feldversuche durchzuführen". Plageoles, sein ständiger Schatten und ich verbrachten den Nachmittag mit den spekulativsten Weindiskussionen, auf die ich mich je eingelassen habe. Zuweilen fühlte ich mich drei, vier Jahrhunderte in der Zeit zurückversetzt. Plageoles sprach von den Römern, als seien sie erst vor ein paar Jahren von hier fortgezogen. Er beschrieb die *passerillage d'Hesiod*, das Traubentrocknen nach Art von Hesiod, bei dem die Rebentriebe abgeknickt werden, als lehre Hesiod an der örtlichen Weinfachschule. Erst die Ankunft eines dänischen Lkw, der sich verfahren hatte, brachte uns wieder ins 21. Jahrhundert zurück.

Gaillac sei neben Hermitage und der Côte Rôtie die bedeutendste galloromanische Anbaufläche gewesen, glaubt Plageoles. Seit 20 Jahren sucht er nach verloren gegangenen einheimischen Rebsorten: Mauzac vert, roux und noir, Ondenc, Duras oder Prunelart (Cot à queue rouge). Der Siegeszug der internationalen Trauben erfüllt ihn mit Schrecken. „Wenn ich Merlot in Corbières trinke, stellen sich mir die Haare auf und mein Magen dreht sich um. Mit so etwas missachtet man 2000 Jahre Geschichte." Viele seiner Erzeugnisse – nicht nur der an *vin jaune* erinnernde Mauzac Vin de Voile – schmecken oxidiert. „Na und? Ist Oxidation etwa ein Weinfehler? Entschuldigung, aber Dummheit ist auch ein Fehler." Die Weißen zeigen sich grünfruchtig, während die Roten eher blass und leicht auftreten und kühl serviert werden wollen. Sie fallen für einen Gaillac recht untypisch aus; allerdings präsentiert sich die Weinlandschaft der AOC so vielgestaltig, dass sie schon wieder typisch für sie sind. Plageoles gefällt das. „Sobald man etwas weiß, ist man enttäuscht", lautet seine Maxime. Sein Fan schüttelt sich vor Lachen.

Impression IV: Patrick Germain, Frédéric Ribes und Marc Penavayre

Schwarze Weine in Cahors, historische Weine in Gaillac… und nun? Ja, worum geht es an den Côtes du Frontonnais mit ihrer Rebsorte Négrette eigentlich? Patrick Germain floh von den riesigen Gütern seiner Familie in Algerien und Marokko und kaufte 1974 Bellevue la Fôret. Er wusste genau, was er hier vorhatte: „Ich wollte keinen *grand vin* bereiten, sondern einen *vin sympathique*." Wie sich herausstellte, hätte er sich dafür kein besseres Fleckchen Erde als Fronton und keine idealere Rebsorte als Négrette aussuchen können. Mit seinen Pfeffer- und Tabakdüften und dem frisch-sauren Fruchtgeschmack ist der Wein zum Beaujolais des Südens geworden – ideal, um an einem heißen Abend in Toulouse bei Kellertemperatur geschlürft zu werden. Ein süffiger, alkoholstarker Tropfen. Eine Weinarie. Pures Vergnügen.

Das bekommt man zumindest, wenn man Négrette mit etwas Syrah, Cabernet franc, Cabernet Sauvignon und Gamay mischt, die Erträge knapp über 50 hl/ha hält, die Weinberge maschinenfreundlich anlegt und weniger als 5000 Stöcke/ha pflanzt. Aber manche wollen nun einmal mehr. Kaum haben sie einen *vin sympa*, wollen sie es auch einmal mit einem *grand vin* versuchen.

Womit wir bei Frédéric Ribes von der Domaine Le Roc und Marc Penavayre vom Château Plaisance wären. Ribes' Spitzen-Cuvée ist ein Négrette-Syrah-Verschnitt namens Don Quichotte aus den besten Parzellen, der sanft durch *pigeage* extrahiert wurde und ein Jahr in älteren Barriques sowie weitere 12 Monate im Tank lag. Mit Don Quichotte verlässt Fronton Beaujolais und wandert zur nördlichen Rhône: In dem Wein begegnen sich frische Blüten und Röstkaffee. Mit Penavayre und seinem Thibaut de Plaisance wiederum verschiebt sich Fronton wieder nach Norden Richtung Burgund. Auch der Plaisance ist ein Verschnitt aus Négrette und Syrah, diesmal aber als Essay über tanzende Eleganz und lakritzbesetzte frische Frucht.

Die einfachen ländlichen Freuden von Fronton allerdings sind nie weit weg. Ich treffe kurz vor Sonnenuntergang bei Ribes ein. Neben dem Geschmack seiner kühlen, frischen, „klassischen" Cuvée sind mir noch die Schinken in Erinnerung, die von der Kellerdecke hingen und von der Abendsonne in ein goldenes Licht getaucht wurden. Als ich hingegen das Château Plaisance erreiche, bin ich zu spät und abgehetzt. Penavayres Mutter Simone lächelt mich verständnisvoll und gelassen an. „Wir leben in einer schnellen Welt", meint sie und schüttelt den Kopf. Wir lachen beide über den Irrsinn des modernen Lebens.

Impression V: Jean Casaubielh & Friends

Daniel Craker, ein junger englischer Winzer, der mit Jean-Bernard Larrieu auf dem Gut Clos Lapeyre arbeitet, holte mich am Bahnhof von Pau ab. Wir verließen die Stadt und fuhren in die Berge. Die Pyrenäen leuchteten vor uns. Radfahrer nutzten die wärmenden Sonnenstrahlen für einen Ausflug. Plötzlich wünschte ich mir, selbst im Sattel zu sitzen, den Anstieg in den Beinen zu fühlen, die kühlende Luft an mir vorbeistreichen zu spüren, den Duft frischer Blätter zu riechen und mich von den Schneegipfeln magisch angezogen zu fühlen.

Die Domaine Guirardel kam in Sicht, ein großes, altes Haus an einem Hang im Schutz eines Wäldchens. Eine Gruppe von Erzeugern erwartete uns; sie hatten alle ihre Weine zum Verkosten mitgebracht. Zunächst aber gingen wir in Jean Casaubielhs Weinberg neben dem Garten am Hang. „Die Reben blicken zur Sonne und zu den Bergen", erklärte mir Jean. Der Weinbau in Jurançon ist im Wesentlichen das Nutzen von Chancen. Man findet winzige Parzellen, die sonnige, geschützte Lagen in Beschlag nehmen. An den richtigen Stellen entstehen lebhafte Weiße von großartiger Intensität – an den falschen bleibt sogar der Mais so unreif, dass es die Kühe schüttelt. Jeden Herbst kommt der Fön aus Spanien über die Berge, um die zähen, ausdauernden Rebsorten Gros Manseng und Petit Manseng ausreifen zu lassen. Wir gingen in Jeans Garten. Er zeigte mir, was ich angesichts der verschneiten Gipfel nicht hatte glauben wollen: Hier wuchsen Lavendel, Palmen, ein Orangenbaum und ein Oleander, die allesamt den Winter im Freiland überleben.

Wir verkosteten im Keller Wein und redeten: Daniel, Jean, Pascal Labasse, der mächtige Charles Hours und der freundliche Henri Ramonteu. Draußen schien die Sonne weiter unermüdlich. Dann lud Jean uns zum Mittagessen ein. Wir genossen ein mit vielen Späßen gewürztes Mahl mit Gängen aus den Plastikschachteln des *traiteur* vor Ort und reichlich Wein. Den Höhepunkt bildete ein Bi de Prat von 1938 von Guirardel. Als wir den längst vergessenen Herbst und seine über die Zeiten hinweggeretteten Früchte verkosteten, die nach 50-jährigem Winterschlaf noch immer frisch schmeckten, verstummten wir.

▲ *Die schwarzen Weine von Cahors haben schon alte Knochen gewärmt, als es die granatrote Konkurrenz im Médoc noch lange nicht gab.*

Der Geburtsort der Mikrooxidation

Weine müssen atmen. Sie sind wie Fische: Zu viel Luft ist tödlich für sie (sie oxidieren und werden schlecht), zu wenig aber hat fast ebenso fatale Folgen, denn dann leiden sie unter Reduktion und verderben ebenfalls. Sie brauchen wie Fische genau das richtige Maß an Sauerstoff, damit sie frisch und gesund bleiben. Aber wie verabreicht man ihnen diese Dosis? Früher lagerte man sie in porösen Holzbehältern und stach sie ab, pumpte sie also alle ein, zwei Monate in ein anderes Gefäß. In den letzten Jahren hat man die Vinifizierung gründlich untersucht; für die Versorgung des Weins mit Sauerstoff aber interessierte sich kaum jemand. Bis die Erzeuger von Madiran ihre Tannat-Tropfen in Edelstahl bereiteten und riesige Probleme mit der Reduktion bekamen.

So erfanden sie die Mikrooxidation, auch Mikro-Oxygenase genannt. Sie verabreichten dem Wein etwas Sauerstoff, um die Farbe zu stabilisieren, die Struktur und Textur zu verbessern und die übel riechenden Folgen der Reduktion zu vermeiden. Man kann Weine während der alkoholischen Vergärung einer Mikrooxidation unterziehen, um die Arbeit der Hefen zu unterstützen und einen Stillstand des Gärprozesses zu vermeiden. Mikrooxidation nach der alkoholischen und vor der malolaktischen Fermentation fixiert die Farbe und sorgt für rundere, saftigere Tannine und ausdrucksvollere Geschmacksnuancen. Das Gleiche gilt für den Ausbau im Fass: Das Aromagefüge verbessert sich, die Gerbstoffe schleifen ihre Kanten noch weiter ab.

Es wird nur sehr, sehr wenig Sauerstoff von unten her in die Flüssigkeit gepumpt; außerdem „schluckt" der Wein die Bläschen, die also nie an die Oberfläche kommen. Man kann die Sauerstoffmenge per Computer regeln und Tag und Nacht automatisch zuführen. Möglich ist sogar die manuelle „Impfung" einzelner Fässer. Dafür verwendet man eine stabähnliche Ausrüstung, den *cliqueur*, so genannt wegen des klickenden Geräuschs beim Zuführen von Sauerstoff.

Der Südwesten im Überblick

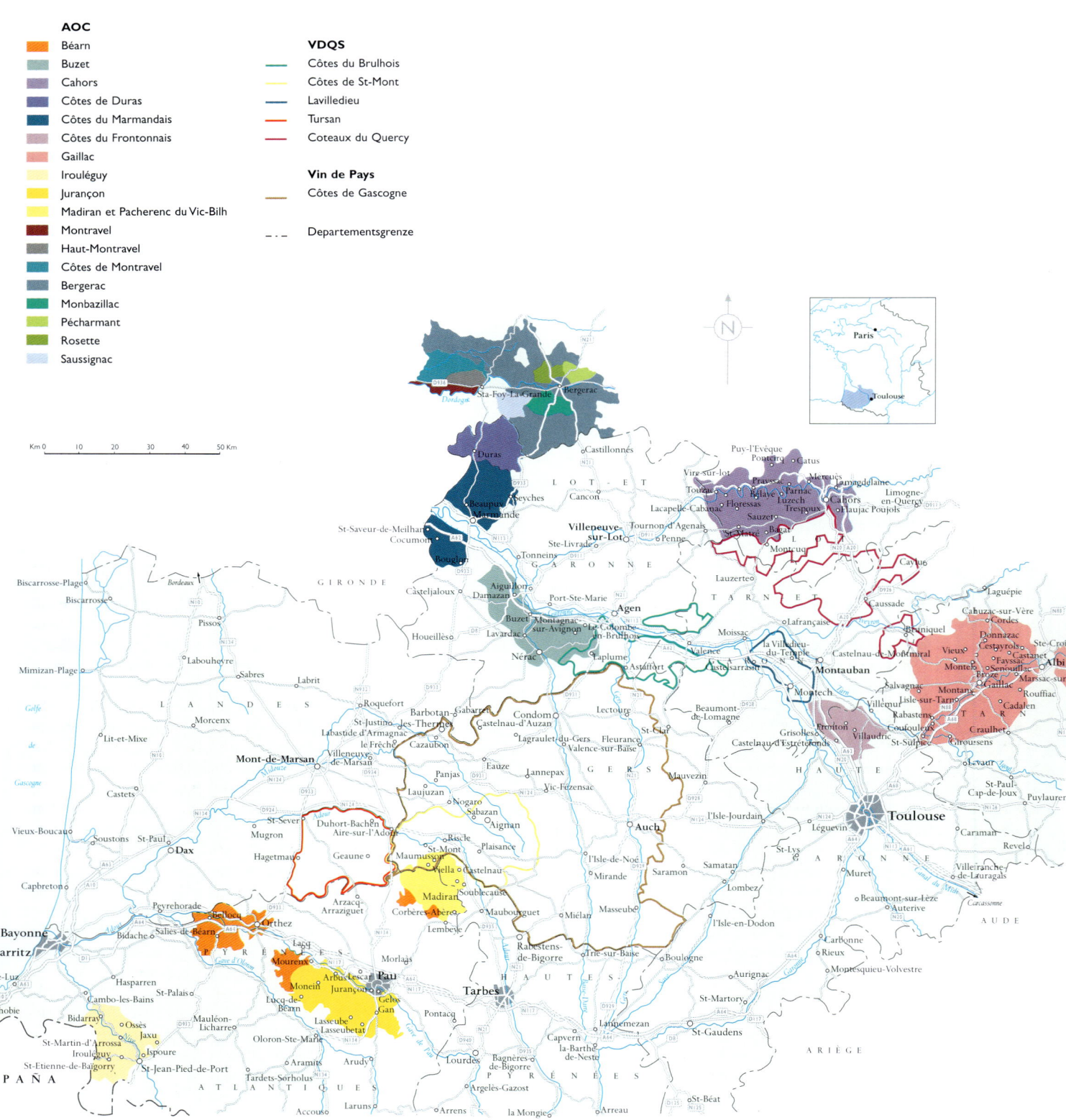

Geologisch und verwaltungstechnisch ist der Südwesten ein heilloses Durcheinander, wenn auch ein großartiges. Zunächst einmal hängt sich die Region an den Rockzipfel von Bordeaux. Bergerac ist keine Stunde von St-Emilion entfernt. Gaillac und die Côtes du Frontonnais wiederum liegen schon an der Schwelle zum Languedoc. Und der südlichste Außenposten Irouléguy mit den seltsam grünen Hängen gehört schon zum Baskenland. Rebsorten, Böden und Klima sind haarsträubend uneinheitlich. Man hat die Gegend wohl aus Bequemlichkeit zu einer einzigen Region zusammengefasst; obwohl sie alles andere als bequem ist, denn hier erstreckt sich tiefste Provinz. Jede Reise durch den Südwesten erfolgt auf kleinen, gewundenen Straßen.

Beginnen wir unseren Parcours in **Bergerac**. Warum zählt Bergerac eigentlich nicht zu Bordeaux? Heute wegen der Politik und früher wegen der Religion. Bordeaux gehört zum Departement Gironde, Bergerac zum Departement Dordogne. Bergerac war protestantisch, Bordeaux katholisch. Immerhin hatte man Bergerac vom *privilège de Bordeaux* ausgenommen. Als einziger Bereich des Haut-Pays konnte es seine Weine flussabwärts schiffen und zu ausländischen Märkten, insbesondere in die Niederlande, transportieren, ohne dass die Bordelaiser dazwischenfunkten. Geologisch hingegen muss man Bergerac zum Großraum Bordeaux rechnen, denn der Seesternkalk und die Fronsac-Molasse vom rechten Ufer setzen sich hier fort, wenngleich der Boden zusätzlich mit Sand, Kiesel und Schwemmland aus der Auvergne durchsetzt ist. Montravel grenzt an die Côtes de Castillon an, Saussignac an Entre-Deux-Mers.

Schon hier fängt das AOC-Wirrwarr an. Bergerac und die **Côtes de Bergerac** sind Regional-Appellationen für Rote und Weiße. Geographisch decken sie sich; die Unterschiede beschränken sich auf einen minimal anderen Mindestalkoholgehalt. Süßweine aus der Gegend laufen unter **Côtes de Bergerac Moelleux**. Außerdem gibt es eine Reihe von Cru-Appellationen vorwiegend für trockene oder süße Weiße. Warum keine Roten? Nun, die Niederländer mochten eben süße Weiße. Heute hat die Einschränkung ihren Sinn verloren und so erkämpften sich beispielsweise die Erzeuger in **Montravel** kürzlich das Recht, jene fleischigen Roten zu erzeugen, für die auch die benachbarten Côtes de Castillon bereits bekannt sind. Eine weitere Ausnahme in der Weißweinlandschaft bildet die AOC **Pécharmant**, deren eisenhaltiger Sand über Kalk für leichte Rote gut ist. Die trockenen Weißen werden hier als einfacher Bergerac und die meisten süßen Weißen als Rosette etikettiert. Der einzige Cru für trockene Weiße in der restlichen Region ist Montravel. Für ihre süßen Vettern hingegen gibt es die Bereiche **Rosette, Côtes de Montravel, Haut-Montravel, Saussignac** und vor allem **Monbazillac**, die berühmteste Zone. Sie hat auch die eigenständigsten Erzeugnisse zu bieten: Ein Monbazillac bekundet nicht ganz die Finesse eines Sauternes oder Barsac, macht dieses Manko aber durch honigschweres Volumen und saftige, unwiderstehliche Kraft mehr als wett. Oft beansprucht er sogar den Titel des süßesten französischen Dessertweins. Seine Reben wachsen nicht wie in Sauternes auf sandigen Kieskuppen, sondern auf einer Art Mineralien-Sandwich, in dem sich Brot und Butter aus Kalk zusammensetzen, während der Belag ein Happen aus fetterem Mergel und feuchtem, tonigem Sand ist. Monbazillac bildet den höchsten Punkt von Bergerac – hier lichten sich die herbstlichen Nebelschwaden über den Flüssen als Erstes und begünstigen die Entstehung der Edelfäule sowie das anschließende Backen und Schrumpfen, das die großen Süßweine nun einmal brauchen. In der gesamten Bergerac-Region herrschen die gängigen Bordelaiser Trauben vor.

Die **Côtes de Duras** neben Saussignac und Bergerac bilden praktisch eine Fortsetzung des letzteren Bereichs. Sie haben denselben Boden und man kultiviert auch dieselben Reben. Angesichts der Ähnlichkeiten tut man sich schwer, sich mit den süßen und trockenen Weißen sowie den Roten vom Rest des Pelotons abzuheben – es gelingt auch gar nicht. Etwas einfacher haben es die **Côtes du Marmandais**, deren zwei Zonen die Garonne flankieren. Sie bringen zumindest einige echte Rebsorten südwestlicher Herkunft ins Spiel, unter anderem Fer Servadou, Abouriou und Malbec (Cot). Man verschneidet sie allerdings oft mit Bordeaux-Trauben. Die sehr weit gefassten AOC-Bestimmungen erlauben sogar Gamay und Syrah. Das Terroir nördlich der Garonne erinnert an das von Duras und Bergerac (Kalk, Schieferton, Molasse), während der aussichtsreichere Südteil einige vorzügliche Kiesterrassen zu bieten hat, die denen von Sauternes und Graves weiter flussabwärts ähneln.

Wenn man in südöstlicher Richtung den Fluss entlangfährt, stößt man auf **Buzet** und die **Côtes du Brulhois** gegenüber von Agen. Buzet ist eine AOC mit einem vielfältigen Boden-Potpourri, leidet jedoch wie andere Nachbarzonen von Bordeaux darunter, dass sie zwar Trauben kultivieren muss, aber nicht so gute Ergebnisse damit erbringt, auch wenn sich die örtliche Genossenschaft noch so sehr ins Zeug legt. Die Côtes du Brulhois wiederum sind eine 250 ha große VDQS mit zwei Genossenschaften und vier Einzelerzeugern. Sie setzen wie die Côtes du Marmandais auf die einheimischen Trauben Tannat, Cot und Fer Servadou, außerdem die klassischen Bordeaux-Reben. Brulhois beansprucht für sich sogar eine „Schwarzwein"-Tradition. Theoretisch zumindest, denn in der Praxis ist die Appellation meilenweit davon entfernt. Vielleicht nützt das Engagement des französischen Sängers Francis Cabrel ja etwas.

Wir kommen voran. Ein Stück hinter Agen vereinen sich Lot und Garonne. Wenn man dem grünen Lot flussaufwärts folgt, gelangt man nach **Cahors**. Das Seltsame an dieser aufstrebenden AOC ist ihr zweigesichtiges Terroir. Man sollte erwarten, auch zwei völlig verschiedene Stile vorzufinden. Und tatsächlich gibt es sie: einen ernsthaften, dunklen, dicht gewirkten, mineralischen Tropfen und einen leichteren, unbeschwerteren Zechwein. Diese Unterschiede aber sind größtenteils auf winzerischen Ehrgeiz und nicht auf andersartige Böden zurückzuführen. Man wird wohl noch einmal 50 Jahre warten müssen, bis die Erzeugnisse wirklich das Terroir wiedergeben.

Worin unterscheiden sich nun die beiden Terroirs? Der Lot schlängelt sich durch ein trockenes Kalksteinplateau, *causse* genannt. Einige Stöcke stehen auf diesem steinigen, von Eichen übersäten Trüffelland, das Gros allerdings findet man im Tal auf mineralienreichen Kiesterrassen, die der Fluss im Lauf der Zeit hinterlassen hat. Der Weinbau im Tal bereitet weniger Probleme, denn hier werden die Reben nicht so sehr von Trockenheit und Frost geplagt. Große Weine entstehen sowohl auf der Hochebene als auch in den Niederungen. Die beiden Böden haben allerdings auch etwas gemein: Eisen. Der Flusskies ist mit Eisenstein durchsetzt und auch auf dem *causse* sind durch Verwitterung zahlreiche Mulden entstanden, in denen sich Eisenoxide aus dem Grundwasser gesammelt haben. Einst wurde hier sogar Eisenerz verhüttet. Die AOC gilt nur für Rote; Weiße müssen als Vins de Pays etikettiert werden. Die Roten bestehen zu mindestens 70 % aus Cot (Malbec, hier paradoxerweise Auxerrois genannt), der Rest setzt sich aus Zusatzsorten wie Merlot und Tannat zusammen. Südlich an Cahors schließt sich auf dem *causse* die neue VDQS **Coteaux du Quercy** an. Bei engagierten Winzern, die entschlossen sind, dem schwierigen Terroir Gutes zu entlocken, kann man interessante Weine entdecken.

Wenn man dem Lot noch weiter flussaufwärts in östlicher Richtung folgt, stößt man auf die kleinen VDQS-Zonen **Vins d'Entraygues et du Fel** und **Vins d'Estaing** sowie die AOC **Marcillac**. Die ersten beiden sind mit jeweils 10 ha verschwindend klein – und herrlich kompliziert. Fel verfügt über Schiefer und setzt auf Rote aus Fer Servadou, Cabernet und Gamay, während Entraygues von Granitsand geprägt wird und eher für Weiße von Chenin blanc geeignet ist.

▲ Pascal Verhaeghe hält vom *causse* nicht sonderlich viel. Für die Bereitung großer Cahors-Weine zieht er die Flusskiesterrassen von du Cèdre vor.

Die winzigen Kalkterrassen von Estaing (7 ha) sind mit Abouriou, Moussaygues und Gamay für Rote sowie Chenin und Rousselou für Weiße bestockt. Marcillac wiederum ist mit seinen 150 ha das traurige Überbleibsel eines Rebenlandes, das sich 1870 über 5000 ha erstreckte. Die AOC bildet im Grunde die Verlängerung des eisenhaltigen Terroirs von Cahors. Sie erzeugt Rote aus Fer Servadou (hier Mansois genannt), die auf eisenhaltigem rotem Ton namens *rougier* heranreifen. Auch einige von Kalk geprägte *causse*-Rebflächen findet man hier.

Kehren wir zur Garonne zurück, die sich hinter Toulouse die Flüsse Tarn, Viaur und Aveyron einverleibt. Die VDQS **Lavilledieu** und die AOC **Côtes du Frontonnais** versorgen die Universitätsstadt mit leichten, pfeffrigen, schmackhaften Roten. Sie reifen auf Flussterrassen aus Ton, Schlick, Sand, Kies und Kieseln heran, verdanken ihre Persönlichkeit aber eher der Négrette-Traube (unterstützt von einem enormen Arsenal an Zusatzsorten) als einem Terroir bestimmter Ausprägung.

Der Tarn streift östlich seiner Mündung die AOC **Gaillac**, die auf eine lange, glorreiche Geschichte zurückblicken kann, heute allerdings an vielerlei Wehwehchen krankt, die ihre Entwicklung hemmen. Gaillac liegt auf halbem Weg zwischen Atlantik und Mittelmeer, zwischen Bordeaux und dem Languedoc, zwischen Gestern und Heute. Viel Wein entsteht hier, doch nur ein Drittel trägt das AOC-Siegel (jeweils ein weiteres Drittel sind Vins de Pays und Vins de Table). „Das erste Mal seit Menschengedenken bekommen die Winzer mehr Geld für weniger Wein", stellt Alain Boulanger fest, Präsident der örtlichen Branchenorganisation. Der Großteil der Weinberge liegt am nördlichen Ufer. Das Land steigt vom Ufer ab kontinuierlich bergan und zieht sich von Sand- und Kiesterrassen über Ton-Kalk-Hänge bis zum bewaldeten Kalkplateau um Cordes hoch. Der Boden ist oft tiefgründig und fett, sodass man nicht selten Getreide- und Maisfelder neben Weingärten sieht. Maschinelle Lese dominiert. In der Nähe des Flusses findet man außerdem etwas bestocktes Schwemmland und südlich des Wasserlaufs bei Cunac auch Kiesterrassen sowie kiesige Tonböden. Bei den meisten AOC-Erzeugnissen handelt es sich um enttäuschend simple Rote aus Duras, Fer Servadou (hier Braucol genannt), Syrah und Gamay. Interessanter fallen die Weißen aus, was den beiden einheimischen Sorten, der apfelfruchtigen Mauzac und der vegetabileren Len de l'El (auch Loin de l'Œil geschrieben), zu verdanken ist, obwohl auch sie vermutlich nie bis in den internationalen Markt vordringen werden. Wirklich beachtliche Tropfen aber liefert Muscadelle. Der „Weinarchäologe" Robert Plageoles legt sich mächtig ins Zeug, um Gewächse aus zugelassenen, doch raren Varietäten wie Ondenc und Prunelart zu bereiten. Bislang ist allerdings noch niemand seinem Beispiel gefolgt. Neben trockenen und süßen Weißen entstehen in der Appellation ferner zwei Arten Schaumwein. Der Perlé oder Fraîcheur Perlée lässt nur ein leichtes Perlen erkennen, das ihm die malolaktische Gärung mitgibt. Gaillac Mousseux dagegen wirft sich als vollwertiger Schäumer in Positur. Er entsteht nach der traditionellen Methode oder nach der *méthode gaillacoise* bzw. *méthode rurale*, bei der sich die Bläschen durch Unterbrechung der alkoholischen Gärung bilden. Noch weiter flussaufwärts gelangt man zur VDQS **Millau** oder **Côtes de Millau**. Ihre Roten werden vorwiegend aus Gamay und Syrah, die Weißen aus Chenin blanc gekeltert. Sie geben sich relativ leicht und schlank und ähneln ihren Pendants von den Côtes d'Auvergne auf der anderen Seite des Zentralmassivs.

Fast alle bislang erkundeten Anbaubereiche verdanken ihre Existenz dem Zusammenfluss von Wasserläufen. Jeder ihrer Tropfen zieht irgendwann einmal am Château Latour vorbei. Mit anderen Worten: Das Wasser der gesamten Region strebt der Gironde zu. Kein Wunder, dass die Bordelaiser der Konkurrenz im Hinterland den Marktzugang verwehren konnten. Die restlichen Zonen hingegen stehen auf einem anderen Papier. Wir kommen nun zu einem zweiten Entwässerungsbassin, das sich bei Bayonne ins Meer ergießt. Wir überqueren das pastorale Weingeistland Armagnac und nähern uns den Pyrenäen. Allmählich dringt das eigentümliche Idiom des Baskenlands an unser Ohr.

An der Übergangszone begegnen wir dem erfolgreichsten und beeindruckendsten VDQS-Weinbaugebiet im Südwesten, den **Côtes de St-Mont**. Der Bereich verdankt seine Existenz wie die zu Ruhm gelangte Vin-de-Pays-Denomination **Côtes de Gascogne** der Entschlossenheit seiner Winzer, in einer Welt, die nicht mehr so viel Armagnac trinkt, neue Ausdrucksmöglichkeiten für ihre Erzeugnisse zu finden. Der Siegeszug der Côtes de Gascogne wurde vor allem von den Armagnac-Rebsorten Ugni blanc und Colombard angeführt, die man durch Kaltvergärung und den cleveren Einsatz von Restzucker für die Märkte attraktiv machte – also durch Bereitungsstrategien statt Betonung des Terroirs. Die Côtes de St-Mont hingegen sind eine VDQS-Zone, in der das Terroir klar zum Ausdruck kommt. Es spricht aus den Sand- und lehmigen Tonböden des südlichen Bas-Armagnac neben Madiran, die sich gar nicht so sehr von denen der benachbarten AOC unterscheiden. Rund 70 % Tannat in den Roten und der Einsatz von Arrufiac, Manseng sowie Courbu mit kleineren Mengen Sémillon und Sauvignon für Weiße lassen die verwandtschaftlichen Bande noch enger erscheinen. Mit anderen Worten: St-Mont präsentiert sich als Mini-Madiran, als halbwüchsiges Pacherenc.

Madiran und sein weißes Alter Ego **Pacherenc du Vic-Bilh** nehmen ein AOC-Anbaugebiet in einer ländlichen Gegend zwischen den Landes und den Pyrenäen am linken Ufer des Adour ein. Die fetten Lehmböden über Kalkfelsen und zahllose sanfte Talfalten haben sich besonders für die rote Tannat-Traube (im Verbund mit den beiden Cabernets und Fer Servadou) als ideales Terrain erwiesen. Die Roten von Madiran sind ein französischer Superlativ. Keine anderen Weine ihrer Farbe, ob aus Cornas, Hermitage, Gigondas oder Bandol, erreichen dieselbe Tanningewalt und dunkle, rauchige Urkraft. Sie sind von mephistophelischer Macht, was nicht immer unproblematisch ist. Dank des Erfindungsreichtums und der Energie einheimischer Weinbauern aber hat die AOC in den letzten zehn Jahren Erstaunliches zuwege gebracht. 1945 waren lediglich ein paar Hektar bestockt – heute entstehen hier einige der forderndsten, aber auch erfüllendsten Roten Frankreichs. Noch aktueller ist der dramatische Aufschwung der AOC Pacherenc, deren köstlich komplexe Dessertweine ihren in den letzten Jahren auf den Plan getretenen Gegenstücken in Jurançon Konkurrenz machen. Madiran grenzt an die VDQS **Tursan**. Auch hier spielt Tannat eine wichtige Rolle, während bei den Weißen die seltene Baroque-Traube zum Zug kommt. Allerdings fallen die Weine wesentlich leichter und einfacher aus als in Madiran und Pacherenc, sieht man einmal von den Erzeugnissen Michel Guérards vom Château de Bachen ab.

Noch näher an der spanischen Grenze liegen die letzten drei französischen Anbaubereiche: die AOCs Béarn, Jurançon und Irouléguy. **Jurançon** gilt als unangefochtener Spitzenreiter des Trios, obwohl die Appellation eine reine Weißweinzone ist (Gros Manseng, Petit Manseng und Courbu). Die Tropfen reifen auf einer langen, welligen Lende aus Ton heran, die mit der üblichen Mischung aus Berggestein gespickt und mit Eisenstein überkrustet ist. Der Boden lässt sich hier manchmal nur mühsam bearbeiten. Ebenso wichtig wie der Untergrund sind für die Reben die der Sonne zugewandte Lage der Weinberge und die hohe Erziehung bzw. das Stützen der Stöcke. Die kristalline, schneefeldgleiche Süße der größten Jurançon-Kreszenzen rührt nicht von der Edelfäule her, sondern von der Herbstsonne, die die zum Schrumpfen neigenden Beeren der ertragsarmen Petit-Manseng-Rebe dehydriert.

Béarn und die vor einiger Zeit in den Rang einer AOC erhobene Subzone **Béarn-Bellocq** liegen flussabwärts hinter Jurançon in der Gabel der beiden *gaves* (Flüsse) Pau und Oléron. An Ton-Kalk-Hängen entstehen süße und trockene Weiße, leichte, scharfe Rote und vor Ort hoch geschätzte Rosés. Tannat und die zwei Cabernet-Trauben sind das bevorzugte Rohmaterial für die Roten; die Weißen keltert man aus der autochthonen Sorte Raffiat de Moncade und den beiden Mansengs.

Und nun zur letzten AOC vor der Grenze: **Irouléguy**. Als Randzone sehen sie allerdings nur die modernen Kartographen, denn sie liegt mitten im Baskenland und ist aus rein politischen Gründen so etwas wie ein Außenposten geworden. Auch hier findet man nur an den am günstigsten gelegenen, steilen Südhängen Reben. Die Weinstöcke klammern sich an roten Sandstein und Schiefer mit Ton. Tannat und Cabernet geben in den Roten den Ton an, während die Weißen wieder einmal auf den beiden Manseng-Trauben basieren. Irouléguy ist die Heimat schwieriger Roter mit schneidender Säure, harschen Eisennoten und Bittertönen. Die bergfrischen Weißen benehmen sich zivilisierter und umgänglicher.

Im Kreuzfeuer

Der Südwesten ist noch keine Region

Was haben Bergerac und Irouléguy miteinander zu schaffen? Im Grunde sehr wenig. Warum weigern sich Bergerac, Madiran und Cahors zusammenzuarbeiten? Sie sehen sich als Rivalen. Welche französische Weinregion umfasst als Einzige zwei völlig verschiedene Flusssysteme? Der Südwesten.

Eigentlich sonnenklar: Die Anbaugebiete des Südwestens bilden nur eine „Region", weil sie keine andere Wahl haben – sie kommen nirgendwo sonst unter. Manchmal aber muss eine Flagge aus verschiedenen Tüchern genäht werden. Sämtliche französischen Bereiche müssen erkennen, dass sie keine Konkurrenten, sondern Kollegen mit gemeinsamen Interessen sind. Eines der größten französischen Handicaps in der Weinwelt ist die chaotische, zerrissene und ineffiziente Marketingstrategie. Unter allen französischen Regionen ähnelt der Südwesten am stärksten einer Schachtel Pralinen: Jede sieht anders aus, hat eine andere Größe und ist aus anderen Zutaten gemacht. Wenn die oft hervorragenden Bereiche je der Bedeutungslosigkeit entfliehen wollen, müssen sie zusammenhalten.

Der Südwesten ist uneinheitlich

Wer die Weinlandschaft im heutigen Bergerac, Cahors, Madiran oder Jurançon erforscht, wird Erstaunliches zutage fördern. Nur wenige AOCs haben in punkto Qualität einen solchen Riesensprung nach vorn gemacht. Der Standard in Buzet, Brulhois, Lavilledieu, Tursan und sogar Gaillac hingegen reißt nicht vom Hocker. Man ist versucht, die Schuld den trägen, zu dominanten Genossenschaften in die Schuhe zu schieben. Doch das wäre zu einfach, denn die Producteurs Plaimont in der Gascogne und an den Côtes de St-Mont oder der Unternehmensgeist, der eine *coopérative* wie die Union CVG in Gers antreibt, beweisen, dass Qualität und Gemeinschaftsarbeit sich nicht ausschließen. Unabdingbar aber sind Aufrichtigkeit und Selbstkritik. Wenn die Erzeuger in den schwachen Anbaugebieten ihre Weine nicht mit denen führender Kollegen in anderen AOCs vergleichen und selbst durchstarten, haben sie keine Zukunft. Der „Kellergaumen" – man gewöhnt sich so sehr an die eigenen Weine, dass man ihre Fehler nicht mehr schmeckt – war von jeher eines der größten Probleme der Weinwelt. Dabei ließe es sich so einfach beheben.

Leute

l'Ancienne Cure
24560 Colombier, Tel. 05 53 58 27 90, Fax 05 53 24 83 95

Die besten Pferde im 38-ha-Stall des tatkräftigen Christian Roche in Bergerac sind die Linie Cuvée l'Abbaye, u. a. mit dem marzipangetönten Monbazillac und einem subtilen, üppigen Bergerac Sec, sowie der fleischige, würzige rote L'Extase.

Arretxea
64220 Irouléguy, Tel. 05 59 37 33 67, Fax 05 59 37 33 67

In der AOC Irouléguy entstehen eher schwierige Weine mit beißender Säure, harten Obertönen aus Eisen und bitteren Kanten. Thérèse und Michel Riouspeyous' kleine 6-ha-Domäne mit ausnahmslos südwärts gerichteten Hängen gehört zu den wenigen Betrieben, die diese schwierigen Züge durch Reife und Fülle ausgleichen. Gelungen vor allem der weiße Hegoxuri, eine zum Teil im Fass vergorene Mischung aus den beiden Manseng-Trauben und Petit Courbu.

Aydie ✪✪
64330 Aydie, Tel. 05 59 04 08 00, Fax 05 59 04 08 08

Nur wenige Güter in Frankreich werden makelloser und professioneller geführt als Aydie. Die 68 ha in Madiran und 20 ha in der Gascogne sind ein Familienimperium, über das die drei Söhne und die Tochter von Pierre Laplace herrschen. Pierres Vater Frédéric war eine der Triebfedern für den Wiederaufstieg von Madiran (als die AOC 1948 eingerichtet wurde, verzeichnete man ganze 50 ha Weinberge – heute sind es 1650 ha). Jedes Element der Weinbereitung wird genauestens kontrolliert und erforscht. Die Laplaces standen nicht nur Pate bei der Erfindung der Mikrooxidation (siehe S. 203), sondern befassten sich auch intensiv mit der Suche nach Materialien, in denen man Tannat am besten vinifiziert (Holz oder Glasfaser, denn die Traube braucht Sauerstoff). Man zieht bei der Extraktion die *délestage* der *pigeage* oder *remontage* vor, weil der Tresterhut dabei stärker aufgebrochen wird, und experimentiert mit Kaltmazeration. Beim Ausbau steckt man die Weine in großen Jahren in 250-l-Barriques, in weniger guten erzielt man angeblich mit 400-l-Fässern bessere Ergebnisse. Der Hefesatz ist bei den Laplaces eine Wissenschaft für sich. „Er sorgt für Frucht", meint Jean-Luc, muss aber zuerst aufgerührt werden und ist erfolgreicher mit einer Mikrooxidation in großen Holzbehältern statt in Barriques. Bei diesem Aufand wundert es nicht, dass die Madiran-Palette Vorbildcharakter hat. Mansus Irani heißt der *classique* mit 60 % Tannat und 40 % Cabernet franc, ein veilchenduftiger, doch kräftiger Wein mit durchdringender Schlehenfrucht. Im Odé d'Aydie, einer Auslese aus den besten Parzellen, erhöht man die Tannat-Komponente auf 80 %, in manchen Jahren wie 2000 sogar auf 100 %. Dank des Zusammenspiels aus Elementen mit Barrique- und *foudre*-Ausbau fällt er süßer und voller aus, während die Schlehen nun als Pflaumen auftreten und die Tanninstruktur sich verbreitert. Als *grand vin* offeriert man die Auslese Château d'Aydie: Der reinsortige Tannat stammt aus den allerbesten Weinbergen, bekundet mehr Kraft, Energie und Frucht (Brombeeren, Schwarze Johannisbeeren) als seine Stallgenossen und entwickelt mit der Zeit ein anspielungsreiches Aromagefüge aus Tabak und Pilzen. Der Pacherenc Sec zeigt sich als vorzüglich vinifiziertes, leicht perlendes Erzeugnis mit Anklängen an trockene Grapefruit. Der Moelleux wiederum tritt mit umwerfender Konzentration auf und gibt sich relativ unzugänglich.

Bachen
40800 Duhort-Bachen, Tel. 05 58 71 76 76, Fax 05 58 71 77 77

Da Michel Guérards Eugénie-les-Bains zu Tursan gehört, sind die dort bereiteten Weine nun einmal die besten der Gegend. Guérard ist der einzige Erzeuger mit einem Weißen im Sortiment (aus der seltenen Baroque-Traube). Sein Baron de Bachen läuft als Spitzen-Cuvée, während der Château de Bachen die „gewöhnliche" Version abgibt. Die Weine sind angenehm, aber sonst nichts.

Barréjat
32400 Maumusson-Laguian, Tel. 05 62 69 74 92, Fax 05 62 69 77 54

Wer findet, dass zu viele Madiran-Weine zu hart ausfallen, sollte nach den Tropfen von Denis Capmartin Ausschau halten. Auf seinem 20 ha großen Château Barréjat entstehen drei rote Cuvées, die allesamt reichfruchtig und zutiefst sinnlich ausfallen – die Cuvée der mittleren Kategorie (50 % Tannat, 50 % Cabernet) heißt sogar Séduction. Der Basiswein namens Tradition (60 % Tannat) gibt sich weich, zugänglich und schön ausgewogen mit einem leichten überreifen Touch in der Frucht. Die Trümpfe der Domäne sind die alten Reben, bei denen es sich zum Teil noch um unveredelte, rund 200 Jahre alte Stöcke aus der Zeit vor der Reblausinvasion handelt. Sie werden für eine umwerfende Cuvée Vieux Ceps mit 80 % Tannat verwendet. Der 1999er-Jahrgang verwöhnt durch volle, rauchige Düfte und einen eleganten Geschmack, in dem sich Brombeeren und Schwarzkirschen ein Stelldichein mit Kandiszucker geben. Der nichts sagende trockene weiße Pacherenc dürfte sich verbessern, wenn man den Arrufiac-Anteil durch Petit Manseng ersetzt. Auch einen Moelleux gibt es, einen konzentrierten, aber eindimensionalen Schäumer aus 100 % Petit Manseng, der in zwei Versionen (mit und ohne Eichenausbau) offeriert wird.

Beaulieu
47180 St-Sauveur-de-Meilhan, Tel. 05 53 94 30 40, Fax 05 53 94 30 40

Robert und Agnès Schulte verstehen sich auf die Erzeugung eleganter, sorgfältig bereiteter Tropfen. Das Glanzstück ihrer 30-ha-Domäne an den Côtes du Marmandais ist die in Eiche gereifte Cuvée de l'Oratoire. Während Elian da Ros nach Süden in die Tiefen des vom Terroir dominierten neuen Languedoc blickt, orientieren sich die Schultes an der Finesse eines klassischen Bordeaux.

Beauportail
24100 Bergerac, Tel. 05 53 24 85 16, Fax 05 53 61 28 63

Der junge Fabrice Feytout behauptet sich seit 1998 mit eleganten, ausdrucksvollen Roten einen Platz in der vordersten Reihe der Pécharmant-Winzer.

Bellegarde ✪
64360 Monein, Tel. 05 59 21 33 17, Fax 05 59 21 44 40

Pascal Labasses gelungene Fingerübungen sind ein sauberer, frischer, saftiger, mineraliengetönter Sec aus Gros Manseng und ein im Fass vergorener, weicherer, runderer Sec namens Cuvée Bois mit 30 % Petit Manseng. Sein eigentliches Können aber zeigt er mit den drei süßeren Weinen. Der Basis-Jurançon offenbart für einen nicht mit Eiche in Berührung gekommenen Tropfen erstaunliche Fülle, während die Eichenversion Cuvée Thibault Üppigkeit und Präzision auf gelungene Weise in sich vereint. Die am 23. Dezember gelesene Cuvée DB aus dem Jahr 2000 kehrt essenzartige Konzentration und eine außerordentliche Aromabandbreite mit Blüten, Früchten, Honig, Gewürzen und frischem Frühlingsunterholz hervor – ein echtes Glanzlicht. Die mit Mandarinen und Orangen bepackte Cuvée DB von 1995 wiederum zeigt, wie gut dieser Wein altern kann und dabei weichere Züge annimmt, sich jedoch seine explosive Kraft bewahrt. Pascal Labasse testete auch eine völlig schwefellose Version dieses Tropfens. Sie hat mittlerweile oxidative Züge entwickelt und schlägt eher Aprikosennoten an als zitrusfruchtige Töne.

Bewertung ✪ Sehr guter Wein ✪✪ Ausgezeichneter Wein ✪✪✪ Großer Wein

Bellevue la Forêt
31620 Fronton, Tel. 05 34 27 91 91, Fax 05 61 82 43 21

Das weitläufige, 115 ha große Rebland in Einzellage lässt Parick Germains Domäne schon beinahe wie ein australisches oder kalifornisches Großgut aussehen. Mit seinen in beträchtlichen Mengen produzierten, zurückhaltend ausdrucksvollen Durstlöschern für den Toulouser Markt hat Germain die AOC zu einer festen Größe in der internationalen Weinlandschaft gemacht. Die Weinberge auf der ersten Terrasse des Tarn setzen sich aus teils sandigen, teils steinigen Böden zusammen. Die Unterschiede spiegeln sich in der großen Zahl von Cuvées wider. Ein Schwerpunkt von Bellevue sind die Experimente von Germain und seinem langjährigen Kellermeister Christian Ivorra mit der Négrette-Traube. Im Augenblick versuchen sie z. B. herauszufinden, ob die Traube mithilfe von Mikrooxidation das Holz erfolgreicher verdaut. Die klassische rote Cuvée setzt sich aus 50% Négrette, jeweils 15% Syrah und Cabernet franc sowie jeweils 10% Cabernet Sauvignon und Gamay zusammen. Sie entsendet Düfte von Pfeffer und Tabakblättern und schmeckt sauer-frisch, deutet Kirschen und Pflaumen an, ist von weichen Tanninen durchwirkt und verabschiedet sich mit pfeffrigem Abgang. Ein idealer Roter für kühlen Trinkgenuss. Der sortenreine Négrette Ce Vin von den besten Parzellen tritt als leichter, teeriger, blumiger Tropfen auf. Zum Sortiment gehören außerdem zwei in Eiche ausgebaute Cuvées namens La Sélection und Prestige. Die Cuvée d'Or wird ohne Holzkontakt abgefüllt, bekundet aber einen etwas extraktreicheren Stil. Kein Wein macht durch sonderliche Tiefe oder Textur auf sich aufmerksam; man hat es mit angenehmen, fruchtigen, gut bereiteten, unkomplizierten Erfrischungsgetränken zu tun.

Berthoumieu ✪
32400 Viella, Tel. 05 62 69 74 05, Fax 05 62 69 80 64

Didier Barré erfüllt auf seinem 26-ha-Gut die hohen Qualitätsstandards der AOC Madiran. Seine Cuvée Tradition enthält 55% Tannat, obwohl man von der Substanz und Tiefe auf einen höheren Gehalt dieser Traube schließt. Die Cuvée Charles de Batz mit 90% Tannat ist ein typisches Madiran-Kraftpaket; sie braucht mindestens fünf Jahre Klausur, bis sie sich zu öffnen beginnt. Ihre fülligen Tannine zeichnen sich durch eindrucksvolle Öligkeit statt trockener Härte aus. Barré bewirtschaftet 3,5 ha mit weißen Rebsorten für einen Pacherenc Sec von alten Reben und die süße, füllige, eichengefärbte Symphonie d'Automne.

Bouscassé siehe Brumont

Bru-Baché
64360 Monein, Tel. 05 59 21 36 34, Fax 05 59 21 32 67

Claude Loustalot, Neffe von Georges Bru-Baché, erzeugt eine Weinpalette, die sich durch extravagante Frucht auszeichnet. Auf 8 ha Rebland in Jurançon entsteht ein sorgfältig ausgewogener, holzbetonter Sec Casterrasses und ein süßer La Quintessence, der mit der Zeit volle Buttertöne entwickelt. Der Star des Guts, L'Eminence, tritt kraftvoller auf als der Rest, erreicht aber nicht die Komplexität, die den Preisunterschied zum La Quintessence rechtfertigen würde.

Brumont ✪✪✪
32400 Maumusson-Laguian, Tel. 05 62 69 74 67, Fax 05 62 69 70 46

Alain Brumont muss ein Getriebener sein. Kein Erzeuger in ganz Frankreich macht sich mit so rastlosem Ehrgeiz an die Sache wie dieser „Extremwinzer". Seiner Meinung nach gibt es in Madiran 22 gute Hügel und er scheint es sich zum Ziel gesetzt zu haben, auf allen Weinberge zu ergattern. In letzter Zeit sind der La Rosée und der hoch gelegene, steinige La Tyre dazugekommen, der vielleicht beste von allen. Jeder hat ein anderes Terroir: Bouscassé z. B. erstreckt sich auf relativ fettem Ton und Kalk mit Eineinschlüssen, während Montus eine von einem Gletscher hinterlassene Kiesterrasse an einem Hang einnimmt. Brumont bietet unter anderem eine Serie spät gelesener Pacherenc-Erzeugnisse an. Sie tragen Monatsnamen aus dem französischen Revolutionskalender: Vendemiaire heißt der im Oktober, Brumaire der im November und Frimaire der im Dezember gelesene Wein. Brumont hat der Welt Jurançon-Dessertweine von bemerkenswerter Ausgewogenheit und Geschmackstiefe beschert.

Eiche ist der rote Faden, der sich durch alle Tannat-Tropfen von Brumont zieht. Die Millennium Cuvée beispielsweise wurde in der Saison 1994 gelesen und ganze 2000 Tage im Barrique ausgebaut. Doch das Ergebnis der Behandlung mit Eiche ist keineswegs ein Brettersaft; vielmehr brachte das Holz die gesamte Ausdruckspalette der Weine zutage. Der 1990er Bouscassé Vieilles Vignes etwa zeigt sich als sinnlicher Madiran, der einen vielgliedrigen Aromafächer aus weichen Früchten, Zeder, Zigarren, Gewürzen und Mineralien öffnet. Maskuliner, drängender tritt der Montus Cuvée Prestige von 1990 mit seinen dicken Tanninen und einer saftigen Säure auf – selbst in ihm aber spielt sich die Eiche keineswegs in den Vordergrund, sondern formt den Ofen, in dem die Flammen des Weins flackern. Der Bouscassé – es gibt eine Basisversion und eine Vieilles-Vignes-Ausgabe – ist in der Jugend mit Schwarzen Johannisbeeren und Pflaumen vollgepackt, während der Montus aus ähnlichen Früchten gebaut ist, diese aber in einen Tanninmantel aus Weihrauch, Kräutern und Rauch hüllt. Der 2000er-Jahrgang schmeckt wie junger, trockener Jahrgangsport voll lebendiger Pflanzensäfte und festem Steinobst, der nicht nur aus Trauben, sondern dem ganzen Stock gekeltert worden zu sein scheint. Keiner der Roten wird filtriert. „Der beste Filter ist das Barrique", erklärt Brumont. Vor kurzem experimentierte er mit 400 l fassenden *barriques armagnacaises*, die der Cuvée Montus XL nun etwas mehr Weichheit mitgeben. Seine Bereitungsprinzipien hat Brumont mittlerweile vollständig umgesetzt, d. h. er vertraut auf *auto-pigeage* und regelmäßiges Abstechen statt Mikrooxidation. Nun setzt er auf eine Zusammenarbeit mit dem Bordelaiser Pascal Chatonnet, zum Teil auch, um Probleme mit der *Brettanomyces*-Hefe in den Griff zu bekommen. Es bleibt abzuwarten, ob der freundliche Chatonnet und sein berüchtigt schwieriger Zeitgenosse miteinander auskommen und ob die Weine durch ihre Zusammenarbeit tatsächlich weicher, saftiger und weniger wild geraten.

Bei seinen trockenen Weißen glaubt Brumont fest an das Potenzial von Petit Courbu, für den er eine Zukunft als Viognier des Südwestens voraussieht. Der duftige, trockene Pacherenc Jardins de Bouscassé, ganz Aprikose und Bienenwachs, stützt seine Prophezeiung. Der weiße Montus ist ein sortenreiner Petit Courbu, dessen Trauben Brumont zuerst einige Tage in kleinen Kisten schrumpeln lässt, dann im Fass vergärt und schließlich 18 Monate lang ausbaut. Er präsentiert sich als saftiger, exotischer Weißer mit Rhône-Einschlag, der sich als genuss- und erlebnisreicher Tropfen erweist. Die Pacherenc-Dessertweine haben alle mindestens zwei Jahre Fassaufenthalt in neuen Barriques hinter sich und können großartig komplex und vielfältig geraten, wegen der damit verbundenen Risiken aber schwanken sie in der Qualität stärker als andere Brumont-Produkte (der Frimaire wird sogar nur etwa jedes zweite Jahr bereitet, da er bestes Wetter braucht). In Hochform aber schwingen sie sich zu wahren Herbstsinfonien auf, gespielt von einem Orchester aus Blättern, Beeren, Baumobst und warmen Brisen und untermalt vom Vanillelton der Eiche.

Capmartin
32400 Maumusson-Laguian, Tel. 05 62 69 87 88, Fax 05 62 69 83 07

Guy Capmartin und seine kleine 8-ha-Domäne sind für beständig gute Weine bekannt. Schmuckstück des Hauses: die tiefe, würzige Cuvée du Couvent.

Cauhapé ✪✪✪
64360 Monein, Tel. 05 59 21 33 02, Fax 05 59 21 41 82

Jurançon liegt weit abseits eingetretener Weinpfade, trotzdem ist hier die Heimat eines der größten französischen Erzeuger: Ramonteu. Der intelligente Perfektionist beschreibt sich gern als „Weingrammatiker", der seine Tropfen sauber, klar und präzise „schreibt". Seine Weinsätze lassen sich nach „Deklinationen von Gros Manseng" (zwei Secs, der eichentönige Sève d'Automne und der nicht in Eiche ausgebaute Chant des Vignes sowie der Süßwein Ballet d'Octobre) und „Deklinationen von Petit Manseng" (ein Sec, der Noblesse aus dem Eichenfass, sowie die drei im Lauf des Herbsts gelesenen süßen Versionen Symphonie de Novembre, Noblesse du Temps und Quintessence du Petit Manseng) sortieren. Lassen wir Ramonteu die beiden Reben selbst interpretieren, denn er versteht sie am besten: Der Gros-Manseng-Traube schreibt er „frische Saftigkeit" sowie „muskulösen Bau" zu und erklärt, dass sich ihre „rohen Elemente" zu „architektonischen Tropfen" formen lassen, deren aromatische Üppigkeit und Eleganz in vollendeter Ausgewogenheit zueinander stehen. Petit Manseng hingegen besteht aus mehreren Fäden, die sich zu einem „straffen, dichten Zopf" flechten lassen und sich mit ihrer außerordentlichen Harmonie zwischen Süße und Säure weniger mit einem Bauwerk als vielmehr mit Magnetfeldern vergleichen lassen. Die bereits erwähnte Sauberkeit seiner Erzeugnisse erstaunt umso mehr, als er sie mit reichlich Hefesatz nährt. Sie zeigen sich herrlich intensiv, obwohl Ramonteau keine extrem niedrigen Erträge heimfährt und die Stöcke durchschnittlich nur 20 Jahre alt sind. Die erfolgreichsten Editionen seiner eichengefärbten, trockenen Jurançon-Weine sind wohl der Sève d'Automne und der Noblesse, denn auch bei ihnen scheint der Winzer ein fabelhaftes Gespür für das zu haben, was seine Tropfen im Innersten zusammenhält. Ebenfalls gelungen ist die Eichenbehandlung des Quintessence, denn sie verleiht der intensiven, lebendigen Frucht eine unwiderstehliche Saftigkeit und Röstqualität, die beinahe schon Botrytis-Charakter hat. Kurz: ein beispielhaftes Gut.

du Cayrou
46220 Prayssac, Tel. 05 65 22 40 26, Fax 05 65 22 45 44

Das größte der drei Güter im Besitz der Familie Jean Jouffreau, die die Renaissance von Cahors wesentlich mit vorangetrieben hat; die beiden anderen sind Clos de Garnot mit einer 2-ha-Parzelle 116-jähriger Malbec-Stöcke und die vor kurzem gekaufte Domäne Clos St-Jean, ein historisches Gut, das mit hoher Bestockungsdichte neu bepflanzt wurde. Sowohl die Rebhänge von Cayrou als auch die von Clos de Garnot erstrecken sich vorwiegend auf Flussterrassen. Die beiden Güter kauern in zwei extremen Haarnadelkrümmungen des Lot südlich von Puy l'Evêque und Prayssac. Clos St-Jean dagegen liegt an einem Hang bei Sals westlich von Cahors. Die recht altmodischen Weine treten relativ hell und leicht auf und sind in einem kühlen, eleganten, fruchtigen Stil gehalten. Das Glanzstück ist die etwas saftigere, tiefere Cuvée des Vignes Centenaires, die nur in den besten Jahren in Clos de Garnot entsteht.

du Cèdre ✪✪
46700 Vire-sur-Lot, Tel. 05 65 36 53 87, Fax 05 65 24 64 36

Pascal und Jean-Marie Verhaeghe haben viel für Cahors sowie die Malbec-Traube getan. Ihre Erzeugnisse können nicht nur den argentinischen Malbec-Herstellern als Vorbild dienen, sondern auch vielen illustren Kollegen in Frankreich. Obendrein war Pascal wesentlich bei der Ausarbeitung der „Qualitäts-Charta" von Cahors beteiligt. Vier Cuvées entstehen auf dem 24-ha-Gut, darunter die klassische du Cèdre mit fleischiger Frucht, der man 20 % Merlot mitgegeben hat, um den Malbec zu mildern, und eine im Barrique ausgebaute Prestige-Version, deren Merlot-Anteil durch 10 % Tannat ersetzt wurde, was ihr eine strenge Räucherschinkennote verleiht. Das Spitzengewächs des Hauses ist der ausschließlich in neuer Eiche gereifte Le Cèdre, der sich in der Jugend blütenduftig gibt und im Alter Rauchtöne annimmt. Die Gebrüder Verhaeghe arbeiten seit den frühen 1990er-Jahren mit Patrick Ducournau zusammen und beteiligten sich außerdem an den Hefesatzexperimenten von Luc de Conti in Bergerac. Wie de Conti haben sie 2000 eine neue Cuvée namens GC herausgebracht, die in neuen 500-l-Eichenfässern vinifiziert wurde und anschließend lang auf dem Hefesatz lag. Sie zeigt sich verblüffend weich, üppig und reichfruchtig, ein Pomerol von Cahors sozusagen. (Siehe auch Haut-Monplaisir)

Chante Coucou *siehe* Elian da Ros

Chapelle l'Enclos *siehe* Mouréou

Clos de Gamot *siehe* Château du Cayrou

Clos Lapeyre ✪
64110 Jurançon, Tel. 05 59 21 50 80, Fax 05 59 21 51 83

Die 12-ha-Domäne in der Nähe von La Chapelle de Rousse, dem höchsten Punkt von Jurançon, führen Jean-Bernard Larrieu und der Brite Daniel Craker. Ihre Cuvée Vitatge Vielh Sec gehört zu den weißen Spitzenreitern der Region. Sie stammt von einer 1,5 ha großen Parzelle mit 60-jährigen Stöcken (50 % Petit Manseng). Ihre straffen, parfümduftigen, intensiven Aromen werden von lebendiger Säure getragen – so schmeckt also ein Hochlandwein aus den Pyrenäen. Im Lapeyre-Katalog findet man außerdem drei Spätlesen, darunter die herkömmliche, überwiegend im Tank ausgebaute Cuvée aus 80 % Gros Manseng und die in mehreren Durchgängen gelesene Sélection, die man sortenrein aus Petit Manseng keltert und in neuer Eiche gären lässt. Man sollte wie bei allen großen Gütern in Jurançon nicht die Nase rümpfen, nur weil ein Wein Gros Manseng enthält: Der Basiswein der Domäne ist ein überragender, mit lang anhaltender Aprikosenfrucht bestückter Tropfen. Noch mehr Intensität hat die Sélection zu bieten, die Zitronenkraut und Minzenoten mit lebhafter Frucht verbindet und ihre buttrige Fülle dem 12-monatigen Aufenthalt in neuer Eiche verdankt. Als dritter Süßwein sei der Vent Balaguèr erwähnt, der nur in guten Jahren aus rosinierten Petit-Manseng-Trauben entsteht. Das Lesegut wird erst im Dezember geerntet und bleibt in kleinen Kisten im Freien, falls die Sonne noch scheint; andernfalls wird es unter Dach weitergetrocknet. Anfang Januar kommt es in die Presse und wird ohne Eile in neuem Holz vergoren. Der Debütjahrgang 1998 war eine süße, likörhafte, doch auch feurige Kreszenz mit Röstnoten, deren Fruchtgefüge für einen furiosen Abgang von einer halben Minute sorgt.

Clos St-Jean *siehe* Château du Cayrou

Clos Triguedina ✪
46700 Puy-l'Evêque, Tel. 05 65 21 30 81, Fax 05 65 21 39 28

Die 60 ha der Domäne setzen sich aus 48 ha auf Flussterrassen und weiteren 12 ha auf dem *causse* zusammen. Das Lesegut von den *causse*-Flächen ist weiß und wird als Vin de Pays du Comté Tolosan in Umlauf gebracht. Clos Triguedina heißt der 18 Monate in Eiche gereifte Verschnitt aus 75 % Malbec, 20 % Merlot und 5 % Tannat, der nach Backsteinziegeln duftet, weich, üppig, voll und subtil auftritt und es dennoch schafft, die für einen ernsthaften Cahors typischen Eisen- und Bratenaromen zu vermitteln. Er lässt sich lange lagern: Der 1967er-Jahrgang floss 2000 noch immer elegant und süßfruchtig aus der Flasche. Prince Probus heißt die Spitzen-Cuvée. Sie wird ausschließlich aus Malbec-Trauben von mindestens 50-jährigen Reben gekeltert und in neuer Eiche ausgebaut und begeistert durch schwarzen Jugendteint, Kaffee- und rauchige Pflaumenaromen sowie einen tiefen, reifen, muskulösen Stil, der ganz zu Anfang Anklänge an Iris und Pfingstrosen signalisiert. Im Alter entwickeln sich allmählich Creme-, Wildpilz- und Trüffelnoten, wie der 1990er im Jahr 2000 bewies. Der seit 1994 erzeugte „The New Black Wine" aus halbrosinierten Malbec-Trauben fällt paradoxerweise leichter aus als der Prince Probus, lässt jedoch mehr Rauch-, Lakritz-, Gewürz- und Bittersüßnoten anklingen. Auch der weiße Vin de Lune zeigt sich als gelungener Tropfen: Die im Fass vergorene trockene Fassung aus Chardonnay und Viognier gefällt durch ein volles, körperreiches, honigtöniges Naturell, während die 18 Monate in Eiche gereifte Moelleux-Version aus Chenin als überraschend ölige Tinktur mit viel Aprikosen- und Pfirsichfleisch sowie kerniger Säure auftritt – und damit nicht nur geographisch auf halbem Weg zwischen Jurançon und Sauternes liegt. Das Nachbargut Domaine Labrande gehört ebenfalls Baldès, der mit Balmont de Cahors sogar noch eine dritte Weinmarke laufen hat.

Clos Uroulat
64360 Monein, Tel. 05 59 21 46 19, Fax 05 59 21 46 90

So wie Charles Hours stellt man sich den Prototyp des Pyrenäenwinzers vor: leutselig, untersetzt, kräftig, mit einem Kopf, der wie geschaffen ist für ein Barett, und einem Namen, der an das berühmteste Wildtier der Region, den Bären, erinnert. Man lasse sich aber nicht täuschen: Hinter der Postkartenerscheinung verbirgt sich ein Winzer mit geschickter Hand. Sein Jurançon Sec, die Cuvée Marie, stammt aus einer 3-ha-Parzelle, die fast vollständig mit Gros Manseng und nur einem Bruchteil Courbu bepflanzt ist. Sie wird in 10 % neuer Eiche vergoren und bleibt elf Monate auf der Hefe liegen. Einen cremigeren, rauchigeren unter den trockenen Jurançon-Weinen findet man wohl kaum. Die süße Ausgabe heißt Uroulat; sie wird aus dem Lesegut eines 4 ha großen Weinbergs bereitet, das man erst im Oktober und November pflückt. Der Wein muss altern. In der Jugend kommt er solide, aber schroff daher. Erst nach einem Jahrzehnt zeichnet sich eine buttrige, doch frischfruchtige Eigenständigkeit ab.

La Colombière
31620 Villaudric, Tel. 05 61 82 44 05, Fax 05 61 82 57 56

Baron François de Driesen ist der König der Kohlensäuremaischung von Négrette in Fronton. Mit seiner Tochter Diane erzeugt er auf dem 17-ha-Gut leichte, sanfte, erdbeerfrische Tropfen.

Coss-Maisonneuve
46140 Carnac Rouffiac, Tel. 05 65 24 22 36

Lebhafte Blumendüfte und reine, würzige Pflaumenfrucht kennzeichnen den beeindruckend eleganten Cahors Les Laquets aus diesem biodynamischen Gut.

Côtes d'Olt
46140 Parnac, Tel. 05 65 30 71 86, Fax 05 65 20 17 71

Der Genossenschaft gelingen heute weitaus bessere Weine als früher. Vor allem der Imperrial ist ein feiner Cahors von altem Schrot und Korn. Es fehlt ihm die Farbe und der Extrakt der modernen AOC-Spitzenreiter, doch macht er dieses Manko mit warmen Pflaumen- und Räucherschinkenzügen wett.

du Cros
12390 Goutrens, Tel. 05 65 72 71 77, Fax 05 65 72 68 80

Philippe Teulier ist der größte Erzeuger in der unbekannten AOC Marcillac. Lo Sang del Païs gefällt durch sauberen, frischfruchtigen Stil nach Art eines Beaujolais, aber mit mehr Biss. Die Cuvée Vieilles Vignes empfiehlt sich als rustikaler, energiegeladener Tropfen, der sich mit mineralischem Klingen verabschiedet.

Ducournau siehe Mouréou

Escausses
81150 Ste-Croix, Tel. 05 63 56 80 52, Fax 05 63 56 87 62

Denis Balarans saubere, frische, ausdrucksvolle Gaillac-Weine gehören in dieser oft chaotischen AOC zu den tragenden Säulen.

Grand Chêne
82340 Donzac, Tel. 05 63 39 91 92, Fax 05 63 39 82 83

Der gefällige, leichte Rote (40% Cabernet franc, 30% Tannat, der Rest Merlot und Cabernet Sauvignon) von der Cave de Donzac ist einer der besseren Weine in der meist uninteressanten VDQS Côtes de Brulhois.

Guirardel
64360 Monein, Tel. 05 59 21 31 48

Zwei sorgfältig bereitete Jurançons erblicken in Casaubielhs kleinem, traditionellem Gut das Licht der Welt. Der Domänenwein wird aus Gros Manseng gekeltert, während der Bi de Prat von Petit Manseng stammt und intensiver ausfällt.

Haut-Bernasse
24240 Bernasse, Tel. 05 53 58 36 22, Fax 05 53 61 26 40

Als Cellist braucht Jacques Blais eine geschickte Hand. Vielleicht bekunden seine Weine deshalb mehr Finesse, Harmonie und Zartheit als viele andere Montbazillac-Gewächse. In ihnen vereinen sich Honig, Banane und Zitronat mit leicht säuerlicher Pfirsichschale zu höchst angenehmen Getränken.

Haut-Monplaisir ✪
46700 Lacapelle Cabanac, Tel. 05 65 24 64 78, Fax 05 65 24 68 90

Das Cahors-Gut der Familie Fournié oberhalb des Château du Cèdre muss mit etwas steinigerem Boden zurechtkommen. Die Verhaeghe-Brüder von Cèdre greifen Cathy Fournié und Daniel Salinié nachbarschaftlich unter die Arme. Drei Cuvées werden hier bereitet: die Haut-Monplaisir mit weichen Tanninen, die fülligere Prestige Haut-Monplaisir und eine neue, nach „Qualitäts-Charta"-Prinzipien entstandene Cuvée, die wie die Prestige in Eiche ausgebaut wurde, doch mit explosiverer Frucht aufwartet. Ein Gut, das man im Auge behalten sollte!

Herri Mina
64220 Ispoure

Jean-Claude Berrouet, Kellermeister in den Bordelaiser Moueix-Gütern und damit der Mann, der mit Christian Moueix einen Pétrus erschafft, betreibt hier in Irouléguy eine eigene Domäne. Seine weiße Schöpfung ist mit ihren Engelwurzdüften und der intensiven Zitronen-Sellerie-Frische ein echter Genuss.

Jolys
64290 Gan, Tel. 05 59 21 72 79, Fax 05 59 21 55 61

Jolys ist mit 36ha Grund eines der größten Anwesen in Jurançon. Der Sec des Château trägt lebhafte mineralische Frische vor. Die vier Süßweine fallen etwas weicher als die der Konkurrenz aus. Interessant ist ein Vergleich zwischen dem im Dezember gelesenen Petit Manseng Vendange Tardive und dem im Januar geernteten Gros Manseng Epiphanie; beide bleiben 18 Monate in Barriques. Der Epiphanie gerät etwas gewichtiger, während der Vendange Tardive mit mehr Finesse und Nuancenreichtum aufwartet. Die Cuvée Jean aus Lesegut, das im November heimgefahren wurde, signalisiert üppige Birnenfrucht.

K de Krevel
33220 Porte-Ste-Foy-Ponchapt, Tel. 05 53 24 77 27

Der belgische Mayonnaise-Fabrikant Guy-Jean Kreusch (Kreusch + Montravel = Krevel) steckt hinter den guten Roten und Weißen, die in der Domaine de Métairie erzeugt werden. Der mithilfe von Denis Dubourdieu bereitete weiße Montravel zeigt sich weich, trocken und doch honigbeladen, der Rote hat die frische Frucht der besten Bergerac-Weine zu bieten.

Labranche Laffont
32400 Maumusson-Laguian, Tel. 05 62 69 74 90, Fax 05 62 69 76 03

Ein weiterer kompetenter Betrieb in der Aufsteiger-AOC Madiran. Die tiefe, ausdrucksstarke Vieilles-Vignes-Cuvée von mindestens 50-jährigen Stöcken, die zum Teil noch aus der Zeit vor der Reblausinvasion stammen, hält reichlich feuchte, dunkle Früchte parat.

Labrande siehe Clos Triguedina

Laffitte-Teston
32400 Maumusson, Tel. 05 62 69 74 58, Fax 05 62 69 76 87

Jean-Marc Laffitte erzeugt auf seinem 40-ha-Gut solide, verlässliche Madiran- und eindrucksvolle Pacherenc-Weine. Der trockene weiße Ericka ist ein wundervoller Mundfüller, der kernige *moelleux* duftig und üppig.

Lagrezette ✪
46140 Caillac, Tel. 05 65 20 07 42, Fax 05 65 20 06 95

Der Vorzeigebetrieb hat sich als einer der neuen Stars in Cahors profiliert. Besitzer Alain-Dominique Perrin kaufte das 65-ha-Gut 1980 und brachte seine Trauben zunächst zur Genossenschaft Côtes d'Olt. 1992 kehrte er der *coopérative* den Rücken und baut sich nun ein *négociant*-Haus auf, füllt aber gleichzeitig eigene Flaschen ab. Michel Rolland berät ihn, weshalb man die Beeren spät von Hand liest, den Saft einer Kaltmazeration unterzieht, eine lange *cuvaison* mit behutsamen Extraktionsverfahren wie der *pigeage* anschließt, minimal Schwefeldioxid verwendet, den Most bzw. Wein nicht pumpt und viel Eiche einsetzt. Außerdem offeriert man einen Zweitwein (Chevalier Lagrezette) und sogar einen Drittwein (Moulin Lagrezette), um dem Château Lagrezette nur das Beste angedeihen lassen zu können. Eine Qualitätsstufe höher ist die Cuvée Dame Honneur angesiedelt, eine Auslese aus den besten Parzellen, sowie der Pigeonnier von einer 2,7-ha-Parzelle direkt neben dem Château. Moulin und Chevalier sind angenehme Durstlöscher, die durch etwas Eiche abgerundet werden. Die Spitzenerzeugnisse dagegen bringen das faszinierende, dunkle, rauchige Wesen eines Cahors mit großer Tiefe und vielfältiger Ausdruckskraft zur Geltung. Der Château Lagrezette aus 82% Malbec, Merlot und einem Schuss Tannat bleibt 18 Monate in Eichenfässern, von denen jedes Jahr ein Drittel erneuert wird. Er findet ein vorzügliches Gleichgewicht zwischen der saftigen Pflaumenfrucht und der rauchigen, stahligen Härte, die das steinige, eisenhaltige Terroir dem Wein mitgibt. Der Dame Honneur zeigt sich süß, schokoladig, eichig, der sortenreine Malbec Pigeonnier als schlehenintensiver, lebhafter, feuriger, pfeffriger, steiniger Brocken, der lange Lagerung braucht.

Masburel
33220 Ste-Foy-la-Grande, Tel. 05 53 24 77 73, Fax 05 53 24 27 30

Neil und Olivia Donnan führen ihr 25-ha-Gut in Bergerac mit dem Ehrgeiz und der Begeisterung von Späteinsteigern (Neil hatte schon 30 Jahre für Mars gearbeitet, als er auf Winzer umstieg). Unterstützt werden sie von Kellermeister Eric Combret, der vorher für Sigalas-Rabaud tätig war. „Schön schmieriger Ton und darunter reichlich Kalk", so beschreibt Olivia ihre Böden. Die Weine treten kraftvoll auf, aber es fehlt ihnen an Ausgewogenheit und Subtilität. Der reinsortige, gewichtige Sauvignon schmeichelt sich mit Honig ein, der Rote gebärdet sich wild und rauchig wie ein Madiran. Das Zweitetikett heißt Lady Masburel.

Jean-Luc Matha
12330 Clairvaux, Tel. 05 65 72 63 29, Fax 05 65 72 70 43

14 ha hat Jean-Luc Matha der roten Erde von Marcillac seit 1975 als Rebland abgetrotzt. Hier entstehen einige der süßeren, frischeren Weine der AOC für die „cuvée générique". Die in Eiche ausgebaute Cuvée Spéciale ist kerniger, tiefer, komplexer – das südliche Echo eines Bourgueil.

Meinjarre *siehe* Brumont

Montauriol
31340 Villematier, Tel. 05 61 35 30 58, Fax 05 61 35 30 59

Der mineralienschwere Tradition (60% Négrette, 40% Syrah und Cabernet franc) und der eichentönigere Mons Aureolus (50% Négrette mit jeweils 25% Syrah und Cabernet) gehören zu den eindrucksvolleren Erzeugnissen aus Fronton. Die 1998 von Nicolas Gélis erworbene Domäne verfügt über 35 ha.

Montus *siehe* Brumont

Moulin des Dames *siehe* Tour des Gendres

Mouréou ✪
32400 Manmousson-Laguian, Tel. 05 62 69 78 11, Fax 05 62 69 75 87

Patrick Ducournau ist der wohl einflussreichste Weinmacher im Südwesten – allerdings nicht so sehr wegen seiner 18-ha-Domäne in Madiran, sondern weil er als Berater fast ebenso viel unterwegs ist wie Michel Rolland. Er gilt als Guru der Mikrooxidation (siehe S. 205), mit der er „die Wirkung von Holz ohne den Geschmack von Holz" erreicht, wie er kurz und knapp formuliert. Auf Mouréou gelingen ihm damit üppige, weiche Weine, die man fast vom Start weg mit viel Genuss trinken kann. Der La Chapelle l'Enclos fällt dichter und wilder aus; er entfaltet sich auch langsamer. Der Pacherenc La Chapelle l'Enclos, ein klarer, Loire-artiger Tropfen, zeigt Honig- und Wachsnoten.

Pichard
65700 Soublecause, Tel. 05 62 96 35 73, Fax 05 62 96 96 72

René Tachouères hat die 12 ha Südhanglage in Madiran von seinem Onkel geerbt, der zu den ersten Eigenabfüllern in der Region gehörte. Sein Rebland setzt sich aus 50% Tannat, 40% Cabernet franc und 10% Cabernet Sauvignon zusammen. Warum so viel Cabernet? „In guten Jahren ist Tannat großartig, in schlechten aber enttäuscht er. Außerdem wachsen hier einige der ältesten Cabernet-Stöcke der Region. Es wäre eine Schande, sie zu roden." Tachouères ist Hüter des alten traditionellen Madiran-Stils. Er baut seine Weine lange in alten *foudres* und anschließend in der Flasche aus, ohne sich um Barriques und Mikrooxidation zu scheren. So entstehen zwar nicht die Prachtkerle, mit denen die Winzerelite der AOC aufwartet, aber in guten Jahren (1995, 1994, 1990) tragen seine Geschöpfe ein hübsches Weihraucharoma und runde, fast cremige Noten von Lakritze, Pflaumen und Schwarze-Johannisbeer-Bonbons vor. 1994 entstand eine Prestige-Cuvée mit 60% Tannat, die in neu erstandenen *foudres* aus frischem Holz heranreifte. Sie war so wegweisend wie die einmalige Ausgabe einer Barrique-Version im Jahr 1990.

Robert et Bernard Plageoles
81140 Cahuzac-sur-Vère, Tel. 05 63 33 90 40, Fax 05 63 33 95 64

Die Weine dieser einzigartigen Domäne in Gaillac sind eine Herausforderung. In ganz Frankreich gibt es nichts Vergleichbares. Man sollte sie eher als eine den Geist stark beanspruchende Prüfung in Aroma- und Geschmacksarchäologie sehen statt als unbeschwerten Genuss. Der alkoholarme, perlende Mauzac Nature ist ein hefiger, baumobstiger Mundfüller, der Mauzac Vert ein Stillwein, in dem Äpfel und Birnen einen leicht bittersüßen Überzug haben, und der Mauzac Roux ein samtig-süßer Gaumenkitzel, in dem sich dieselben Früchte kristallisiert haben. Der angenehmste Tropfen der Plageoles-Brüder ist der süße Muscadelle aus extrem niedrigen Erträgen (um 12 hl/ha) und Trauben, die sie als „faulig reif" beschreiben. Mit anderen Worten: verflüssigter Honig. Aus der Ondenc-Traube bereiten sie einen Moelleux mit Bitternote und den wahrlich beeindruckenden Vin d'Autan, der relativ spät gelesen wird und leicht oxidiert ist. Mit seinen Anklängen an Herbstblätter, Honig, Walnuss und Quitte sowie der lebhaften Säure ist er gewissermaßen der Tokajer des Südwestens. Der gefeierte Vin de Voile, ein „Schleierwein", der wie der *vin jaune* des Jura eine Art Flor annimmt, basiert auf Mauzac Roux und schmeckt scharf und oxidiert; er zieht einem förmlich den Mund zusammen. Auch die Roten haben einen mehr als hauchdünnen Jura-Anstrich. In der Regel geben sie sich leicht, frisch, ohne Holznote und Tannine. Ich habe den teerigen Prunelart (alias Cot à queue rouge) und den nussigen Mauzac Noir probiert.

Plaisance
31340 Vacquiers, Tel. 05 61 84 97 41, Fax 05 61 84 11 26

Marc Penavayre, ehemaliger Önologe für INRA in Angers, hat die Familiendomäne in Fronton von seinen Eltern übernommen. Le Grain de Folie ist ein fast reinsortiger Négrette mit 10% Gamay, der mit seiner lebhaften Säure und der saftigen, pfeffrigen Frucht unbeschwerten Trinkgenuss verspricht. Wesentlich ernsthafter treten die beiden anderen roten Verschnitte auf. Der Château Plaisance (65% Négrette, 22% Syrah, der Rest Cabernet Sauvignon) ist ein ausgewogener, lebhafter, blumiger Tropfen, der Thibaut de Plaisance eine im Barrique gereifte *selection* aus den besten Négrette-Syrah-Cuvées mit einer fast burgundischen, von Lakritze durchzogenen Frucht. Tout Ço Que Cal heißt ein neuer Verschnitt (Négrette, Syrah, Cabernet Sauvignon), der in Anlehnung an die großen Languedoc-Schöpfungen von Mas Jullien und anderen entstand. Immer wieder bricht der Önologe in Penavayre durch: Er mischt eine neue Rebsorte namens Liliorila, eine Kreuzung aus Baroque und Chardonnay, mit Chenin blanc und Sémillon zu einem lieblichen Weißen namens Maëlle und experimentiert außerdem mit edelfaulen Chenin-blanc-Trauben für einen Wein nach Art der Elsässer Sélections des Grains Nobles.

Primo Palatum ✪
33190 Morizès, Tel. 05 56 71 39 39, Fax 05 56 71 39 40

Xavier Coppel ist eine Art Dominique Laurent des Südens. Er bereitet handvinifizierte Weine, deren Lesegut er aus dem Languedoc, aus Roussillon, dem Südwesten und aus Bordeaux einkauft. Ins Schwarze trifft er vor allem mit seinen Madiran-, Cahors- und Jurançon-Cuvées, weil einerseits das Qualitätspotenzial dieser AOCs so hoch ist und andererseits die Weine mit ihrem extraktreichen, eichenlastigen Stil genau auf seiner Linie liegen. Sowohl der Cahors als auch der Jurançon sind als Classica- und Mythologia-Version erhältlich, wobei die „mythische" Variante noch konzentrierter und üppiger erscheint.

Producteurs Plaimont
32400 St-Mont, Tel. 05 62 69 62 87, Fax 05 62 69 61 68

Diese enorme, geschickt geführte Gruppe von Genossenschaften kann anderen *coopératives* in Frankreich in punkto Qualitätsstreben und Innovationsbereitschaft als Vorbild dienen. Ihr gehören über 1000 Mitglieder mit insgesamt 1200 ha Rebfläche an den Côtes de St-Mont, 1200 ha an den Côtes de Gascogne und 250 ha in Madiran und Pacherenc. Das Sortiment der Weine ist natürlich sehr breit gefächert. Die besten Tropfen entstehen in der AOC Côtes de St-Mont, darunter der kernige, lebhafte Weiße Les Bastions (40% Gros Manseng mit jeweils 30% Arrufiac und Petit Courbu) und sein frisches, mineralisches rotes Gegenstück (70% Tannat, 15% Cabernet Sauvignon, 10% Pinenc und 5% Cabernet franc). Außerdem offeriert man eine intensive, im Barrique ausgebaute Cuvée von alten Reben namens Esprit de Vignes und den duftigen Monastère de St-Mont von einer 7,5 ha großen Einzellage. Das rote Meisterstück von den Côtes de St-Mont ist der Le Faite, eine abenteuerlich verpackte *selection* aus den besten Lagen und Cuvées. Sie glänzt durch tiefe, ledrige, rauchige Töne. Der Arte Benedicte Madiran ist ein typisch stämmiger Roter in eiserner Rüstung.

Henri Ramonteu *siehe* Cauhapé

Le Roc
31620 Fronton, Tel. 05 61 82 93 90, Fax 05 61 82 72 38

Frédéric und Jean-Luc Ribes' 26-ha-Domäne in Fronton verteilt sich über fünf Parzellen auf dem typischen eiszeitlichen Mischboden der zweiten und dritten Garonne-Terrassen. Sie erzeugen nicht nur einen feinen Rosé (durch „Ausbluten" der blauen Trauben nach der Kaltmazeration und bis zu fünf Monate Hefekontakt), sondern auch einige der besten Roten der AOC. Der *classique* (60% Négrette, 25% Syrah, 15% Cabernet) empfiehlt sich durch Frische und Süffigkeit. Aus dem besten Lesegut stammt die Cuvée Réservée (25% Cabernet, 50% Négrette); sie wird länger eingemaischt als der Basiswein und ein Jahr in zu etwa 20% neuen Barriques sowie anschließend noch sechs Monate im Tank ausgebaut. Das erhält die für Fronton typische blumige Frische und gibt dem Tropfen gleichzeitig einen weicheren, fülligeren Geschmack mit. Noch mehr Ehrgeiz stecken die Ribes-Brüder in ihre Cuvée Don Quichotte, einen 50:50-Verschnitt aus Négrette und Syrah, der durch „Unterstampfen" seine enorme Fruchtigkeit und von weichen Tanninen unterlegte Dichte gewinnt. Er bleibt ein Jahr in alten Barriques sowie ein Jahr im Tank und wird ungeschönt bzw. unfiltriert abgefüllt. Zu den blumigen Noten gesellen sich Kaffeetöne, während sich am Gaumen eine milchige Weichheit und lebendige Frucht entfaltet, die von zarten Rauchtönen durchzogen wird.

Elian da Ros ✪
47250 Cocumont, Tel. 05 53 94 72 29, Fax 05 53 94 72 29

Dank der Kreationen des brillanten Elian da Ros haben die Weine von den Côtes du Marmandais ein Gesicht in der Weinwelt bekommen. Wie gut da Ros mit niedrigen Erträgen und der zurückhaltenden Bereitungsphilosophie fährt, macht der vorwiegend aus Merlot erzeugte, von Tabakwärme beseelte Vin de Pays de l'Agenais „Vignoble du Cocumont" ebenso deutlich wie die Spitzen-Cuvée Clos Bacquey ein strenger AOC-Wein aus den besten Lagen und mit mehr Abcuriou als üblich; sie schweißt das Mineraliengerüst und den weichen Lakritzton mit schokoladensanfter Säure zusammen. Der verführerische, liebenswerte Chante Coucou bekundet anhaltende Tiefe; seine verhaltene Himbeerfrucht ist mit glitzernden Eisenspänen bestreut und mit festen Tanninen überzogen.

La Rosée *siehe* Brumont

Rotier
81600 Cadalen, Tel. 05 63 41 75 14, Fax 05 63 41 54 56

Rotier gehört zu Gaillacs Besten. Der 28-ha-Domäne gelingen immer konzentriertere, tiefe und pikante Tropfen. Das Paradepferd heißt Renaissance.

Roucou *siehe* Plageoles

St-Guilhem
31620 Castelnau-d'Estretefonds, Tel. 05 61 82 12 09, Fax 05 61 82 65 59

Philippe und Arlette Laduguie holen aus 7 ha Rebland drei Cuvées heraus: den geradlinigen Tradition, den eichigen Renaissance und den etwas weniger eichenlastigen Amadeus, den Laduguie als „Quintessenz meiner besten Parzellen" bezeichnet. Der Amadeus ist denn auch das beste Pferd in seinem Stall. Er wird spät gelesen, einer Kaltmazeration unterzogen und in älteren Barriques ausgebaut; zu seinen reinen Fruchttönen gesellt sich ein Veilchenduft.

Tariquet
32800 Eauze, Tel. 05 62 09 87 82, Fax 05 62 09 89 49

Yves Grassa ist als geschickter Winzer und cleverer Vermarkter an den Côtes de Gascogne bekannt. Sein erfolgreichstes Kind ist die Tête de Cuvée Chardonnay, die sich subtiler präsentiert als der „gewöhnliche" Chardonnay mit Toffee- und Eichenton. Zum Sortiment gehört ferner ein weicher, grasiger Verschnitt aus Ugni blanc und Colombard mit einer Spur Süße.

Tirecul la Gravière ✪
24240 Monbazillac, Tel. 05 53 57 44 75, Fax 05 53 24 85 01

Bruno Bilancini wartet mit einem der hochklassigsten Monbazillac-Weine auf – mit 50% Muscadelle und 42% Sémillon kann man sie aber kaum als typisch für eine AOC bezeichnen, zumal Sauvignon gerade einmal 8% Anteil hat. Bruno setzt auf eine Lese in mehreren Durchgängen und Vergärung in zur Hälfte neuen Barriques. Neben der ausgezeichneten „klassischen" Cuvée offeriert er noch eine außergewöhnlich viskose, süße Cuvée Madame.

Tour des Gendres ✪
24240 Ribagnac, Tel. 05 53 57 12 43, Fax 05 53 58 89 49

„Wir sind auf der Suche nach dem unmodernsten Wein, den man sich vorstellen kann", erklärt Luc de Conti, der diese 40-ha-Domäne in Bergerac mit Bruder Jean und Cousin Francis führt. Sie bereiten neben dem Domänenwein einen Moulin des Dames, der auf einer zu 6 ha mit weißen und zu 8 ha mit roten Rebsorten bepflanzten Kalk-Mergel-Parzelle entsteht, für die man eine biodynamische Bewirtschaftung anvisiert. Das Markenzeichen der de-Conti-Weine ist Geschmeidigkeit und weiche, ausdrucksvolle Süffigkeit. Der Weiße ist ein subtiler, reiner Tropfen, der Rote eine dunkle, johannisbeerfruchtige, mit reichlich Tanninen ausgestattete, aber dennoch weiche Kreszenz. Der beste auf Kalk gereifte Tropfen ist die Cuvée La Gloire de Mon Père, ein cremiger, watteweicher, lange nachklingender Roter. Zusammen mit Pascal Verhaeghe vom Château du Cèdre in Cahors experimentierte de Conti mit der Vergärung von Rotwein in 500-l-Fässern. Während Verhaeghe aber die Fässer umdrehte, den Deckel abnahm und den Tresterhut unterstampfte, erreichte de Conti Extraktreichtum, indem er die Fässer acht Tage lang einmal am Tag rollte. Das Ergebnis heißt Anthologia und zeigt sich üppig fruchtig, duftig, ausgewogen und seidig – der Margaux von Bergerac.

Tres Cantous *siehe* Plageoles

La Tyre *siehe* Brumont

Les Verdots ✪
24560 Conne-de-Labarde, Tel. 05 53 58 34 31, Fax 05 53 57 82 00

Wenn es um die Namengebung für seine Weine geht, ist David Fourtout recht erfinderisch: Nur zu gern spielt er mit dem Gutsnamen „Verdots", der wie *verres d'eau*, Wassergläser, ausgesprochen wird. Hinter der Spielerei allerdings verbirgt sich ein ernsthafter, nachdenklicher, experimentierfreudiger Geist. So hat Fourtout konische Fässer entworfen, um die Extraktion während der *cuvaison* mit „Mikrodruck" zu fördern. Seine nicht ganz so ambitioniert bereiteten Produkte (Clos des Verdots und Chateau Les Tours des Verdots) gefallen durch köstliche Frische. Der Superstar seines Sortiments indes ist der Grand Vin, der seit 2000 Le Vin heißt, ein Weißer von 80-jährigen Stöcken, die weniger als 20 hl/ha erbringen. Er wird aus 40% Muscadelle (mit Anteilen von edelfaulen Trauben), 30% Sauvignon blanc, 20% Sauvignon gris und 10% Sémillon verschnitten. Die Sellerie- und Blumendüfte, die ihm entsteigen, bereiten den Weintrinker kaum auf die explosive Frucht vor, die am Gaumen folgt und durch Eiche zusätzliche Öligkeit mitbekommen hat. Der von Merlot dominierte Rote erreicht den Glanz des Weißen nicht, empfiehlt sich aber nichtsdestotrotz als süßer, harmonischer Tropfen mit knackiger Frucht. Fourtout bereitet ferner einige der besten Côtes de Bergerac Moelleux. Die üppigen, komplexen Essenzen mit facettenreichem Fruchtspektrum entstehen in Weinbergen, die nur 50 m von der Grenze zur AOC Monbazillac entfernt sind.

de Viella ✪
32400 Viella, Tel. 05 62 69 75 81, Fax 05 62 69 70 18

Zur hochklassigen AOC Madiran steuert der schmächtige Alain Bortolussi einige der besten Erzeugnisse bei (die obendrein noch ein ausgezeichnetes Preis-Leistungs-Verhältnis bieten). Ausschau halten sollte man vor allem nach dem im Fass vergorenen, trockenen Pacherenc und dem butterigen, öligen Moelleux; Bortolussi findet sogar noch die zusätzliche Süße, nach der Tannat in seinem sorgfältig bereiteten Madiran verlangt. Die nicht in Eiche ausgebaute Cuvée heißt Tradition; in ihr wurden 40% Tannat zwei Cabernets zur Seite gestellt. Die Prestige-Version „Vieilli en Fûts de Chêne" stammt aus einer 5-ha-Parzelle mit 30-jährigen Tannat-Stöcken und beeindruckt durch sanfte, weiche, nachgiebige Textur.

Languedoc-Roussillon

Aus dem Schatten treten Statistisch spielt billiger, rauer Wein in Languedoc-Roussillon nach wie vor eine große Rolle. Ehrgeizige Erzeuger aber haben diese Vergangenheit hinter sich gelassen. Ihre dunklen Essenzen aus Stein und Sonne sind von rätselhaftem, mediterranem Reiz.

Es ist Mitte September. Die Lese steht bevor. Meine Begleitung und ich fahren nach Süden Richtung Meer. Frankreich hat zwei Korridore, die das Herz Lyon, den Kopf Paris und die Nase Bordeaux mit dem Mittelmeer verbinden: Vom Norden aus zieht sich das Rhône-Tal nach Süden und den Westen verknüpft die Achse Toulouse-Carcassonne mit der See. Dazwischen liegen Berge und Hochland und an der Küste eine Ebene. Sie wird größer, denn das Wasser zieht sich langsam zurück.

La Clape ist der beste Beweis dafür. Der lange, leuchtend helle Kalkklappen war einmal eine Insel, die den Römerhafen Narbo, das heutige Narbonne, schützte – heute wird dieser Bereich von Lagunen bildenden Landstreifen abgeschirmt und dem Festland zugeschoben. Die Nachmittagssonne bringt das Wasser zum Glitzern und löst den Horizont in einer Dunstschicht auf.

Wir fahren einen von Unrat gesäumten Weg entlang. Im Hof eines recht heruntergekommenen Hauses sind wir am Ziel: Château de la Négly. Im oberen Stockwerk des Gebäudes, das wie eine alte Scheune aussieht, telefoniert gerade ein Mann. Als er uns bemerkt, ist er plötzlich verschwunden.

Wir gehen hinein. Arbeiter scharen sich um eine Presse. Der Mann mit dem Handy telefoniert in einem Nebenraum und blickt dabei von oben in die leeren Bottiche.

Die Zeit verstreicht. Wir sehen von der Scheune aufs Meer hinaus. Die Palmen winken uns wie gerührte Tanten aus der Ferne.

Schließlich ist das Gespräch zu Ende. Jean Paux-Rosset hat das kantige Aussehen eines Filmstars, der einen Arbeiter spielt. Ich verstehe ihn kaum, denn er spricht schnell, abgehackt und mit Akzent. Was wir wissen wollen, fragt er. Er habe es eilig, sein Kellermeister Cyril Chamontin werde sich um uns kümmern. Am Ende aber nimmt er sich doch Zeit und führt uns herum. Und als es ans Verkosten geht und er schließlich doch an Chamontin übergibt, kommt er immer wieder zurück, um noch etwas zu sagen. Er ist schwierig, er albert herum, er streicht seinen Stoppelbart; seine durchdringenden blauen Augen sehen uns forschend an. Seine Sprache ist salzig, provozierend. Weitere Telefonate über das Handy. Er gibt Anweisungen, die ich nicht verstehen kann; Kompromisse scheinen für ihn keine Alternative zu sein. Auf dem Gut herrscht das Chaos und jeder ist mürrisch. Mit Cyril scheint ihn eine Hassliebe zu verbinden.

Dann probieren wir den Wein. Der Gegensatz zwischen der chaotischen Umgebung und der geordneten Intensität im Glas verblüfft. Die Erträge sind minimal, erfahren wir, ganze 15 hl/ha. Das Gut gehörte Rossets Eltern; nach dem Tod des Vaters führte es die Mutter weiter. Sie weigerte sich, Ratschläge von ihrem Sohn anzunehmen, denn sie gehörte noch zum alten Schlag, holte aus 50 ha 4500 hl jähr-

lich – ein Durchschnitt von 90 hl/ha. Er kommt auf gerade einmal 1500 hl, also 30 hl/ha. Er treibt die Trauben zur absoluten Reife, ganz gleich, wie hoch das klimatische Risiko ist. Keine einzige verletzte Frucht komme in den Bottich, betont er. Man kann ihn auf Seite 221 sehen, wie er Beere für Beere sortiert. Für sein Paradepferd, einen Wein namens Porte du Ciel, „Himmelspforte", kauft er jedes Jahr einen neuen offenen Gärbehälter aus Holz. Die Vergärung dauert von Oktober bis Weihnachten, dreimal täglich wird der Trester untergestampft. „Am Schluss schwimmt da eine richtige Suppe." Der Wein bleibt anschließend bis zu zwei Jahre in Barriques, wird je nach Bedarf einer Mikrooxidation unterzogen und entweder mit dem Hefesatz in Berührung gebracht oder abgestochen, je nachdem, was Rosset, Chamontin und ihr Berater Claude Gros für richtig halten.

Wir schmecken die explodierende Konzentration und tiefe Intensität und müssen an eine Mutter denken, die in erster Linie an Masse glaubte. Wir schmecken, wie das Languedoc sich verändert hat.

Seltsame Begegnungen im Hochland

Von Narbonne über Carcassonne, Toulouse und Agen nach Bordeaux – der von Wasseradern durchzogene Korridor vom Mittelmeer zum Atlantik ist das wichtigste topographische Merkmal von Languedoc-Roussillon. Als der Canal du Midi im 17. Jahrhundert gegraben war, ersparte er unzähligen Seeleuten die beschwerliche Reise durch die Biskaya, um die Iberische Halbinsel und durch die Straße von Gibraltar. Heute nährt der Kanal mit seinen einschläfernden Platanenspalieren vorwiegend die wässrigen Urlaubsträume der Börsenmakler aus Surrey und Sussex. Selbst den Franzosen ist das Vorankommen auf ihm etwas zu gemächlich. Die Engländer hingegen lieben ihn.

Zu beiden Seiten des Kanals ragen Hügel und dahinter Berge empor. Südlich der künstlichen Wasserstraße erstreckt sich Corbières, wohin wir bei Anbruch der Dämmerung fahren. Ich war schon einmal hier, als ich einen englischen Anthropologen besuchte, der auf Winzer umgesattelt hatte: Nick Bradford von der Domaine des Pensées Sauvages in Albas. Er servierte mir einen mit getrockneten Leberspänen bestreuten Salat. Dieses wilde, ursprüngliche Essen spiegelte die raue Landschaft wider. Würde man Schottland nach Süden zerren und in der Sonne braten lassen, würde es wie Corbières aussehen. Immer weiter dringen wir in die einsame Hügellandschaft vor. Plötzlich rast ein Auto hinter einem Vorsprung hervor, versucht schlingernd einen Zusammenstoß mit uns zu vermeiden, jagt an uns vorbei und verschwindet in der Dämmerung. Hätte der unbekannte Rennpilot nur einen Augenblick lang nicht aufgepasst, wäre dieses Buch nie entstanden. Wahrscheinlich war er die Straße schon 30-mal gefahren und es war ihm noch nie jemand entgegengekommen.

„Wir sind am Ende einer Geschichte angelangt. Wenn die Winzer ihre Weintanks wie vor zehn Tagen in Sète leeren, dann ist Schluss. Diese Leute haben keine Zukunft, kein Gesicht, niemand erkennt sie mehr. Ich bin von den guten Weinen der Region überzeugt. Wir sind stilistisch im Augenblick etwas massiv, aber wir erreichen schon noch mehr Finesse. Der Weg bis hierher war steinig, aber ich wusste immer, dass wir es schaffen würden."

JEAN CLAVEL, DEZEMBER 2001

◀ *Sonne, See und Schiefer – das ist alles, was man braucht, um großen Banyuls und Collioure zu bereiten. Auch Grenache, Syrah und Mourvèdre fühlen sich hier wohl.*

LANGUEDOC-ROUSSILLON 217

▲ *Einige wenige Erzeuger lassen die Stiele an den Trauben, doch die meisten – wie hier die Genossenschaft in Maury – entrappen die Beeren vor dem Mahlen.*

Als sich unser Puls wieder beruhigt, bricht die Nacht an. Nur selten leuchtet in dieser schroffen, zerrissenen Landschaft aus Steinen und Dornen ein von Menschen erzeugtes Licht.

Es herrscht bereits tiefste Dunkelheit, als wir unser Ziel erreichen: das Dörfchen Embres-et-Castelmaure in Termenès, dem südlichsten der elf „Terroirs" von Corbières. Dieser von schwarzen Massiven eingekesselte Fleck muss das Ende der Welt sein. Ich erinnere mich noch verschwommen an düstere Straßenlaternen, streunende Hunde, staubige Vehikel, die Klänge einer im Freien geblasenen Trompete und seltsame maurische Gesänge von einem oberen Stockwerk. Die Turmuhr schlägt acht, die Katzen der Genossenschaft miauen; sie wollen eingelassen werden, damit sie zwischen den Wasserbecken und den Bottichen mit dunklem, duftendem Most herumstreichen können.

Der Präsident der Dorfgenossenschaft SCV Castelmaure begrüßt mich und gibt mir die Hand mit unkomplizierter Neugier. Er heißt Patrick de Marien, ist unrasiert und riecht an diesem Herbstabend nach harter Arbeit. Gleichwohl umgibt ihn ein Künstler- und Bohemien-Flair – er könnte genauso gut ein Filmemacher oder renommierter Restaurator alter Musikinstrumente sein. Bedeutungsvoll und augenzwinkernd zugleich preist er die Leistungen der Genossenschaft an. Mit dabei ist auch Bernard Pueyo, der Leiter der *coopérative*, sein ernstes, nüchternes Gegenstück.

Wie viele der besten französischen Genossenschaften ist auch Castelmaure nicht allzu groß. Man zählt 90 Mitglieder mit insgesamt 300 ha; 90 % davon aber entfallen auf zwölf Weinbauern. „Vor 20 Jahren hielt man uns für gerade gut genug, um Tafelweine zu fabrizieren", erklärt de Marien. Dann begann die Genossenschaft, intensiv auf Innovationen zu setzen: Man unterzog den Carignan einer Kohlensäuremaischung, damit er duftig und zugänglich wurde, machte die besten Lagen ausfindig, indem man vier Terroirs (Schiefer, Kalk, Schwemmland und Kiesterrassen) auswies, die allerdings noch nicht offiziell anerkannt sind, wählte aus insgesamt 760 Parzellen die vielversprechendsten aus und drosselte die Erträge. Erklärtes Ziel ist die Bereitung eines „Gutsweins" für die zwölf großen Mitglieder. Einen ähnlichen Weg geht gerade die riesige Genossenschaft Val d'Orbieu.

Ein Schlüsselereignis aber war der Anruf von Michel Tardieu im April 1998. Die Behörden von Corbières hatten den Önologen von der Rhône und seinen burgundischen Partner Dominique Laurent (siehe S. 103 und 146) gebeten, an einem Beratungsmodell in der Region mitzuwirken. Etwas Hilfe von auswärts konnten die Weinbauern in Corbières gut brauchen: 1997 hatten viele ihre Weine in reichlich neues Holz geschüttet, was den Erzeugnissen nicht sonderlich gut bekommen war. Zwölf Genossenschaften bewarben sich für das Projekt, vier wurden ausgewählt, darunter auch Castelmaure. Der während unseres Besuchs gerade gelesene 2000er-Jahrgang war der dritte, bei dem Tardieu seine Hände im Spiel hatte. Die mit Unterstützung der beiden Berater bereiteten Tropfen verkaufen sich nicht nur bestens – und auch noch zu Preisen, die vor zehn Jahren undenkbar gewesen wären –, sondern eröffneten auch verblüffende neue Möglichkeiten, die Qualität weiter zu steigern. Nun soll ein internes Grand-cru-System erarbeitet werden. Außerdem will man die Erträge weiter senken und ein noch stärkeres Ausreifen der Trauben erreichen.

Während die Nacht endgültig von den Bergen um uns herum Besitz ergriff, probierten wir die Cuvée No 3 von 1998 – Nummer 3, weil sie der dritte Wein der Genossenschaft ist, von drei Partnergütern aus drei Rebsorten bereitet wurde und für einen dreistelligen Franc-Betrag über den Ladentisch ging. Sie präsentierte sich mit einem Kern aus reifer Frucht, hatte 14 % Alkohol und war für einen Corbières ungewöhnlich elegant, fleischig und ausdrucksvoll geraten. Unsere Augen leuchteten. „Was hält man davon in Paris?", fragte ich. „Er wird in Paris verkauft werden", hieß es. „Aber zuerst wollen wir ihn in Bordeaux anbieten."

Die Rückkehr des Seemanns

Kommen wir nun zu den Außenseitern, den Träumern, den Mondsüchtigen. Michel Escande stand breitbeinig im Keller und lächelte spitzbübisch. Er hatte die Hände auf einen Querbalken gelegt, als würde sich der Keller gleich in ein Schiff und der Balken in ein Ruder verwandeln. „Ich sah damals blendend aus", erinnerte er sich. „Und ich ließ es mir gut gehen. Es war ein schönes Leben." Damals war er viel auf See unterwegs, lernte seine Frau kennen, die gerade mit dem Boot aus Casamance zurückgekehrt war, kaufte sich einen eigenen Katamaran und machte eine Segelschule auf, mit der er allerdings Schiffbruch erlitt. „Ich hatte nur einen Kunden. Und als der mich im Stich ließ, war Schluss."

Vielleicht ist es nicht ganz fair, Escande einen Außenseiter zu nennen. Seinem Vater, der gewerblich Großmaschinen vermietete, gehörten hier in Minervois La Livinière 10 ha Land. Wenn gerade wenig zu tun war, setzte er seine Geräte zum Abräumen von Rebland ein. „Meine Frau und ich beschlossen, im Weinberg zu arbeiten, denn dabei waren wir so nah an der Natur wie beim Segeln." Überhaupt sind sich beide Beschäftigungen erstaunlich ähnlich: Man versucht das Beste aus den natürlichen Bedingungen zu machen. Beim Segeln muss man auf die Wettervorhersagen achten und mit der See zurechtkommen. Auch im Weinbau will man die Natur so gut wie möglich nutzen. Außerdem spielt Freundschaft bei beiden eine große Rolle. Die Kameradschaft und das Verständnis unter Seeleuten im Hafen ist enorm. Die Leute im Weinbau haben dieselbe Lebensphilosophie. Der Umstieg war also kein Problem."

▲ *Das hoch gelegene Corbières ist ein raues Land mit bewegter Vergangenheit. Der Nebel kann sich im Nu über die einsamen Reben legen.*

Escande ließ sich von Jacques Raynaud vom Château de Rayas in Châteauneuf-du-Pape inspirieren, den er bewundert und von dem er viel gelernt hat. „Er hat mir als jungem Winzer gezeigt, was man mit Trauben alles tun kann. Man braucht ein bestimmtes Ziel, und er hat mir geholfen, meinen Weg zu finden." Wie Raynaud setzt Escande auf Intuition. So hat er zum Beispiel zwei Jahre lang organischen Weinbau betrieben, ist davon aber wieder abgekommen. „Es hat nicht funktioniert. So etwas kann man nicht erzwingen. Regeln, Chartas, Systeme – das ist nichts für mich. Man muss spüren, was zu tun ist, seine eigenen Entscheidungen treffen und die Richtung einschlagen, in die einen der Wind treibt." Wie Raynaud macht er außerdem gerne Witze. Als ich ihn fragte, wie er seinen Extrakt misst, meinte er nur: „Ich nehme ein Hufeisen und lege es auf die Oberfläche des Weins. Schwimmt es, hat er genug Extrakt. Geht es unter, ist er zu dünn."

Das Faszinierende an Escandes Weinen ist ihre Sinnlichkeit. „Früher habe ich barfuß gepflügt – einzig und allein wegen der physischen, sinnlichen Erfahrung", erinnert er sich. „Man muss die Dinge spüren." Er beschreibt seinen Esprit d'Automne als „intuitiven" Wein. Beim La Féline „darf nichts herausragen; dafür braucht er viel Tiefe." Ganz besonders hat es ihm der Gärprozess im Languedoc und vor allem in La Livinière angetan: „Das Minervois ist ein Bus, La Livinière ein Rennwagen." In Bordeaux wäre dieser Winzer nicht glücklich. „Wir sind nur Ungeziefer. Das hier ist ein Abenteuer, es gilt alles erst zu entdecken. Alles brodelt, alles ist miteinander verwoben, alles ist außergewöhnlich. Wein ist Energie. Deshalb bin ich im Moment außer mir vor Freude. Die Rebe ist eine Messsonde zwischen Himmel und Erde, der Horizont der Möglichkeiten immens."

Ein langer Weg

Winzer vom Schlag der drei soeben beschriebenen gibt es im ganzen Languedoc. Nicht dass sie das Terrain beherrschen würden: Noch immer sieht man zur Lesezeit gerade im Flachland allenthalben große Maschinen wie Käfer durch die Weinberge krabbeln und die Trauben von den Stöcken zerren. Anschließend werden die Wagenladungen voll verletzter und geplatzter Beeren durch die Nachmittagshitze zur Genossenschaft gekarrt, wo man sie nachlässig zu den dünnen Massenweinen verarbeitet, die bei älteren Weintrinkern in Frankreich unerklärlicherweise noch immer hoch im Kurs stehen. Doch ihr Absatz geht stark zurück. Über vier Millionen Hektoliter konnten in den Jahren 2000 und 2001 im Languedoc nicht verkauft werden. Nach wie vor stehen 100 000 ha Rebfläche zur Rodung an. Das Hauptproblem sind nach Ansicht von Chantal Lecouty von Prieuré de St-Jean de Bébian die schwächsten unter den Genossenschaften der Region; er nennt sie „Ballast". Auch Sylvain Fadat von der Domaine d'Aupilhac hält das Genossenschaftssystem für „völlig veraltet". Als Alexandre Pagès seiner *coopérative* vorschlug, einen Spitzenwein herauszubringen, verweigerte man ihm das Okay. Es blieb ihm keine andere Wahl, als auszusteigen und seine eigene Domäne, Clos Ste-Pauline, zu gründen.

Immer mehr Betriebe verlassen die Niederungen der Weinlandschaft. Was die Genossenschaft von Castelmaure und Michel Escande tun, unterscheidet sich nicht von dem Weg, den Jean-Michel Deiss in Altenheim de Bergheim, die Zind-Humbrechts in Rangen, Claude Papin auf Pierre Bise an der Loire, das Vins-de-Vienne-Team mit seinem Sotanum oder Elian da Ros mit Clos Baquey beschreiten: Sie legen das Terroir bloß. Wein kann im Languedoc auf jedem Fleckchen Erde wachsen, um aber dem Terroir Geltung zu verschaffen, muss man sich dem Anbau mit fast schon religiöser Hingabe widmen und der Geologie auf den Grund gehen. Da die Winzer des Languedoc sich von jeher minderwertig fühlten, dauerte es lange, bis sie so weit

LANGUEDOC-ROUSSILLON

waren. Deshalb möchte die Genossenschaft von Castelmaure ihren Wein auch zuerst in Bordeaux debütieren lassen.

Wer im Languedoc Qualität erzeugen will, hat zwei Möglichkeiten: Vins de Pays und AOC-Weine. In den 1990er-Jahren schien die Landweinkategorie am aussichtsreichsten. Sie bot Gelegenheit, sortenreine Erzeugnisse nach Art der Neuen Welt, also mit typischen Sortencharakteristiken in Duft und Geschmack zu bereiten. Allerdings herrscht auf dem internationalen Markt ein harter Wettbewerb in diesem Bereich und die Produktionskosten werden in Frankreich immer höher liegen als in den ebenen, bewässerten, hochmechanisierten Weinregionen Australiens, Südamerikas und Südafrikas. Für die französischen Verbraucher sind Tafel-, Land- und VDQS-Weine außerdem grundsätzlich schlechter als ihre AOC-Genossen – und in gewisser Weise haben sie sogar Recht. Vins de Pays werden oft aus Rebsorten bereitet, die für die jeweilige Region nicht geeignet sind und auf zweitklassigen Böden stehen. Schon grotesk: Merlot ist die zweithäufigste Traube im ganzen Languedoc, aber ich bin im Verlauf der Verkostungen für dieses Buch nur einem einzigen großen Vertreter dieser Rebe begegnet, dem La Merle aux Alouettes von Alain Chabanon. In den meisten Fällen scheint sich diese heikle Diva, deren exakter Reifepunkt schwierig zu finden ist, in der heißen, rauen, steinigen Region nicht sonderlich wohl zu fühlen. Ein endgültiges Urteil aber

Jean-Marie Rimbert

Ich sah mich im Keller um. Da standen ein ausgestopfter Dachs, eine uralte Benzinpumpe, die rostenden Gerippe eines ganzen Pulks aus Fahrrädern, Korbflaschen, Straßenschilder und eine große Plastikspinne. Man hatte mir gesagt, Jean-Marie sammle alte Sardinenbüchsen. Aha.

Der groß gewachsene Mann hat die sehnigen Unterarme eines Küfers oder Rebschneiders. Er arbeitete fünf Jahre lang als Rebbaudirektor für Flaugergues, bevor er genug Geld zusammengekratzt hatte, um sich ein Stück Land zu kaufen. Die Wahl fiel auf St-Chinian, weil ihm die alten Carignan-Stöcke und die Schieferterrassen gefielen. Sein Sinn für Humor macht auch vor den Weinen *nicht Halt. Die Jahrgänge druckt er in römischen Zahlen auf das Etikett und seinen Gutswein nennt er Le Mas au Schiste, „das Haus aus Schiefer". Eigentlich nicht komisch, meint man, bis man es französisch ausspricht: Es klingt wie masochiste. Ein solcher muss man auch sein, wenn man 20 ha steile Weinbergterrassen kauft und nicht einmal einen Traktor hat.*

Man könnte Rimbert einen Carignanisten der neuen Schule nennen. „Carignan ist mein Pinot", erklärte er mir. „Wenn man die Erträge niedrig hält, ist er eine Edelsorte. Er vermittelt das Terroir weit wirkungsvoller als Syrah und Grenache, zumindest hier, wo auf Schiefer säurearme Tropfen reifen."

Rimbaud offeriert drei Weine: eine „Cuvée gourmande" namens Les Travers de Marsau, den Le Mas au Schiste und Le Chant de Marjolaine, „meine freie Schöpfung". Letzterer, ein sortenreiner Tafelwein aus Carignan, ist aus sehr spät gelesenen Trauben und winzigen Erträgen entstanden. Die größten Weine des Languedoc sind nie zugänglich; sie schmecken vielmehr, als hätte man eine Hand voll Steine in einen Entsafter gesteckt und mit bitteren Kirschen, dunklen Pflaumen, festen Damaszenerpflaumen und harten Schlehen zu einem dunklen Brei gemahlen. Le Chant de Marjolaine, „der Gesang von Marjolaine", ist seit der Reblausinvasion noch von niemandem gesungen worden.

kann erst gefällt werden, wenn die Stöcke älter sind. Cabernet Sauvignon kommt mit dem harten Leben im Languedoc besser zurecht, doch erbringt die Traube nicht gerade die lebendigsten, ausdrucksvollsten Tropfen des Anbaugebiets. Auch Chardonnay zeigt sich außerhalb der kühlen Höhenlagen von Limoux nicht in Bestform. Sauvignon blanc ist im ganzen Languedoc nur für farblose Einheitsweiße gut. Wen wundert's, dass die Verkaufszahlen von Landwein im Keller sind? Der neueste Versuch, die Vin-de-Pays-Landschaft zu beleben, ist die Denomination „Grand Oc". Durch Verkostungen sollen vorzügliche Erzeugnisse ausgewählt und mindestens zwölf Monate ausgebaut werden. Mehr Auftrieb bekommt die Kategorie aber wohl dadurch, dass einige der teureren Gewächse des Languedoc, etwa der Mas de Daumas Gassac, Landweine sind. Andere Erzeuger wiederum sehen wenig Unterschiede zwischen Vin de Pays und Vin de Table und entscheiden sich gleich für die Tafelweinklasse, wie z. B. die Domäne Terre Inconnue, dann haben sie wenigstens freie Hand.

Doch auch das ändert sich. Schon heute sind die teuersten Kreszenzen reine AOC-Produkte. Die Menge der in der gesamten Region produzierten Weine ist in den letzten 20 Jahren um die Hälfte zurückgegangen, gleichzeitig aber hat sich die AOC-Produktion verfünffacht. Die Gründe dafür liegen auf der Hand. Großer Wein entsteht nach folgender Formel: günstige Böden plus gut angepasste Rebsorten plus sorgfältiger Weinbau plus zurückhaltende Bereitung. Die überwältigende Mehrheit der besten Lagen in Languedoc-Roussillon ist bereits als AOC klassifiziert und meist begünstigen die AOC-Vorschriften auch die bestangepassten Rebsorten. Natürlich kommt es immer wieder zu Fehlentscheidungen, wie der Übereifer bei der Vertreibung der Carignan-Traube aus St-Chinian oder der zu starken Förderung von Syrah in Roussillon gezeigt haben. Gérard Gauby hat außerdem bereits mehrfach betont, dass auch eine Obergrenze für den Alkoholgehalt von Weißen aus Roussillon verrückt ist. Kein AOC-System ist perfekt und es steht zu hoffen, dass Fehler in den kommenden Jahren korrigiert werden.

Ich habe während der Arbeit an diesem Buch der Region dreimal einen Besuch abgestattet und unzählige Weine probiert. Dabei bin ich zu dem Schluss gelangt, dass es zum einen mit der Qualität im Languedoc aufwärts geht und zum anderen die besten Tropfen fast alle aus dem AOC-Stall stammen. Guter Vin de Pays mit Terroir-typischen Zügen, etwa von den Côtes de Thongue, wird vielleicht bald in den Rang einer AOC erhoben werden. Ansonsten ist die Landweinkategorie recht nützlich für schlichtere Cuvées, zur Ausweitung der Angebotspalette oder einfach nur, um unbeschwert experimentieren zu können. Ein typisches Beispiel liefert Gilles Chabbert von der Domaine des Aires Hautes. Sein Paradepferd, der Clos de l'Escandil, ist ein AOC Minervois La Livinière von alten Grenache- und kürzlich gepflanzten Syrah- und Mourvèdre-Stöcken. Er hat jedoch auch einen ausgezeichneten Vin de Pays von einer Parzelle mit 35-jährigen Malbec-Reben zu bieten. Die beiden ergänzen sich bestens.

Jean Paux-Rosset

„Meine Mutter Lucette stammt aus einer alten Narbonner Familie", erzählt mir Jean Paux-Rosset. „Auf Château de la Négly haben wir immer unsere Wochenenden verbracht. Jahrzehnte haben wir nichts weiter getan, als das Gut am Laufen zu halten. Wein war ein Teil des Ganzen, ein Nebenverdienst. Vor 25 Jahren dachte ich mir, dass es eigentlich auch anders gehen müsste, dass wir hervorragende Weinberge hätten und man große Weine aus ihnen herausholen könnte. Ich fragte, ob ich die Domäne übernehmen könnte. Jahrelang weigerte sich die Familie, weil ich ihrer Meinung nach keine Ahnung vom Führen eines Betriebs hatte." Also blieben die Erträge hoch, man wirtschaftete weiter wie immer und die Trauben bekam die Genossenschaft.

„Da meine Familie nicht verstand, was ich wollte, musste ich mich eben anderweitig betätigen. Ich arbeitete in der Werbung, in der Grundstückserschließung, in einer Lkw-Werkstatt und in vielen anderen Branchen, in der Hoffnung, dass ich eines Tages zu meinen Wurzeln, meinen Genen, meiner Domäne zurückfinden würde. Es hat mich sehr gefreut, als meine Familie schließlich Verständnis zeigte und mir die Kellerei anvertraute. Ich wusste genau, was ich wollte. Qualität kostet und heute ist vieles schwierig geworden, aber man muss die Dinge am Laufen halten. Die ersten 10, 15 Jahre war jeder gegen mich, doch dann hatte ich Erfolg. Ich glaube, meine Eltern bedauerten irgendwann einmal, dass sie mich nicht früher gewähren ließen.

Mein Vater lebt nicht mehr und es ist schade, dass er meine Weine nicht mehr genießen kann. Mein Sohn Bastien und seine kleine Schwester interessieren sich beide für das Gut. Ich hoffe, ich mache nicht denselben Fehler wie meine Eltern. Wenn meine Kinder weitermachen wollen, sind sie willkommen."

Ich frage ihn, wie er darauf gekommen sei, dass man in La Clape große Weine erzeugen könne. Schließlich sei das vor 25 Jahren Tafelweinland mit ein paar Rebflächen in Strandnähe gewesen. Er streicht sich über den Stoppelbart.

„Ich habe schon immer an das Potenzial von La Clape geglaubt. Ich wollte hier etwas bewirken. Doch der Anreiz kam nicht von außen; ich wurde nicht eingeflogen, um etwas zu ändern – ich bin in diese Kultur hineingewachsen. Man hat in der Region nur nicht verstanden, was getan werden musste. Der Mensch spielt nun einmal eine große Rolle." Er hält kurz inne. „Er ist meiner Meinung nach wichtiger als das Terroir." Ein ungewöhnlicher Standpunkt für einen Franzosen, selbst in einer Gegend wie dieser, die nicht auf eine ruhmreiche Geschichte zurückblicken kann. Und Paux-Rosset gehört auch nicht zu denen, die dem Appellationssystem den Rücken kehren wollen. Man munkelt sogar, dass La Clape als einer der ersten Bereiche der Coteaux du Languedoc seine eigene AOC bekommen soll. Paux-Rosset käme das sicher nicht ungelegen. Er zuckt mit den Schultern: „Im Grund ist es mir egal. Für mich liegt die Zukunft in Négly."

▶

LANGUEDOC-ROUSSILLON 221

Languedoc-Roussillon im Überblick

Das derzeitige AOC-System im Languedoc ist alles andere als endgültig: Es ist mitten im Werden. Viele bestehende Appellationsgrenzen sind aus politischen Erwägungen entstanden und nicht unter Berücksichtigung von Boden, Hang und Himmel.

Grob vereinfacht: Languedoc-Roussillon hat im Prinzip drei AOC-Typen, nämlich Berglagen, Bereiche in der Ebene und Anbauzonen im Korridor zum Atlantik. Die Berglagen erstrecken sich über die chaotischen Vorhügel des Zentralmassivs und der Pyrenäen (Minervois, St-Chinian, Faugères sowie Teile der Coteaux du Languedoc, von Roussillon, Banyuls, Corbières und westlicher Bereich von Fitou). Die Weinbaugebiete in den Ebenen gehören größtenteils zu den Coteaux du Languedoc, einzelnen Arealen von Corbières und den Küstensektoren von Fitou und Roussillon. Cabardès, Malepère und Limoux wiederum liegen im Korridor: In diesen oft von Bordelaiser Rebsorten geprägten Zonen ist der Einfluss des Atlantiks spürbar.

Beginnen wir mit der größten AOC: **Corbières** ist der Gigant des Languedoc und hinter Bordeaux, Bordeaux Supérieur und den Côtes du Rhône Frankreichs viertgrößte Appellation. Sie lief ab 1951 zunächst als VDQS-Gebiet und wurde 1985 geadelt. Als AOC ist Corbières im Grunde zu groß, was auch die enormen Unterschiede in der Weinqualität innerhalb des Anbaugebiets erklärt. Das wissen auch die Winzer, weshalb sie 1991 elf Subzonen, Terroirs genannt, schufen. Von Ost nach West sind das Sigean – mittlerweile in La Méditerranée umgetauft –, Fontfroide, Durban, Lézignan, Boutenac, St-Victor, Lagrasse, Montagne d'Alaric, Serviès, Termenès und Quéribus. Sie haben im Augenblick noch keinen offiziellen Status. Man will zunächst die Ergebnisse abwarten und dann sieben oder acht Crus ausweisen. Mit Drucklegung dieses Buchs deutet alles darauf hin, dass Boutenac, der heißeste Unterbereich mit vorwiegend von Sandstein geprägten Böden, als Erster in den Genuss der Auszeichnung als Cru kommt; als Nächstes sollen Durban, Lagrasse und La Méditerranée folgen. Eine allgemeine Charakterisierung ist schwierig, denn dazu haben die Subzonen ein zu uneinheitliches Profil mit Kalk-, Schiefer-, Sandstein- und Mergelböden, Höhenlagen von Meeresspiegelebene in La Méditerranée und Lézignan bis 500 m in Termenès und den verschiedensten Geländeformen mit zahllosen Tälern, Hängen, Plateaus und Ebenen. James Wilson spricht in seinem Buch *Terroir* von der „geologischen Kakophonie" der Gegend. Wer Corbières einen Besuch abstattet, dem fällt sofort auf, dass der Bereich eine bewegte geologische Geschichte hat. Die vielmillionenjährige Schlacht zwischen Himmel und Erde hat ihre Spuren hinterlassen, die man in zerklüfteter Deutlichkeit lesen kann. Und den Weingenießern wird es in den nächsten paar hundert Jahren viel Spaß machen, diesen Spuren auch in den Weinen nachzugehen. Als Rebsorten stehen zur Verfügung: Carignan, der zu maximal 50 % enthalten sein darf (obwohl man munkelt, dass in Boutenac 60 % zugelassen werden, da er dort so gute Ergebnisse erbringt), außerdem Syrah, Grenache und Mourvèdre, die alle drei in beliebiger Dosierung mit dabei sein dürfen, sofern sie mindestens zu zweit sind.

Fitou, eine wilde, entlegene Subzone an der Grenze zwischen Corbières und Roussillon, ist die älteste Appellation im Languedoc. Sie existiert bereits seit 1948, gilt jedoch nur für Rotwein; die Weißen und Rosés laufen unter Corbières. Außerdem umfasst das Gebiet als Rivesaltes und Muscat de Rivesaltes Vin Doux Naturel klassifizierte Weinberge. Die frühe Auszeichnung mit dem AOC-Gütesiegel verdankt sie

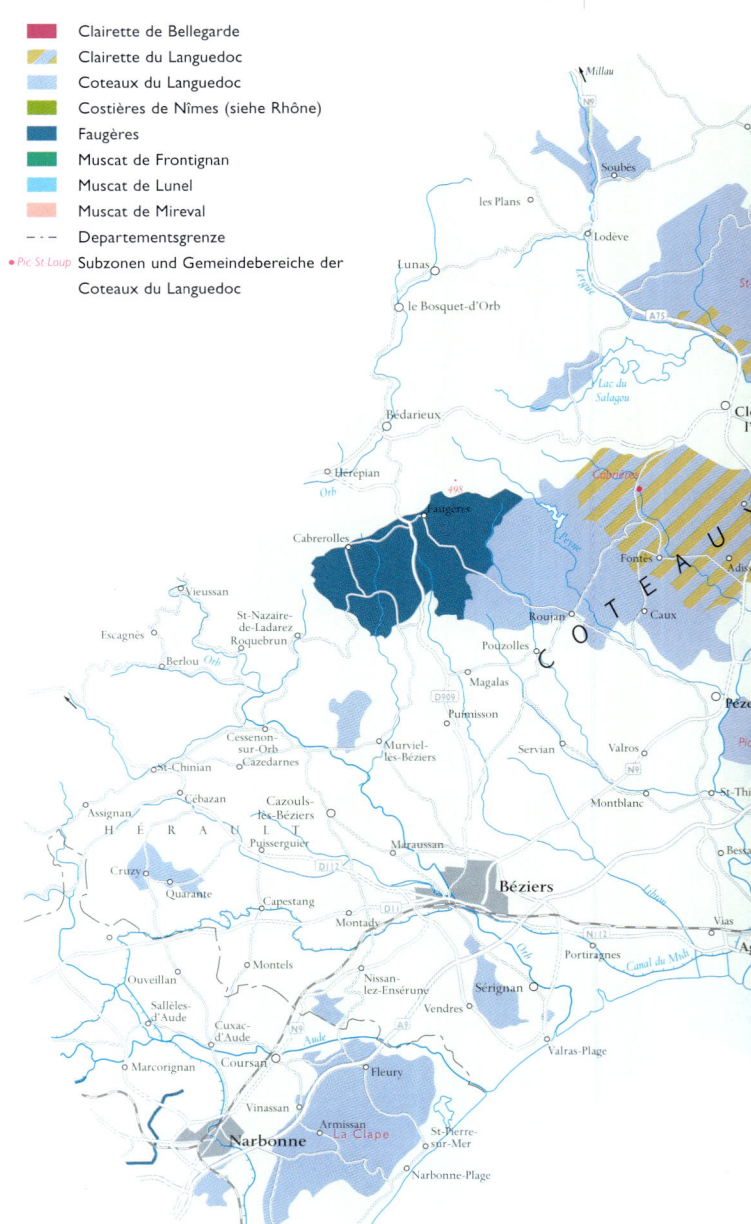

politischer Einflussnahme – und der Tatsache, dass hohe Erträge und damit miserable Qualität hier praktisch unmöglich sind. Der Küstenbereich Fitou Maritime mit den fünf Gemeinden Caves, Fitou, Lapalme, Leucate und Treilles unweit des Etang de Sales ist eine heiße Tieflandzone mit dem häufigsten französischen Weinbergboden, tonigem Kalk. Der wildere Hochlandsektor Fitou Montagneux mit den Gemeinden Cascatel, Paziols, Tuchan und Villeneuve erstreckt sich vorwiegend auf Schiefer, der allerdings einige Ton-Kreide-Einsprengsel in Paziols und Tuchan aufweist (der Mont Tauch besteht aus Kalk). Die besten und tiefsten Weine stammen aus Fitou Montagneux, denn

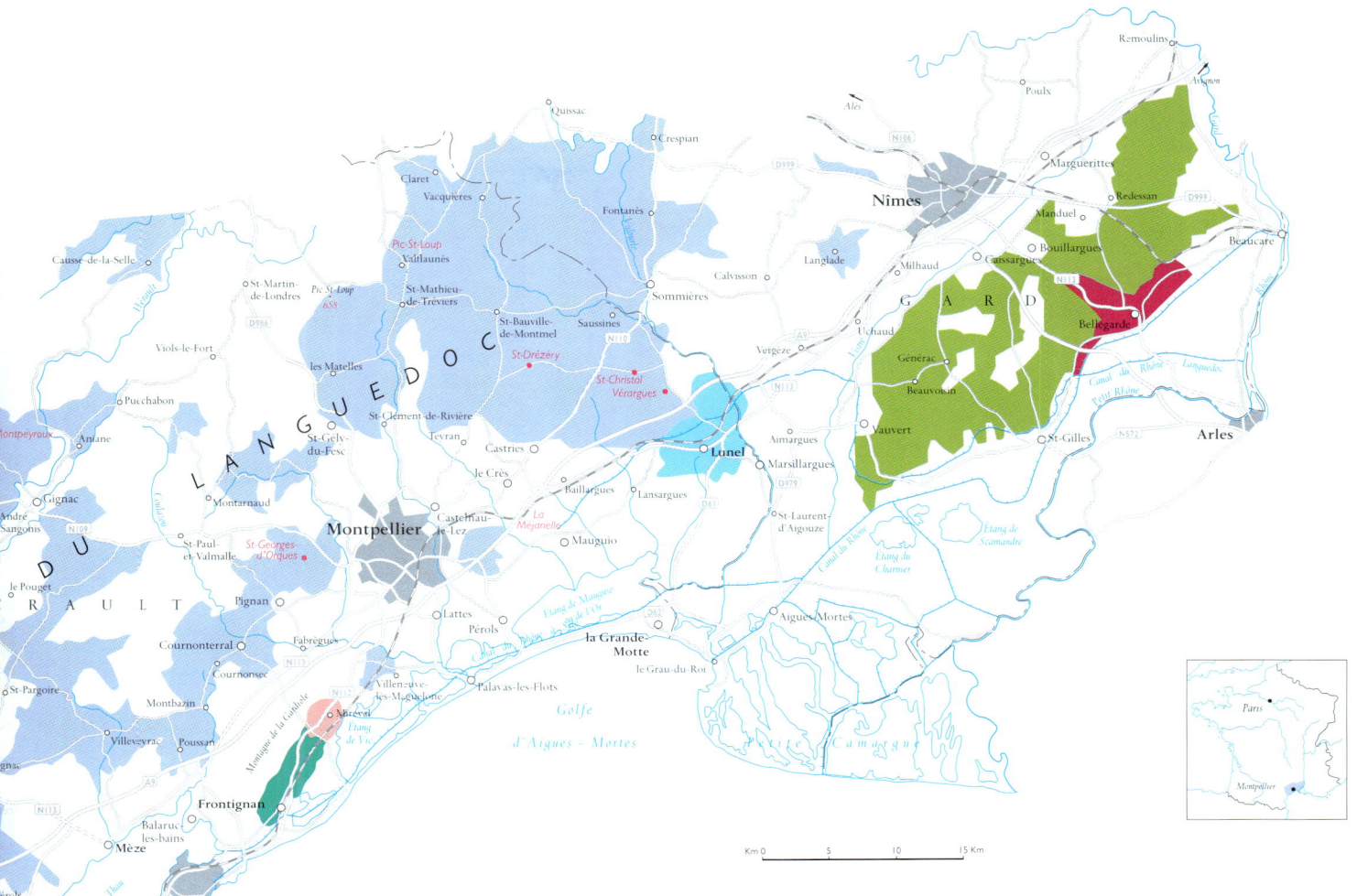

das Bergland ist wie die oberen Lagen von Corbières ein geologisches Chaos, in dem sich Raben und Wildschweine mehr zu Hause fühlen als Menschen. Die Reben wachsen in einer durchschnittlichen Höhe von 300 m über dem Meeresspiegel und sind wegen der kräftigen Winde richtiggehend nach Süden geneigt. Die Weine von Fitou müssen aus drei Rebsorten gemischt sein. Als einzige AOC in ganz Frankreich fördert Fitou derzeit Carignan, der einen Anteil von mindestens 30 % haben muss. Für Syrah sind ab 2007 zehn bis 30 % vorgesehen. Die vorgeschriebene Mindestausbauzeit vor dem Verkauf wurde kürzlich von neun auf zwölf Monate erhöht (in Corbières sind es nur vier). Im Gespräch ist außerdem eine Ausweitung der AOC auf Weißweine aus Grenache blanc mit Vermentino als Zusatzsorte.

Südlich von Corbières und Fitou liegt **Roussillon**. Appellationen sollten einzig und allein Terroir-Unterschieden Rechnung tragen, doch wenn man Cucugnan, Paziols und Embres auf der Corbières/Fitou-Seite und die Nachbargemeinden in Roussillon vergleicht, merkt man, dass das nicht immer zutrifft. Sie alle werden von derselben felsigen Wildnis in zerrissener Hügellandschaft, denselben Nordwinden und derselben mörderischen Sommerhitze geprägt. Fährt man noch weiter südlich, trifft man immer häufiger auf Schieferböden, die jedoch schon in Fitou Montagneux zu finden sind und in Faugères sowie dem Norden von St-Chinian sogar das vorherrschende Gestein bilden. Warum also hat man mehrere Appellationen daraus gemacht? Zum einen wegen der politischen Grenzen: Wir haben das Departement Aude verlassen und befinden uns nun in den Pyrénées-Orientales. Doch politische Verwaltungsstrukturen sind nicht der einzige Grund. Als ich in Corbières nach dem Warum fragte, nannte man auch kulturelle Gründe: „Wir sind Languedoc, drüben ist Katalonien."

Die AOC Roussillon umfasst 118 Gemeinden und etwa 4800 ha; 80 % der erzeugten Weine sind rot. 32 Gemeinden haben eine eigene Appellation namens **Côtes du Roussillon-Villages**, deren beste Tropfen aus den oberen Lagen der drei Haupttäler von Agly, Têt und Tech stammen. Sie ziehen sich vom Meer aus ins Hügelland hinein. Der Boden besteht hier nicht allein aus Schiefer, sondern enthält auch Gneis, Granit und Kalk. Mancherorts ist das Kalkgestein sogar so rein, dass man es in Steinbrüchen abbaut. In gewisser Weise versucht man den vier geologischen Schwerpunkten mit den vier Crus Rechnung zu tragen, deren Namen an die Bezeichnung der Villages-AOC angehängt werden kann. **Caramany** aus dem gleichnamigen Dorf ist Gneis-Terrain, **Latour-de-France** wird von braunem Schiefer dominiert, **Lesquerde** hat Granit als Untergrund und in **Tautavel** (für Tautavel und Vingrau) setzt sich der Boden aus Ton und Kalk zusammen. Die wichtigsten Rebsorten heißen traditionell Grenache und Carignan, doch vor einiger Zeit sind Syrah und Mourvèdre dazugekommen.

Von hier stammt einer der besten französischen Vins Doux Naturels. Und das kommt nicht von ungefähr. Die Rotweine von Roussillon haben den vielleicht größten Qualitätssprung in ganz Frankreich gemacht, wie Clos des Fées, Gardiès, Lhéritier, Marcevol und andere Erzeuger beweisen. Wenn die Erträge niedrig gehalten werden, schwingen sich die Weine von Roussillon zu beachtlichen Gewächsen auf. Natürlich spielt das Terroir dabei eine nicht unwesentliche Rolle: Man findet hier viele herausragende, wenngleich schwierig zu bearbeitende Lagen mit kargen Schiefer- und Kalkböden. Doch der eigentliche Grund für den hohen Standard war die Likörweinmode, die Frankreich nach dem entbehrungsreichen Zweiten Weltkrieg erfasste. 1964 erreichte die Produktion von Vins Doux Naturels mit 712 690 hl einen absoluten Spitzenwert; heute bereitet man kaum 500 000 hl. Doch die Stöcke für diese Dessertweine stehen noch, insbesondere die Grenache-Reben – nach rund 50 Jahren. Mit ihnen konnte Roussillon einen Blitzstart hinlegen und die meisten Regionen des Languedoc weit hinter sich lassen, die zuerst ihre mit Aramon bestockten Flächen roden mussten, bevor sie sich ernsthaft mit einer Verbesserung der Qualität ihrer Roten befassen konnten. (Alte Carignan-Reben hingegen findet man in beiden Anbaugebieten.)

Sechs Appellationen für Vins Doux Naturels sind in Roussillon ausgewiesen. Die hinsichtlich der erzeugten Menge bedeutendste ist **Rivesaltes** mit fast 10 000 ha Weinbergen, die sich auch nach Corbières und Fitou hineinziehen. Gleichzeitig hat diese Appellation in den letzten beiden Jahrzehnten die meisten Rückschläge hinnehmen müssen. Denn Rivesaltes-Weine waren von jeher Markenerzeugnisse, die von *négociants* in Umlauf gebracht wurden – und wenn die Zeiten schlechter werden, steigen die Händler als Erste aus und überlassen die Weinbauern sich selbst. Verarbeitet werden dürfen sowohl rote als auch

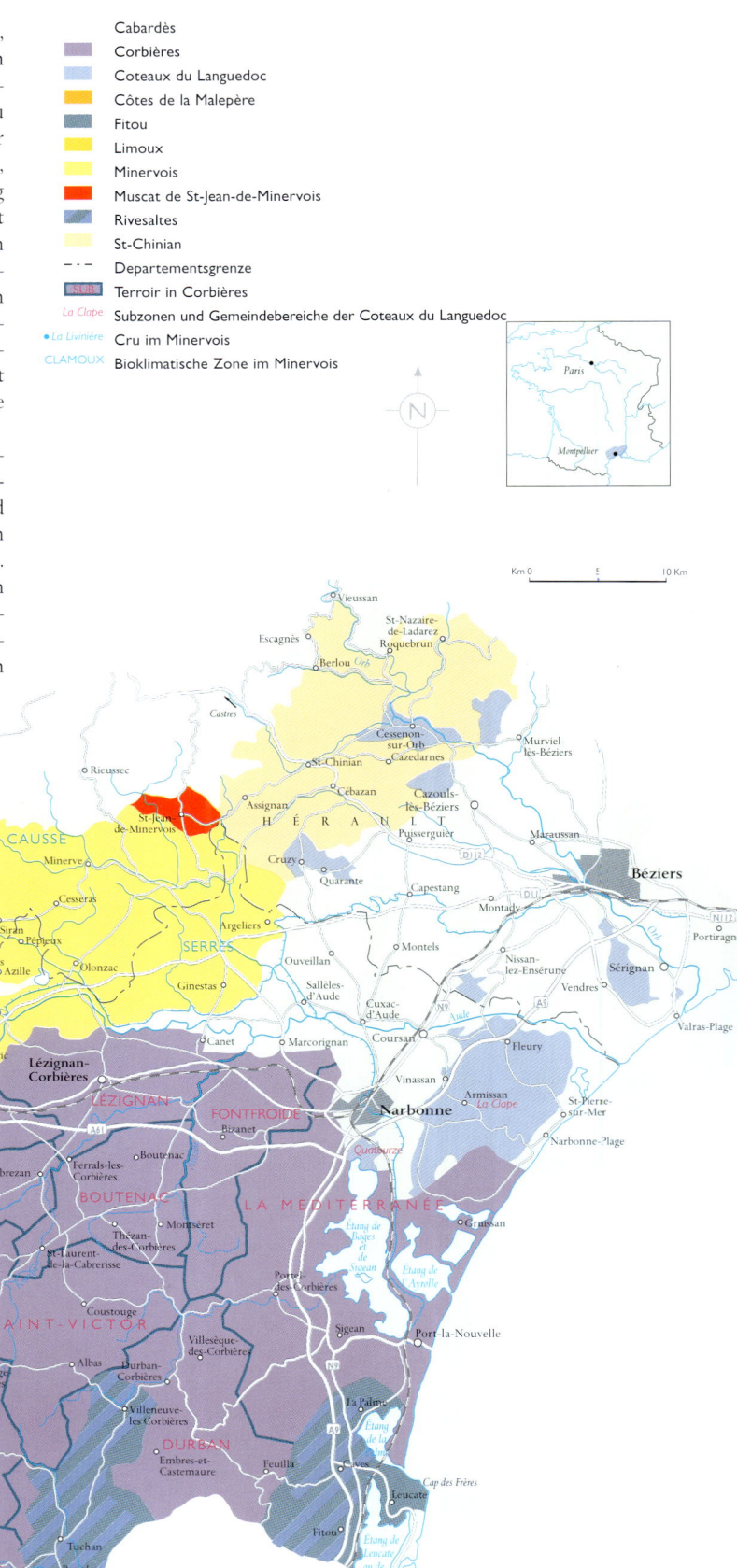

weiße Trauben (es dominieren Grenache blanc, gris und noir); die Weine werden während der Vergärung gespritet und kommen schließlich auf 21,5 % Alkohol. Rivesaltes steht als Rouge (jung, rot, oxidiert), Ambré (zwei Jahre lang unter Luftzufuhr ausgebaut) und Tuilé (wie Ambré, aber mit mindestens 50 % Grenache noir) in den Regalen. Liest man auf dem Etikett eines Rivesaltes Hors d'Age, musste er mindestens fünf Jahre lang reifen. Und die jung abgefüllte, einem Jahrgangsport ähnliche Version aus 75 % Grenache noir heißt Grenat. Alle, die weit über 300 Euro für einen aus 20 hl/ha bereiteten Echézeaux oder St-Emilion hinlegen, seien darauf hingewiesen, dass der Durchschnittsertrag für Rivesaltes 1998 16,5 hl/ha betrug.

Die beiden Crus für die Vins Doux Naturels aus Roussillon heißen **Maury** und **Banyuls**. Maury besteht aus einem von Kalk umgebenen Schieferkorridor in der Nähe von Corbières, von dem aus man in der Ferne die wie ein Falke auf einem Hügel sitzende Festung Quéribus erspähen kann. Die Likörweine aus Maury sind größtenteils Rote auf Grenache-Basis, die jung abgefüllt manchmal die Urkraft eines Vintage Port zur Schau stellen. Allerdings wurde die hier lange Zeit übliche Verwendung des Begriffs „Vintage" mittlerweile verboten; stattdessen sind nun „Vendange" und „Récolte" in Gebrauch. Banyuls nimmt ein Flickwerk aus reinen Schieferhängen in der Nähe der spanischen Grenze in Beschlag. Traditionell bereitet man in der Zone einen oxidierten Wein mit *rancio*-Einschlag. Er ist als Traditionnel, Blanc, Doré und Ambré in Umlauf. Die interessantere, ausdrucksvollere Alternative ist der an einen Jahrgangsport erinnernde Rimage aus Banyuls, der angeblich nur in guten Jahren entsteht. **Banyuls Grand Cru** heißt eine überflüssige AOC, die sich von der regulären nur durch einen 75-prozentigen Grenache-Anteil und mindestens 30 Monate Ausbau unterscheidet. Und die kaum verwendete AOC-Bezeichnung **Grand Roussillon** gilt für Verschnitte aus Rivesaltes, Banyuls oder Maury. **Muscat de Rivesaltes** schließlich ist eine relativ umfangreiche Appellation für Vins Doux Naturels aus Muscat, die die drei AOCs Rivesaltes, Banyuls und Maury umfasst. Wenn Erzeuger in Banyuls aus Grenache, Syrah, Mourvèdre, Carignan oder Cinsault einen Roten von Schieferböden bereiten wollen, was auf den verblüffend steilen, terrassierten Hängen in Sichtweite zum Meer gar nicht einmal so abwegig ist, dann können sie sich der AOC **Collioure** bedienen. Sie ist geographisch deckungsgleich mit Banyuls.

So viel zum tiefen Süden. Mit Limoux ändert sich plötzlich alles. Wie Corbières zieht sich die AOC über die hohen, wilden Hügel südlich des Canal du Midi. Doch sie liegt auch weiter westlich als Corbières und das entscheidende Quäntchen näher am Atlantik. Willkommen in der Champagne des Languedoc! Auf den 1800 ha Rebland entstehen nicht nur die führenden Schaumweine der Region, sondern darüber hinaus kühle, kernige, weiße Stillweine, wie sie eigentlich für nördlichere Regionen typisch sind. Die Eignung der kalkreichen, steinigen Böden mit Beimengungen von Sandstein, Mergel und Konglomerat für die Erzeugung von Weißen wird durch die lange Geschichte dieses Weintyps in der Gegend belegt. Schon 1531 soll das Kloster St-Hilaire Schaumweine bereitet und die Flaschen mit Natur-

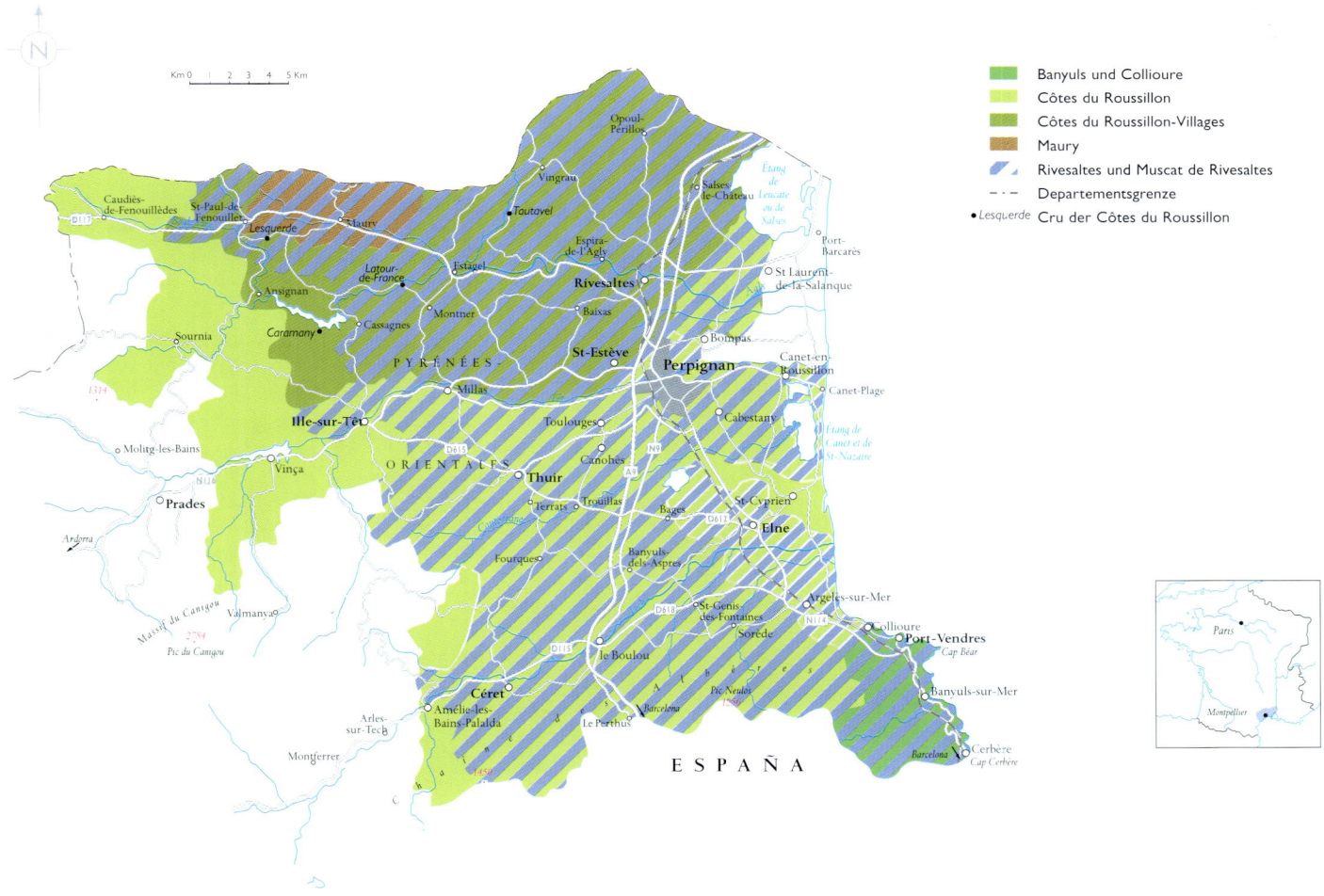

LANGUEDOC-ROUSSILLON 225

▲ Durban, eines der elf Terroirs von Corbières, ist für die offizielle Verleihung des Cru-Status in der AOC vorgemerkt.

korken verschlossen haben – also lange bevor diese Methode in der Champagne ihren Siegeszug antrat. **Blanquette de Limoux** heißt die AOC für Schaumweine nach der traditionellen Methode. Die Schäumer werden überwiegend aus Mauzac bereitet, einer spät reifenden Sorte mit muskatartigem Apfelduft, der noch bis zu 10 % Chenin blanc und Chardonnay zur Seite gestellt werden dürfen. Es gibt ferner eine eigentümliche, doch geschätzte Alternative aus 100 % Mauzac. Sie entsteht in einem einzigen Gärdurchgang, genannt *méthode ancestrale*, der in der verschlossenen Flasche beendet wird. Der Wein wird nicht degorgiert, weshalb er süß, trüb und relativ alkoholschwach ausfällt – ein erfrischend weicher Weinschaum also. Die dritte Schaumwein-AOC der Region heißt **Crémant de Limoux** und gilt für Perler, die ebenfalls auf traditionelle Art bereitet werden, aber bis zu 30 % Chardonnay und Chenin blanc enthalten dürfen.

Zu einer der erfolgreichsten Regionen im Languedoc aber ist **Limoux** dank der Stillweine geworden. Sie tragen die Insignien der AOC, enthalten aber so viel Chardonnay, dass sie schon als Sortenweine durchgehen können. Außerdem ist Limoux die einzige Weißwein-Appellation in Frankreich, die das Keltern der ganzen Trauben und Fassvergärung vorschreibt. Die Landweine werden aus Rohmaterial von ungewöhnlich alten Chardonnay-Stöcken bereitet, was auf die Ächtung dieser Rebe durch die AOC Blanquette im Jahr 1975 zurückzuführen ist. Sie müssen jedoch noch mindestens 15 % Mauzac enthalten. Chenin blanc kann als Alternative zu Chardonnay verwendet werden, was aber selten geschieht. Limoux ist ein gutes Beispiel dafür, wie man Vorschriften behutsam und erfolgreich an einen jüngeren Weinmarkt anpasst, ohne alte Traditionen über Bord zu werfen oder sich über das Potenzial der Böden hinwegzusetzen. Eine Rotweinversion der AOC Limoux steht an; Gerüchten zufolge soll es die erste Appellation im Languedoc sein, die 50 % Merlot zulässt. In diesem Fall hätte Bordeaux beide Augen zugedrückt. Ebenfalls erlaubt werden sollen Cabernet Sauvignon, Cabernet franc, Malbec, Syrah und Grenache.

Unterhalb von Limoux liegen die **Côtes de la Malepère**. Diese neue Zone für Rote und Rosés präsentiert sich wie ihr kleineres Gegenstück Cabardès auf der anderen Seite des Canal du Midi als eine Art Bordeaux-Languedoc-Hybride, denn hier dürfen die Bordelaiser Sorten mit Grenache, Cinsault, Syrah und Lladoner Pelut, einer engen Verwandten von Grenache, verschnitten werden. Wie in Limoux sind die meisten Malepère-Weinberge durch das Hochland von Corbières vom Meer abgeschnitten und haben daher ein kühleres, regenreicheres Klima als das übrige Languedoc. Die Rebflächen ziehen sich um den abgeflachten Kalksteinkegel des Mont Naut und den Kamm des Bois de Malepère herum. Sie sind geprägt von der klassischen Ton-Kalk-Mischung mit etwas Sand und Kieseln, die von den Pyrenäen heruntergewaschen wurden.

Die winzige AOC **Cabardès** für Rot- und Roséweine ist ganze 400 ha groß. Während man Malepère als roten Schatten von Limoux bezeichnen könnte, geht Cabardès als eine Art kühlere, vom Atlantik stärker geprägte Interpretation des Minervois-Stils durch. Wie das Minervois und St-Chinian schmiegt sich der Anbaubereich an den langen, dunklen Bauch der Montagne Noire und nimmt ein kleines Amphitheater ein, das von sechs Flüssen durchschnitten wird. Allerdings befinden wir uns hier in einer kühleren, windigeren, feuchteren Ecke der Montagne Noire. Bei den Rebsorten hat man sich nach beiden Seiten hin orientiert – nach Bordeaux mit Merlot, Cabernet Sauvignon und Cabernet franc, die mindestens zu 40 % im Verschnitt enthalten sein müssen, sowie in die Languedoc- und Rhône-Richtung mit Syrah und Grenache, für die das Minimum ebenfalls bei 40 % angesetzt ist. Den Rest füllt man mit einer interessanten Mixtur aus Malbec, Fer und Cinsault auf. Die komplexen Böden spiegeln die Geologie der Montagne wider und enthalten Granit, Quarzit, Kalk und Schiefer. Die Weine zählen zu den kühlsten, frischesten und oft auch duftigsten Roten des Languedoc.

Mit 4500 ha Rebland nimmt das **Minervois** hinsichtlich der Größe im Languedoc den dritten Rang hinter Corbières und den Coteaux du Languedoc ein. Auch dieser Bereich zeichnet sich durch eine enorme Vielfalt an Lagen aus, weshalb man sich kaum vorstellen kann, dass er in den nächsten Jahren als einheitliche AOC weiter Bestand haben wird. Mit der Ausweisung einer neuen Appellation **Minervois La Livinière** im Jahr 1998 hat er seine beiden größeren Rivalen im Rennen um Erlangung eines offiziellen Status für ihre Crus sogar schon ausgestochen; weitere werden mit Sicherheit folgen. Ist Minervois La Livinière also der Hase des Languedoc?

Zumindest hat der Bereich einiges zu bieten, z. B. ein paar ausgezeichnete Lagen dort, wo die Montagne Noire sich in von Wasserläufen gegrabenen Terrassen zum Fluss Aude hinunterzieht. Die Erzeuger haben die Appellation in fünf interne „bioklimatische Zonen" unterteilt, von denen manche zusätzlich untergliedert wurden. Das erste dieser Areale heißt Les Côtes Noires und liegt im Nordwesten der AOC auf Schieferböden mit Marmoradern. Clamoux schließt sich im Süden an und verläuft am Westrand der Appellation. Da der Atlantik hier mehr Einfluss ausübt als das Mittelmeer, ähneln die beiden Unterbereiche Cabardès und erbringen die frischesten, leichtesten und alkoholschwächsten Minervois-Weine. Die Zone Centrale hat von allem etwas zu bieten, von den niedrig gelegenen Balcons de l'Aude um den entwässerten Etang de Marseillette bis hinauf zur Petite Causse, einer hoch gelegenen Mergel-Kalk-Lage mit vorzüglicher Südausrichtung. Die ausgedehnten Terrassen von Argent Double im Westen und das felsige, karge Land der Mourels im Osten vervollständigen die Zone. Die höchsten Weinberge findet man auf dem zerklüfteten, weißen Kalk von Causse im Nordosten der AOC, ein oft von Schluchten durchschnittenes Hochplateau mit strengen Wintern und hellen, heißen Sommern. Das trockene, schön steinige Land nutzt man zum Teil für die Erzeugung von **St-Jean-de-Minervois**, einem Muscat mit außergewöhnlicher Finesse. Kühle Luft ergießt sich von der Montagne Noire ins Tiefland, weshalb man die Reben in geschützten Lagen versteckt. Hier liegt auch die Stadt Minerve, wo 1210 Simon de Montfort nach siebenwöchiger Belagerung 140 Katharerbauern verbrennen ließ, die sowieso schon am Verdursten waren. Die Geschichte ist so unerbittlich wie die Landschaft selbst. Les Serres im äußersten Osten des Minervois ist die wärmste, mediterranste Zone. Ihre Weinberge nehmen tiefgründige Flussterrassen ebenso ein wie mergelige Hügelflanken und steile Kalkhänge. Die Verschnittvorschriften lassen maximal 40 % Carignan zu; Grenache, Syrah, Mourvèdre und Lladoner Pelut bzw. Kombinationen dieser Sorten dürfen zu 60 % enthalten sein. Die La-Livinière-Bestimmungen sind geringfügig strenger, denn sie sehen etwas niedrigere Erträge, drei Verkostungen durch den AOC-Ausschuss und einen Ausbau von einem Jahr vor.

St-Chinian zieht sich wie der Ostteil des Minervois auf die Ebenen des Languedoc hinaus (wir haben den Korridor zum Atlantik verlassen). Auch das Bergpanorama hat sich geändert. Nicht mehr die Montagne Noire bildet die Kulisse, sondern das Caroux- und Espinouse-Massiv. Die 3000 ha Rebfläche lassen sich in zwei Subzonen unterteilen: Schiefer und Sandstein im Norden und Osten, Kalk im Süden und Westen. An den höheren Schieferhängen reifen pikante, intensive, konzentrierte Rote und Rosés, die tiefer gelegenen Kalklagen sind für weichere, oft alkoholstärkere Tropfen gut. Grenache, Syrah und Mourvèdre haben 60 % Anteil an den Verschnitten; die besten Erzeuger aber bevorzugen Carignan von alten Stöcken.

Faugères wird von einer Rampe aus Schiefer gebildet, die von der Ebene hinter Béziers bis zu den Vorhügeln der Cevennen reicht. Die 1800 ha große AOC ist die Heimat von Rot- und Roséweinen aus höchstens 40 % Carignan und mindestens 60 % Syrah, Grenache und Mourvèdre. Vor kurzem hat man die Appellation auf Weißwein ausgeweitet; außerdem soll ein Fine Faugères ins Leben gerufen werden. „Fine" bezieht sich normalerweise auf einen Branntwein, der hier tatsächlich eine bis ins 19. Jahrhundert zurückreichende Tradition hat (einige Erzeuger destillieren noch einen Fine de Faugères). Nun sollen damit allerdings Prestige-Weine von alten Stöcken gekennzeichnet werden. Die Untergrenze für Carignan soll bei 40 Jahren, für Syrah und Grenache bei 20 Jahren und für Mourvèdre bei 15 Jahren liegen.

Die Weißwein-AOC **Clairette du Languedoc** gibt es bereits seit 1948, doch vom einstigen Ruf ist nicht mehr viel übrig. Säurearmer, plumper Clairette ist gegenüber aromatischem Roussanne, üppigem Grenache blanc und sogar spritzigem Bourboulenc ins Hintertreffen geraten. Clairette kann trocken oder süß, gespritet oder ungespritet bereitet werden. Meist kommt er trocken auf den Markt, allerdings feiert der traditionsreiche Süßwein derzeit eine kleine Renaissance. Die AOC umfasst gerade einmal 70 ha auf Terrassen in zwei geologisch vielfältigen Zonen etwa 30 km hinter der Küste. Noch bedeutungsloser ist **Clairette de Bellegarde**, eine winzige, kaum verwendete AOC im Südosten von Costières de Nîmes (siehe unter Rhône).

▼ *Maschinelle Ernte bei Regen: ein schlechtes Omen für den Wein. Er wird mit Sicherheit nicht zu den Besten gehören.*

▼ *Das Licht von Collioure lockt Künstler und Sonntagssegler an, ist jedoch auch für die Weinstöcke wohltuend.*

Nun zur verwirrendsten Appellation im heutigen Frankreich, aus der allerdings auch einige Weine mit dem besten Preis-Leistungs-Verhältnis im ganzen Land stammen: **Coteaux du Languedoc**. Man könnte das Anbaugebiet als Abschlussklasse der zukünftigen AOCs bezeichnen: Derzeit tragen sie noch dieselbe Schuluniform, doch wollen sie alle so schnell wie möglich weg und hinaus in die Welt, um dort ihre Vorzüge unter Beweis zu stellen. St-Chinian, Faugères und theoretisch auch Clairette du Languedoc haben den Schritt in die Unabhängigkeit bereits geschafft und gelten als etablierte Crus, deren Weine aber auch als Coteaux du Languedoc etikettiert werden können.

Im Prinzip wurde jedes lohnenswerte Rebland der Küstenzone, das nicht schon in den Rang einer AOC erhoben worden war, unter der AOC Coteaux du Languedoc zusammengefasst. Weniger günstige Lagen hat man als **Vin de Pays** klassifiziert. Natürlich gibt es Ausnahmen: Manche Erzeuger (z. B. in Aniane) gehören zur AOC, ziehen aber den Landweinstatus vor, weil sie nichteinheimische Rebsorten kultivieren wollen.

In der Gegend um Béziers wiederum gibt es einige vorzügliche Lagen, etwa die Côtes de Thongue auf halbem Weg zwischen Béziers und Pézenas. Das INAO bot den dortigen Weinbauern vor einiger Zeit eine Aufwertung an, doch sie lehnten ab, da die Landweinkategorie ihnen mit ihren internationalen Rebsorten damals mehr Aussicht bot, der völligen Bedeutungslosigkeit der Vergangenheit zu entkommen, als die AOCs mit ihren vorgegebenen einheimischen Trauben. Heute bedauern sie ihre Entscheidung.

Vielleicht versteht man die Coteaux du Languedoc am besten, wenn man sie mit der berühmten Qualitätspyramide in Burgund vergleicht. Die breite Basis der Pyramide wird von der regionalen AOC gebildet: den Coteaux du Languedoc selbst.

Den Mittelteil nehmen die sieben subregionalen Zonen ein, die manchmal auch „klimatische Regionen" genannt werden. Sie alle haben das Potenzial, sich einmal als eigene Appellationen zu etablieren. Hier die Zonen von Südwesten nach Nordosten: La Clape, Terrasses de Béziers (das aus den oben genannten Gründen wesentlich größer sein könnte), Pézenas, Terrasses du Larzac, Grès de Montpellier, Pic-St-Loup und Terres de Sommières (in der Nähe von Nîmes).

▼ *Manche Genossenschaften weigern sich nach wie vor, rote und weiße Rebsorten zu trennen. Sie sind am unteren Ende der Qualitätsskala angesiedelt.*

An der Spitze der Pyramide stehen die Gemeindezonen, die gelegentlich auch „Terroirs" genannt werden. Auch sie sind aussichtsreiche AOC-Kandidaten. Ihre Namen (wieder von Südwesten nach Nordosten) lauten: Quatourze, Pinet, Cabrières, St-Saturnin, Montpeyroux, St-Georges d'Orques, La Méjanelle, St-Drézery, Vérargues und St-Christol. Der Vollständigkeit halber sei erwähnt, dass La Clape und Pic-St-Loup als subregionale und kommunale Bereiche gleichzeitig laufen. Man kann alle genannten Zonen auf Etiketten finden, die AOC aber heißt stets Coteaux du Languedoc.

Als aussichtsreichste Kandidaten für eine Beförderung in den AOC-Rang gelten unter Insidern Pinet (für Picpoul de Pinet, einen zitronigen, reinsortigen Weißen), Montpeyroux (das auch die bekannte Gemeinde Aniane einschließen würde), Pic-St-Loup, Grès de Montpellier und die Kalkzunge von La Clape an der Küste.

Die AOC Coteaux du Languedoc umfasst eine enorme Vielzahl unterschiedlichster Lagen. St-Saturnin, Montpeyroux und Pic-St-Loup beispielsweise sind klassische Weinbergterrassen aus kalkigem Mergel auf den Vorhügeln der Cevennen. Méjanelle, Vérargues und St-Christol wiederum nehmen tiefer liegende, von Flüssen angeschwemmte kiesige Böden ein, wie man sie auch in Costières de Nîmes findet. Cabrières erstreckt sich nach Art von Faugères auf schieferigem Untergrund. Und wieder anders präsentiert sich La Clape, eine stark vom Meeresklima geprägte hügelige Kalkinsel, die einst nicht einmal eine direkte Verbindung zum Festland hatte. Aus haarsträubenden politischen Gründen streckt sich ein Finger von Corbières Richtung La Clape und berührt die Zone im äußersten Süden. Quatourze ist ein flaches, kieseliges Rebland an der Peripherie von Narbonne. Die Hügellagen der Coteaux du Languedoc sind beileibe nicht alle besser als die Weinberge im Flachland. La Méjanelle innerhalb von Grès de Montpellier etwa liefert großartige, tiefgründige Rote von Flusskieselböden und rotem Ton. Leider verschlingt die gefräßige Stadt Montpellier immer mehr Rebflächen oder zerschneidet sie mit Straßen und Autobahnen.

Muscat de Frontignan, **Muscat de Mireval** und **Muscat de Lunel** sind alle drei sehr flache Küstenappellationen für Vins Doux Naturels aus der Muscat-Traube. Sie warten mit fetten, honigschweren, üppigen Tropfen auf, die allerdings nicht den Pfiff und die duftige Finesse ihrer Pendants aus St-Jean de Minervois haben, die in höheren Weingärten mit hellem, weißem Kalk als Untergrund heranreifen.

Im Kreuzfeuer

L'affaire Mondavi

Die als „*affaire Mondavi*" bekannt gewordenen Ereignisse haben ein schlechtes Licht auf das Languedoc geworfen. Der kalifornische Weinerzeuger Robert Mondavi wollte bei Aniane ein Weingut erwerben, um dort Syrah anzubauen. Aniane hat sich dank Gütern wie Mas de Daumas Gassac, Grange des Pères und Capion einen Ruf als vorzügliche Vin-de-Pays-Zone erworben. Hartnäckig hält sich vor Ort das Gerücht, dass Mondavi sogar an Mas de Daumas Gassac selbst Interesse zeigte, man sich aber nicht über den Preis habe einigen können. (Man erzählte mir, dass das australische Unternehmen Southcorp ebenfalls interessiert war, eine Übernahme aber aus denselben Gründen gescheitert sei.) Mondavi beschloss also, einen eigenen Betrieb aufzuziehen. Dazu erkor er sich ein Stück Land aus, das seinem französischen Vertreter David Pearson zufolge „seit über 50 Jahren als Weide- und Ackerland genutzt wird". Am 25. Juli 2000 genehmigte der Stadtrat von Aniane unter dem Vorsitz von Bürgermeister André Ruiz und mit aktiver Unterstützung seines Kollegen aus Montpellier, Georges Frêche, Mondavis Pläne. Der Kalifornier wollte kleine 5-ha-Parzellen in der Garrigue bestocken, genau so, wie Aimé Guibert das mit Mas de Daumas Gassac getan hatte.

Kurz darauf aber gab es eine Bürgermeisterwahl, bei der die Frage „Mondavi oder der Wald" zum Wahlkampfthema hochstilisiert wurde. Ruiz musste eine Niederlage einstecken. Der siegreiche Herausforderer Manuel Diaz war ein Mondavi-Gegner und Waldbefürworter. Im Mai des folgenden Jahres gab Mondavi das Projekt auf und zog sich kurz darauf ganz aus Frankreich zurück, indem er seine Marke Vichon Méditerranée verkaufte. Laurent Vaillé vom Gute Grange des Pères nennt das eine Katastrophe. „Wir haben die Chance vermasselt, das Languedoc in aller Welt bekannt zu machen." Auch die französischen Verbraucher auf der Website MagnumVinum.fr verurteilten mehrheitlich die „Schwerfälligkeit", durch die man Mondavi vergrault hatte. Das Languedoc erschien als abweisend und unfreundlich.

▼ *Der stillen Hafen von Banyuls haben seit dem Siegeszug von Straße und Schiene nur noch wenige mit Wein beladene Schiffe angelaufen. Den Fischern ist's recht.*

Soll man aber allen Ernstes glauben, dass Mondavi in ganz Languedoc-Roussillon keinen anderen Fleck gefunden hätte, auf dem er hervorragenden Syrah hätte erzeugen können? Die Traube zeigt sich z. B. in St-Chinian, Faugères und Minervois La Livinière in Hochform. Gaubys Muntada und Néglys Clos des Truffiers sind erstaunlich gute Syrah-Erzeugnisse – und entstehen weit weg von Aniane. „Mondavi wollte sich zwischen Mas de Daumas und Grange des Pères drängen. Er hätte tausend Lagen finden können, die nicht im Mindesten schlechter gewesen wären. Aber er wollte direkt neben Guibert sein, um gegen ihn arbeiten zu können." Außerdem zeigt die Angelegenheit, dass der Wille der Bevölkerung noch immer über eine Allianz aus Kapital und politischer Macht triumphiert. Was immer man davon halten mag, der Bürger hatte das letzte Wort.

Feldzüge

Zu Anbeginn des neuen Jahrtausends ist das Languedoc die einzige französische Weinregion, in der Wein und insbesondere die Überproduktion von mittelmäßigem Wein noch zu sozialen Unruhen führen kann. Es wurden Weintanks geleert, Mauthäuschen auf den Autobahnen demoliert und auf dem Firmengelände des *négociant* Daniel Bessière ein Schaden von 3,8 Millionen Euro angerichtet – kurz bevor das Unternehmen sein 100-jähriges Bestehen feiern sollte. Die Urheber dieser Aktionen sehen sich in der Tradition der berühmten Unruhen von 1907. Während aber damals der ganze Markt im Chaos versunken war, ist das Problem heute eher in einer Qualitätskrise zu suchen, wie Jean Clavel meint. „Die Hälfte des Weins aus dem Languedoc ist unverkäuflich." Clavel arbeitete 40 Jahre lang in der Verwaltung, um das Languedoc in der AOC- und Vin-de-Pays-Landschaft wettbewerbsfähig zu machen. Seiner festen Überzeugung nach sind die Unruhen das letzte Aufbäumen der Reformunwilligen. „Weinerzeuger und Genossenschaften, die sich um gute Qualität bemühen, haben keine Absatzprobleme. Allerdings hat mindestens ein Drittel unserer *coopératives* die notwendigen Modernisierungen noch nicht durchgeführt. Nun sind ihre Mitglieder alt und haben keinen Nachfolger. Das Problem wird sich also von selbst lösen."

Leute

Abbotts
34000 Montpellier, Tel. 04 67 91 31 00, Fax 04 67 91 31 07

Die Australierin Dr. Nerida Abbott und der Brite Nigel Sneyd sind die tragenden Säulen dieses Projekts. Sie erzeugen in den AOCs Limoux, Minervois, Côteaux du Languedoc und Côtes du Roussillon vorwiegend aus eingekauften Trauben Wein, der guten Trinkgenuss verspricht und von beständig hoher Qualität ist, im Gegensatz zu der grandiosen Verpackung aber noch nicht überragend ausfällt. Mit Eiche wird nicht gespart. Spitzenreiter ist der Minervois Cumulonimbus, ein üppiger, süßer „Shiraz". Nach Abbotts Meinung hat die Region „das erstaunlichste Potenzial auf der ganzen Welt". Sie hat sich für das AOC-System entschieden, weil „man in den Appellationen die besten Weinberge in ganz Südfrankreich findet."

de l'Aigle
11300 Roquetaillade, Tel. 04 68 31 39 12, Fax 04 68 31 39 14

Dieses ausgezeichnete 22-ha-Gut in Limoux gehört nun dem Burgunder Antonin Rodet. Seine geschickte, tatkräftige Kellermeisterin Nadine Gublin ist nach eigenem Bekunden begeistert von den Klimabedingungen in Limoux: „Warme Tage, kühle Nächte, Ton-Kalk-Böden; es regnet nicht viel und die Trauben reifen sehr gut aus." Man hat die Erträge auf 40 hl/ha gedrosselt und erzeugt charakteristische, sortenreine Tropfen, die subtiler ausfallen als die meisten Konkurrenten, allerdings noch keinen Tiefgang besitzen. Vorbesitzer Jean-Louis Denois aus der Champagne fiel der französischen Weinbürokratie zum Opfer: Er pflanzte Riesling und Gewürztraminer, ein anderer Erzeuger zeigte das „Vergehen" beim INAO an, Denois wurde bestraft und verkaufte das Gut zutiefst enttäuscht.

Aiguelière
34150 Montpeyroux, Tel. 04 67 96 61 43, Fax 04 67 44 49 67

Vorzeigeweine dieser sorgfältig geführten Domäne sind die beiden geschmeidigen, reinen, eleganten Syrah-Cuvées Côte Dorée (von Kiesböden) und Côte Rousse (von Kalk).

Aiguilloux
11200 Thézan des Corbières, Tel. 04 68 43 32 71, Fax 04 68 43 30 66

Die 37 ha dieses Betriebs nehmen eines der wenigen Kalkareale in Boutenac ein. Hier entsteht warmer, reifer, köstlich fruchtiger Roter, den man in altem Holz feinfühlig abrundet.

Aires Hautes
34210 Siran, Tel. 04 68 91 54 40, Fax 04 68 91 54 40

Zum Sortiment von Gilles Chabberts 28-ha-Gut in Minervois La Livinière gehören ein beachtlicher Malbec Vin de Pays d'Oc von 35-jährigen Stöcken und jeweils eine Cuvée aus dem Minervois und aus Minervois La Livinière. Absolutes Highlight von Chabbert aber ist der Clos de l'Escandil von einem tatsächlich ummauerten Weinberg in La Livinière, der mit relativ jungen Syrah- und Mourvèdre-Stöcken sowie 50-jährigen Grenache-Reben bepflanzt ist. Die letzten Jahrgänge haben nicht ganz die Qualität des legendären 1998er erreicht, der aus Erträgen von 16 hl/ha bereitet wurde; trotzdem hat man es mit distinguierten, körperreichen, reifen, nach Kaffee duftenden Weinen zu tun.

Alquier
34600 Faugères, Tel. 04 67 23 07 89

Die unter der Bezeichnung Gilbert Alquier abgefüllten Tropfen dieses führenden Guts fallen recht schmal und enttäuschend aus. Besser geraten schon die Weine, die als JM & F Alquier im Regal stehen (Maison Jaune und Bastides), obwohl ihnen die späte Abfüllung und Freigabe nicht unbedingt gut tun.

Aupilhac
34150 Montpeyroux, Tel. 04 67 96 61 19, Fax 04 67 96 67 24

Sylvain Fadats steht mit seiner 30-ha-Domäne in Montpeyroux an vorderster Qualitätsfront. Er bereitet aber auch unter der zonalen Vin-de-Pays-Kategorie Mont Baudile einen sortenreinen Carignan und einen „vin de plaisir" namens Lou Badet. Außerdem mischt er mit einem Cinsault von 101-jährigen Stöcken (Les Servières) und einem neuen Tropfen namens Les Plôs de Baumes aus Weinbergen in Aniane, die schon sein Großvater mütterlicherseits kultivierte, in der Kategorie Vin de Pays de l'Hérault mit. Die dichtesten Gewächse mit den am besten integrierten Aromen allerdings liefern die Erzeugnisse aus d'Aupilhac selbst und speziell der Einzellagenwein Le Clos, der 1999 aus jeweils 40% Mourvèdre und Carignan und nur 20% Syrah geschneidert wurde.

les Aurelles
34720 Caux, Tel. 04 67 98 46 21, Fax 04 67 09 32 58

Karl Mauguin und Basile Saint-German, beide Spätberufene im Winzerkonvent, gründeten dieses 11,5-ha-Gut an den Coteaux du Languedoc in der Nähe von Pézenas Mitte der 1990er-Jahre, indem sie alte Parzellen auf Kieslagen nördlich der Stadt kauften. Der elegante, finessenreiche Solen ist aus 65% Carignan und 35% Grenache komponiert, während der etwas schwerfälligere, aber noch agile Aurel 45% Grenache, 30% Mourvèdre und 25% Syrah in sich vereint. Man orientiert sich hier an Bordeaux, weshalb man nach Kies Ausschau hält. Einen Unterschied zum großen Vorbild aber gibt es: Die Roten kommen nicht mit Holz in Berührung. Eleganz und Reinheit zeichnen die Weine aus.

Baron'arques
11250 Gardie, Tel. 04 68 69 77 77

Dieser Rote aus Limoux ist eine Koproduktion von Baron Philippe de Rothschild und der Genossenschaft Sieur d'Arques. Entsprechend wird er aus 60% „atlantischen" Reben (Merlot und die beiden Cabernets) und 40% „mediterranen" Sorten (Grenache, Syrah und Malbec) bereitet, einer Bordelaiser Vinifizierung unterzogen und in Eiche ausgebaut, womit er stilistisch einem Cabardès oder einem Malepère ähnelt. Für die ersten drei Jahrgänge verwendete man Lesegut aus Parzellen von den La-Méditerranée- und Haute-Vallée-Terroirs in Limoux (die Dörfer heißen Villar-St-Anselme, St-Polycarpe, Gardie und Villebazy), die Weine laufen aber vorerst unter Vin de Pays de la Haute Vallée de l'Aude, bis die Roten aus Limoux in den AOC-Kreis aufgenommen werden. Der 1999er fällt besser aus als der 1998er; der 2000er und 2001er sollen Vincent Montigaud zufolge sogar noch tiefer und volltönender geraten. Mit dem Preis allerdings ist man über das Ziel hinausgeschossen: Er liegt auf einer Stufe mit einem d'Armailhacq in Pauillac. Die unter dem Namen Rothschild erscheinenden sortenreinen Tropfen reißen nicht vom Hocker. Domaine de Lambert heißt ein Betrieb der Baronin Philippine de Rothschild, der derzeit neu bepflanzt wird, damit er den Anforderungen der künftigen Rotwein-AOC Limoux entspricht.

La Baume
34290 Servian, Tel. 04 67 39 29 49, Fax 04 67 39 29 40

Die Niederlassung des australischen Unternehmens BRL im Languedoc hat sich auf schlichte Sortenweine spezialisiert. Die Sélection Chardonnay und Sélection Cabernet Sauvignon werden aus den besten Trauben von Vertragswinzern zusammengestellt und im Barrique ausgebaut. Als Vorzeigeweine prä-

---

Bewertung   ✪ Sehr guter Wein   ✪✪ Ausgezeichneter Wein   ✪✪✪ Großer Wein

sentiert man die Linie Domaine La Baume mit dem weichen, würzigen, im Fass vergorenen Weißen (1998: 70% Viognier, 30% Chardonnay) und dem sauberen, frischen Roten (1998: 55% Merlot, 45% Cabernet Sauvignon).

La Bégude *siehe* Comte Cathar

Belles Eaux
34720 Caux, Tel. 04 67 09 30 95, Fax 04 67 09 30 95

Das Coteaux-du-Languedoc-Gut (50 ha) hat traditionell das Gros seiner Ernte an regionale *négociants* veräußert, füllt mittlerweile aber immer mehr Weine unter eigenem Namen ab. Der Tradition gefällt durch viel weiche Frucht. Im Fûts de Chêne hat man die Eiche unaufdringlich zur Geltung gebracht. Ebenfalls zu haben: eine Cuvée Sylveric mit tiefer, würzigerer Frucht (70% Syrah).

Bergé
11350 Paziols, Tel. 04 68 45 41 73, Fax 04 68 45 41 73

Bertrand Bergé gehört zu den Shootingstars der oft enttäuschenden AOC Fitou. Tipp: der nach Garrigue duftende, großzügig texturierte Fitou Ancestrale.

Borie de Maurel ○○
34210 Félines-Minervois, Tel. 04 68 91 68 58, Fax 04 68 91 63 92

Michel Escandes 28-ha-Domäne ist Entstehungsort einiger der größten Minervois- und Minervois-La-Livinière-Weine. Die weiße Cuvée Aude präsentiert sich als frische, salzige, duftige Melange aus Marsanne und etwas Muscat. Der Esprit d'Automne wiederum fällt geschmeidig und erdig aus, der La Féline grazil und saftig; in beiden Cuvées dominiert Syrah. Mit der Cuvée Maxim äugt Escande stilistisch nach Bandol: Dieser reinsortige Mourvèdre reift auf Sandstein heran, wird in *demi-muids* ausgebaut und macht mit steinigem Duft, kraftvoll ledrigen, mineralischen Noten und üppigen, pulsierenden Tanninen von sich reden. Die Cuvée Scylla (100% Syrah) kommt nicht mit Eiche in Berührung und bietet sich für einen Vergleich mit Néglys Porte du Ciel an: Ihre Düfte geben sich fast schon Hermitage-artig, während aus dem eleganten, mehrschichtigen Geschmack Kirschen und Lakritze hervortreten. Sie entsteht in Escandes höchsten Weinbergen auf etwa 300 m auf Mergel und Kalk. Escandes Hommage an seinen Mentor Jacques Reynaud heißt Belle de Nuit, ein reinsortiger Grenache, der angeblich von Schieferböden stammt. Auch er kehrt die für Borie de Maurel typische Ausgewogenheit, Finesse, weiche Textur und duftige Intensität hervor. Der brillante Rêve de Carignan, ein draller 14,5-Prozenter, ist mit schwarzen Früchten bepackt, wird dabei aber von der kernigen Säurestruktur der bisweilen großartigen Rebe gestützt. Escande hat von einem Meister gelernt – nun ist er selbst auf bestem Weg, ein Großer seines Fachs zu werden.

Borie la Vitarèle
34490 Sainte-Nazaire-de-Laderez, Tel. 04 67 89 50 43, Fax 04 67 89 50 43

Jean-François Izarns 10-ha-Gut hat ein recht uneinheitliches Terroir: Der Vin de Pays entsteht auf fetten Talböden, der duftige Les Creisses St-Chinian aus Syrah auf Flussbettkieseln, der pflaumige Coteaux du Languedoc Terres Blanches aus mehrheitlich Grenache auf Kalk und der St-Chinian Les Schistes, ein Syrah-Grenache-Verschnitt, auf Schiefer. Izarn ist nicht nur ein geschickter Winzer, sondern auch ein brillanter Koch und begeisterter Bonsai-Züchter.

Bousquette
34460 Cessenon, Tel. 04 67 89 65 38, Fax 04 67 89 57 58

Dieses viel versprechende St-Chinian-Gut befindet sich wie Foulaquier in Pic-St-Loup in Schweizer Hand. Eric Perret kultiviert seine Weinberge organisch. Die ambitionierte Cuvée Prestige ist ein gut gemachter Tropfen mit dem sanft züngelnden Feuer der bemerkenswerten Schieferböden von St-Chinian.

Cabrol
11600 Aragon, Tel. 04 68 77 19 06, Fax 04 68 77 54 90

300 m hoch liegt diese von Lehrer Claude Cayrol und seinem Bruder Michel geführte 21-ha-Domäne in Cabardès. In den beiden Haupt-Cuvées kommt das doppelgesichtige Wesen der neuen AOC gut zum Ausdruck: Der Vent d'Est auf Syrah-Basis zeigt Züge des Languedoc, während der Vent d'Ouest mit Cabernet Sauvignon nach Aquitanien blickt. Eiche wird nicht eingesetzt. Der Est ist ein duftender, würziger Tropfen; der Ouest fällt dichter und fülliger aus. Das restliche Lesegut verarbeitet man zur dritten Cuvée namens Réquieu.

Camplazens
11100 Narbonne, Tel. 04 68 45 38 89

Das mittlerweile in britischer Hand befindliche Gut in La Clape wird derzeit auf 40 ha ausgeweitet. Zu den Highlights zählen ein reinsortiger Vin de Pays d'Oc von selten saftiger Intensität, die Prestige-Version des Camplazens Le Château, ein Tropfen von süßer, erdiger Tiefe, und der beachtliche, aber etwas übergewichtige „Garagenwein" MO-9. Mit weiteren Verbesserungen ist zu rechnen.

Canet Valette ○
34460 Cesserons-sur-Orb, Tel. 04 67 89 51 83, Fax 04 67 89 37 50

Zwei St-Chinian-Weine entstehen in Marc Valettes Betrieb mit 18 ha Rebfläche – und beide waren im herausragenden Jahrgang 1998 schlichtweg anbetungswürdig. Der Une et Mille Nuits, ehemals Tradition genannt, tritt als weicher, voller, scharfer, süßfruchtiger Tropfen auf. Er enthält alle Rebsorten, die Valette kultiviert, in erster Linie aber Grenache. Le Vin Maghani, früher als Fûts des Chêne im Umlauf, wird aus den besten Syrah-, Mourvèdre- und Grenache-Trauben des Gutes bereitet. Er zeigt sich mächtiger und voller als der Une et Mille Nuits und kehrt eine verführerische Tiefe mit feuchten, würzigen, fast feurigen Früchten hervor, die ein kräftiges Gerüst aus Mineralien einhüllen. Valette arbeitet mit niedrigen Erträgen, sortiert sein Lesegut, stampft den Tresterhut zweimal täglich mit den nackten Beinen unter („man fühlt sich großartig und riecht umwerfend"), verwendet Naturhefen und verzichtet auf Pumpen, Schönen oder Filtrieren. Deshalb geraten seine Weine äußerst ausdrucksvoll. Der einstige Genossenschaftler bereitet ferner einen reinsortigen Carignan, der sogar noch erstaunlicher als der von Jean-Marie Rimbert ausfällt. Valette nennt ihn Galéjades de Canet Valette. Der 1999er wurde mit einem potenziellen Alkoholgehalt von 18,5% gelesen und vergoren, bis der Prozess von selbst abbrach, sodass 20 g/l Restzucker übrig blieben. Kraftvoll marschiert diese Essenz aus Pflaumen, Rauch und Lakritze über den Gaumen und einem strengen Finish mit süßem Beiklang entgegen. Als ich den Galéjades verkostete, merkte ich, dass ich Carignan bislang zu Unrecht abfällig betrachtet hatte. Natürlich hat der Wein nicht den Segen der AOC, sondern läuft als Tafelwein.

Capion
34150 Gignac, Tel. 04 67 57 71 37, Fax 04 67 57 33 94

Das dritte im Bund der gefeierten Landweingüter von Aniane (die beiden anderen sind Mas de Daumas Gassac und Grange des Pères). Es gehört jetzt dem Schweizer Adrian Buhrer, der auch Saxenburg in Südafrika besitzt. Sein Kellermeister Nico van der Merwe muss also binnen zwölf Monaten gleich zwei Jahrgänge abliefern. Der weiße Le Sorbier gibt sich als weicher, eichentöniger, exotischer, leicht süßer Tropfen – angenehm zwar, aber doch ein gutes Beispiel dafür, wie deplatziert Chardonnay im Languedoc ist, denn der Marsanne-Roussanne-Verschnitt gerät wesentlich interessanter. Unter den vielen Roten fällt der Le Juge aus Syrah und Grenache am besten aus.

Casa Blanca
66650 Banyuls-sur-Mer, Tel. 04 68 88 12 85, Fax 04 68 88 04 08

Ein sanfter, vollmundiger Collioure aus 60% Grenache und 40% Syrah ist die Spezialität dieses Banyuls-Guts. Der 1998er-Jahrgang ließ sogar etwas von der für Banyuls typischen zuckrigen Süße durchblicken und verabschiedete sich mit sanftem Portton. Der eigentliche Banyuls wird als üppiger, scharfer Tradition auf Grenache-gris-Basis und als saftigere, von Feigen- und Rosinennoten durchdrungene „Vintage"-Version mit Grenache noir als Hauptbestandteil bereitet.

Castelmaure ○
11360 Embres-et-Castelmaure, Tel. 04 68 45 91 83, Fax 04 68 45 83 56

Auf 760 Parzellen verteilen sich die 300 ha Rebfläche dieser 90 Mitglieder starken Kleingenossenschaft. „Vor 20 Jahren waren wir gerade gut genug für Tafelwein", erinnert sich Präsident Patrick de Marien. Dank der beratenden Unterstützung durch Michel Tardieu entstehen in Castelmaure seit 1998 einige der größten Roten von Corbières. Die hinreißende Cuvée No 3 aus reifen Syrah-, Grenache- und Carignan-Trauben von ertragsarmen Stöcken verbindet süßfruchtige, kirschentönige Eleganz und Geschmeidigkeit mit dem mineralischen Feuer der gemarterten Schiefer-Kalk-Landschaft. Ebenfalls beachtenswert ist die Cuvée Pompadour, eine clevere Mischung aus Carignan und Syrah mit 30% Grenache, die einer Kohlensäuremaischung unterzogen und sechs Monate lang in älteren Fässern gelagert wurde – ein reifer, mit weichen Tanninen ausgestatteter Klassiker vom Land. Die Grande Cuvée (Syrah, Grenache und etwas Carignan) entfaltet sich im Glas voller, bissfester und mineralischer.

Cazeneuve
34270 Lauret, Tel. 04 67 59 07 49, Fax 04 67 59 06 91

André Leenhardt, Präsident der Erzeuger in Pic-St-Loup, hat bewiesen, dass eine der schönsten Gegenden der Coteaux du Languedoc gleichzeitig ein verheißungsvolles Terrain für Weiß- und Rotweine ist. Seine fassvergorene, saftige, cremige Mixtur aus Rolle, Grenache blanc und Viognier entsendet einen Hauch von Lavendel und Kräutern. Nicht mit Holz in Kontakt gekommen ist der nach Garrigue duftende rote Calcaires. Der in Eiche ausgebaute Le Roc des Mates gerät etwas trockener und nicht ganz so regionaltypisch. Als Auslese der besten Trauben kommt der mit neuer Eiche verwöhnte Le Sang du Calcaire auf den Markt; 1997 erschien er als reinsortiger Mourvèdre, 1998 als 100-prozentiger Syrah. Seine Fruchtdichte hat der Eiche viel entgegenzusetzen, sodass ein dunkler, konzentrierter, bestens ausgewogener Tropfen entsteht.

La Cazenove
66300 Trouillas, Tel. 04 68 21 66 33, Fax 04 68 21 77 81

Als beste Cuvée dieser Domäne an den Côtes de Roussillon empfiehlt sich die süffige, frischfruchtige Cuvée du Commandant François Joubert.

Cazes
66602 Rivesaltes, Tel. 04 68 64 08 26, Fax 04 68 64 69 79

Ein 160-ha-Riese in Roussillon. Das umfangreiche Sortiment gipfelt zweifellos in den Vins Doux Naturels, allen voran die sauberen, honigschweren Muscat-Weine und die dunklen, mächtigen Grenat Rivesaltes mit Jahrgangsangabe. Unter den ungespriteten Tropfen gibt der reinsortige Muscat Canon du Maréchal mit seinen Mandarinenaromen einen angenehmen Aperitif ab. Die Roten fallen bisweilen enttäuschend leicht aus, doch der Trilogy Côtes du Roussillon-Villages zeigt sich als komplexer Wein mit Substanz, dessen Anklänge an eingekochte Früchte von der sinnlichen Wärme der Region getragen werden. Cazes wurde in den letzten Jahren auf biodynamischen Weinbau umgestellt und gehört damit zu den größten Gütern in Frankreich, die sich an Steiners und Maria Thuns Lehren orientieren.

Chênes
66600 Vingrau, Tel. 04 68 29 40 21, Fax 04 68 29 10 91

Dieses 32 ha große Gut in Roussillon gehört dem Önologiedozenten Alain Razungles. Seine Weißen sind behutsam fassvergorene Tropfen, die Roten zeichnen sich durch füllige, ausgewogene Tannine aus. Das Repertoire umfasst zwei Weiße, les Sorbières (Grenache blanc, Maccabeu) und Les Magdaliens (Roussanne, Grenache blanc), den sortenreinen Carignan Les Grands'Mères, das klassische Roussillon-Erzeugnis Les Alzines und einen Syrah-Mourvèdre-Verschnitt aus Tautavel.

Clavel
34160 St-Bauzille-de-Montmel, Tel. 04 67 86 97 36, Fax 04 67 86 97 37

Die 40 ha Rebfläche von Pierre Clavel, Sohn des Pioniers und Förderers der Region, Jean Clavel, verteilen sich auf zwei Lagen: das Méjanelle-Terroir der Coteaux-du-Languedoc-Subzone Grès de Montpellier, wo auch die ältesten Stöcke stehen, und ein 20 km weiter nördlich gelegenes Rebland. Glanzstück der eindrucksvollen Palette ist der in Eiche ausgebaute Copa Santa, ein Verschnitt von Trauben der ältesten Syrah- (80%), Grenache- und Mourvèdre-Reben in La Méjanelle, in denen die kräftige, pulsierende, steinige Strenge der Gegend voll zum Tragen kommt. Auch der im Tank ausgebaute Les Garrigues zeigt sich konzentriert und würzig.

Clos Centeilles
34210 Siran, Tel. 04 68 91 52 18, Fax 04 68 91 65 92

Daniel Domergue gehört zu den führenden Rebforschern des Languedoc. Zusammen mit Ehefrau Patricia produziert er auf seiner 18-ha-Domäne Minervois-Weine, die zu den Besten der AOC zählen. „Wir machen keine Wettbewerbsweine", meint Patricia, „sondern aus Spitze gewirkte Tropfen, die man bei Tisch trinkt." Mit ihrem grazilen Stil haben sie in der Tat eine ganz andere Richtung eingeschlagen als die Avantgarde im Languedoc. Mein Tipp: der sortenreine Cinsault Capitelle de Centeilles.

Clos de l'Escandil *siehe* Aires Hautes

Clos Fantine
34600 Faugères

Olivier Andrieu betreibt die 20-ha-Domäne in Faugères zusammen mit seinen Schwestern Corinne und Carole. Das Trio setzt auf Tradition, sprich: kein Holz, viel Carignan, Bevorzugung des „tanninreichen" Cinsault und sogar Aramon. „Wir halten nichts von ausgefeilten Techniken. Unsere Zukunft liegt in der Vergangenheit", erklärt Andrieu. Und Corinne fügt hinzu: „Jede Sorte hat ihre Vorzüge." Der Clos Fantine von 1998 war ein intensiver Tropfen mit Garrigue-Ton, viel Tannin und Tiefe. Die Cuvée fiel erdiger und unzugänglicher aus.

Clos des Fées ✪
66600 Vingrau, Tel. 04 68 29 40 00, Fax 04 68 29 03 84

Das großartige Vermächtnis aus alten Rebstöcken lockte den ehemaligen Sommelier und Journalisten Hervé Bizeul nach Roussillon. Seine geschickt bereiteten, schön verpackten Weine reifen vorwiegend auf Kalkböden heran und zeichnen sich vielleicht deshalb durch besonders reinfruchtige Frische aus. Der Les Sorcières du Clos des Fées (Carignan, Grenache, Mourvèdre) ist ein weicher, sauberer, süßfruchtiger Tropfen, „passt zu Pizzas", wie Bizeul augenzwinkernd meint. Mehr Tanninmasse und Kraft bekundet die Vieilles-Vignes-Cuvée (Lladoner Pelut, Grenache, Syrah und Carignan, alle von 50- bis 100-jährigen Stöcken). Und der in offenen *demi-muids* vinifizierte Clos des Fées vereint die üppige Frucht des Les Sorcières mit der festen Körnung der Cuvée. Bizeul stellt ihn aus jeweils 25% Syrah, Mourvèdre, Grenache und Carignan von alten Reben zusammen und bereitet ihn aus optimal ausgereiften Trauben. Seine neueste Errungenschaft ist eine 1,16 ha kleine, kühl gelegene Parzelle namens La Petite Sibérie mit 1952 gepflanzten Grenache-Stöcken auf eisenhaltigem, dunkelrotem Schiefer über Muttergestein aus Kalk. Der am 5. Oktober 2001 gelesene Debütjahrgang ergab einen Wein, dessen Dimensionen mit den anderen Erzeugnissen aus dem Hause Clos des Fées vergleichbar sind, der jedoch mit etwas mehr Frische und einer öligen Brombeerfrucht aufwartet. Mit Ausnahme des Les Sorcières werden alle Gewächse unfiltriert abgefüllt.

Clos du Gravillas
34360 St-Jean-de-Minervois, Tel. 04 67 38 17 52

Nicole Bojanowski steht in der Landweinzone Côtes de Brian an vorderster Qualitätsfront. Die weiße Cuvée l'Inattendu lässt mit ihrem etwas plumpen Abgang zu wünschen übrig, doch der modische, ausgewogene rote Lo Vièlh kann sich sehen lassen.

Clos Maginiai
34270 Pic-St-Loup

Viel versprechender Biowinzer in Pic-St-Loup mit weichen, reifen Roten.

Clos Marie
34270 Lauret, Tel. 04 67 59 06 96, Fax 04 67 59 08 56

Topwein dieses Guts in Pic-St-Loup ist der Les Glorieuses mit üppiger Textur und guter Struktur. Der „Simon" präsentiert sich als einfacherer Genosse.

Clos des Paulilles
66660 Port-Vendres, Tel. 04 68 38 90 10, Fax 04 68 38 91 33

Dieses Gut der Familie Daure (siehe Château de Jau) schickt feine, traditionelle Banyuls- und muskulöse Collioure-Weine ins Rennen um die Käufergunst.

Der Banyuls Rimage ist ein mit köstlichen frischen Früchten bepackter Tropfen, der Rimage Mise Tardive fällt etwas weicher aus. Leichter texturierte Noten bietet dagegen der Cap Béar auf, der ein Jahr in offenen Ballons reift.

Clos Ste-Pauline
34230 Paulham, Tel. 04 67 25 29 42, Fax 04 67 25 29 42

Das erst vor kurzem gegründete Coteaux-du-Languedoc-Gut von Alexandre und Patricia Pagès wartet mit zwei dichten, süßfruchtigen Cuvées aus niedrigen Syrah- und Grenache-Erträgen auf – die eine mit Eiche, die andere ohne. Eine dritte hat einen zusätzlichen Anteil Mourvèdre.

Clos des Truffiers *siehe* de la Négly

Combebelle *siehe* Comte Cathar

Combe Blanche

Die mit intensiver Kirschfrucht bepackte Cuvée Le Dessous de l'Enfer dieser Domäne an den Côtes de Brian gehört zu den erfolgreicheren Versuchen, Tempranillo im Languedoc heimisch zu machen. Man liefert auch einen gut gemachten Weißen aus gleichen Anteilen Roussanne und Viognier ab.

Comberousse
34220 La Livinière, Tel. 04 68 91 42 63, Fax 04 68 91 62 15

Die 12-ha-Domäne gehört zu den Coteaux du Languedoc St-Georges d'Orques westlich von Montpellier. Alain Reder gelingt ein überragender Weißer aus Rolle, Roussanne und Grenache blanc. Der Jahrgang 1998 kehrt in Duft und Geschmack intensive, tiefe Pfirsich- und Aprikosennoten hervor, weshalb man sich kaum vorstellen kann, dass Viognier nicht im Verschnitt mit dabei ist. Nur die lebhafte Säure deutet die anderen Sorten an.

Comte Cathar
34220 La Livinière, Tel. 04 68 91 42 63, Fax 04 68 91 62 15

Unter diesem Namen fasst Bertie Eden, Großneffe des britischen Ex-Premierministers Robert A. Eden, eine ganze Reihe von Unternehmungen zusammen, die er mit sympathischer Begeisterung und, wenn möglich, biodynamischen Maximen führt. 1994 gründete Eden das Gut mit finanzieller Unterstützung seiner Partner Kevin Parker und Richard Dunn. Sein Reich umfasst das 50 ha große Château Combebelle in St-Chinian (mit der ehemaligen Domaine de la Magnanerie), die Domaine de la Bégude in Limoux (23 ha), die Domaine de Montahuc in St-Jean-de-Minervois (6 ha) und das Château Maris in Minervois La Livinière (60 ha). Unter der Bezeichnung Comte Cathar läuft außerdem ein *négociant*-Haus, das mit dem Château Ollieux Romanis in Corbières (70 ha), der Domaine St-Louis de Villeraze in Carbardès (60 ha), der Domaine du Mal Passé in Faugères und Mas Désiré in Roussillon kooperiert. Mit Combe Aval in Fitou hat er sogar eine Genossenschaft aufgekauft. Alle Weine kann man in der ehemaligen Ziegelfabrik La Tuilerie in La Livinière erstehen. Am Canal du Midi in Ouveillan betreibt Eden ferner ein Restaurant namens Le Relais de Pigasse. Natürlich ist die Bandbreite der offerierten Tropfen enorm; allerdings zeichnen sie sich eher durch kompetente Bereitung als durch herausragende Qualität aus. Eden scheint sich nicht ganz entscheiden zu können, ob er auf das Terroir und die AOC-Eigenheiten setzen soll oder auf Sorten- und Landweine. Mit seinem neuesten Projekt beschreitet er den zweiten Weg: Die vier aufwändig verpackten Sortenweine DGS (Syrah), Umbra (Grenache), La Colline (Cabernet Sauvignon) und 'Oc (Carignan) sind die bislang wohl besten Erzeugnisse aus dem Hause Comte Cathar. Warum aber Vin de Pays und nicht AOC? „Weniger Papierkrieg", meint Eden lakonisch. Bester des Quartetts ist der DGS mit üppig cremiger Frucht und weichen, seidigen Tanninen, der eher den breiten Geschmack trifft, als das Terroir in den Mittelpunkt zu rücken. Ansonsten ist der Stil des Sortiments durchweg elegant und angepasst. Man wünscht sich manchmal etwas mehr Urwüchsigkeit und Tiefe.

Conquêtes
34150 Aniane, Tel. 04 67 57 35 99, Fax 04 67 57 35 99

Nicht viele Erzeuger würden das sichere Einkommen aus Weinbergen in der Champagne für eine ungewisse Winzerexistenz im Languedoc opfern. Genau das aber haben Sylvie und Philippe Ellner 1994 getan, wenngleich die Flächen in der Champagne in der Familie geblieben sind. In ihrer 15-ha-Domäne erzeugen sie Weine der AOC Coteaux du Languedoc (Terrasses de Larzac) und Vins de Pays. Die AOC-Cuvée Conquêtes (70% Syrah plus Grenache und Mourvèdre) vereint intensive schwarze Früchte mit rauchigen, erdigen Syrah-Noten. Etwas fester und strenger gerät der Domaine des Conquêtes, ein Landwein aus 60% Cabernet und 40% Merlot; er lässt aber auch die AOC-typischen Anklänge an verbranntes Fleisch erkennen. Der eichenlastige weiße Domaine des Conquêtes wird aus Chardonnay, Viognier und Grenache blanc bereitet.

Cos de la Belle *siehe* Roc d'Anglade

Coupe-Roses
34210 La Caunette, Tel. 04 68 91 21 95, Fax 04 68 91 11 73

Viel versprechende Minervois-Domäne mit einem dunklen, rauchigen, mit lebendiger, fleischiger Frucht bestückten Les Plôts (Syrah, Grenache, Carignan).

Courtilles
11590 Cuxac-d'Aude, Tel. 04 68 33 57 54

Bernard Schurr ist im Languedoc für Southcorp tätig, doch auf diesem 12,5-ha-Gut in Corbières verwirklicht er eigene Träume. Sein Land in Embres gehört zur Subzone Durban und ist trotz der geringen Größe geologisch erstaunlich facettenreich. Zwei Rote hat Schurr im Programm: den Côte 125, der größtenteils durch Kohlensäuremaischung entstanden ist und sich aus hauseigenem Carignan sowie etwas eingekauftem Lesegut zusammensetzt, und den zur Hälfte im Barrique ausgebauten Domaine de Courtilles aus Grenache, Syrah und etwas Carignan. Mit dem Côte 125 ist Schurr ein lebendiger, saftiger Wein gelungen, der die für die Region typische Wildheit nicht ganz verhehlen kann. Der trockene, saure 1998er Domaine de Courtilles hingegen enttäuscht. Schurr hatte mit Regen und Sauerwürmern zu kämpfen; außerdem schönte und filtrierte er den Wein, was sich im Nachhinein als Fehler herausstellte. Mit dem dichten, schweren 2000er-Jahrgang ist er zur alten Form zurückgekehrt.

des Creisses
34290 Valros

Philippe Chessenelong und Louis Mitjavile, der Sohn von François Mitjavile, haben sich mit diesem neuen Gut viel vorgenommen. Schon ihr angenehmer, ausgewogener Basistropfen, eine Coteaux-du-Languedoc-Cuvée, ist eine Auslese, denn das Gros des Leseguts wird als Massenwein verkauft. Ambitionierter fällt die Cuvée Les Brunes aus, ein Vin de Pays d'Oc aus Syrah, Mourvèdre und Cabernet, ein sinnliches Luxusgetränk, das ebenso stattlich wie sein Preis gerät.

La Croix Belle
34480 Puissalicon, Tel. 04 67 36 27 23, Fax 04 67 36 60 45

Eine der besseren Domänen in der aussichtsreichen Landweinzone Côtes de Thongue. Der rote Les Calades (Mourvèdre, Syrah und Merlot) zeichnet sich durch füllige Frucht aus. Einen absonderlichen Traubenmix hat man für den Weißen No. 7 gewählt (Viognier, Chardonnay, Grenache blanc, Carignan blanc, Sauvignon blanc, Muscat, Chasan) – aber es funktioniert! Seine exotische Frucht wird durch etwas Eiche austariert.

Embres et Castelmaure *siehe* Castelmaure

Escourrou
11600 Cabardès

Der ehrgeizige Arnaud Escourrou bereitet in seiner neuen Kellerei in Cabardès einen konzentrierten, pfeffrigen Hommage à Cécile und einen kraftvolleren, tanninbeladenen, dichten La Régalona.

Estanilles
34480 Cabrerolles, Tel. 04 67 90 29 25, Fax 04 67 90 10 99

Der ehemalige Elektriker Michel Louison gehört schon seit vielen Jahren zu den Glanzlichtern von Faugères. Er entlockt seinen 34 ha Rebland mit Schieferböden feine Weine auf Syrah-Basis. Der Château des Estanilles von 1998 ist mit seiner Textur, süßen Reife und reinen Fruchttiefe ein unwiderstehliches Languedoc-Gewächs der Extraklasse.

Félines Jourdan
34140 Mèze, Tel. 04 67 43 69 29, Fax 04 67 43 69 29

Ein Picpoul de Pinet hat nicht viele Facetten, die dem anspruchsvollen Gourmet behagen. Claude Jourdan aber arbeitet in seinen Tropfen den reintönigen Zitronencharakter schulbuchmäßig heraus. Bessere Austernweine findet man nur schwer. Gourmets dürften zufrieden sein.

Ferrer Ribière ✪
64300 Ferrats, Tel. 04 68 53 24 45, Fax 04 68 53 10 79

1993 begegnete der ehemalige Büroangestellte Bruno Ribière dem früheren Genossenschaftler Denis Ferrer in den Weinbergen von Roussillon. „Wir hatten dieselben Ideen und ergänzten uns in unseren Fähigkeiten." Sie gründeten in Ferrats nur 40 km vor der spanischen Grenze ein 40-ha-Gut. Ferrer kümmert sich um die Reben, Autodidakt Ribière ist für die Weinbereitung zuständig. „Ich bin an einem Tag zur Bürotür hinaus und stand schon am nächsten Tag im Weinberg", erinnert sich Ribière. „Mein Wissen habe ich mir durch Ausprobieren und Nachahmen angeeignet. Von Kellerarbeit habe ich keine Ahnung. Ich mache alles nach Gefühl." Eine faszinierende Palette teils guter, teils weniger gelungener Weine ist das Ergebnis – alle aber zeichnen sie sich durch eine facettenreiche Persönlichkeit aus. Nicht minder vielfältig sind die Böden ihrer Rebflächen mit Schiefer, tonigem Kalk, Kies, Mergel und Kieseln. Die Weißen fallen in der Regel schwächer aus als die Roten: Der Fleur de Lies beispielsweise ist eine hefelastige Mischung aus Grenache blanc und gris mit den beiden Muscat-Trauben als Ingredienz, ein „Wein aus der Vergangenheit", wie Ribière meint. Für heutige Verhältnisse fehlt ihm die Duftigkeit eines reinsortigen Muscat und der einfache Gemüsegartencharakter eines klassischen Weißen aus Grenache. Der sortenreine Grenache blanc namens Empreinte du Temps von ertragsarmen 76-jährigen Stöcken wird im Eichenfass vergoren, was ihn seiner anistönigen, zarten Frucht beraubt. Ein Erlebnis sind dagegen die Roten von alten Reben, insbesondere der Empreinte du Temps Carignan von 123 Jahre alten Pflanzen. Er schmeckt so knorrig wie die tief verwurzelten Gehölze, an denen er heranreift. Der mit geschmeidigen Tanninen ausgestattete Mémoire du Temps wird vorwiegend aus Trauben von jungen Syrah-Stöcken mit etwas Grenache und Carignan als Zugabe gekeltert und ist der süßfruchtigste Rote des Sortiments. Der Cana von 1999 aus spät gelesenen Grenache-, Syrah- und Mourvèdre-Trauben gehört zu den mineralischsten Weinen, die mir je untergekommen sind. Die 14-monatige Aufenthaltszeit im Barrique unterstreicht seine natürlichen Aromen, ohne sie zu verfälschen. Noch einen Schritt weiter geht man mit dem außergewöhnlichen Selence aus Carignan, Grenache und Syrah: Er wird „Traube für Traube" im November gelesen und 60 Tage eingemaischt. „Reine Marmelade", erklärte mir Ribière. Und als ich ihn fragte: „Wie füllen Sie ab?", weil ich wissen wollte, ob er schönt und filtriert, antwortete er: „Bei abnehmendem Mond, wenn der Wind aus Südwesten weht."

Flaugergues
34000 Montpellier, Tel. 04 99 52 66 37, Fax 04 99 52 66 44

Wenn Montpellier so weiterwächst, wird dieses 34-ha-Gut mit auffallend schönem Château bald wie Haut-Brion von Vorstadtsiedlungen umgeben sein. Schon jetzt durchkreuzen Schnellstraßen die Weinberge, die rücksichtslose Zeitgenossen gelegentlich als Müllkippe für Altautos und ausgediente Fernseher missbrauchen. Dennoch wird die Domäne vom Grafen Henri de Colbert mit großer Hingabe geführt. Der ehemalige Tiefbauingenieur vertritt die Auffassung, dass „ein Name kein Recht, sondern eine Pflicht" sei. Seine Anbauflächen, die zum Méjanelle-Sektor der Zone Grès de Montpellier gehören, erstrecken sich über die weitläufigen, tiefgründigen Kieselböden des ehemaligen Rhône-Deltas und stehen denen der Costières de Nîmes in nichts nach. Die Vorzeigetropfen der umfangreichen Palette sind die nicht in Eiche ausgebaute Cuvée Sommelière, ein süffiger, aber trotzdem charaktervoller Verschnitt aus 70 % Syrah und 30 % Grenache, und die Cuvée Fûts de Chêne, die in guten Jahren Mourvèdre und die anderen beiden Hauptreben enthält. Dank niedriger Erträge bekundet sie eine süße Öligkeit und einen angenehm weichen, schokoladigen Ausklang.

Font Caude ✪
34150 Lagamas, Tel. 04 67 57 84 64, Fax 04 67 57 84 65

Der erfahrene Alain Chabanon, der schon für Peraldi in Korsika und Alain Brumont in Madiran gearbeitet hat, ist ein talentierter Winzer ohne jeglichen unternehmerischen Ehrgeiz. „Die Finanzwelt hat die Weinwelt in Besitz genommen", findet er. Und er tut alles, um sie auf Distanz zu halten. Nachdem er bei Brumont die Auswüchse der „Gigantomanie" erlebt hat, möchte er außerdem so klein wie möglich bleiben. Einziger Haken an der Sache: Seine Weine sind viel zu gut. La Merle aux Alouettes ist ein ausgezeichneter, saftiger Vin de Pays d'Oc aus Merlot. Der Les Boissières aus Montpeyroux auf Grenache-Basis kehrt ätherische Kirschdüfte und am Gaumen Anklänge an eingekochte Früchte hervor. Der Esprit de Font Caude, ein Verschnitt aus Syrah und Mourvèdre, fällt muskulöser und glyzerinlastiger aus. Chabanon bereitet ferner einen intensiv süßen weißen Chenin blanc namens Le Villard von rosinierten Trauben.

Força Real
66170 Millas, Tel. 04 68 85 06 07, Fax 04 68 85 49 00

Auf Schieferhängen in 100 bis 300 m Höhe erstrecken sich die 70 ha Fläche dieses Côtes-du-Roussillon-Villages-Guts, von denen nur 40 ha tatsächlich bestockt sind. Der Mas de la Garrigue ist ein einfacher, lebendiger Roter von jungen Grenache-Stöcken mit Anteilen von Syrah und Carignan. Einen wesentlich ausgeprägteren regionalen Charakter stellt der warme, karamellduftige, geschmacksintensive, steinige Força Real von älteren Stöcken unter Beweis. Die Spitzen-Cuvée nennt sich Les Hauts de Força Real. Sie setzt sich aus 80 % Syrah mit Mourvèdre und Grenache zusammen und ruht bis zu 20 Monate im Barrique. Dem konzentrierten, nach Stein und Tabak duftenden Roten fehlt lediglich etwas Dichte und Öligkeit für eine Aufnahme in den Kreis der größten Weine aus der Region.

Foulaquier ✪
34270 Claret, Tel. 04 67 59 96 94, Fax 04 67 59 96 94

Das kleine 8-ha-Gut im Norden von Pic-St-Loup an den Coteaux du Languedoc gehört dem ehemaligen Schweizer Architekten Pierre Jequier. Sein Debütjahrgang 1999, eine Serie aus drei unfiltrierten, atemberaubend reinen und definierten Gewächsen, fiel hervorragend aus – eine bemerkenswerte Leistung in diesem für die Zone schwierigen Jahr. Alle drei Cuvées sind Grenache-Syrah-Kompositionen: Beim L'Orphée sind es 70 bis 90 % Grenache, beim Le Rollier sind beide Sorten zu etwa 50 % vertreten und beim Les Calades findet man 80 % Syrah mit einem geringfügigen Ausbau in *demi-muids* aus Eiche. Die Reben stehen in einer Einzellage auf 20 m Höhe und sind noch jung. Mit weiteren Qualitätssteigerungen ist also zu rechnen. Im Auge behalten!

Gardiès ✪✪
66600 Vigrau, Tel. 04 68 64 61 16, Fax 04 68 64 69 36

Jean Gardiès' 30-ha-Weinkathedrale in Tautavel hat ihren festen Platz in der wachsenden Gruppe von Spitzengütern dieser vielversprechendsten südfranzösischen Zone. Sein 2000er fiel himmlisch aus – jedes andere Wort wäre Untertreibung. Die Böden setzen sich vorwiegend aus Kalk zusammen; Schiefer findet man nur selten. Schon der Les Millières begeistert durch blumige Düfte und süß-würzige Noten. Eine von Weihrauchdüften getragene Messe aus lyrischen, öligen Tönen mit mineralischem Ausklang feiert der Vieilles Vignes Tautavel (90 % Grenache von mindestens 50-jährigen Stöcken). Auch die mit reinen Kaffee- und Fleischtönen gesegnete Cuvée Les Falaises stammt von alten Reben, hat diesmal aber Syrah als Unterbau. Als wahres Gloria erweist sich der ekstatische La Torre, ein Chor aus Mourvèdre und Carignan von außergewöhnlicher Bandbreite, mit strahlender, dicker Kirschfrucht und aufwühlend mineralischen Schlussakkorden. Ist er der größte Mourvèdre außerhalb von Bandol?

Gauby ✪✪
66370 Calce, Tel. 04 68 64 34 19, Fax 04 68 64 41 77

Das biodynamisch geführte Gut von Gérard Gauby gehört nicht nur zu den tragenden Säulen von Roussillon, sondern nimmt in ganz Südfrankreich eine Spitzenstellung ein. Wie Jean Paux-Rosset auf la Négly drosselt auch Gauby die Erträge durch harten Rückschnitt und Ausdünnung; außerdem sortiert er sein kostbares Lesegut Beere für Beere. Kaltmazeration, Naturhefen, minimaler Einsatz von Schwefeldioxid und der Verzicht auf Schönung und Filtrierung sind für ihn selbstverständlich. Klar, dass einem bei einer solchen Behandlung das Terroir aus dem Glas förmlich entgegenstürmt, wie der Les Aleaux Vin de Pays des Coteaux Catalans beweist, ein echter Mittelmeerweißer mit weichen vegetabilen Düften und tiefen, reinen Noten von Samen und Fenchel. Erstaunlicherweise wird dieser weit von einem Sortenwein entfernte Tropfen aus reinem Chardonnay bereitet. Der La Jasse gibt sich als angenehm fordernder, fast zu extraktreicher, trockener Muscat zu erkennen, während die Einzellagenweine Coume Gineste und La Roque beides beachtliche Weiße aus Grenache blanc und Grenache gris mit einer Extraportion mineralischer Tiefe sind. Die weiße Vieilles-Vignes-Cuvée fällt üppig aus und zeigt ein subtiles Aromagefüge bei kraftvoller, doch verhaltener Frucht. Gebildet wird sie von einer faszinierenden Mischung aus Carignan blanc, Grenache blanc und gris, Maccabeu, Malvoisie und Viognier. Auch eine rote Vieilles-Vignes-Cuvée ist in Gaubys Weinkatalog vertreten. Sie stammt von mehr als 50-jährigen Grenache- und über 100-jährigen Carignan-Stöcken aus verschiedenen Lagen (Kalk, Schiefer, Sandstein, Kiesel) sowie von ebenfalls alten Syrah- und Mourvèdre-Reben und präsentiert sich als saftiger, steiniger Power-Roter mit reiner Frucht und überbordender Fülle. Les Calcinaires reift auf reinem Kalk heran und wird größtenteils aus Grenache gekeltert; sein Markenzeichen ist ein explosives, marmeladenduftiges, süßfruchtiges Wesen. Als mineralischster, erdigster Tropfen des Trios tritt der überwiegend aus Syrah bereitete Muntada auf. Bei einem Ertrag von nur 14 hl/ha im Jahr 1999 braucht man sich über seine enorme Tiefe und die meditative Länge nicht zu wundern. Wie viele führende Erzeuger der Region hat Gauby in den letzten Jahren den Extrakt etwas zurückgefahren, sodass die Weine nun füllliger ausfallen und nicht mehr nur reine Kraftmeier sind.

Gléon Montanié
11360 Durban, Tel. 04 68 48 46 20, Fax 04 68 48 46 20

Die Cuvée Gaston Bonnes von Jean-Pierre und Philippe Montaniés Gut in der Durban-Zone von Corbières war im guten 1998er-Jahrgang ein Volltreffer. Sie wird aus 60% Syrah mit Grenache, Carignan und Mourvèdre bereitet und ein Jahr im Barrique ausgebaut.

Gourgazaud
34210 La Livinière, Tel. 04 68 78 10 02, Fax 04 68 78 10 02

Die würzigen, warmen, freundlichen Weine dieses Pionierguts im Minervois waren für viele Weintrinker die erste Begegnung mit der AOC. Als bestes Pferd im Stall läuft der La Réserve auf Syrah-Basis.

Grand Crès
11200 Ferrals-les-Corbières, Tel. 04 68 43 69 08, Fax 04 68 43 58 99

Der exquisit duftende weiße Vin de Pays d'Oc (Roussanne, Viognier, Muscat) ist das Kronjuwel dieser hoch gelegenen 12-ha-Domäne in Corbières im Terroir Lagrasse, doch der cremige, erdbeerfruchtige Corbières Rosé rangiert nicht weit dahinter. Etwas leicht fällt die rote Cuvée Classique aus. Die Cuvée Majeure (75 % Syrah, 25 % Grenache) gerät da schon etwas erdiger und voller, ohne aber die für die Domäne typische Eleganz zu opfern. Besitzer Hervé Leferrer zog sechs Jahre lang in der Domaine de la Romanée-Conti die Fäden – die Finesse der Weine kommt also nicht von ungefähr.

Grange des Pères ✪
34150 Aniane, Tel. 04 67 57 70 55, Fax 04 67 57 32 04

Das Anwesen des ehemaligen Physiotherapeuten Laurent Vaillé liegt neben Mas de Daumas Gassac und hat den Nachbarn nach Ansicht vieler Kritiker seit der Gründung 1992 zwar nicht in punkto Marketinggeschick übertrumpft, aber bei den Weinen die Nase vorn. Vaillé arbeitete bereits bei Gérard Chave, Eloi Dürrbach und François Coche-Dury – eine hohe Schule, die aus jeder Flasche spricht. Die Weißen (Roussanne und Chardonnay) fallen ebenso fein aus wie die Roten (Syrah, Cabernet, Mourvèdre und Counoise). Man belässt sehr wenig Trauben an den jungen Stöcken, um die Konzentration hoch zu halten, und setzt Eiche mit viel Geschick ein. Einzig und allein ein stärkeres Terroir-Gepräge und insbesondere die explosive, steinige, mineralische Klasse der Allergrößten in der Region fehlt den Tropfen meines Erachtens noch.

Grès St-Paul ✪
34400 Lunel, Tel. 04 67 71 27 90, Fax 04 67 71 73 76

Dichte, volle Tropfen entstammen diesem 26-ha-Gut an den Coteaux du Languedoc. Besonders empfehlenswert sind die herrlich duftenden, tiefen Cuvées Antonin und Sirius von 2000, beides sortenreine Syrah-Gewächse. Auf Flusskieseln entsteht ferner eine Cuvée aus honigschwerem, doch elegantem Muscat de Lunel namens Sevillane. Der trockene Muscat Libertine zeigt sich im Mittelteil etwas hohl, die Spätlese Bohémienne aus rosinierten Muscat-Trauben leicht.

BRL Hardy *siehe* La Baume

James Herrick
11104 Narbonne, Tel. 04 68 42 59 90, Fax 04 68 42 59 99

James Herrick verkaufte seinen Betrieb 1999 an das australische Unternehmen Southcorp, er trägt aber nach wie vor seinen Namen. Man verfügt über riesige Chardonnay-Ländereien (180 ha), die sich auf die drei Domänen La Motte (Schlick), Garrigue de Truilhas (steinige Böden) und La Boulandière (Sand) verteilen. Sie erbringen einen einfachen, leicht süßlichen Vin de Pays d'Oc, der in Großbritannien groß vermarktet wird. Die beiden mit Eiche verfeinerten Gutsweine Domaine de la Boulandière und Domaine la Motte zeigen etwas mehr Tiefe. Früher entstanden hier gute Rote, vor allem die erste, in kleinen Mengen herausgegebene Cuvée Simone. Derzeit aber enttäuscht das Sortiment mit der nun in Massen erzeugten, als „leichter Trinkgenuss" beschriebenen Simone und den vier Tropfen der „römischen" Linie Atacina, La Provincia, Milia Passum und Oppidum. Southcorp will James Herrick nach eigenem Bekunden zum Lindemans oder Penfolds von Südfrankreich machen.

l'Hortus
34270 Valflaunès, Tel. 04 67 55 31 20, Fax 04 67 55 38 03

Die nach dem Kalkberg gegenüber dem etwas höheren Pic-St-Loup benannte Domäne mit 50 ha gehört zur Elite der AOC in spe. Ihre Weine werden nach zwei Qualitätsstufen unterschieden: Bergerie heißen die „klassischen" Cuvées, Hortus die „großen" Verschnitte. Die Roten firmieren als Coteaux du Languedoc Pic-St-Loup, die weißen als Vin de Pays du Val de Monferrand. Während die Roten sich stilistisch verhalten, doch konzentriert zeigen und eher einem Bordeaux-Wein als einem Tropfen von der südlichen Rhône ähneln, geraten die Weißen exotisch, üppig und glyzerinschwer (der Hortus wird aus Chardonnay und Viognier bereitet, der Bergerie aus Sauvignon, Chardonnay, Viognier und Roussanne). Hier fiel der magere 1999er-Jahrgang besonders enttäuschend aus.

l'Hospitalet
11100 Narbonne, Tel. 04 68 45 27 10, Fax 04 68 45 27 17

Die Domäne in La Clape ist nicht nur ein Weingut, sondern auch ein Hotel, ein Workshop, ein Künstlermarkt und eine Sammlung von Sammlungen (u. a. Autos und Steine). Sie wird mit atemberaubender Energie von Béatrice Ribourel-Buyck geführt. Auf den 90 ha Rebfläche in vier Lagen fanden sich früher 30 Rebsorten. Michel Rolland hat sie zusammengestrichen und den Rest zu einer Reihe verschiedener Weine kombiniert, unter denen die grazile, aprikosenfruchtige weiße und die lebendige, dichte, fleischige, eichengereifte rote Cuvée Béatrice am eindrucksvollsten ausfallen.

Jau
66600 Cases-de-Pène, Tel. 04 68 38 90 10, Fax 04 68 38 91 33

Das Gut in Roussillon bringt nicht die dichtesten, extraktreichsten Erzeugnisse zustande, hat aber zugängliche, ausgewogene, harmonische Tropfen zu bieten. Das Paradepferd ist der kraftvolle Talon Rouge Côtes de Roussillon-Villages.

Joliette
66600 Espira-de-l'Agly, Tel. 04 68 64 50 60, Fax 04 68 64 18 82

Ein Name, den man sich merken sollte. Die Cuvée André Mercier dieses aufstrebenden Guts gerät einfach und geradlinig, doch die „Villages"-Cuvée

Romain Mercier fällt wesentlich dunkler, tiefer und texturierter aus, ist mit reifer Frucht beladen und wird durch den behutsamen Einsatz von Eiche geadelt.

Joly
34725 St-Saturnin-de-Lucian, Tel. 04 67 44 52 21
Virgile Jolys 6,5 ha kleine Domäne an den Coteaux du Languedoc St-Saturnin wartet mit einem würzigen, volltönenden Syrah-Cinsault-Verschnitt namens Virgile auf, von dem man noch hören wird.

Jonquières
34725 Jonquières, Tel. 04 67 96 62 58
Die AOC heißt Coteaux du Languedoc, die Zone Terrasses de Larzac, das Terroir St-Saturnin – wenn man sich bis hierher durchgekämpft hat, stößt man auf François und Isabelle de Cabissoles Gut mit 20 ha, von denen 5 ha Landweinfläche sind. Die beiden haben sich von hohen Erträgen und Maschinenlese verabschiedet und beliefern die örtliche Genossenschaft nicht mehr. Vielmehr wird das aus niedrigen Erträgen gewonnene Rohmaterial handgelesen und vollständig in der Domäne verarbeitet. Trotzdem geraten die Weine freundlich. „Es sind Verkostungs- und Genussweine gleichzeitig", meint François. „Sie sollen nicht zu konzentriert und abweisend sein." Der leichte, unbeschwerte rote Château de Jonquières liegt auf dieser Linie. Etwas ambitionierter wirken der im Fass vergorene Weiße und der rote La Baronnie, der feste Gerbstoffe und eine steinige Fruchtnote hervorkehrt, ohne die gutstypische Ausgewogenheit zu opfern. Die Dichte und Saftigkeit des Renaissance, der 1998 aus niedrigen Syrah-Erträgen bereitet wurde, deutet auf einen weiteren Aufwärtstrend hin.

Jouclary
11600 Conques-sur-Orbiel, Tel. 04 68 77 10 02, Fax 04 68 77 00 02
Robert Gianesini und Sohn Pascal bescheren der Weinwelt auf ihrer 30-ha-Domäne in Cabardès drei Cuvées, die alle aus rund 50% Merlot sowie Syrah und Grenache bereitet sind. Bester: der üppige, seidige Guilhaume de Jouclary.

Lambert *siehe* Baron'arques

Lancyre
34270 Valflaunes, Tel. 04 67 55 22 28, Fax 04 67 55 23 84
Die 1998er Vieilles-Vignes-Cuvée dieses Betriebs in Pic-St-Loup beeindruckte durch feine blumige Züge und eine exotische, trüffeltönige Tiefe. Sie verabschiedete sich mit einem fast Pomerol-artigen Nachhall.

Laporte ✪
66000 Perpignan, Tel. 04 68 50 06 53, Fax 04 68 66 77 52
Mit drei vorzüglichen Roten bereichern Raymond und Patricia Laporte die Weinlandschaft Südfrankreichs. Ihr 40-ha-Gut mit Kieselböden ist die Heimat eines Vin de Pays aus einem Bordeaux-Verschnitt, der nicht im Entferntesten nach Bordeaux schmeckt, aber das Feuer des Südens auflodern lässt. Der Ruscino – so lautet der lateinische Name für Roussillon – gerät mit etwas Syrah und Mourvèdre im Traubenmix zu einem kraftvollen Roten mit massigen Tanninen. Nach Meer duftet der Côtes du Roussillon Domitia; seine lang anhaltenden mineralischen Töne bekunden viel Kraft und Tiefe. Die Rivesaltes-Weine fallen charakteristisch süß und scharf aus.

Laroche
89800 Chablis, Tel. 04 86 42 89 00, Fax 04 86 42 89 29
Chablis-Erzeuger Michel Laroche besitzt eine 60-ha-Domäne bei Béziers (La Chevalière). Unter den gefälligen, aber unspektakulären Weinen ist der La Croix Chevalière hervorzuheben, der vielleicht beachtenswert ausfiele, wenn man auf niedrigere Erträge setzen würde.

Lastours
11490 Portel-les-Corbières, Tel. 04 68 48 29 17, Fax 04 68 48 29 14
Das vorbildliche 88-ha-Gut in Corbières wird zum Teil als Werkstätte für geistig Behinderte geführt. In den 1990er-Jahren entstanden hier einige der beständigsten Weine in der ganzen AOC. Die Basis-Cuvées, z. B. der Carignan-Grenache-Verschnitt Arnaud de Berre, geraten einfach und erfrischend. Etwas tiefer, pikanter und kräuterwürziger fallen der Simone Descamps und La Grande Rompue aus. Als Spitzenwein empfiehlt sich der Château de Lastours. Nach 20 Monaten in neuem Holz wirkt er etwas blass, ist aber elegant und ausgewogen im Geschmack. Unter den führenden Corbières-Gewächsen ist er der zahmste.

Lhéritier ✪
66600 Rivesaltes, Tel. 04 68 64 41 85
Henri Lhéritier erzeugt zwei großartige Einzellagen-Roussillons: Der Crest (von Schiefer) ist ein wilder, explosiver Tropfen, „ein Tritt in den Hintern", wie Lhéritier es formuliert. Der Romani (von Kalk) gerät eleganter und zugänglicher, eher wie ein Streicheln. Auch einen Grenat Rivesaltes mit Jahrgangsangabe hat man zu bieten, eine mit fruchtgesättigter Süße geladene Bombe.

Listel *siehe* Val d'Orbieu

Lorgeril
11610 Pennautier, Tel. 04 68 72 65 29, Fax 04 68 72 65 84
Nicolas de Lorgeril ist Präsident der AOC Cabardès und betreibt hier zusammen mit seiner Frau Miren drei führende Güter: die Châteaux de la Bastide, de Caunettes und de Pennautier, außerdem ein Gut im Minervois (Les Hauts de la Borie Blanche). Beide besuchten französische Eliteuniversitäten in Paris. Zwar gehen Intelligenz und weinbauliches Geschick nicht unbedingt Hand in Hand, doch von diesem Paar wird man noch hören. Lorgeril dominiert die Appellation wie kein anderer, denn die 350 ha, die er besitzt bzw. kontrolliert, machen fast zwei Drittel der gesamten AOC-Rebfläche aus. Der ausgefeilteste Wein ist der Esprit de Pennautier (80% Syrah, 20% Merlot), ein dunkler, sehr eichenlastiger Tropfen mit rauchigem Schokoladenton. Etwas zugänglicher und auch regionaltypischer gibt sich L'Esprit de Bastide (halb Malbec, halb Syrah) mit seiner blumigen Nase und den weichen, würzigen Noten.

Mal Passé *siehe* Comte Cathar

Mansenoble
11700 Moux, Tel. 04 68 43 93 39, Fax 04 68 43 97 21
„Jeder Wein bekommt den Kunden, den er verdient" – nach diesem Grundsatz führen der ehemalige belgische Versicherungsdirektor und Teilzeitweinautor Guido Jansegers und Marie-Annick de Witte dieses 20-ha-Gut mit Corbières- und Landweinflächen an der Nordflanke der Montagne d'Alaric. Ihr Réserve (Syrah, Grenache, Mourvèdre, Carignan, 50% davon in Eiche ausgebaut) stellt sich ausgewogen, frisch und schmackhaft dar.

Marcevol ✪
66320 Arboussols, Tel. 04 68 05 74 34
Die Gebrüder Verhaeghe vom Château du Cèdre in Cahors kauften dieses 12 ha große Bioweingut in Roussillon im März 2000. Der beratende Önologe Guy Predal beaufsichtigt die Keller. Eine 5-ha-Parzelle liegt auf Schieferböden in 200 m Höhe, eine weitere sogar in 600 m Höhe auf saurem Granit mit Schieferanteilen. Die Basis-Cuvée schmeichelt sich als weicher, süffiger, erdiger Tropfen ein, während die Prestige-Version 2001 mit dichter Textur und süßen, steinigen, aber auch lebendigen und frischen Zügen begeisterte. Der Can Felix, ein seltsamer, dichter Weißer aus Grenache blanc und gris sowie etwas Muscat schlägt Kiefern- und Eukalyptusnoten an. Dem Gut steht eine große Zukunft bevor.

La Marfée
34570 Murviel-lès-Montpellier
„Kleingärten" nennt Besitzer Thierry Hasard die 15 winzigen Parzellen, aus denen sich sein 6-ha-Gut zusammensetzt. „Ich glaube an die Kraft der Steine", bekennt er und hat tatsächlich 20 Wagenladungen davon über seine Weinberge verteilt, um „Makroporosität" zu erreichen. Die Einheimischen waren entsetzt, hatten ihre Vorfahren doch mühsam Stein für Stein aus den Rebflächen herausgeholt. Der erste Jahrgang, bestehend aus zwei Roten, wurde 1997 vorgestellt. Der Les Vignes qu'on Abat präsentierte sich als süßer, geschmacksintensiver Carignan-Neuling, der Les Champs Murmurés gab als duftiger, würziger Verschnitt aus Syrah, Grenache, Cabernet und Mourvèdre seinen Einstand. Die Qualität variiert mit den Jahren, doch in Hochform beeindrucken die Weine durch dunkle Dichte und glimmende Rauchigkeit.

Maris *siehe* Comte Cathar

Mas Amiel ✪
66460 Maury, Tel. 04 68 29 01 02, Fax 04 68 29 17 82

Der Bischof von Perpignan verlor diesen historischen 150-ha-Weintempel einst beim Kartenspielen. Mas Amiel hat sich auf Vins Doux Naturels von schwarzen Schieferböden spezialisiert, bietet aber auch drei gute nicht gespritete Vins de Pays an, für die Kellermeister Stéphane Gallet verantwortlich zeichnet. Le Plaisir heißt ein marmeladiger, üppiger, reinsortiger Grenache. Der unfiltrierte Hautes Terres ist eine Auslese aus Weinbergen mit alten Grenache-, Carignan- und Cinsault-Stöcken. Er wird im Barrique ausgebaut, weist eine wesentlich ausgeprägtere Tanninstruktur auf als der Le Plaisir und schmeckt nach heißen Steinen. Und der Carrerade (Syrah, Grenache und Carignan) als dritter im Bunde kehrt reichlich Feigen und Pflaumen hervor. Zu den Stars der großen Palette gespriteter Erzeugnisse zählen der im Tank ausgebaute Maury, dessen Beeren, Pflaumen und Feigen von feinkörnigen Tanninen getragen werden, sowie der im Barrique gereifte „Vintage"-Réserve, ein Wunder aus Karamell und Schokolade. Mas Amiel verfügt über 3000 gläserne Ballonflaschen. In ihnen reifen die *oxidatifs* auf Grenache-Basis heran, darunter eine zehn Jahre alte Cuvée Spéciale und ein 15-jähriger Prestige. Sie liegen beide auf einer Madeira-artigen Linie mit Düften von süßem Tabak und Rosinen sowie scharfen Geschmacksnuancen, in denen getrocknete Früchte von Säure durchdrungen werden. Auch eine „Millésime"-Reihe wurde in *bonbonnes* ausgebaut (im Gegensatz zu den „Vintage"-Editionen, die in Barriques altern). Die 1990 abgefüllte 1980er-Version verströmt ebenfalls Madeira-Düfte, in denen Käse, Nüsse, Äpfel und Feigen zutage treten, während ihr tiefer, intensiver Geschmack aus Kakao, Tabak und Mineralien zusammengesetzt ist. Schließlich offeriert Mas Amiel noch einen Vin Doux Naturel aus 80 % Muscat à Petits Grains und 20 % Muscat d'Alexandrie. Die Schieferböden geben ihm einen fetten, mineralischen Einschlag, den die zitrusfruchtigen Muscat-Weine von Kalk (etwa der St-Jean-de-Minervois) vermissen lassen. Plénitude nennt man einen sortenreinen Muscat d'Alexandrie aus teilweise gegorenen, rosinierten Trauben, der als Tafelwein etikettiert werden muss und durch seine außerordentliche Duftintensität, große Komplexität und den pfirsichfruchtigen, cremigen Stil beeindruckt. Ende 1999 erwarb Olivier Decelle Mas Amiel.

Mas Blanc ✪
66650 Banyuls-sur-Mer, Tel. 04 68 88 32 12, Fax 04 68 88 72 24

Dieses historische 21-ha-Anwesen für Banyuls- und Collioure-Weine gehörte dem Mann, der mehr für die Bekanntheit dieses großen Schiefer-Terroirs getan hat als jeder andere: Dr. André Parcé. Heute führt sein Sohn Jean-Michel den Betrieb. Er hat nicht nur eine üppige Cuvée Réservée zu bieten, sondern auch drei Einzellagen-Collioures, von denen allerdings einer, der nach Côte-Rôtie-Art aus Syrah und Roussanne verschnittene Les Junquets, nur in winzigen Auflagen erscheint. Die pfeffrige Cuvée Cosprons Levants stammt von den ältesten Stöcken und ist ein Mix aus Mourvèdre, Syrah und Counoise. Der dichte Clos du Moulin setzt sich sogar nur aus Mourvèdre und Counoise zusammen. Auch das Banyuls-Spektrum kann sich sehen lassen: Es reicht von den jugendlichen, mit süßer marmeladiger Frucht beladenen Rimage und Rimage La Coume über den älteren *rancio* Cuvée St-Martin bis zum Hors d'Age im *solera*-Stil.

Mas Cal Demoura
34725 Jonquières, Tel. 04 67 88 61 51, Fax 04 67 88 61 51

Cal Demoura heißt auf okzitanisch „du musst bleiben". Olivier Julliens Eltern Jean-Pierre und Renée Jullien wählten diesen Namen für ihr Haus, als jeder aus dem ländlichen Languedoc eilends fort wollte. Nachdem Olivier seit 1985 mit Mas Jullien so erfolgreich war, entschloss sich Jean-Pierre 1993, der örtlichen Genossenschaft ebenfalls den Rücken zu kehren. Er verkaufte das Gros seiner Weinberge und behielt nur 5 ha der besten Parzellen um Jonquières für sich. Die Spitzen-Cuvée heißt Infidèle und präsentiert sich als ehrlicher, geradliniger, in Eiche ausgebauter Wein aus Syrah, Mourvèdre, Cinsault, Carignan und Grenache.

Mas Champart
34360 St-Chinian, Tel. 04 67 38 20 09, Fax 04 67 38 20 09

Wie vielen Erzeugern in St-Chinian gelang auch Mas Champart 1998 Herausragendes. Besonders gut: der volle, mineralische Causse de Bousquet, eine unfiltrierte Cuvée aus 65 % Syrah sowie Grenache, Mourvèdre und Carignan. Die Jahre 1999 und 2000 reichten nicht ganz an 1998 heran, trotzdem sollte man dieses 10-ha-Gut auf Kalkböden nicht aus den Augen verlieren.

Mas des Chimères
34800 Octon, Tel. 04 67 96 22 70, Fax 04 67 88 07 00

13-ha-Gut an den Coteaux du Languedoc mit hübschen, duftigen Roten.

Mas Crémat
66600 Espira-de-l'Agly, Tel. 04 68 38 92 06, Fax 04 68 38 92 23

Diesen viel versprechenden Betrieb auf Schieferböden in Roussillon führte der burgundische Fabrikant von Milchprodukten, Jean-Marc Jeannin, bis zu seinem Tod. Seine Frau Catherine und Sohn Julien führen seine Arbeit fort.

Mas de Daumas Gassac ✪
34150 Aniane, Tel. 04 67 57 71 28, Fax 04 67 57 41 03

Aimé Guibert ist der bekannteste Erzeuger des Languedoc – zum einen, weil seine Domäne in den letzten beiden Jahrzehnten der Stolz der Region war, und zum anderen, weil er die Initiative führte, die Robert Mondavis Pläne zur Errichtung einer Kellerei in Aniane (siehe S. 229) erfolgreich vereitelte (schändlicherweise, wie manche meinen). Professor Henri Enjalbert untersuchte die Böden Anfang der 1970er-Jahre und erklärte daraufhin, das 32-ha-Gut inmitten von jungfräulichem Buschland sei der „Grand cru" des Languedoc. Aimé Guibert, einstiger Handschuhmacher des europäischen Hochadels, verbreitete dieses Gutachten beredt und mit unerschütterlicher Überzeugung. Das Rebensortiment und die Bereitungsmethode klügelte der Bordelaiser Professor Emile Peynaud aus. So entstanden Rote auf Cabernet-Basis, die das inoffizielle Prädikat „Grand cru" bestätigten. Der Wein ist zwar in seiner Jugend ein verdrießlicher Genosse, bewahrt seine Substanz jedoch über lange Jahre. Den aromatischen Zauber, den Syrah, Grenache und sogar Carignan von alten Stöcken im Languedoc entfalten, wird man in ihm vergeblich suchen. Auch von den geschmeidigen Tanninen, wie sie für diese Reben und für Mourvèdre typisch sind, wenn man sie mit Geschick kultiviert und ertragsarm hält, ist wenig zu spüren. Seltsamerweise enthält der Verschnitt neben dem 80-prozentigen Cabernet-Paket minimale Anteile fast jeder klassischen französischen Rotweintraube, unter anderm Merlot, Malbec, Cabernet franc, Tannat und Pinot noir; sogar Nebbiolo, Dolcetto und Barbera hat man gepflanzt. Die Weißen aus Chardonnay, Viognier und Petit Manseng sind in ihrer Jugend charmante Verführer, allerdings eignen sie sich mit ihrer weichen Exotik nicht unbedingt als Essensbegleiter. Das dürften auch Tony Blair und Bill Clinton festgestellt haben, als sie sich Anfang 1998 gemeinsam eine Flasche im Londoner Restaurant Pont de la Tour genehmigten.

Seit 2001 bereitet die Domäne eine Cuvée Emile Peynaud. Der sortenreine Cabernet stammt aus dem ersten bestockten Hektar des Guts. Der eloquente Traditionalist Aimé Guibert preist ihn als „Geste der Zuneigung und Dankbarkeit, ein Denkmal für die Weine der Vergangenheit". Guiberts Sohn Samuel, der in Neuseeland ausgebildet wurde und dort auch gearbeitet hat, ist mittlerweile in das Unternehmen mit eingestiegen. Es wird interessant sein zu beobachten, welche Richtung man in den nächsten Jahren einschlagen wird.

Mas Désiré *siehe* Comte Cathar

Mas de l'Ecriture
34150 Jonquières

Ecriture, „Schrift", nannte der Ex-Anwalt Pascal Fulla sein 18-ha-Gut, „weil Schreiben Kultur ist und das auch für Wein gilt." Es liegt mitten im wilden Strauchland von Jonquières (Terrasses de Larzac). Seine einfachste, saftigste Cuvée hat Fulla Déclinaisons genannt. Les Pensées ist durchdrungen von steiniger Reinheit. Der Spitzenwein, Ecriture (Syrah, Grenache), ein Werk aus lieblicher Frucht und süßen Kräutern, genießt eine üppige Sonderbehandlung mit russischer, amerikanischer und französischer Eiche.

Mas Foulaquier *siehe* Foulaquier

Mas Jullien ✪
34725 Jonquières, Tel. 04 67 96 60 04, Fax 04 67 96 60 50

Olivier Jullien gehört zu den faszinierendsten Winzern im Languedoc. Seine Domäne in Jonquières (Terrasses de Larzac) ist im Laufe der Jahre mehrmals größer und dann wieder kleiner geworden; das gilt auch für die Weinpalette. Derzeit bewirtschaftet Jullien 15 ha, die seiner Meinung nach ideal sind. Seine schwächeren Weinberge ließ er roden und mit Bäumen und Süßklee bepflanzen, „um ein gesundes Ökosystem zu schaffen." Gestrichen hat er auch die roten Cuvées Depierre und Les Cailloutis. Jullien war mit seinen Experimenten zur Herausarbeitung des Terroir nie so recht zufrieden. Nach viel Hin und Her hat er sich nun für einen Ausbau in *demi-muids* entschieden. Sein Wein gehört zu den reinsten, mineralischsten und anfangs auch unspektakulärsten Tropfen unter den großen Roten des Languedoc, reift aber nach einigen Jahren in der Flasche zu einem tiefgründigen Erlebnis heran. Etats d'Ame, wörtlich „Stimmungen", gehört zu Julliens fruchtigeren Roten; auf dem Etikett ist gelegentlich eines seiner Gedichte zu lesen. Im Sortiment hat er ferner einen ungewöhnlichen Weißen aus Carignan blanc, Grenache blanc, Chenin blanc und Viognier.

Mas de Martin
34160 St-Bauzille-de-Montmel, Tel. 04 67 86 26 33, Fax 04 67 86 98 82

Christian Mocci, ehemaliger Lehrer für Geographie und Geschichte, hat sein biodynamisches Gut in Pic-St-Loup von 8 auf 14 ha erweitert. Die Weine des Exil-Korsen geraten nicht kraftvoll und muskulös, sondern subtil und elegant, lassen jedoch weder Fett noch Dichte vermissen. Eiche wird mit viel Fingerspitzengefühl eingesetzt. Neben AOC-Weinen bereitet er auch etwas Vin de Pays aus Bordelaiser Sorten – und aus Tannat.

Mas de Mortiès
34270 Saint-Jean-de-Cuculles, Tel. 04 67 55 11 12, Fax 04 67 55 11 12

Rémy Duchemin und Michel Jorcin bewirtschaften 20 ha in Pic-St-Loup. Wie viele andere Domänen in der Zone warten sie mit verheißungsvollen Weißen auf: Die fülligen, dichten, faszinierenden Tropfen tragen reichlich Birne und Mandel vor sich her. Die Basis-Cuvée und die Cuvée Jamais Content sind nach Thymian duftende Verschnitte aus Syrah, Grenache, Carignan von sehr alten Stöcken und Mourvèdre. Letztere gerät etwas eichiger als der Domänenwein. Que Sera Sera präsentiert sich als reinsortiger Syrah mit majestätischer, reiner Frucht, der eine Fanfare aus Kaffee- und Blütendüften vorangeht. Allerdings muss man sie eher zu den Sortenweinen als den *vins de terroir* zählen – zumindest bis die Stöcke etwas älter sind.

Maurel Fonsalade
34490 Causses-et-Veyran, Tel. 04 67 89 57 90, Fax 04 67 89 72 04

Philippe und Thérèse Maurels 27-ha-Gut in St-Chinian ist Quelle einer sinnlichen Cuvée La Fonsalade (50% Syrah, 30% Grenache, 20% Mourvèdre).

Monpezat
34120 Pézenas, Tel. 04 67 98 10 84, Fax 04 67 98 98 78

Christophe Blancs Coteaux-du-Languedoc-Gut auf den steinigen Terrassen von Pézenas hat Seltenheitswert: Sein bester Landwein, der kraftvoll fruchtige Prestige aus Cabernet Sauvignon, steht seinem besten AOC-Erzeugnis, dem dichten, komplexen, tanninreichen La Pharaonne aus überwiegend Mourvèdre, nicht nach. Beide werden unfiltriert abgefüllt.

Mont Tauch
11350 Tuchan, Tel. 04 68 45 29 64, Fax 04 68 45 45 29

Die 300 Mitglieder starke Genossenschaft fusionierte 1999 mit Cave Pilote de Villeneuve; sie erzeugt nun 45% aller Fitou-Weine und sogar 80% der Tropfen aus der höherwertigen Zone Fitou Montagneux. Kellermeister Michel Marty setzt sich mit Nachdruck dafür ein, dass der vorgeschriebene Mindestanteil von 30% Carignan als AOC-Vorschrift erhalten bleibt, denn das bewahrt seiner Ansicht nach den „Wildschweincharakter" der Weine, also ihre ungezähmte Wildheit. Derzeit plant man, die besten Rebflächen zu klassifizieren, ihre Trauben mit einem Aufschlag von 25% zu bezahlen und daraus Spitzen-Cuvées zu bereiten (100% Aufschlag). Fitou l'Exception, ein in Eiche ausgebauter Verschnitt aus 40% Syrah mit je 30% Carignan und Grenache, wird nur in guten Jahren herausgegeben. Er geriet 1998 eindrucksvoll, war 2000 allerdings etwas schwächer. Der Terroir de Tuchan (40% Carignan, 60% Syrah) fällt reintönig und stämmig aus, während Les Douze eine klassische Cuvée aus Carignan, Syrah und Grenache mit reichlich Wild- und Thymiannoten ist. Sie wird aus den Weinen von zwölf Erzeugern verschnitten, die sich am Klassifizierungsmodell beteiligen; ihr Name und Bild ist auf dem Etikett zu sehen. Warum nur kehren nicht mehr Mitglieder der Genossenschaft den Rücken? „Wir leben sehr isoliert – das schweißt zusammen", erklärte mir Marketingmanagerin Katie Jones.

Montahuc *siehe* Comte Cathar

Moulin de Ciffre
34480 Autignac, Tel. 04 67 90 11 45, Fax 04 67 90 12 05

Das Rebland von Jacques Lesineaus 30-ha-Domäne ist etwas unzusammenhängend, denn es setzt sich aus Parzellen in St-Chinian, Faugères und an den Coteaux du Languedoc zusammen. Außerdem bewirtschaftet er noch ein Landweinareal an den Coteaux de Murviel. Trotzdem zeigt sein Weinsortiment erstaunlich beständige und gleichmäßig gute Qualität. Zu den Highlights zählen die in Eiche gereifte Cuvée Eole aus Faugères, der dunkle, würzige und viskose Cabernet-Syrah-Verschnitt Vin de Pays Val Taurou und ein exzellenter, cremiger Viognier. Lesineau arbeitete früher auf Haut-Gardère in Graves und kann daher interessante Vergleiche anstellen: „In Bordeaux ist Cabernet mit potenziellen 12% Alkohol reif – hier reichen selbst 13,5% noch nicht. In Bordeaux wird man selbst auf den besten Böden nie 13% erreichen; hier sind 14% kein Problem."

Navarre
34460 Roquebrun, Tel. 04 67 89 53 58, Fax 04 67 89 70 88

Dieses vorzügliche Gut in St-Chinian gehört Thierry Navarre. Der Le Laouzil ist ein kräuterwürziger, reiner Tropfen. Die im Barrique ausgebaute Cuvée Olivier zeigt sich veilchenduftig, süß, erdig und üppig und appelliert an den Genusstrinker ebenso wie an den ernsthaften Forschergeist auf der Suche nach dem reinen Ausdruck dieses bemerkenswerten Schieferareals.

de la Négly ✪✪
11560 Fleury-d'Aude, Tel. 04 68 32 36 28, Fax 04 68 32 10 69

In Jean Paux-Rossets 50-ha-Domäne werden Trauben aus dem Familiengut in La Clape verarbeitet, lediglich der Clos des Truffiers stammt von Lesegut aus einer kleinen Parzelle in St-Pargoire bei Pézenas. Der weiße Brise Marine präsentiert sich als salziger, schwerer, aromaintensiver Verschnitt aus Bourboulenc, Marsanne und Roussanne. Angenehm saftig und kernig fällt der einer Kohlensäuremaischung unterzogene La Côte (Carignan und Grenache bzw. Grenache und Syrah) mit Kaffeenoten in Duft und Geschmack aus. Der La Falaise aus handsortierten Syrah-, Mourvèdre- und Grenache-Trauben gebärdet sich am Gaumen dicht, rein, lebendig sowie pfeffrig und verabschiedet sich mit dem für La Clape typischen salzigen Abgang. Die drei ambitioniertesten Roten sind der dunkle, raue, enorm konzentrierte, Tapenade-artige, in *demi-muids* gelagerte l'Ancely vorwiegend aus Mourvèdre, der Clos des Truffiers, ein süßer, sinnlicher, cremiger Syrah aus St-Pargoire mit blumig-rauchigen Düften, und der köstlich intensive Porte du Ciel, ein Syrah aus La Clape mit reichlich Kirsch- und Schokoladentönen sowie einem salzig-mineralischen Nachhall. Paux-Rosset bereitet auch einen überragenden Rosé aus Syrah und Grenache namens Les Embruns.

Nouveau Monde
34350 Vendres, Tel. 04 67 37 33 68, Fax 04 67 37 58 15

Die „Neue Welt" nimmt ein mit großen Kieseln *(galets)* übersätes Areal bei Béziers ein und ist die Heimat blütenduftiger, texturierter Roter aus Syrah, Grenache und Mourvèdre.

Ollieux Romanis *siehe* Comte Cathar

Oustalet *siehe* Virginie

Pech Redon
11100 Narbonne, Tel. 04 68 90 41 22, Fax 04 68 65 11 48

Eine Domäne in La Clape mit angenehmen, lebendigen, pikanten Roten.

Peyre Rose
34230 Saint-Pargoire, Tel. 04 67 98 75 50, Fax 04 67 98 71 88

Selbst in einer mit Individualisten gesegneten AOC wie den Coteaux du Languedoc ist Marlène Soria noch ein Paradiesvogel. In ihrer Domäne herrscht Rosa vor: Sowohl die Etiketten als auch die Kellerausrüstung sind in dieser Farbe gehalten. Die Weine allerdings entsprechen überhaupt nicht dem Cliché eines „femininen" Tropfens: Den enorm extraktreichen, lang ausgebauten Erzeugnissen wohnt etwas Unzivilisiertes, Urwüchsiges inne. Soria hat zwei Cuvées zu bieten, die beide von Syrah beherrscht werden. Im etwas zugänglicheren Cistes hat sie ihm Grenache zur Seite gestellt, im Léone dient Mourvèdre als Turbo der Hauptingredienz. Kann die Zeit diese Ungeheuer zähmen? Der älteste von mir verkostete Jahrgang war ein Cistes von 1991 – selbst ein Jahrzehnt nach der Lese gebärdete er sich noch wild. Ein Vergleich mit dem ebenfalls von Syrah dominierten, doch stilistisch ganz anderen Clos des Truffiers von Négly bietet sich an.

Piccinini
34210 La Livinière, Tel. 04 68 91 44 32

Eines der Pioniergüter von Minervois und Minervois La Livinière (27 ha). Die Weine fallen einfach und angenehm, verglichen mit den Besten aber leicht aus.

Piétri-Géraud
66190 Collioure, Tel. 04 68 82 07 42, Fax 04 68 98 02 58

Das Mutter-Tochter-Gespann Maguy und Laetitia Piétri-Géraud bereitet einen pikanten, leichten, lange nachklingenden roten Collioure von steilen Schieferterrassen – quasi den Burgunder von Roussillon. Die Frauen offerieren jedoch auch einen dekadenten weißen Banyuls, dessen duftige Anklänge an Veilchen, Lavendel und kandierte Früchte beweisen, dass Grenache blanc bisweilen mehr ist als nur ein Verschnittfüller. Die rote Banyuls-Cuvée Joseph Géraud tritt lebendig und pflaumig auf.

Pithon
66600 Calce, Tel. 04 68 38 50 21

Olivier Pithon, Bruder von Jo Pithon im Loire-Tal, bewirtschaftet auf seinem Gut an den Côtes du Roussillon-Villages 9 ha. Seine Besten sind der frische La Coulée und der üppige Les Vignes de Saturne mit dichterer Frucht.

Pouderoux
66550 Corneilla-la-Rivière, Tel. 04 68 57 22 02, Fax 04 68 57 11 63

Robert Pouderoux mischt mit seiner 15-ha-Domäne im kühlen Aply-Tal in drei AOCs mit: an den Côtes du Roussillon-Villages, an den Côtes du Roussillon-Villages Latour de France und in Maury. Aus dem beachtlichen Weinsortiment ragt der La Mouriane wegen seiner üppigen Fleischigkeit und Textur heraus. Er gehört zu den modernen französischen Roten aus Fassvergärung.

Préceptorie de Centernach
66650 Banyuls, Tel. 04 68 88 13 45, Fax 04 68 88 18 55

Anfangs war die Préceptorie ein Jointventure zwischen den Gebrüdern Parcé von der Domaine de la Rectorie und der *coopérative* in Maury. Das ging schief, weshalb drei Genossenschaftsmitglieder ausstiegen und mit den Parcés ein eigenes Projekt starteten. Man bewirtschaftet mittlerweile 40 Parzellen mit insgesamt 38 ha, die vorwiegend auf Schiefer liegen. Die Ergebnisse der Zusammenarbeit können sich sehen lassen. Der im Barrique vergorene weiße La Chapelle St-Roch ist ein fetter, vegetabiler Vin de Pays du Val d'Agly aus Grenache gris und Maccabeu. Sein rotes Pendant aus Grenache und Carignan zeigt reichlich frischen, scharfen Biss und eine geringfügig mit Arzneitönen unterlegte Frucht. Eleganter kommen der moschusduftige rote und rauchige weiße Coume Marie daher. Der Terre Promise entsteht vorwiegend aus Grenache von Ton-Kalk-Böden und zeigt sich fruchtig-leicht, aber auch voll flockiger Tannine. Aus dem Maury-Katalog ragen die lebendig kirschfruchtige Cuvée Aurélie Pereira de Abreu und die schmackhafte, dichte Cuvée TE heraus.

Prieuré de St-Jean de Bébian ✪
34120 Pézenas, Tel. 04 67 98 13 60, Fax 04 67 98 22 24

1994 kauften Jean-Claude Le Brun und Chantal Lecouty diese 30-ha-Domäne der AOC Coteaux du Languedoc vom begabten, doch sprunghaften Alain Roux. Ihre Erzeugnisse gehören heute zu den Vorzeigeweinen im Languedoc. Roux war ein Jünger von Jacques Reynaud auf Château Rayas: „Weniger als 15 % Grenache ist Mist", war einer der typischen Ratschläge, die er Lecouty mit auf den Weg gab. „Ich wollte ebenso viel Konzentration wie Alain, aber auch wesentlich mehr Eleganz", erinnert sie sich. An den ambitionierteren Languedoc-Weinen stört sie vor allem der zu hohe Extraktreichtum. Sie setzt auf niedrige Erträge (25 hl/ha), sortiert das Lesegut sorgfältig und hat sich die Unterstützung des langjährigen Rayas-Beraters François Serres gesichert, weshalb ihre Erzeugnisse heute in der Tat zivilisierter und trinkbarer als die Ungeheuer von Roux ausfallen. Der Rote ist ein Verschnitt aus Syrah, Grenache und Mourvèdre mit tabak- und lederduftigem Schmelz, rauchiger Frucht und zunehmend weicheren Tanninen; er wird unfiltriert abgefüllt. Der Zweitwein heißt Chapelle. Seit kurzem offeriert man außerdem einen ansprechenden, fassvergorenen Weißen. Er enthält aus reifem Lesegut von ertragsarmen Stöcken bereiteten Roussanne als Hauptbestandteil, dessen Trauben vor dem Pressen zwei Tage lang in einem kühlen Raum gelagert wurden; ihm stellt man die vier einheimischen Rebsorten Clairette, Grenache blanc, Bourboulenc und Terret zur Seite. Das Ergebnis: eine Art dekadenter südlicher Pessac-Léognan, dem man löffelweise cremige Zitronen- und Aprikosenfrucht untergemischt hat.

de la Prose
34570 Pignan, Tel. 04 67 03 08 30, Fax 04 67 03 48 70

Herrlich steinige Coteaux-du-Languedoc-Weine haben dieses Gut in St-Georges d'Orques (Grès de Montpellier) bereits verlassen. Die erstaunlich krautige Cuvée Prestige, eine Grenache-Syrah-Mischung, verabschiedete sich 1998 mit einem fast wermutartigen Nachgeschmack. Les Embruns heißt ein reinsortiger Syrah, der in Eiche reift, Anklänge an Garrigue-Kräuter parat hält und die für die Traube typischen Rauch- und Aschetöne durchschimmern lässt.

Puech Chaud
30980 Langlade

Besitzer René Rostaing brilliert mittlerweile auch an der Côte Rôtie. So hat er die Möglichkeit, den sauren Untergrund von der Rhône mit dem alkalischen hier zu vergleichen. Gelegenheit dazu bieten ihm die sortenreinen Syrah-Weine von den steinigen Kalkböden von Langlade bei Nîmes. Die mit duftiger Frucht und eleganten, seidigen Tanninen ausgestatteten Roten tragen klar seine Handschrift und bilden einen auffallenden Kontrast zu den ungehobelteren Erzeugnissen der Region, etwa von Peyre Rose. (Siehe auch Roc d'Anglade)

Puech-Haut
24160 Saint-Drézéry, Tel. 04 67 86 93 70, Fax 04 67 86 94 07

Trafo-Hersteller Gérard Bru pumpt reichlich Mittel in sein 100-ha-Gut an den Coteaux du Languedoc (St-Drézery) und holt Michel Rollands Rat ein. Bislang kommen dabei angenehme, aber zu eichenlastige Weine heraus.

de Ravanès
34490 Thézan-lès-Béziers

Die beachtliche Landweindomäne zieht die Denomination Murviel dem farblosen Aude-Siegel vor, setzt aber trotzdem auf die klassischen Bordeaux-Trauben. Der Merlot gerät etwas frischer, würziger und eindrucksvoller als der leicht grasige Cabernet Sauvignon. Les Gravières de Taurou heißt der Spitzen-Merlot. Die Cuvée Diogène ist ein Verschnitt aus Petit Verdot und Cabernet.

de la Rectorie ✪
66650 Banyuls, Tel. 04 68 88 13 45, Fax 04 68 88 18 55

Die Brüder Marc und Thierry Parcé sowie Marcs Schwiegersohn Vincent Legrand führen das Gut mit viel Sinn für Ästhetik. Kein Wunder. Thierry ist

Pianist, Pierre ein bekannter Fotograf. Sie erzeugen jedes Jahr rund 30 verschiedene Weine, darunter zwei Collioure-Rote namens Le Séris und Coume Pascole, die relativ blass im Glas liegen, aber vom trockenen Südwind durchweht werden und steinig ausklingen. Der Le Séris setzt sich vorwiegend aus Grenache zusammen, der Coume Pascole verschmilzt Grenache, Syrah und Carignan. L'Orientale nennen die Brüder einen Banyuls von alten Stöcken, der aus Grenache noir und gris sowie etwas Carignan bereitet wird und reine Kaffee- und Anistöne aufleben lässt. Am gelungensten präsentiert sich die Cuvée Parcé Frères und die duftige, mit exotischen roten Früchten durchdrungene, lange nachklingende Cuvée Léon Parcé, die als Vin de Liqueur etikettiert werden muss, da sie nicht dem Ausbau unterzogen wird, den ein Banyuls braucht.

Rimbert ○
34360 Berlou, Tel. 04 67 89 73 98, Fax 04 67 89 73 98

Jean-Marie Rimbert (siehe S. 220) erwarb 1997 dieses 20-ha-Gut in St-Chinian auf terrassierten Schieferhängen, um auf eigenen Füßen zu stehen. Den Mittelpunkt seiner Arbeit bildet Carignan. Er kultiviert ganze 8 ha mit 80-jährigen Carignan-Stöcken, deren Frucht er für seine drei Weine verwendet. Die Verschnittformel für den Les Travers de Marsau ändert sich jedes Jahr, in der Regel aber wird er von harter Schlehenfrucht aus mindestens 50% Carignan geprägt. Die Cuvée Prestige Le Mas au Schiste setzt sich aus mehr oder weniger gleichen Anteilen Carignan, Syrah, Grenache und Cinsault zusammen; ein Drittel davon wird im Barrique ausgebaut. Dank niedriger Erträge (um 20 hl/ha) gerät sie atemberaubend intensiv und verführt mit wilden Düften sowie Anklängen an schwarze Frucht, heiße Erde, verkohltes Holz und verbranntes Fleisch. Der reinsortige, im Oktober bei 14,5% potenziellem Alkohol gelesene Carignan-Tafelwein Le Chant de Marjolaine prägt sich als unvergessliche Schieferessenz ein, die steinig und streng wirkt, aber auch Frische und bittere, kirschentönige Säure signalisiert.

Roc d'Anglade
30980 Langlade, Tel. 04 66 81 45 83

Mit seinem ersten Jahrgang lieferte Rémi Pedreno auf diesem Coteaux-du-Languedoc-Gut (dessen Rebflächen René Rostaing gehören) 1999 gleich einen Wein ab, der einem Côte Rôtie erstaunlich ähnelt. Der Verschnitt aus Syrah und Grenache verströmte Kaffee- und Blütendüfte, während sich am Gaumen und im endlos langen Ausklang reine Früchte ein Stelldichein gaben. Der Cos de la Belle, ein sortenreiner Syrah, ist der vielleicht größte Vin de Pays du Gard aller Zeiten. (Siehe auch Puech Chaud)

La Roque
34270 Fontanès, Tel. 04 67 55 34 47, Fax 04 67 55 10 18

Mit 42 ha Weingärten, darunter 35 ha AOC-Rebfläche, zählt dieses ehemalige Kloster zu den größten Gütern in der Pic-St-Loup-Gegend. Allein 8 ha sind mit Mourvèdre bestockt. Der unfiltrierte Cupa Numismae, ein Verschnitt aus Syrah und Mourvèdre, umspielt die Nase mit Veilchenduft, gebärdet sich ansonsten aber relativ roh. Im Sortiment findet sich ein ebenfalls etwas rauer Vieilles Vignes de Mourvèdre, den man mit 10% Grenache gemildert hat.

Roquefort St-Martin
11540 Roquefort-des-Corbières

Die auf Kalk herangereifte Grande Réserve von Roquefort ist neben der Cuvée No 3 von Castelmaure der beste in Zusammenarbeit mit Michel Tardieu bereitete Corbières-Wein. Der Jahrgang 1998 des Verschnitts aus Carignan, Grenache und Mourvèdre beglückte die Sinne mit köstlicher, trüffeltöniger Tiefe, einem salzigen Hauch und feiner, frischer Säure. Dank Kaltmazeration, Wildhefen, einem 16-monatigen Aufenthalt im Barrique und Abfüllen ohne Filtrierung entsteht ein lange lagerfähiger Hochgenuss.

St-Louis de Villeraze *siehe* Comte Cathar

St-Martin de la Garrigue
34530 Montagnac, Tel. 04 67 24 00 40, Fax 04 67 24 16 15

Das große, gut ausgestattete Coteaux-du-Languedoc-Gut gehört dem ehemaligen Supermarktinhaber Umberto Guida und wird von Jean-Claude Zabalia geleitet. Man hält ein beständig hohes Qualitätsniveau. Die sorgfältig bereiteten Tropfen werden ungeschönt und unfiltriert abgefüllt. Das vielleicht beste Gewächs ist der erstaunliche Picpoul de Pinet, der sehr spät gelesen wird und von ertragsarmen Stöcken stammt. Wer von der Zone nichts weiter als einen erfrischenden, ausdruckslosen Muscadet aus dem Midi erwartet, sollte diesen minze- und verbenenduftigen, zitronigen Wein einmal probieren. Spitzenreiter unter den Roten ist die erdige, dichte Cuvée St-Martin de la Garrigue.

Sarda-Malet
66000 Perpignan, Tel. 04 68 56 72 38, Fax 04 68 56 47 60

Dieses alteingesessene Gut ist eine tragende Säule der AOC Roussillon – wegen des artigen Réserve, aber auch wegen des ambitionierteren, konzentrierten, bissfesten Terroir Mailloles, der sich als einer der ausgewogensten Spitzenweine der Appellation empfiehlt.

des Schistes
66310 Estagel, Tel. 04 68 29 11 25, Fax 04 68 29 47 17

„Alte Stöcke sind enorm wichtig für uns", meint Jacques Sire und verweist damit auf die Vorteile des Dessertwein-Booms in der Nachkriegszeit für die Rotweinerzeuger im beginnenden 21. Jahrhundert. Er bewirtschaftet insgesamt 48 ha in Estagel, Tautavel und Maury, darunter Rebflächen mit über 80-jährigen Carignan- und mehr als 50-jährigen Grenache-Stöcken. Drei Côtes du Roussillon-Villages hat er im Angebot. Die Cuvée Tradition zeigt sich dank hohem Carignan-Anteil als Tropfen mit warmer, lebendiger Frucht. Der Les Terrasses ist ein Syrah-lastiger Verschnitt von Kalkböden; fällt intensiver aus und trägt rauchige, pikante Züge. Der sortenreine Syrah La Coumille wiederum, ein elegantes, mineralisches Erlebnis, stammt von einer Einzellage und wird nur in den besten Jahren bereitet. Mit zum Repertoire gehört ferner ein feiner, teeduftiger Maury und ein traditioneller, scharfer Rivesaltes.

Senat
11160 Trausse, Tel. 04 68 78 38 17, Fax 04 68 78 26 61

Jean-Baptiste Senats 16-ha-Domäne im Minervois – 4 ha davon gehören zur Landweinzone – überzeugt mit reifen, öligen Weinen. Syrah sucht man hier vergeblich, denn Senat setzt auf Grenache, den er mit Carignan von alten Stöcken und Mourvèdre austariert. La Nine reizt den Gaumen mit köstlicher Frucht, während Le Bois des Merveilles süßer und strukturierter ausfällt.

Sieur d'Arques
11300 Limoux, Tel. 04 68 74 63 00, Fax 04 68 74 63 14

Wer ausgetretene Pfade verlassen möchte, orientiert sich an dieser Genossenschaft. Ihr Blanquette de Limoux ist ein zugänglicher, weich biskuittöniger, angenehm vielseitiger Schaumwein auf Mauzac-Basis – der Cava Frankreichs, wenn man so will. Die Crémants unterscheiden sich davon nicht allzu sehr; wegen Chardonnay und Chenin als Zusatzsorten umgibt sie lediglich ein etwas internationaleres Flair. Die nach der *méthode ancestrale* bereiteten Perler erlauben einen faszinierenden Rückblick auf eine rustikale, alkoholarme Vergangenheit. Mit dem Sieur d'Arques hingegen kamen fassvergorene Stillweine aus Chardonnay überhaupt erst nach Limoux. Der beste der Limoux-Weine heißt Haute Vallée, ein saftiger, kerniger, nerviger Tropfen.

Silène de Payrals *siehe* Skalli

Skalli
34202 Sète, Tel. 04 67 46 70 00, Fax 04 67 46 71 99

Robert Skalli galt über ein Jahrzehnt lang als Frankreichs größter Förderer von Sortenweinen innerhalb des Vin-de-Pays-Regelwerks. 1998 allerdings erkannte er die Grenzen dieses Ansatzes und erweiterte seine Palette auf AOC-Weine. Sein gesamtes Sortiment wird geschickt verpackt und vermarktet – die Qualität indes ließ oft zu wünschen übrig. Die Sortenweine bekundeten einen arg eindimensionalen Charakter und waren unbeholfen gesäuert, während die ersten Editionen der Appellationsweine zu trockenfruchtig, schlank und substanzlos ausfielen. In letzter Zeit allerdings macht der reinsortige Cabernet Sauvignon mit fülligeren Tanninen und weicherer Harmonie auf sich aufmerksam und lässt damit einen deutlichen Aufwärtstrend erkennen. Auch der

2000er-Debütjahrgang der Domaine Silène des Payrals von einem 30-ha-Gut in Grès de Montpellier an den Coteaux du Languedoc gefällt durch ein dunkles, dichtes, würziges Wesen, ist allerdings übertreuert. Der kaffeeduftige, konzentrierte Clos Poggiale aus Korsika, der im entsprechenden Kapitel aus Platzgründen fehlt, gehört zu den besseren Erzeugnissen von der Insel.

Tabatau
34360 Assignan, Tel. 04 67 38 19 60, Fax 04 67 38 19 54

Viel versprechende St-Chinian-Domäne. Die ersten Weine gerieten angenehm, elegant und tabakduftig. Mehr Konzentration und Tiefe steht zu erwarten.

Tardieu ○○
84160 Lourmarin, Tel. 04 90 68 80 25, Fax 04 90 68 22 65

Tardieu setzt in Corbières auf Kaltmazeration, das Entrappen sämtlicher Grenache- und einiger Carignan-Trauben, eine 10- bis 12-tägige Vergärung, nach der der Wein schnell ins Fass kommt, so viel Kontakt mit dem Hefesatz wie möglich während des 12-monatigen Ausbaus im Barrique und eine Abfüllung ohne Filtrierung. (Siehe auch Roquefort St-Martin.) Außerdem bereitet er einen duftigen, cremigen Minervois Les Causses aus 100% Syrah.

Terre Inconnue ○
34400 St-Series

Ein winziger Betrieb nach Art der Garagenwinzer. Er gehört dem Chemiker Robert Creus, seiner Frau Sylvie und seinem Vater Lucien, einem ehemaligen Spanischlehrer. Alle Weine kommen als Vin de Table auf den Markt, denn Creus will sich nicht auf den Papierkrieg einlassen, den eine AOC-Zulassung mit sich bringt. Umso mehr Mühe gibt er sich bei der Bereitung seiner Kreszenzen, die nach dem Tardieu-Laurent-Vorbild geformt sind. Das heißt: winzige Erträge, aufwändige Vinifizierung. Die Cuvée Léonie ist ein sortenreiner, tiefer, fordernder Carignan, Los Abuelos ein wuchtig proportionierter Grenache (mit 16,5% Alkohol im Jahr 2000) und Sylvie eine vorwiegend aus Syrah bereitete Essenz mit geringer Säure, öliger, satter Frucht und mineralischen Geschmacksnoten (12 hl/ha Ertrag im Jahr 2000). Die Jahrgangsqualität schwankt zwar etwas, trotzdem dürfte diesem Gut die Zukunft gehören.

Terre Mégère
34660 Cournonsec, Tel. 04 67 85 42 85, Fax 04 67 85 25 12

Michel Moreaus sortenreine Landweine zeigen sich intensiv, aber etwas ausgetrocknet und fruchtarm, als verdränge das Terroir den Sortencharakter. Zum Sortiment gehören ein Merlot und ein Cabernet Sauvignon, der Les Dolomies Coteaux du Languedoc auf Syrah-Basis, ein Viognier sowie ein Verschnitt aus Viognier und Grenache blanc namens La Galopine Coteaux du Languedoc.

Le Thou
34410 Sauvian, Tel. 04 67 32 16 42, Fax 04 67 32 16 42

Das Coteaux-du-Languedoc-Gut der Gräfin Ferrier de Montal liegt vor den Toren von Béziers und gehört zur Zone Terrasses de Béziers. Wilde, kräuterwürzige aber auch etwas leichte und trockene Weine sind die Spezialität. 2000 wurde umfassend modernisiert – mit Verbesserungen ist also zu rechnen.

Toques et Clochers
11303 Limoux Cedex, Tel. 04 68 74 63 00, Fax 04 68 74 63 12

Bei einer jährlichen Versteigerung zu wohltätigen Zwecken werden diese Chardonnay-Erzeugnisse angeboten. Die schlechtesten sind zu eichenlastig und fruchtschwach, die besten aber sortenrein und überraschend subtil und elegant.

Tour Penedesses
34320 Gabian, Tel. 04 67 24 14 41, Fax 04 67 24 14 22

Das 40-ha-Gut erstreckt sich über die Coteaux du Languedoc und Faugères; einige Parzellen sind außerdem als Vin-de-Pays-Zone klassifiziert. Alexandre Fouque kultiviert 15 Rebsorten – entsprechend uneinheitlich präsentiert sich die Palette. Derzeit offeriert er 15 Cuvées, darunter auch einen spät gelesenen Verschnitt aus Muscat und Terret blanc. Der sortenreine Tempranillo Mas de Couy zeigt nur bescheidenen Charakter. Besser gelingen der reine, mineralische AOC-Wein Montée de Grés und der üppige Les Volcans.

Tour Vieille
66190 Collioure, Tel. 04 68 82 44 82

Hier entstehen zwei gute Collioure-Weine: der süß-fruchtige La Pinède und der düstere Puig Oriol. Geboten wird auch ein klassischer Banyuls.

Val d'Orbieu
11100 Narbonne, Tel. 04 68 42 75 36

Val d'Orbieu ist ein mächtiger Zusammenschluss aus Weinbetrieben und Genossenschaften. Er hat seinen Sitz im Languedoc, streckt seine Krakenarme aber mittlerweile bis nach Bordeaux aus, wo ihm unter anderem Grand-Puy-Ducasse, Meyney, Lamothe-Bergeron und Rayne Vigneau gehören. Auch Listel, ein Erzeuger mit fortschrittlicher Technik, aber ausdruckslosen „Sandweinen", zählt zu Val d'Orbieu. Die ambitioniertesten Tropfen der Kette sind die seit 1990 hergestellte Cuvée Mythique und eine erst seit kurzem erhältliche Serie von „Einzellagenweinen", die jeweils unter dem Gutsnamen in Umlauf gebracht werden. Die Cuvée Mythique präsentiert sich als Geheimniskrämer, über den nichts bekannt gegeben wird: keine Verschnittformel, keine Angaben über den Ausbau, keine Traubenquellen. Da sie als Vin de Pays firmiert, bleibt ein beträchtlicher Spielraum. Immerhin aber wird sie schön etikettiert und verpackt. Wegen des Erfolgs hat man die ursprüngliche Auflagenzahl von 50 000 Kisten beträchtlich erhöht. Einst gehörte sie zu den Spitzenreitern des Languedoc, doch heute ist sie ins Hauptfeld zurückgefallen. Der mittelprächtig konzentrierte Wein entwickelt sich sehr schnell und nimmt dabei weiche, zugängliche Nuancen von würzigen Früchten und Fleisch an. Die Gutsweine der gehobenen Kategorie stammen aus einer Reihe von Languedoc-AOCs (Corbières, Fitou, Minervois, St-Chinian). Über ihre Einstufung entscheidet allein ein unabhängiger Verkostungsausschuss. Die Erzeugnisse haben noch nicht die Geschmackskonzentration, die das Terroir deutlich zutage treten lässt. Es steht zu hoffen, dass eine weitere Senkung der Erträge und unfiltrierte Abfüllung Besserung bringt. Am gelungensten fällt der tiefgründige Wein auf Mourvèdre-Basis des engagierten Weinbauern und Amateurhistorikers Pierre Fil aus.

Veyran
34490 Causses-et-Veyran, Tel. 04 67 89 67 89, Fax 04 67 89 65 77

Gérard Antoine, ein ehemaliger Chemiker aus Paris, bereitet auf diesem Gut einen überragenden St-Chinian-Wein. Die Cuvée Prestige (70% Syrah, 30% Grenache) beglückt die Sinne durch Reife, Fülle und schönen Extrakt.

Vieux Chêne
66600 Espira-de-l'Agly, Tel. 04 68 38 92 01, Fax 04 68 38 95 79

Rauchige, wilde, pikante Töne dominieren die Cuvées Haut Valoir und Terres Nègres Altès dieses Betriebs an den Côtes du Roussillon.

Virginie
34536 Béziers, Tel. 04 67 49 85 85, Fax 04 67 49 38 39

Wie Konkurrent Skalli haben auch die Domaines Virginie erkannt, dass sortenreinen französischen Landweinen nicht unbedingt eine strahlende Zukunft beschieden sein muss. Deshalb hat das Unternehmen die Marke Oustalet ins Leben gerufen, unter der man AOC-Weine herausbringt. Die ersten Veröffentlichungen aus den AOCs Coteaux du Languedoc, Corbières und Minervois sind gut geraten, aber nicht außergewöhnlich. Am besten schlägt sich noch der von Syrah dominierte, blumige Minervois. Auf derselben Qualitätsstufe anzusiedeln sind der Référence Chardonnay und der Référence Syrah. Der Syrah stammt von einer Einzellage auf Kieseln in Gard. Er wird aus relativ niedrigen Erträgen (45 hl/ha) gewonnen und bekommt 18 Monate Zeit in neuer Eiche, die zur Hälfte aus Frankreich und zur Hälfte aus den USA stammt. Der Wein schmeichelt sich mit Anklängen an Schwarze Johannisbeeren, Veilchen und Kaffee sowie einem reinen, weichen, aufsteigenden Geschmack ein. Das faszinierendste Erzeugnis aber ist der Paradoxe Blanc, der genau wie ein Roter aus Chardonnay bereitet wird, also auf der Maische liegen bleibt und anschließend 14 Monate im Barrique ausgebaut wird. Ein Schluck von diesem tiefgoldenen, schweren, vanilleduftigen, öligen, nach Pfirsich schmeckenden, tanninreichen Weißen ist, als würde man plötzlich einen friedlich am Feldrand grasenden Saurier erspähen.

Korsika

Brücken schlagen Dem Gros der korsischen Weine fehlt nach wie vor die Definition und Dichte der besten französischen Tropfen. Erst wenn die Winzer den Kollegen im Languedoc, an der Rhône oder im Südwesten auf die Finger sehen, wird sich ihr Terroir artikulieren.

Eine Viertelmillion Menschen lebt auf Korsika, weniger als in den Städten Toulouse oder Lyon. Alle AOCs der Insel haben zusammengenommen nicht einmal 2500 ha – das ist nur ein Bruchteil der AOC Bordeaux. Ja, Korsika ist klein.

Den Eindruck hatte ich allerdings überhaupt nicht, als ich mit Yves Leccia, dem ruhigen, nachdenklichen Wortführer der korsischen Winzer, von Bastia nach Patrimonio fuhr. Auf der Karte ist die Reise ein Katzensprung. Im Norden der Insel ragt ein Finger ins Meer, der zum französischen Festland deutet. Bastia liegt auf der einen Seite seines Ansatzes, Patrimonio auf der anderen. Um von einem Ort zum anderen zu gelangen, muss man das Auto jedoch zunächst himmelwärts lenken. Hinter Bastia steigt die Straße unaufhörlich an, vorbei an zerklüfteten Felsen. Als wir schließlich den Sattel erreichten, schlug ich Yves vor, auszusteigen und die Landschaft ein wenig anzuschauen. Wie eine Landkarte breitete sich die Insel vor uns aus; Thymianduft lag in der Luft. „Korsika ist in erster Linie ein Berg", bemerkte Yves. „Vielerorts schmilzt der Schnee nie. Alle echten korsischen Dörfer liegen in den Bergen. Die Küste haben wir den vielen Invasoren überlassen. Wir sind ein Bergvolk."

Das entgeht keinem Besucher. Korsika ist mit durchschnittlich 568 m die höchste Mittelmeerinsel; ihre Gipfel ragen bis zu 2700 m empor. Für den Weinbau hat das Folgen. Zum einen ist Korsika zwar die südlichste französische Anbauregion, aber keineswegs die heißeste: Höhe und Wind relativieren den Breitengrad, wie die bemerkenswerte Frische der besten Weißen und die fast burgundische Eleganz einiger Roter beweisen. Zum anderen spalten die Berge das Land. So liegen die Städte, die dort entstanden sind, wo die Täler sich zum Meer hin öffnen, recht weit von ihren Weinbergen entfernt. Wenn man beispielsweise von Patrimonio nach Calvi fährt, muss man durch eine Wüste. Dabei handelt es sich natürlich nicht um ein Meer aus Sand, sondern um eine trockene Wildnis aus Dornbüschen und Steinen. Eine Stunde lang muss man auf gewundenen Straßen durch diese lebensfeindliche Landschaft fahren. Balagne, die Region um Calvi, hat wenig mit dem bergigen, von Felsbuchten geprägten Patrimonio gemein: Das Land wird plötzlich flacher und offener. Und auch der Boden ist ganz anders. Statt Kalk herrschen Granitsande und Ton vor. Dank der korsischen Topographie ist jede AOC im Grunde eine Insel für sich und bietet ganz eigene, faszinierende Chancen zur Herausarbeitung der Unterschiede und Nuancen des Terroirs, die allerdings bislang kaum genutzt werden.

Wo also steht Korsika in der Weinwelt von heute? Am Scheideweg, wie die meisten südfranzösischen Regionen. Die Insel ist gerade dabei, den ausgetretenen Pfad der Massenerzeugung billiger, schlechter Weine zu verlassen, den sie nach dem Rückzug Frankreichs aus Alge-

rien in den frühen 1960er-Jahren eingeschlagen hat. Seit 1980 hat man 20 000 ha Rebflächen gerodet, weil sie mit den falschen Rebsorten bestockt waren. Mit jugendlicher Kühnheit versuchen die korsischen Winzer nun, die Einzigartigkeit der Böden und Rebsorten zu nutzen und Tropfen zu kreieren, die wie die Spitzengewächse von der Rhône, aus der Provence oder aus dem Languedoc das Interesse der Weinwelt wecken. Noch hat man ein gutes Stück Weg vor sich, doch der erste Schritt ist getan. Die roten Trümpfe Korsikas sind der Niellucciu (der Sangiovese der Toskana) und der autochthone Sciaccarellu; das weiße As heißt Vermentinu (in der Provence und im Languedoc nennt man ihn Rolle). Unter der Obhut von Weinbauern wie Antoine Arena erbringen sie tiefe, dichte Weinpersönlichkeiten, die in der Welt ihre Spuren hinterlassen und Aufsehen erregen wie ein exotischer Vogel, den man für ausgestorben hielt und nun wiederentdeckt hat. Arena ist ein enger Freund von André Romero, der soeben die Nielluccio-Traube in Rasteau eingeführt hat; auch das Vins-de-Vienne-Trio Cuilleron, Villard und Gaillard kennt er gut. Das ist kein Zufall, denn dank seiner Leidenschaft für großen Wein ist ihm die Inselwelt zu eng geworden und er hat Brücken gebaut, die zu einigen der besten südfranzösischen Kellereien führen. Wenn Korsika in der Weinlandschaft Zeichen setzen will, braucht es mehr Winzer vom Schlag eines Arena – und mehr Brücken.

Christian Imbert

Christian Imbert hat in seinem Leben schon dreimal Pioniertaten vollbracht. Als junger Mann in den 20ern machte er sich als Obstzüchter im Atlas-Gebirge selbstständig. Später war er 15 Jahre lang als nomadischer Händler im Tschad unterwegs. Und schließlich zog er sein eigenes 42-ha-Bioweingut im Buschland der unerschlossenen korsischen Weinzone Porto Vecchio auf. Obendrein gründete er Uvacorse, einen Erzeugerverband, der sich während der korsischen Tafelweinära in den späten 1970er-Jahren zum Ziel gesetzt hatte, den Qualitätsstandard zu heben. Heute kämpft er gegen den „Bürokratengeist" in Paris und Brüssel sowie die „Coca-Cola-Mentalität". „Im Weinberg geht Wein vor Geld", lautet sein Motto. Und: „Coca-Cola hat keinen Bestand."

„Ich bin verrückt. Ich tue alles, um Grenzweine zu erzeugen. Außergewöhnliche Weine, aber Grenzweine."

ANTOINE ARENA

Die Fahrt von Bastia nach Patrimonio führt über einen der vielen Kämme auf dieser gebirgigen Insel.

Korsika im Überblick

Korsikas Weinlandschaft hat eine große Allzweck-AOC: Vin de Corse. Auf einem Großteil der Insel ist an Rebbau nicht zu denken, weil unzugängliche Gebirgszonen viel Raum einnehmen. Deshalb findet man die AOC-Weinberge überwiegend im Flachland entlang der Ostküste zwischen Bastia und Porto-Vecchio.

Allerdings ist die Appellation in mehrere Crus unterteilt: Vin de Corse-Porto-Vecchio, Vin de Corse-Figari, Vin de Corse-Sartène, Vin de Corse-Calvi und schließlich Vin de Corse-Coteaux du Cap Corse. Damit kommt etwas Abwechslung und Eigenständigkeit ins Spiel. **Vin de Corse-Porto-Vecchio** erstreckt sich auf steilen, spektakulären Granithängen mit Blick aufs Meer. Allerdings teilen ganze drei Erzeuger die Zone unter sich auf. **Vin de Corse-Figari** hat als Untergrund Granit und Schwemmland und ist der südlichste Weinbaubereich auf Korsika, ein von kräftigem Wind gebeutelter Landstrich. Mit fünf Erzeugern und einer zu schwach ausgelasteten Drei-Mitglieder-Genossenschaft fällt der Cru nicht viel größer als Porto-Vecchio aus. **Vin de Corse-Sartène** mit kleinen, oft sehr uneinheitlichen Granithängen ist die heißeste Anbauzone auf der Insel – und mit neun privaten Weingütern sowie einer Genossenschaft auch die größte. **Vin de Corse-Calvi** liegt in der Ebene auf Granituntergrund und hat ebenfalls mit Windproblemen zu kämpfen, doch unter den elf Erzeugern finden sich einige der ehrgeizigsten und geschicktesten der Insel, weshalb die Weine von hier mit den besten aus Patrimonio und Ajaccio konkurrieren. **Vin de Corse-Coteaux du Cap** schließlich ist der eigentümlichste Cru des Quintetts, denn er befindet sich auf dem knochigen Finger an der Nordspitze der Insel und verfügt über Schiefer- statt Granitböden. Wegen der unablässig kräftigen Winde sind die Weinberge nicht einfach zu bewirtschaften. Nur vier Erzeuger stellen sich dieser Herausforderung, obwohl die Zone historisch gesehen den besten Ruf aller fünf Crus hat. Wohnt den Weinen vielleicht eine Meersalznote inne? Wenn man sie auf Korsika probiert, vielleicht – allerdings scheint sie zu verpuffen, wenn die Flaschen die Insel verlassen.

Die beiden bedeutendsten Anbaugebiete Korsikas haben je eine eigene AOC bekommen; obendrein gibt es eine Appellation für gespriteten Muscat. **Ajaccio** ist die südlichere der beiden und setzt sich aus weit verstreuten Granit- und Sandparzellen mit insgesamt 250 ha landeinwärts hinter Napoleons Heimatort zusammen. Hier herrscht ein relativ mildes Klima mit weniger Wind und Trockenheit vor als in den anderen Zonen. In den kristallinen, rosa Böden gedeiht die zarte Sciaccarellu, eine der beiden einheimischen Rotweintrauben. Über-

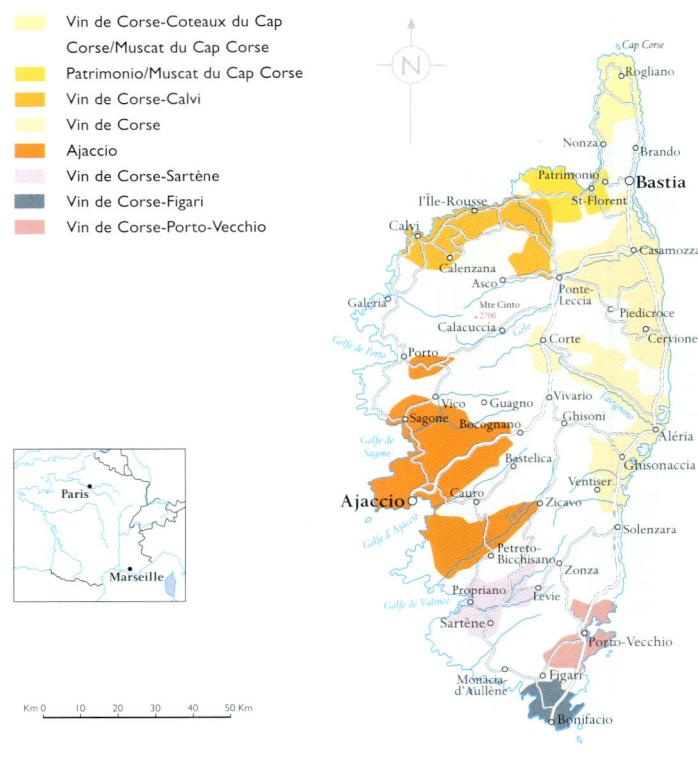

haupt ist Zartheit ein charakteristisches Merkmal der leichten, oft verhaltenen Weine aus Ajaccio.

In **Patrimonio** entsteht das Gros der besten Korsika-Weine. Liegt es am kalkigen Ton, der den Reben und allen voran Niellucciu mehr behagt als die kristallinen Böden andernorts? Oder tut es den Weinen gut, dass der Wind hier nicht so kräftig weht? Spielt vielleicht gar die hohe Zahl von 32 Erzeugern und das Fehlen einer Genossenschaft eine Rolle? Vermutlich eine Kombination aus allen drei Faktoren. Die meisten Weinberge nehmen Nischen in den Bergen ein und sind relativ weit von den Kellereien entfernt. Die 450 ha Rebland sind deckungsgleich mit der AOC für Vin Doux Naturel **Muscat du Cap Corse**.

Im Kreuzfeuer

Die Zeichen stehen gut für korsischen Wein: Die Insel dürfte wohl bald mit einer Reihe ausgezeichneter Tropfen aufwarten, die man unschwer an den Mann bringen wird. Natürlich sind die AOC-Bestimmungen nie perfekt, in der Regel aber hat das INAO bei der Vorgabe von Wegen zur Nutzung des Potenzials korsischer Gewächse hier gute Arbeit geleistet. Zwar ist es eine Schande, dass trockene, ungespritete Muscat-Erzeugnisse nicht zugelassen sind und manche Weinexperimente von *vignerons* wie Etienne Suzzoni von Culombu und Antoine Arena nur als Tafelweine erscheinen dürfen, bloß weil sie nicht ins AOC-Schema passen. Doch ansonsten steht dem Aufschwung nichts im Weg.

Nun müssen die korsischen Winzer das Ihre tun. Doch die meisten denken nicht einmal daran. Korsika hat von jeher eine getrübte Beziehung zum Mutterland. Die Insel steht Italien näher als Frankreich. Das zeigt sich schon allein in den einheimischen Rebsorten, kommt aber ebenso deutlich in der Sprache und der Zahl der Fährschiffsverbindungen zum Ausdruck. Italien liegt nur 60 km entfernt – Frankreich ist doppelt so weit weg. Selbst die Tatsache, dass der berühmteste aller Franzosen Korse war, erfüllt die Bewohner bestenfalls mit zwiespältigem Stolz. Vielleicht liegt es am Verhältnis zu Frankreich, dass korsischer Wein zu seinem eigenen Nachteil viel zu insular ausfällt.

Leute

Antoine Arena ✪
20253 Patrimonio, Tel. 04 95 37 08 27, Fax 04 95 37 01 14

Der joviale Arena erzeugt in seinen bescheidenen, recht unordentlichen Kellern in Patrimonio eine erstaunliche Bandbreite von Weinen. Er und seine Frau Marie steuerten zunächst eine Anwaltskarriere an, sattelten aber bald auf das Winzerhandwerk um, „weil es eine so schöne Arbeit ist". Seine Weine ähneln elsässischen Tropfen. Ihre für späte Lese typische Üppigkeit, Dichte und Aromaintensität und der Verzicht auf Eiche rücken sie in die Nähe der Kreszenzen von Zind-Humbrecht. Dank Arenas Arbeit muss das Vermentinu-Kapitel in den Lehrbüchern neu geschrieben werden, denn er hebt die Sorte auf eine Stufe mit Pinot gris und Viognier. Sein 2000er Carco etwa quillt vor Schinken- und Bananendüften förmlich über; am Gaumen kehrt er eine schwere, exotische Fülle hervor. Der ein Jahr auf dem Hefesatz gelegene 1999er-Jahrgang überzeugt durch cremigere, subtilere Züge mit süß-sauren Andeutungen. Der 2000er Grotte di Sole Vermentino stellte den Gärprozess erst ein, als er bei 16,5 % Alkohol angelangt war. Er fällt honigschwer aus und trieft vor üppiger Frucht. Das gilt auch für die im November gelesene 1999er-Version, ein Vin de Table mit einer reichen Mitgift aus Aprikosen und Feigen. Der stets forschende Arena arbeitet ferner mit einer alten korsischen Traube namens Bianco gentile. Die Cuvée aus dem Jahr 2000 wurde bei einem potenziellen Alkoholgehalt von 16 % gelesen und tritt als exotischer Cocktail aus tropischen Früchten, Honig und Melone mit feurigem Herzen auf. Arena verwendet die Namen Carco und Grotte di Sole auch für seine Roten auf Niellucciu-Basis. Der Carco, ein *vin de soif*, „Durstlöscher", sprüht vor Himbeerfrucht, während der Grotte di Sole von ertragsarmen Reben die leicht bittere Raffinesse der Toskana mit explosiver Frucht und mineralischen Tönen vereint. Sein Muscat de Cap Corse kommt so massiv daher, wie man das erwartet. Er bietet sogar den sonnengetrockneten Zibibbo-Moscato-Weinen von Pantelleria Paroli und ist wie sie von orangenartiger Zitrussüße durchdrungen.

de Bernardi
20253 Patrimonio, Tel. 04 95 37 01 09, Fax 04 95 32 07 66

Jean Laurent de Bernardi erzeugt auf seinem 11-ha-Gut Weine, die Bukettreichtum mit frischer, weicher Frucht und lebhafter, ausgewogener Säure in Einklang bringen. In seinen Muscat-Tropfen machen sich Pfeffer- und andere Gewürznoten bemerkbar.

Canarelli
20114 Figari, Tel. 04 95 71 07 55

Yves Canarelli hat seine Rebflächen mittlerweile auf 23 ha ausgeweitet und bewirtschaftet sie nun organisch. Der fassvergorene Vermentino gehört zu den besten Weißen der Insel; der Rote gerät immer konzentrierter.

Culombu
20260 Lumio, Tel. 04 95 60 70 68, Fax 04 95 60 63 46

Wer der Meinung ist, alle Korsen seien klein und dunkelhaarig, sollte nach Calvi kommen und Etienne Suzzoni einen Besuch abstatten: Er hat die Statur eines Rugby-Spielers der Maori. Seine „gewöhnlichen" Cuvées heißen Domaine Culombu und geraten angenehm, aber unbedeutend. Die besten Weine laufen unter der Bezeichnung Clos Culombu. Unter ihnen ist ein üppig fruchtiger, duftiger Weißer auf Vermentinu-Basis und ein aromatischer Roter mit der toffeetönigen Pflaumenfrucht von Grenache (40 %) und der kräuterwürzigen Finesse von Niellucciu (50 %); hinzu kommen 10 % Syrah. Wie Arena erzeugt Suzzoni einige süße Tafelweine ohne AOC-Status, etwa den nicht gespriteten süßen Muscat namens Dolce Biancu und den kirschfruchtigen, ebenfalls ungespriteten Verschnitt aus überreifen Aleatico- und Sciaccarellu-Trauben namens Dolce Rossu.

Gentile
20217 St-Florent, Tel. 04 95 37 01 54, Fax 04 95 37 16 69

Der rote Sélection Noble dieses 30-ha-Betriebs wird fast reinsortig aus Niellucciu vinifiziert und zwölf Monate im *foudre* ausgebaut; er tritt dunkel und mit fester Struktur auf. Der Muscat zeigt sich schön konzentriert, mit buttriger Tiefe und steinigem, mineralischem Ausklang.

Leccia
20232 Poggio-d'Oletta, Tel. 04 95 37 11 35, Fax 04 95 37 17 03

Einige der am sorgfältigsten bereiteten Roten und Weißen entstehen in Yves Leccias 20-ha-Weintempel. Der „klassische" Weiße zeigt mehr Tiefe und Textur als die meisten Konkurrenten, bewahrt dabei aber die typische Lebendigkeit korsischer Tropfen. Die Spitzen-Cuvées sind der salzige weiße E Croce und der warmfruchtige rote Petra Bianca. Auch ein guter Muscat wird geboten.

Orenga de Gaffory
20253 Patrimonio, Tel. 04 95 37 45 00, Fax 04 95 37 14 25

Der zartfruchtige Blanc de Blancs, der cremige Rosé und der saftig fruchtige, duftige, feigentönige „klassische" Rote übertreffen hier den Prestigewein namens Gouverneurs, dessen Eiche nicht von der erforderlichen Tiefe und Dichte gestützt wird. Mit 100 ha ist das Gut einer der Giganten von Korsika.

Peraldi
20167 Mezzavia, Tel. 04 95 22 37 30, Fax 04 95 20 92 91

Auf dem führenden Gut von Ajaccio entstehen delikate, verhaltene, saubere und elegante Tropfen. Der beste Rote, Clos du Cardinal, stammt aus einer Einzellage mit alten Sciaccarellu-Reben. Er wird zwar in Eiche ausgebaut, spiegelt aber Rebsorte, Herkunft und Boden (Granit) deutlicher wider als jeder andere Wein der Kellerei. Das blasse, präzise ausgearbeitete Gewächs mit eleganter Johannisbeerfrucht ähnelt einem Santenay oder Poulsard.

Pieretti
20228 Luri, Tel. 04 95 35 01 03, Fax 04 95 35 01 03

Nur vier Domänen trotzen dem stürmischen Wind an den Coteaux du Cap Corse – eine davon ist Lina Venturi-Pierettis 9-ha-Anwesen. Ihre bescheidene Kellerei steht an einem Strand aus blauem Schiefer. Der Weiße auf Vermentinu-Basis gerät frischer und kerniger als viele andere korsische Kreszenzen. Ihr Roter schmeichelt sich mit sanftem, weichem, einnehmendem Wesen ein.

Tanella
20114 Figari, Tel. 04 95 70 46 23, Fax 04 95 70 54 40

Die Spitzenlinie des Guts heißt Cuvée Alexandra. Der Weiße und der Rosé präsentieren sich anspielungsreicher und ausdrucksvoller als der korsische Schnitt, während die Roten üppiger, weicher und tanninhaltiger ausfallen als die meisten ihrer Rivalen und im 1999er-Jahrgang fast schon Toffeetöne anschlagen.

Torraccia
20137 Porto-Vecchio, Tel. 04 95 71 43 50, Fax 04 95 71 50 03

Christian Imbert gehört zu den eindrucksvollsten Winzerpersönlichkeiten auf Korsika. Sein 42-ha-Gut ist als Biobetrieb registriert. Imbert lehnt Holz vehement ab. Der Weiße und der Rosé erschienen mir etwas zu neutral, die Roten aber sind sanfte, angenehme Trinkgenossen. Der Prestigewein Oriu (80 % Niellucciu) tritt mit mehr kräuterduftiger Persönlichkeit auf, braucht jedoch noch größere Tiefe und Intensität, um für den Ausbau gewappnet zu sein.

Bewertung ✪ Sehr guter Wein ✪✪ Ausgezeichneter Wein ✪✪✪ Großer Wein

Glossar

Abstechen Umfüllen des Weins von einem Behälter in einen anderen.
Alte Rebstöcke Siehe *vieilles vignes*.
Apfelsäure Eine der beiden wichtigsten Säuren im Wein. Siehe auch *Weinsäure*.
assemblage Verschneiden.
Ausdünnung Entfernen von Trauben im Sommer zur Ertragssenkung.
Autolyse Die Zerstörung von Hefezellen im Hefesatz durch ihre eigenen Enzyme; sie verbessert Aromen und Komplexität und wird vor allem bei der Schaumweinherstellung nach der *Zweitgärung* angewandt.
bâtonnage Wörtlich „Schlagen"; das Aufrühren des Hefesatzes im Wein.
Barrique Beim *barrique bordelaise* handelt es sich um ein Holzfass mit 225 l Fassungsvermögen.
Biodynamik Siehe S. 42–43.
Botrytis *Botrytis cinerea*, ein Pilz, der bei unreifen Trauben bzw. Rotweintrauben die unerwünschte Graufäule verursacht, bei weißen, für Süßweine bestimmten Trauben aber die sehr willkommene Edelfäule hervorruft.
Brut Schaumwein mit einer nur geringen *dosage* von höchstens 15 g/l. Extra Brut hat höchstens 6 g/l Restsüße, Brut Nature höchstens 3 g/l.
causses Wildes, oft brach liegendes Kalkstein-Hochland in einigen französischen Weinregionen, z. B. in Cahors und im Minervois.
cépage Rebsorte.
chai Oberirdischer Keller.
Chaptalisierung Die Anreicherung des *Mosts* mit Zucker zur Erhöhung des abschließenden Alkoholgehalts (nicht aber, um den Wein süßer zu machen, denn der Zucker wird in Alkohol umgewandelt. Für 1 % Alkohol sind rund 17 g Zucker erforderlich.
Château Wörtlich „Schloss", obwohl viele dieser Gebäude schlicht aussehen.
clairet In Bordeaux gebräuchliche Bezeichnung für sehr hellen Rotwein.
climat Weinberglage bzw. Parzelle, vor allem in Burgund.
clos Meist ummauerter Weinberg.
coopérative Siehe *Genossenschaft*
corail Im Jura gebräuchlicher Begriff zur Beschreibung von tief rosafarbenen oder hellroten Weinen.
côte Oft steiler Weinberghang. Ebenfalls gebräuchlich ist die Bezeichnung *coteau*, die meist in der Pluralform *coteaux* verwandt wird und manchmal ein flacheres Hügelland benennt.
coulure Unvollständiger Fruchtansatz, der zu einer Ertragsminderung führt. Siehe auch *millerandage*.

crémant Der Begriff wurde früher für Schaumweine mit einem um die Hälfte geringeren Kohlensäuredruck angewandt. Mittlerweile aber hat man ihn auf Schaumweine mit normalem Flaschendruck ausgeweitet, die nach der *méthode traditionnelle* in den französischen Weinregionen mit Ausnahme der Champagne bereitet werden.
cru Wörtlich „Gewächs". Bezeichnet in der Regel einen Weinberg oder eine Lage von höherer Qualität als im Anbaugebiet ansonsten üblich.
cru classé „Klassifiziertes Gewächs".
cryo-extraction Gefrierkonzentration zur Erzeugung süßerer Weine.
cuvaison Maischegärung; die Zeit, in der vergärender Rotwein auf den Schalen liegt.
cuve Bottich oder Tank.
cuvée 1. Verschnitt höherer Qualität. 2. Eine bestimmte Menge Wein.
dégorgement Entfernen des Sedimentpfropfens bei der Schaumweinherstellung nach der *Zweitgärung*.
délestage Leeren eines teilvergorenen Bottichs oder Tanks und anschließendes Wiederauffüllen durch Übergießen des Tresterhuts; eine Methode der *Extraktion* und *Konzentration*.
demi-muid Fass mittlerer Größe mit 300–600 l Fassungsinhalt.
demi-sec Halbtrocken.
dosage Die Menge an Zuckersirup, die Schaumwein am Ende des Herstellungsverfahrens zugesetzt wird.
doux Süß.
Edelfäule Siehe *Botrytis*.
Edelreis Oberirdischer Teil einer Edelrebe.
effeuillage Auslichtung des Laubs zur Verbesserung der Sonnenbestrahlung und Belüftung.
Eichenausbau Bereitungsmethode, bei der der Wein, oft *cuvée fûts de chêne* genannt, eine Zeit lang in Eichenfässern gelagert wird.
élevage Wörtlich „Aufzucht". Der Ausbau des Weins zwischen Vergärung und Abfüllung.
en primeur Wein wird *en primeur* verkauft, wenn man ihn veräußert, bevor er überhaupt abgefüllt ist.
Entrappen Trennen der Beeren von den Traubenstielen.
Ertrag Die Fruchtmenge, die eine bestimmte Rebfläche erbringt. Sie wird meist in Hektoliter pro Hektar (hl/ha) gemessen. Die Erträge reichen in Frankreich von 10–15 hl/ha (für Sauternes und andere Süßweine) bis zu 150 hl/ha und mehr (in der Champagne bzw. für

bestimmte Tafelweine). Eine Rolle spielt auch die Pflanzdichte, allerdings sinkt mit zunehmender Stockzahl der Ertrag pro Rebe. Auch mit dem Pressvorgang kann man den Ertrag verändern. So wird z. B. in der Champagne weniger Wein aus einer bestimmten Weinmenge gekeltert als in anderen Regionen. Die Höchsterträge sind gesetzlich festgelegt, weshalb in manchen Anbaugebieten überschüssige Trauben erst gar nicht geerntet werden.
Extraktion Herauslösen von Substanzen aus den festen Bestandteilen der Trauben bei der Maischung.
Fäule Siehe *Botrytis*.
feuillette Kleines, in Chablis gebräuchliches Fass mit 114–132 l Inhalt.
Filtrierung Entfernen fester Bestandteile im Wein durch Filtern, eine Veränderung, die den Wein stabilisiert, ihn aber auch aroma- und geschmacksärmer macht.
flor Siehe *voile*.
Flüchtige Säuren Der Anteil der destillierbaren Säuren im Wein (vorwiegend Essigsäure). Sie bilden zusammen mit den nicht flüchtigen Säuren die Gesamtheit der Säure in Wein.
foudre Großes bis sehr großes, meist altes Fass. Es wird oft eingesetzt, um den Wein durch kontrollierte Oxidation runder und weicher zu machen, nicht aber, um ihm einen Eichengeschmack zu verleihen.
fût Siehe *Eichenausbau*.
Garagenwein Siehe S. 169.
Genossenschaft Jointventure-Betriebe im Besitz mehrerer Winzer, in denen Bereitung und Vermarktung der Weine in der Regel zentral durchgeführt werden. Kleinwinzer, die Mitglied einer Genossenschaft sind, brauchen sich daher keine eigenen Anlagen anschaffen oder ihren Wein auf eigene Faust verkaufen. Fast die Hälfte der französischen Weinerzeugung entfällt auf Genossenschaften.
grains nobles Von *Edelfäule* befallene Trauben.
grand cru „Großes Gewächs"; die exakte Bedeutung ist jedoch von Region zu Region sehr unterschiedlich.
grand cru classé „Klassifiziertes großes Gewächs".
grand vin „Großer Wein"; in Bordeaux der Spitzenwein eines Guts, der seinen Namen trägt.
Graufäule Siehe *Botrytis*.
Hefe Für die Umwandlung von Zucker in Äthylalkohol und Kohlendioxid verantwortlicher Pilz. Der Gärprozess kann durch Umfeld- bzw. *Wildhefen* (bei zurückhaltender Bereitung) oder durch Reinzucht- bzw. *Kulturhefen* in Gang gebracht werden.
Hefesatz Geläger. Lässt man Wein auf dem Hefesatz liegen, erreicht man

dadurch zuweilen eine Verbesserung von Geschmack und Textur.
Jahrgang Bezeichnung für die Weinlese eines bestimmten Jahres und den daraus erzeugten Wein.
Jahrgangslos In der Champagne übliche Bezeichnung für einen Verschnitt aus mehreren Jahrgängen.
Klonselektion Selektion und Vervielfältigung eines Rebsortenklons aufgrund seiner Vorzüge. Das führt oft zu Monotonie im Weinberg oder zu Erzeugnissen minderer Qualität, vor allem wenn es sich bei dem „Vorzug" um Ertragsreichtum handelt. Das Gegenteil von *Massenselektion*.
Kohlensäuremaischung Bereitungsverfahren, bei dem Kohlendioxid in einen Tank mit unversehrten Beeren gepumpt wird. In den Trauben der oberen und mittleren Schicht findet daraufhin ein intrazellulärer Gärungsprozess statt, während die zuunterst liegenden Beeren durch das Gewicht zerdrückt werden und eine normale Gärung durchlaufen. Bei der Kohlensäuremaischung entstehen fruchtige Weine, die zuweilen einen Bananen- oder Kaugummiduft verströmen und eine leichte Tanninstruktur aufweisen.
Kontakt mit den Schalen Bei der Weißweinbereitung der Zeitraum vor Gärbeginn, in dem Saft und Feststoffe noch nicht getrennt sind. Durch diese kurze Maischung sollen Geschmacks- und Aromastoffe, nicht jedoch Tannine extrahiert werden.
Konzentration Das Entfernen von Wasser aus *Most* oder Wein durch *Verdampfen* oder *Umkehrosmose*. Das Verfahren wird vor allem nach einer verregneten Ernte angewandt. Zu den Konzentrationsverfahren zählt auch die *Gefrierkonzentration*, mit der die Herstellung von Süßweinen beschleunigt wird.
Kulturhefe Siehe *Hefe*.
lieu-dit Gemarkung; Weinbergname; Bezeichnung für eine nicht klassifizierte Parzelle in Regionen mit klassifizierten Lagen (z. B. Burgund).
liqueur (de tirage) Der einem Schaumwein nach dem *dégorgement* hinzugefügte Sirup.
liquoreux Süß.
lutte raisonnée Der „vernünftige Kampf" bezeichnet eine nicht exakt festgelegte Form des integrierten Weinbaus, bei dem Chemikalien nur im äußersten Notfall eingesetzt werden.
Maischung Das Einweichen der festen Traubenbestandteile in *Most* bzw. Wein. Die Kaltmazeration (*macération à froid* oder *macération préfermentaire*), die auch eine Form der Maischung ist, erfolgt vor der Vergärung, um die Fruchtaromen und -geschmacksnoten zu erhalten. Durch die eigentliche Mai-

schung während der Vergärung wird eine *Extraktion* der Feststoffe erreicht. Siehe auch *Kohlensäuremaischung*.

Malolaktische Gärung Keine echte Gärung, sondern die bakteriologische Umwandlung von instabiler *Apfelsäure* in stabile Milchsäure (plus Kohlendioxid). Sie ist bei allen Rotweinen sowie einigen Weißweinen erwünscht und sorgt für eine weichere Säurestruktur im Wein. Auch *Zweitgärung* genannt.

Massenselektion Meist im Freiland durchgeführte Selektion aus vielerlei Klonmaterial (durch Abnahme von Edelreisern von den gesündesten Stöcken) für die Vermehrung.

Mehltau Häufige Pilzkrankheit an Reben, die als Echter und Falscher Mehltau auftritt.

méthode ancestrale Siehe *méthode rurale*.

méthode champenoise Siehe *méthode traditionnelle*.

méthode rurale Methode der Schaumweinherstellung, bei der der Wein vor Beendigung der ersten Vergärung abgefüllt wird. Dabei entstehen meist relativ alkoholschwache Weine mit Bodensatz.

méthode traditionnelle In der Champagne gebräuchliche Methode der Schaumweinherstellung, die im restlichen Frankreich und der ganzen Welt viel kopiert wurde. Sie umfasst eine Zweitgärung in der Flasche und ein *dégorgement*.

Mikrooxidation Eine Alternative zum Abstechen. Man pumpt etwas Sauerstoff in den Wein, ohne ihn vom Hefesatz zu trennen. Siehe S. 205.

millerandage Kleinbeerigkeit; eine Störung des Fruchtansatzes.

mistelle Mischung aus Traubensaft und Alkohol.

moelleux Lieblich.

monopole Ein viel gerühmter Weinberg in der Hand eines einzigen Besitzers (vor allem in Burgund).

mousse Das Schäumen in Schaumwein.

mousseux „Moussierend", schäumend.

Most Zwischenstadium zwischen Traubensaft und Wein *(moût)*.

Mostgewicht Das größtenteils am Zuckergehalt orientierte Maß für den Reifegrad von Trauben als Anhaltspunkt für den potenziellen Alkoholgehalt des späteren Weins. Siehe auch *phenolische Reife*.

mutage Anreicherung von Most oder teilvergorenem Wein mit Weingeist zum Abstoppen der Gärung.

négociant Händler, der Wein kauft, verschneidet und unter seinem eigenen Namen abfüllt. Ein *négociant-éleveur* baut den Wein auch aus.

Oxidation Die Reaktion von Wein mit Sauerstoff, die den Wein verderben kann. Durch kontrollierte Oxidation hingegen kann er komplexer werden.

passerillage Trocknen von Trauben am Stock ohne Befall durch *Edelfäule*.

Pasteurisierung Erhitzung von Most oder Wein auf hohe Temperaturen, um Mikroorganismen abzutöten. Eine radikale *Veränderung*.

perlant Gering perlender Wein.

pétillant Perlwein; schwach, aber etwas mehr als *perlant* schäumender Wein.

petit château In Bordeaux übliche Bezeichnung für ein unbedeutendes Gut.

Phenolische Reife Physiologische Reife einer Beere (und ihrer Schale) im Gegensatz zu der Reife, die am Zuckergehalt gemessen wird und nur Auskunft über den potenziellen späteren Alkoholgehalt gibt.

Phylloxera Die heute wissenschaftlich exakt als *Dactylasphaera vitifoliae* bezeichnete Reblaus. Sie kommt nach wie vor in den meisten europäischen Weinbergen vor, weshalb *Vitis-vinifera*-Sorten in der Regel auf resistente amerikanische *Veredelungsunterlagen* aufgepfropft werden müssen.

pièce Traditionelles 228-l-Fass in Burgund.

pigeage „Unterstampfen" des Tresterhuts (mit Stöcken, Schaufeln oder den Füßen) zur Förderung der *Extraktion*.

plafond limite de classement (plc) Der Zuschlag auf die offizielle Ertragsobergrenze.

premier cru „Erstes Gewächs".

premier cru classé „Klassifiziertes Erstes Gewächs".

Presswein Wein, der bei der Rotweinbereitung aus der restlichen Maische gepresst wird, nachdem der Vorlauf abgeflossen ist.

% vol. Volumenprozent Alkohol; der Alkoholgehalt in einer bestimmten Flüssigkeit, wie z. B. Wein.

Rebschnitt Kürzen von Trieben am Rebstock, um die Pflanze zu erziehen oder überschüssige Teile zu entfernen.

Reduktion Das Gegenteil der *Oxidation*. Weine in reduktivem Zustand, etwa Fassproben, riechen oft übel. Durch *Abstechen* und Dekantieren, also Kontakt mit Sauerstoff, schafft man Abhilfe.

Reinsortig oder sortenrein; aus einer einzigen Rebsorte bereiteter Wein.

remontage Umpumpen des gärenden Weins über den *Tresterhut* zur Förderung der *Extraktion* und Vermeidung von *Reduktion*.

remuage Das Rütteln von Schaumweinflaschen nach der *Zweitgärung*. Dadurch sammelt sich der Bodensatz im Flaschenhals und kann leicht entfernt werden.

Reserveweine In der Champagne üblicher Begriff für Weine, die mehrere Jahre lang gelagert werden, um irgendwann einmal für Verschnitte verwendet zu werden.

saignée Wörtlich „ausgeblutet". Das Abziehen von Saft zu Beginn der Rotweinbereitung zur Erzeugung von Rosés oder zur *Konzentration* des verbleibenden *Mosts*.

Säuerung Die Anreicherung des Mosts oder Weins mit Säure, eine bisweilen recht radikale *Veränderung*.

Schönen Klärung des Weins durch Mittel wie Eiweiß und Bentonit. Behutsam ausgebaute Weine müssen nur selten geschönt werden.

sec Trocken. In der Champagne kann ein als *sec* bezeichneter Schaumwein allerdings bis zu 35 g/l Zucker enthalten.

sélection des grains nobles Auslese aus edelfaulen Trauben.

Sortieren Siehe *tri*.

soutirage Siehe *Abstechen*.

Spätlese Wer später liest als üblich, riskiert die ganze Ernte, bekommt aber auch oft gehalt- und ausdrucksvollere trockene Rote und Weiße. Für Süßweine ist eine späte Lese unabdingbar.

sur lie „Auf der Hefe". Bezeichnung für einen Wein, der eine gewisse Zeit auf dem Hefesatz verblieben ist. Das Verfahren ist vor allem bei Muscadet-Weinen gebräuchlich, wird mittlerweile aber auch bei anderen Weißen praktiziert.

Tannin Die Gerbstoffe in Rotweinen (und selten auch in Weißen; siehe dazu S. 241), die für den adstringierenden, „rauen" Geschmackseindruck im Mund verantwortlich sind. Es gibt viele verschiedene Tannine, die sich zum Teil erheblich voneinander unterscheiden.

Terroir Die vielfältigen Einflüssen unterworfene Lage. Siehe S. 16–21.

Tresterhut Masse aus Beerenschalen, Kernen und manchmal Stielen, die sich bei der Vergärung auf der Weinoberfläche bildet.

tri Das Durchsuchen des Leseguts und Aussortieren beschädigter Trauben; es erfolgt meist auf einem Sortiertisch *(table de tri)*. Eine Grundvoraussetzung für die Bereitung großer Weine. Auch Bezeichnung für einen Lesedurchgang in einem Weinberg, bei dem nur bestimmte, z. B. von Edelfäule befallene Trauben geerntet werden.

ullage Der mit Luft gefüllte Raum eines nicht ganz vollen Weinfasses.

Umkehrosmose Verfahren zur *Konzentration* von Weinen.

vendange Lese.

Veränderung Die Bereitung von Wein ohne menschliche Eingriffe ist nicht möglich. Frankreichs führende Erzeuger haben aber erkannt, dass ihre Weine umso besser ausfallen, je zurückhaltender sie vinifiziert werden, d. h. je geringer die Veränderungen sind. Große Winzer sind keine Techniker, sondern geschickte Hebammen mit guter Beobachtungsgabe, die einen natürlichen Prozess unterstützen. Siehe auch *zurückhaltende Bereitung*.

Verdampfung Reduzierung des Wassergehalts von Most durch Vakuumverfahren bei niedrigen Temperaturen.

Veredelungsunterlage Der unterirdische Teil eines veredelten Weinstocks.

Vergärung Die Umwandlung von Zucker zu Alkohol (und Kohlendioxid als Nebenprodukt) durch Hefe.

vieilles vignes Alte Rebstöcke; eine nicht offizielle Bezeichnung.

vigne Französisches Wort für Rebstock und Weinberg.

vigneron Winzer.

vignoble Weinberg oder Anbaugebiet.

vin de garde Für lange Lagerung geeigneter Wein.

vin de liqueur Siehe *mistelle*.

vin de paille „Strohwein". Wein aus Trauben, die nach der Lese und vor der Bereitung auf Strohmatten getrocknet wurden.

vin doux naturel Wein, dessen Gärprozess durch Hinzufügung von Weingeist auf halbem Weg unterbrochen wird.

vin gris „Grauer Wein". Heller Rosé, der durch direktes Keltern hellroter Trauben bereitet wird.

vinifera Kurzform für *Vitis vinifera*, die europäische Rebe im Gegensatz zu amerikanischen Veredelungsunterlagen oder Hybridreben.

Vinifizierung Die Umwandlung von Trauben zu Wein.

vin jaune „Gelber Wein". Eine Spezialität des Jura. Siehe S. 117.

voile Wörtlich „Schleier". Der französische Begriff für die Hefeschicht, die sich auf manchen Weinen in nicht ganz gefüllten Fässern (siehe *ullage*) bildet. Entspricht in etwa dem spanischen *flor* auf Fino und Manzanilla Sherry.

Weinbau Das Kultivieren von Reben.

vendange tardive Spätlese.

Weinsäure Wichtigste Säure im Wein.

Weinstein Kristalle der Kalisalze von Weinsäure (Kaliumtartrat). Sie lagern sich am Flaschenboden oder am Korken ab. Weinstein ist ein sehr gutes Zeichen, denn er beweist, dass der Wein nicht zu stark verarbeitet wurde.

Wildhefe oder Naturhefe. Siehe *Hefe*.

Zurückhaltende Bereitung Winzerische Vorgehensweise, bei der das Rohmaterial für Wein so wenig wie möglich verändert bzw. „verbessert" wird.

Zweitgärung Gärung im Anschluss an die reguläre alkoholische Gärung. Siehe auch *malolaktische Gärung*.

Zweitwein Überwiegend in Bordeaux gebräuchliche Bezeichnung für einen Wein von jungen Reben, aus zweitklassigen Lagen oder aus nicht ganz so erfolgreichen Behältern.

Jahrgangstabellen

1–3: Schwache Jahrgänge; bald trinken   4–7: Durchschnittliche Jahrgänge; in den nächsten 10 Jahren trinken   8–10: Große Jahrgänge; für langfristige Lagerung bestens geeignet

Champagne

Jahr	
1985	9
1986	6
1987	3
1988	9
1989	8
1990	9
1991	4
1992	5
1993	6
1994	4
1995	7
1996	9
1997	6
1998	6
1999	8
2000	7
2001	1

Loire

	ROTWEIN	TROCKENE WEISSE	SÜSSE WEISSE
1985	9	8	8
1986	7	6	8
1987	3	4	4
1988	6	8	8
1989	9	9	10
1990	9	9	9
1991	5	4	2
1992	2	3	3
1993	4	5	5
1994	4	2	6
1995	9	8	8
1996	8	9	9
1997	7	5	8
1998	5	6	5
1999	7	7	5
2000	7	8	6
2001	5	5	7

Elsass

Jahr	
1985	8
1986	5
1987	5
1988	7
1989	9
1990	10
1991	2
1992	5
1993	6
1994	7
1995	5
1996	7
1997	6
1998	8
1999	6
2000	9
2001	8

Chablis

Jahr	
1985	8
1986	5
1987	3
1988	6
1989	9
1990	9
1991	7
1992	7
1993	4
1994	7
1995	8
1996	10
1997	7
1998	6
1999	8
2000	9
2001	3

Rhône

	NORDEN	SÜDEN
1985	9	8
1986	8	9
1987	7	2
1988	8	8
1989	9	10
1990	10	10
1991	8	4
1992	1	3
1993	2	4
1994	6	6
1995	7	8
1996	6	4
1997	8	5
1998	9	10
1999	10	7
2000	8	9
2001	8	8

Provence

Jahr	
1985	9
1986	7
1987	2
1988	7
1989	8
1990	10
1991	5
1992	3
1993	3
1994	4
1995	7
1996	7
1997	5
1998	10
1999	8
2000	8
2001	9

Bordeaux

	TROCKENE WEISSE	SÜSSE WEISSE	LINKES UFER	RECHTES UFER
1985	7	6	8	7
1986	5	9	9	7
1987	7	3	4	5
1988	5	10	6	6
1989	5	8	9	10
1990	8	10	10	10
1991	4	3	3	1
1992	5	1	1	3
1993	4	1	4	4
1994	8	3	6	6
1995	7	5	8	8
1996	8	9	9	7
1997	6	9	5	7
1998	9	8	7	10
1999	8	8	7	7
2000	8	3	10	10
2001	9	10	7	7

Burgund

	WEISSWEIN	ROTWEIN
1985	9	8
1986	9	5
1987	3	4
1988	5	5
1989	9	8
1990	6	9
1991	7	8
1992	5	5
1993	4	7
1994	5	5
1995	8	7
1996	9	7
1997	7	7
1998	5	6
1999	8	9
2000	7	6
2001	5	4

Beaujolais

1985	8
1986	6
1987	6
1988	6
1989	10
1990	7
1991	8
1992	2
1993	3
1994	6
1995	7
1996	4
1997	5
1998	4
1999	9
2000	10
2001	4

Jura*

1985	9
1986	6
1987	4
1988	9
1989	10
1990	9
1991	6
1992	6
1993	5
1994	5
1995	9
1996	9
1997	4
1998	5
1999	8
2000	9
2001	2

* Bewertung nur für *vin jaune* bis zum Jahrgang 1990

Savoyen

1990	9
1991	4
1992	3
1993	5
1994	5
1995	8
1996	5
1997	5
1998	6
1999	7
2000	7
2001	3

Südwesten

	BERGERAC	MADIRAN	CAHORS	JURANÇON
1985	8	10	8	5
1986	8	7	7	8
1987	5	8	7	6
1988	8	9	8	8
1989	10	9	8	9
1990	9	10	9	8
1991	7	6	4	6
1992	3	5	7	4
1993	5	6	6	10
1994	7	8	7	5
1995	8	10	9	7
1996	9	8	8	10
1997	5	8	7	5
1998	8	10	8	9
1999	9	8	9	8
2000	10	10	10	8
2001	9	9	10	10

Languedoc-Roussillon

1985	8
1986	9
1987	3
1988	8
1989	10
1990	9
1991	3
1992	2
1993	6
1994	6
1995	8
1996	5
1997	4
1998	10
1999	6
2000	8
2001	9

Korsika

1990	10
1991	6
1992	3
1993	7
1994	6
1995	8
1996	6
1997	9
1998	9
1999	8
2000	8
2001	7

Register

Fett gedruckte Seitenzahlen verweisen auf Haupteinträge, *kursiv* gedruckte Seitenzahlen auf Illustrationen und Bildunterschriften.

A

Domaine de l'A **177**
Abbotts **230**
Abouriou 207
Abymes 121, 123
Accad, Guy 85, 88
Agrapart **32**
 Pascal 31
de l'Aigle **230**
Aiguelière **230**
d'Aiguilhe 164, **177**
Aiguilloux **230**
Aires Hautes 221, **230**
Aisne 29
Coteaux d'Aix-en-Provence 150, 153,155
Ajaccio 244
Alary **138**
 Denis 129
Aligoté 46, 89, 93, 94, 111
d'Allaines, François **96**
Allemand, Thierry **138**
Allier 46
Alliet, Philippe **52**
Aloxe-Corton 92
Alquier **230**
Altenberg de Bergheim 61, 66
Altesse 121, 122, 123
des Alysses **156**
Ambroise, Bertrand **96**
Amiot, Guy **96**
Amiot, Pierre **96**
Amiot-Servelle **96**
Amirault, Thierry **52**
Amirault, Yannick **52**
Ampélia **177**
Ampuis 131
Coteaux d'Ancenis 51
l'Ancienne Cure **210**
Andraud, Murielle 167
d'Andréas **177**
Angeli, Mark 26, 42
 siehe auch la Sansonnière
Angélus *160–161*, **177**
d'Angerville, Marquis **96**
d'Angludet **177**
Aniane 228, 229
Anjou 41, 49–50
Anjou-Coteaux de la Loire 49, 51
Anjou-Gamay 49, 50
 1996 „sur spilite" 109
Anjou-Villages 49–50
Anjou-Villages-Brissac 49–50
AOC-System (Vins d'Appellations d'Origine Contrôlée) 8,11, **12–13**, 78, 91, 116, 123, 131, 148, 169
 siehe auch einzelne Regionen
Aphillanthes **138**
Apremont 121, 123
Arbin 121
Arbois 116
l'Archange **177**
d'Arche **177**
Arena, Antoine 243, 244, **245**
d'Arlay **118**
Domaine de l'Arlot **96**
d'Armailhac **177**
Armand, Comte **96**
Arnould **32**
Domaine Robert Arnoux **96**
Arretxea **210**
l'Arrosée **177**
Arrufiac 209
Coteaux de l'Aubance 49, 50
Aube 29, 30, 77
Aubry **32**
 Philippe 25, 28–29, 31

Aubuisières **52**
Vin de Pays de l'Aude 13
Aupilhac 219, **230**
Aurelius **177**
les Aurelles **230**
Ausone 166, **177**
Domaine d'Auvenay **96**
Côtes d'Auvergne 46
Auxerrois 60, 65, 204, 207
Auxey-Duresses 93
Aviet **118**
Avize 29
Axelle de Valandraud
 siehe Valandraud
Aydie 203, **210**
Ayze 122

B

Bablut **52**
Bachen 209, **210**
Clos Badon Thunevin **181**
Baldès, Jean-Luc
 siehe Clos Triguedina
Côte de Baleau **183**
Balestard **177**
Balestard la Tonnelle **177**
Balland-Chapuis **52**
Bandol 58, 132, 150, 152, 154, 155
Banyuls *216–217*, 222, 225, *229*
Clos Baquey 219
Bara, Paul **32**
Barbanau **156**
Barde-Haut **178**
Barge, Gilles 131, **138**
Barillère, Jean-Marie 23, 26
Barmès-Buecher **68**
Barnaut 24, **32**
Baron'arques **230**
Barraud, Daniel **96**
Barréjat **210**
Barruol, Louis 127, *129*, 130, 131, 134, 137
Côte des Bars 29, 30
Barsac 172
Barthod-Noëllat, Ghislaine **96**
Barton, Anthony 166, 174, 175
Bas 149, 152, **156**
Bas-Rhin **65–66**
Bastide Blanche **156**
Bastor-Lamontagne **178**
Batailley **178**
Bâtard-Montrachet 87
Baudry **52**
Le Bault de la Morinière, Jean-Charles 83–84, 95
Baumard 51, **52**
La Baume **230–231**
Les Baux-de-Provence *152*, 153, 155
Bayer, Léon **68**
Béarn 209
Béarn-Bellocq 209
des Béates **156**
Beaucastel 131, **138**
Beaujolais **108–113**
 AOCs **110–111**
 Bas-Beaujolais 110, 111
 Beaujolais Blanc 110
 Beaujolais Nouveau **111**
 Beaujolais Supérieur 111
 Beaujolais-Villages 108, 110
 Crus 109, 110
 Haut-Beaujolais 110
 Kreuzfeuer **111**
 Leute **112–113**
 négociants 108
 Terroir **110–111**

 Weinbau
  Alter 109
  Biodynamik 109, 110
  Boden *108–109*, **110–111**
  Bodendecker 109
  Erträge 109
  Lese 109
  von Hand 109
 Weinbereitung 109
  Abfüllen 109
  Alterung 109
  Barriques 109
  Entrappen 109
  Etikettierung 109
  Hefen 109
  Kaltmazeration 109
  pigeage 109
  Schönung und Filtrierung 109
  Schwefeldioxid 109
Beaulieu (Bordeaux) **178**
Beaulieu (Südwesten) **210**
Domaine des Beaumont **96**
Beaumont des Crayères **32**
Beaune 42, 89, 90
Côte de Beaune 89, 90, **92–93**
Beauportail **210**
Beaupré **150**
Beauregard **178**
Beaurenard **138**
Beau-Séjour Bécot 169, **178**
Beauséjour Duffau Lagarrosse **178**
Beau-Site **178**
Beau Soleil **178**
Beblenheim 66
la Bégude (Languedoc-Roussillon) siehe Comte Cathar
la Bégude (Provence) **156**
Belair 44, 163, 167
Bel-Air la Royère **178**
Belgrave **178**
Belland, Jean-Claude **96**
Bellefont-Belcier **178**
Bellegarde **210**
Bellegrave **178**
Belles Eaux **231**
Bellet 155
Bellevue (Beaujolais) siehe Jadot
Bellevue (Bordeaux) 165, **178**
Bellevue la Fôret 204, **211**
Bellile Mondotte **178**
Bellivière **52–53**
Bennwihr 66
Bergé **231**
Bergerac 155, *204*, 207, 209
Côtes de Bergerac 207
Bergeron 121, 122
Bergeron, Arnaud
 siehe Clos Triguedina
Bergheim *58–59*, 66
Berliquet **178**
Bernadotte **178**
Bernard, Christian 112
de Bernardi 245
Bertagna **97**
Berthet-Bondet **118**
Berthoumieu **211**
Bessière, Daniel 229
Bettane, Michel 26
Beychevelle **178**
Bi de Prat 1938 205
Billaud-Simon 74, **79**
Billecart-Salmon **32**
Biodynamik **12**, **42–43**, 87
 Beaujolais 109, 110
 Bordeaux 43, 167
 Burgund 43, 61, 85, 87
 Champagne 24, 27, 43
 Elsass 43, 61, 62
 Loire 42–43, 45
 Provence 151
 Rhône 128
 siehe auch Weinbau, organisch
Bitouzet-Prieur, Vincent **97**

Bize, Simon **97**
Bizot, Jean-Yves **97**
Blagny 93
Blain-Gagnard **97**
Blanc de Blancs 30
Blanchot 77, 78
Blanck **68**
Blanck, Frédéric 61, 67
Côte des Blancs 29, 30, 31
Blanquette de Limoux 226
Blaye 171, 173
Blin, H. **32**
Blot, Jacky
 siehe La Taille aux Loups
Bocquenet, Daniel **97**
Boden *16–17*, 17, 25, **110–111**, 202
Bourguignon, Claude
 siehe Haupteintrag
 Kimmeridgium-Kette 29, 30, 41, 46, 47, 76, 89
 siehe auch Terroir und einzelne Regionen
Boillot, Jean **97**
Boillot, Jean-Marc **97**
Bois de Boursan **138**
Domaine du Bois-Guillaume
 siehe Devevey, Jean-Yves
Boisset, Jean-Claude 88
 siehe auch Domaine de la Vougeraie
Boizel **33**
Bollinger **33**
 Lily 22
Bonalgue **178**
Bon blanc 122
Le Bon Cru 109
Domaine de la Bongran **97**
Boniface, Pierre 124
Bonneau, Henri **138**
Bonneau du Martray 83, **97**
Bonnet (Bordeaux) **179**
Bonnet (Champagne) **33**
Bonnezeaux 50
Bonnieux *148–149*
Le Bon Pasteur *21*, 164, **179**
Bordeaux **20**, **160–199**
 AOCs 148, 161, 162, 163, **170–173**, **174–175**
 Betrug **176–176**
 Bordeaux-Côtes de Francs 173
 Comité Interprofessionnel des Vins de Bordeaux 163, 174
 Côtes de Bordeaux-St-Macaire 172
 Entre-Deux-Mers 172
 Entre-Deux-Mers-Haut Benauge 172
 Garagenweine *162*, 169
 grand vin 163, 167, 175, 176
 Graves und Sauternes 111, 170, 172
 Klassifizierungen **176**
 Klima 132, 161, 162, 171
 Kreuzfeuer **174–176**
 Leute **177–199**
 „linkes Ufer" 170, 171
 Médoc 17, 18, 42, 84, 111, 160, 162, 166, 170, 171, 172, *173*, 174, 176
 négociants 163, 166
 Preise 175
 Premières Côtes de Bordeaux 172
 „rechtes Ufer" 170–171, 172–173
 Regionen 162, **170–173**
 Terroir 161, 164, 165, 166, 169, **170–173**, 174, 176
 Vin de Pays 163
 Weinbau **160–161**, 162, 163, 168–169
  Biodynamik 43, 167
  Boden **160–161**, **170–173**, 174, *175*
  Erträge 165, 167, 168, 173, 225
  Garagenwein *162*, 169

 Lese 163, 164, 165, 167, 168
 Reblaus 201
 Schnitt 165, 167
 Weinbereitung 163, 164, 167, **168–175**
  Abfüllung 168, *174–175*
  Barriques 163, 164, 165, 166, **167–168**
  Chaptalisierung 168
  cuvées de prestige 137
  élevage 167
  Extraktion 164, 166, 168
  Garagenwein *162*, 169
  Hefen 164, 168
  Hefesatz 164, 165, 168
  Konzentration 168
  malolaktische Gärung 164, 168
  Mikrooxidation 167, 168, 203
  Säure 164
  Schalen 164
  Schönung und Filtrierung 168
  Schwefel 164
  Vergärung 165, 167
  Verkostungen 163, **175–176**
  „Zweitwein" 176
 Borie de Maurel **231**
Borie de Vitarèle **231**
Bosquet des Papes **139**
Bossard, Guy 42, *45*, 50
 siehe auch l'Écu
Botrytis siehe Edelfäule
Bott-Geyl **68**
Bouchard, Pascal **79**
Bouchard Père et Fils 88, **97**
Bouchez **33**
Boudot, Gérard 88
Bougros 77
La Bouïssière **139**
Boulanger, Alain 208
Bourboulenc 227
Côtes de Bourg 171, 173
Bourgeois, Henri **53**
Bourgneuf Vayron **179**
Bourgogne siehe Burgund
Bourgogne (Chablis) 77
Bourgogne Blanc 95
Bourgogne Côtes du Couchois 93
Bourgogne Rouge 94, 95
Bourgueil 49
Bourguignon, Claude 17, 27, 31, 87
Bouscassé siehe Brumont
Bousquette **231**
Boutenac 222
Bouvet 124
Bouvet-Ladubay **53**
Bouzereau, Michel, et Fils **98**
Bouzeron 94
Bové, José 27
Boyd-Cantenac **179**
Boxler, Albert **68**
Branaire **179**
Brand 66
Branda **179**
Brane-Cantenac 167, **179**
Branon **179**
Braquet 155
Braucol 208
Brédif siehe de Ladoucette
Brett-Smith, Adam 87
Brice **33**
Brisson **33**
Broadbent, Michael 156
Brocard, Jean-Marc **79**
Brouilly 110
Côte de Brouilly 110, 127
Broustet **179**
Brown **179**
Bru-Baché **211**
Côtes du Brulhois 207, 209
Brumont, Alain 201, **202**, 203, **211**
Le Brun de Neuville **33**
Brunier siehe Vieux Télégraphe
Brusset **139**

250 WEINLANDSCHAFT FRANKREICH

Bugey 123
Vin du Bugey 123
Buisson Renard 44
Bunan 156
Burgaud, Jean-Marc **112**
Burgund 18–20, 76, **82–107**, 115,116
  AOCs 59, 77, 84, 86, 88, **89–95**, 148, 161
  Beaujolais *siehe Haupteintrag*
  Chablis *siehe Haupteintrag*
  Côte de Beaune 89, 90, **92–93**
  Côte Chalonnaise 30, 89, **94**
  Côte de Nuits 89, **90–91**
  Côte d'Or 30, 74, 77, 84, **89–93**, 95
  Crémant de Bourgogne 77
  Crus 77
    Grands crus 24, 26, 90, 91, 92, **95**
    Premiers crus 87, 89–90, 91, 92–93, 94, **95**
  Hautes Côtes 76, *82–83*, **93**
    Hautes Côtes de Beaune 93
    Hautes Côtes de Nuits 93
  Klima 83, 84, 90, 154
  Kreuzfeuer **95**
  Leute **96–107**
  Mâconnais 86, 88, 89, **94**
  négociants 15, 86, 88, 94, 130
  „neue Weinlandschaft Burgund" **84–86**
  Nomenklatur **95**
  „Projekt Burgund" **95**
  Terroir 64, 76, 82, 83–84, 85, 88, **89–94**
  Weinbau 84
    Biodynamik 43, 61, 85, 87
    Boden 76, 83, 87, **89–94**, 110
    Edelfäule 85
    Erträge 85, 225
    Lese *92–93*, **94**
    Reblaus 201
  Weinbereitung 84
    Abfüllung 86, 88
    Chaptalisierung 85
    Entrappen 85
    Etikettierung **95**
    Extraktion 85–86, 88
    Hefen 85, 88
    „Kaltmaischung" 85, 88
    Schönung und Filtrierung 86, 87, 88
Burn 68
  Francis 64, 67
Buzet 207, 209

C

La Cabanne **179**
Cabardès 222, 226
Cabernet d'Anjou 49
Cabernet franc
  Bordeaux 172, 173
  Languedoc-Roussillon 226
  Loire 41, 42, 46, 48, 49
  Südwesten 204, 208, 209
Cabernet Sauvignon
  Bordeaux 162, 168, 171, 172
  Languedoc-Roussillon **220–221**, 226
  Loire 42, 46
  Provence 148, 149, 150–152, 155
  Rhône 130
  Südwesten 204, 208, 207, 209
Cabrol **231**
Cadillac 172
du Caillou **139**
Cailloutis, Les 20
Les Cailloux **139**
Cairanne 137
Calavon 153

Calissanne 153, **156**
la Calisse **156**
Callot, Pierre **33**
Calon-Ségur **179**
Calot **112**
Cambon *siehe* Lapierre, Marcel
Cambon la Pelouse **179**
Camensac **179**
Camplazens **231**
Camus, Régis 25
Canarelli 245
Canet Valette **231**
Canon (Canon-Fronsac) 171,173, **179**
Canon (St-Emilion) 167, **179**
Canon-la-Gaffelière 164, 169, **179–180**
la Canorgue **139**
Cantemerle **180**
Cantenac-Brown **180**
Cap de Faugères **180**
Capion 229, **231**
Capmartin **211**
Caprice d'Angelique *siehe* Rocher Bellevue
Clos des Capucins **139**
Caradeux 17, 83, 84
Caramany 223
Carbase 151
Carignan (Traube)
  Languedoc-Roussillon 218, 220, 221, 222, 223, 224, 225, 227
  Provence 149, 150, 151, 155
Carignan (Bordeaux) **180**
Carignan, Louis **98**
de Carles **180**
Les Carmes Haut-Brion **180**
Carreau Gaschereau, France 150
Carré-Courbin **98**
Carrel, Eugène **124**
Carruades de Lafite 176
Carsin **180**
Casa Blanca **231**
Casaubielh, Jean **205**
Cassis **154–155**
Castelmaure 218, **231–232**
de Castelnau, Guillaume 109,*110*
Côtes de Castillon 167, 171, 173, 174
Cattier **33**
Catusseau 160, 166
Cauhapé **211–212**
du Cayron **139**
du Cayrou **212**
Cazeneuve **232**
la Cazenove **232**
Cazes **232**
du Cèdre *298*, **212**
Clos Centeilles **232**
Cerdon 123
Cérons 172
Certan de May (de Certan) **180**
Certan Guiraud *siehe* Certan Marzelle und Hosanna
Certan Marzelle **180**
Chabanon, Alain 220
Chabbert, Gilles *siehe* Aires Hautes
Chablis 41, **72–81**, 86, 110, 111
  AOCs 73, **76–77**, 78
  Crus 74
    Chablis Grand cru 76, 77, 78
    Chablis Premier cru 77, 78
  Klima 72, *77, 78*
  Kreuzfeuer **78**
  Leute **79–81**
  Petit Chablis 76
  Terroir 73–74, 75, **76–77**
  Union des Grands Crus de Chablis 74, 75, 78
  Weinbau 77
    Boden **76–77**, 89
    Erträge 74, 77

    Lese 74, **78**
    Pflanzung 74
    Reblaus 76, 77
    Weinbereitung 77
      Eiche **78**
  Yonne 76, 77
La Chablisienne 74, **78**, 79
Côte Chalonnaise 30, 89, **94**
Chambertin 90, 91
Chambolle-Musigny 91
de Chambrun **180**
Chamontin, Cyril 216, 217
Champagne **22–39**, 76
  AOC-System 24, **28–30**, 31, 148
  Brut 26, 28
  Comité Interprofessionnel du Vin de Champagne (CIVC) 24, 29
  Crus
    Grands crus 24, 25, 26
    Premiers crus 24, 25
  Departements 29
  Genossenschaften 25
  Klima 23, *24*, 132
  Kreuzfeuer **31**
  Leute **32–39**
    négociants 29, 108
  Stillweine 30
  Subregionen 29
  Terroir 24, 25, 26, 27, **28–30**
  Weinbau 24–25, 29
    Alter **31**
    Ausdünnung 24, 26
    Begrünung 24, 27
    Biodynamik 24, 27, 43
    Boden **28–30**
    Erträge 24–26, **31**
    gadoux 26, **31**
    Kauf **31**
    Lese 25, 26, **31**
    Pressung 29, 31
    Rebsorten 29, 30
    Schnitt 25
    Viticulture Raisonnée 24, 25, 31
  Weinbereitung 25, 26, 28, 29
    Abstechen 25
    Ausbau 25, 26, 27
    Barriques 26, 27
    bâtonnage 26
    Etikettierung 27
    Hefen 25, 27
    Hefesatz 26
    Jahrgang 2001 *22–23*, 31
    Pressung 25
    Säuerung 25
    Schönung und Filtrierung 25
    Schwefel 25
    Verschnitte 25, 26, 28
      Chaptalisierung 25, 31
    Vergärung 25, 26, 27
Champalou **53**
Coteaux Champenois 30
Champs (Winzerfamilie) 31
Champy Père et Cie **98**
la Chanaise *siehe* Piron
Chandon de Briailles **98**
Chanson Père et Fils **98**
Le Chant de Marjolaine 220
Chante Coucou *siehe* da Ros, Elian
Chantegrive **180**
Chapelle l'Enclos *siehe* Mouréou
La Chaponne **112**
Chapoutier, M. **139**
  Marc 128
  Michel 21, *128*, 130, 133
Chardonnay 47, 110
  Beaujolais 110, 111
  Burgund 84, *84–85*, 89, 92, 93, 94, 95
  Chablis 73, 74, 76, 77, 89
  Champagne 26, 29, 30, 74
  Elsass 65

Jura 115, **116–117**
Languedoc-Roussillon 221, 226
Loire 42, 46
Savoyen 122, 123
Charlemagne **33**
Charlin **124**
Charlopin, Philippe **98**
Charmail **180**
Les Charmes Godard **180**
Charpentier, J. **33**
la Charrière, Baron de *siehe* Girardin, Vincent
Chartogne-Taillet **33**
Chartron et Trébuchet **98**
Chassagne-Montrachet 93
Chasselas 47, 60, 65, 122
Chasse Spleen **180**
Château *siehe unter dem jeweiligen Eigennamen (z. B. Château de Fuissé unter Fuissé)*
Château-Chalon 117
Châteaumeillant 46
Châteauneuf-du-Pape 25, 127, 131, 135, 137, 219
Châtillon en Diois 134
Chaume 50
Clos Chaumont **181**
Chautagne 123
Cave de Chautagne **124**
Chauvenet, Jean **98**
Chave, Jean-Louis **140**, 161
  Gérard 117, 128, 133
Chéreau Carré **53**
Chénas 110
Chêne Marchand 51
Chênes **232**
Chenin blanc
  Languedoc-Roussillon 226
  Loire 41, 42, 45, 47, 48, 49, 50, 51
  Südwesten 204, 207, 208
Chéreau Carré **53**
Cheval Blanc 42, 161, 162, **180–181**
Domaine de Chevalier **181**
Chevalier-Montrachet 87
Cheverny 48
Chevillon, Robert **98**
Cheysson **112**
Chèze **140**
Chignard **112**
Chignin 121, 122, *123*
Chignin-Bergeron 121
Chinon 42, 49
Chiroubles 110
Chorey-lès-Beaune 92
Chouilly 25
Cinsault 150, 155, 225, 226
Cissac **181**
la Citadelle **140**
Citran **181**
Clachet 109
Clair, Bruno **98**
Clairette 152, 155
Clairette de Bellegarde 228
Clairette de Die 134
Clairette du Languedoc 227
Cave de Clairmonts 137, **140**
La Clape 221
Clape, Auguste **140**
Clarke **181**
Clarke, Oz 21
Clavel **232**
  Jean 217, 229
Clavoillon 87
Clément-Pichon **181**
Clerc Milon **181**
Climens **181**
Clinet **181**
Clos du Clocher **181**
Clos *siehe unter dem jeweiligen Eigennamen (z. B. Clos de Chaumont unter Chaumont)*
Les Clos 77, 78

Closel **53**
La Clotte **182**
Clusel-Roch **140**
La Clusière **182**
Château Cluzan 1998 166
Coche, Jean-François **88**
  siehe auch Coche-Dury
Coche-Bizouard **98**
Coche-Dury **98**
Colette 17
Colin, Marc, et Fils **98**
Colin-Déléger, Michel **98**
Colinot, Anita et Jean-Pierre **79**
Collet, Gilles 75
Collet, Jean, et Fils **79**
Collioure *216–217*, 225, *227*
Colombard 209
du Colombier **140**
La Colombière 213
Colombo, Jean-Luc 130, 132, 133, **140–141**
Combebelle *siehe* Comte Cathar
Combe Blanche **233**
Comberousse **233**
Comte Cathar **233**
  Vin de Pays des Comtés Rhodaniens 13
  Vin de Pays du Comté Tolosan 13
Condrieu 128, 132, 148, 161
Confédération Paysanne 27
Confuron, Jean-Jacques **98–99**
Confuron-Cotediton 99
Conquêtes **233**
La Conseillante 161, **182**
de Conti, Luc 203
Corbières 148, 204, 217–218, *219*, 222, 223, *226*
Corbin **182**
Corcelette 109
Cordier Père et Fils **99**
Cornas 130, 132
Corton 20, 83, 92
Corton-Charlemagne 17, 83–84, 95
Cos de la Belle *siehe* Roc d'Anglade
Cos d'Estournel 43, 160, 168, **182**
Cos Labory **182**
Cosne-sur-Loire 46
Coss-Maisonneuve 213
Coste-Caumartin **99**
Cot 207
Cot à queue rouge 204
Cotat **53**
Côte(s), Coteaux *siehe unter dem jeweiligen Eigennamen (z. B. Côtes du Jura unter Jura)*
Coufran **183**
Clos de Coulaine 51
  siehe auch Pierre Bise
Coulée de Serrant 51
  siehe auch Joly, Nicolas
Couly-Dutheil **53**
Coupe-Roses **233**
Courbu 209
de Courcel **99**
Cour-Cheverny 48, 51
Coursodon, Pierre **141**
la Courtade 152, **156**
Courtilles **233**
La Couspaude **183**
Coutet **183**
Couvent des Jacobins **183**
Craker, Daniel 205
Cramant 22, 23, 24, 25, 26, 29
Cray **53–54**
des Creisses **233**
Crémant d'Alsace 60, 65
Crémant de Bourgogne 77
Crémant de Die 134
Crémant de Limoux 226

Crémant de Loire 51
Crémant du Jura 115, 117
Crépy 122
Crochet 54
La Croix Belle **233**
La Croix-Canon **183**
Croix d'Argis *siehe* Maire, Henri
La Croix de Gay **183**
Croix de Labrie 167, 168, **183**
La Croix du Casse **183**
La Croix St-Georges **183**
Croizet-Bages **183**
du Cros 213
Crozes-Hermitage 21, 130, 133, 153
Cruet 121
Les Cruzelles **183**
Cuilleron, Yves *128*, 130, **141**, 243
Cuis 25
Culombu **244**, **245**
Cuvée de Clos Bertrand 109
Cuvée du Temple Blanc 152
Cuvée Frédéric Emile 66
Cuvée Orpale
 siehe Union Champagne
CVC *siehe* Feuillatte, Nicolas

D

Dagueneau, Didier *44*, **54**
Dairien, Jean-Luc 15
Damoy, Pierre **99**
Dancer, Vincent **99**
Darviot-Perrin **99**
Dassault **183**
La Dauphine **183**
Dauvissat, René et Vincent 73, *75*, *78*, **79**, 88, 111
Dauzac **183**
Deiss, Jean-Michel 27, 45, 59, 60–61, **62–63**, 64, 66, 115, 128
Deiss, Marcel **68–69**
Delalex, Claude 124
Delamotte 33
Delanney, Bertrand 115
Delarche, Marius **99**
Delas **141**
Delbeck 33
Delbeck, Pascal 163, 167
Deletang et Fils **54**
Demarville, Dominique 31
Denogent *siehe* Robert-Denogent
Derenoncourt, Stéphane 164, **167**
Desaunay-Bissey, Bruno **99**
De Sousa 33–**34**
Les Despierre 20
Déthune, Paul **34**
de Deurre **141**
Deutz **34**
Domaine des Deux Roches **99**
Devevey, Jean-Yves **99**
Dezize-lès-Maranges 93
Coteaux de Die 134
Diochon 112
Dirler-Cadé **69**
Doisy-Daëne **183**
Doisy-Dubroca **183**
Doisy-Védrines **183**
Domaine
 siehe unter dem jeweiligen Eigennamen
 (z. B. Domaine de l'Eglise *unter*
 Eglise)
Le Dôme **183–184**
La Dominique 169, **184**
Don Quichotte 205
Dopff & Irion
 siehe Cave de Pfaffenheim
Doquet-Jeanmarie **34**
Double, Christian 150
Drappier **34**
Droin, Jean-Paul 78, **79**
Drouhin, Joseph 74, 78, **79–80**, 88, 99

Drouhin, Robert 15
 siehe auch Drouhin, Joseph
Druet, Pierre-Jacques **54**
Duboeuf **112**
Dubost 112
Clos Dubreuil 181
Ducournau, Patrick 129, 203
 siehe auch Mouréou
Ducru-Beaucaillou **184**
Dugat, Claude **99**
Dugat-Py, Bernard **99**
Duhart-Milon **184**
Domaine Dujac **99**
Dulong, Eric 163, 174
Dumazet, Pierre **141**
Dupasquier 124
Durand-Perron 118
Durantou, Denis *166*
Duras 208
Côtes de Duras 207
Dureuil-Janthial, Vincent **100**
Durfort-Vivens 167, **184**
Dürrbach, Eloi 150, 152
Durup 78, **80**
Duval-Leroy 25, **34**
Duvivier 156

E

Ecard, Maurice, et Fils **100**
Echézeaux 95, 225
l'Ecu **54**
Edelfäule *43*, *48*, 49, 50, *51*, 65, 66, 85, 207
Edelzwicker 60
L'Eglantière *siehe* Durup
Clos l'Eglise (Castillon) **181**
Clos l'Eglise (Pomerol) **181**
Domaine de l'Eglise **184**
L'Eglise-Clinet 160, 161, 166, **184**
Egly, Francis 25, *26*, 31
Egly (Winzerfamilie) 26, 31
Egly-Ouriet 26, **34**
Eichberg 66
Elsass **58–71**
 AOCs 58, 59, 60, **64–67**
 Bas-Rhin **65–66**
 Comité Interprofessionnel
 des Vins d'Alsace 67
 Crémant d'Alsace 60, 65
 Crus 67
 Grands crus 24, **59–60**, 61,
 65–67
 Genossenschaften 59, 60
 Haut-Rhin **66–67**
 Klima 17–18, *58–59*, 59, 64, 66, 67
 Kreuzfeuer **67**
 Leute **68–71**
 Meuse 67
 Sortenreinheit 59, **60–61**
 Terroir 20, 58, 59, **60–61**, 62, **64–67**
 VDQS 67
 Vignes Vivantes 61
 Vins de Pays 67
 Weinbau **58–59**, 62
  Biodynamik 43, 61, 62
  Boden 61, **64–67**, 110–111
  Edelfäule 65, 66
  Erträge 59, 60, 61, 67
  Lese 61, *65*
  Mischpflanzungen 60, 61, 67
  organischer Weinbau 61
  Pflanzdichte 62
  Rebsorten 60–61
  Weizenfelder 64, **67**
  Zuckergehalt **67**
 Weinbereitung 61, 67
  Abstechen 61
  Hefen 61
  Schönung und Filtrierung 61
  Vergärung 61

Verkostungen 62
Verschnitte 61
Embres et Castelmaure
 siehe Castelmaure
Engel, René **100**
Engelgarten 60
Engerer, Frédéric 43
Ente, Arnaud **100**
Vins d'Entraygues et du Fel 207
Entre-Deux-Mers 171
Entrefaux **141**
Escande, Michel 115, **218–219**
Clos de l'Escandil
 siehe Aires Hautes
Escausses 213
Esclans 151
Escourrou **233**
des Espiers **141**
Esprit d'Automne 219
d'Estoublon 152, **157**
des Estubiers **141**
Etats d'Ame 20
L'Etoile 117
L'Evangile 161, **184**

F

Fadat, Sylvain 219
Faiveley **100**
Faizeau **184**
Falfas **184**
Faller, Laurence 61, 67
 siehe auch Weinbach
Fanet, Jacques 14
Clos Fantine 232
de Fargues **184**
Faugères (Bordeaux) **184**
Faugères (Languedoc) *128*, 222, 227, 229
Clos des Fées 223, **232**
La Féline 219
Férigoule, Serge 131, 153
Ferrand-Lartigue **184**
Ferraton **141**
Ferrer Ribière **234**
Ferrière **184**
Fer Servadou 207–208, 209, 226
Féry-Meunier
 siehe Confuron, Jean-Jacques
Fesles *siehe* Germain
Feuillatte, Nicolas **34**
Fèvre, William 74, 75, 77, 78, **80**
Feytit-Clinet **184**
Fichet, Jean-Philippe **100**
Clos du Fief *siehe* Tête
Fiefs Vendéens 51
de Fieuzal **184**
Figeac 161, **184–185**
Filhot **185**
Fine Faugères 227
Fines Graves 112
Fischer, Peter 153
Fitou 148, 222–**223**
Fixin 90
Flaugergues **234**
La Fleur **185**
La Fleur Caillou
 siehe La Grave (Fronsac)
La Fleur de Boüard **185**
La Fleur de Gay **185**
La Fleur de Jaugue **185**
Fleurie 109, 110
La Fleur-Pétrus **185**
La Fleur St-Georges
 siehe La Fleur de Boüard
Fleury **34**
Foillard 112
 Agnès 109
 Jean 108, 109,
Folle blanche 51

Folle noire 155
Follin Arbelet **100**
Fombrauge **185**
Fonplégade **185**
Fonroque 167, **185**
Fonscolombe 153
Fontaine-Gagnard **100**
Font Caude **234**
Font de Michelle **141**
Fontenil **185**
Font Sane **141**
Força Real **234**
Foreau *siehe* Clos Naudin
Forêts 77
Côtes du Forez 46
Fortia **141**
Les Forts de Latour 176
Fougas Maldoror **185**
Foulaquier **234**
Fourchaume 77
Clos Fourtet **182**
Fraîcheur Perlée 208
de France **185**
Franc Maillet **185**
Franc Mayne **185**
Côtes de Francs 165
Frangy 122
„Frankreichs Neue Welt" 7, 13
Frick 69
Fronsac 170, 173
Fronton 204, 205
Côtes du Frontonnais 204, 207, 208
Fruitière Vinicole de Voiteur 114, 115, 118
Château de Fuissé **100**
Furstentum 66

G

Gaby **185**
La Gaffelière **185**
Gagnard, Jean-Noël **100**
Gagnard-Delagrange **100**
Gaillac 134, 201, 204, 207, 208, 209
Gaillac Mousseux 208
Gaillard, Pierre 130, **142**, 243
Gamage **185**
Gamay 127
 Beaujolais 108, 109, 110, 111
 Burgund 89, 94
 Elsass 67
 Loire 46, 48, 49, 51
 Savoyen 122
 Südwesten 204, 207, 208
Clos de Gamot *siehe* du Cayrou
Gangloff **142**
Garagenwein *162*, 169
La Garde **185**
Gardet **34**
Gardiès 223, **234**
Garreau **186**
Côtes de Gascogne 13, 209
Gatinois **34**
Gauby, Gérard 26, 115, 221, 229, **234–235**
Gaudrelle **54**
Gaussen, Jean-Pierre 157
Le Gay **186**
Gazin **186**
Geantet Pansiot **100**
Geisberg 66
Genossenschaften
 Champagne 25
 Elsass 59, 60
 Languedoc-Roussillon 218, 219, *228*
 Rhône 130–131, **137**
 Südwesten 207, 209
Génot-Boulanger **100**
Gentil 60
Gentile **245**
Gerin **142**
Germain, Bernard **54**

Germain, Patrick **204–205**
Germain, Thierry
 siehe Roches Neuves
Gers 209
Gesetz **10–15**, 20
 Kreuzfeuer **14–15**
Gestin, Hervé 25
Gevrey-Chambertin 89, 90, 91
Gewurztraminer 60, 61, 65, 66, 67
Coteaux du Giennois 46
Gigault **186**
Gigondas 131, *134*, 135, 137
Gigou **54**
Gilette **186**
Gillet, Emilian
 siehe Domaine de la Bongran
Gimmonet, Didier 24, 25, 26, 31
Gimmonet, Pierre **34**
Girardin, Vincent **100–101**
Girolate **186**
Giscours **186**
Givry 94
Gléon Montanié **235**
Gloria **186**
Goisot **80**
Goldert 66
La Gomerie 169, **186**
Gonet, Michel **34**
Gosset **35**
Gouges, Henri **101**
Gourgazaud **235**
Gracia **186**
Grahm, Randall 16, 18, 21
Graillot, Alain **142**
Gramenon **142**
Grand Chêne 213
Grand-Courbin-Despagne **186**
Grand Crès **235**
Grand cru Altenberg de Bergheim 61
Grand cru Montrachet 161
Grandes Murailles **186**
Grand Mayne **186**
Grand-Pontet **186**
Grand Puy-Ducasse **186**
Grand-Puy-Lacoste **186**
Grand Roussillon 225
Les Grands Chênes **186**
Grands Devers **142**
Clos des Grands Fers
 siehe Bernard, Christian
Grands Maréchaux **186**
Grange des Pères 229, **235**
Grange Grillard *siehe* Maire, Henri
Gras, Yves 131
Gratien **35**
La Grave (Fronsac) **186**
La Grave à Pomerol, Trignant de Boisset **187**
Graves 111, 170, 172
Graves de Vayres 172
Clos du Gravillas **232**
Gree Laroque **187**
Grenache
 Languedoc-Roussillon *216–217*, 220–227
 Provence 150, 151, 152, 155
 Rhône 127, 128, 131, 134, 135, 136
 Roussillon 26
Grenat 225
Grenouille 78
Grès St-Paul **235**
Greysac **187**
La Griffe de Cap d'Or **187**
Grille-Midi 109
Grillet 132
Gringet 122
Gripa, Bernard **142**
Gripa, Bernard **142**
Grisard, Michel 124
Gris Meunier 46
Grivot, Etienne *88*
 siehe auch Grivot, Jean
Grivot, Jean **101**

Groffier, Robert, et Fils **101**
Grolleau 48
Gros, Anne-Françoise **101**
Gros, Claude 217
Gros Manseng 205, 209
Gros Noré **157**
Gros Plant 50
Gros Plant du Pays Nantais 51
Grosse Roussette 122
Grossot **80**
Gruaud-Larose **187**
Gueberschwihr 66
Guérard, Michel *siehe* Bachen
Guffens, Jean-Marie *86*, 88, 136, **203**
  siehe auch Guffens-Heynen
Guffens-Heynen 86, **101**
Guibert, Aimé 229
Guigal, Marcel 128, **130**, 131, 137, **142–143**
Guillemot-Michel, Pierrette et Marc **101**
La Guimonière *siehe* Germain
Guinet, Marjorie, et Bernard Rondeau 124
Guirardel 205, **213**
Guiraud **187**
La Gurgue **187**
Gutedel 65
Guyon, Antonin et Dominique **101**

H

Halliday, James 86
Hardy, BRL *siehe* La Baume
Clos Hauserer 66
Haut-Bages Averous **187**
Haut-Bages Libéral **187**
Haut-Bailly **187**
Haut-Batailley **187**
Haut-Beauséjour **187**
Haut-Bergey **187**
Haut-Bernasse **213**
Haut-Brion 166, 171, **187**
Haut-Chaigneau **187**
Haut-Condissas **187**
Haut de Carles *siehe* de Carles
Hautes Côtes 76, *82–83*, **93**
  Hautes Côtes de Beaune 93
  Hautes Côtes de Nuits 93
Haut-Gardère **187**
Haut-Marbuzet **188**
Haut-Médoc 172
Haut-Monplaisir **213**
Haut-Montravel 207
Haut-Nouchet **188**
Haut-Pays 201, 207
Clos Haut-Peyraguey **182**
Haut Poitou 48
Haut-Rhin **66–67**
Haut-Sarpe **188**
Haut-Troquart la Grâce Dieu **188**
Haut-Villet **188**
Hauvette, Dominique 152, **157**
Heidsieck, Charles 25, **35**
Hengst 56
Henriot, Joseph 35, 75, 78, 88
Vin de Pays de l'Hérault 13
Hermitage 127–130, 132–133, 161
  l'Hermitage 169, **188**
  Hermitage Cuvée de l'Orée 128
Herrenweg 64
Herrick, James **235**
Herri Mina **213**
Hoesch, Henning 151
Hommage à Jacques Perrin 131
l'Hortus **235**
Hosanna **188**
l'Hospitalet **235**
Hostomme, M. **35**
Hours, Charles 205
Hudelot-Noëllat **101**
Huët 42, **54–55**

Hugel 60, **69**
Humbrecht, Léonard 62, 67
Hunawihr 66
Hureau 55

I

de l'Idylle *siehe* Tiollier
Imbert, Christian *243*
Institut National des Appellations d'Origine (INAO) *siehe* AOC
Irancy 76, 77
Irouléguy 207, 209
d'Issan **188**

J

Jaboulet Aîné, Paul 130, **143**
Jaboulet-Vercherre 88
Jacquère 121, 122, 123
Château des Jacques *siehe* Jadot
Jacques Blanc **188**
Jacqueson, Henri et Paul **101**
Jacquesson **35**
Jacquin 124
Jadot, Louis 80, 88, *94*, **101**, 110, **112–113**, 161
Jamet, Jean-Paul et Jean-Luc **143**
La Janasse **143**
Janin, Eric 109, **113**
Vin de Pays du Jardin de la France 13
Jasmin, Robert **143**
Jasnières 48
Jau 235
Clos du Jaugueyron **182**
Clos du Jaugueyron Margaux 1999 166
Javillier, Patrick **102**
Jayer, Georges **102**
Jayer, Henri 20, 83, 85, 90, 92, 95
  siehe auch Jayer, Georges; Méo-Camuzet; Rouget, Emmanuel
Jayer-Gilles **102**
Clos Jebsal 66
Jobard, François **102**
Jobard, Rémi **102**
Joblot **102**
Joguet, Charles 55
Johnson, Hugh 86
Joliette **235–236**
Joly (Languedoc-Roussillon) **236**
Joly (Loire) 55
  Nicolas *12*, *17*, 42, 43, 55
Jolys **213**
Jongieux *120–121*, 122
Jonqueyres **188**
Jonquères **236**
Josmeyer **69**
Joubert **113**
Jouclary **236**
Juliénas 110
Jullien, André 204
Jullien, Olivier *20*
Jura 90, **114–119**
  AOCs 115, **116–117**
  Côtes du Jura 116, 117
  Crémant du Jura 115, 117
  Kreuzfeuer **117**
  Leute **118–119**
  négociants 114
  Terroir 115, **116–117**
  Weinbau 114, 115
    Alter 114, 115
    Boden **116–117**
    Lese 115
    Mischpflanzung 116
  Weinbereitung 114–115
    Abfüllung
    claveins 117
    Auffüllen 115, 116, 117
    Barriques 115, 116, 117

Etikettierung 117
Oxidation 114, 116, 117
Säure 114
Schalenmaischung 116
Verschnitte 116–117
voile 115, 117
Jurançon 209

K

Kanzlerberg 65, 66
Karolus **188**
Kastelberg 65
K de Krevel **213**
Kientzheim 66
Kientzler **69**
Kirchberg de Ribeauvillé 66
Kirwan **188**
Kitterlé 67
Klein, Rémi *129*
Klevener de Heiligenstein 65
Klevner 65
Klima *9*, *242*, 244
Kolasa, John 167
Korsika **242–245**
  Ajaccio 244
  AOCs 242, 244
  Crus 244
  Klima *9*, 242, 244
  Kreuzfeuer **244**
  Leute **245**
  Patrimonio 242, 244
  Porto-Vecchio *243*, 244
  Terroir **244**
  Uvacorse 243
  Vin de Corse 244
  Vin de Pays 244
  Vin Doux Naturel 244
  Weinbau 242, *243*, 244
    Boden 242, *242–243*, 244
    Lese *9*
    organisch 243
  Weinbereitung 243, 244
Kreydenweiss, Marc 25, 59, 66, **69**
Krug 35

L

Labasse, Pascal 205
Labégorce **188**
Labégorce-Zédé 165, **188**
Labet 118
Labranche Laffont **213**
Labrande *siehe* Clos Triguedina
Lacoque **113**
Ladoix-Serrigny 92
de Ladoucette 55
Lafarge, Michel 87, **102**
Lafaurie-Peyraguey **188**
Laffitte-Teston **213**
Lafite-Rothschild 85, 160, 162, 171, 176, **188**
Lafleur 161, **188**
Lafon *siehe* de Ladoucette
Lafon, Comtes 85, 87, **102**
Lafon, Dominique 18, 43, 61, *82–83*, 88, **102**
Lafon, René 18
Lafon-Rochet **188**
Laforge **189**
Lafran-Veyrolles **157**
Lagrange (Pomerol) **189**
Lagrange (St-Julien) 162, **189**
Lagrezette **213**
  Château Lagrezette 1998 200
La Lagune **189**
Lalande-de-Pomerol 173
Lambert *siehe* Baron'arques
  Domaine des Lambrays **102**
Lamothe-Bergeron **189**
Lamothe Guignard **189**
Lamy, Hubert et Olivier **102**
Lancyre **236**

Landmann, Seppi **69**
Lanessan **189**
Langeais *42, 49*
Langlois-Château 55
Langoa Barton **189**
Languedoc-Roussillon 111, **216–241**
  l'affaire Mondavi 229
  AOCs 148, 153, 220, 221, **222–228**, 229
  Coteaux du Languedoc 132, 153, 221, **222**, 228
  Crus 222, *226*
    Grands crus 20, 218, 225
  Genossenschaften 218, 219, **228**
  Klima *216–217, 219*, 222, 223, *227*, 228
  Kreuzfeuer **229**
  Leute **230–241**
  négociants 86, 224, 229
  Roussillon 26, 115, 203, 221, 222, 223–224
    Côtes du Roussillon-Villages 223
  Terroir 84, 128, 218–219, 220, **222–228**
  Vin de Pays 220–221, 228, 229
    „Grand Oc" 221
  Vin de Table 220, 221
  Vin Doux Naturel 223–225, 228
  Weinbau
    Boden 217, 218, **222–228**
    Erträge 216–217, 218, 220, 222, 225
    Lese 217, 218, 220
      maschinell 219, *227*
      organisch 219
    Schiefer 128, *216–217*, 218, 222, 223, 224, 225, 226, 227
  Weinbereitung 217, 221
    Barriques 217, 218
    Etikettierung 220, 226
    Extraktion 219
    Hefesatz 217
    Kohlensäuremaischung 218
    Mikrooxidation 217
    Oxidation 225
    Vergärung 217, 226
    Verkostungen 221, 227
Lanson **35–36**
Clos Lapeyre 205, **212**
Lapierre, Hubert **113**
Lapierre, Marcel 108, 109, **113**
Laplace (Winzerfamilie) **203**
Laporte **236**
Larcis Ducasse **189**
Larmande **189**
Larmandier, Pierre 24, 25, *26*, 31
Larmandier-Bernier 26, **36**
Laroche, Michel 73, 74, 78, **80**, **236**
Larose-Trintaudon **189**
Larrieu, Jean-Bernard 205
Larrivet Haut-Brion **189**
Lascombes **189**
Lastours **236**
Latour 18, 43, 171, 172, 174, 176, **189**
Latour, Louis **102–103**
Latour à Pomerol **189–190**
Latour-de-France 223
Latour-Guiraud **103**
Latour-Martillac **190**
Laurent, Dominique 25, 26, 88, **103**, 218
Laurent-Perrier **36**
Laurus *siehe* Meffre, Gabriel
Lavilledieu 208, 209
Laville Haut-Brion **190**
  Coteaux du Layon 49, 50, 51
Lebreton, J.-Y. A. 55
Lebreton, V. *siehe* de Montgilet
Leccia, Yves 242, **245**

Lécheneaut **103**
Côte de Léchet 77
Leclapart **36**
Leclerc-Briant **36**
Lecouty, Chantal 219
Leflaive 25, 85, 87, **103**, 162
  Anne-Claude 61, *87*
  Olivier 87, 88, **103**
Len de l'El 208
Lenoble **36**
Léoville-Barton 166, 167, 175, **190**
Léoville-Las-Cases **190**
Léoville-Poyferré **190**
Leroy 26, 85, **103**, 128
  Maison Leroy 103
Lesec, Patrick (Lesec Selections) 143
Lesineau, Jacques *siehe* Moulin de Ciffre
Lesquerde 223
Lezongars **190**
Lhéritier 223, **236**
Ligier 118
Lignier, Hubert **103**
Lilbert Fils **36**
Lilian Ladouys **190**
Limoux 221, 222, 226
Liot **190**
Lirac 131, **135–136**
Listel *siehe* Val d'Orbieu
Listrac 172
Liversan **190**
Lladoner Pelut 226, 227
Les Loges 47, **51**
Loin de l'Œil 208
Coteaux du Loir 48
Loire **40–57**
  AOCs 41, 42, **46–47**, **48–51**
  Crémant de Loire 51
  Crus 48, 50, 51
  Klima 49, 51
  Kreuzfeuer **52**
  Leute **52–57**
  mittlere Loire 41, 42
  Nantes 41
  neue Weinlandschaft Loire 41–42, 45
  obere Loire 41
  Regionen 41
  Terroir 41, 42, 45, **46–51**
  VDQS 46, 48, 51
  vin gris 46, 48
  Weinbau 41–42
    Biodynamik 42–43, 45
    Boden 40, **46–51**
    Edelfäule 48, 49, 50, *51*
    Lese 42, 50
      von Hand 51
      maschinell **51**
      tri **51**
    organisch 42, 45
    Schnitt 50
  Weinbereitung 50, 51
    Abfüllung 51
    Abstechen 51
    Hefesatz 51
    Vins de Terroir 45
Long-Depaquit 77, **80**
Lorgeril **236**
Lornet 118
Lorson, Daniel 29
Loudenne **190**
Loupiac 172
La Louvière **190**
Côtes du Lubéron 88, 136, 153
Lucey **124–125**
Lumpp, François **104**
Lurton (Winzerfamilie) 167
Lussac-St-Emilion 173
Lusseau, Laurent 165
Lynch, Kermit 86
Lynch-Bages **190**
Lynch-Moussas **190**
Coteaux du Lyonnais 111

M

Macle 118–119
Mâcon 94
Mâcon Blanc-Villages 94
Mâconnais 86, 88, 89, 94
Mâcon Pierreclos 86
Mâcon Rouge 94
Mâcon Supérieur 94
Mâcon-Villages 94
Macvin 117
Madiran 116, 201, 202, 203, 205, 209
La Madone 109, 113
Magdelaine 167, 190
Clos Maginiai 232
Magnien, Michel, et Fils 103
Magnin 125
Magrez-Fombrauge 190–191
Mailly Grand Cru 36
Maire, Henri 114, 118
des Malandes 80
Malartic-Lagravière 190–191
Malbec 48, 172, 173, 203, 207, 221, 226
Malepère 222
Côtes de la Malepère 226
Malescasse 191
Malescot-St-Exupéry 191
de Maligny siehe Durup
de Malle 191
Mal Passé siehe Comte Cathar
Mandelberg 66
Mandois, Henri 36
Manicle 123
Mann, Albert 69
Mansenoble 236
Mansois 208
Marbuzet 191
Marcevol 203, 223, 236
Marcillac 207–208
Marckrain 60
Marcoux 143
Marestel 120–121, 122
la Marfée 236
Margaine 36
Margaux 18, 166, 167, 168, 171, 172, 191
  Château Margaux 1999 166
Clos Marie 232
de Marien, Patrick 218
Marignan 122
Marin 122
Marionnet, Henri 55–56
Maris siehe Comte Cathar
Marjosse 191
Côtes du Marmandais 207
Marne-Tal 29, 30
Marne et Champagne
  siehe Lanson
Marojallia 167, 191
Marquis d'Alesme Becker 191
Marquis de Sade siehe Gonet, Michel
Marquis de Terme 191
Marsannay 90
Marsanne 122, 130, 132, 133, 152, 155
Marsau 191
Mas Amiel 237
Le Mas au Schiste 220
Mas Blanc 237
Masburel 213–214
Mas Cal Demoura 237
Mas Champart 237
Mas Crémat 237
Mas Cristine
  siehe Clos des Paulilles
Mas de Cadenet 157
Mas de Daumas Gassac 221, 229, 237
Mas de Gourgonnier 157
Mas de la Dame 157
Mas de la Rouvière siehe Bunan

Mas de l'Ecriture 237–238
Mas de Martin 238
Mas de Mortiès 238
Mas des Chimères 237
Mas Désiré siehe Comte Cathar
Mas Foulaquier siehe Foulaquier
Mas Jullien 20, 238
Mas Neuf 143
Massif de St-Thierry 29
Matha, Jean-Luc 214
Matras 169, 191
Maucaillou 191
Maurel Fonsalade 238
Maury 10–11, 218, 225
Mauzac 204, 208, 226
Mauzac Vin de Voile 204
Mazeris 191
Mazeyres 191
Mazoyer, Albéric 128
Méaume 238
Médoc 17, 18, 42, 84, 111, 160, 162, 166, 170, 171, 172, 173, 174, 176
Meffre, Gabriel 143
Meimoun, Gilles 152
Meinjarre siehe Brumont
La Méjanelle 136
Mellot, Alphonse 56
Melon 41, 50
Menetou-Salon 46, 47, 76
Méo, Jean-Nicolas 88
Méo-Camuzet 88, 104
Mercurey 94
La Merle aux Alouettes 220
Merlin, Olivier 104
Merlot
  Bordeaux 21, 171, 172
  Languedoc-Roussillon 220, 226
  Provence 148, 155
  Südwesten 204, 207
Le Mesnil 36
Le Mesnil-sur-Oger 29, 31
Meursault 89, 93
Meuse 67
Meyer, Eugène 61
Meyney 191
Michel, Louis 78, 81
Mikrooxidation 203, 205
Milens 192
Millau 208
Minervois 115, 219, 222, 226
Minervois La Livinière 218–219, 221, 226, 229
La Mission Haut-Brion 192
Mittelwihr 66
Moelleux 51
Moenchberg 66
Moët et Chandon 26, 36–37
Le Moine, Lucien 104
Molette 123
Mollet, Fabien 51
Mollet-Maudry 56
Mollex 125
Mommessin 104
Monbazillac 207
Monbousquet 165, 168, 192
Monbrison 167, 192
Moncuit, Pierre 37
Mondavi, Robert 229
Mondeuse 121
Mondeuse blanche 122
La Mondotte 164, 168, 169, 192
Monpezat 238
Mont, Montagne, Montée
  siehe unter dem jeweiligen Eigennamen
  (z. B. Montagne de Reims unter Reims)
Montagne-St-Emilion 173
Montagnieu 123
Montagny 94
Montahuc siehe Comte Cathar
Montauriol 214
Monteillet 143
Monterminod 122

Montfort siehe Maire, Henri
de Montgilet 56
Montgueux 29
Monthélie 93
Monthoux 120–121, 122
de Montille, Hubert 104
Montlouis 49, 50
Montmains 77
Montmélian 121
Montrachet 20, 87, 93, 162
Montrachet Domaine des
  Comtes Lafon 1999 82–83
Montravel 207
Côtes de Montravel 207
Montrose 192
Monts Damnés 51
Montus siehe Brumont
de Moor, Alice et Olivier 81
La Mordorée 143
Moreau 81
Morey, Bernard 104
Morey, Jean-Marc 104
Morey, Marc 104
Morey, Pierre 25, 104
Morey Blanc siehe Morey, Pierre
Morey St-Denis 91
Morgon 108, 109, 110
Morot, Albert 104
Morter, Denis 104
Vins de Moselle 71
Mosnier, Sylvain 81
Moueix, Christian 161, 166, 167, 168
Le Moulin 192
Moulin-à-Vent 110
Moulin de Ciffre 238
Moulin des Costes siehe Bunan
Moulin des Dames
  siehe Tour des Gendres
Moulin du Cadet 167, 192
Moulinet 192
Moulin Pey-Labrie 192
Moulin St-Georges 192
Moulis 172
Mourbase 151
Mouréou 214
Mourgues du Grès 144
Mourvèdre
  Languedoc-Roussillon 216–217, 221, 222, 223, 225, 227
  Provence 149, 150, 151, 152, 154, 155
  Rhône 127, 128, 131, 134, 136
Moussaygues 208
Mousseux 49, 51
Moutard Père et Fils 37
Moutardier, Jean 37
Mouton Rothschild 160, 192
Muenchberg 21, 66
Mugneret, Georges 104
Mugneret-Gibourg
  siehe Mugneret, Georges
Mugnier, Frédéric 104
Mumm 26, 31, 37
Mumm de Cramant 22, 23
Muntada 229, 235
Muré 67, 69
Muscadelle 208
Muscadet 20, 41, 45, 50, 51
Muscadet des Coteaux de la Loire 50, 51
Muscadet Côtes de Grand-Lieu 50, 51
Muscadet de Sèvre-et-Maine 50, 51
Muscat 60, 65, 66, 134, 227, 244
Muscat de Beaumes-de-Venise 135
Muscat de Frontignan 228
Muscat de Lunel 228
Muscat de Mireval 228
Muscat de Rivesaltes 225

Muscat du Cap Corse 244
Muscat Ottonel 66
Musigny 60
Myrat 193

N

Naddef, Philippe 104
de Nages 144
Nairac 193
Nantes 41
Clos Nardian 182
Clos Naudin 53
Navarre 238
Né d'une Terre de Vertus cuvée 26
de la Négly 216–217, 221, 229, 238
négociants
  Beaujolais 108
  Bordeaux 163, 166
  Burgund 15, 86, 88, 94, 130
  Champagne 29, 108
  Jura 114
  Languedoc-Roussillon 86, 224, 229
  Rhône 86, 128, 129, 130
  siehe auch unter den jeweiligen Namen der négociants
Négrel, Guy 150, 152
Négrette 204, 205, 208
Neipperg, Graf Stephan von 164
Nenin 193
La Nerthe 144
Nesme 113
Nicolas, Eric siehe Bellivière
Niellon, Michel 105
Niellucciu 243, 244
Niero-Pinchon 144
Costières de Nîmes 136
Nouveau Monde 238
Côte de Nuits 89, 90–91
Nuits-St-Georges 89, 91, 148

O

Vin de Pays d'Oc 13
Ogereau 56
Olivier 193
Ollieux Romanis
  siehe Comte Cathar
Côtes d'Olt 213
Ondenc 204, 208
ONIVINS 14, 15
Côte d'Or 30, 74, 77, 84, 89–93, 95
Clos de l'Oratoire 164, 182
Oratoire St-Martin 143
Val d'Orbieu 218
Orenga de Gaffory 245
organischer Weinbau
  siehe Weinbau, organisch
  siehe auch Biodynamik
Orléanais 46
Les Ormes de Pez 193
Les Ormes Sorbet 193
Osterberg 66
Ostertag, André 21, 60, 66, 69–70, 128
Ouillières 157
Oustalet siehe Virginie
Overnoy 119

P

Pacherenc du Vic-Bilh 209
Pagès, Alexandre 219
Paillard, Bruno 37
Palette 152, 155
Les Pallières
  siehe Vieux Télégraphe
Palmer (Bordeaux) 168, 193
Palmer (Champagne) 37
Panigaï, Laurent 24
Pannier 37
Pape Clément 74, 193
Clos des Papes 140

Papin, Claude 27, 41, 45, 51, 109, 219
  siehe auch Pierre Bise
Papin-Chevalier siehe Pierre Bise
Parcé (Winzerfamilie)
  siehe de la Rectorie
Parent, Annick 105
Parent, François 105
Parent, Jean siehe Parent, Annick
Paret, Alain 137, 144
Parker, Robert 21, 86, 163, 166, 167
Patache d'Aux 193
Patriarche 88
Patrimonio 242, 244
Pauillac 148, 160, 172, 174
Clos des Paulilles 232–233
Paux-Rosset, Jean 216, 221
Pavie 165, 168, 169, 193
Pavie Decesse 165, 193
Pavie Macquin 165, 167, 193
Pearson, David 229
Péby Faugères 193–194
Pécharmant 207
Pech Redon 238
Pegaü 144
Pellé, Henry 56
Penavayre, Marc 204–205
Peraldi 9, 245
Perchaud siehe Grossot
Domaine des Perdrix 105
Perlé 208
Pernand-Vergelesses 17, 83, 92
Pernot, Paul 105
Perret, André 144
Perrier, Joseph 37
Perrier-Jouët 37–38
la Perrière
  siehe Balland-Chapuis
Perrin 144
Perrot-Minot 105
La Perruche siehe La Varière
Perse, Gérard 165, 169
Pesquié 144
Pessac-Léognan 172
Pétillant 51
Clos Petite Bellane 140
Petite Eglise 194
Petit Manseng 205, 209
Petit Verdot 172
Petit-Village 194
Pétrus 161, 162, 163, 166, 167, 171, 194
  Château Pétrus 166
Peynaud, Emile 163
Peyre Rose 239
Peyrou 194
de Pez 194
Pfaffenheim 67
  Cave de Pfaffenheim 70
Pfersigberg 66
Phélan Ségur 194
Philipponat 38
Piada 194
Pibarnon 152, 157
Pibran 194
Piccinini 239
Pichard 214
Pichon-Longueville Baron 194
Pichon-Longueville Comtesse de Lalande 194
Picpoul de Pinet 228
Picque Caillou 194
Pieretti 245
Pierre Bise 56
Coteaux de Pierrevert 136, 153
Piétri-Géraud 239
Le Pigeoulet
  siehe Vieux Télégraphe
Pignan siehe Rayas
Pigoudet 157
Pillot, Jean 105
Le Pin 161, 163, 165, 194–195
Pinard, Vincent 56
Le Pin Beausoleil 195

Pineau 49
Pineau d'Aunis 48
Pinguet, Noël 42, 43
Pinot blanc 60, 65, 66, 77
Pinot gris 46, 51, 60, 61, 65, 66, 67
Pinot meunier 29, 30, 46
Pinot noir
 Burgund 84, 85, 89, 92, 93, 94, 95, 110, 148
 Chablis 76, 77
 Champagne 26, 29, 30
 Elsass 60, 65, 66, 67
 Jura 116
 Loire 42, 46, 47
Pinson 81
La Pinte 119
Piper-Heidsieck 38
Piron 113
Pithon 239
de Pitray 195
Plageoles, Robert et Bernard 204, 208, 214
Plaisance 205, 214
La Pointe 195
Pol Roger 38
Pomerol 152, 160, 162, 163, 164, 166, 167, 168, 170, 171, 173, 174
Pommard 93
Pommery 38
Pommier, Denis 81
Pons, Michel 14
Ponsot 105
Pontallier, Paul 166
Pontet-Canet 195
Portalis, Cyrille 152
Porte du Ciel 217
Porto-Vecchio 243, 244
Potel, Nicolas 88, 105
Potensac 195
Pouchin, Marielyne 149, 150
Pouchin, Philippe 149, 150, 152
Pouderoux 239
Pouilly 46, 47
Pouilly-Fuissé 86, 94
Pouilly-Fumé 47, 51
Pouilly-Loché 94
Pouilly-sur-Loire 47, 76
Pouilly-Vinzelles 94
Poujeaux 195
Poulsard 116, 117, 123
Domaine de la Pousse d'Or 105
Poux *siehe* Maire, Henri
La Prade 195
Pradeaux 152, 157–158
Praelatenberg 60
Prats, Jean-Guillaume 43
Préceptorie de Centernach 239
Preuillac 195
Les Preuses 77, *78*
Prieur, Jacques 105
Prieuré de St-Jean de Bébian 219, 239
Prieuré-Licine 195
Prieuré-Roch 105
Prieurs de la Commanderie 195
Primo Palatum 214
Prince Probus 204
Producteurs Plaimont 209, 214
de la Prose 239
Provence 20, 148–159
 AOCs 148, 150, 151, 153–155
 Côtes de Provence 150, 151, 153, 155
 Grand cru 154
 Klima 148–149, 153, 154
 Kreuzfeuer 155
 Leute 156–159
 Terroir 153–155
 Vin de Pays 151, 155
 Vin de Table 151
 Weinbau 149–150, 155
  Alter 151
  Biodynamik 151

Boden 148, 149, 150, *152*, 153–155
 Erträge 154
 Lese 151
  von Hand 154
  organisch 151, *152*
 Reblaus 150
 Weinbereitung 150, 152
  Ausbau 151
  Etikettierung 151
  Barriques 150, 151, 152
   foudres 152
  Verschnitte 151, 152
Prunelart 204, 208
Puech Chaud 239
Puech-Haut 239
Pueyo, Bernard 218
Puffeney, Jacques 114–115, *116*, 119
Puisseguin-St-Emilion 173
Puligny-Montrachet 93
Château de Puligny-Montrachet 105
Pupillin 116
Clos Puy Arnaud 182
Puygueraud 195
Puzio, Michel 167
Côte de Py 109, 110
 2000 108

Q

Quarts de Chaume 50
Clos des Quatre Vents 165, 182
Quénard, André et Michel 120, 121, *122*, 125
Quénard, Jean-Pierre et Jean-François 125
Quénard, Michel 120, 121, *122*
 siehe auch Quénard, André et Michel
Quénard, Raymond 125
Coteaux de Quercy 207
Quinault l'Enclos 195
Quincy 46, 47, 76

R

Rabasse Charavin 144
Rabaud-Promis 195
Rabiega 151, 152, 158
Rabiega Vin Toussaint 151
Race, Denis 81
Raffiat de Moncade 209
de la Ragotière 56
Rahoul 195
Ramonet 105
Ramonteu, Henri 205
 siehe auch Cauhapé
Rangen 61, 65, 67
Rasteau 131, 135, 137, 243
Rauzan-Despagne 196
Rauzan-Gassies 196
Rauzan-Ségla 167, 196
de Ravanès 239
Raveneau, Jean-Marie 75, 78, 81
Rayas 26, 131, 144–145, 219
Raymond-Lafon 196
Raynaud, Alain 165
Raynaud, Jacques 219
Rayne Vigneau 196
Real Martin 152, 158
Clos Rebgarten 66
Reblaus 76, 77, 130, 150, 201
Reboul, Rémy 152
Recinsaut 151
de la Rectorie 239–240
Régnié 110
Reignac 196
Montagne de Reims 24, 29–30
Reine Pedauque 105
Le Roc 205, 215
Réméjeanne 129, 145
Remizières 145
Clos René 182

Renou 57
Réserve de la Comtesse 176
Reuilly 46, 47, 76
Revelette 153, 158
Reynon 196
Rhône 126–147
 AOCs 127–30, 131, 132–136, 137, 148, 153, 161
 Côtes du Rhône 127–131, 133, 153
  AOC 134, 137
  Côtes du Rhône Méridionales 127,130–131
  Côtes du Rhône Septentrionales 127–130
  Côtes du Rhône-Villages 134
 Crus 130, 131, 132, 134, 135, 137
 Genossenschaften 130–131, 137
 Klima 126, *126–127*, 132, 134, *137*
 Kreuzfeuer 137
 Leute 138–147
 négociants 86, 128, 129, 130
 Terroir 84, 130, 131, 132–136, 137
 vin de paille 133
 Vin de Pays 130
 Weinbau 126, 127
  Biodynamik 128
  Boden 126, 127, 130, 132–136
  Erträge 128, 137
  Lese 130, 131
  Pflanzdichte 134
  Reblaus 130
 Weinbereitung 130
  Ausbau 129, 130
  Ausdünnen des Laubs 128
  Barriques 128
  cuvées de prestige 137
  Entrappen 137
  Etikettierung 128
  Extraktion 129
  Hefen 130
  Hefesatz 129
  Mikrooxidation 129
  Pressen 130
  Säure 130
  Schönung und Filtrierung 130
  Schwefel 130
  Stiele 130
   Entrappen 137
  Vergärung 129, 130
  Verschnitte 136, 137
Ribeauvillé 66
 Cave de Ribeauvillé 70
Ribes, Frédéric 204–205
Richaud, Marcel 129, 145
Richeaume 151, 152, 158
Richebourg 60, 88
Richou 57
Riesling
 Elsass 21, 60, 61, 65, 66, 67, 110
 Loire 42, 47
Rieussec 196
Rigaud, Jacky 92
Rilly-la-Montagne 31
Rimauresq 158
Rimbert, Jean-Marie *220*, 240
Rion, Daniel 106
Rion, Michèle et Patrice 106
Riou de Thaillas 196
Ripaille 122
Clos Ripaille 125
Ripeau 196
Riquewihr 66
Rivesaltes 224–225
de la Rivière 196
Côtes Roannaises 46
de Roany, James 153
Robert-Denogent 106
Les Rocailles *siehe* Boniface, Pierre
Roc d'Anglade 240
Roc de Cambes 196

Roche aux Moines *siehe* Joly
Rocher Bellevue 196
Rocher Figeac 196
Roches Neuves 57
Rodern 66
Rodet, Antonin 106
Roederer 31, 38
Rolland, Dany 165
Rollan de By 196
Rolland, Michel 21, 115, 164, 165
Rolle 152, 155, 243
Rollin, Rémi, et Fils 106
Rol Valentin 196
Domaine de la Romanée-Conti 85, 87, 106
Romanin 158
Romer du Hayot 196
Romero, André 129, 131, 243
Romorantin 48
Rondeau, Bernard *siehe* Guinet, Marjorie, et Bernard Rondeau
la Roque (Languedoc-Roussillon) 240
La Roque (Provence) 158
de Roquefort 43, 151, 158
Roquefort St-Martin 240
Roquemaure 131
la Roquette
 siehe Vieux Télégraphe
da Ros, Elian 215, 219
Rosacker 61, 66
Rosé d'Anjou 49
Rosé des Riceys 30
La Rosée *siehe* Brumont
Rosette 207
Rostaing, René 145
Rotenberg 66
Côte Rôtie 127–130, 131, 132, *134–135*, 137, 161
Rotier 215
Roty, Joseph 106
Roucou *siehe* Plageoles
Rouffach 67
Clos Rougeard 53
Rouget 196
Rouget, Emmanuel 88, 106
Rouge Vieilles Vignes 116
Rougier, René 152
La Roulerie *siehe* Germain
Roulot, Jean-Marc 106
Roumier, Christophe
 siehe Roumier, Georges
Roumier, Georges 106
Roussanne 121, 122, 130, 132, 133, 152, 155, 227
Rousseau, Armand 106
Rousselou 208
Roussette 121, 123
Roussette d'Ayze 122
Roussette de Savoie 121–122
Roussette de Seyssel 123
Roussette du Bugey 123
Roussillon
 siehe Languedoc-Roussillon
Routas 158
Rouvière *siehe* Bunan
le Royer-Girardin, Aleth 106
Roylland 196
Ruinart 38
Rully 94

S

Sabon, Roger 145
Sacy 46
Saering 67
SAFER (Société d'Aménagement Foncier et d'Etablissement Rural) 15
St-Amour 110
St-Andelain 47
St-André de Figuière 159

St-Aubin 93
Saintayme 197
St-Brice *siehe* Magdelaine
St-Bris-le-Vineux 77
St-Chinian 220, 221, 222, 227, 229
Ste-Colombe 197
Saint-Cosme 129, 145
Ste-Croix-du-Mont 172
St-Domingue *siehe* La Dominique
St-Emilion 44, 60, 161, 162, *162*, 164, 165, 166, 167, 168, 169, 170, 173, 174, 225
 la Côte Sainte-Epine 130
St-Estèphe 160, 172
Ste-Foy-Bordeaux 172
de Saint-Gall
 siehe Union Champagne
St-Georges-St-Emilion 173
St-Guilhem 215
St-Hippolyte 66
Clos Ste-Hune 66
Clos St-Imer 66
Clos St-Jean *siehe* du Cayrou
St-Jean-de-la-Porte 121
St-Jean-de-Minervois 227
St-Jeoire-Prieuré 121
St-Joseph 130, 132
St-Julien 160, 162, 172
Saint-Just 57
Clos St-Landelin *siehe* Muré
St-Louis de Villeraze
 siehe Comte Cathar
Clos St-Martin 182
St-Martin de la Garrigue 240
Côtes de St-Mont 209
St-Nicolas de Bourgueil 49
Clos Ste-Pauline 219, *233*
St-Péray 133
St-Pierre (Pomerol) 197
St-Pierre (St-Julien) 197
St-Pourçain 46
St-Romain 93
Sainte Roseline 152, 159
Clos St-Theobald 67
Clos St-Urbain 67
St-Véran 94
de St-Victor, Henri 152
de Sales 197
Sallé, Jacques
 siehe Silice de Quincy
Salon 38–39
Sampigny-lès-Maranges 93
Sancerre 46, 47, 51, 76, 110, 148
Sang des Cailloux 145, 153
Sansonnet 197
de la Sansonnière 57
Santa-Duc 145
Santenay 89, 93
Santenots 89, 93
Sarda-Malet 240
Clos de Sarpe 182
Säuerung 13
Saumur 41, 49
Coteaux de Saumur 49
Saumur-Champigny 49
Saussignac 207
Sauternes 170, 172
Sauvignon blanc
 Beaujolais 110
 Bordeaux 172
 Chablis 76
 Languedoc-Roussillon 221
 Loire 41, 46–47, 48
 Provence 148, 152, 155
 Südwesten 209
Sauvignon de St-Bris 77
Sauvion 57
Sauzet, Etienne 88, 107
Savagnin 115, 116–117
Savennières 42, 49, 50
Savennières-Coulée de Serrant 50
Savennières-Roche aux Moines 50

Savigny-lès-Beaune 92
Savoyen 108, 114, **120–125**
　AOCs **120–123**
　Crus 120, 121–123
　Klima 120
　Kreuzfeuer **123**
　Leute **124–125**
　Terroir **120–123**
　VDQS 120, 123
　Vin de Savoie 121, 122, 123
　Weinbau 120, 121, 123
　　Boden **120–123**
　　Erträge 123
　Weinbereitung 123
　Verschnitte 122
Sawma, Mounir
　siehe Le Moine, Lucien
des Schistes **240**
Schlossberg 61, 65, 66
Schlumberger 67, **70**
Schoenenbourg 62, 66
Schoffit 67, **70**
Sciaccarellu 243, 244
SCV Castelmaure Cuvée
　No 3 1998 218
Secondé, Francis **39**
Secondé, Philippe 24
Séguier, Didier 75, 78
Sélection des Grains Nobles
　65
Selosse, Anselme 26, *27*, 31, **39**
Sémillon 152, 155, 172, 209
Senat **240**
Sénéjac **197**
Serafin, Christian 107
Serine 137
Servin 81
du Seuil 150, **159**
Seyssel 123, 127
Seysses, Jacques 88
Seyssuel 130
　Côte de Sézanne 29, 30
Sieur d'Arques **240**
Sigalas-Rabaud **197**
Sigolsheim 66
Silène de Payrals *siehe* Skalli
Silex 44
Silice de Quincy **57**
Simmonet 81
Simone 152, 155, **159**
Siran **197**
Skalli **240–241**
Smith Haut Lafitte **197**
Sociando-Mallet **197**
Sommerberg 66
Sorbief *siehe* Maire, Henri
Sorg, Bruno **70**
Sorin, Luc 152
Sornay **113**
Sorrel, Marc **145**
Sotanum 128, 130, 219
La Soumade **146**
de Sours **197**
Steinert 67
Steingrubler 66
Steinklotz 65
Stephan, Jean-Michel **146**
Suckling, James 86
Suduiraut **197**
Südwesten 20, **200–215**
　AOCs 201, 202, 203, 204,
　　206–208, 209
　Genossenschaften 207, 209
　Haut-Pays 201, 207
　Klima 200, 205, 209
　Kreuzfeuer **209**
　Leute **210–215**
　„schwarzer Wein" 204, *205*,
　　207
　Terroir 201–202, 203, **207–209**
　VDQS 207, 209
　Vinarchistes 202
　Vin de Pays 13, 207, 208, 209
　Vin de Table 208

Weinbau 201–202, 205
　Boden 202–204, **206–209**
　　causse 200, 202–204, 207, 208
　　Dichte 202, 204
　　Edelfäule 207
　　Kompost 202
　Erträge 204
　Lese 204
　　maschinell 203, 204
　　von Hand 204
　　passerillage d'Hesiod 204
　　Reblaus 201
Weinbereitung 202, 204
　Ausbau 203
　Barriques 203, 204, 205
　Extraktion 202, 205
　Hefen 202
　Hefesatz 202, 203
　Mikrooxidation 202, 203
　Oxidation 204
　passerillage d'Hesiod 204
　Schwefel 202
　Tanks 205
　Vergärung 202, 204, 208, 209
　Verkostung 201
　Zucker 209
la Suffrène **159**
de Suremain, Eric 107
Surmelin-Tal 29
Suronde **57**
Suzzoni, Etienne 244
Sylvaner 60, 65, 67
Syrah
　Languedoc-Roussillon *216–217*,
　　220–227, 229
　Provence 149, 150, 152, 153,
　　155
　Rhône 127, 128, 130, 132–133,
　　134, 136, 137, 153
　Südwesten 204, 205, 207, 208

T

Tabatau **241**
La Taille aux Loups **57**
Taillefer **197**
Cave de Tain l'Hermitage
　146
Taittinger **39**
Talbot **197**
Tanella **245**
Tannat 203, 205, 207, 209
Tardieu **241**
　Michel 25, 130, 218
Tardieu-Laurent **146**
Tariquet **215**
Tautavel 223
Tavel *126–127*, 135–136
Teillaud, Bernard 152
Tempé, André, et Fils **70**
Tempier **159**
Termenès 218, 222
Terre Inconnue 221, **241**
Terre Mégère **241**
Terres Dorées **113**
Terroir 12, 15, **16–21**
　Boden *siehe* Haupteintrag
　Kimmeridgium-Kette 29, 30,
　　41, 46, 47, 76, 89
　Licht 17–18, *227*
　vin de terroir 16, 21, 26, 62
　Wilson: Terroir 76, 222
　siehe auch unter den jeweiligen Regionen
du Tertre **197**
Tertre Rôtebœuf **198**
Tête **113**
Teyssier **198**
Thévenet, Jean
　siehe Domaine de la Bongran
Thévenet, Jean-Paul **113**
Thibault, Daniel 25
Thibaut de Plaisance 205
Thienpont, Alexandre 165
Thienpont, Jacques *165*

Thienpont, Luc 165
Thienpont, Nicolas 165
Thieuley **198**
Thivin 109, **113**
Côtes de Thongue 221, 228
Le Thou **241**
Vins de Thouarsais 48, 51
Coteaux du Thouet et de
　l'Argenton 48
Thunevin, Jean-Luc 27, 161, *167*,
　169, 175
Tiollier **125**
Tirecul la Gravière **215**
Tissot 119
　Stéphane 115
Tokay-Pinot gris 60, 65
Tollot-Beaut 107
Toques et Clochers **241**
Coteaux de Torméry 122
Torraccia **245**
Torstenson, Lars 149, *151*, 152
Côtes de Toul 67
Touraine 47, **48–49**
Touraine-Amboise 48
Touraine-Azay le Rideau 48
Touraine-Mesland 48
La Tour Blanche **198**
La Tour Carnet **198**
La Tour de By **198**
Tour de Mirambeau **198**
Tour des Gendres **215**
Tour du Bon **159**
La Tourette
　siehe Larose-Trintaudon
Tourettes **146**
La Tour Figeac **198**
La Tour Haut-Brion **198**
Tour Penedesses **241**
des Tours **146**
La Tour Vaubourg
　siehe Michel, Louis
Tour Vieille **241**
de Tracot *siehe* Dubost
Trapet, Jean et Jean-Louis
　87, **107**
Les Travers de Marsau 220
Tres Cantous *siehe* Plageoles
Trévallon 150, 152, **159**
Tribut, Laurent 81
Coteaux du Tricastin 136, 155
Trie Spéciale 51
Clos Triguedina **202–204**, 212
Trimbach **70–71**
　Hubert 60, 61, 66, 67
Triologie der Grands crus 26
Troplong Mondot **198**
Trosset **125**
Trotanoy 161, *175*, **198**
Trottevieille **198**
Trousseau 116
Clos des Truffiers *siehe* de la Négly
de la Tuilerie **146**
du Tunnel **146**
Turckheim *61*, 66
Tursan 209
La Tyre *siehe* Brumont

U

Ugni blanc 152, 155, 209
Union Champagne **39**
Union CVG 209
Union des Grands Crus
　de Chablis 74, 75, 78
Clos Uroulat **212**
Usseglio, Pierre 146

V

Vacheron **57**
Vacqueyras 131, 135, 153
Vaillé, Laurent 229
Vaillons 77

Val
　siehe unter den jeweiligen Eigennamen
　(z. B. Val d'Orbieu *unter* Orbieu)
Valandraud 27, 167, 169,
　198–199
Château Valandraud 168
Val d'Orbieu **241**
Valençay **57**
les Valentines **159**
Domaine Valette 107
Vallée de l'Ardre 29
de Vallouit **146**
Valmur 77
Valrose **199**
Vannières **159**
Var 88
Coteaux Varois 150, 154, 155
Varennes *siehe* Germain
La Varière **57**
Vaudésir 77, *78*
Vaudon, Pierre
　siehe Union Champagne
Vauroux 81
VDQS **12**
　siehe auch unter den jeweiligen Regionen
Vendange Tardive 65
Coteaux du Vendômois 48
de Venoge **39**
Côtes du Ventoux 136, 153
Verdignan **199**
Les Verdots **215**
Verget 81, 86, **107**
Verget du Sud *siehe* Tourettes
Verhaeghe, Pascal 202–203 , 208
Vermentino 155, 223
Vermentinu 243
Vernay, Georges 130, **146**
Vertus **39**
Veuve Clicquot **39**
Vezan, Peter 86
Vichon Méditerranée 229
Vidal-Fleury **146–147**
La Vieille Cure **199**
Vieille Julienne **147**
de Viella **215**
Vins de Vienne 128, 130, 132, 133,
　147, 219, 243
Vieux Château Certan 161, 165,
　167, **199**
Vieux Château Champ de Mars
　199
Vieux Chêne **241**
Le Vieux Donjon **147**
Vieux Relais **147**
Vieux Robin **199**
Vieux Télégraphe 135, 137, **147**
Vignelaure **159**
Vignes du Tremblay *siehe* Janin
Villa Bel-Air **199**
de Villaine, A&P 107
Villard, François 130, 137,
　147, 243
Villeneuve **57**
Villeneuve, Raimond 43, **150–151**
Vilmart 31, **39**
Vinarchistes 202
vin de paille
　Jura (Tissot) 115, 117
　Rhône 133
vin gris 46, 48
vin jaune 114, 115, 116, 117
Vins d'Appellations d'Origine
　Contrôlée *siehe* AOC
Vins Delimités de Qualité
　Supérieure (VDQS) 12
　siehe auch unter den jeweiligen Regionen
Vins de Pays 12, **13**
　„Frankreichs Neue Welt" 7, 13
　siehe auch unter den jeweiligen Orten
　und Regionen
Vins de Table 12
　siehe auch unter den jeweiligen Orten
　und Regionen

Vins Doux Naturels
　siehe Korsika, Languedoc-
　Roussillon und Rhône
Viognier 116, 130, 132, 134,
　148, 155
Virginie **241**
Viré-Clessé 94
Viret **147**
Vissoux **113**
Côtes du Vivarais 136, 155
Voge **147**
de Vogüé, Comte 107
Voiteur *siehe* Fruitière Vinicole
Volnay 93
Vonderheyden, Laurent 167
Vorbourg 67
Vosne-Romanée 91
Vougeot 91
Clos Vougeot 88
Domaine de la Vougeraie 107
Vouvray 49, 50
Vray Croix de Gay **199**

W

Weinbach 66, **71**
Weinbau 23
　AOC-Gesetze 12–14
　Biodynamik *siehe* Haupteintrag
　Edelfäule *siehe* Haupteintrag
　organisch 24, 42, 61, 87, 151, 152,
　　169, 219, 243
　siehe auch Biodynamik
　Reblaus 76, 77, 130, 150, 201
　siehe auch unter den jeweiligen Regionen
　Weinbereitung 13, 17, 23
　　Mikrooxidation 205, **205**
　siehe auch unter den jeweiligen Regionen
Wertheimer (Winzerfamilie) 167
Wettolsheim 66
Wiebelsberg 66
Wilson, James 76, 222
Clos Windsbuhl 66
Wineck-Schlossberg 66
Wintzenheim 66
Wissembourg 65

Y

Yon Figeac **199**
Yonne 76, 77
d'Yquem 171, 176, **199**

Z

Zind-Humbrecht, Olivier 26, 61,
　62, **67**, **71**
　Biodynamik 43, 45, 61, 62
　Clos Jebsal 66
　Clos St-Urbain 67
　Clos Windsbuhl 66
　Herrenweg, Wein von „Weizen-
　　land" 64
　Terroir 60, 115, 219
　Zuckergehalt 67
Zinnkoepflé 67
Zotzenberg 65